债法总论

GENERAL THEORY OF OBLIGATIONS

崔建远 陈进 著

清华大学
法学教材大系

法律出版社
LAW PRESS·CHINA

兼容古今、面向未来的清华法学教育

站在21世纪第二个10年的新起点，作为“年轻而古老”的清华大学法学院，我们深深地感受到机遇与挑战并存，一直在思考如何谱写清华法律人的新篇章，延续清华人的光荣与梦想。

历史，对于大到整个国家、小到一个学院，都是至关重要的。清华大学成立于1911年，在1952年院系调整之前，成立于1929年的法学院是清华大学四大学院之一。在近百年发展历程中，清华大学为国家培养了砥柱中流的法律大家。举其要者，如梅汝璈、向哲濬、钱端升、陈体强、王铁崖、端木正等。从1952年至1995年，尽管清华法学院的建制不在，清华大学其他院系的毕业生依然延续着清华法律事业的“香火”。清华法律教育，可谓弦歌不辍。为适应社会主义法治建设的需要，配合清华大学建设世界一流综合大学的战略布局，1995年9月，清华大学正式恢复建立法律学系，并于1999年4月复建法学院。得益于清华稳定的名师队伍、充满活力的教授团队、优质的精英教育和宽松的文化氛围，我们强调“知识传授、能力培养、价值塑造”的“三位一体”培养模式，形成了独特的“清华学派”，一代代清华法律人活跃在国家法治建设的最前列。

为了致敬清华法学院的历史，经全院老师集体讨论，一致同意编写和出版一套代表清华大学水平和特色的法学系列教材，向经典致敬，向“年轻而古老”的清华法学院致敬。

除了面向历史，这套教材也注重当下，致敬新时代，因为当下的一切都会是未来的历史。站在新时代，我们希望通过这套教材体现清华大学法学院对当前法学教育面临挑战的应对和对未来法学教育的探索，引领新时代德法兼修法治人才培养。

全面依法治国是一项长期而艰巨的历史任务，法治人才在法治建设中承担着重大使命，发挥着重要作用。我们的法学教育必须立意高远，不仅仅教会学生运用法律技术，更要站在全面推进依法治国的高度培养人才，让法治领域人才辈出，为法治中国建设贡献力量。希冀于多年后当我们回顾21世纪第二个10年的时候，这套教材和它所代表的清华法律人的智慧和精神也能经历时间的考验，成为大家传颂的“经典”。因为这套教材不仅仅体现了清华法律人的知识水平，更体现了我们对法学教育的思考，对法治人才培养的创新，对新时代社会问题的回应。

当前法律教育面临着研究问题和研究方法革新的双重挑战。智能手机、大数据、云计算、物联网、人工智能等,层出不穷的技术进步给我们带来了一个千年未有的大变局。我们的生活、生产模式,更重要的是我们的思维方式,都面临着重新调整。以人工智能为代表的新兴技术对法学人才培养提出了更高的要求,社会对法学人才培养有了更多期待;法学研究的重点也向新兴领域延伸,包括生命科技、信息科技在内的新技术应用不仅预示着法学研究重点的变更,也推动着法学人才培养思维模式的转变。这既对法学深度参与创新驱动发展战略的实施、推进原始创新和协同创新、加快成果转化提出了新任务、新要求,又为法学学科转变发展模式、在若干重要研究领域实现突破提供了可能性。

法学作为一门社会科学,研究内容上,要不断回应社会需求,增强法学回应社会问题的能力。研究方法上,要处理好法学教育中理论与实践、传统与新兴、本土与世界的关系,推动法学教育迈上新高峰。习近平总书记曾提出,法学学科是实践性很强的学科,法学教育要处理好知识教学和实践教学的关系。要打破高校和社会之间的体制壁垒,将实际工作部门的优质实践教学资源引进高校,加强法学教育、法学研究工作者和法治实际工作者之间的交流。这对中国法学教育的改革发展提出了殷切期望,提供了基本宗旨。我们要积极推进法学教育改革创新,就法治人才培养而言,要善于利用各种新兴技术和手段,提升理论的水平和层次,增强学生回应和解决实践问题的能力培养。新时代法学人才培养的总体目标,是通过培养既精通法律规则又兼具家国情怀与人文精神,同时熟悉信息技术的高端复合型人才,为社会发展与科技创新的法治化提供智力保障。

这套清华大学法学教材,力求让最新的法学思想通过更有力的载体得到最广泛的传播,将实现从“以教师为中心”到“以学生为中心”的转变,实现从“教”到“学”的转变;编写风格上,将改变过去以平铺直叙为主的教材写法,注重综合应用图表、二维码等丰富多彩的形式,把新鲜的司法经验和生动的案例实践带进书本,突出社会调查、大数据分析等利用人工智能等技术的实证研究方法,增强阅读体验感;教材内容将注重历史积淀与新时代发展紧密结合,回应时代的挑战和法学教育的转变。当然,每位学者都有自己的特色,一如清华法学院的优良传统,这套系列教材也呈现百花齐放、和而不同的特点,让读者们领略清华法学院每位学者的生动个性,带来难忘而特殊的阅读体验。

最后,希望清华法学教育借此系列教材,走出明理楼,贡献于中国未来的法学教育和法治建设!祝各位读者阅读愉快!

申卫星

2020 年 6 月 10 日

前　言

中国的民事立法,从实际情况出发,经过权衡,放弃了一次通过《中华人民共和国民法典》的"批发方式",而是采取了"零售方式",先有《中华人民共和国经济合同法》(1981 年 12 月),其后有《中华人民共和国民法通则》(1986 年 4 月);接着,《中华人民共和国涉外经济合同法》(1985 年 3 月)、《中华人民共和国继承法》(1985 年 4 月)和《中华人民共和国技术合同法》(1987 年 6 月)相继出台。经过十余年的酝酿和研讨,理念更新和技术先进的《中华人民共和国合同法》才于 1999 年 3 月诞生。经过激烈的论争和不懈的努力,具有历史意义的《中华人民共和国物权法》终于于 2007 年 3 月 16 日在十届全国人民代表大会第五次会议上高票通过。乘势而上,《中华人民共和国侵权责任法》于 2009 年 12 月 26 日在十一届全国人民代表大会常务委员会第十二次会议上通过。

自 2014 年起草拟,于 2020 年 5 月十三届全国人民代表大会第三次会议上通过的《中华人民共和国民法典》设有物权编、合同编、人格权编、婚姻家庭编、继承编和侵权责任编,不设债法总则编。

可能是出于法律释义的惯性,民法教材采取《民法总论》、《物权法》、《合同法》、《侵权责任法》和《继承法》等编写模式的,不在少数。在这样的背景下,《债法总论》不可或缺。清华大学法学院与法律出版社合作,筹划编写一套体例新颖的法学系列教材,《债法总论》即为其中一本。

陈进博士长于这种新颖体例的编写,因此加入本书的编写队伍。本书的编写体例可以概括如下:第一,在每章之前提炼出本章要点和关键词,以方便读者了解本章主要学习内容;在每章之后列示了延伸阅读资料和综合练习题,便于读者进一步学习相关知识点和回顾本章内容。第二,各章的每一节之前设置引导案例,在文中穿插对引导案例的分析,希望引导学生带着问题学习债法知识,学会将债法理论与实际运用有效结合。第三,在具体内容写作上,以原《债法总论》(法律出版社 2013 年版)为基础,将债法及其理论的基础知识、基本原理作为常规内容进行叙述,将特定术语含义、不同法域的制度比较、制度沿革、不同制度的对比、某个问题的深入研讨、相关内容阐述时涉及的具体事例等，纳入“术语讲解”“制度比较”“制度沿革”“辨析”“探讨”“延伸”“讨论”“事例”“提示”等具体版块进行介绍。这些版块的存在不仅可以帮助学生更好地掌握相关内容，也有助于引导学生拓展思维、深入思考。第四，债法的学习需要紧密结合法律规定和案例，因此，各章节涉及的主要法条嵌入二维码，方便读者检索、查询；每一章最后增加了案例研习，案例以司法实践中真实案例为主，学生可以结合各章内容以及请求权基础分析方法进行分析，逐步培养案例分析能力。

单就体系及逻辑来讲，《债法总论》不应全面介绍不当得利和无因管理的制度及其理论，但鉴于目前尚难出版单独的《不当得利法》《无因管理法》教材，本教材也包含了不当得利和无因管理的内容。

希望可以将本教材以一种简洁清晰、新颖多元的形式呈现给大家，帮助学生更好地学习债法总论知识。

是为序。

崔建远　陈　进

2020 年 11 月 27 日

于清华大学明理楼

缩略语表

◆主要法律法规及缩略语

法律法规	缩略语
《中华人民共和国宪法》	《宪法》
《中华人民共和国民法典》	《民法典》
《中华人民共和国民法通则》	《民法通则》
《中华人民共和国民法总则》	《民法总则》
《中华人民共和国合同法》	《合同法》
《中华人民共和国经济合同法》	《经济合同法》
《中华人民共和国涉外经济合同法》	《涉外经济合同法》
《中华人民共和国技术合同法》	《技术合同法》
《中华人民共和国产品质量法》	《产品质量法》
《中华人民共和国消费者权益保护法》	《消费者权益保护法》
《中华人民共和国反不正当竞争法》	《反不正当竞争法》
《中华人民共和国保险法》	《保险法》
《中华人民共和国海商法》	《海商法》
《中华人民共和国物权法》	《物权法》
《中华人民共和国城市房地产管理法》	《城市房地产管理法》
《中华人民共和国担保法》	《担保法》
《中华人民共和国律师法》	《律师法》
《中华人民共和国水污染防治法》	《水污染防治法》
《中华人民共和国农村土地承包法》	《农村土地承包法》
《中华人民共和国建筑法》	《建筑法》
《中华人民共和国电子签名法》	《电子签名法》
《中华人民共和国票据法》	《票据法》
《中华人民共和国公司法》	《公司法》
《中华人民共和国企业破产法》	《企业破产法》
《中华人民共和国民事诉讼法》	《民事诉讼法》
《中华人民共和国标准化法》	《标准化法》
《中华人民共和国侵权责任法》	《侵权责任法》
《中华人民共和国收养法》	《收养法》
《中华人民共和国电子商务法》	《电子商务法》

《中华人民共和国城镇国有土地使用权出让和转让暂行条例》	《城镇国有土地使用权出让和转让暂行条例》
《中华人民共和国外汇管理条例》	《外汇管理条例》
《中华人民共和国中外合资经营企业法实施条例》	《中外合资经营企业法实施条例》
《中华人民共和国电信条例》	《电信条例》

◆主要司法解释或规范性法律文件及缩略语

最高人民法院《关于贯彻执行〈中华人民共和国民法通则〉若干问题的意见(试行)》	《民法通则意见》
最高人民法院《关于适用〈中华人民共和国合同法〉若干问题的解释(一)》	法释[1999]19号
最高人民法院《关于适用〈中华人民共和国担保法〉若干问题的解释》	法释[2000]44号
最高人民法院《关于审理涉及金融资产管理公司收购、管理、处置国有银行不良贷款形成的资产的案件适用法律若干问题的规定》	法释[2001]12号
最高人民法院《关于审理商品房买卖合同纠纷案件适用法律若干问题的解释》	法释[2003]7号
最高人民法院《关于审理人身损害赔偿案件适用法律若干问题的解释》	法释[2003]20号
最高人民法院《关于审理建设工程施工合同纠纷案件适用法律问题的解释》	法释[2004]14号
最高人民法院《关于审理技术合同纠纷案件适用法律若干问题的解释》	法释[2004]20号
最高人民法院《关于审理涉及国有土地使用权合同纠纷案件适用法律问题的解释》	法释[2005]5号
最高人民法院《关于审理涉及农村土地承包纠纷案件适用法律问题的解释》	法释[2005]6号
最高人民法院《关于审理民事案件适用诉讼时效制度若干问题的规定》	法释[2008]11号
最高人民法院《关于废止2007年底以前发布的有关司法解释(第七批)的决定》	法释[2008]15号
最高人民法院《关于适用〈中华人民共和国合同法〉若干问题的解释(二)》	法释[2009]5号
最高人民法院《关于审理城镇房屋租赁合同纠纷案件具体应用法律若干问题的解释》	法释[2009]11号
最高人民法院《关于审理涉及金融不良债权	法发[2009]19号

转让案件工作座谈会纪要》	
最高人民法院《关于当前形势下审理民商事合同纠纷案件若干问题的指导意见》	法发[2009]40号
最高人民法院《关于审理外商投资企业纠纷案件若干问题的规定(一)》	法释[2010]9号
最高人民法院《关于适用〈中华人民共和国公司法〉若干问题的规定(三)》	法释[2011]3号
最高人民法院《关于审理买卖合同纠纷案件适用法律问题的解释》	法释[2012]8号
财政部、中国银监会《关于印发〈金融企业不良资产批量转让管理办法〉的通知》	财金[2012]6号
最高人民法院《关于适用〈中华人民共和国民事诉讼法〉的解释》	法释[2015]5号
最高人民法院《关于审理民间借贷案件适用法律若干问题的规定》	法释[2015]18号
最高人民法院《关于审理独立保函纠纷若干问题的规定》	法释[2016]24号
最高人民法院《关于修改〈关于审理民间借贷案件适用法律若干问题的规定〉的决定》	法释[2020]6号
《全国法院民商事审判工作会议纪要》	法[2019]254号

目　录

第一章　债的基本理论 …… 1
第一节　债的概念分析 …… 1
第二节　债的义务群 …… 8
第三节　债权及其实现 …… 17
第四节　债的“四性” …… 28
第五节　债的发生原因 …… 30
第六节　债的分类 …… 32
第七节　债法 …… 49
第八节　债法上的请求权基础 …… 52

第二章　债的履行 …… 62
第一节　债的履行概述 …… 62
第二节　债的履行的原则 …… 64
第三节　债的履行的规则 …… 72
第四节　涉及履行的抗辩及抗辩权 …… 84
第五节　债的履行与权利移转 …… 116

第三章　债的保全 …… 135
第一节　债的保全概述 …… 135
第二节　债权人代位权 …… 137
第三节　债权人撤销权 …… 164

第四章　债的担保 …… 196
第一节　债的担保概述 …… 196
第二节　保证 …… 203
第三节　定金 …… 236

第五章　债的移转 …… 250
第一节　债的移转概述 …… 250

第二节 债权让与 …… 251
第三节 债务承担 …… 275
第四节 债的概括承受 …… 287

第六章 债的消灭 …… 292
第一节 清偿 …… 292
第二节 抵销 …… 299
第三节 提存 …… 317
第四节 免除 …… 325
第五节 混同 …… 328

第七章 不当得利 …… 333
第一节 不当得利概述 …… 333
第二节 给付不当得利 …… 336
第三节 非给付不当得利 …… 346
第四节 不当得利的效力 …… 355
第五节 不当得利返还请求权与有关请求权之间的关系 …… 365

第八章 无因管理 …… 374
第一节 无因管理概述 …… 374
第二节 无因管理的基本类型 …… 381
第三节 无因管理的构成要件 …… 384
第四节 无因管理之债的内容 …… 391
第五节 无因管理之债的消灭 …… 398
第六节 无因管理与相关制度关系 …… 399

第一章　债的基本理论

本章要点

债是因合同、侵权行为、无因管理、不当得利以及法律的其他规定，在特定当事人之间产生的权利和义务关系。债的关系区别于物权关系、人格权关系、知识产权关系的明显之点，在于其义务群。债权具有请求力、强制执行力、依法自力实现、处分权能和保持力，欠缺某项效力的债权叫作不完全债权。债的发生原因包括合同、缔约上过失、单独行为、侵权行为、无因管理和不当得利。根据标的物属性不同，债可以分为特定之债和种类之债；根据债的标的有无选择性，债可以分为简单之债和选择之债；多数主体之债分为按份之债和连带之债；根据时间因素在债中所处的地位，债分为一时性之债和继续性之债。债法是关于债的关系的法律规范的总称，是民法的重要组成部分。

关键词　债　合同　单独行为　债法　请求权基础

本节法条1-1

第一节　债的概念分析

引导案例

[1-1] 甲教师依约定屡次回答乙教师的法律问题，甲老师和乙老师之间是否构成债的关系？

[1-2] 甲公司办理公司周年酒会，乙应邀出席，邀请函上载明“敬备薄酒点心”，乙虽然准时与会，但鸡尾酒与点心却已被一扫而空。[1] 甲公司是否构成违约？乙是否可以追究甲公司的民事责任？

一、债的概念

债是因合同、侵权行为、无因管理、不当得利以及法律的其他规定，在特定当事

〔1〕 参见黄立：《民法债编总论》，中国政法大学出版社2002年版，第17页。

人之间产生的权利和义务关系。这是《民法典》第118条第2款关于债的规定。

《民法典》和原《民法总则》颁布之前,原《民法通则》第84条第1款将债界定为,按照合同的约定或依照法律的规定,在当事人之间产生的特定的权利和义务关系。在债的发生原因方面,该界定忽略了单独行为可以引起债这一事实;在债作为一类民事法律关系方面,将“特定的权利和义务关系”作为债区别于物权关系、人格权关系等民事法律关系的特征,难以达到目的。其原因在于,物权关系中,物权是特定的,物权所对应的义务也是特定的,不特定的是义务人。同理,人格权关系中,人格权及其主体是特定的,人格权所对应的义务同样是特定的,不特定的是义务人。可见,物权关系、人格权关系都是“特定的权利和义务关系”,它们在这方面难以同债区别开来,但在义务人不特定上却表现出与债的不同。《民法典》和原《民法总则》对原《民法通则》的定义进行了修订,值得赞同。

■ 术语讲解｜从多视角认识债

□ 借助归纳法认识债

债,作为民法上的现象,是由单独行为、合同、无因管理、不当得利、侵权行为和缔约上的过失等法律事实引起的。其中,单独行为是表意人作出的为自己设定某种义务的意思表示。合同则为当事人各方的合意。这两种法律行为都旨在实践意思自治的理念,它们所保护的,是当事人之间的信赖和期待。无因管理制度旨在适当界限“禁止干预他人事务”与“奖励互助义行”两项原则,使无法定或约定的义务而为他人管理事务之人,在一定要件下享有权利承担义务。不当得利制度旨在调整无法律根据的财产变动,使受益人向受害人返还该项利益。侵权行为制度旨在填补不法侵害他人权利或法益所生的损害,期能兼顾加害人的行为自由和受害人保护的需要。在缔约上的过失场合,存在过失的当事人就其过失给相对人造成的损失要承担损害赔偿责任。可见,单独行为、合同、无因管理、不当得利、侵权行为和缔约上的过失,在指导原则、社会功能以及构成要件方面存在不同,不足以作为债的共同构成因素。其构成债的内在统一性的,乃其法律效果的形式相同性。也就是说,它们在形式上均产生相同的法律效果:一方当事人可以向对方当事人请求特定给付。这种特定当事人之间请求为一定给付的民事法律关系,就是债。其中,可以请求他人为给付的权利为债权;享有债权的当事人,叫作债权人;应债权人的请求而负有的给付义务为债务,负此债务的当事人,称作债务人;给付则为债的标的,包括作为、不作为。[1]

---

〔1〕 参见王泽鉴:《民法债编总论·基本理论·债之发生》(总第1册),三民书局1993年版,第2页。

□ 通过排除法把握债

诚然,特定人之间请求为一定给付的法律关系,未必都是债的关系。例如,继承关系为特定人之间的法律关系,婚姻关系为特定人之间的法律关系,但它们均非债的关系。之所以如此,是因为法律基于身份、血缘等理由而不允许或原则上禁止它们适用债法,从而不把它们作为债或将其从债的体系中排除。

按照中国学界的多数说,劳动合同关系受基于特定的社会政策而制定的劳动法调整,不适用《民法典》合同编的规定,不作为债看待。

物权请求权关系虽然符合债的关系的规格,但倘若将其作为债的关系,会面临着物权请求权可否与物权本体相脱离、是否适用诉讼时效、是具有平等性还是呈现优先性等一系列困扰我们的难题;而如果将其作为物权的效力,这些问题就容易解决。

□ 从广义和狭义的角度了解债

一方享有债权,另一方负担相应债务而组成的债之关系,即个别给付关系,叫作狭义债的关系。与此有别,包括多数债权债务以及附随义务和抗辩权、形成权等因素的概括法律关系,则为广义债的关系。例如,买卖合同关系,包含有移转买卖物的占有和所有权的狭义债的关系,支付价款的狭义债的关系,以及瑕疵担保的狭义债的关系,告知买卖物存有不易识别的危险的义务,出卖人对于在风险转移后、买卖物交付前所支出的必要费用的偿还请求权,买受人对其逾期支付价款而承担的利息义务等。所有这些,都构成广义债的关系。[1]

相较于狭义债的关系,广义债的关系至少具有两个特点:一是它系一个极其复杂的架构,由众多的债权债务以及权能、拘束以及衍生出来的责任等组成;二是它并非静态地凝固于一个一成不变的状态之中,而是随着时间的推移不断地以多种形态发生变化,它犹如一个"有机体",存在出生、成长、衰老,直至最后死亡的现象。[2]

□ 从债的称谓理解债

近现代民法上债的概念源自罗马法。罗马法上的债(*obligatio*),既指债权、债务,也指债权债务关系,有时并称为"法锁"(*iuris vinculum*)。

民法上债的概念不同于民间所谓的债,也不同于中国固有法上的债。中国民间所称之债,专指债务,且专指金钱债务,如借债、欠债、还债等。在我国固有法上,债的含义也很狭窄,指借贷等。自汉律以来,债的概念一直未见扩大,仍仅指欠人财物。至清末《大清民律草案》,西方民法中债的概念才首次被引入

---

〔1〕 参见[德]迪特尔·梅迪库斯:《德国债法总论》,杜景林、卢谌译,法律出版社2004年版,第8～9页;王泽鉴:《民法债编总论·基本理论·债之发生》(总第1册),三民书局1993年版,第4页。

〔2〕 参见[德]迪特尔·梅迪库斯:《德国债法总论》,杜景林、卢谌译,法律出版社2004年版,第9页;王泽鉴:《民法债编总论·基本理论·债之发生》(总第1册),三民书局1993年版,第4页。

我国。[1] 在中国现行法上,债的概念不仅指债务,而且包括债权,以及附随义务和有关权能,表示的是以债权债务为内容的民事法律关系。

二、债的性质

(一)债为特定当事人之间的民事法律关系

债的当事人为债权人和债务人,它们都是特定的人。因为债权具有依附或归属于某一特定当事人的固有性质,当它归属于某一当事人时,势必使其特定化。债权乃一种对人的请求权,请求必须有对象才不至于落空,这就要求债务人必须特定。尤其是债权的实现一般须有债务人履行债务的积极行为,债务履行的结果是使债务人蒙受不利益,因此,唯有与债权人有特别结合关系的特定之人,才能成为向债权人履行义务的债务人。除此之外的他人因与债权人无上述关系,不对债权人负担债务,被排除于债的关系之外。

在物权关系、人身权关系和知识产权关系中,其权利人虽然特定,但其义务人却是不特定的一切他人。在这些民事法律关系中,因权利人的权利只需要他人消极地不加侵害即可实现,而且立法者也难以预料权利人的权利在何时、何种情况下会受到侵犯,所以法律赋予这些权利以排除他人侵害的效力,使不特定的一切他人负担消极义务。这与债务人须特定化的特征明显不同。虽然现代侵权行为法已经有条件地承认行为人在特定场合下负有交易安全义务,或曰安全保障义务,使人格权、物权等绝对权于特定场合具有要求行为人负担积极作为义务的效力,但这毕竟属于特例,尚未从根本上动摇绝对权与相对权的分类。

诚然,债的当事人特定化不是债权人和债务人的僵死化,仅具有债权人和债务人之间形成相对关系的意义。债权人的更换,债务人的替代,并不与债的当事人特定化相矛盾。此外,在现代民法上,债的效力在某些情况下已经延伸至有关第三人,例如,债权人的代位权、债权人的撤销权等。

(二)债为当事人之间的特别结合关系

债权人和债务人结合在一起形成债的关系,或是基于彼此间的信赖,或是立法者出于某种社会政策的考虑。在这类关系中,当事人双方之间结合得密切,任何一方的疏忽或不注意,都易于给他方造成损害,因此,法律对当事人科以的注意义务高于物权关系、人身权关系中的注意义务,当事人仅仅停留于不作为的状态并不足够,只有互负通知、协助、保密等项义务,才算达到要求。对此,《民法典》第509条第2款已经作了明确规定。

物权关系、人身权关系属于一般关系,也叫普通关系,在一般情况下,义务人只

---

[1] 参见佟柔主编:《民法原理》,法律出版社1983年版,第179~182页。

要不作为，就算尽到了注意义务。由此可见债的关系与物权关系、人身权关系的不同。

■ **讨论** | 如何理解特定情形下债的关系与物权关系、人身权关系的相同点

应当指出，现代侵权行为法规定物权人、人身权人在极少数情况下承担积极的义务。德国法称为社会安全义务或安全交往义务（Verkehrspfichten），英美法上的注意义务（duty of care）中增加了此类内容，中国司法解释及有关学说叫作安全保障义务。就此看来，债的关系与物权关系、人身权关系似乎具有了相同点。对此，应当如何认识？分析法释［2003］20号第6条关于“从事住宿、餐饮、娱乐等经营活动或者其他社会活动的自然人、法人、其他组织，未尽合理限度范围内的安全保障义务致使他人遭受人身损害，赔偿权利人请求其承担相应赔偿责任的，人民法院应予支持。因第三人侵权导致损害结果发生的，由实施侵权行为的第三人承担赔偿责任。安全保障义务人有过错的，应当在其能够防止或者制止损害的范围内承担相应的补充赔偿责任。安全保障义务人承担责任后，可以向第三人追偿。赔偿权利人起诉安全保障义务人的，应当将第三人作为共同被告，但第三人不能确定的除外”的规定，《民法典》第1198条关于“宾馆、商场、银行、车站、娱乐场所等公共场所的管理人或者群众性活动的组织者，未尽到安全保障义务，造成他人损害的，应当承担侵权责任”的规定，可知法律配置此类安全保障义务的着眼点，不在于物权人、人格权人及其相应的绝对权关系，而在于营业者或其他的社会活动者及其相应的特别结合关系，加之配置此类义务的情形十分有限，因而尚难由此得出债的关系与物权关系、人格权关系趋同的结论。

（三）债为当事人实现其特定利益的法律手段

虽然在债法史上曾有过分强调国家利益，忽视债的当事人的利益，将债的成立、债权的行使和债务的履行视为当事人对国家应尽的义务的情形，但从总体上说，债法的基本功能仍然是为当事人实现其特定利益提供法律途径。不可否认，法律之所以对债赋予强制执行力，之所以要维护债的关系正常地发生与消灭，当然有其促进财产流通、充分利用资源、保护公民不受非法侵害、维持良好的社会秩序和道德风尚等社会政策的考虑，但法律保护债的关系的根本目的，始终在于使当事人的利益得到满足，或使当事人受到损害的利益得到补偿。[1]

（四）债主要表现为但不限于财产法律关系

在近现代民法上，债基本上表现为财产法律关系。这是商品经济发展的要求，

---

〔1〕 参见张广兴：《债法总论》，法律出版社1997年版，第21页。

道德伦理也起了相当的作用。此外,债系法锁,具有法律的拘束力,其内容为债权债务,这些都决定了它适宜成为财产流转的法律形式,从而使它具有财产性。但是,债就其本质及界定而言,并无必须是财产法律关系的要求。[1]

延伸|罗马法对债的认识

在古典时代的罗马法中,人们并不重视债的财产性,而是关注债抽象的潜在约束的观念。[2] 罗马古代一直将债的关系视为人身关系(*rapporti personali*)。[3] 在农业时代的庄园制度中,领主(Grundherr)支配广阔的土地,以此从事维持家计的必要的生产,但又将其支配下的土地分割,基于一种租赁关系(Leiheverhältnisse)租给农民。[4] 这种合同一方面产生了对当事人支配和庇护的权利义务,另一方面产生了要求当事人服务及保护的权利义务。它是一种身份关系上的贯穿于全部生活范围的合同。

具体来说:一是农业主体成为以领主为首的封建制度的支配团体,其关系均依身份关系来结合;二是对生产手段和劳动力的支配,虽在某种程度上分属于不同阶段的支配,但两个支配权常常合一而成为一个服从关系的内容;三是对生产手段和劳动力的支配,以社会构成的身份关系的一方面为限,服从社会的统制。[5]

在现代,通常把债表述为,特定当事人之间得请求一定给付的法律关系。[6] 其实,债也天然地成为某些非财产关系的法律形式。诸如甲在0时至6时30分不在卧室弹钢琴之类的约定,大多属于非财产性债的关系。这种约定很有意义,也不违反公序良俗,法律上应该予以承认。它可以避免甲的午夜琴声是否违反一般禁令的争执,在举证责任的分配上也有益处。[7]

还需注意,财产权的概念现在并不正面取决于财产的价值,而是从与非财产权相对(人格权、身份权)的角度,理解为一种不属于非财产权的权利,即一切可以与权利主体的人格或身份分离,具有独立存在理由的,与非财产权相对的权利,即为

---

[1] 参见崔建远:《债法总则与中国民法典的制定》,载崔建远主编:《民法九人行》(第2卷),金桥文化出版(香港)有限公司2004年版,第193~194页。

[2] 参见[意]朱赛佩·格罗索:《罗马法史》,黄风译,中国政法大学出版社1994年版,第115页。

[3] 参见丁玫:《罗马法契约责任》,中国政法大学出版社1998年版,第42页。

[4] 参见[日]我妻荣:《债权在近代法中的优越地位》,王书江、张雷、谢怀栻译,中国大百科全书出版社1999年版,第161页。

[5] 参见[日]我妻荣:《债权在近代法中的优越地位》,王书江、张雷译,谢怀栻校,中国大百科全书出版社1999年版,第164页。

[6] 参见王泽鉴:《民法债编总论·基本理论·债之发生》(总第1册),三民书局1993年版,第3页。

[7] 参见黄立:《民法债编总论》,中国政法大学出版社2002年版,第2~3页。

财产权。[1]

■ **讨论**｜好意施惠关系与债的关系的区别

好意施惠关系与债的关系之间的区别问题,需要研究。例如,案例[1－1]中,甲教师和乙教师之间究竟是债的关系还是好意施惠关系？需要从以下几方面考量。

其一,应从效果意思的方面甄别。如果当事人具有发生债法效果的意思,并且达成合意,应该将其认定为债的关系;反之,则将其归为好意施惠关系。如果甲乙之间无发生债的效果意思,则回答法律问题的关系属于好意施惠关系;如果乙教师为防止甲教师胡编乱造而约定,甲故意或重大过失地错答问题时须支付违约金,那么,他们之间的关系属于债的关系。再如,案例[1－2]中,甲公司与乙之间均无发生债权债务的效果意思,故不生违约问题,也不产生不完全给付,不可能有所谓故意或过失的行为,这种情形通常也不构成侵权行为,[2]乙不得追究甲公司的民事责任。

其二,在好意施惠场合,客观上存在债的关系、单纯的好意施惠关系、好意施惠关系伴有法律行为的附属义务的区别。如何判断、区分？应依据一般解释规则,即解释意思表示应探求当事人之真意,不得拘泥于所用之词句,具体到这里的问题,就是应探求关系人是否愿意将其行为置于债法规范的调整范围。[3]若是,则为债的关系;若否,则为好意施惠关系,不过可能是单纯的好意施惠关系,也可能依关系人的意思,虽然无请求权产生,但仍可有类似合同上的忠诚义务、保护义务、谨慎义务等。例如,上例甲公司办理公司周年酒会而形成的关系中,如果乙在入口处将其外衣交给为赚取小费而自愿看管衣帽的来宾丙,因丙粗心大意致使乙的外衣被窃,便属于违反了保护义务。[4]

(五)债系有期限的民事法律关系

债的关系自始即以完全满足债权人的给付利益为目的,"债权系法律世界中的动态因素,含有死亡的基因,目的已达,即归消灭"。[5]可见,债是有存续期限的民事法律关系。

---

〔1〕 参见[日]於保不二雄:《日本民法债权总论》,庄胜荣校订,五南图书出版有限公司 1998 年版,第 20 页。

〔2〕 参见黄立:《民法债编总论》,中国政法大学出版社 2002 年版,第 17 页。

〔3〕 参见黄立:《民法债编总论》,中国政法大学出版社 2002 年版,第 18 页。

〔4〕 参见黄立:《民法债编总论》,中国政法大学出版社 2002 年版,第 17 页。

〔5〕 Radbruch, *Rechtsphilosophie*, 1963, S. 243. 王泽鉴:《民法债编总论・基本理论・债之发生》(总第 1 册),三民书局 1993 年版,第 52 页。

本节法条1-2

第二节　债的义务群

引导案例

[1-3]甲向乙开发商购买一套房屋,合同约定应当以精装修的形式交付。依据该合同,甲方有支付房款的义务,乙方有交付房屋的义务;如果甲方或乙方未按时履行义务,还需要向对方支付违约金或赔偿损失;乙方还要保证交付的房屋适合于居住;甲方发现房屋的瑕疵时应当及时告知乙方等。这些义务是否都属于债的义务,各项义务之间是什么关系?

债的关系区别于物权关系、人格权关系、知识产权关系的明显之点,在于其义务群。在一定意义上说,理解了债的关系上的义务群,就基本上把握了债的关系。

一、给付行为与给付效果

所谓给付,是指债的关系上特定人之间得请求的特定行为。给付,在多数情况下表现为作为,个别场合也有不作为的形态,并且不以有财产价值为限。给付,具有双重意义,有时指给付行为(Leistungsverhalten),有时则指给付效果(Leistungserfolge)。[1] 在某些债的关系中,其给付仅指给付行为,即使未得出预期的给付结果,只要没有可归责于债务人的事由,就不构成债务不履行责任,不影响债务人获得相应的对价。技术开发合同、技术服务合同等为其代表。在技术开发合同中,技术开发方的给付为从事合同约定的技术开发活动,至于是否获得成熟的技术成果,则在所不问。与此不同,某些债的关系不但关注给付行为,而且要求给付结果,如果无给付结果,一般要构成债务不履行责任。承揽合同关系为其典型。承揽人必须完成合同约定的工作成果,才算适当履行了给付义务。买卖、赠与、租赁等债的关系都以给付效果为内容。[2]

---

〔1〕 参见王泽鉴:《民法债编总论·基本理论·债之发生》(总第1册),三民书局1993年版,第25页。
〔2〕 参见王泽鉴:《民法债编总论·基本理论·债之发生》(总第1册),三民书局1993年版,第25~26页。

辨析｜不当得利制度上的给付与一般给付

不当得利制度上的给付，是指有意识地，基于一定目的而增加他人的财产。不当得利制度上对给付的定义，系就民法上一般给付的概念作一定程度的限缩。〔1〕而包括债法在内的民法上的一般所谓给付，并不以增加他人财产为限。例如，以不作为为内容的给付，因无增加他人财产的情形，从而不适于作为不当得利返还的客体。〔2〕再如，仅有在给付者究系针对哪一债务而为给付产生疑问时，以及私法自治的要求下，始有探求给付者给付目的的必要，所以，债法上的一般给付原则上不探求给付者的给付目的。〔3〕

二、义务的类型

义务的类型如图1－1所示。

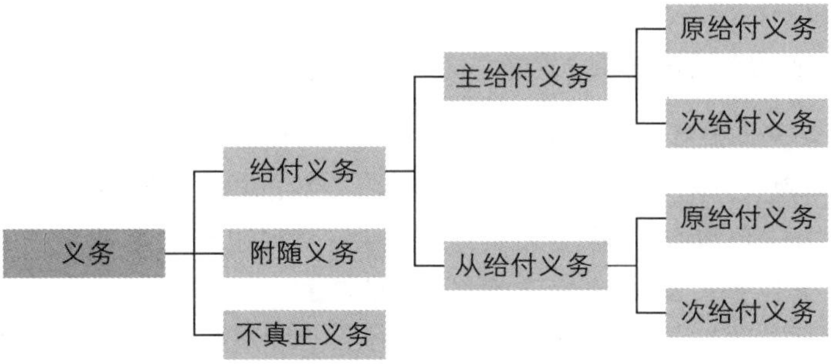

图1－1　义务的类型结构

（一）主给付义务与从给付义务

义务包括给付义务和附随义务。给付义务分为主给付义务和从给付义务。

所谓主给付义务，简称为主义务，是指债的关系所固有、必备，并用以决定债的类型的基本义务。例如，在买卖合同中，出卖人负交付买卖物及移转其所有权的义务，买受人负支付价款的义务，均属主给付义务。就双务合同而言，此类主给付义务，构成对待给付义务，在对方未为对待给付前，得拒绝履行自己的给付；因不可归责于双方当事人的原因致一部或全部不能履行时，当事人一方减为或免为对待给付义务。发生不能履行、逾期履行、不完全履行时，如不具有免责事由，债务人便应

〔1〕参见王泽鉴：《民法研究系列·不当得利》，北京大学出版社2009年版，第30页。

〔2〕参见王千维：《在给付行为之当事人间基于给付而生财产损益变动之不当性》，新学林出版股份有限公司2007年版，第5页。

〔3〕参见王千维：《在给付行为之当事人间基于给付而生财产损益变动之不当性》，新学林出版股份有限公司2007年版，第5～6页。

承担违约责任。[1]

■ **提示** | 主要条款不一定产生主给付义务

需注意,虽然主给付义务大多由主要条款规定,但并非存在主要条款一定产生主给付义务的铁律。例如,在一份房屋租赁合同中,承租人出于行业的特殊需要,特意在合同中约定"出租人必须对租赁物享有所有权","在合同订立后30日内,出租人不能向承租人出示该租赁物的所有权证,视为出租人违约"。该约定形成的条款属于主要条款,可是它产生的义务不能决定合同的类型,即根据它尚难断定究竟是买卖合同,还是租赁合同,抑或赠与合同等,因而该项义务不属于主给付义务。至于它是从给付义务还是附随义务,需要探讨。鉴于它含有给付的内容,本书赞同从给付义务的见解。

■ **讨论** | 如何理解《民法典》规定的"主要债务"

《民法典》第563条第3项使用了"主要债务"的概念,该主要债务与主给付义务的关系如何?一种观点认为,它主要是指双务合同中立于对价关系的债务,即给付义务。[2] 另一种观点认为,主要债务是实现合同目的必须履行的义务。[3] 本书作者认为,前者有可取之处,即把主要债务与给付义务联系起来,不过,需要作些修正,明确主要债务原则上不包括从给付义务,这不仅是因为在双务合同中,从给付义务与主给付义务不构成对价关系,在单务合同中从给付义务不可能是"主要债务",还因为主要债务"类似于英美法上的根本契约义务"(fundmental terms and condition)。[4] 此其一。主要债务不仅存在于双务合同中,而且存在于单务合同中。此其二。

所谓从给付义务,简称为从义务,是不具有独立的意义,仅具有补助主给付义务功能的义务。其存在的目的,不在于决定债的类型,而在于确保债权人的利益能够获得最大满足。从给付义务的发生原因如图1-2所示。

---

〔1〕 参见王泽鉴:《民法债编总论·基本理论·债之发生》(总第1册),三民书局1993年版,第26~27页。

〔2〕 参见韩世远:《合同法总论》,法律出版社2004年版,第606页。

〔3〕 BGH(13.3.56)BB56/577.578 Sub6. 转引自金勇军:《一般交易条款的解释》,载《法学》1997年第5期。

〔4〕 金勇军:《一般交易条款的解释》,载《法学》1997年第5期。

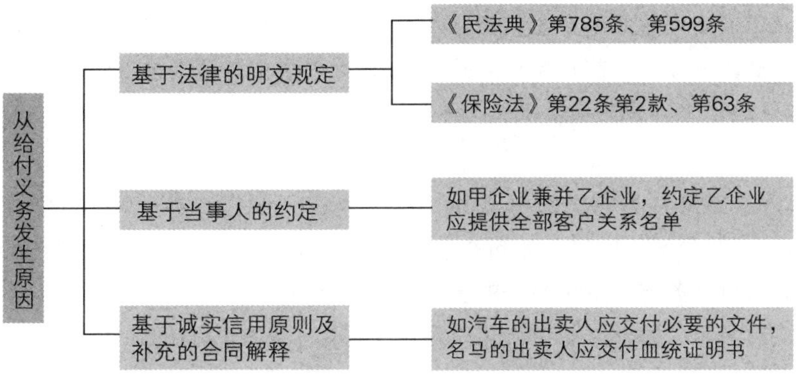

图1－2　从给付义务的发生原因

事例　房屋出卖人未办理房屋所有权过户登记手续而不交付房屋所有权证，系不履行主给付义务，而非不履行从给付义务；但若已经办理完毕过户登记手续而未交付房屋所有权证，则为不履行从给付义务。

一般认为，违反主给付义务，可发生解除权；而违反从给付义务场合，守约方原则上不得解除合同。但是，存在例外，即违反从给付义务给相对人造成重大损失或不能实现合同目的时，相对人可解除合同。

通常，不履行从给付义务，相对人不得援用同时履行抗辩权或先履行抗辩权，拒绝履行主给付义务，但亦有例外，即违反从给付义务给相对人造成重大损失或不能实现合同目的时，相对人可解除合同。

□ **国外制度介绍**

日本有判例坚持：在租赁合同中，出租人不履行修缮义务，致使承租人不能享受租赁物使用、收益的，承租人可以行使同时履行抗辩权，拒付租金。[1] 但在未达到不能使用收益或未产生重大障碍的情况下，不得拒付全部租金，[2]只能

〔1〕 参见《大判》1915 年 12 月 11 日“民录”2058 页（因洪水而水车不能使用，判定其后可以拒付租金），《大判》1921 年 9 月 26 日“民录”1627 页“判民”135 我妻案件（租屋因遭水灾重创而不能使用，判定可以拒绝预付租金）。转引自［日］星野英一：《日本民法概论》（Ⅳ），姚荣涛译，刘玉中校订，五南图书出版有限公司 1998 年版，第 40 页。

〔2〕 参见《最判》1963 年 11 月 28 日“民集”1477 页；《最判》1968 年 11 月 21 日“民集”2741 页“判民”124 加藤雅信案件，《法协》87 卷 4 号（认可解除）。转引自［日］星野英一：《日本民法概论》（Ⅳ），姚荣涛译，刘玉中校订，五南图书出版有限公司 1998 年版，第 40 页。

拒付与不能使用收益部分比例相当的租金。[1] 再如，有判决确认，清偿债务与受领证书的债务之间构成同时履行关系。[2] 至于债权证书的返还与清偿债务之间，一般认为不构成同时履行关系。[3]

（二）原给付义务与次给付义务

给付义务，包括主给付义务和从给付义务，可分为原给付义务和次给付义务。

1. 原给付义务与次给付义务的含义

原给付义务，又称第一次给付义务，是指债的关系中原有的义务。

事例　名马的出卖人交付该马并移转其所有权（主给付义务），交付该马的血统证明书（从给付义务），均为原给付义务。

次给付义务，又称第二次给付义务，是指原给付义务在履行过程中，因特殊事由演变而生的义务。它主要包括以下两类：(1) 因原给付义务不能履行、逾期履行或不完全履行而产生的支付违约金、损害赔偿的义务。(2) 合同解除时产生的回复原状义务。上述次给付义务系根基于合同关系，合同关系的内容虽因之而改变或扩张，但其同一性仍保持不变。[4]

2. 区分原给付义务和次给付义务的意义

区分原给付义务和次给付义务具有如下价值：(1) 原给付义务受制于履行期限、债的存续期限，而与诉讼时效制度不直接发生联系；[5] 次给付义务恰恰受诉讼时效制度的管辖。不过，保险合同中保险人向被保险人或受益人理赔的责任若作为原给付义务，则适用诉讼时效制度。再就是保证场合，按照《担保法》等现行法的规定，保证人没有违约，保证债务有时也适用诉讼时效制度。上述第一类次给付义务产生的次日，为诉讼时效期间的起算点，第二类次给付义务成立之时，诉讼时效并不立即适用，只有它被违反时（次日），诉讼时效期间才起算。(2) 原给付义务属

---

〔1〕 参见《大判》1916年5月22日"民录"1014页（池沼承租人请求7折支付租金，遭拒绝而并被解除合同的案件）。转引自［日］星野英一：《日本民法概论》（Ⅳ），姚荣涛译，刘玉中校订，五南图书出版有限公司1998年版，第40页。

〔2〕 参见《大判》1941年3月1日"民集"163页11来栖案件。转引自［日］星野英一：《日本民法概论》（Ⅳ），姚荣涛译，刘玉中校订，五南图书出版有限公司1998年版，第42页。

〔3〕 参见［日］星野英一：《日本民法概论》（Ⅳ），姚荣涛译，刘玉中校订，五南图书出版有限公司1998年版，第42页。

〔4〕 参见王泽鉴：《民法债编总论·基本理论·债之发生》（总第1册），三民书局1993年版，第28～29页。

〔5〕 保险合同中保险人向被保险人或受益人理赔的责任若看作原给付义务，则适用诉讼时效，但也有坚持该期间为权利失效期间的。

于中性状态，不含有道德和法律谴责与否定的因素，因而不存在支付违约金、损害赔偿等责任；而第一类次给付义务则大多含有这种因素。

（三）附随义务

债的关系在其发展的过程中，不仅发生给付义务，还会发生其他义务。此类义务称作附随义务（见图 1－3），它们是以诚实信用原则为依据，随着债的关系的发展，逐渐发生的。

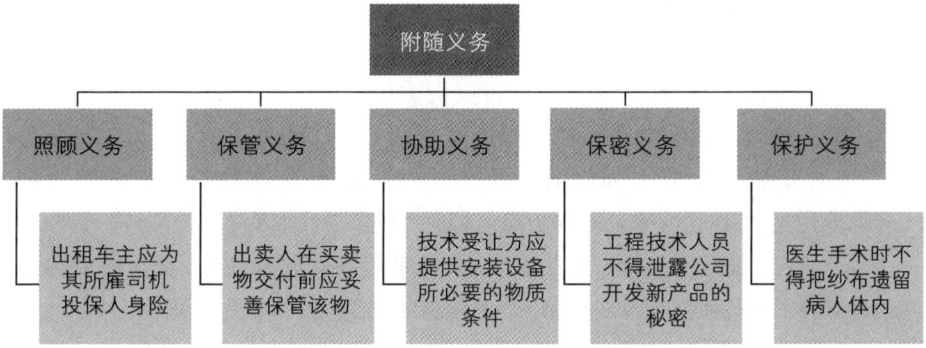

图 1－3　附随义务的类型与案例

1. 附随义务的发生原因

法条链接 1-1

在中国现行法上，附随义务不仅基于诚实信用原则而发生，而且有些是根据法律的直接规定而产生的。《民法典》第 509 条第 2 款概括地确认了附随义务的地位并列举了重要的类型，第 527 条规定了主张不安抗辩权的当事人举证对方当事人已经丧失了或可能丧失履行债务能力的证明义务，第 528 条规定了行使不安抗辩权的通知义务，等等。《保险法》第 16 条第 1 款规定了投保人的如实告知义务，第 17 条规定了保险人应当向投保人说明格式合同内容的义务，第 24 条规定了保险人对不属于保险责任的，应当自作出核定之日起 3 日内向被保险人或受益人发出拒绝赔偿或拒绝给付保险金通知书，并说明理由的义务，第 32 条规定了人身保险的投保人申报被保险人真实年龄的义务，第 52 条第 1 款规定了被保险人就保险标的增加了危险程度及时通知保险人的义务，第 56 条第 1 款规定了重复保险的投保人将重复保险的有关情况通知各保险人的义务，等等。

2. 附随义务与主给付义务、从给付义务

（1）附随义务与主给付义务

附随义务与主给付义务的区别有三：第一，主给付义务自始确定，并决定债的类型。附随义务则是随着债的关系的发展而不断形成的。它在任何债的关系中均可发生，不受特定债的类型的限制。第二，主给付义务构成双务债的对待给付，一方在对方未为对待给付前,得拒绝自己的给付。附随义务原则上不属于对待给付,不能发生同时履行抗辩权或先履行抗辩权。日本判例认为,继续性合同的一方当事人所承担的不是中心债务时,如租赁合同,即特别规定出租人有协助对方进行租赁权登记的义务,但该义务与租金支付义务之间不构成同时履行关系。[1] 至于日本的不动产买卖中,协助登记义务与货款支付义务有同时履行关系,[2]需要通过表象看到本质,即协助登记义务在表面上是附随义务,实质上为主给付义务,准确地说是主给付义务的前奏。具体到中国法,《民法典》规定出卖人负有转移买卖物所有权的义务(第595条),采取房屋等不动产的物权变动以登记为生效要件的模式(第209条等),房屋出卖人不协助办理移转登记手续,房屋所有权就不会移转给买受人,就意味着出卖人没有履行移转房屋所有权的义务。也就是说,出卖人协助办理移转登记的义务,在形式上为附随义务,实质上是移转买卖物所有权的主给付义务,准确地说是该项主给付义务的前奏。既然如此,买受人有权拒付房款,行使同时履行抗辩权或先履行抗辩权。由此看来,仅仅是单纯的附随义务,恐怕尚难构成同时履行抗辩权或先履行抗辩权。第三,不履行给付义务,债权人得解除合同。反之,不履行附随义务,债权人原则上不得解除合同,但在有违约金的约定场合,可请求债务人支付违约金;或就其所受损害,依不完全履行的规定请求支付违约金或损害赔偿。应当注意,不履行附随义务,在严重影响对方当事人的合同利益等情况下也会产生解除权。例如,《保险法》规定,投保人故意隐瞒事实,不履行如实告知义务,或因重大过失未履行如实告知义务,足以影响保险人决定是否同意承保或提高保险费率的,保险人有权解除保险合同(第16条第2款)。投保人申报的被保险人年龄不真实,并且其真实年龄不符合合同约定的年龄限制的,保险人可以解除合同,并按照合同约定退还保险单的现金价值。保险人行使合同解除权的除斥期间为2年,自合同成立之日起算(第32条第1款)。

当然,有些债的关系中的义务,究竟属于给付义务抑或附随义务,尚有争论。例如,在买卖合同中受领买卖物的义务,是属于给付义务还是附随义务,便有分歧。[3]

(2)附随义务与从给付义务

附随义务与从给付义务的区别,也存在争论。德国通说认为,应以可否独立以诉请求履行为判断标准加以区分。可以独立以诉的形式请求的义务为从给付义

---

〔1〕 参见《最判》1968年11月28日"民集"129中山事件(承认以不付租金为理由的解除合同),《法协》87卷4号(有反对意见)。转引自[日]星野英一:《日本民法概论》(Ⅳ),姚荣涛译,刘玉中校订,五南图书出版有限公司1998年版,第39页。

〔2〕 参见《大判》1917年8月14日"民录"1650页(以不支付剩余货款为理由的解除合同,被判定有效)。转引自[日]星野英一:《日本民法概论》(Ⅳ),姚荣涛译,刘玉中校订,五南图书出版有限公司1998年版,第39页。

〔3〕 参见王泽鉴:《民法债编总论·基本理论·债之发生》(总第1册),三民书局1993年版,第30页。

务，有人称为独立的附随义务。不得独立以诉请求的义务为附随义务，有人称为不独立的附随义务。在有些案件中，还可以基于该义务是否因约定而产生的事实，判断出该义务属于附随义务还是从给付义务。

事例　甲出售A车给乙，交付该车并移转其所有权，为甲的主给付义务；提供必要文件（如驾驶证或保险单）为从给付义务；告知该车的特殊危险性，则为附随义务。[1]

应当注意，还有学说从价值取向的角度区分从给付义务和附随义务，认为从给付义务仅限于在有效债的关系中促使履行利益得到基本满足，是为了实现债权利益的最大化；附随义务则是为了确保双方当事人的固有利益不受损害，强调不会使当事人因为债的履行而使固有利益受到损害，因此它更多的是一种保护性义务。当然，在债的履行过程中，可能会有从给付义务和附随义务交叉的情况，这时我们应当从义务的目的角度观察，如果这个义务是为了辅助主给付义务的，应当认定是从给付义务；如果该义务是为了保护当事人的固有利益不受损害的，则认定为附随义务。[2]

3. 附随义务的功能与意义

以附随义务的功能为标准，可将附随义务分为两类：(1)促进实现主给付义务，使债权人的给付利益获得最大可能的满足（辅助功能）。例如，花瓶的出卖人妥善包装该瓶，使买受人安全携带，该义务属之。(2)维护对方的人身或财产的利益（保护功能）。例如，独资企业主应注意其所提供工具的安全性，避免工人受伤害。应注意的是，有的附随义务兼具上述两种功能。例如，锅炉的出卖人应告知买受人使用锅炉的注意事项，一方面使买受人的给付利益获得满足，另一方面也维护买受人的人身或财产上的利益不因锅炉爆炸而遭受损害。[3]

把握附随义务的上述功能具有积极的意义。案例[1－3]中，乙开发商交付的住房在结构、面积方面都符合约定，但室内挥发的甲醛过高，损害了买受人及其亲属的健康，买受人就此请求开发商承担违约责任，开发商以建筑商品房时法律、法规、规章对房屋甲醛标准并无规定为由予以抗辩，拒绝承担违约责任。本书作者认为，如果法律文件明确规定有房屋甲醛标准，自然能容易地判断出开发商违约与否，即使欠缺法律的明文规定，基于住房买卖合同的特殊性质，开发商负有保证所交付的住房适合于居住的附随义务，甲醛过高达到严重的程度，致人伤

---

〔1〕参见王泽鉴：《民法债编总论·基本理论·债之发生》（总第1册），三民书局1993年版，第31页。

〔2〕参见贾若山：《论合同法上的附随义务》，清华大学法学院2005年法律硕士专业学位论文，第26页。

〔3〕参见王泽鉴：《民法债编总论·基本理论·债之发生》（总第1册），三民书局1993年版，第31页。

害，就是开发商违反了附随义务，应当就此承担违约责任，尽管住房的结构符合要求。

（四）不真正义务

除上述给付义务及附随义务以外，债的关系上还有不真正义务，或称间接义务。其主要特征在于权利人通常不得请求履行，违反它也不发生损害赔偿责任，仅使负担该义务的一方遭受权利减损或丧失的不利益。〔1〕《民法典》第 591 条第 1 款关于“当事人一方违约后，对方应当采取适当措施防止损失的扩大；没有采取措施致使损失扩大的，不得就扩大的损失请求赔偿”的规定中，守约方采取措施防止损失扩大的义务，就是不真正义务。其在法律上虽未负有不损害自己权益的义务，但因自己的过失造成损失扩大，则按公平原则的要求，应依其程度承受减免赔偿额的不利益。这是关于不真正义务的一般规定。《民法典》规定的典型合同中，对不真正义务有具体规定。例如，第 620 条规定了买受人对买卖物及时检验的义务，第 621 条规定了买受人将买卖物的瑕疵适时通知出卖人的义务，第 893 条规定了寄存人将保管物的瑕疵或按照保管物的性质需要采取特殊保管措施的信息通知保管人的义务。

（五）先合同义务与后合同义务

就整个合同法而言，尚有先合同义务和后合同义务。先合同义务，是指当事人为缔约而接触时，基于诚实信用原则而发生的各种说明、告知、注意及保护等义务。〔2〕违反它即构成缔约过失责任。《民法典》第 509 条第 2 款关于“当事人应当遵循诚实信用原则，根据合同的性质、目的和交易习惯履行通知、协助、保密等义务”的规定，不但应当解释为肯定了附随义务，同时也可解释为承认了先合同义务。〔3〕《民法典》第 500 条关于恶意缔约、欺诈缔约及其他违背诚实信用原则的场合，恶意的行为人应负赔偿责任的规定，从构成此类责任的原因角度考察，就是承认了先合同义务。《民法典》第 501 条关于在缔约过程中泄露或不当使用商业秘密时应负赔偿责任的规定，同样是对先合同义务的确认。

合同关系消灭后，当事人依诚实信用原则应负有某种作为或不作为义务，以维护给付效果，或协助对方处理合同终了的善后事务，学说上称为后合同义务。〔4〕《民法典》第 558 条规定了这种义务。违反后合同义务，产生债务不履行责

---

〔1〕 参见王泽鉴：《民法债编总论 · 基本理论 · 债之发生》（总第 1 册），三民书局 1993 年版，第 34 ~ 35 页。

〔2〕 Esser – Schtmidt, *Schuldrecht*, Bd. I, S. 91f. ,435. 转引自王泽鉴：《民法债编总论 · 基本理论 · 债之发生》（总第 1 册），三民书局 1993 年版，第 33 页。

〔3〕 详细分析，参见崔建远：《合同法总论》，中国人民大学出版社 2008 年版，第 205 ~ 206 页。

〔4〕 Esser – Schtmidt, *Schuldrecht*, Bd. I, S. 91f. ,435. 转引自王泽鉴：《民法债编总论 · 基本理论 · 债之发生》（总第 1 册），三民书局 1993 年版，第 33 ~ 34 页。

任，违反者对由此产生的费用和给相对人造成的实际损失，应当承担损害赔偿责任。

三、体系构成

上述义务群，是债法的核心问题。处理债的问题，首先需考虑的是债务人负何种义务，可否请求履行，违反义务时的法律效果如何。现行法以主给付义务为规范对象，基于诚实信用原则，由近而远，逐渐发生从给付义务，以及其他辅助实现给付利益及维护对方人身和财产上利益为目的的附随义务，组成了义务体系。现代债法的发展，在一定意义上可以说是债的关系上义务群的发展。[1]

本节法条1-3

第三节　债权及其实现

引导案例

[1-4] 赌徒甲因赌博输给乙，欠下赌债，乙可否请求甲支付赌债？如果甲支付了赌债给乙，甲可否再请求返还？

[1-5] 甲男与乙女缔结婚约，但尚未登记结婚。事后乙女反悔婚约，甲男是否可以诉请法院要求乙女履行婚约？

债务的对面就是债权，正确理解债权不仅为把握债的关系所必需，而且有助于深化对上述义务群的认识。

一、债权的概念分析

债权，是指债权人根据法律规定或合同约定向债务人请求给付并予以保有的权利。对此，宜从以下角度把握。

（一）债权是请求权

债的关系是具有特定性的法律关系，债权人在债务人给付之前，不能直接支配给付客体，也不能直接支配债务人的给付行为，更不许直接支配债务人的人身，只能通过请求债务人为给付，达到自己的目的。[2] 就此看来，债权不是支配权，而是请求债务人为特定给付的权利，即请求权。不过，债权与请求权并非同一概念，因为

---

〔1〕 参见王泽鉴：《民法债编总论 · 基本理论 · 债之发生》（总第1册），三民书局1993年版，第36页。

〔2〕 参见[德]卡尔 · 拉伦茨：《德国民法通论》（上册），王晓晔、邵建东、程建英、徐国建、谢怀栻译，谢怀栻校，法律出版社2003年版，第287～288页。

从请求权方面看，除债权的请求权外，尚有物上请求权、人格权请求权、知识产权请求权；从债权本身观察，债权除具有请求权的权能以外，尚有选择、处分、解除等权能。[1]

（二）债权是给付受领权

权利的基本思想，在于将某种利益在法律上归属某人。债权的本质内容，就是有效地受领债务人的给付，将该给付归属于债权人。

（三）债权是相对权

债的关系具有相对性，债权人仅得向债务人请求给付，无权向一般不特定人请求给付，因此，债权为相对权。但相对性原则在现代民法上已被部分突破，如在由第三人履行的合同中，债权人有权请求第三人为给付；租赁权已物权化，具有对抗效力；期房债权因预告登记而有否定其后产生的抵押权、所有权的效力。

拓展｜债权系相对权在中国法上的体现

关于债权系相对权的品格，中国现行法在大多场合予以贯彻了。例如，法发[2009]19号第2条第3款第5项规定，受让人自金融资产管理公司受让不良债权后，以不良债权存在瑕疵为由起诉原国有银行的，人民法院不予受理；但在某些情况下则没有贯彻。例如，法发[2009]19号第3条第2款第2句规定："金融资产管理公司在不良债权转让合同中订有禁止转售、禁止向国有银行、各级人民政府、国家机构等追偿、禁止转让给特定第三人等要求受让人放弃部分权利条款的，人民法院应认定该条款有效。"第5条第2款规定："国有企业债务人提出的不良债权转让合同无效诉讼被受理后，对于受让人的债权系直接从金融资产管理公司处受让的，人民法院应当将金融资产管理公司和受让人列为案件当事人；如果受让人的债权系金融资产管理公司转让给其他受让人后，因该受让人再次转让或多次转让而取得的，人民法院应当将金融资产管理公司和该转让人以及后手受让人列为案件当事人。"

（四）债权具有平等性

债权仅有相对性，没有排他性，因此，对同一客体可成立多个债权，并且无论发生先后，均以同等地位并存。这种平等性在债权人参加强制执行、破产程序时明显地表现出来。在债务人破产或其财产被法院依诉讼程序强制执行又不足以清偿全部债务时，依债务人的总财产数额，在数个债权人之间按各个债权数额的比例分配。不过，在没有欺诈行为的情况下，如果其他债权人没有向债务人主张其债权，或

---

〔1〕 参见王泽鉴：《民法债编总论·基本理论·债之发生》（总第1册），三民书局1993年版，第17页。

是虽然主张了,但债务人的一般财产足以清偿这些并存的债权,债务人任意清偿,先接受清偿的债权人保持该给付,并不违反债权的平等性。还有,债权人行使代位权或撤销权的情况下,债权人通过将其应当向债务人返还的债务与自己所享有的债权相抵销,事实上做到了优先受偿,债权在实际上呈现了优先性。[1]

拓展｜中国法背离债权平等性的体现

债权的平等性可以通过法律规定的或认可的程序和途径加以改变,在中国现行法上主要有如下情形:

1. 职工的工资债权优先权(《企业破产法》第113条第1款)、承包人的工程款债权的优先权(《民法典》第807条)等,使债权具有了优先性。

2. 船长、船员和其他在编人员依法及劳动合同产生的工资、其他劳动报酬、船员遣返费用和社会保险费用的给付请求权,在船舶营运中发生的人身伤亡的赔偿请求权,船舶吨税、引航费、港务费和其他港口规费的缴付请求权,海难救助的救助款项的给付请求权,船舶在营运侵权行为产生的财产赔偿请求权,就产生此类海事请求权的船舶而主张时,优先于船舶所有权、船舶留置权、船舶抵押权受偿(《海商法》第21条、第22条第1款、第25条第1款)。

海难救助的救助款项的给付请求权,后于船长、船员和其他在编人员依法及劳动合同产生的工资、其他劳动报酬、船员遣返费用和社会保险费用的给付请求权而发生的,反倒优先于它们而受偿;后于船舶吨税、引航费、港务费和其他港口规费的缴付请求权而发生的,反倒优先于它们而受偿(《海商法》第23条第1款)。

3. 租赁权因法律将其物权化而具有优先性。《民法典》第725条关于"租赁物在承租人按照租赁合同占有期限内发生所有权变动的,不影响租赁合同的效力"的规定,赋予了租赁权对抗租赁物所有权的效力,在对租赁物的占有、使用、部分收益的享有方面,租赁权具有优先于租赁物所有权的效力。

《民法典》第405条前段关于"抵押权设立前,抵押财产已经出租并转移占有的,原租赁关系不受该抵押权的影响"的规定,使租赁权具有对抗后于自己设定的抵押权的效力,也具有对抗因此类抵押权行使而取得的抵押物所有权的效力。

4. 债权因有抵押权、质权、留置权的担保而具有优先受偿的效力。按照中国现行法的规定,债权因有抵押权、质权、留置权的担保而具有优先受偿的效力(《民法典》第394条第1款、第396条、第401条、第406条、第410条第1款、

---

〔1〕 参见[日]於保不二雄:《日本民法债权总论》,庄胜荣校订,五南图书出版有限公司1998年版,第167、191页。

第425条、第433条、第436条、第442~445条、第447条第1款、第453条;《城市房地产管理法》第47条、第51条)。

5. 被拆迁人请求拆迁人移转安置房屋所有权的债权优先于一般债权甚至所有权。法释[2003]7号第7条第1款规定:"拆迁人与被拆迁人按照所有权调换形式订立拆迁补偿安置协议,明确约定拆迁人以位置、用途特定的房屋对被拆迁人予以补偿安置,如果拆迁人将该补偿安置房屋另行出卖给第三人,被拆迁人请求优先取得补偿安置房屋的,应予支持。"在该第三人尚未取得安置房屋所有权的情况下,被拆迁人请求拆迁人移转房屋所有权的债权优先于该第三人的债权;在该第三人已经办理了安置房屋过户手续的情况下,被拆迁人的债权优先于该第三人的房屋所有权,即能够否定该第三人的房屋所有权。这体现了对于事关被拆迁人生活、生存方面权益的特别保护,有利于城市发展建设及房屋拆迁工作的顺利进行,值得肯定。

6. 债权人已经履行了土地使用权出让金支付的义务,先行合法占有投资开发土地的,其债权具有优先于尚未合法占有投资开发土地的债权人的债权的效力。法释[2005]5号第10条第1款第2项规定,土地使用权人作为转让方就同一出让土地使用权订立数个转让合同,且转让合同有效,均未办理土地使用权变更登记手续的情况下,已先行合法占有投资开发土地的受让方请求转让方履行土地使用权变更登记等合同义务的,应予支持。这体现了效率原则和优惠保护完全履行义务者的精神,具有正当性。不过,该规定毕竟突破了债权平等原则的大原则,应当严格限定其适用条件。分析该条项的规定,可知包括如下条件:占有人已经履行了土地使用权出让金的支付义务,占有人已经对其受让的宗地有所投资,占有人已经请求转让方履行土地使用权变更登记等合同义务,其他受让人完全没有履行其义务或履行的程度和力度不及占有人的履行。

7. 债权人已经履行了土地使用权出让金支付的义务,其债权具有优先于尚未支付土地转让款的债权人的债权的效力。法释[2005]5号第10条第1款第3项规定,土地使用权人作为转让方就同一出让土地使用权订立数个转让合同,且转让合同有效,数个受让人均未办理土地使用权变更登记手续,又未合法占有投资开发土地,先行支付土地转让款的受让方请求转让方履行交付土地和办理土地使用权变更登记等合同义务的,应予支持。尤其是按照"削梨说",作为标的物的土地使用权随着出让金的不断支付而逐渐移转,已经付清出让金的受让人在普通人的眼里应为土地使用权人。这显现出该规定的可被接受性。但需要说明,该条项规定的债权具有优先效力,其正当性弱于前述法释[2005]5号第10条第1款第2项规定的类型,更应当严格其适用条件。分析该条项的规定,可知包括如下条件:受让人已经履行了土地使用权出让金的支付义务,该受让人已经请求转让方履行土地使用权变更登记等合同义务,其他受让人完全没有履行其义务或履行的程度和力度不及该受让人的履行。
法释[2012]8号第9条第2项的规定类似于法释[2005]5号第10条第1款第2项的规定，宜相同对待。
8. 依法成立在先的债权在效力上优先于成立在后的债权。法释[2005]5号第10条第1款第4项规定，土地使用权人作为转让方就同一出让土地使用权订立数个转让合同，且转让合同都有效，受让人们均未履行义务，却都要求转让方履行合同的，法院应当支持依法成立在先的合同的受让方的请求。
该规定确立了依法成立在先的债权优先于成立在后的债权的规则，剥夺了其他已经主张自己权利的债权人取得标的物权利的资格，破坏了债权平等原则。而破坏的唯一根据就是合同成立在先，其正当性显然严重不足。因为债权平等原则是由债权的本质属性所决定的，是立法者权衡方方面面的利益关系，基于民事权利体系的合理设置而确立的，轻易不许破坏。
该规定有损交易安全，因为第一份土地使用权转让合同不具有公示性，第二受让人、第三受让人等不知作为标的物的土地使用权已经成为他人债权的对象，且无重大过失，时常是根本没有过失。在这种情况下，剥夺第二受让人、第三受让人取得土地使用权的机会，不符合交易安全原则。
为了避免出现无法取得买卖物所有权的现象，第二买受人、第三买受人等需要花费人力、物力调查买卖物是否亦为他人债权的对象，增加交易成本，也迟滞了交易的进程。
所以，法释[2005]5号第10条第4项的规定实在不足取。法释[2012]8号第9条第3项的规定存在同样的问题，也值得反思。
9.《民法典》承认了预告登记(第221条)，对购房债权办理了预告登记，就使其后产生于商品房上的所有权、抵押权归于无效，也可以看成购房债权优先于此类所有权、抵押权。

二、债权的实现

债权人达到债的目的需要债权的实现，而债权的实现有赖于债务的履行。在债务人不履行其债务的情况下，债权人若欲实现其债权，既可以直接向债务人主张，也可以诉请到法院获得救济，无论何者，都是债权具有法律效力的表现。债权的法律效力，在正常情况下兼有请求力、强制执行力、依法自力实现力、处分权能和保持力(见图1-4)。

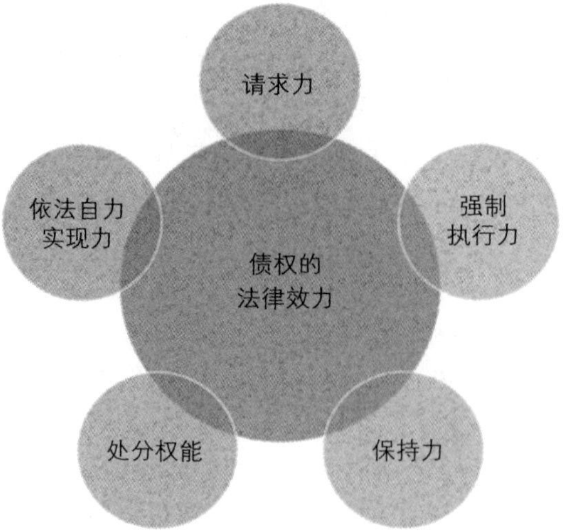

图1－4 债权的法律效力

(一)请求力

有学说认为,所谓请求力,又称诉请履行,是指在债务人不履行其债务时,债权人得向法院诉请履行的效力。法院作出给付判决,以约定的给付为内容,此类给付可以表现为金钱的支付,也可以表现为有体物的交付,还可以表现为劳务的提供等,即实际履行约定给付的原则。

事例 出卖人被判处将出卖的品牌为X、车架号为Y的小汽车连同车辆的有关证件交付给买受人,并移转所有权。[1]

本书作者认为,对于债权的请求力,可作宽泛的解释,即债权人可以向法院诉请债务人履行债务,固然是债权请求力的表现,债权人不通过诉讼的方式,而是直接向债务人请求其履行,也应当是债权的请求力的题中应有之义。其道理在于,(1)完全债权,或者说效力齐备的债权,含有请求力、强制执行力、自力实现和保持力等许多效力形式,债权人未向法院诉请履行,债务人主动给付,债权人有权受领和保有,表明不经诉讼程序债权也有保持力。更有甚者,债权人在特殊情况下还有自力实现的权能,这种债权效力与诉讼程序更是远隔万水千山。都是债权的效力,为何单单强调请求力必须表现为诉讼请求?(2)实际情形是,债权大多通过债权人直接向债务人请求而得以实现,债务人之所以承受了负担还应此种请求而履行债

〔1〕 参见[德]迪特尔·梅迪库斯:《德国债法总论》,杜景林、卢谌译,法律出版社2004年版,第16页;王泽鉴:《民法债编总论·基本理论·债之发生》(总第1册),三民书局1993年版,第39页。

务，实际上是因为法律上之力支撑着债权，债务人不履行债务可能招致更大的负担。鉴于此，本书作者坚持债权的请求力有两种形态：一是债权人直接向债务人请求之力；二是债权人向法院诉请债务人履行之力。在第一种形态下，国家的强制力隐而未露；在第二种形态下，国家的强制力赤裸裸地表现出来。

（二）执行力

所谓执行力，又称强制执行力，是指债权人在依其给付之诉取得确定判决之后，得请求法院对债务人为强制执行的效力。现代法律奉行对物执行主义（realexekution），执行只针对债务人的财产，通常涉及债务人财产中作为债务标的的给付。但是，如果债务人对这种执行行为实施抵抗，那么，在德国，法院可以对其人身实施暴力，甚至可以以拘留的方式实施强制执行。[1] 但在中国，《民事诉讼法》未规定人民法院可以对债务人的人身实施暴力，或以拘留的方式实施强制执行。从法释[2015]5 号第 462 条以下的规定看，强制执行的标的应当是财物或行为。有学者认为，中国法律禁止直接以强制债务人的人身来迫使其履行债务。[2]

（三）依法自力实现力

所谓依法自力实现力，是指在债权受到侵害或妨碍，情事急迫而又不能及时请求国家机关予以救济的情况下，债权人自行救助，拘束债务人，扣押其财产的效力。[3]

自力实现之所以被允许，是因为公力救济会引起费用，同时也需要很长的时日，有时甚至是几年的时间。因此，自行获取自己应得的给付，对于债权人来说是不言而喻的。但是，为维护秩序的平和，这种自力实现仅在特定的情况下才被允许，即在不能够及时取得国家机关援助，并且不实行自力实现就有可能无法实现或严重妨碍实现请求权时，才被容许，公力救济为实现债权的基本途径。[4] 只有这样，才能使弱者相对于强者实现其权利；也只有这样，才能避免私人之间出现武力斗争及与之俱来的可怕现象。[5]

正当防卫、紧急避险等作为自力救济的手段，已经得到了《民法典》的承认（第 181 条、第 182 条）。它们尽管在一定意义上也起到了债权保障的作用，如保护住了债的标的物或保护了债务人及其清偿能力，但时常不够直接，有时干脆与债权保障无关。直接且有效地保全债权的自力救济方式，当属自助行为。所谓自助行为，是

---

〔1〕 参见［德］迪特尔·梅迪库斯：《德国债法总论》，杜景林、卢谌译，法律出版社 2004 年版，第 16～17 页；王泽鉴：《民法债编总论·基本理论·债之发生》（总第 1 册），三民书局 1993 年版，第 39 页。

〔2〕 参见邵明：《民事诉讼法理研究》，中国人民大学出版社 2004 年版，第 456 页。

〔3〕 参见［德］迪特尔·梅迪库斯：《德国债法总论》，杜景林、卢谌译，法律出版社 2004 年版，第 18 页；王泽鉴：《民法债编总论·基本理论·债之发生》（总第 1 册），三民书局 1993 年版，第 39 页。

〔4〕 参见［德］迪特尔·梅迪库斯：《德国债法总论》，杜景林、卢谌译，法律出版社 2004 年版，第 18 页；王泽鉴：《民法债编总论·基本理论·债之发生》（总第 1 册），三民书局 1993 年版，第 39 页。

〔5〕 参见［德］迪特尔·梅迪库斯：《德国债法总论》，杜景林、卢谌译，法律出版社 2004 年版，第 121 页。

指债权人为保护自己的权利，对于他人的自由或财产直接施以拘束、扣押或毁损的行为。[1] 这种自力救济方式在中国现行法上尚付阙如。

除此之外，法律还规定了一种债权人不依诉讼、判决及强制执行即可实现其债权的途径，这就是抵销（《民法典》第 568 条）。实行抵销只需要债权人作出抵销的意思表示。

（四）处分权能

所谓处分权能，是指抵销、免除、债权让与和设立债权质权等决定债权命运的效力。[2]

（五）保持力

所谓保持力，是指在债务人自动或受法律的强制而提出给付时，债权人得保有该给付的效力。从法律技术上看，这是因为就给付而论，债权即为债权人受领给付的根据，德国民法称为"法律上的原因"，即使债务人因此而受到损害，仍不发生不当得利返还的效果，因而，债务人无权请求债权人返还此类给付。[3] 此外，承认债权具有保持力，对于取得时效制度、方便债权人抗击第三人不法侵害受领的标的物等，都具有积极的意义。

三、债权效力的排除

具备上述效力的债权为完全债权，最利于债权的实现，达到债权人的目的。不过，在有的情况下，债权会欠缺某项效力，欠缺某项效力的债权叫作不完全债权。但是债权必须具有保持力，否则，便不再是债权。

事例　例如，债权因罹于诉讼时效而使其请求力减损，某画家不履行其为乙画像的义务时难被强制执行，某公司被宣告破产时无处分破产财产之权。

法律对完全债权与不完全债权的保护力度、配置的制度不尽相同。例如，不安抗辩权制度用于保护未届清偿期的债权，而不得适用于已届清偿期的债权；不法侵害条件未成就的附停止条件的债权，被科以信赖利益的损害赔偿，但不履行已届清偿期的债务时则可产生期待利益的损害赔偿，不履行已罹诉讼时效的债务时却不产生法律责任。总而言之，不完全债权不利于债权的实现，甚至使债权人的目的落空。

---

〔1〕 参见王泽鉴：《民法总则》，三民书局 2000 年版，第 610 页。

〔2〕 参见［德］迪特尔·梅迪库斯：《德国债法总论》，杜景林、卢谌译，法律出版社 2004 年版，第 18～19 页；王泽鉴：《民法债编总论·基本理论·债之发生》（总第 1 册），三民书局 1993 年版，第 40 页。

〔3〕 参见［德］迪特尔·梅迪库斯：《德国债法总论》，杜景林、卢谌译，法律出版社 2004 年版，第 19 页；王泽鉴：《民法债编总论·基本理论·债之发生》（总第 1 册），三民书局 1993 年版，第 40 页。

(一)债务的排除

按照德国法,赌博、打赌、差额交易、约定婚姻居间报酬等均不设定“债务”。[1]

与此有所不同,在中国,奉行赌债非债、媒婆对于介绍男女恋爱无债权等规则,在这些情况下债务被排除了,债权不成立。案例[1-4]中,乙不得要求甲支付赌债。

讨论 | 赌徒偿付的赌债、恋爱男女付给媒婆报酬,可否请求返还

至于赌徒偿付赌债、恋爱男女付给媒婆报酬,可否请求返还的问题,取决于立法政策,需要研究。本书作者认为,对于“婚姻既成,当事人致送报酬,乃属人情之常,宜认为系属履行道德上之义务之给付,而不得请求返还”[2]的观点,可资赞同;对于赌债等“不法原因给付所以不得请求返还,并非系债权人为本于权利而受领,具有法律上的原因不成立不当得利;而是受领‘赌债’之给付,虽属不当得利,但因属不法原因,故不得请求返还”[3]的意见,需要有条件地借鉴。详细些说,适用原《民法通则》第134条第3款的规定处理赌债案件,收缴赌徒的非法所得,表明受领赌资的赌徒无权请求、保有赌债的给付,给付赌资的赌徒无权请求返还;处理赌债案件若不适用原《民法通则》第134条第3款,则受领赌资的赌徒有权保有赌债的给付,给付赌资的赌徒无权请求返还。

(二)请求力的排除

债权不具有请求权,婚约最为典型。《德国民法典》规定,不得基于婚约提起成婚之诉(第1297条第1项),约定于不履行结婚时支付违约金者,无效(第1297条第2项)。对于不顾该条的规定(如在国外)作出的缔结婚姻的判决,《联邦德国民事诉讼法》规定不予执行(第888条第2项)。如此规定的原因并非不赞同人们缔结婚约,相反,只是要使缔结婚姻的决定不受阻碍,原因是被迫成立的婚姻是不会让人期待有美好未来的。[4] 中国台湾地区“民法”第975条规定,婚约不得请求强迫履行,法院判决认为,所谓婚约不得请求强迫履行,系指不得提起履行婚约之诉而言,结婚须由当事人以绝对的自由意思予以决定,义务人若甘受违反婚约的制裁,

---

〔1〕 参见[德]迪特尔·梅迪库斯:《德国债法总论》,杜景林、卢谌译,法律出版社2004年版,第19~20页。

〔2〕 王泽鉴:《民法债编总论·基本理论·债之发生》(总第1册),三民书局1993年版,第43页。

〔3〕 王泽鉴:《民法债编总论·基本理论·债之发生》(总第1册),三民书局1993年版,第42~43页。

〔4〕 参见[德]迪特尔·梅迪库斯:《德国债法总论》,杜景林、卢谌译,法律出版社2004年版,第21页。

其履行与否,法律不应加以强制。[1] 案例[1-5]中,甲男不可以要求乙女履行婚约,因为婚约不具有请求力。

已罹时效的债权虽然在架构上有所不同,但结果是相似的:在这种情况下,债权人可以提起诉讼。如果债务人不援用时效,那么,债权人便获得成功。如果债务人援用时效,拒绝履行其债务,债权的请求力因而减损,难以依诉的方式强制债权实现。[2]

债权的请求力被排除,在破产制度中有所体现(《企业破产法》第56条第2款)。在此值得指出的还有,《民法典》第523条规定的由第三人履行的合同。就《民法典》第523条规定的文义分析,应当说债权人对第三人享有直接的请求权。不过,该第三人享有拒绝履行的抗辩权:可以不行使该抗辩权,满足债权人关于履行债务的请求;也可以行使该抗辩权,拒绝履行该项债务。由此可见,该项抗辩权的效果,以行使为发生的条件。

讨论 | 当事人可否以协议排除诉请履行力

按照德国民法通说,如果双方当事人可能会处分请求权,特别是会免除请求权,则准予通过协议排除。相反的见解则认为,只有在严格的条件下,才可以约定仲裁;应当将完全排除一切诉讼管辖的行为限制在一个更加严格的范围之内,才是正确的。[3] 中国法承认当事人约定的仲裁条款的效力,但未允许当事人以协议同时排除权利人起诉和申请仲裁的权利。

(三)强制力的排除

债权具有请求力,欠缺执行力的情形有二:一是根本就没有执行力;二是不得就应履行的给付为强制执行。

关于根本就没有执行力,如夫妻履行同居义务的判决,在德国,认为这种判决宣告的是婚姻共同生活义务(《联邦德国民事诉讼法》第1353条第1项前段)。在这种情况下,必须放弃执行,原因是与缔结婚姻一样,被迫实行婚姻是没有任何意义的。[4] 在中国台湾地区,有判例谓:"命夫妻一方同居之判决,既不得拘束身体之自由而为直接之强制执行。民事诉讼执行规则第八十八条第一项所定间接强制之

---

[1] 参见中华民国最高法院1938年上字第695号判例;戴炎辉、戴东雄:《中国亲属法》,三民书局1988年版,第54页。转引自王泽鉴:《民法债编总论·基本理论·债之发生》(总第1册),三民书局1993年版,第41页。

[2] 参见[德]迪特尔·梅迪库斯:《德国债法总论》,杜景林、卢谌译,法律出版社2004年版,第22页;王泽鉴:《民法债编总论·基本理论·债之发生》(总第1册),三民书局1993年版,第41页。

[3] 参见[德]迪特尔·梅迪库斯:《德国债法总论》,杜景林、卢谌译,法律出版社2004年版,第22页。

[4] 参见[德]迪特尔·梅迪库斯:《德国债法总论》,杜景林、卢谌译,法律出版社2004年版,第22页。

执行方法，依同条第二项之规定又属不能适用，此种判决自不得为强制执行。”[1]

关于不得就应履行的给付为强制执行，在德国，因雇佣合同而判决给付不可替代的劳务的情形，《联邦德国民事诉讼法》第888条第2项规定，禁止强制执行，但依据同法第326条的规定，债权人可以转而主张损害赔偿请求权。[2] 王泽鉴教授举例说，甲约定为乙绘像，却不为履行时，不能强制使甲为绘像的行为，其行为可代替者，执行法院得以债务人之费用，命第三人代为履行（中国台湾地区“强制执行法”第127条），其行为非为他人所能代替者，则仅能使其负不履行之损害赔偿（中国台湾地区“强制执行法”第128条第1项）。[3]

引申 |“强制”的具体类型

所谓“强制”，分为直接强制、代替履行和间接强制。日本法上的强制履行，既包括直接强制，也包括“代替执行”和“间接强制”。[4]

所谓直接强制，是指强制债务人（违约方）交付合同约定的标的物本身，或提供合同约定的服务本身，不允许债务人（违约方）以其他标的物代替，或不允许债务人（违约方）委托他人提供服务。其具体方式因债务的具体内容的不同而有差异，如交付合同约定的金钱、财物、票证、房屋、土地等（属于所谓“为的债务”范畴，也可以叫作“行为债务”的范畴）。《民法典》第577条以下规定的继续履行，其含义首先是上述“直接强制”。《民事诉讼法》第252条规定：“对判决、裁定和其他法律文书指定的行为，被执行人未按执行通知履行的，人民法院可以强制执行或者委托有关单位或者其他人完成，费用由被执行人承担。”

所谓代替执行，是指由债权人（违约方）或第三人代替债务人履行债务，使债权内容获得实现，相关的费用由债务人负担的方法。主要适用于“为的债务”（或曰行为债务）中可由第三人代为的债务。

所谓间接强制，是指若债务人于一定的期间内未履行债务，则法院命令之支付一定的金钱，以此对债务人（违约方）的心理施加压力，间接地使债权的内容获得实现的方法。[5]

代替履行和间接强制，在《民事诉讼法》中有所体现（《民事诉讼法》第255条、

---

[1] 中华民国最高法院1938年抗字第63号。转引自王泽鉴：《民法债编总论·基本理论·债之发生》（总第1册），三民书局1993年版，第41～42页。

[2] 参见［德］迪特尔·梅迪库斯：《德国债法总论》，杜景林、卢谌译，法律出版社2004年版，第22页。

[3] 参见王泽鉴：《民法债编总论·基本理论·债之发生》（总第1册），三民书局1993年版，第42页。

[4] 参见［日］林良平、石田喜久夫、高木多喜男：《债权总论》（改订版），青林书院1990年版，第101页；［日］本城武雄、宫本健藏：《债权法总论》（第2版），嵯峨野书院2001年版，第52～53页。

[5] 参见［日］林良平、石田喜久夫、高木多喜男：《债权总论》（改订版），青林书院1990年版，第101页；［日］本城武雄、宫本健藏：《债权法总论》（第2版），嵯峨野书院2001年版，第52～53页。

法释[2015]5号第503条、第504条)。
《民法典》第577条以下规定的继续履行,也包括代替履行和间接强制,在无法或不适于直接强制的情况下,继续履行可以表现为代替履行和间接强制。

(四)处分权能的排除

《企业破产法》规定,人民法院受理破产申请后,债务人对个别债权人的债务清偿无效(第16条)。人民法院受理破产申请后,有关债务人财产的保全措施应当解除,执行程序应当中止(第19条)。人民法院受理破产申请后,已经开始而尚未终结的有关债务人的民事诉讼或仲裁应当中止;在管理人接管债务人的财产后,该诉讼或仲裁继续进行(第20条)。人民法院受理破产申请前1年内,涉及债务人财产的下列行为,管理人有权请求人民法院予以撤销:无偿转让财产的;以明显不合理的价格进行交易的;对没有财产担保的债务提供财产担保的;对未到期的债务提前清偿的;放弃债权的(第31条)。人民法院受理破产申请前6个月内,债务人不能清偿到期债务,并且资产不足以清偿全部债务或明显缺乏清偿能力的,仍对个别债权人进行清偿的,管理人有权请求人民法院予以撤销。但是,个别清偿使债务人财产受益的除外(第32条)。简言之,破产企业对于破产财产的处分权能被排除了。

当事人约定债权不得转让的,《民法典》承认其约定(第545条)。《保险法》也有类似规定(第34条第2款)。所有这些,都意味着债权的处分权能受到了限制。值得注意的是,美国和国际上的某些法律文件奉行当事人关于债权不得转让的约定不发生法律效力的原则。[1]

第四节　债的"四性"

一、债的有机体性

债权和债务,以及选择权、解除权和追认权等,并非单独存在,毫不相关,而是为满足债权人的给付利益,尤其是双务合同上的交换目的而相互结合的,组成了一个

---

〔1〕 参见《美国统一商法典》第9-406(d)条;《联合国国际贸易应收款转让公约》第9条第1款、第2款;《国际保理公约》第6条;《欧洲合同法原则》第11:301条第1款;等等。

超越各个要素而存在的整体。[1] Siber 教授称为有机体。[2]

债的关系在其发展过程中可以产生各种义务。个别的给付义务可因清偿而消灭，形成权可因其行使或不行使而失去效能，债的标的可因当事人的约定或法律规定而变更，债的主体也可因法律行为或法律规定而更易，整个债的关系更可因概括转让而移转。无论哪一种情况，债的关系的要素发生变更，但债的关系仍继续存在，不失其同一性。[3] 准确地说，是债的关系未发生更改时，不失其同一性。

所谓债的关系不失其同一性，是指债的效力依旧不变，不仅其原有利益（如时效利益）及瑕疵（如各种抗辩）均不受移转的影响，即其从属的权利（如担保）原则上亦仍继续存在。[4]

二、债的程序性

债的关系自始即以完全满足债权人的给付利益为目的，因"债权系法律世界中的动态因素，含有死亡的基因，目的已达，即归消灭"，[5] 故它可谓存在于时间过程上的一种程序，始自给付义务的发生，历经主体的更易，标的的变动，无论其发展过程如何辗转曲折，始终以充分实现债权人的给付利益为目标。当事人的给付义务已适当履行时，债的关系归于消灭，债权人却因此而取得了物权或与物权价值相当的权利，在法律规范世界中，归于消灭的债的关系并非消逝无踪，仍继续以给付变动的原因存在。[6]

三、债的手段性与目的性

债的关系及其债权在满足债权人的利益方面，其地位和作用随着社会的发展而有一个变化过程。在中世纪和近代，劳动秩序建立在物法基础上，物权是目的，债权开始不过是手段。[7] 人类在仅依物权形成财产关系、仅以物权作为财产客体时代，可以说只能生活在过去和现在。[8] 不过，市场经济制度下，债权及其利息的享

---

〔1〕 参见王泽鉴：《民法债编总论·基本理论·债之发生》（总第1册），三民书局1993年版，第51页。

〔2〕 参见 Siber, *Schuldrecht*, 1931. S. 1。转引自王泽鉴：《民法债编总论·基本理论·债之发生》（总第1册），三民书局1993年版，第52页。

〔3〕 参见王泽鉴：《民法债编总论·基本理论·债之发生》（总第1册），三民书局1993年版，第51～52页。

〔4〕 参见郑玉波：《民法债编总论》（修订2版），中国政法大学出版社2004年版，第431页。

〔5〕 Radbruch, *Rechtsphilosophie*, 1963, S. 243. 王泽鉴：《民法债编总论·基本理论·债之发生》（总第1册），三民书局1993年版，第52页。

〔6〕 参见王泽鉴：《民法债编总论·基本理论·债之发生》（总第1册），三民书局1993年版，第52～53页。

〔7〕 参见［德］拉德布鲁赫：《法学导论》，米健、朱林译，中国大百科全书出版社1997年版，第64页。

〔8〕 参见［日］我妻荣：《债权在近代法中的优越地位》，王书江、张雷译，谢怀栻校，中国大百科全书出版社1999年版，第6页。

有是所有经济的目的,债权不复是旨在物权或物之享有的手段,而本身就是法律生活的目的。[1] 债权制度可以使将来的给付预约变为现在的给付对价价值。信用即债的发生,使"过去可为将来服务,将来可为过去服务,时间障碍被打破,人类可以自由地征服时间与空间"。[2]

本节法条1-5

第五节 债的发生原因

作为特定当事人之间的权利和义务关系,债除了可以根据合同约定发生,还有哪些情形会产生债,这就是债的发生原因要讨论的问题。

债的发生原因,是指债产生的法律事实。其主要包括的类型如表1-1所示:

表1-1 债的发生原因及其法律依据

债的发生原因	法律依据
合同	《民法典》第119条、第三编合同
缔约上的过失	《民法典》第500条、第501条以及第157条等
单独行为	《民法典》第一编总则第134条第1款
侵权行为	《民法典》第一编总则第120条、第七编侵权责任
无因管理	《民法典》第一编总则第121条、第三编合同第三分编第28章
不当得利	《民法典》第一编总则第122条、第三编合同第三分编第29章

一、合同

合同是当事人之间设立、变更、终止债权债务关系的协议。它产生债的关系,是合同债。合同是产生债的最常见的最重要的原因。

二、缔约上的过失

缔约上的过失,是指当事人在缔约过程中具有过失,使他方当事人受有损害的情况。于此场合,具有过失的一方应赔偿对方受有的损失,由此形成法定债的关系。《民法典》第500条、第501条以及第157条等,都对此作了规定。

---

[1] 参见[德]拉德布鲁赫:《法学导论》,米健、朱林译,中国大百科全书出版社1997年版,第64页。

[2] Josef Kohler, *Enzyklopadie der Rechtswissenschaft*, 7 Aufl. Bd. I. 1915, S.38. 转引自[日]我妻荣:《债权在近代法中的优越地位》,王书江、张雷译,谢怀栻校,中国大百科全书出版社1999年版,第6页。

三、单独行为

单独行为，又称单方行为，或单务约束，是指表意人作出的为自己设定某种义务的意思表示。根据《民法典》第 134 条第 1 款，民事法律行为也可以基于单方的意思表示成立，承认了单独行为。单独行为之所以能够引起债的关系，在于依意思自治原则，当事人可基于某种物质或精神上的需要，为自己设定单方义务，同时放弃对于相对人给付对价的请求。第三人向债权人表示愿意履行债务人尚欠债权人的借款，属于单独行为。

讨论｜悬赏广告是单独行为还是要约

至于悬赏广告究竟是单独行为还是要约，意见不一。法释[2009]5 号第 3 条将其规定在合同法的司法解释之中，似乎是采取了要约说（或曰合同说）。

将悬赏广告作为单独行为，其优点主要在于，完成悬赏广告所指定行为之人有无行为能力不影响悬赏广告的法律效力，无行为能力人、限制行为能力人完成指定的行为，即可请求报酬。[1] 不过，要约说可以借助于法定代理人的追认等制度解决这个问题。也就是说，两种学说的优劣仅具有相对性。

四、侵权行为

侵权行为，是指不法侵害他人的合法权益，应承担民事责任的行为。侵权行为发生，侵权人有义务赔偿受害人的损失，受害人有权请求侵权人予以赔偿或承担赔礼道歉、恢复名誉、消除影响的责任（《民法典》第 120 条、第 179 条第 1 款、第 1167 条），形成债的关系。

五、无因管理

无因管理，是指没有法定或约定的义务而为他人管理事务（《民法典》第 121 条、第 28 章）。管理他人事务的人叫管理人，负有将开始管理事务通知本人、适当管理、继续管理、报告及计算等项义务，本人负有偿还必要费用、赔偿损失等项义务，形成债的关系。

六、不当得利

不当得利，是指没有合法根据，致使他人受有损失而取得的利益（《民法典》第 122 条、第 29 章）。由于该项利益没有法律上的根据，应返还给受害人，形成以不当

---

〔1〕 参见王泽鉴：《民法学说与判例研究》（第 2 册），北京大学出版社 2009 年版，第 46 页以下。

得利返还为内容的债的关系。

本节法条1-6

第六节 债的分类

引导案例

[1-6]甲、乙两公司订立买卖合同,约定甲向乙购买今年新收获的东北大米X吨,价款Y元,11月1日交货。约定的交货日前,发生特大洪水,乙公司被淹,全部存货灭失。乙的给付义务是否可以免除,是否应当承担违约责任?

一、种类之债

(一)概念

债依其标的物属性的不同,可以分为特定之债和种类之债。给付以其种类中的一定数量指示的债,称为种类之债。以特定给付为标的的债为特定之债。

> **事例** 债务人负担交付某种品牌、尺寸的电视机若干台,或者某种产地、质量的大米若干斤等债务,即为种类之债;债务人负担交付某台特定的电视机,或某袋特定的大米等债务,即为特定之债。

种类之债虽以种类物的买卖最为常见,但并不以之为限,种类租赁合同(如甲向乙租车公司租赁1辆奔驰车)、种类雇佣合同(如代觅服务员3名)、种类承揽合同(如约定使用印刷厂预先制版的邀请卡型印制空白邀请卡200张),均属可能。[1]

(二)种类之债与特定之债的区分及其法律意义

1. 对债务人给付的约束程度不同。种类之债对债务人给付的约束程度,较特定之债为低。特定之债的债务人只能为特定的给付,才构成债的履行;而种类之债的债务人可以在一定范围内选择具体的给付,其不同选择,均可以构成债的履行。

---

[1] Heinrichs/Emmerich, *Münchener Kommentar*, Rz. 3 zu S. 243. 转引自黄立:《民法债编总论》,中国政法大学出版社2002年版,第340页。

事例　甲到乙电器城购买电脑，甲测试了某品牌、型号的一台电脑后，双方约定购买该台电脑，并于次日提货。此为特定之债，乙于次日只能交付该台电脑，不得以同品牌、同型号的其他电脑替代。
如果，甲仅决定购买某品牌、型号的一台电脑，但双方对具体哪台没有约定，则为种类之债，乙可以交付任何一台该品牌、该型号的电脑，作为债的履行。

2. 标的物因不可抗力灭失，债务人能否免除给付义务不同。法谚有谓："种类之债永不灭失。"在特定之债中，标的物因不可抗力而灭失的，债务人可以免除给付义务；但在种类之债中，标的物因不可抗力而灭失的，债务人的给付义务仍旧存在，除非同种类物全部灭失，其义务才能免除。

案例[1－6]中，如果该约定为特定之债，乙将免除交付大米的义务，虽然依据风险负担的规则，甲也不用支付价款，但乙不需承担违约责任（如支付违约金、赔偿损失、受定金罚则等）。反之，如果该约定为种类之债，原则上[1]乙的给付义务不能免除，乙应当另行外购今年新收获的东北大米 X 吨，交付于甲，否则乙应当承担违约责任。

有必要指出，以农户作为一方的粮棉定购合同关系，虽为种类之债，但按照惠农政策，由于自然灾害导致颗粒无收，仍不按照种类之债的一般规则处理，而以不能履行论，免除农户的责任。

关于以上两点实益，需要特别说明的是"限制种类之债"。"限制种类之债"比较特殊，其给付除以种类指示外，又以某种特殊范围进行限制。限制种类之债最常见的情形是，以某主体的存货范围作为限制范围，因而也称为存货之债。上述冰箱之例，如以乙的存货为范围，约定为限制种类之债，则乙只能交付其存货范围内任意一台该品牌、型号的冰箱。上述大米之例，如以乙的存货为范围约定为限制种类之债，交货前全部存货灭失的，乙可以免除给付义务。

（三）种类之债的特定

债的标的须特定，这是债之关系的本质要求。种类之债的标的，系以种类方式指示，并不明确、具体，须经特定，才可以履行。所谓特定，是种类之债向特定之债的转化，在性质上，属于债的内容变更。[2] 种类之债一经特定，即成为特定之债，此后应适用特定之债的相关规则。

---

〔1〕 例外有两种情形：（1）乙举证证明"今年新收获的东北大米"整个种类物已经全部灭失，市场上已经无法购得。本案中此种情形可能性不大，但如果双方约定的是产于某县、某乡的今年新收获的东北大米 X 吨，该乡遇洪水，颗粒无收，即属此种情形。（2）乙主张因不可抗力导致合同履行十分困难，请求法院或仲裁机构依据情事变更原则，变更或解除合同。

〔2〕 参见郑玉波：《民法债编总论》（修订 2 版），中国政法大学出版社 2004 年版，第 200 页；史尚宽：《债法总论》，中国政法大学出版社 2000 年版，第 240 页。

《德国民法典》第243条第2款、《日本民法典》第401条第2款以及中国台湾地区“民法”第200条第2项均规定，种类之债特定的方法有下列两种：

1. 债务人交付其物之必要行为完结。债务人交付其物之必要行为完结，通说解释为“履行行为之着手”，具体因债的性质有所不同：(1)赴偿之债，债务人将标的物送至债权人处，在实际交付前的一个瞬间特定。(2)往取之债，债务人将用于履行的标的物在其他种类物中分离出来，并将分离的事实通知债权人，或要求债权人前来受领，即发生特定的效果。〔1〕

2. 基于当事人的约定，经当事人或第三人的指定。如债务人在种类范围之内对特定给付的指定，并事先、事后得到了债权人的同意；如约定当事人一方或第三人有指定权，该指定权人的指定等。指定在性质上为意思表示，该意思表示生效时，债发生特定的效果。

通说认为，即使种类之债依据债务人的行为而特定或债务人有指定权的场合，标的特定后，债务人原则上不得再进行变更。

二、货币之债

(一)货币之债的概念

货币之债，是以给付一定数额的货币为标的的债，也称金钱之债。货币之债在现实中较为常见，是债的一种重要类型。在有偿合同中，对价往往以货币形式支付；在无偿合同中，货币常成为赠与等的标的物。在法定之债中，侵权行为、无因管理、不当得利等，其债的标的以支付货币为常见。

(二)货币之债的种类

通说将货币之债分为三类。

1. 金额货币之债(金额之债)

金额货币之债，是以给付一定金额的通用货币为标的的债。当事人只注重货币的金额，而不注重其种类，债务人可以自由选择任何种类的通用货币进行支付。

> **事例** 甲自商店购买服装，支付价款500元。甲支付100元面值货币5张，或支付50元面值货币10张，并无不同。

金额货币之债为货币之债的典型，其法律上的特征是，不存在履行不能的问题；并且履行迟延时，债务人的违约责任通常以支付法定或约定利息的方式实现。

2. 特定货币之债

特定货币之债，是以给付作为特定物的货币为标的的债。货币通常为种类物，

〔1〕 参见黄立：《民法债编总论》，中国政法大学出版社2002年版，第344页。

但在当事人有特别意思表示的，可以经由特定化，而成为特定物。货币特定化最常见的方式是“封金”，即将一定数额的货币以包装物封存。法释［2000］44号在动产质权部分即有关于封金的规定（第85条）。特定货币之债在本质上，不具备通常货币之债的特征，因而是一种纯粹的特定物之债。〔1〕

3. 特种货币之债（金种之债）

特种货币之债，是以一定金额的特种货币为标的的债。当事人关于币种的约定，称为“金约款”，其通常目的在于确保货币不发生贬值。在一些纸币与金属货币并存的国家和地区，在一些通货膨胀严重的时期，金约款确有重大实益。目前人民币是中国唯一的通用货币，实践中，金约款通常体现为对以外国货币支付的约定（具体情形要受到国务院发布的《外汇管理条例》的限制）。《票据法》第59条规定，“汇票金额为外币的，按照付款日的市场汇价，以人民币支付”；“汇票当事人对汇票支付的货币种类另有约定的，从其约定”，承认了特种货币之债。有金约款存在的债，债务人应当以所约定的货币支付，其余法律特征与金额货币之债相同。

绝对特种货币之债是一种特殊的特种货币之债，在货币收藏领域较为常见。此种情形并不具备金额货币之债的法律特征，而与通常的种类之债在性质上无异，应当依照上节有关种类之债的规则处理。例如，双方约定债的标的物为“袁大头”10枚、1953年版的10元纸币5张等。

三、利息之债

（一）利息之债的概念

利息，从权利客体的角度看，与原物相对，是原物的一种法定孳息；从法律关系的角度看，是债务人使用或占有债权人的金钱或其他代替物所应给付的对价或补偿。与利息相对的原物以及利息本身，均不限于金钱，还包括其他的代替物。利息之债是以给付一定利息为标的的债，以原本之债的存在为前提，性质上是原本之债的从债。

（二）利率

利率是利息与原本之间的比例，通常以百分数表示。依据确定标准的不同，利率有约定利率和法定利率之分，前者由当事人的意思表示决定，后者直接由法律规定。

《民法典》第680条规定，禁止高利放贷，借款的利率不得违反国家有关规定。借款合同对支付利息没有约定的，视为没有利息。借款合同对支付利息约定不明确，当事人不能达成补充协议的，按照当地或者当事人的交易方式、交易习惯、市场利率等因素确定利息；自然人之间借款的，视为没有利息。法释［2015］18号第26条规定，借贷双方约定的利率未超过年利率24%，出借人请求借款人按照约定的利

〔1〕　参见郑玉波：《民法债编总论》（修订2版），中国政法大学出版社2004年版，第203页。

率支付利息的，人民法院应予支持。借贷双方约定的利率超过年利率36%，超过部分的利息约定无效。借款人请求出借人返还已支付的超过年利率36%部分的利息的，人民法院应予支持。法释[2020]6号将第26条修改为“出借人请求借款人按合同约定利率支付利息的，人民法院应予支持，但是双方约定的利率超过合同成立时一年期贷款市场报价利率四倍的除外。前款所称‘一年期贷款市场报价利率’，是指中国人民银行授权全国银行间同业拆借中心自2019年8月20日起每月发布的一年期贷款市场报价利率。”

制度比较｜法定利率

在许多立法例上，法定利率有确定化的规定，如《德国民法典》为年利率4%、《瑞士债务法》为年利率6%、《日本民法典》为年利率5%，其优点是便于公众了解，便于法律的适用。中国对法定利率采准用性的规则，即准用中国人民银行的规定。

（三）利息之债的种类

1. 约定利息之债与法定利息之债

约定利息之债，是由当事人的法律行为而创设的利息之债，通常构成债务人使用原物的对价关系，其典型形式为有偿的消费借贷。法定利息之债，是依据法律规定而发生的利息之债，通常构成债务人占有原物或相应利益的补偿关系，如《民法典》第921条规定的垫费利息之债、《票据法》第70条第1款第2项、第71条第1款第2项规定的迟延利息之债等。

讨论｜约定利息之债、法定利息之债与约定利率、法定利率的关系

约定利息之债、法定利息之债的划分，与约定利率、法定利率的划分并不必然具有相关性。尽管约定利息之债中，通常当事人同时有利率的约定，而法定利息之债中，往往适用法定利率。但是约定利息之债中，如果当事人未约定利率，则适用法定利率；法定利息之债中，当事人也可以采用约定利率，[1]如委托合同中，当事人可以对垫费利息的利率进行约定。

2. 基本权利息之债与支分权利息之债

基本权利息之债，是指由原本之债产生，而未届清偿期的利息之债；支分权利

〔1〕 有反对说，参见黄立：《民法债编总论》，中国政法大学出版社2002年版，第359页。

息之债,是指由原本之债产生,并已届清偿期的利息之债。[1]

事例 2004年1月1日甲贷款人民币1万元于乙,约定期限5年,年利率10%,利息按年分期支付,每年12月31日为利息支付时间,最后一年利息连同本金一并支付。到2005年6月30日,乙未支付任何利息。其中,2004年度发生的利息之债(1000元)已届清偿期,为支分权利息之债;2005年上半年发生的利息之债(500元)未届清偿期,为基本权利息之债。

利息之债,在性质上是原本之债的从债,具有从属性。基本权利息之债和支分权利息之债,均以原本之债的存在为前提,原本之债不成立、无效或被撤销,二者均不发生效力;对原本之债的担保,原则上二者均在担保范围之内。但二者的从属程度不同,比较而言,前者的从属性强于后者:(1)债权移转的,前者不能与原本之债分离,而独立让与;后者可以独立让与。在原本之债移转时,前者须与原本之债一并移转;后者仅推定为一并移转,即允许当事人举证证明存在后者不随同移转的合意。(2)清偿时,后者有较原本之债优先受偿的效力;前者无此优先效力。(3)诉讼时效上,前者须与原本之债的诉讼时效同时起算;后者的诉讼时效则单独起算。

3. 单利之债与复利之债

单利之债,是独立计算每一期利息,不将上期利息计入下期原本,再生利息的利息之债。复利之债,是将每一期所生利息,计入下期的原本,再生利息的利息之债。在相同利率水平下,复利之债较单利之债对债务人更不利。

制度比较 | 复利

多数立法例为了平衡债权人与债务人之间的利益,对复利之债均作原则上的禁止,而仅于例外情形允许其存在(《德国民法典》第248条、《瑞士债务法》第314条)。其例外情形主要有两类:(1)符合法定条件的复利之债,如一些立法规定,迟延利息在一定条件下可以适用复利;(2)符合商事惯例的复利之债,如银行的活期存款,通常是按年计算复利。

中国在法律层面上对复利未有明确规定。法释[2020]6号第28条规定:“借贷双方对前期借款本息结算后将利息计入后期借款本金并重新出具债权凭证,如果前期利率没有超过合同成立时一年期贷款市场报价利率四倍,重新出具的债权凭证载明的金额可认定为后期借款本金。超过部分的利息,不应认定为后期借款本金。约定的利率超过年利率24%,当事人主张超过部分的利息

---

[1] 参见郑玉波:《民法债编总论》(修订2版),陈荣隆修订,中国政法大学出版社2004年版,第207页。

不能计入后期借款本金的,人民法院应予支持。按前款计算,借款人在借款期间届满后应当支付的本息之和,超过最初以借款本金与以最初借款本金为基数、以合同成立时一年期贷款市场报价利率四倍计算的整个借款期间的利息之和的,人民法院不予支持。"该条虽未明确提到"复利"两字,但从其内容看,在最高利率限制范围内,并不禁止复利,此规定与日本民法相仿(《日本民法典》第405条)。法释[2001]12号第7条规定,债务人逾期归还贷款,原借款合同约定的利息计算方法不违反法律法规规定的,该约定有效。没有约定或者不明的,依照中国人民银行《人民币利率管理规定》计算利息和复息。

四、选择之债

(一)选择之债的概念

根据债的标的有无选择性,债可分为简单之债和选择之债。所谓简单之债,是指债的标的是单一的,债务人只能就该项标的给付,债权人也只能受领该项标的的给付,双方均无选择余地的债,又称不可选择之债。选择之债,是指债的标的或其构成因素为两项以上,当事人可以选择其一进行履行的债。

事例 依据《民法典》第582条的规定,在出售的商品不合质量要求时,买受人与出卖人之间就会发生选择之债,或修理、或更换、或退货,选择权人须从中选择一种履行。

选择之债以法律行为为发生原因的,为意定选择之债;由法律直接规定而发生的,为法定选择之债。

(二)选择之债的特定

1. 选择之债特定的概念

选择之债的特点在于,债成立时存在两种以上类型的给付,但履行债务时仅由债务人给付其中之一。这就需要在履行债务前将两种以上的给付特定为一种,也就是将选择之债转变为简单之债,此即所谓选择之债的特定。特定以后,履行债务则完全遵循简单之债的履行原则、规则及方法。

2. 选择之债特定的方法

(1)选择

选择之债因选择权人的选择而转变为特定之债。选择权在性质上为形成权,其归属,在意定选择之债中,通常有双方的约定;在法定选择之债中,通常法律有明确规定。在当事人无约定,法律亦无规定的情况下,原则上选择权归属于债务人(《民法典》第515条第1款)。

行使选择权的行为即为选择,在性质上系有相对人的单独行为,须选择权人以意思表示的方式为之。《民法典》第 516 条规定，当事人行使选择权应当及时通知对方，通知到达对方时，标的确定（第 1 款前段）。可选择的标的发生不能履行情形的，享有选择权的当事人不得选择不能履行的标的，但是该不能履行的情形是由对方造成的除外（第 2 款）。

比较｜选择权人不行使选择权的困境解决

选择之债，标的不经特定，无法履行。选择权人行使选择权，可以使债的标的特定；但如果选择权人不行使选择权，则债的标的始终处于不特定状态。为解决此种困境，《德国民法典》第 264 条、《日本民法典》第 408～409 条等均规定有选择权的移属制度，即超过一定期限，选择权人不行使选择权，选择权的主体将发生变动：其中债权人和债务人有选择权的，移属于对方当事人；第三人有选择权的，移属于债务人。所谓"超过一定期限"，有两种情况：（1）双方约定和法律规定有选择权行使期限的，超过了该期限；（2）双方未有约定，法律也未规定选择权行使期限的，无选择权的债权人或债务人，在债的清偿期届至以后，可以确定适当期限催告选择权人，超过了该催告所定的期限。我国《民法典》规定，享有选择权的当事人在约定期限内或者履行期限届满未作选择，经催告后在合理期限内仍未选择的，选择权转移至对方（第 515 条第 2 款）。

（2）给付不能

给付不能，包括自始不能与嗣后不能，前者仅涉及债的效力问题，[1]与选择之债的特定无关，因而此处所说的给付不能，是指嗣后不能。《民法典》第 516 条第 2 款规定，可选择的标的发生不能履行情形的，享有选择权的当事人不得选择不能履行的标的，但是该不能履行的情形是由对方造成的除外。

选择之债的数项给付全部不能的，依据债务不履行中的给付不能制度处理。其中一项或几项给付不能，此外尚有余存的可以履行的给付的，债的关系于余存给付上继续存在。余存的给付为数项的，仍为选择之债，选择权人仅得在余存的给付中进行选择；余存的给予为一项的，为简单之债，此即发生选择之债特定的法律效果。

但如果给付不能的事由可以归责于无选择权人，则选择权人可以选择余存的给付，履行或请求履行；也可以选择不能的给付，而发生债务不履行的法律效果。

---

〔1〕《德国债法现代化法》已经不再区分自始不能和嗣后不能，不再坚持自始客观不能导致合同无效的立场，而是认为二者均构成债务不履行，可产生债务不履行责任。

■ **讨论** | 债权人与债务人另行订立合同是否属于选择之债的特定方法

有学者主张选择之债的特定方法还包括债权人与债务人另行订立合同。[1] 此种情形的实质，究竟为一种独立的选择之债特定方法，或仅是选择权人行使选择权的表现，值得研究。

(三)选择之债与相似概念的比较

1. 选择之债与种类之债

选择之债与种类之债，在成立之初，给付均非具体、确定，须经“特定”始可履行，此为二者相近之处。二者之区别如表1－2所示：

表1－2　选择之债与种类之债的区别

区别	选择之债	种类之债
根本区别	注重备选择、备特定的各项给付的个性	不注重备选择、备特定的各项给付的个性
规则上的区别	选择之债的选择是个重大问题，需要有确定选择权归属的各种规则，然后由选择权人依其喜好，考虑各项给付的个性，进行选择	因当事人不重各项给付的个性，各项给付被认为是无差别的，其特定问题，仅是为了债能够履行，相应规则也较为简单

2. 选择之债与任意之债

任意之债的债务人或债权人可以他种给付，代替债的原来给付。决定代替的权利，为代替权；可以决定代替之人，为代替权人。代替权属于债务人的，债务人得以他种给付代替原来给付，但债权人仅能就原来给付请求履行。反之，代替权属于债权人的，债权人得请求履行他种给付，以代替原来给付；但债权人未请求代替的，债务人仅得履行原来给付。

任意之债有因法律行为而发生的，称为意定任意之债；有因法律规定而发生的，称为法定任意之债。

选择之债与任意之债的社会功能较为相似。

〔1〕 参见郑玉波：《民法债编总论》(修订2版)，陈荣隆修订，中国政法大学出版社2004年版，第213页。

事例　9月中旬，自然人甲欲从汽车租赁公司乙租赁一部汽车，用于十一期间与亲友出游，但出游人数尚不能完全确定，目前估算为四人，但有增加的可能。甲可以与乙做选择之债的约定，租赁合同的标的为特定车牌号码的捷达轿车一部或金杯小客车一部，由甲享有选择权，甲可于十一出游当天取车时依据实际需要，行使选择权。甲也可以与乙作任意之债的约定，租赁合同的标的为特定车牌号码的捷达轿车一部，但甲有代替权，于十一出游当天取车时，甲可以请求交付金杯小客车一部以代替原给付。

选择之债与任意之债在法律上的区别在于：选择之债成立时，其标的不确定，须经选择或给付不能而特定，方可履行，其数项给付居于同等地位。任意之债成立时，其标的即为确定，仅在债成立后，有变动的可能，其代替给付仅居于补充的地位。

选择之债与任意之债区别的实益，仍以上述汽车租赁为例：该捷达轿车在交付前，因可归责于乙的事由而灭失的，如双方作选择之债的约定，该选择之债因一项给付履行不能而特定，乙须交付金杯小客车一部以为履行；如双方作任意之债的约定，该任意之债发生履行不能的法律效果，甲不能行使代替权，乙亦不能交付金杯小客车一部以履行该债（如果双方均同意如此交付，实际上是建立了一个新的债，此时原债上的各种效力，如担保等，并不及于新债）。

五、连带之债

（一）连带之债的概念

连带之债是多数主体之债的一种。所谓多数主体之债，是指债的双方主体均为二人以上或其中一方为二人以上的债，与单一主体之债相对。多数主体之债，当事人之间的法律关系较为复杂，不仅有债权人和债务人之间的权利义务关系，即所谓外部关系，还存在多数债权人之间、多数债务人之间的权利义务关系，即所谓内部关系。

依据《民法典》第517条以下的规定，多数主体之债划分为按份之债和连带之债。《民法典》第177条和第178条规定了按份责任和连带责任。

法条链接 1-2

根据《民法典》第517条的规定，所谓按份之债，是指债的一方主体为多数，各自按照一定的份额享有权利或承担义务的债。债权主体一方为多数人，标的可分，各债权人按一定份额分享权利的，为按份债权；债务主体一方为多数人，标的可分，各债务人按一定份额分担义务的，为按份债务。按份债权人或者按份债务人的份额难以确定的，视为份额相同（《民法典》第517条第2款）。

事例 甲乙共同出资购买一房屋，出租于丙，甲乙对丙的租金债权，为按份债权；反之，甲乙共同承租丙所有之房屋，甲乙对丙承担的租金债务，为按份债务。

根据《民法典》第518条的规定，所谓连带之债，是指债的主体一方为多数人，多数人一方的各个当事人之间存有连带关系的债。所谓连带关系，是指当事人各自的债务或债权具有共同目的，从而在债的效力上、债的消灭上相互发生牵连。连带之债包括连带债权和连带债务。债权人为二人以上，部分或者全部债权人均可以请求债务人履行债务的，为连带债权；债务人为二人以上，债权人可以请求部分或者全部债务人履行全部债务的，为连带债务。

事例 例如，数个受遗赠人就遗赠之清偿义务，为连带债务；夫妻婚后，以共同财产购买某开发商的房产一套，该夫妻对开发商交付房产并移转其所有权的债权，为连带债权。

讨论 | 连带债务与连带责任的区别

在中国，存在连带债务和连带责任两种称谓，在许多情况下，所谓连带责任就是连带债务，不含有道德、法律谴责和否定的评价，并非违反义务所产生的后果，如合伙人的连带责任、连带保证责任等，均属此类。不过，仍有连带责任属于真正意义上的民事责任，如共同侵权行为人的连带责任。

指出这种区别具有一定的意义，即民事责任意义上的连带责任自责任成立的次日开始起算诉讼时效期间，而民事义务层面上的连带债务、连带责任一般先由履行期限制度管辖，于该期限届满时，债务人未履行连带债务、责任人未承担连带责任的，才适用诉讼时效制度。

按份债权的各债权人只能就自己享有的份额请求债务人履行和接受履行，无权请求和接受债务人的全部给付；按份债务的各债务人只对自己分担的债务份额负清偿责任，债权人无权请求各债务人清偿全部债务。连带债权的各债权人均有权请求和接受债务人的全部给付；连带债务的各债务人均负有清偿全部债务的义务，债权人可以请求任何一个或数个债务人为全部清偿。

拓展 | 什么是不真正连带债务

☐ **不真正连带债务的概念分析**

所谓不真正连带债务，是指这样的现象：数个债务人具有同一目的，本于各自的发生原因，对债权人各负全部给付的义务，因债务人中一人为给付，其他债务人便同时免负其责任的债务。该项债务与连带债务颇相类似而实不相同。例如，甲向乙购买一批货物，以支票付款，该支票的发票人为丙。乙持该支票兑付，但遭拒绝。于此场合，乙可以基于买卖合同向甲请求支付价款，也可以依据票据法的规定，向丙行使追索权，请求给付票款。唯乙向丙请求给付票款，无非以取得价款为目的，如果丙清偿票款，乙取得价款的目的已经达到，其债权得到满足，即不得再向甲请求给付价款。[1]

不真正连带债务与连带债务相同的，表现在如下方面：(1)两者均为债务人各负全部给付的责任；(2)两者都是债务人中一人或数人为全部给付时，其他债务人的债务随同消灭；(3)两者均属多数人债务。[2]

不真正连带债务与连带债务之间更有不同，表现在如下方面：(1)发生的原因不同：不真正连带债务的各个债务系基于不同的发生原因，连带债务的各个债务的发生原因，有的是同一的，有的是各自的。(2)目的的性质不同：不真正连带债务人的各个债务具有客观的单一目的，连带债务的各个债务则具有主观的共同目的。换言之，前者的各个债务所欲满足的法益；在客观上彼此同一，数个请求权均以满足该同一法益为目的；后者的各个债务则系在主观上具有共同关系而互相牵连，因此在内部关系发生应分担部分及求偿问题。(3)发生的缘由不同：不真正连带债务的发生系因相关的法律关系偶然竞合所致，如上例丙清偿票款时，乙即不得再向甲请求给付价款，但若甲先付清价款而不索回支票，乙依票据关系向丙行使追索权，则基于票据的无因性，丙不得拒绝给付票款，或者说，甲的履行并未使丙的票据债务归于消灭。这与连带债务的发生系依债务人明示的意思表示或法律的规定，迥不相同。[3]

□ 不真正连带债务的发生

(1)数人因各自的债务不履行而负担同一损害赔偿债务。例如，某医院特约聘请麻醉医师甲和外科医生乙，在2009年3月3日上午10时来手术室做手术。届时二人均未到场，使病人病情恶化，该医院因此赔付了5万元。(2)数人因各自的债务而负担同一给付。例如，主债务人甲对债权人乙负担1000万元的本息，保证人丙对此债务承担保证责任。(3)债务不履行的损害赔偿与债务的履行发生竞合。例如，受托人侵占处理委托事务过程中所生动产，成立违约责任；其委托事务的保证人则应负责任保证合同项下的履行责任。两者均以弥补委托人所受损失为目的。(4)数人因各自的侵权行为所致同一损害负赔偿责任。例如，甲不法占有乙的自行车，丙将该车捣毁。甲和丙对乙系分别成立

---

〔1〕 参见孙森焱：《民法债编总论》(下册)，法律出版社2006年版，第742页。

〔2〕 参见孙森焱：《民法债编总论》(下册)，法律出版社2006年版，第742页。

〔3〕 参见孙森焱：《民法债编总论》(下册)，法律出版社2006年版，第742~743页。

侵权行为，招致同一损害。(5)债务不履行与侵权行为竞合。例如，甲向丙承租A房，因其过失使乙将该房焚毁。于此场合，甲承担违约损害赔偿责任，乙负侵权损害赔偿责任，两项责任成为不真正连带债务。(6)侵权行为与合同债务的履行竞合。例如，甲焚毁乙已经投保的A房屋，应负侵权损害赔偿责任；保险人丙对乙承担给付保险金的债务。(7)因法律规定与债务履行的竞合。例如，儿子对父亲承担法定的赡养义务，该父亲也可以基于与第三人甲的合同，请求其尽抚养义务。〔1〕

☐ **不真正连带债务的效力**

(1)对外效力

其一，债权人对于债务人一人或数人或其全体，可以同时或先后请求全部或一部的给付。需要注意，在民事诉讼上，如果债权人对数个债务人一同起诉，应当审查是否合法。其二，债务人中的一人为清偿、以物抵债(含代物清偿)、提存或抵销等满足债权的给付时，唯有同时满足不真正连带债务的客观单一目的时，才发生绝对效力。其道理如同上述，不真正连带债务的各个债务之间，是否具有客观上单一目的，纯因请求权偶然竞合所致，债务人甲履行债务时，虽然同时使债务人乙的债务消灭；但债务人乙履行债务时，则不一定当然地使债务人甲的债务消灭。其三，债权人对于债务人中的一人请求给付、免除、混同或诉讼时效已经完成的，原则上对其他债务人不发生效力。唯如依债务的内容，应以其他债务人的债务存在为前提的，债权人如免除其他债务人的债务，即发生绝对效力。〔2〕

(2)对内效力

不真正连带债务人之间，并不当然发生求偿关系，但因其各自所负债务性质的差异，如有可以认为某一债务人应负终局的责任的，则其他债务人于清偿后，自也可对之求偿。例如，保险公司理赔后，可以代位被保险人向放火人请求赔偿。但相反言之，放火人先行赔偿后，不得向保险公司求偿，因为放火人须负终局的责任。此种保险公司之于放火人发生的求偿关系，并非因有共同免责的给付行为而请求偿还各自分担的部分，而是基于另一种法律关系而请求，故与连带债务的求偿关系在性质上并不相同。〔3〕

---

〔1〕 参见孙森焱：《民法债编总论》(下册)，法律出版社2006年版，第743～744页；郑玉波：《民法债编总论》(修订2版)，陈荣隆修订，中国政法大学出版社2004，第426～427页。

〔2〕 参见孙森焱：《民法债编总论》(下册)，法律出版社2006年版，第744页；郑玉波：《民法债编总论》(修订2版)，陈荣隆修订，中国政法大学出版社2004年版，第427页。

〔3〕 参见郑玉波：《民法债编总论》(修订2版)，陈荣隆修订，中国政法大学出版社2004年版，第427～428页。

（二）连带之债的发生原因

连带之债，因当事人的法律行为而发生的，为意定的连带之债；因法律的直接规定而发生的，为法定的连带之债《民法典》第 518 条第 2 款。相应地，也存在意定和法定连带债权、意定和法定连带债务。《民法典》第 178 条第 3 款也规定，连带责任，由法律规定或者当事人约定。

作为意定连带之债发生原因的法律行为，可以是合同，也可以是单独行为，但以合同为常见。《民法典》合同编第二分编典型合同部分的各种有名合同，大多可以由当事人约定为连带之债。一些立法例要求约定连带之债，尤其是连带债务的意思表示，须以明示为限，而不许以默示推定（《法国民法典》第 1202 条），值得中国立法借鉴。

法条链接 1-3

法定连带债务，通常体现对债权人特别保护的立法政策，如共同侵权行为人对受害人的连带债务（《民法典》第 1168 条）、代理人与相对人对被代理人的连带债务（《民法典》第 164 条第 2 款）、代理违法情形下被代理人和代理人的连带责任（《民法典》第 167 条）、营利法人出资人的连带之债（《民法典》第 83 条第 2 款）、票据债务人的连带债务（《票据法》第 68 条第 1 款）、股份有限公司发起人的连带债务（《公司法》第 94 条第 1 项、第 2 项）等。

当事人之间采意定连带债权约定的，较为罕见。在社会生活中，债权人往往具有优于债务人的地位，而连带债权对各债权人较为不利，债权人往往不会同意这样的约定。法定连带债权，我们现行法上并无显著而确定的例子（《民法典》第 926 条，在解释上似乎可以认为是连带债权）。因此，本节下文着重介绍连带债务的有关问题。

（三）连带债务的效力

多数主体之债较单一主体之债复杂之处，主要在于债的效力，具体表现在三个方面，即对外效力、就当事人一人所生事项的效力、对内效力。[1] 关于连带债务的效力问题，下文也从三个方面进行说明。

1. 对外效力

对外效力是债权人与债务人之间的关系问题，其核心是债权人的请求权。连带债务对外效力的核心，是债权人对连带债务人的请求权。

连带债务的债权人请求权的行使，较为自由，可以向债务人一人、数人或全体请求履行，可以向不同债务人同时或先后请求履行，可以请求全部或部分履行。

2. 就当事人一人所生事项的效力

《民法典》第 520 条规定，部分连带债务人履行、抵销债务或者提存标的物的，

---

〔1〕 参见郑玉波：《民法债编总论》（修订 2 版），中国政法大学出版社 2004 年版，第 381 页。

其他债务人对债权人的债务在相应范围内消灭;该债务人可以依据前条规定向其他债务人追偿(第1款)。部分连带债务人的债务被债权人免除的,在该连带债务人应当承担的份额范围内,其他债务人对债权人的债务消灭(第2款)。部分连带债务人的债务与债权人的债权同归于一人的,在扣除该债务人应当承担的份额后,债权人对其他债务人的债权继续存在(第3款)。债权人对部分连带债务人的给付受领迟延的,对其他连带债务人发生效力(第4款)。

3. 对内效力

对内效力是各债权人之间或者各债务人之间的内部关系问题,连带债务的对内效力体现在:其一,各连带债务人之间所负债务已经或将要划分为份额,份额难以确定的,视为份额相同(《民法典》第519条第1款);其二,实际承担债务超过自己份额的连带债务人,有权就超出部分在其他连带债务人未履行的份额范围内向其追偿,并相应地享有债权人的权利,但是不得损害债权人的利益。其他连带债务人对债权人的抗辩,可以向该债务人主张(《民法典》第519条第2款)。被追偿的连带债务人不能履行其应分担份额的,其他连带债务人应当在相应范围内按比例分担(《民法典》第519条第3款)。

□ **学说比较**

许多立法例上均规定,求偿权人于求偿范围内,承受债权人之债权(《法国民法典》第1251条、《德国民法典》第426条、《瑞士债务法》第149条),学说上,称为求偿权人的代位权。此代位权的实益,在于强化求偿权的效力,如连带债务附有担保,求偿权人可以对担保人主张权利。至于求偿权人本人是否即为担保人,或与担保人之间存在委托等内部关系,则属另一问题。中国学者多主张借鉴此代位权制度。

六、一时性之债与继续性之债

以时间因素在债中所处的地位为标准,债分为一时性之债与继续性之债。

一时性之债,又称非继续性之债,是指一次给付便能实现的债。买卖、赠与、承揽等合同关系均属此类。此处所谓一次给付,既指纯粹的一次履行完毕,如在买卖房屋合同中,出卖人交付房屋并办理所有权移转登记手续;还包括分期给付,如分期付款买卖中的将价款划分为若干部分,分月或分年定期支付。之所以把分期给付合同关系界定为一时性之债,是因为它是单一的债;总给付自始确定,时间因素对给付的内容和范围并无影响。[1]分期给付的履行方式并未改变上述性质,所以

---

〔1〕 参见王泽鉴:《民法债编总论·基本理论·债之发生》(总第1册),三民书局1993年版,第109页。

分期给付的合同关系仍然属于一时性之债。

继续性之债,是指其内容非一次给付可完结,而是继续地实现的债。其基本特色在于,时间因素在债的履行上居于重要地位,总给付的内容取决于应为给付时间的长短。换言之,随着履行时间的推移在当事人之间不断地产生新的权利义务。[1]雇佣合同、劳动合同、合伙合同、租赁合同、借用合同、保管合同、仓储合同等合同关系均属继续性之债。

事例　A 餐馆为满足其啤酒需要而与 B 啤酒厂签订啤酒供应合同,每次受领的啤酒数量由其需要决定。此类合同被称为连续供给合同,或曰继续的供给合同(Sukzessivlieferungsvertrag)。此类合同还有在一定期限内供给货物的数量固定的类型。例如,A 钢铁厂每月从 B 矿山获取 1 万吨煤。这两类合同都具有这样的特点:给付的总量并非一开始便确定,而是给付随着合同期限的延长而增加,即符合继续性债的要求。[2]

随着经济的发展和科技的进步,电力、石油、天然气、煤气、自来水等继续性供用合同愈加普遍化。此类合同关系又称回归性之债,其特点是,在供给企业与用户之间的基本关系的框架之内,随着用户每一次的消费,或者至少在每一个结算期之内,都成立一个新的债的关系。它们与上述连续供给合同关系相比具有如下不同:除供给电力、石油、天然气、煤气、自来水等的数量取决于用户获取的数量以外,供给企业还处于随时准备"供给"的状态之中。也就是说,即使现在用户没有消费,该企业也在"给付"。在价格表中,这种双重给付,一方面反映在单纯因处于给付状态而收取的基本费用之中,另一方面还反映在所收取的数量单位的价款之中。[3]

电力、石油、天然气、煤气、自来水等继续性供用合同与合伙、租赁等继续性合同相比,共性在于均为单一的合同、定有期限或不定期限、以继续性作为或不作为为内容、随着时间的经过在当事人之间不断地产生新的权利义务,差异仅为当事人的意思由买卖合同固定。显然,共性是主要的,因而继续性供用合同亦为继续性合同。[4]

行文至此,应当清楚继续性供用合同和分期给付合同的差别:后者自始有一个确定的总给付,只不过分期履行,每期的给付仅为部分给付;前者自始欠缺分期履行一个数量上业已确定的给付概念,在一定时间提出的给付,不是总给付的部分,

---

〔1〕 Christodoulou, *Vom Zeitelement im Schuldrecht, Vorstudien aus der Sicht des Dauersschuldverhaltnisses, Diss.* Hamburg, 1968.

〔2〕 参见[德]迪特尔・梅迪库斯:《德国债法总论》,杜景林、卢谌译,法律出版社 2004 年版,第 12～13 页。

〔3〕 参见[德]迪特尔・梅迪库斯:《德国债法总论》,杜景林、卢谌译,法律出版社 2004 年版,第 13 页。

〔4〕 参见王泽鉴:《民法债编总论・基本理论・债之发生》(总第 1 册),三民书局 1993 年版,第 110 页。

而是具有某种程度的经济上和法律上的独立性，是在履行当时所负的债务。因此，分期给付合同属于一时性合同，继续性供用合同则归入继续性合同。

事例 订阅报纸合同、订购牛奶合同，只要是合同在订立时就已经确定了所订阅的报纸总数、所订购的牛奶总量，总价款也随之确定了，特别是在价款一次付清了的情况下，就表明时间因素对给付的内容和范围并无影响，每次的投递报纸或者每天送交牛奶仅仅是总给付的部分。因而它们是一时性合同。

当然，有些合同仅仅凭借某一项判断标准，尚不容易准确地定性。

事例 租赁合同、雇佣合同等在签订时就明确了存续期限，似乎总给付一开始就已经确定了，符合一时性合同的要求。但是，实质上总给付并未在签订合同时即已确定，只有各个“个别给付”随着时间的推移而不断地进行，权利义务逐渐地增加，如此累积到期限届满才形成总给付。此前的“个别给付”之和并不构成总给付，这一点在合同提前终止时表现得更加清楚。加上其给付不是一次即可完成，需要持续不断地进行的特性，还是不可说定有明确期限的租赁合同、雇佣合同是一时性合同。

讨论 | 区分一时性之债与继续性之债的法律意义

区分一时性之债与继续性之债的法律意义在于：其一，解除权产生的原因不尽相同。合同严守原则要求，合同依法成立即具有法律效力，当事人不得擅自解除，只有在符合解除的条件时方允许当事人解除合同。一时性之债严格贯彻这一精神，解除权产生的原因较少。与此不同，继续性之债特别重视信赖基础，要求当事人各尽其力实现债的目的，除给付义务以外，尚发生各种附随义务，以维护当事人的合法权益。信赖基础一旦丧失，或因其他特殊事由难以期望当事人继续维持这种结合关系时，法律允许一方当事人有权解除合同，比较适宜。如此，对继续性之债法律应承认较多的解除权产生的原因。

其二，债的关系消灭是否溯及既往不同。一时性之债的消灭具有恢复原状的可能性，故法律规定一时性合同无效、被撤销时一律自始归于消灭，合同因违约而解除时以溯及既往为原则。但继续性之债消灭时，或无恢复原状的可能性，或不宜恢复原状，故学说多认为继续性合同无效、被撤销、解除应向将来发生效力，过去的合同关系不受影响。

其三，违反继续性之债，原则上应区别“个别给付”与“整个合同”予以处理。对个别给付可径直适用合同法的有关规定；对整个合同而言，解除时宜无溯及力。违反一时性合同未必如此处理。

综上所述，债的分类可以如图 1－5 所示：

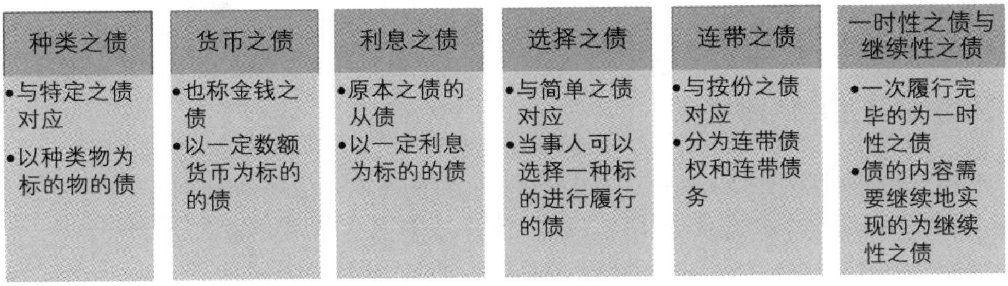

图 1－5　债的分类

第七节　债　　法

一、债法的概念

债法，是指关于债的关系的法律规范的总称。其主要制度包括合同、单独行为、无因管理、不当得利、侵权行为和缔约上的过失等法律制度。这些法律制度若汇集于一部法典形式上的债法，仅指有关债的关系的法典或民法典中的债编。前者如《瑞士债务法》，后者如大陆法系国家民法典中的债编。实质上的债法，除形式上的债法以外，尚包括有关债的关系的单行法、其他法律和法规中有关债的关系的条款、立法与司法的解释、有约束力的判例，以及司法中适用的有关国际公约等一切债的规范。[1]

■ 术语沿革｜债法

自罗马法以来，关于债法的名称，各国立法多有不同。有的称为债务法，如瑞士、土耳其、前南斯拉夫等国的立法；有的称为债务关系法，如《德国民法典》第二编；有的叫作债权法，如《日本民法典》第三编、前《苏俄民法典》第二编；有的称作债法，如《泰国民商法》第二编、中国 1949 年以前的中华民国时期制定的民法典第二编。中国原《民法通则》未设单编或者专章规定债的关系，而是于第五章“民事权利”之第二节“债权”中规定有关债的主要内容。[2] 原《民法总则》第五章“民事权利”第 118 条对民事主体依法享有的债权进行了规定，第

〔1〕参见王家福主编：《中国民法学·民法债权》，法律出版社 1991 年版，第 1 页；张广兴：《债法总论》，法律出版社 1997 年版，第 1 页。
〔2〕参见王家福主编：《中国民法学·民法债权》，法律出版社 1991 年版，第 1 页；张广兴：《债法总论》，法律出版社 1997 年版，第 2 页。

119～122条分别规定了合同、侵权责任、无因管理和不当得利。《民法典》中“合同编”和“侵权责任编”是对债法的具体规定，但并未设置债法总则。

二、债法在民法中的地位

债法是民法的重要组成部分。民法以人身权法和财产法为其两个主要组成部分。财产法又分为物权法和债法。当然，债法之中也有非财产法的成分。[1]

物权法因其体现一个国家的所有制、系一个社会中的生产和生活的法律前提、旨在维护财产的“静的安全”乃至一定程度的“动的安全”而不可或缺，但债法作为规范、保护和促进财产流转，维护财产的“动的安全”的民法部门，在近代法和现代法中更显出优越地位。其原因在于，人类在仅依物权形成财产关系、仅以物权作为财产客体时代，可以说只能生活在过去和现在。但是，承认了债权制度，就可以使将来的给付预约，变为现在的给付对价价值。人类在经济生活中，除了过去和现在的财产外，还可以增加将来的财产。[2] 在现代社会，债权财产化，不动产因抵押权具有流通性和与证券的结合而债权化，动产借助于让与担保等制度也债权化了，通过债权达到对经济组织的维持。[3] 债权表现的权力欲及利息欲，在今天都是经济目的。债权已不复是取得对物权和物利用的手段，它本身就是法律生活的目的。经济价值不是暂时静止地存在于物权，而是从一个债权向另一个债权不停地移动。[4]

三、债法的体系

债法作为民法中相对独立的部分，就其实质而言，应当包含债法总则、合同法、侵权行为法、不当得利法和无因管理制度，以及单方允诺等制度；就其形式来讲，上述各个债法分支不一定全部集中在一编当中，合同法和侵权行为法因其内容丰富，可以独立成编。

四、债法的性质

债法既为民法的组成部分，民法所具有的性质自然也为债法所具有。例如，民法为市民社会的法、私法、实体法、以权利为中心等，债法同样如此。除此之外，债法

---

〔1〕 参见王家福主编：《中国民法学·民法债权》，法律出版社1991年版，第3页。

〔2〕 参见［日］我妻荣：《债权在近代法中的优越地位》，王书江、张雷译，谢怀栻校，中国大百科全书出版社1999年版，第6页。

〔3〕 参见［日］我妻荣：《债权在近代法中的优越地位》，王书江、张雷译，谢怀栻校，中国大百科全书出版社1999年版，第20～216页。

〔4〕 参见［德］拉德布鲁赫：《法学导论》第三章。转引自［日］我妻荣：《债权在近代法中的优越地位》，王书江、张雷译，谢怀栻校，中国大百科全书出版社1999年版，第6～7页。

还具有自己的一些特点。[1]

1. 债法为交易法。债法规范财产的流转关系，一切财产上的交易均由债法调整。[2]

2. 债法多为任意法。债法所调整的关系为存在于特定人之间的为一定给付的关系，与社会利益不具有直接的联系。在不违反法律强制性规定、公序良俗的前提下，法律充分尊重当事人的自由意思。债的具体内容及其形式，原则上允许当事人自由商定，国家尽可能地不积极干预。因而债法规范多为任意规范，当事人可以依协议变更甚至排除其适用。私法上的意思自治原则，多体现在债法之中。现代立法对个人意思自由虽然加以了诸多限制，设置了相当的强制性规范，但意思自治原则的基本地位并未动摇。[3]

3. 债法具有国际化的趋势。一方面，现代各国多实行市场经济，其财产交易上的规范因工具性的特点而具有共性，于是，各国立法没有原则性的差别；另一方面，现代交易不仅发生在国内，在国际间也大量存在，国际经贸关系愈见扩张，涉外交易日渐增多。为此，各国的债法规范事实上已扩大了其适用范围。1980 年《联合国国际货物销售合同公约》、《国际商事合同通则》的制定，地区性的债法统一活动，国家间民事交易双边或多边公约的大量签订，即显示了债法国际化的趋势。[4]

债法的功能是多方面的。例如，为人们提供行为准则和告知行为预期，连接市场主体之间的交易往来，为社会经济和社会生活提供法律保障，实现并维护社会的公平正义。

应当注意到，债法在满足债权人的利益方面，其地位和作用随着社会的发展而有一个变化过程。在中世纪和近代，劳动秩序建立在物法基础上，物权是目的，债权开始不过是手段。[5] 人类在仅依物权形成财产关系、仅以物权作为财产客体时代，可以说只能生活在过去和现在。[6] 不过，市场经济制度下，债权及其利息的享有是所有经济的目的，债权不复是旨在物权或物之享有的手段，而本身就是法律生活的目的。[7] 债权制度可以使将来的给付预约变为现在的给付对价价值。信用即债的

---

〔1〕 参见张广兴：《债法总论》，法律出版社 1997 年版，第 6 页。

〔2〕 参见王家福主编：《中国民法学 · 民法债权》，法律出版社 1991 年版，第 3 页。

〔3〕 参见王家福主编：《中国民法学 · 民法债权》，法律出版社 1991 年版，第 3 页。

〔4〕 参见王家福主编：《中国民法学 · 民法债权》，法律出版社 1991 年版，第 7 页；张广兴：《债法总论》，法律出版社 1997 年版，第 4 页。

〔5〕 参见[德]古斯塔夫 · 拉德布鲁赫：《法学导论》，米健、朱林译，中国大百科全书出版社 1997 年版，第 6 页。

〔6〕 参见[日]我妻荣：《债权在近代法中的优越地位》，王书江、张雷译，谢怀栻校，中国大百科全书出版社 1999 年版，第 6 页。

〔7〕 参见[德]古斯塔夫 · 拉德布鲁赫：《法学导论》，米健、朱林译，中国大百科全书出版社 1997 年版，第 6 页。

发生，使“过去可为将来服务，将来可为过去服务，时间障碍被打破，人类可以自由地征服时间与空间”。[1]

本节法条1-8

第八节 债法上的请求权基础

引导案例

[1-7] 甲将其A房出售与乙，乙可以向甲主张交付A房，并移转其所有权的依据是什么，即其请求权基础是什么？如果甲未将A房已经抵押给C银行的事实告知与乙，按照常理乙可以要求甲承担责任，但是其请求的依据是什么？

一、请求权基础的概念

请求权基础(Anspruchsgrundlage)，是指可支持一方当事人向他方当事人有所主张的法律规范。案例[1-7]中，乙可以向甲主张交付A房，并移转其所有权的请求权基础是《民法典》第598条。如果甲未将A房已经抵押给C银行的事实告知与乙，则乙可以要求甲承担权利瑕疵担保责任的请求权基础为《民法典》第612条，第577条则为补充和配合的条文。

处理案件的任务就是在于寻找请求权基础。在某种程度上，我们甚至可以说，民法上的法律思维活动，就在于探寻请求权基础，包括法律解释、法律漏洞的补充乃至新制度的创设。[2]

二、请求权基础的检查

所谓请求权基础的检查(见图1-6)，就是查找案型事实所符合的特定的法律规范。所谓案型事实符合特定的法律规范，是指案型事实符合特定法律规范的构成要件。如果符合，该特定的法律规范就是系争案型中的请求权基础；反之，则需要另寻其他特定法律规范，甚至使用类推适用、法律漏洞补充等方法，以解决系争案件。

---

[1] Josef Kohler, *Enzyklopadie der Rechtswissenschaft*, 7 Aufl. Bd. I. 1915, S. 38. 转引自[日]我妻荣：《债权在近代法中的优越地位》，王书江、张雷译，谢怀栻校，中国大百科全书出版社1999年版，第6页。

[2] 参见王泽鉴：《民法债编总论·基本理论·债之发生》(总第1册)，三民书局1993年版，第57页。

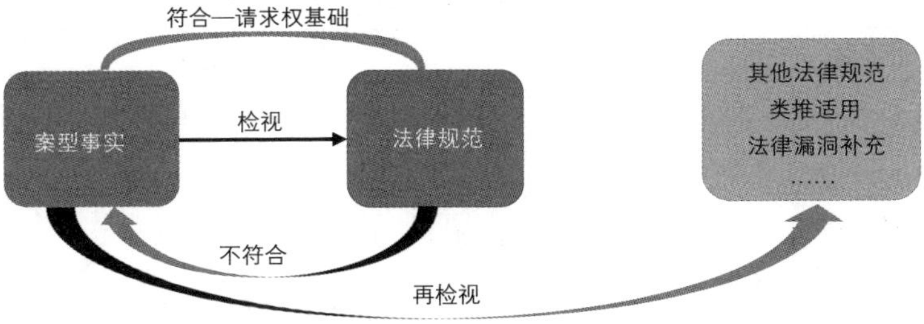

图1－6 请求权基础检查

债权请求权基础的检查当然如此。债的法律规范浩如烟海，逐一查找显然过于低效，甚至误事。通过查找债权请求权发生的原因而确定债权请求权基础，简便易行。债权请求权发生的原因也不在少数，散见于多处法律条文甚至于数部法律之中，为便于掌握，请求权基础的检查，原则上宜依合同、无权代理和缔约上过失等类似合同关系、无因管理、物权请求权、不当得利、侵权行为或其他债的发生原因的次序进行（见图1－7）。

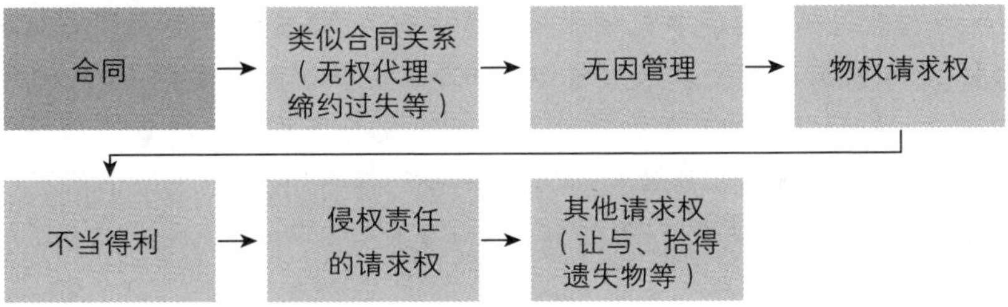

图1－7 债权请求权基础检查顺序

该检查次序的基本特色，在于尽量避免检讨某特定的请求权基础时，必须以其他法律关系作为前提问题，因而造成论述的重复。[1] 也就是说，关于请求权基础的探寻，原则上应当依下列次序检查。

（一）合同上的请求权

所谓合同上的请求权，是指因合同有效成立时的给付请求权，以及因违约行为而产生的民事责任的请求权。之所以先检查此类请求权，是因为合同关系的存在对其他请求权的成立有所影响。具体如表1－3所示：

〔1〕 参见王泽鉴：《民法债编总论·基本理论·债之发生》（总第1册），三民书局1993年版，第60页。

表 1-3 合同与其他债权关系请求权基础

其他债权请求权	合同	关系
无因管理	合同属于前提问题	如果存在合同,“管理人”便有义务作为,无成立无因管理的余地
所有物返还请求权		如果当事人之间基于合同关系占有某物,则属有权占有,所有权人不得请求返还该物
不当得利		如果当事人之间存在合同关系,则受领人因对方的给付而受有利益具有合法根据,即无成立不当得利的余地[1]
侵权行为		有时构成侵权责任和合同责任的竞合

事例 甲因其疏忽而不知其A车的刹车系统已经失灵,便将之赠与乙。乙因该故障酿成车祸,身受重伤。依据《民法典》第662条第1款前段规定,赠与的财产有瑕疵的,赠与人不承担责任。同条第2款规定,赠与人故意不告知瑕疵或保证无瑕疵,造成受赠人损失的,应当承担损害赔偿责任。这些减轻赠与人责任的规定,对于侵权行为的成立具有影响。也就是说,若无此项规定,则乙可以依据《民法典》第1165条第1款及第1179条的规定,请求甲承担侵权责任;正因有此项规定,乙必须举证甲故意不告知A车的刹车系统失灵或已经保证A车无瑕疵,才能请求甲承担A车车祸所致损失的赔偿责任;只要证明不了,则甲既不承担瑕疵担保责任,也不负侵权责任;否则,《民法典》第662条的规定便无价值。[2]

(二)无权代理、缔约上过失等类似合同关系

如果不存在合同关系,则应当检查《民法典》第500条、第501条和第157条规定的缔约上的过失责任,第503条规定的无权代理及其责任。此等请求权因合同的无效、被撤销或不生效力有关,学说上称为类似合同关系请求权的请求权,宜较早地检查。[3]

(三)无因管理上的请求权

如果上述关系均不存在,则应当检查无因管理上的请求权。其原因在于:(1)对不当得利而言,无因管理系前提问题。(2)对侵权行为而言,无因管理也属于前提问题,原因在于适法的无因管理可以阻却违法,影响侵权行为的成立。[4]

---

[1] 参见王泽鉴:《民法债编总论·基本理论·债之发生》(总第1册),三民书局1993年版,第60~61页。

[2] 参见王泽鉴:《民法债编总论·基本理论·债之发生》(总第1册),三民书局1993年版,第61页。

[3] 参见王泽鉴:《民法债编总论·基本理论·债之发生》(总第1册),三民书局1993年版,第61页。

[4] 参见王泽鉴:《民法债编总论·基本理论·债之发生》(总第1册),三民书局1993年版,第61页。

■ **讨论**｜无因管理与不当得利的适用关系

按照中国台湾地区的"民法"及其理论,甲未受委托,并无义务,为乙修缮房屋,支出了费用,乙虽然受有利益,仍然不成立不当得利。因为甲的无因管理,属于乙受有利益的法律上的原因。于此场合,甲只能依据中国台湾地区"民法"第176条第1项的规定,向乙主张返还所支出的必要费用,不得主张不当得利返还请求权。[1] 在中国大陆,原来《民法通则》关于不当得利构成的规定,没有采用"无法律上的原因",而是采取了"没有合法根据"的要件,但在上述所举案例中,完全可以把无因管理作为乙受有利益的"合法根据",从而排除不当得利的成立。如此理解,也符合无因管理制度原则上优先于不当得利制度适用的理论。[2] 但是《民法典》中对于不当得利进行了调整,采用了"没有法律根据"的要件,自然优先适用无因管理制度。

(四)物权请求权

如果上述请求权均不存在,应当检查物权请求权。物权请求权应当先于不当得利请求权、侵权责任的请求权加以检查,其主要理由是,这两项请求权均与物权的变动具有密切关系。

事例　甲于2004年5月1日出卖电脑给乙,价款12,000元人民币,约定于2004年5月3日交付。在该日届至时,乙一方面向甲付清了全部价款,另一方面同意了甲借用该电脑3日的请求。不料,甲于2004年5月6日将该电脑出卖并交付与丙。在这种情况下,乙可否向甲主张不当得利或侵权损害赔偿,应当根据乙是否取得该电脑的所有权而定。[3] 假如乙一直没有取得该电脑的所有权,甲取得乙支付的价款也有法律根据,那么,不构成不当得利,也不成立侵权行为,乙只能请求甲承担违约责任。如果乙自2004年5月3日起通过占有改定已经取得了该电脑的所有权,那么,甲于2004年5月6日将该电脑出卖与丙,便属于出卖他人之物。丙若为恶意,则取得不了该电脑的所有权,乙有权基于所有物返还请求权要求丙返还该电脑,或基于占有的不当得利请求丙予以返还。丙可以解除合同并请求甲承担违约责任(《民法典》第597条)乙对甲无不当得利返还请求权,但可有侵权损害赔偿请求权。丙若为善意,则取得该电脑的所有权(《民法典》第311条第1款),已经向甲付清了价款时,丙与乙之间不存在所有物返还请求权、不当得利返还请求权、侵权责任关系,乙对甲享有不当得利返还请求权或侵

---

〔1〕参见王泽鉴:《民法债编总论·基本理论·债之发生》(总第1册),三民书局1993年版,第61页。
〔2〕参见崔建远:《不当得利研究》,载《法学研究》1987年第4期。
〔3〕参见王泽鉴:《民法债编总论·基本理论·债之发生》(总第1册),三民书局1993年版,第62页。

权损害赔偿请求权。在丙尚未向甲付清价款的情况下，乙对丙享有不当得利返还请求权，若有损害，对甲还有侵权损害赔偿请求权。

应当指出，物权与债权在功能上关系密切，物权请求权应在哪个次序检查，具有弹性，如果在个案中先行检查物权请求权较为方便，则应当先行检查。[1]

（五）不当得利返还请求权

不当得利返还请求权之所以应当在合同、无因管理之后检查，是因为此二者均为其前提问题；之所以应当在物权请求权之后讨论，是因为它与物权变动具有密切关系。

事例 甲有宣纸被乙所盗，出卖与恶意的丙。在这种情况下，甲对于乙出售宣纸所得价款并无不当得利返还请求权，因为甲并未因乙的无权处分而丧失其宣纸的所有权，乙虽然受有利益，但非“致”甲受损害，所以不成立不当得利。[2] 甲可以基于所有物返还请求权要求丙返还该宣纸，或基于占有的不当得利请求返还。假如丙已经将该宣纸印成画册，则丙基于加工而取得画册的所有权，甲丧失对宣纸的所有权，于是，他可以基于不当得利的规定请求乙返还价款，或基于侵权行为请求乙予以损害赔偿，也可以径直向丙主张侵权损害赔偿。

（六）侵权责任的请求权

之所以把侵权责任的请求权列为第六次序，主要的原因在于，它通常不是其他请求权的前提问题，而是可以与合同上的请求权、不适法的无因管理的请求权、物权请求权、不当得利返还请求权竞合。

（七）其他请求权

其他请求权，如让与请求权、遗失物拾得的奖金请求权等，放在最后检查。

分析案型之际，应当依据上述次序通盘检查各项请求权基础，切勿凭直觉寻找一个请求权基础而认为万事大吉。其主要理由有三：（1）可以借此养成周密深刻思考的能力；（2）可以避免遗漏；（3）可以确实维护当事人的利益，因为各个请求权的构成要件、法律效果、举证责任和诉讼时效不尽相同，主张哪一个，结果可能不同。[3]

---

〔1〕 参见王泽鉴：《民法债编总论·基本理论·债之发生》（总第1册），三民书局1993年版，第60页。
〔2〕 参见王泽鉴：《民法债编总论·基本理论·债之发生》（总第1册），三民书局1993年版，第62页。
〔3〕 王泽鉴：《民法债编总论·基本理论·债之发生》（总第1册），三民书局1993年版，第63页。

■ 案例研习 | 福建盛丰物流集团有限公司与美亚财产保险有限公司上海分公司等保险人代位求偿权纠纷上诉案[1]

□ 基本案情

2014年5月14日，案外人西科拉电子公司作为卖方，向案外人山东泰开电缆有限公司出售射线式CCv交联电缆在线监测仪X－RAY 8000 NXT一台，交货地点为买方山东泰开电缆有限公司生产现场。西科拉电子公司委托案外人敦豪全球货运（中国）有限公司（以下简称敦豪货运公司）运输上述货物，敦豪货运公司转委托被告联冠物流公司运输上述货物。根据敦豪货运公司（甲方）与被告联冠物流公司（乙方）于2011年5月31日订立的《公路运输服务协议》，甲方委托乙方为公路承运方，乙方根据甲方所发出的书面运输指示的要求为甲方提供在中华人民共和国区域内的公路运输服务。该协议第12.1条约定："除非事先得到甲方的书面认可，否则乙方不得将本协议下的运输业务部分或全部交由第三方履行。尽管有前述规定，在任何情况下，乙方均对其委托的第三方的所有行为承担全部责任。"就上述货物，敦豪货运公司作为投保人，于2014年4月2日向原告美亚保险上海分公司承保货物运输险，保单号为MA11001907，被保险人为西科拉电子公司，保险金额为1,309,000元。

2014年6月16日，上述货物从西科拉电子公司发货仓库运往目的地山东泰开电缆有限公司收货仓库。2014年6月23日，上述货物运抵目的地时，收货方在联冠物流公司运单上手写备注"其中一木箱上盖有破损（裂纹两道）左右各一道，两侧都有水渗进木箱内，其中一侧漏水严重，元件线路板浸泡，外包装全部湿透，且箱内有积水（铁盒内）"。

原告经委托深圳万宜麦理伦保险公估有限公司上海分公司和德凯质量认证（上海）有限公司对受损货物进行勘验和评估，查勘分析认为"本次湿损木箱系在雨淋前已出现了破损才导致如此积水……本次同批运输的3只木箱高度相当，破损木箱是其中最宽的一只，其上部叠码其他木箱时，叠码重量集中承压在木箱盖板上而不是木箱四周加强壁板上，最终导致木箱盖板到货时凹陷破损"，评定事故的总损失金额为576,659.38元（含受损设备的残值2万元）。

2015年1月8日，原告向被保险人西科拉电子公司支付了0000025539号保险凭证下的赔偿款人民币576,659.38元，并取得了保险人出具的豁免责任和代位求偿书。原告起诉联冠物流公司和丰物流集团有限公司，请求判令：（1）二被告连带支付原告赔偿款人民币576,659.38元及该款自2015年1月9日起至实际支付之日止，按中国人民银行同期贷款利率计算的利息；（2）本案诉讼费由二被告承担。

---

[1] 案例来源：北大法宝。案号：（2015）集民初字第1239号、（2015）厦民终字第4020号。

以上事实,有原告提供的货物销售合同、运单、预约保险合同、保单、公估报告、付款凭证、豁免责任和代位求偿书等证据予以证明,并有原、被告的当庭陈述加以佐证,法院予以确认。

□ **裁判结果与理由**

福建省厦门市集美区人民法院于2015年7月30日作出(2015)集民初字第1239号民事判决:(1)被告福建盛丰物流集团有限公司应于本判决生效之日起10日内支付原告美亚财产保险有限公司上海分公司赔偿款556,659.38元;(2)被告福建联冠物流有限公司对上述赔偿义务承担连带赔偿责任;(3)驳回原告美亚财产保险有限公司上海分公司其他诉讼请求。宣判后,被告福建盛丰物流集团有限公司向福建省厦门市中级人民法院提起上诉。厦门市中级人民法院于2016年2月22日作出(2015)厦民终字第4020号民事判决:驳回上诉,维持原判。法院生效裁判认为,围绕诉辩要点,本案应重点审查以下三项问题:

1.本案共同被告的确定问题,系影响本案审理的重大程序问题,需先行解决。

原告美亚保险上海分公司认为:(1)从联冠物流公司在第一次庭审中提交的证据可以看出,本案货物的实际承运人为盛丰物流公司,联冠物流公司没有取得托运人的许可,对货物进行转运,且未尽到监督义务,存有过错,因此,二被告为共同被告。(2)是否追加敦豪货运公司是原告的权利,我方不追加该公司作为共同被告。

被告联冠物流公司认为:实际承运人为盛丰物流公司,我方也提交了证据证明,该公司应当列为共同被告。被告盛丰物流公司认为:(1)根据《合同法》第121条、第122条的规定,我方不应作为本案被告;本案中,原告与我方之间并没有合同关系,从合同相对性来说,被告不应当承担责任;(2)如果原告放弃对敦豪货运公司的赔偿请求,那么我方也不应当承担责任。

法院经审理认为:(1)是否应将盛丰物流公司列为本案共同被告,需考虑两个问题:一是在诉讼标的层面上,保险人依据代位求偿制度行使原属被保险人的请求权时,是选择违约还是侵权法律规范作为请求权基础。二是在事实层面上,盛丰物流公司是否为本案的实际承运人。对于第一个问题,经法院释明,原告美亚保险上海分公司表示,在请求权存在竞合的情形下,选择侵权法律规范作为请求权基础,故尽管盛丰物流公司与被保险人西科拉电子公司不存在合同关系,亦不影响其成为本案的共同被告。对于第二个问题,被告联冠物流公司提供运输单据两张,运单(单号LG1767054)载明"丹沙"(敦豪货运公司)委托联冠物流公司承运本案货物等内容,运单(单号33548167)载明联冠物流公司转委托盛丰物流公司承运本案货物等内容,以此证明本案的实际承运人为盛丰物流公司,被告联冠物流公司并提供有事故发生后就索赔事宜发给被告盛丰物流公司的电子邮件及索赔函,以兹印证前述事实。被告盛丰物流公司对两张运单的真实性没有异议，但提出两张运单间没有关联性，并不能够证明运输的是同一票货物，对于电子邮件及索赔函表示无法确认。法院认为，从两张运单的托运时间、收货人姓名以及收货人签收栏处的签收情况（收货人在单号为33548167的运单上书写身份证号码及签名，书写痕迹留印于附于其后的单号为LG1767054的运单上）可以看出，两张运单承运的是同一货物，结合电子邮件及索赔函等相关材料，可认定被告盛丰物流公司即为本案货物的实际承运人，应作为本案共同被告参加诉讼。（2）是否应将敦豪货运公司追加为本案的共同被告。原告、被告联冠物流公司均未提出追加请求。被告盛丰物流公司虽提出请求，但在法院要求其提供相应证据时，未能对主张提供初步证据，且事后又表明不拟追加。法院认为，敦豪货运公司既为承运人，又为投保人，具有双重身份，鉴于保险人与投保人之间存在推定信托关系，如果允许保险人对投保人行使保险代位权，有可能会在保险人与投保人之间产生有害的利益冲突，基于以上理由，并衡量诉讼成本，参酌各方当事人意见，法院决定不追加该公司作为本案共同被告。

2. 二被告是否应承担赔偿责任及责任类型。原告诉请的请求权基础规范在于《保险法》第60条第1款，即"因第三者对保险标的的损害而造成保险事故的，保险人自向被保险人赔偿保险金之日起，在赔偿金额范围内代位行使被保险人对第三者请求赔偿的权利"，另经释明，在代位行使原属被保险人的请求权时，原告系选择侵权法律关系作为请求权内容，故二被告是否应承担赔偿责任，应视二被告于损失的造成是否存有过错而定。根据深圳万宜麦理伦保险公估有限公司上海分公司出具的公估报告，本次货物系因货物间叠码挤压致损，被告盛丰物流公司作为实际承运人，在货物叠码时未履行叠码齐整这一基本的注意义务致木箱破损，在货物中转过程中对雨天情形又未采取必要的防范措施，致雨水渗入木箱导致货物损失，对此具有重大过错，应承担赔偿责任。被告盛丰物流公司虽辩称公估公司及检测机构不具备公估及检测资质，但对原告所提供的公估业务许可证、营业执照、检测机构资质认定计量认证证书等证据，未提供反驳证据，法院对其辩称不予采信。被告联冠物流公司在与敦豪货运公司订立的合同中约定"除非事先得到甲方的书面认可，否则乙方不得将本协议下的运输业务部分或全部交由第三方履行"，其应对擅自委托盛丰物流公司承运货物并疏于监管的行为承担责任。在责任类型上，二被告构成共同侵权，应对原告承担连带赔偿责任。对于被告提出货主在包装上存在一定失误等辩解意见，法院认为，被告未提供相应证据证明其主张，且本案的货物损失，系因被告盛丰物流公司在运输过程中未履行基本的注意义务所致，要求货主承担责任缺乏依据，故对被告辩解不予采纳。

原告主张，根据最高人民法院《关于审理海上保险纠纷案件若干问题的规定》

第 14 条的规定，法院在审理保险人代位求偿权案件中，应当仅就造成保险事故的第三人与被保险人之间的法律关系进行审理，故本案对赔偿的金额不应再予审查。二被告均主张，最高人民法院的该项解释是基于海上保险所作的规定，不适用陆地运输中的保险行为。如果不审理赔偿金额，将会造成相关方的重大损失。

法院认为，保险代位求偿权的取得属于法定的债权移转，在法定的债权移转中，保险人与第三人之间的法律关系虽然是以被保险人与第三人之间的法律关系为内容，却仍需考虑保险人与被保险人之间的保险合同关系，以此来检验保险人的请求权的移转是否有效，故保险理赔中对损失金额的计算是否适当，仍在本案的审查范围。最高人民法院《关于审理海上保险纠纷案件若干问题的规定》适用于海上运输，本案纠纷发生于陆路运输，该司法解释不适用于本案。

3. 本案中，该案中保险公司履行保险责任后，获得了保险代位求偿权，其法律依据是《保险法》第 60 条第 1 款："因第三者对保险标的的损害而造成保险事故的，保险人自向被保险人赔偿保险金之日起，在赔偿金额范围内代位行使被保险人对第三者请求赔偿的权利。"

本案中，被保险人对于第三者的权利，既可以根据合同法规范主张，也可以根据侵权责任法主张。如果选择合同法规范作为请求权基础，可以要求联冠物流公司承担违约责任（敦豪货运公司作为投保人与被告联冠物流公司订立的《公路运输服务协议》）。如果选择侵权法律规范作为请求权基础时，其可将名义上的承运人（联冠物流公司）与实际承运人（盛丰物流公司）作为共同被告，要求他们承担侵权责任。因为货物损失是有实际承运人造成的，应当对原告承担连带赔偿责任。法律依据是《侵权责任法》第 8 条："二人以上共同实施侵权行为，造成他人损害的，应当承担连带责任。"

可以发现，请求权基础的选择对于当事人的权利会产生直接影响，实践案件中，应当审慎选择请求权基础，以维护当事人合法权益。

■ 延伸阅读

□ 关于债的基本概念和原理

王泽鉴：《债法原理》（第 2 版），北京大学出版社 2014 年版。

黄立：《民法债编总论》，中国政法大学出版社 2002 年版。

［日］我妻荣：《债权在近代法中的优越地位》，王书江、张雷、谢怀栻译，中国大百科全书出版社 1999 年版。

左传卫：《论债与责任的关系》，载《法商研究》2003 年第 5 期。

魏振瀛：《论债与责任的融合与分离——兼论民法典体系之革新》，载《中国法学》1998 年第 1 期。

□ **关于债法在民法中地位**

王利明:《论民法典合同编发挥债法总则的功能》,载《法学论坛》2020 年第 4 期。

朱虎:《债法总则体系的基础反思与技术重整》,载《清华法学》2019 年第 3 期。

黄家镇:《论民法典编纂中债法总则的存废——以德国潘德克顿法学的法源思想与体系构造方法为视角》,载《现代法学》2018 年第 6 期。

黄茂荣:《民法典之债法的编纂》,载《环球法律评论》2018 年第 2 期。

王利明:《准合同与债法总则的设立》,载《法学家》2018 年第 1 期。

李世刚:《中国债编体系构建中若干基础关系的协调——从法国重构债法体系的经验观察》,载《法学家》2016 年第 5 期。

王利明:《债法总则研究》,载《法学家》2015 年第 1 期。

杨立新:《论民法典中债法总则之存废》,载《清华法学》2014 年第 6 期。

王利明:《论债法总则与合同法总则的关系》,载《广东社会科学》2014 年第 5 期。

崔建远:《中国债法的现状与未来》,载《法律科学》(西北政法大学学报)2013 年第 1 期。

□ **关于债的不同发生原因**

王泽鉴:《不当得利》(第 2 版),北京大学出版社 2015 年版。

黄茂荣:《无因管理与不当得利》,厦门大学出版社 2014 年版。

崔建远:《合同解释辨》,载《财经法学》2018 年第 4 期。

崔建远:《不当得利研究》,载《中国法学》1987 年第 4 期。

□ **关于请求权基础**

[德]梅迪库斯:《请求权基础》,陈卫佐、田士永、王洪亮、张双根译,法律出版社 2012 年版。

王泽鉴:《民法思维:请求权基础理论体系》,北京大学出版社 2009 年版。

刘力:《论民商事案件裁判方法的反思与完善——以请求权基础分析方法为中心》,载《东方法学》2020 年第 1 期。

吴香香:《请求权基础思维及其对手》,载《南京大学学报》(哲学 · 人文科学 · 社会科学)2020 年第 2 期。

张凇纶:《作为教学方法的法教义学:反思与扬弃——以案例教学和请求权基础理论为对象》,载《法学评论》2018 年第 6 期。

李永军:《合同法上赔偿损失的请求权基础规范分析》,载《法学评论》2018 年第 4 期。

■ 综合练习

1. 从债的义务群与债权实现的角度论述债。
2. 试述债的发生原因及其法律依据。
3. 试述按份之债与连带之债的区别以及连带之债的法律效力。
4. 【2014 年司法考试题】张某和李某达成收养协议,约定由李某收养张某 6 岁的孩子小张,任何一方违反约定,应当承担违约责任。双方办理了登记手续,张某依约向李某支付了 10 万元。李某收养小张 1 年后,因小张殴打他人赔偿 1 万元。李某要求解除收养协议并要求张某赔偿该 1 万元。张某同意解除但要求李某返还 10 万元。(根据《收养法》的规定,收养人和送养人可以协议解除收养关系。)请用请求权基础理论,分析张某和李某的要求是否会得到支持。

第二章　债的履行

本章要点

债的履行是债务人完成债务的行为，使债权人实现其债权的给付行为和给付结果的统一。债的履行除了应当遵循诚实信用等民法基本原则之外，还应当遵循适当履行原则、协作履行原则、经济合理原则和诚实信用原则。债的履行具体规则包括履行主体、费用、标的、地点、期限和方式等。在符合法定条件时，一方享有拒绝履行其债务的抗辩或抗辩权。双务合同中的履行抗辩权包括同时履行抗辩权、先履行抗辩权和不安履行抗辩权。同时履行抗辩权，是指双务合同的当事人一方在相对人未为对待给付以前，可拒绝履行自己的债务之权。先履行抗辩权，是指当事人互负债务，有先后履行顺序的，先履行一方未履行其债务之前，后履行一方有权拒绝其履行请求，先履行一方履行债务不符合债的本旨的，后履行一方有权拒绝其相应的履行请求。不安抗辩权，是指因双务合同负担债务并向他方先为给付者，如他方的财产于订约后显形减少，有难为对待给付之虞时，在他方未为对待给付或提出担保之前，得拒绝自己的给付。

关键词　债的履行　情事变更　同时履行抗辩权　先履行抗辩权　不安履行抗辩权

第一节　债的履行概述

债的履行，是指债务人全面地、适当地完成其债务，债权人的债权得到完全实现，如交付约定的标的物，完成约定的工作并交付工作成果，提供约定的服务等。

债的履行是债务人完成债务的行为，即所谓债务人为给付行为。这是债的目的的起码要求。没有债务人完成债务的行为，就不会有债权人达到成立债的目的的结果。但是，债务人履行债务的行为未必总能使债权人达到成立债的目的，未必总能使债权人实现其债权。

由此看来，债的履行应是债务人全面地、适当地完成债务，使债权人实现其债权的给付行为和给付结果的统一（见图 2－1）。因为债存在的法律目的，乃是将债权转变成物权或与物权具有相等价值的权利，乃是债务人依约定给付，使债权人获得满足、获得给付结果。进言之，就是“履行并非指债务人之给付行为，履行重结果，给付仅系履行之手段，必也债权人实际获得给付结果，才能谓之‘履行’”。[1]

图 2－1　债的履行的构成

在许多情况下，如承揽合同、建设工程合同、运输合同、劳动合同等，履行不单指最后的交付行为，而是一系列行为及其结果的总和。[2] 该特征的法律意义在于：一方面，它能使当事人自合同成立生效之时起，就关注自己和对方履行债务的概况，确保债务得到全面、正确的履行；另一方面，“它能使当事人尽早发现对方不能履行或不能完全履行合同义务的情况，以便采取相应的补救措施，避免使自己陷入被动和不利，防止损失的发生或扩大”。[3]

从不同的视角来观察债的履行，如图 2－2 所示：

从债的效力的角度观察	•债的履行是债所必然发生的法律效果，并且是构成债的效力的主要内容 •许多立法例把债的履行规定在债的效力的标题下
从债的关系消灭的角度观察	•债务人全面而适当地履行债务，导致了债的关系的消灭 •债的履行是债的关系消灭的原因，并且是正常消灭的原因，因此，债的履行又称作债的清偿 •有些立法例把债的履行规定在债的消灭原因标题下，以“清偿”的称谓详加规定

图 2－2　从不同视角看债的履行

债的履行不仅是债的效力的主要内容，而且是整个债法的核心（如图 2－3 所示）。债的成立是债的履行的前提，债的效力既含有债的履行之意，又是债的履行的依据和动力所在。债的担保是促使债务履行，保障债权实现的法律制度。债的保全的直接功能是维持责任财产，间接地强制债务人履行其债务。债权债务的转让只不过是履行主体的变更，并不是对履行的否定。债的终止则是履行完毕或为适应变化了的主客观情况而提前消灭债的关系的制度，虽与债的履行对立，但在尽可能地保护当事人的合法权益这点上，两者又目标一致。债务不履行责任既是补救债务不履行所致后果的手段，又是促使债务人履行债务的法律措施。

---

〔1〕　林诚二：《论债之本质与责任》，载《中兴法学》1978 年第 13 期。
〔2〕　黄欣：《关于经济合同的履行问题》，载《北京政法学院学报》1982 年第 2 期。
〔3〕　苏惠祥主编：《中国当代合同法论》，吉林大学出版社 1992 年版，第 143 页。

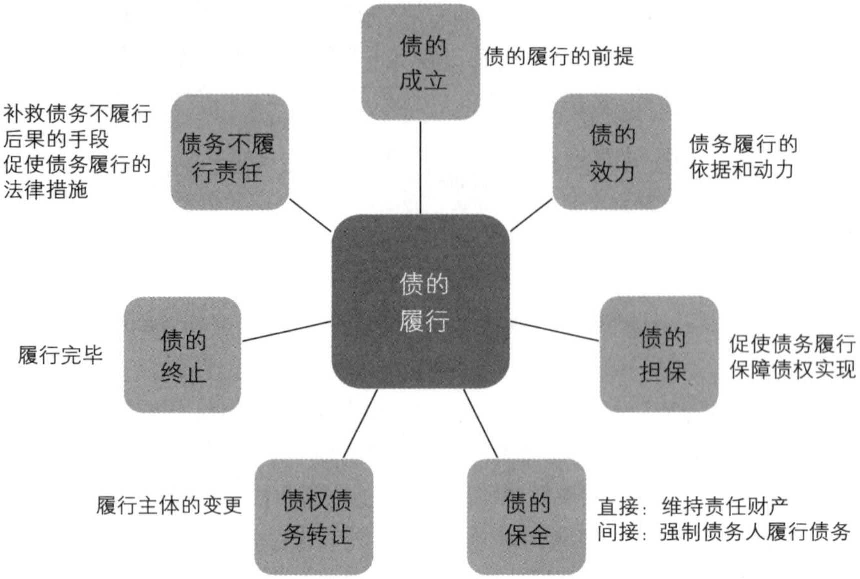

图 2－3　债的履行与债的其他内容关系

本节法条2-2

第二节　债的履行的原则

引导案例

[2－1]甲与乙开发商签订了商品房买卖合同，约定于当年年底交房，但是在交房前3个月发生地震，导致无法按时交房。乙提出变更合同，将交房时间延长半年。乙的主张是否会得到支持？

债的履行的原则，是当事人在履行债务时所应遵循的基本准则。在这些基本准则中，有的是民法的基本原则，如诚实信用原则、公平原则、平等原则等；有的是专属于债的履行的原则，如适当履行原则、协作履行原则、经济合理原则、情事变更原则等。对于民法的基本原则，此处不赘述。

一、适当履行原则

适当履行原则，又称正确履行原则或全面履行原则，是指当事人按照法律规定或合同约定的标的及其质量、数量，由适当的主体在适当的履行期限，履行地点，以适当的履行方式，全面完成债务的履行原则。对此，美国《合同法重述》（第2版）第

235 条的评论为,履行无任何瑕疵。中国《民法典》第 509 条第 1 款则表述为:“当事人应当按照约定全面履行自己的义务。”

■ **探讨** | 适当履行与实际履行

适当履行与实际履行既有区别又有联系。实际履行强调债务人按照合同约定交付标的物或提供服务,至于交付的标的物或提供的服务是否适当,则无力顾及。适当履行既要求债务人实际履行,按照合同的约定或法律的规定交付标的物或提供服务,也要求这些交付标的物、提供服务符合法律的规定和合同的本旨。

可见,适当履行必然是实际履行,而实际履行未必是适当履行。在适当履行场合不会存在债务不履行责任,实际履行不适当时则产生债务不履行责任。

适当履行原则所要求的履行主体适当、履行标的适当、履行期限适当、履行方式适当等,将在第三节中详述。

二、协作履行原则

协作履行原则,是指当事人不仅应当适当履行自己的债务,而且应基于诚实信用原则的要求,在必要的限度内,协助对方当事人履行债务的履行原则。《民法典》第 509 条第 2 款关于“当事人应当遵循诚实信用原则,根据合同的性质、目的和交易习惯履行通知、协助、保密等义务”的规定,包含有协作履行原则的内容。

债的履行,只有债务人的给付行为,没有债权人的受领给付,债的内容仍难实现。不仅如此,在建设工程合同、技术开发合同、技术转让合同、提供服务合同等场合,债务人实施给付行为也需要债权人的积极配合,否则,合同的内容也难以实现。因此,履行债务,不仅是债务人的事,也是债权人的事,协助履行往往是债权人的义务,只不过该义务有时表现为给付义务,有时表现为不真正义务。只有双方当事人在履行过程中相互配合、相互协作,债才会得到适当履行。有学说认为,在履行需要债权人合作时,当债务人实施履行,但因没有债权人的合作不能完成履行时,即应免除债务人不履行的责任。[1]

协作履行是诚实信用原则在债的履行方面的具体体现。所谓诚实信用原则的具体体现,至少包含两方面的内容:一是双方当事人之间应予相互协助;二是协助不是无限度的。协作履行原则的内容及具体要求见图 2－4。

---

〔1〕 参见[日]於保不二雄:《日本民法债权总论》,庄胜荣校订,五南图书出版有限公司 1998 年版,第 330 页。

协作履行原则的内容

- 债务人履行债务，债权人应适当受领给付
- 债务人履行债务，时常要求债权人创造必要的条件，提供方便
- 协作履行涉及专业知识、特殊技能，相对人却不具备，而这为相对人完成合同义务所必需，债权人应当提供
- 债务人因故不能履行或不能完全履行时，债权人应积极采取措施，避免或减少损失，否则要就扩大的损失自负其责

图2－4　协作履行原则的要求

协作履行原则并不漠视当事人的各自独立的利益，不降低债务人所负债务的力度。债务人以协作履行为借口，加重债权人负担，逃避自己义务的行为，是与协作履行原则相悖的。

三、经济合理原则

经济合理原则要求履行债务时，讲求经济效益，付出最小的成本，取得最佳的利益。在债的履行中贯彻经济合理原则，表现在许多方面：

1. 债务人选择最经济合理的履行方式。这在货物运输合同中较为突出。在时间允许、安全有保障等情况下，承运人应当选择水路运输或铁路运输，而不应采用航空运输的方式，以节约运费。

2. 选用设备体现经济合理原则。在技术开发、建设工程施工等合同的场合，自制或承租或选购造价或租金或价格适当的设备完全可以保质保量地完成合同任务，就没必要选购价格高昂的设备，以实现经济合理原则。自制在成本方面高于采购的，就应当采购设备，不然，就违反了经济合理原则。

3. 选择履行期体现经济合理原则。例如，在买卖物为时令蔬菜的合同中，买受人在交付期限方面没有特别要求的话，以农时蔬菜的成熟期作为交货期间，显然会使价格大为降低。

4. 选择材料体现经济合理原则。在建设工程施工合同的场合，某些建筑物、构筑物及其附属设施的部位不必采用最高标准的建筑材料，承包人采用相对低些标准的技术规程允许的建筑材料，符合经济合理原则。在该合同的计价不采取包工包料的背景下，这更有意义。

5. 及时处理物品体现经济合理原则。在仓储、保管、货运、行纪、委托等合同的场合，所涉物品属于容易腐烂、变质的，保管人或承运人或行纪人或受托人发现所涉物品将要甚至已经腐烂、变质，及时告知存货人或寄存人或托运人或收货人或委托人，来不及告知的，及时地合理地处分上述物品，都体现了经济合理原则。

6. 变更合同体现经济合理原则。中国法律允许变更到货地点、收货人，即为例证。

四、情事变更原则

(一)概说

情事变更原则,是指合同成立后,合同的基础条件发生了当事人在订立合同时无法预见的、不属于商业风险的重大变化,继续履行合同对于当事人一方明显不公平的,受不利影响的当事人可以与对方重新协商;在合理期限内协商不成的,当事人可以请求人民法院或者仲裁机构变更或者解除合同的原则(《民法典》第533条第1款)。

□ **制度沿革**

按照通说,情事变更原则起源于12~13世纪注释法学派著作《优帝法学阶梯注解》。其中有"情事不变条款",假定每一个合同均包含一个具有如下含义的条款:缔约时作为合同基础的客观情况应继续存在,一旦这种情况不复存在,准予变更或解除合同。至16~17世纪,自然法思想居于支配地位,"情事不变条款"得到广泛的适用。到18世纪后期,"情事不变条款"的适用过滥,损害了法律秩序的安定,于是受到严厉的批评并逐渐被法学家和立法者摒弃。19世纪初,历史法学派兴起,极力贬低自然法思想的价值,"情事不变条款"的命运自然不佳。继起的分析法学派,强调实证法,主张形式的正义,重视合同严守原则和法律秩序的安定,因而"情事不变条款"愈丧失其重要性。就立法而言,罗马法、《法国民法典》、《瑞士民法典》、《德国民法典》均未规定"情事不变条款"。不过,1756年《巴伐利亚民法典》、1794年普鲁士普通法、1811年《奥地利民法典》都规定有"情事不变条款"。[1]

情事变更问题后来受到重视始自第一次世界大战引发的物价飞涨,合同履行显失公平。第二次世界大战再次产生这一问题。除适用情事变更原则解决这些问题外,别无其他良策。德国等通过判例学说重新确立情事变更原则。英美法系自1863年泰勒诉考德威尔判例起确立"不能履行"(impossibility)原则、[2]1903年克雷尔诉亨利判例确立"合同落空"(frustration)原则,[3]至今已形成涵盖以上两类原则的合同落空制度,解决因客观原因造成的合同不能履行和履行显失公平的问题。

中国同样存在情事变更问题,在社会主义市场经济体制下,需要依情事变更原则处理它们。中国参加的1980年《联合国国际货物销售合同公约》第79条第

[1] 参见彭凤至:《情事变更原则之研究》,五南图书出版有限公司1986年版,第1~3页。

[2] Taylor v. Caldwell(1863) 3B & S826.

[3] Krell v. Herry(1903) 2KB 740.

1 项规定有情事变更原则，在系争案件适用 1980 年《联合国国际货物销售合同公约》时，在国内合同纠纷由法院审理时，当然可以适用情事变更原则；因武汉市煤气公司诉重庆检测仪表装配线技术转让合同、煤气表散件购销合同违约纠纷，〔1〕中国最高人民法院在对湖北省高级人民法院就此案向最高人民法院的请示的答复中，已经承认了情事变更原则；〔2〕统一合同法草案征求意见稿曾设有情事变更原则的条款，只是原《合同法》对此没有保留。不过，原《合同法》也未明文禁止该项原则，上述司法解释亦未被废止。再者，法释[2005]6 号第 16 条关于"因承包方不收取流转价款或者向对方支付费用的约定产生纠纷，当事人协商变更无法达成一致，且继续履行又显失公平的，人民法院可以根据发生变更的客观情况，按照公平原则处理"的规定，借鉴了情事变更原则。之所以如此，是因为在中央出台一系列惠农政策措施之前，土地承包经营权的流转有很多为零流转费或负流转费(俗称"倒贴皮""倒贴水")。随着农业税减免力度的加大、进程的加快以及农业补贴政策的贯彻落实，继续履行原来的约定，在当事人之间无疑造成了显失公平的结果。而这是由国家农业基本政策的重大调整所致。就流转合同而言，这属于订立合同当时的基础或环境因不可归责于当事人的事由发生的非当初所能预料的变更。此类纠纷在今后一段时期内极有可能大幅度增多。如果不确立一定的协调原则，那么农民的基本权利就有可能得不到保护。情事变更原则的制度功能，可以为此问题的解决提供有益的参考价值，〔3〕且具有积极的意义。还有，最高人民法院《关于审理建设工程合同纠纷案件的暂行意见》第 27 条规定："建设工程合同约定对工程总价或材料价格实行包干的，如合同有效，工程款应按该约定结算。因情势变更导致建材价格大幅上涨而明显不利于承包人的，承包人可请求增加工程款。但建材涨价属正常的市场风险范畴，涨价部分应由承包人承担。"尤其值得一提的是，法释[2009]5 号第 26 条关于"合同成立以后客观情况发生了当事人在订立合同时无法预见的、非不可抗力造成的不属于商业风险的重大变化，继续履行合同对于一方当事人明显不公平或者不能实现合同目的，当事人请求人民法院变更或者解除合同的，人民法院应当根据公平原则，并结合案件的实际情况确定是否变更或者解除"的规定，适用于所有的民事合同，从整体上填补了原《合同法》的漏洞，应予肯定。《民法典》第 533 条规定了情事变更原则。

---

〔1〕 该案的大致情形是，合同签订之时，生产煤气表的主要原材料铝锭的国家定价为每吨 4400 元至 4600 元，铝外壳的售价每套 23.085 元。到了合同履行时，每吨铝锭的价格上调到 16,000 元，铝外壳的售价也相应地上调到 41 元。对此，当事人在签订合同时未预料到。

〔2〕 最高人民法院法函(1992)27 号。

〔3〕 参见《解读最高人民法院司法解释・民商事卷》(新编本)，人民法院出版社 2006 年版，第 222 页。

情事变更原则之所以有生命力，是因为它有存在的合理性。法律一经生效，就应具有相对稳定性，否则，人们就无所遵循，导致社会秩序的紊乱；法律是社会物质生活条件的反映并为之服务，当社会物质生活条件发生变化之后，法律也应随之修正，这就是法律的适应性。据此，合同依法成立之时，有当事人信赖的客观环境，当事人在合同中约定的权利义务应与这种客观环境相适应。权利义务的对等，是就该环境而言的。在合同成立之后，该客观环境发生改变或不复存在，原来约定的权利义务与新形成的客观环境即不适应，要求当事人继续履行合同就不再公平合理。只有将合同加以改变乃至解除，才符合适应性原理，才符合诚实信用原则的要求，才能实现实质的公平。

（二）情事变更原则的适用条件

1. 须有情事变更的事实。所谓情事，泛指作为合同成立基础或环境的客观情况，如合同订立时的供求关系。这里的变更，是指上述客观情况发生了异常变动。例如，新型冠状病毒肺炎疫情使餐馆无人光顾，只得暂停经营，使餐馆租赁合同赖以确定租金标准的基础发生了异常变动。具体判断是否构成情事变更，应以是否导致合同基础丧失、是否致使目的落空、是否造成对价关系障碍为判断标准。[1]

反思｜情事变更的情事是否包含不可抗力造成的变化

正因为情事泛指作为合同成立基础或环境的客观情况，包括不可抗力，所以，将情事变更原则成立的情事限制在“客观情况发生了当事人在订立合同时无法预见的、非不可抗力造成的不属于商业风险的重大变化”，显然缩小了情事变更原则的适用范围。该缩小有无道理？本书作者持否定见解。最高人民法院的本意可能在于有意识地区分不可抗力制度和情事变更原则，但因尚未真正界分二者反倒弄巧成拙，不适当地缩小了情事变更原则适用的范围。原来，不可抗力发生，若造成了合同不能履行，则在合同效力方面适用《民法典》第563条第1项的规定，当事人一方可行使解除权将合同解除；在违约责任方面，当事人可援用《民法典》第590条第1款的规定，主张免除责任。与此有别，不可抗力发生，没有导致合同不能履行，但继续履行合同显失公平的，基于情事变更原则变更合同乃至解除合同。其例证不在少数，如境外的智利矿石案（Chilesalpeter all）、[2]加油站出租案（Vermietung einer Benzintankanlage）、[3]

〔1〕参见梁慧星：《中国民法经济法诸问题》，法律出版社1991年版，第226页。

〔2〕RGZ 90, 102(1041),(1917). 转引自彭凤至：《情事变更原则之研究》，五南图书出版公司1986年版，第102页。

〔3〕RGZ 94, 267(1919). 转引自彭凤至：《情事变更原则之研究》，五南图书出版公司1986年版，第117页。

鞋厂广告案(Befreiung eines Schuhfabrikanten von Anzeigenvertrag)、[1]甜菜价款案(Der Rübengeldfall),[2]等等。在国内,如甲乙双方于2002年11月1日签订了房屋租赁合同,约定乙承租甲位于北京市朝阳区的门面房屋用于经营餐饮业,但2003年4月“非典”肆虐京城,顾客锐减,导致乙入不敷出,根本无力依约交纳租金。于此场合,乙援用情事变更原则,主张减少租金,应当得到支持。在这里,相对于甲乙及其系争租赁合同而言,“非典”及其导致的顾客锐减,符合不能预见、不能避免并不能克服的构成,应属不可抗力,但它并未造成系争的房屋租赁合同不能履行,即乙支付租金的义务不存在不能履行的问题,不过,乙继续依约交纳租金确实显失公平,应当获得相应的救济。但乙无法援用《民法典》第563条第1项的规定解除系争房屋租赁合同,因为难谓乙因不可抗力不能实现合同目的;也难以援用《民法典》第590条第1款的规定免责,因为系争房屋租赁合同尚能履行。唯一的救济之道是,乙援用情事变更原则,主张减少租金乃至解除系争房屋租赁合同。

对此,有专家学者辩解道,《民法典》第563条第1项关于不可抗力致使不能实现合同目的场合产生解除权的规定,已经包含了不可抗力影响合同效力的情形,法释[2009]5号第26条的规定并无不当。本书作者则认为,不能实现合同目的无法涵盖所有的不可抗力影响到合同履行的情形,如汶川地震使开发商无法按照商品房预售合同约定的期限交付房屋,需要延期3个月,对于作为投资者的买受人来说,不可说其合同目的落空,无法适用《民法典》第563条第1项的规定;倘若适用情事变更原则,延后交房的日期,则可适当地解决该种纠纷。这告诉我们,《民法典》第563条第1项关于在不可抗力致使不能实现合同目的场合产生解除权的规定,延伸到了大陆法系的情事变更原则适用的某些领域(或者说案型),但不能处理另外的若干情事变更原则所能解决的案型。换句话说,法释[2009]5号第26条的规定将不可抗力排除在情事变更原则中的情事之外,确实欠妥。

在本书作者看来,关于情事变更原则与不可抗力之间的关系,正确的理解应为:不可抗力的发生未影响到合同履行时,不适用情事变更原则;不可抗力致使合同不能履行时,在德国法上由风险负担规则解决,在中国合同法上发生合同解除,也不排斥风险负担,亦不适用情事变更原则;不可抗力导致合同履行十分困难,但尚未达到履行不能的程度,按合同约定履行显失公平的,方适用情事变更原则。

---

[1] OLG Frankfurt, JW 1919,940. 转引自彭凤至:《情事变更原则之研究》,五南图书出版公司1986年版,第119页。

[2] BGH LM § 284 Nr. 2. 转引自彭凤至:《情事变更原则之研究》,五南图书出版公司1986年版,第139页。

2. 情事变更须发生在合同成立以后，履行完毕之前。之所以要求情事变更须发生在合同成立以后，是因为若情事变更在合同订立时即已发生，则应认为当事人已经认识到发生的事实，合同的成立是以已经变更的事实为基础的，不允许事后调整，只能令明知之当事人自担风险。[1] 即使有证据表明当事人于订立合同时确实不知情事已经变更，也仍然不构成情事变更，而应依据意思表示错误的规则处理。之所以适用情事变更原则要求情事变更发生在履行完毕前，是因为合同因履行完毕而消灭，其后发生情事变更与合同无关。

3. 情事变更的发生不可归责于当事人。情事变更须由不可抗力及其他意外事故引起。若可归责于当事人，则应由其承担风险或违约责任，而不适用情事变更原则。

4. 情事变更是当事人所不可预见的。如果当事人在缔约时能够预见情事变更，则表明他承担了该风险，不再适用情事变更原则。

5. 情事变更使履行原合同显失公平。该显失公平应依理性人的看法加以判断，包括履行特别困难、债权人受领严重不足、履行对债权人无利益。

探讨｜情事变更与商业风险

情事变更不同于商业风险。其一，商业风险属于从事商业活动所固有的风险，作为合同成立基础的客观情况的变化没有达到异常的程度，一般的市场供求变化、价格涨落等属于此类；而情事变更则是作为合同成立基础的环境发生了异常的变动，该环境处于合同关系外部，非属合同关系本身。其二，商业风险在合同不能履行与合同能够履行的场合均可存在、发生，不限于合同能够履行但履行显失公平的领域；情事变更原则仅仅适用于合同能够履行但履行显失公平的情形。其三，对商业风险，法律推定当事人有所预见，能预见；对情事变更，当事人未预见到，也不能预见。其四，商业风险带给当事人的损失，从法律的观点看可归责于当事人；而情事变更的酝酿，形成则不可归责于当事人。

（三）情事变更原则的法律效果

1. “再交涉义务”。在适用情事变更原则时，受有不利益的当事人可以与对方就合同内容重新协商。在合理期限内协商不成的，当事人可以请求人民法院或者仲裁机构变更或者解除合同。

2. 变更合同，使合同的履行公平合理。变更合同可表现为增减标的数额、延期或分期履行、拒绝先为履行、变更标的物。[2]

3. 解除合同。变更合同仍不能消除显失公平的结果的，允许解除合同。

---

〔1〕 参见王利明、崔建远：《合同法新论·总则》，中国政法大学出版社 1996 年版，第 325 ~ 335 页。

〔2〕 参见王利明、崔建远：《合同法新论·总则》，中国政法大学出版社 1996 年版，第 325 ~ 335 页。

本节法条2-3

第三节 债的履行的规则

引导案例

[2-2]甲公司邀请著名歌手参加准备主播的跨年晚会，并签署了演出合同。晚会开始前两天，该歌手提出无法参加晚会，希望由另一名歌手代替参加。甲公司拒绝，要求该歌手按照合同约定承担违约责任。甲公司还是该歌手的主张应当得到支持？

一、履行主体

债的履行主体，首先为债务人，包括单独债务人和共同债务人。其次，债务人的代理人也可代债务人履行。还有，在某些情况下，第三人亦可为履行主体。履行主体间的关系如图2-5所示。

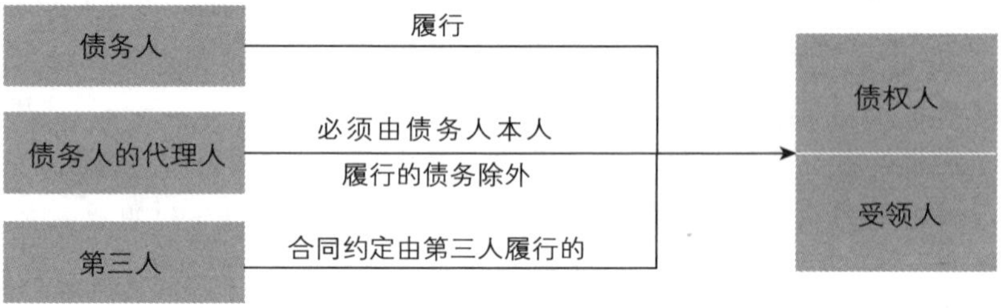

图2-5 履行主体关系

（一）债务人或其代理人

债务人履行时是否必须具有行为能力，由履行行为的性质决定。

履行行为系事实行为的，不要求债务人具有行为能力。

事例 在买卖A车的合同场合，出卖人交付A车，在中国等国家和地区不奉行物权行为理论的立法例上，属于事实行为。

履行行为是法律行为的，需要债务人有行为能力。

事例 在委托合同的场合，若委托事务为受托人代为购买A房，则受托人履行该委托合同项下的债务即为代委托人与出卖人签订买卖A房的合同。

债务人为限制行为能力者，实施法律行为需要其法定代理人的同意。

此外，债务的履行需要债务人通过移转财产权利的方式来实施的，需要债务人对该项财产拥有处分权。

除法律规定、当事人约定、性质上必须由债务人本人履行的债务以外，履行可由债务人的代理人进行。代理人代为适当履行合同项下债务的行为，相当于债务人亲自履行的行为，发生债务消灭的效果。在该代理人在履行过程中存在过错时，债务人应就此向债权人承担民事责任，除非债权人与该代理人约定仅由该代理人自己负责。

该履行行为属于事实行为的，债务人无须具有行为能力，综上所述，就是该代理人不具有完全行为能力，仅具有限制行为能力的，亦无不可。该履行行为属于法律行为的，债务人本人虽然必须具有行为能力，但代理人不必是完全行为能力人，该代理人在履行阶段所为或所受意思表示的效力，不因该代理人属于限制行为能力人而发生变化。

（二）第三人

合同约定由第三人履行债务的，法律保护这种约定（参见《民法典》第523条等条文的规定）。这既是意思自治原则的体现，又是因为合同债务的适当履行有利于债权人实现其债权，就债权而言，债权若可获得满足，履行行为究竟是由债务人所为抑或由第三人所为，已不重要。不过，需要注意，在下述情况下，债务不得由第三人履行：

1. 当事人之间事先约定，债务不得由第三人履行。但该第三人就债务履行与当事人有利害关系的，仍可由第三人履行。还有，关于债务不得由第三人履行的约定，若系以侵害他人为主要目的者，则属于权利滥用，该约定应归无效。

讨论｜连带债务人或不可分债务人是否属于有利害关系的第三人

至于连带债务人或不可分债务人，是否属于与履行有利害关系的第三人，各学说的见解却不相同。一种意见认为，连带债务人、不可分债务人、保证人均属有利害关系的第三人，其履行即使受到债务人的异议，债权人也不得拒绝。[1] 通说则主张，此处所谓第三人，是指共同债务人以外的第三人。保证人、连带债务人负有自己的债务，其本身即为债务人，并非第三人。[2]

2. 第三人与债务履行无利害关系，经债务人异议后，债权人拒绝该第三人履行。

〔1〕 参见郑玉波：《民法债编总则》，三民书局1996年版，第156页。

〔2〕 参见邱聪智：《新订民法债编通则》（下），中国人民大学出版社2004年版，第446页；林诚二：《民法债编总论——体系化解说》，中国人民大学出版社2003年版，第526～527页。

在这种情况下，该第三人不得履行债务，即使硬性履行，也不发生清偿（消灭债务）的效果。

3. 依债务性质不得由第三人履行。如果债务以一身专属的给付为其标的，如聘请歌星演唱或邀请学者演讲，那么其履行行为属于第三人所不能代替，不得由第三人履行。

事例 聘请歌星演唱或邀请学者演讲，那么其履行行为属于第三人所不能代替，不得由第三人履行。不过，有学说认为，债务即使具有专属性，如经债权人同意，依诚实信用原则仍可由第三人代为履行。[1] 这虽有道理，原则上值得赞同，但是，歌星演唱若为有偿演出合同的内容，不同歌星的演唱效果不尽相同，则歌星的债权人与广大的买票入场的听众并非同一主体，各有其利益，因而，仅有债权人的同意，广大听众不赞同，也只得免除歌星在演出合同中的责任，不得免除歌星的债权人对听众的违约责任，因为歌星的债权人与广大听众之间的法律关系为另一合同关系。

（三）受领人

履行合同只有在债权人受领时才能顺利地进行和完成。债权人享有给付请求权及受领权，当然有权受领给付，但有如下例外：（1）债权人的债权经强制执行，禁止债务人向债权人为履行的；（2）债权人受破产宣告的；（3）在履行行为属于法律行为的情况下，债权人已经成为无行为能力或限制行为能力的人。不过，在第三种情况下，可由债权人的法定代理人受领。

债权人的代理人可以代为受领给付，受托人、清算人、质权人、破产管理人、代位权人等亦然，持有债权人签名的收据的人也可以受领给付。

合同约定由第三人受领给付的，依其约定（《民法典》第 522 条）。

二、履行标的

（一）概说

履行标的，是指债务人应为履行的内容。它因债的关系不同而呈现出差异，如交付财物，移转权利，提供劳务，完成工作等。履行标的应根据这些具体内容加以确定。

履行必须依债务的本旨进行，而不得任意变更。因而仅为一部履行，或不以原定给付为履行，或因履行而负新债务，均非依债务本旨而为履行，不发生清偿使合同消灭的效力。唯债务人或因支付能力有限，有时不能完全依债务的本旨履行，此

---

〔1〕 参见林诚二：《民法债编总论——体系化解说》，中国人民大学出版社 2003 年版，第 526～527 页。

时若仍绝对贯彻上述须依债务本旨履行而不得变更的思想,不取救济之道,则对债务人有些苛刻,对债权人的保护,也不见得有利,甚至可能遭受债权无法实现的恶果。鉴于此,法律应当允许当事人采取延缓履行、提前履行、部分履行、代物清偿、新债清偿、债的更改等补充救济措施。以下就部分履行、代物清偿诸救济措施予以简要介绍和探讨。

(二)部分履行

部分履行,从另一个角度描述,就是分期履行。《民法典》第531条第1款规定:"债权人可以拒绝债务人部分履行债务,但部分履行不损害债权人利益的除外。"

部分履行应当符合如下条件:(1)部分履行的债务须为可分债务。债务不可分的,部分履行会损害债权人的利益,不应被允许,除非债权人同意部分履行,愿意承受由此带来的不利。债务可分,且部分履行不损害债权人利益的,应予允许部分履行。(2)部分履行不损害债权人的利益。即使债务可分,部分履行也未必不损害债权人的利益。在部分履行损害债权人利益的情况下,债权人有权拒绝债务人的部分履行。只有在部分履行不损害债权人利益的情况下,才可允许部分履行。(3)债务人提出了部分履行的请求。

(三)代物清偿

1. 代物清偿的界定和构成

代物清偿,是指债权人受领他种给付以代原定给付而使债的关系归于消灭的现象。

代物清偿的要件如下:(1)必须有原债务存在;(2)必须以他种给付代替原定给付,两种给付在价值上可以有差额,但须经双方当事人约定;(3)必须有双方当事人关于代物清偿的合意;(4)必须债权人等有受领权的人现实地受领他种给付。所谓现实地受领他种给付,在他种给付为移转不动产所有权时,仅仅有表示移转的意思尚不足够,必须要办理移转登记手续,完成交付,才算成立代物清偿。[1] 在他种给付为移转动产所有权时,需要将该动产交付。这反映出代物清偿为实践合同(要物合同)的特质。

2. 代物清偿的效力

代物清偿合同成立,原债的关系归于消灭,债权的从属权利(如担保权)亦不存在,纵使代物清偿的他种给付存有瑕疵,原债权亦不复生,债权人也不能请求债务人为无瑕疵的给付,只得依据代物清偿合同的有偿性主张瑕疵担保责任。换句话说,代物清偿仅发生债的本体消灭的效力,并不能说当事人之间不存在其他法律关系,因其为有偿合同,故法律关于买卖合同中瑕疵担保的规定,在代物清偿合同场

〔1〕 参见[日]於保不二雄:《日本民法债权总论》,庄胜荣校订,五南图书出版有限公司1998年版,第373页。

合有准用的余地。但法律关于买卖合同中债权人受领标的物义务、价款支付义务、风险负担等规定，则不予准用。[1]

在债的关系系由两个以上的狭义债的关系构成的情况下，若代物清偿只是以他种给付代替其中一个狭义债的关系中的给付，则仅仅消灭该狭义债的关系，另一狭义债的关系继续存在。如此，广义债的关系尚未消灭。

连带债务人、不可分债务人一人所为的代物清偿，使其他债务人一同免责。保证因保证人或主债务人为代物清偿而使两个债务一同消灭。

代物清偿毕竟不是清偿，只是类推适用法律关于清偿的规定，以他种给付代替原定给付，消灭原债关系，该效力源自代物清偿合同。在这样的背景下，不妨碍当事人双方以协议解除的方式动摇代物清偿合同的这种效力。[2]

3. 中国法及其理论、实务的态度

对于代物清偿，《民法典》尚无明文加以规范，没有明确其构成要件，欠缺其法律效果的规范，表明它在《民法典》上为非典型合同。对其称谓，人们也大多冠于以物抵债或以物抵债合同等名称，不愿叫代物清偿。当然，《民法典》第 410 条第 1 款等条文关于抵押权实行时抵押权人与抵押人协议以抵押财产折价的规定，实际上承认了一种代物清偿。

中国实务中的以物抵债，可分为两种情形：一种是当事人双方之间已就以物抵债达成了协议，且已经将该抵债之物现实地交付给了债权人，这符合德国、日本的民法所说的代物清偿；另一种是双方当事人仅就以物抵债达成了一致意见，却没有现实地交付该物的行为，表现为诺成性。就普遍性、常见性来讲，后者在中国实务中最为常见，代物清偿在中国的实务中倒不占多数。

■ 探讨 | 只有当事人合意而无债权人现实地受领给付的以物抵债合同的效力

对于只有双方当事人的合意而无债权人现实地受领给付事实的以物抵债合同，若按照代物清偿制度的规格衡量，则它们会因债权人未现实地受领抵债之物而没有成立，从而不具有合同有效及履行的法律效力。如此处理，有时会损害债权人的合法权益，与鼓励交易原则未尽相合，也不恰当地削弱了意思自治原则的功效。实务中很少这样操作，而是认定这样的以物抵债合同已

[1] 参见郑玉波：《民法债编总论》（修订 2 版），陈荣隆修订，中国政法大学出版社 2004 年版，第 484～485 页；[日]於保不二雄：《日本民法债权总论》，庄胜荣校订，五南图书出版有限公司 1998 年版，第 381 页；邱聪智：《新订民法债编通则》（下），中国人民大学出版社 2004 年版，第 453 页；林诚二：《民法债编总论——体系化解说》，中国人民大学出版社 2003 年版，第 539 页；王利明：《合同法研究》（第 2 卷）（修订版），中国人民大学出版社 2011 年版，第 281 页。

[2] 参见[日]於保不二雄：《日本民法债权总论》，庄胜荣校订，五南图书出版有限公司 1998 年版，第 381 页。

经成立，在它们不存在违反法律、行政法规的强制性规定的情况下，也认定它们有效。

本书作者赞同实务界的这种处理模式，理由在于：(1)中国现行法没有明文规定代物清偿，没有明确其构成要件，欠缺其法律效果的规范，一句话，代物清偿为非典型合同；同样的，中国现行法也没有明文规定诺成性的以物抵债合同，没有明确其构成要件，欠缺其法律效果的规范。也就是说，诺成性的以物抵债合同亦为非典型合同。既然都是非典型合同，如何对待它们，就不宜硬性地套用境外关于代物清偿的规则及其理论，削足适履式地、作茧自缚般地处理，而应更注重实际生活的本质要求，从更有利于实现当事人的合法权益、尽可能地贯彻意思自治原则(除非它违背公序良俗)的立场出发，来类推适用有关法律规定；若无法类推，则援用诚实信用及公平等民法的基本原则，予以裁判。据此思路处理，恐怕相当数量的诺成性的以物抵债合同都要有效。(2)合同演变的历史表明，实践合同(要物合同)在类型方面呈逐渐减少的趋势，在强调意思主义的背景下尤其如此。在中国现行法未将代物清偿作为典型合同予以规定的情况下，更应顺应这个潮流，没必要削足适履地受制于境外立法例关于要物合同的窠臼。(3)要求代物清偿合同为实践合同(要物合同)，就像赠与合同采取实践合同说的境况那样，意味着代物清偿成立之日，就是合同消灭之时，哲学味浓厚，法锁的价值大为降低。在中国现行法未将代物清偿作为典型合同予以规定的情况下，分别承认作为实践合同的代物清偿和作为诺成合同的以物抵债，不贬低其哲学意味，也不歧视其法锁价值浓厚，不失为明智的选择。

总之，对于以物抵债，可取的思路及模式可有两种：一种是分别承认实践性的代物清偿合同和诺成性的以物抵债合同。对于前者，可以借鉴德国、日本的民法规则及其学说，确定其构成要件、法律效果，问题不大；对于后者，在构成要件方面不要求债权人现实地受领给付，其他方面，包括法律效果方面，我国现行法律关于法律行为的规定均有适用的余地。另一种思路及模式是，将以物抵债合同作为统一的概念、制度，在成立要件上不要求债权人现实地受领给付，其他方面可以借鉴德国、日本的民法规则及其学说。至于当事人约定以物抵债合同以债权人现实地受领给付为必要的，则依其约定，应为当然。当然，我国现行《民法典》关于法律行为的规定均可适用。

三、履行地点

履行地点，是指债务人应为履行行为的地点。在履行地点为履行，只要适当，即发生债的关系归于消灭的效力。在其他地点为履行则否。

当事人在合同中明确约定履行地点的,依其约定。该约定既可以在合同订立当时为之,也可在合同成立后履行债务前进行。合同对履行地点没有约定或约定不明确的,可以协议补充;不能达成补充协议的,按照合同有关条款或交易习惯确定(《民法典》第510条)。

当事人为多数人的,可以各自约定不同的履行地点。同一个合同中的数个给付不必约定相同的履行地点,尤其是双务合同中的两个债务,可以有两个履行地点。即使是一个债务,也可以约定数个履行地点,供当事人选择。

履行地点可由交易习惯确定(参见《民法典》第510条)。存在关于履行地点的交易习惯的,应遵从习惯,除非当事人之间另有约定。车站、码头的物品寄存,应在该寄存场所履行债务。

履行地点可由债的关系的性质确定。例如,不作为债务的履行地点应在债权人的所在地。

履行地点在法律有特别规定时,依其规定。例如,《票据法》(2004年)第23条第3款规定:"汇票上未记载付款地的,付款人的营业场所、住所或者经常居住地为付款地。"

在按上述规则仍不能确定履行地点时,应按照《民法典》第511条第3项关于"履行地点不明确,给付货币的,在接受货币一方所在地履行;交付不动产的,在不动产所在地履行;其他标的,在履行义务一方所在地履行"的规定解决。

四、履行期限

(一)概说

履行期,或清偿期,《民法典》称为履行期限(第470条第1款第6项等),其含义如何,各国民法及其理论在界定上不尽一致。

> □ **制度比较**
>
> 在德国,像给付地点一样,给付时间属于给付的方式。与给付时间相关,有两个问题需要澄清,即从什么时点债权人可以要求债务人为给付以及债务人可以为给付。第一个问题涉及债务的请求期(点),德文为Fälligkeit(请求权届至点),第二个问题涉及(债务的)履行期(点),德文为Erfüllbarkeit。债务履行期届至(fällig ist),债务人可以履行,债权人若拒绝受领,就陷于受领迟延(《德国民法典》第239条以下)。只有当债务不仅履行期届至(erfüllbar ist),而且请求期也届至,债权人才可以强制履行;此时,债务人不仅可以给付,也必须给付。给付的这两个方面——请求期和履行期,被规定在《德国民法典》第271条。

如果当事人对履行时间没有约定，也不能通过情形〔1〕得出，那么根据第271条第1项的规定，债权人可以立即要求履行，债务人也可以立即作出履行。根据第271条第2项的规定，债务立即届至请求期和履行期。也就是说，请求期和履行期原则上从债务一产生就届至。但是，立即届至的请求期对债务人来说，有一个实施给付行为的适当时间。因此，立即给付的义务意味着，债务人必须尽快给付。不同于《德国民法典》第121条第1项第1款规定的“毫不迟延”，这里应当以一个客观的标准为基础。〔2〕

由此可知，在德国民法上，履行期和请求期重合之处，是一个时间点，而非一段期间。当事人约定，出卖人于2011年1月1日至3月3日交货，也不意味着2011年1月1日至3月3日这段期间均为履行期和请求期，履行期和请求期仅指2011年3月3日这个时间点。债务人于2011年3月3日未予履行，即构成迟延。至于2011年1月1日至3月2日这段期间，其法律意义在于，债务人可以放弃期限利益，在2011年1月1日至3月2日这段期间的任何一天为履行，债权人不得拒绝，否则，债权人陷于迟延。当然，履行期纯为债权人利益的，则另当别论。〔3〕

在日本，按照《法律学小辞典》的解释，履行期限，又叫清偿期，指的是债务人不得不履行(清偿)的时期。债务人在履行期限内不履行的，就构成履行迟延。例如，买卖双方约定1个月之后支付价金，但是买方过了1个月仍然没有支付价金的场合，构成履行迟延。〔4〕 与此同义或近义，於保不二雄教授阐释道：“清偿的时间指应进行清偿的时间，即履行期或清偿期……在履行期或清偿期内，债权人可以请求履行，债务人必须进行履行。履行期内如债务人不进行履行或债权人不受领履行，就要承担迟延责任……随着履行期限届至，消灭时效开始进行。”〔5〕这与《日本民法典》的有关规定形成了相互印证，具有可信性。例如，《日本民法典》第412条规定：“①就债务的履行有确定期限时，债务人自其期限届至时起，负迟延责任。②就债务的履行有不确定期限时，债务人自其知道期限届至时起，负迟延责任。③就债务的履行未定期限时，债务人自接到履

---

〔1〕 此处所谓情形，是指没有约定或法律特别规定的情形。该情形通常要通过债的关系的性质、交易习惯、给付的特征等来判断。比如，在承揽合同中，要考虑工作物的制作所需要的时间。

〔2〕 Mathias Schmoekel, Jaochim Rueckert und Reinhard Zimmermann – Petr Groeschler: Historisch – kritischer Kommentar zur BGB, 1. Teilband, Mohr Siebeck 2007, § §269 – 272. S. 813, Rn. 8.

〔3〕 德国民法及其学说、判例关于履行期限的文献翻译及理解，系清华大学法学院副教授耿林博士，以及清华大学法学院副教授王洪亮博士所为。特此致谢！

〔4〕 参见[日]金子宏、新堂幸司、平井宜雄编：《法律学小辞典》(第3版)，有斐阁1999年版，第1154页。

〔5〕 [日]於保不二雄：《日本民法债权总论》，庄胜荣校订，五南图书出版有限公司1998年版，第344页。

行的请求时起,负迟延责任。"《日本民法典》第166条第1项规定:"消灭时效,自权利可以行使时起进行。"[1]显而易见,履行期、履行期届至、履行迟延三者间的关系,在日本民法上是自圆其说的,没有矛盾。

与此有别,中国现行法及其理论在用语上没有刻意区分债权人得请求债务人为履行的期限与债务人必须为履行的期限(履行期或曰履行期限)。或者说,中国现行法及其理论所谓履行期,在外延上较德国、日本的更广,既包括它们所说的债务人可以为履行的时间,债务人必须为履行的时间,也含有它们所说的债权人得请求债务人为履行的期日。并且,在理解履行期时,区分一个时间点的履行期与一段期间的履行期。履行期为一个时间点的,既是债权人得请求债务人为履行的时间,也是债务人必须为履行的时间,在称谓和效果上与德国、日本的相同。履行期为一段期间的,如约定出卖人于2011年1月1日至3月3日交货,则2011年1月1日至3月2日为买受人(债权人)得请求出卖人(债务人)为履行的期限,2011年3月3日为债务人必须履行的时间。这无论是在称谓上,还是在含义上,都不同于德国、日本。

这种不同,在法律结果上显现出差异。以约定出卖人于2011年1月1日至3月3日交货为例,按照德国、日本的民法、判例及学说,买受人于2011年1月1日至3月2日无权请求出卖人交货,若请求,则出卖人有权抗辩。该种抗辩无须主张,即可发生阻却给付请求的效果。与此不同,按照中国既有的通说,买受人于2011年1月1日至3月2日有权请求出卖人交货,不过,出卖人享有履行期尚未届满的抗辩权。该种抗辩权至少在绝大多数情况下需要主张,通说认为必须主张,才发生阻却给付请求的法律效果。

比较而言,德国、日本的民法关于请求期、履行期的界定,结合抗辩、抗辩权等制度考量,更有利于债务人。鉴于此,本书作者放弃原来赞同的通说,借鉴德国民法关于请求期、履行期、抗辩、抗辩权的学说,以及日本民法关于履行期、抗辩、抗辩权的理论,采取如下观点:履行期,是指债务人依约或依法必须履行其债务的时间。在非继续性合同场合,履行期仅为一个时间点,而非一段期间;在继续性合同场合,某些债务(如承租人交付租金的义务)的履行期仅为一个时间点,而另一些债务(如房屋出租人移转租赁物使用权的义务)的履行期则为一段期间。

(二)履行期的确定

履行期,合同有约定时,依其约定。当事人在合同中可以约定一宗债务划分为

[1] [日]於保不二雄:《日本民法债权总论》,庄胜荣校订,五南图书出版有限公司1998年版,第345页。

若干个部分,每个部分各有一履行期;还可以约定数个履行期,届时可以选择确定;在双务合同中可分别约定两个对立债务的履行期。

履行期,法律有规定时,依其规定。例如,《企业破产法》(2006年)第46条第1款规定:"未到期的债权,在破产申请受理时视为到期。"

履行期,还可依债务的性质确定。在饭店预订酒席,依其性质,宴客之日为履行期。

依上述规则仍不能确定履行期时,应按照《民法典》第510条及第511条第4项关于"履行期限不明确的,债务人可以随时履行,债权人也可以随时要求履行,但应当给对方必要的准备时间"的规定加以确定。

提示|建设工程施工合同的履行期认定

就建设工程施工合同的履行期的认定,法释[2004]14号设有如下特殊的规定,在建设工程施工合同场合应当优先适用:当事人对建设工程实际竣工日期有争议的,按照以下情形分别处理:(1)建设工程经竣工验收合格的,以竣工验收合格之日为竣工日期;(2)承包人已经提交竣工验收报告,发包人拖延验收的,以承包人提交验收报告之日为竣工日期;(3)建设工程未经竣工验收,发包人擅自使用的,以转移占有建设工程之日为竣工日期(第14条)。利息从应付工程价款之日计付。当事人对付款时间没有约定或者约定不明的,下列时间视为应付款时间:(1)建设工程已实际交付的,为交付之日;(2)建设工程没有交付的,为提交竣工结算文件之日;(3)建设工程未交付,工程价款也未结算的,为当事人起诉之日(第18条)。

随着经济社会和科技技术的发展,电子合同日益普及,对电子合同履行方式和履行时间的确定,《民法典》也作出了明确规定,通过互联网等信息网络订立的电子合同的标的为交付商品并采用快递物流方式交付的,收货人的签收时间为交付时间。电子合同的标的为提供服务的,生成的电子凭证或者实物凭证中载明的时间为提供服务时间;前述凭证没有载明时间或者载明时间与实际提供服务时间不一致的,以实际提供服务的时间为准(《民法典》第512条第1款)。电子合同的标的物为采用在线传输方式交付的,合同标的物进入对方当事人指定的特定系统且能够检索识别的时间为交付时间(《民法典》第512条第2款)。但是,如果电子合同对交付商品或者提供服务的方式、时间另有约定的,约定优先(《民法典》第512条第3款)。该规定与《电子商务法》第51条的规定一致。

(三)履行期的类型及意义

1. 概述

履行期有为债务人利益的,如在无利息的借款合同中,借款人可以随时偿还本金，出借人不得于履行期前请求偿还；有为债权人利益的，如在无偿保管合同中寄存人可提前领取保管物、随时领取保管物；也有兼为债务人和债权人利益的，如在附利息的借款合同场合，出借人不得强要借款人期前受领借款，同时借款人不得请求期前支付借款。[1]

2. 履行期为债务人利益时的履行规则

在履行期为债务人利益的情况下，债权人不得随意请求履行。其道理在于，债务履行期尚未届至，债权处于效力不齐备的状态，缺乏请求力；债务人并无即时满足债权人请求履行的义务。此时，债权人自然无权请求债务人履行债务，倘若请求，债务人也有权抗辩。这不难理解。问题是，债务人将自己实际履行的义务提前，拟使债权人的债权尽早地成为效力齐备的债权，是否可以？这与诚实信用原则以及债务履行期是为债务人利益还是为债权人利益有关。

债务的履行期尚未届至，若债务履行期有利于债务人，则债务人提前履行，是在牺牲自己的期限利益，属于《民法典》第530条第1款后段所规定的“提前履行不损害债权人利益”的情形，应予允许，债权人对此不得拒绝。债权人虽然不得拒绝，但有权援用《民法典》第530条第2款关于“债务人提前履行债务给债权人增加的费用，由债务人负担”的规定。

应当看到，在极个别的情况下，即使期限利益在债务人一侧，提前履行也可能损害债权人的利益。

事例 债权人为受领给付所租赁的仓库交付日期是与本合同的债务履行期相衔接的，在这种情况下，债务人提前履行，交付货物，会使债权人无处存放受领的货物，从而不是增加新的租金，就是导致货物因露天堆放受到损害。再如，在人潮如海的露天剧场交付巨资，极易被坏人发现而遭抢夺。于此场合，债权人仍有权援用《民法典》第530条第1款前段关于“债权人可以拒绝债务人提前履行债务”的规定。

3. 履行期为债权人利益时的履行规则

需要注意的还有，债务的履行期在极少数情况下也有为债权人利益的情形，无偿保管合同即为一例。为债权人利益的履行期场合，原则上不允许债务人提前履行，以免损害债权人的利益。换句话说，债权人可以在履行期限届至前请求债务人为履行，但债务人无权强行要求债权人于期前受领给付。不过，也有极个别的情形，

---

〔1〕 参见史尚宽：《债法总论》，荣泰印书馆股份有限公司1978年版，第749页。史尚宽先生在该页注释中介绍，日本多数说和判例认为，在附利息的借款合同中，出借人可以抛弃期限利益，但应赔偿借款人所受的损失。

提前履行不损害债权人利益，如在储物场所面临被大火吞噬，保管物无处存放的场合，债务人提前履行，债权人不得拒绝（《民法典》第 530 条第 1 款后段）。

4. 履行期兼为债务人和债权人的利益时的履行规则

在履行期兼为债务人和债权人的利益的情况下，债务人无权强行要求债权人于期前受领，同时债权人无权请求债务人于期前履行。中国现行法存在这些方面的规则。例如，《民法典》第 530 条第 1 款规定："债权人可以拒绝债务人提前履行债务，但提前履行不损害债权人利益的除外。"单从"债权人可以拒绝债务人提前履行债务"一语，似乎尚难得出履行期限是为债务人的利益而设的结论，可能更容易使人觉得履行期限系为债权人的利益而设的，因为债权人可以拒绝债务人提前履行；但从"但提前履行不损害债权人利益的除外"的内容观察，可知该条涵盖了履行期为债务人的利益而设和履行期为债权人的利益而设两种情形：在债务人提前履行不损害债权人利益的情况下，债权人不得拒绝债务人的提前履行，这表明这种履行期是为债务人的利益而设的；在债务人提前履行损害债权人利益的情况下，债权人可以拒绝债务人的提前履行，这表明此类履行期是为债权人的利益而设的。

（四）履行期与债的存续期限之间的差别

履行期不同于债的存续期限。债的存续期限，在继续性合同中最有价值，存续期限越长，继续性合同项下的权利义务在量的方面就越增加，在对价一定的前提下，当事人应当力争约定较长的存续期限。在非继续性合同场合，合同的存续期限所起的作用有限。即便如此，也不得否认合同的存续期限在非继续性合同中的意义。（1）在特定物买卖等合同中，由于不可抗力等客观原因造成不能履行，并且该状态一直持续到该合同的存续期限届满，那么，该合同关系归于消灭，且不产生违约责任。与此不同，在该合同的存续期限尚未届满的情况下，不可抗力等客观原因消失，债务人可以履行合同义务了，却不履行，成立违约责任。（2）在合同附停止条件、附始期的情况下，若一直到该合同的存续期限届满，停止条件也未成就，或始期没有届至，则该合同归于消灭，也不成立违约责任。与此不同，在该合同的存续期限尚未届满的情况下，所附停止条件成就或始期届至，债务人有义务开始履行其债务，若不履行，则成立违约责任。

五、履行方式

履行方式，是完成义务的方法，如标的物的交付方法，工作成果的完成方法，运输方法，价款或酬金的支付方法等。履行方式与当事人的权益有密切关系，履行方式不符合要求，有可能造成标的物缺陷、费用增加、迟延履行等后果。[1]

---

〔1〕 参见隋彭生：《合同法论》，法律出版社 1997 年版，第 309 页。

合同有关于履行方式的约定的，依其约定；无此约定的，宜采取公平合理的方式履行，履行方式依《民法典》第510条的规定及第511条第5项关于“履行方式不明确的，按照有利于实现合同目的的方式履行”的规定予以确定。《美国统一商法典》第2-307条规定，除非另有协议，买卖合同项下的所有货物必须一次全部提示交付，且只有卖方作此种提示交付，买方才有义务支付价款。但是，如果客观情况使卖方有权分批交货或使买方有权分批提货，则在价款可按比例分开计算时，卖方可以要求在其每次交货后取得相应价款。显然，它是以一次全部履行为原则，也不排除在特定条件下的分批履行。这可作借鉴。

六、履行费用

履行费用，是指履行债务所需要的必要费用。例如，交付物品的费用，运送物品的费用，邮汇金钱的邮费，但是不包括合同标的本身的价值。在通常情况下，履行费用有运送费、包装费、汇费、登记费、通知费等。对于履行费用的负担，当事人有约定的依其约定；如无约定或者约定不明确的，则按《民法典》第510条的规定，双方当事人可协议补充；不能达成补充协议的，按照有关条款或者交易习惯确定。如此仍不能确定的，按《民法典》第511条第6项前段关于“履行费用的负担不明确的，由履行义务一方负担”的规定解决。另外，因债权人变更住所或其他行为而导致履行费用增加的，增加的费用应由债权人负担（《民法典》第511条第6项后段）。

事例　债权人受领延迟而致使履行费用增加，债权人请求对物品特别包装而增加费用，债权人请求将物品送往履行地之外的地点而增加费用，因债权转移而增加费用等，依公平原则这些均应由债权人负担。

本节法条2-4

第四节　涉及履行的抗辩及抗辩权

引导案例

[2-3] 甲雇用乙为其修剪园林内的树木，并清理垃圾，甲支付相应的报酬。乙要求甲支付报酬。但甲提出因墙角一隅的垃圾未清理，故援用同时履行抗辩权而拒绝支付报酬。甲的主张是否合理？

[2-4] 甲公司与乙公司订立设备采购合同，甲公司向乙公司采购设备，但需要甲公司先支付一半的货款，乙公司交货后支付剩余货款。合同订立后，甲公司以

乙公司经营状况出现严重问题，无法完成交付设备的义务为由，而拒绝先行支付货款，并要求解除采购合同。请分析该案的法律关系。

一、涉及履行的抗辩及抗辩权的体系及作用

涉及履行的抗辩及抗辩权，是指在符合法定条件时，当事人一方对抗相对人的履行请求，暂时拒绝履行其债务的抗辩或抗辩权。它包括附停止条件的抗辩、附始期的抗辩、履行期尚未届至的抗辩、履行期尚未届满的抗辩、不当履行的抗辩权、[1]时效完成的抗辩权、同时履行抗辩权、先履行抗辩权、不安抗辩权、留置权的行使[2]等。其中的附停止条件的抗辩、附始期的抗辩、时效完成的抗辩权等，在专家学者间已经形成共识，无须多言；对于履行期尚未届至的抗辩、履行期尚未届满的抗辩，有学者表示怀疑，需要辨明。

提示 | 履行期的界定

如同本章第三节“债的履行的规则”中“四、履行期限”所述，本书将非继续性债务的履行期界定为一个时间点，于此时间点债务人必须履行其债务；对于继续性债务，将某些债务（如承租人交付租金的义务）的履行期界定为一个时间点，而将另一些债务（如房屋出租人移转租赁物使用权的义务）的履行期界定为一段期间。

（一）履行期尚未届至的抗辩

之所以说存在履行期尚未届至的抗辩，是因为债务人在给付期之前并不负给付义务，债权人如在给付期之前请求给付，债务人即得以给付期尚未届至为由，拒绝给付。[3] 因为债务具有中性，不含有道德和法律的否定性评价，不得被强制执行，所以产生《民法典》第580条第1款限定的情况——法律上或事实上不能履行、债务的标的不适于强制履行或履行费用过高、债权人在合理期限内未要求履行；只有在行为债务以外的债务被迟延履行、不完全履行、拒绝履行且债务人能够履行的

---

〔1〕 参见［德］迪特尔·梅迪库斯：《德国债法总论》，杜景林、卢谌译，法律出版社2004年版，第356页。

〔2〕 参见［德］迪特尔·施瓦布：《民法导论》，郑冲译，法律出版社2006年版，第603页以下。

〔3〕 参见孙森焱：《民法债编总论》（下册），法律出版社2006年版，第446页。

情况下,才可强制执行。[1] 这从一个侧面表明,在债务履行期届至前,债务人有权拒绝债权人的给付请求,即存在履行期尚未届至的抗辩。

(二)履行期尚未届满的抗辩

之所以说存在履行期尚未届满的抗辩,是因为迟延履行系债务人于履行期届满仍未履行债务的现象。这表明,在履行期届满前,债务人不履行债务,不构成迟延履行。既然不构成迟延履行,就不承担违约责任,这说明债务人享有履行期尚未届满的抗辩。[2]

事例 某买卖合同约定,出卖人于2011年1月1日至3月3日交货。买受人于2011年3月2日及此前请求债务人履行其债务,债务人享有履行期尚未届满的抗辩,有权拒绝履行其债务,不构成迟延,不承担违约责任。即便到了2011年3月3日,纯从理论上讲,债务人也可以履行期尚未届满作为抗辩,拒绝履行其债务。只不过2011年3月3日不履行,到了2011年3月4日,债务人就要承担迟延履行的违约责任。

在这个意义上说,称履行期届至和履行期届满,实际意义不大。对此,本书作者将在下文"同时履行抗辩权的成立要件"中进行较为详细的分析。

延伸 | 非继续性债务的履行期为一个时间点的意义

明确非继续性债务的履行期为一个时间点,以及履行期尚未届满的抗辩,意义是多方面的:

其一,对于判断是否构成同时履行抗辩权具有价值。同时履行抗辩权的构成要件之二是,"须双方互负的债务均已届履行期"。此处所谓"已届履行期",存

---

[1] 对于行为债务,若要直接强制执行,则涉及是否侵犯人的行为自由的问题。一种观点认为,按照现代伦理,人的行为自由至高无上,不得强制。另一种观点认为,人的行为自由固然位阶甚高,但并非绝对禁止法院裁判债务人继续履行其行为债务,在债权人请求债务人继续履行行为债务的情况下,主审法院仍可裁判债务人继续履行其行为债务,如裁判债务人与预约人签订本约,或履行装修服务的义务,或履行继续施工的义务等,只不过法院同时或其后要裁判:债务人假如仍然拒绝履行此类行为债务,则须承担一定的损害赔偿金,甚至是惩罚性损害赔偿,以儆效尤。折中说在赞同第二种观点的基础上,增加主审法院可以裁判代替履行的路径,当然也可直接裁判以损害赔偿甚至惩罚性损害赔偿代替直接强制[参见杨与龄编著:《强制执行法论》,中国政法大学出版社2002年版,第10页;郭兵主编:《强制执行论》,人民法院出版社2010年版,第220~221页;杨荣馨主编:《〈中华人民共和国强制执行法(专家建议稿)〉立法理由、立法例参考与立法意义》,厦门大学出版社2011年版,第509页]。本书作者赞同折中说。

[2] [德]迪特尔·施瓦布:《民法导论》,郑冲译,法律出版社2006年版,第620页;郑玉波:《民法债编总论》(修订2版),中国政法大学出版社2004年版,第275页;孙森焱:《民法债编总论》(下册),法律出版社2006年版,第446页。

在“履行期届至”和“履行期届满”两种理解；并且，在坚持同时履行抗辩权和先履行抗辩权并立的模式下，仅就非继续性合同的债务履行期而论，将履行期一律界定为一个时间点，任何一种理解都符合同时履行抗辩权成立的要求。但是，只有将“已届履行期”解释为“履行期届满”，才最能发挥同时履行抗辩权制度的功能，实现其价值；才能彻底避免负面后果。这是因为，在两项债务的履行期届至而未届满的场合，一方当事人请求相对人清偿，相对人有权以履行期尚未届满为由拒绝履行债务，且不构成违约，完全可以不求助于同时履行抗辩权，尽管他可以求助。但在履行期届满的情况下，债务人已不享有履行期尚未届满的抗辩，只有依赖于同时履行抗辩权一条路径，不然，只好应债权人的请求而履行债务。

其二，对于判断在债权让与场合让与人或受让人为让与通知是否适当，较为有益，即在尚未为让与通知时，债务人于履行期间的任何一个时间点清偿，就使其债务归于消灭。自此时起，让与人或受让人为让与通知，债务人有权以其债务已因清偿而消灭为由拒绝向受让人履行；反之，债务人尚未履行时，让与人或受让人为让与通知，债务人则有义务向受让人清偿，否则，构成违约。

其三，对于提存具有意义。众所周知，在履行期内，债务人可以选择任何一个时点履行，债权人无权拒绝受领，否则，构成提存的条件，也构成受领迟延；反之，债权人于期间内请求债务人清偿，债务人倒可以履行期尚未届满为由予以抗辩。

其四，这里存在抵销的问题。债权人于此期间主张抵销，只要抵销适状，可发生抵销的效果。

（三）不当履行的抗辩权

1. 不当履行的抗辩权含义

所谓不当履行的抗辩权，又叫作不当给付的抗辩权，是指在债务人的给付存在瑕疵等不良给付的场合，债权人所享有的抗辩权。[1] 例如，某有偿委托合同约定，委托人应预付给受托人处理委托事务的必要费用3万元，用作交通费、缴纳预购定金等。受托人请求委托人依约预付，委托人却仅付1万元，拒付其余款项，且无正当理由。于此情形，受托人可以暂时拒绝处理委托事务，而不负违约责任。这里的预付处理委托事务的费用的义务，与处理委托事务的义务，显然不具有对价关系，因而没有同时履行抗辩权、先履行抗辩权应用的余地。[2] 假如不允许受托人行使抗辩权，暂时拒绝履行处理委托事务的义务，则无异于放纵违约的委托人，使受托人

---

〔1〕 参见[德]迪特尔·梅迪库斯：《德国债法总论》，杜景林、卢谌译，法律出版社2004年版，第356页。

〔2〕 参见刘春堂：《民法债编各论》（中），三民书局2008年版，第177页。

处于不利的境地,有失权衡。鉴于此,承认不当履行的抗辩权,以补同时履行抗辩权、先履行抗辩权之缺,免得受托人自己为履行却无法获得委托人的给付,遭受损失,显然具有正当性。

2. 不当履行的抗辩权存在的意义

第一,因为债务人的给付不符合合同意旨,债权人无法就该不当给付实现其合同目的,于此场合,债权人若无拒绝为自己相应给付的抗辩权,就会一方面向债务人完全履行了债务,另一方面却得不到债务人的适当清偿,甚至无法获得损害赔偿等救济,有失公正。特别是在无偿委托合同等场合根本就不存在同时履行抗辩权、先履行抗辩权的情况下,以及在两项债务是否形成同时履行关系存有争议的情况下,承认不当履行的抗辩权,就更有意义。

第二,从道德和法律评价的层面讲,对债务人有过失的不当履行,应予否定性评价。责令债务人承担违约责任,固然是否定性评价的表现,赋权守约方暂时拒绝履行相应义务,使违约方得不到合同利益,亦为一种否定性评价。

第三,即便在两项债务关系存在同时履行抗辩权、先履行抗辩权的场合,另外再承认不当履行的抗辩权,使权利人多些选择的机会和手段,在个案中权衡利弊,选取最利于实现自己利益的抗辩权,也有积极的意义。

当然,在不当履行的抗辩权的适用范围方面应有一定的限制。例如,不当履行较为轻微,对债权人的利益影响不大,则不宜允许债权人以此为由拒绝履行自己的债务。

(四)涉及履行的抗辩及抗辩权体系的作用

视野再宽阔些,可以对抗当事人一方的给付请求权的,还有留置权等物权。留置权等物权不仅能够暂时地对抗领取/返还保管物、仓储物等标的物的请求,甚至可以彻底地消灭该种请求权。它们在对抗当事人一方请求权方面所起的作用,至少不亚于同时履行抗辩权、先履行抗辩权。

有疑问之处在于,既然有同时履行抗辩权、不安抗辩权等抗辩权存在,再强调履行期尚未届至的抗辩、履行期尚未届满的抗辩、不当履行的抗辩权等,是否多余?本书作者认为,各抗辩及抗辩权存在的机理、重点、成立要件和运用领域不尽相同,各有其长处和作用。同时履行抗辩权存在的基础重在客观,在于给付(履行)的牵连性,该基础先天固有。而履行期尚未届至的抗辩、履行期尚未届满的抗辩的存在基础,重在义务未至必须履行的阶段,重在当事人的约定或法律的规定,在于当事人的意思自治,当事人或法律对于期限利益的分配、安排。不当履行的抗辩权存在的基础,重在善恶的处理,即对不当履行作否定性评价,从功能方面讲,补同时履行抗辩权、先履行抗辩权无法运用之缺。特别是履行期尚未届至的抗辩、履行期尚未届满的抗辩,无须主张即可发生相应的法律效果,相较于同时履行抗辩权、先履行抗辩权和不安抗辩权,对债务人更为有利。

先天固有的，有些可以通过当事人的意思或法律的规定加以改变、排除。例如，主物和从物之间的主从关系、主权利和从权利之间的主从关系，本为法律顺应二物或二权间的牵连、贯彻效益原则而设，在这个意义上可说主从关系规则是“先天固有的”。不过，该规则可被法律、当事人的意思改变或排除。例如，在连带保证场合，主债务的诉讼时效中断，保证债务的诉讼时效不因此而中断（法释[2000]44 号第 36 条第 1 款后段）。

这给我们以启示，在双务合同的场合，在人们的视野中，一直是双务合同中的两项债务间的牵连性决定了同时履行抗辩权、先履行抗辩权、不安抗辩权存在的内在依据，两者间呈现着先天固有的关系。但是，法律的规定或当事人的意思，完全可以让履行期尚未届至的抗辩、履行期尚未届满的抗辩、不当履行的抗辩权等，以及留置权等物权，在双务合同中发挥作用，使它们与同时履行抗辩权、先履行抗辩权、不安抗辩权并存，由抗辩的享有人或抗辩权人或物权人在个案中审时度势地选择主张。

承认并强调履行期尚未届至的抗辩、履行期尚未届满的抗辩、不当履行的抗辩权等，以及留置权等物权，还有其意义：同时履行抗辩权、先履行抗辩权、不安抗辩权只存在于双务合同关系之中，对于单务合同需要履行抗辩及抗辩权的情形，无能为力。履行期尚未届至的抗辩、履行期尚未届满的抗辩以及留置权等权利，则不受双务合同、单务合同的限制，在双务合同、单务合同两个领域均可发挥积极的作用。不当履行的抗辩权在不真正双务合同中有其运用的空间。

二、双务合同履行中的抗辩权概述

双务合同履行中的抗辩权，是指在符合法定条件时，当事人一方对抗相对人的履行请求权，暂时拒绝履行其债务的权利。双务合同履行中的抗辩权有广义和狭义之分（见图 2－6），基于体系方面的考虑，以下仅论述狭义的双务合同履行中的抗辩权，即同时履行抗辩权、先履行抗辩权和不安抗辩权，除非另有指明。

双务合同履行中的抗辩权，是合同效力的表现。它们的行使，只是在一定期限内中止履行合同，并不消灭合同的履行效力。产生抗辩权的原因消失后，债务人仍应履行其债务。所以，双务合同履行中的抗辩权为一时的抗辩权，延缓的抗辩权。

双务合同履行中的抗辩权，对抗辩权人而言是一种保护手段，免去其履行后得不到相对人履行的风险，使相对人产生及时履行、提供担保等压力，所以它们是债权保障的法律制度。就其防患于未然这点来讲，作用较违约责任还积极，比债的担保亦不逊色。

行使同时履行抗辩权、先履行抗辩权和不安抗辩权，是权利的正当行使，而非违约，应受法律保护，不产生违约责任。在审判实务中，有些裁判文书误把不安抗辩权、同时履行抗辩权的行使当作“双方违约”处理，应予纠正。

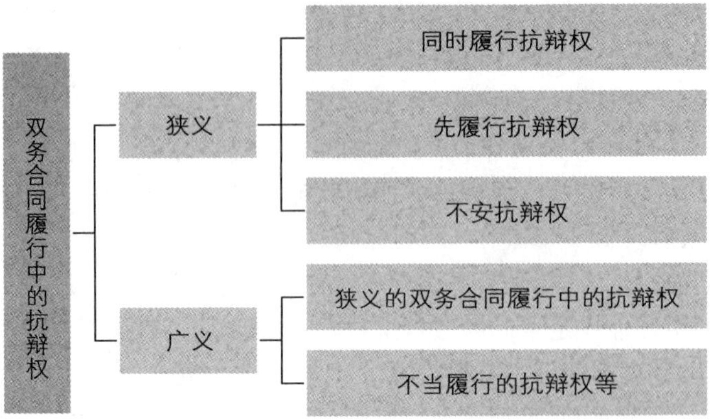

图 2－6 双务合同履行中的抗辩权类型

三、同时履行抗辩权

（一）同时履行抗辩权概述

同时履行抗辩权，是指双务合同的当事人互负债务，没有先后履行顺序的，一方在相对人未为对待给付以前，可拒绝其相应的履行请求。我国《民法典》第 525 条规定了同时履行抗辩权。

同时履行抗辩权存在的基础是双务合同的牵连性。所谓双务合同的牵连性，是指给付与对待给付具有不可分离的关系，分为发生上的牵连性、存续上的牵连性和功能上的牵连性（见表 2－1）。

表 2－1 双务合同的牵连性类型

类型	含义
发生上的牵连性	一方的给付与相对人的对待给付在发生上互相牵连，即在一方的给付义务不发生时，相对人的对待给付义务也不发生
存续上的牵连性	双务合同的一方当事人的债务因不可归责于双方当事人的事由而不能履行时，债务人免除给付义务，债权人亦免除对待给付义务
功能上的牵连性	履行上的牵连性，是指双务合同的当事人一方所负给付与相对人所负对待给付互为前提，一方不履行其义务，相对人原则上亦可不履行。只有如此，才能维持双方当事人之间的利益平衡。同时履行抗辩权正是这种功能上的牵连性的反映

上述思想乃诚实信用原则的题中应有之义，所以，同时履行抗辩权也是诚实信用原则所要求的。当然，诚实信用原则同时也限制了同时履行抗辩权的滥用。在当事人一方已为部分给付时，相对人若拒绝其给付有违诚实信用原则，则不得拒绝自己的给付。

(二)同时履行抗辩权的构成要件

1. 须当事人双方互负债务

传统民法认为,同时履行抗辩权的根据在于双务合同功能上的牵连性,因而同时履行抗辩权制度适用于双务合同,而不适用于单务合同和不真正的双务合同。

依逻辑,自然地,在传统民法上,可主张同时履行抗辩权的,系基于同一双务合同而生的对待给付。所谓本来意义上的同时履行关系,只存在于对价关系的债务之间,[1]指的就是这种情况。如果当事人双方的债务不是基于同一双务合同而发生,那么,即使两项债务之间在事实上有密切关系,当事人也不得主张同时履行抗辩权。因此,通说认为,成立同时履行抗辩权,必须有当事人双方基于同一双务合同互负债务这一要件。

■ **探讨** | 如何理解同一双务合同

这里所谓同一双务合同,指的是实质意义上的双务合同,如买卖A楼的合同、承揽B办公桌的合同等,不一定是同一合同文本所承载的合同。如果同一合同文本仅仅载有一个合同,则只要审视该合同项下的两项债务是否成立先履行抗辩权即可。如果同一合同本文载有若干个合同,则必须先识别和锁定每一个具体的合同,然后就每一个合同审视是否成立先履行抗辩权;原则上不得将其中的甲合同项下的债务与其中的乙合同项下的债务之间的关系适用法律关于先履行抗辩权的规定。对此,通过一个案例予以说明。

某《股权联合收购协议》由原投资人甲与新投资人乙公司签订,其背景是原投资人甲已经受让了原股东丙在目标公司的30%股权,业已支付股权转让款2.04亿元人民币,尚有丙在目标公司的另外的40%股权需要受让,并支付股权转让款8000万元人民币。该《股权联合收购协议》约定,由新投资人乙公司代替原投资人甲向丙支付股权转让款8000万元人民币,以完成对目标公司的联合收购。接着,新投资人受让原投资人甲在目标公司持有的29%的股权,股权转让款为2.04亿元人民币。至此,新投资人乙公司持有目标公司69%的股权,但登记在丁的名下。目标公司的股权结构为:新投资人乙公司指定代表丁持有目标公司69%的股权,原投资人甲持有1%的股权,原股东丙持有30%的股权。新投资人乙公司同意,自其将股权转让款2.8亿元人民币汇至原投资人甲和新投资人乙公司指定的联名账户之日起90日内,一旦收到原投资人甲符合回购条件的回购股权的通知,就按照本协议的约定,将新投资人乙公司在目标公司持有的69%的股权转让(被回购)给原投资人甲。

---

[1] 参见[日]星野英一:《日本民法概论Ⅳ·契约》,姚荣涛译,刘玉中校订,五南图书出版有限公司1998年版,第39页。

当事人双方互负的债务应具有对价关系。所谓对价关系，是指双方当事人所为给付，在主观上互相依存，互为因果而有报偿的关系。[1] 该对价关系不强调客观上等值，只要双方当事人主观上认为等值即可。

同时履行关系存在于对价关系之中，亦即主给付义务关系之中，已无疑问，是否也存在于从给付义务与主给付义务之间，则有争论。这表明，何种债务之间有对价关系，能否从公平原则出发认定非对价关系的两项债务之间也有同时履行关系，[2] 是个十分重要的问题。近几年来，有学说主张，在从给付义务的履行与合同目的的实现具有密切关系时，从给付义务和主给付义务之间存在同时履行关系，产生同时履行抗辩权。[3]

延伸｜给付类型和同时履行抗辩权之间的关系

鉴于两项债务之间的关系较为复杂，以及同时履行抗辩权可能存在于非对价关系之中，我们分析给付类型和同时履行抗辩权之间的关系。为了避免前后叙述的重复，涉及先履行抗辩权的，也一并提及。(1)出卖人协助办理移转登记的义务与买受人的付款义务形成同时履行关系，在出卖人怠于履行协助办理移转登记义务时，买受人有权行使同时履行抗辩权，拒付房款。在两项债务的履行期存在先后顺序的场合，成立先履行抗辩权。(2)在继续性合同的履行中，以一期未给付为理由而拒绝二期的对待给付，一般属于先履行抗辩权的行使范畴；就每期的对待给付拒绝自己的履行，属于同时履行抗辩权的范围。(3)租赁物使用收益的减少与租金的相应降低之间构成同时履行关系。出租人不履行修缮义务，致使承租人不能享受租赁物使用、收益的，承租人可以行使同时履行抗辩权，拒付相应的租金。(4)在发包方因承包方不提交竣工报告和验收报告而遭受重大损失的情况下，允许发包方行使同时履行抗辩权或先履行抗辩权，拒绝支付相应的工程款。(5)在公司作为长期买卖合同的买受人的情况下，出卖人拒开发票，后果严重时，买受人应当有权行使同时履行抗辩权或先履行抗辩权，拒付相应的货款。(6)在股权转让关系中，转让人拒不移交目标公司的营业执照、建设用地使用权证、规划许可证、施工许可证、测绘文件、会计资料、文书档案等文件资料，导致受让方的合同目的落空时，受让方应有权援用《民法典》第525条或第526条的规定，行使履行抗辩权。(7)押金返

〔1〕 参见孙森焱：《民法债编总论》（下册），法律出版社2006年版，第663～664页。

〔2〕 参见［日］星野英一：《日本民法概论Ⅳ·契约》，姚荣涛译，刘玉中校订，五南图书出版有限公司1998年版，第39页。

〔3〕 参见崔建远主编：《合同法》（第3版），法律出版社2003年版，第99页；崔建远主编：《合同法》（第5版），法律出版社2010年版，第138页；韩世远：《合同法总论》，法律出版社2004年版，第347～348页；魏振瀛主编：《民法》，北京大学出版社、高等教育出版社2006年版，第417页。

还与租赁物返还分属两项合同及其终止所产生的义务,即使存在抗辩权,也不属于本来意义上的同时履行抗辩权或先履行抗辩权制度的领域。不过,考虑到承租人抗衡出租人的手段极其有限,出租人返还押金一般来说不是件特别困难的事情,即使存在困难,也不可归责于承租人,于此场合赋予承租人同时履行抗辩权或先履行抗辩权,有助于问题的早日解决,相对合理。(8)合同解除场合形成的两项不当得利返还义务之间成立同时履行抗辩权。此外,出卖人在担保责任上的损害赔偿义务若为其移转买卖物占有和所有权义务的转化形态,则它与买受人付清价款的义务构成对价关系,应成立同时履行抗辩权或先履行抗辩权。(9)合同撤销场合形成的两项不当得利返还义务之间成立同时履行抗辩权。(10)受领证书与清偿债务之间的相互关系,在证书不交付会使受领人的利益受到重大影响时,应赋予受领人以同时履行抗辩权或先履行抗辩权。(11)债权人在实行担保权时,如需要向债务人支付清算余额,则该支付与所有权转移登记(本登记),以及标的物的移交之间,构成同时履行关系。(12)债权让与场合让与债权与相对人的债权之间,存在同时履行抗辩权。

2. 须双方互负的债务均已届清偿期

(1)互负债务均已届履行期的意义

《民法典》第525条前段关于"当事人互负债务,没有先后履行顺序"的规定,就其字面意思观察,似乎没有涉及债务已届履行期,如何解释,不无疑问,需要斟酌。假如因此而认为同时履行抗辩权的成立不以两项债务已届履行期为必要,则同适当履行与违约区别的理念及判断标准不尽一致,与履行期尚未届至的抗辩、履行期尚未届满的抗辩、不当履行的抗辩权等制度的立法目的及功能不相协调。就此看来,在解释论上,还得采取同时履行抗辩权以"须当事人双方互负的债务均已届履行期"为成立要件之一的学说。只不过《民法典》第525条前段关于"当事人互负债务,没有先后履行顺序"的规定,在履行期届至抑或届满方面"含糊""宽松",为法律人探求能满足实际需求、符合法理、达到公平正义的意思,预留了空间。

(2)关于已届履行期的辨析

已届履行期,也叫作已届清偿期,简称为届期,其含义需要区分情况予以确定:

第一,继续性债务的履行期一般为一段期间,该债务的对待给付债务基本上为一个时间点,两项债务的履行期之间的关系并不整齐划一,有些同时届至,有些同时届满。

事例 某房屋租赁合同约定,2011年1月1日承租人支付租金,同日出租人移转租赁物的使用权。该情形属于两项债务的履行期同时届至。

事例　某雇佣合同约定，家政服务员甲于2011年1月1日至15日开始工作，雇主乙于2011年1月15日付清酬金。该情形属于两项债务的履行期同时届满。

第二，非继续性债务的履行期一律为一个时间点，两项债务的履行期在届至、届满的方面，会出现如下情形：一是两项债务的履行期相同的场合，同时届至，同时届满；二是两项债务的履行期有先有后的场合，应先履行的债务于履行期届满后，后履行债务的履行期才届至。鉴于《民法典》分设同时履行抗辩权和先履行抗辩权（第525条、第526条），第二种的情形由先履行抗辩权管辖。同时履行抗辩权制度仅仅适用于第一种情形的场合。[1]

3. 须他方不履行债务或未提出履行债务

他方在向一方当事人请求履行债务时，须自己已为履行或已提出履行。他方若不履行债务或未提出履行债务，即请求债务人履行，则该债务人可行使同时履行抗辩权，拒绝履行自己的债务。[2]

所谓提出履行，又叫作提出给付，包括言词提出。也就是说，他方于符合言词提出的要件时，为言词提出的，即为提出履行。[3] 对此，有观点主张此时应当伴有经过证明的现实给付的现实能力。[4] 这有其道理。于此场合，债务人不得拒绝对待给付，不可行使同时履行抗辩权。[5]

他方已经适当履行了债务，仅仅剩下处于牵连关系另一端的债务人所负的债务，基于合同正义的要求，该债务人没有理由拒绝履行该项债务。他方履行的提出在大多数情况下等同于履行，[6] 如此，债务人也没有理由拒绝履行其债务，无权援用同时履行抗辩权、先履行抗辩权。

应予注意的是，他方所为对待给付或所提出的履行债务，必须符合债的本旨。如果他方为部分履行，尚未符合债的本旨，那么债务人原则上可以主张同时履行抗

---

〔1〕 详细理由，参见崔建远：《债权：借鉴与发展》，中国人民大学出版社2012年版，第283页以下。

〔2〕 参见史尚宽：《债法总论》，荣泰印书馆股份有限公司1978年版，第559页；郑玉波：《民法债编总论》，陈荣隆修订，中国政法大学出版社2004年版，第349页；孙森焱：《民法债编总论》（下册），法律出版社2006年版，第670页；邱聪智：《新订民法债编通则》（下），中国人民大学出版社2004年版，第371页；王家福主编：《中国民法学・民法债权》，法律出版社1991年版，第403页；崔建远主编：《合同法》（第5版），法律出版社2010年版，第139页；魏振瀛主编：《民法》（第4版），北京大学出版社、高等教育出版社2010年版，第442页；韩世远：《合同法总论》（第3版），法律出版社2011年版，第288页；李永军：《合同法》，法律出版社2004年版，第523～524页。

〔3〕 参见邱聪智：《新订民法债编通则》（下），中国人民大学出版社2004年版，第371页。

〔4〕 参见美国《合同法重述》（第2版），第263条的评注第b条。

〔5〕 参见邱聪智：《新订民法债编通则》（下），中国人民大学出版社2004年版，第371页。

〔6〕 Terence, Prime and Gary Scanlan, *The Law of Limitiation*, Oxford University Press, 2001, p. 67.

辩权，但给付可分的，债务人只可就该未履行的部分拒绝自己的给付。[1]

事例　案例[2-3]中，甲仅因墙角一隅的垃圾未清理，或一处树木攀缘墙壁生长至高处，导致不易修剪，甲援用同时履行抗辩权，拒付全部的报酬，则属不可。

再者，在债权人有数人且其给付可分的场合，债权人中的一人提出自己的给付，请求债务人履行该债权人应受领部分的给付时，债务人可否以其他债权人没有提出履行为由，拒绝履行？《德国民法典》第320条第1项中段的规定作了肯定的回答："双务合同当事人的一方应分别向数人为给付的，在全部对待给付未履行前，对于各人应受领的给付部分，得拒绝履行。"这有其道理，值得借鉴。因为可分的数个债权基于一个合同而产生的，对其应作与仅仅产生一个债权相同的处理，除非当事人另有约定。[2]

（三）同时履行抗辩权制度的适用范围

同时履行抗辩权制度主要适用于双务合同，如买卖、互易、租赁、承揽、有偿委托、保险、雇佣、劳动等合同。

探讨｜合伙合同是否为双务合同

合伙合同是否为双务合同，值得研究。就互约出资而言，具有对待性，故通说认为合伙合同属于双务合同。因此，在合伙人中的一人向其他合伙人请求出资时，其他合伙人固可行使同时履行抗辩权，若由执行事务的合伙人或已出资的合伙人请求出资的，即不得以其他合伙人有尚未出资的为由拒绝自己的给付。否则，一方面因命被告出资的判决，不能依"交换给付判决"形式，以诉外的合伙人已出资为停止条件；另一方面也不能依判决对诉外的合伙人强制执行，所以在其他合伙人未为对待给付前，对该合伙人即无从强制执行。[3] 与此有所不同的观点则限缩同时履行抗辩权制度适用于合伙合同的范围，强调合伙以经营事业为目的，与买卖合同等以交换给付为主要目的的双务合同毕竟不同，所以，在二人合伙场合，同时履行抗辩权可以适用，但在三人以上合伙的情况下，则不适用。[4]

上述立于对价关系的双方债务，尚应包括原给付义务的延长或变形，尤其是债

---

〔1〕参见林诚二：《民法债编总论——体系化解说》，中国人民大学出版社2003年版，第461页。

〔2〕参见史尚宽：《债法总论》，荣泰印书馆股份有限公司1978年版，第560页。

〔3〕参见孙森焱：《民法债编总论》（下册），法律出版社2006年版，第672页。

〔4〕参见王泽鉴：《民法学说与判例研究》（第6册），中国政法大学出版社1998年版，第142、144页。

务不履行的损害赔偿或让与请求权。

事例 甲用A物与乙的B物互易，在因甲的过失致A物灭失时，甲应负债务不履行的损害赔偿责任。于此场合，乙对甲的损害赔偿请求权与甲对乙给付B物的请求权，可发生同时履行抗辩权。[1]

同时履行抗辩权在为第三人利益合同中有适用余地。

事例 甲、乙约定，甲向乙购买钢材，价款500万元，丙对乙有直接请求交付该钢材之权，若甲届期不支付货款，则乙可以拒绝丙的交付钢材的请求。

在债权让与的情况下，可成立同时履行抗辩权。

事例 甲将A车出卖给乙，价款75万元，而乙将其对甲请求交付A车并转移所有权的债权让与于丙。在丙向甲请求履行时，甲可以乙未给付价款为由拒绝自己的履行。

在债务承担的情况下，同时履行抗辩权亦可以适用。

事例 甲将A画卖给乙，价款30万元，由丙承担乙的债务，当甲向丙请求支付价款时，丙可以甲未对乙交画为由拒绝自己的履行。

在可分之债中，各债务对各债权各自独立，从而其发生原因即使为一个合同，除非一方的对待给付为不可分，也应各自就自己的部分独立为同时履行抗辩。[2]

同时履行抗辩权也可以适用于连带之债。

事例 甲乙向丙丁购买1000公斤乌龙茶，价款10万元，约定甲乙和丙丁均应负连带责任。当甲向丙请求交付1000公斤乌龙茶时，丙可主张甲应支付全部价款的同时履行抗辩权。

当事人因合同不成立、无效、被撤销或解除而产生的相互义务，若立于对价关系，则可主张同时履行抗辩权。

---

〔1〕 参见王泽鉴：《民法学说与判例研究》（第6册），中国政法大学出版社1998年版，第142、144页。

〔2〕 参见郑玉波：《民法债编总论》，陈荣隆修订，中国政法大学出版社2004年版，第386页。

(四)当事人一方违约与同时履行抗辩权

1.迟延履行与同时履行抗辩权

关于迟延履行与同时履行抗辩权之间的关系,存在两种对立的学说。履行抗辩权发生效力,需要权利人主张抗辩权,这是所谓"行使的效力"。坚持这种观点的学说为"行使效果说",亦称行使效力说,在中国为通说。[1] 存在效力说,或曰存在效果说,认为同时履行抗辩权的存在本身即足以排除迟延责任,即享有同时履行抗辩权的债务人,在相对人未为对待给付之前,自己的债务纵使已届清偿期而未清偿,也不陷于履行迟延。[2] 不因迟延履行而产生对方当事人的损害赔偿请求权,[3]也不产生约定的迟延损害金请求权。[4]

探讨｜行使效力说与存在效力说

在中国,韩世远教授主张存在效力说,他区分同时履行抗辩权"本体的效力"和"其他效力"。其中,"本体的效力"体现为拒绝履行权,"其他的效力"体现在对抵销的影响、对履行迟延构成及合同解除的影响等方面。他进而认为,拒绝履行需要积极主张,为同时履行抗辩权"行使的效力",他采取行使效果说;而附同时履行抗辩权的债权不得被作为自动债权主张抵销,有同时履行抗辩权的债务人不陷于履行迟延,为同时履行抗辩权"存在的效力",他采纳"存在效果说"。[5] 按照存在效果说,同时履行抗辩权人即使没有按照约定的日期履行,也不因此而向相对人承担损害赔偿责任,[6]也不负担约定的迟延损害金。[7] 与此不同,行使的效力说则主张,同时履行抗辩权须经行使才能排除迟

〔1〕 参见王利明:《双务合同中的同时履行抗辩权》,载梁慧星主编:《民商法论丛》(第3卷),法律出版社1995年版,第21~22页;崔建远主编:《新合同法原理与案例评释》(上),王闯执笔,吉林大学出版社1999年版,第306~307页。

〔2〕 参见[日]谷口知平、五十岚清编集:《新版注释民法(13)债权(4)》,泽井裕、清井元补订,有斐阁2006年版,第530页;史尚宽:《债法总论》,荣泰印书馆股份有限公司1978年版,第564页;郑玉波:《民法债编总论》,三民书局1996年版,第380页。转引自孙森焱:《民法债编总论》(下册),法律出版社2006年版,第676页。

〔3〕 参见《大判》1925年10月29日《评论》14卷民812页。转引自[日]星野英一:《日本民法概论Ⅳ·契约》,姚荣涛译,刘玉中校订,五南图书出版有限公司1998年版,第38页。

〔4〕 参见《大判》1917年10月27日"民录"1941页;《大判》1941年9月26日《新闻》4757号17页。转引自[日]星野英一:《日本民法概论Ⅳ·契约》,姚荣涛译,刘玉中校订,五南图书出版有限公司1998年版,第38页。

〔5〕 韩世远:《合同法总论》,法律出版社2004年版,第334~339页。

〔6〕 参见《大判》1925年10月29日《评论》14卷,民812页。转引自[日]星野英一:《日本民法概论Ⅳ·契约》,姚荣涛译,刘玉中校订,五南图书出版有限公司1998年版,第38页。

〔7〕 参见《大判》1917年10月27日"民录"1941页;《大判》1941年9月26日《新闻》4757号17页。转引自[日]星野英一:《日本民法概论Ⅳ·契约》,姚荣涛译,刘玉中校订,五南图书出版有限公司1998年版,第38页。

延责任。它有二种见解：其一，抗辩权之行使，溯及地排除已发生的迟延效果；其二，已发生的迟延责任，不因抗辩权的行使而受影响。[1]

在两项债务的履行期届至和届满的时间完全相同、且履行期已经届满的场合，采取存在效力说，是否存有弱点？在本书作者看来，采取存在效力说，就会出现双方当事人均不履行债务，却都不构成迟延履行，任何一方都不承担违约责任的现象。由于不构成违约责任，任何一方都不得请求法院强制相对人继续履行，颇有些双方僵持的意味。当然，对于这种现象也可以从积极的角度看待，就是促使欲获得相对人给付的一方主动地、积极地先履行自己的债务。在这个层面上观察，存在效力说利弊参半。此其一。按照存在效力说，一方当事人只要享有同时履行抗辩权，就不会陷于迟延。这使履行期届满的法律效果打了折扣，与通常所认为的在履行期届满时债务人未履行债务的，构成违约的观念不符。这似乎是其弊。此其二。实务中反映出来的问题是，有相当一些案件，当事人未依约履行其债务，完全是疏忽大意的结果，甚至是恶意不履行，而非意识到自己享有同时履行抗辩权。但是，到了诉讼或仲裁阶段，为了逃避责任，才虚假陈述："我这是在运用同时履行抗辩权，不构成违约。"也就是说，存在效力说在某种程度上催生背信。此其三。这告诉我们，存在效力说能发挥最大价值、最应被运用的领域，应是两项债务的履行期有先有后的场合。而这样的场合在中国现行法上已属先履行抗辩权制度作用的领域。换句话说，先履行抗辩权的效力，采取存在效力说，更具合理性；相应地，对于同时履行抗辩权的效力，采取存在效力说的空间被大大压缩。此其四。

面对这种情况，有必要限制存在效力说的运用范围。本书作者认为，以下几种情形属于限制存在效力说的例证：(1)在抗辩权人已经明示放弃履行抗辩权的情况下，存在效力说失去了基础，不再发生抗辩权的效力。(2)在债务人已经违约的情况下，债权人未履行其债务。对此，债权人向债务人说明的理由，不是因其享有同时履行抗辩权，而是自己暂时无力履行债务，请求债务人宽限数日。于此场合，债权人不得主张存在效力说，其行为构成违约。(3)在债务人已经违约的情况下，债权人未履行其债务。对此，债权人没有向债务人明示这是因其享有同时履行抗辩权，而是单方作出分次履行自己债务的计划，并通知债务人；或双方达成此类计划。于此场合，债权人不得主张存在效力说，其未履行债务的行为构成违约。(4)在债务人违约的情况下，债权人没有向债务人明示同时履行抗辩权，而是部分履行其债务，在时效法上等于他承认自己负有债

---

〔1〕 Larenz, *Lehrbuch des Schuldrechts*, *Band I*, *Allgemeiner Teil*, 14. Aufl. 1986, S. 349f. 转引自王泽鉴：《民法学说与判例研究》(第6册)，中国政法大学出版社1998年版，第165页。

务,导致时效期间重新起算,[1]在抗辩权方面亦应认定他承认自己负有债务,不宜认定他有抗辩的意思,更不应认定他在行使抗辩权。(5)在债务人交付的标的物有瑕疵或存在其他违约的情况下,债权人未提异议,更未明示自己享有同时履行抗辩权,而是故意向债务人开出无法兑付的空头支票,以达债务人无法获得价款或酬金的目的。对于此类情况,即使债权人在其后的诉讼过程中主张交给债务人空头支票就是在行使抗辩权,也不宜支持,因为他内心欠缺抗辩的意思。(6)一方当事人受领给付而拒不开具发票,只出具收条,相对人接受的,不宜就此范围内的债务主张同时履行抗辩权或先履行抗辩权。(7)在债权人积极请求债务人履行债务的情况下,债务人不积极对抗,依然沉默,法律没有必要再予其优惠,不宜再采取存在效力说,而应改采行使效力说。

2. 受领迟延与同时履行抗辩权

在双务合同中,债权人于其受领迟延场合,是否仍然享有同时履行抗辩权,存在不同的观点。否定说主张,当事人一方既已提出给付,就与同时履行抗辩权的成立要件不相符合,并且若采肯定说,则无异要求当事人随时做给付的准备,不尽公平,故受领迟延的债权人不得再主张同时履行抗辩权。[2] 肯定说认为,在双务合同中,债权人受领迟延,债务人虽免负违约责任,但其固有的债务并未因此消失,对债权人所负债务不发生影响,其原有的同时履行抗辩权不因此而消灭。所以,债务人在债权人受领迟延后请求为对待给付,债权人仍可主张同时履行抗辩权。假如否认债权人享有同时履行抗辩权,则于债权人履行之后,债务人陷入无资力的状况,债权人的利益就失去保障,显失公平。该说为多数说。[3]

3. 部分履行与同时履行抗辩权

债务人原则上不享有部分履行的权利,因此,在双务合同的一方当事人提出部分履行时,相对人有权拒绝受领。不过,若拒绝受领部分给付违反诚实信用原则,比如"部分履行不损害债权人利益"(《民法典》第531条第1款),则债权人不得拒绝债务人的部分履行,并无行使同时履行抗辩权,拒绝债务人请求自己履行的余地。

需要说明,债权人即使受领了来自债务人的部分给付,也可以提出相应的对待给付,还可以就债务人尚未履行的部分主张同时履行抗辩权,拒绝自己该相应部分的给付,除非如此行事违背诚实信用原则。

---

[1] David W. Oughton, et al., *Limitation of Actions*, London: LLP, 150(1998). 转引自李永峰:《诉讼时效期间研究》,清华大学法学院2007博士学位论文,第205页。

[2] 参见孙森焱:《民法债权总论》(下册),法律出版社2006年版,第671页;林诚二:《民法债编总论——体系化解说》,中国人民大学出版社2003年版,第461页。

[3] 参见孙森焱:《民法债权总论》(下册),法律出版社2006年版,第671页;林诚二:《民法债编总论——体系化解说》,中国人民大学出版社2003年版,第461页。

4. 瑕疵履行与同时履行抗辩权

债务人瑕疵履行,债权人可请求其消除缺陷或另行给付,在债务人未消除缺陷或另行给付时,债权人有权行使同时履行抗辩权,拒绝支付相应的价款。

应注意,《民法典》尽管承认了物的瑕疵担保责任为独立的制度(第 582 条、第 621 条等),但未区分特定物的买卖和种类物的买卖,出卖人一律负有交付无瑕疵之物的义务。如此,出卖人交付了瑕疵之物,于其未消除缺陷或另行给付时,买受人有权主张同时履行抗辩权,拒绝支付相应的价款。在承揽合同中,承揽人负有完成无瑕疵工作的义务,有修补工作成果的缺陷的责任,在承揽人违反该义务及未承担该责任时,定作人有权主张同时履行抗辩权,拒绝支付相应的报酬。

(五)同时履行抗辩权的行使

1. 同时履行抗辩权行使的方式

同时履行抗辩权,于诉讼上或诉讼外,均得行使。但即使于诉讼外曾经主张同时履行的抗辩权,于诉讼上仍应主张,法院始得斟酌。因为同时履行抗辩权的效力,仅在暂时地拒绝他方行使其请求权,抗辩权的行使,概由当事人自行斟酌决定,即使于诉讼外曾经主张此抗辩权,当其已生延缓他方请求权的效力,于诉讼上若未再主张,法院也无从斟酌了。[1] 由于中国现行法没有明确规定同时履行抗辩权行使的方式,上述操作及观点确有道理,中国民法及其学说应予借鉴。

探讨 | 拒绝履行是否属于行使履行抗辩权

实务中时常出现这样的情形,当事人一方拒绝履行其义务,当时并未明确说明这是在行使履行抗辩权,但在诉讼或仲裁的程序中称其拒绝履行是在行使履行抗辩权。对此,存有截然相反的两种见解。一种是认可该当事人的说法,另一种则不予认同,理由是他当时根本没有行使履行抗辩权的意识,只不过现在进行诉讼或仲裁了,律师帮他寻觅出来的法律依据。

本书作者认为,只要这种拒绝履行符合履行抗辩权的成立要件,就应当认可该当事人在诉讼或仲裁过程中的说法,理由在于:当事人往往不是法律人,对其法律水平不宜要求太高,只要他实施的行为符合法律的规定,就应当赋予相应的法律效果,而不宜强求其准确地、明确地援用出具体的法律条款。在这方面,美国判例、学说的下述观点值得借鉴:在对方当事人已经违约的情况下,如果受害方终止合同,法院并不会考察受害方的动机是否真的是因为对方的违约,甚至受害方是否知道违约的存在。[2]

---

〔1〕 参见孙森焱:《民法债编总论》(下册),法律出版社 2006 年版,第 674 ~ 675 页。

〔2〕 See First Commonidity Traders v. Heinold Commonidities, 766 F. 2d 1007 (7th Cir. 1985). 转引自[美]E. 艾伦・范斯沃思:《美国合同法》,葛云松、丁春艳译,中国政法大学出版社 2004 年版,第 587 页。

2. 同时履行抗辩权与交换给付判决

就抗辩的效果而言，当事人一方或双方享有同时履行抗辩权，于自己给付之前，可否请求对待给付，尚可分两种不同形态：一为绝对牵连关系的制度；二为相对牵连关系的制度。前者以为，合同当事人请求他方履行之时，须先为给付，若未能证明自己业已履行债务或提出给付，其请求他方为对待给付，即为无理由。《瑞士债务关系法》采取这种制度（第82条）。后者则认为，合同当事人请求他方履行之时，毋庸证明自己业已履行或提出给付，如他方行使同时履行抗辩权，始有证明责任；而且，纵属未能证明，法院也不得认为原告的请求无理由，而应为原告提出对待给付时，被告应为给付的判决。德国、日本的民法（《德国民法典》第320条、第322条，《日本民法典》第533条）奉行这种制度。中国台湾地区"民法"亦然。[1] 因之，纵使原告未为对待给付，仍可请求被告给付；如被告未援用同时履行抗辩权，则法院应为原告胜诉的判决；如被告援用同时履行抗辩权，则法院仍不得驳回原告之诉，而为"被告应于原告给付××时给付原告××"的判决，[2]即通称的限制胜诉判决或交换给付判决。不过，对待给付未经起诉，尚不生既判力，故被告仍可于判决确定后请求原告给付，不发生一事不再理的问题。[3] 中国《民法典》和《民事诉讼法》对于履行抗辩权行使的判决及其方式未作明文规定，实务中的做法不尽一致，上述其他国家及地区的操作及观点确有道理，所以，中国民法及其学说应予借鉴。

3. 同时履行抗辩权与抵销

一种观点认为，双务合同的一方当事人，对于他方负有合同以外的他种债务的，如主张以之与他方所负双务合同的债务相互抵销，则他方当事人就双务合同所生债权虽仍存在，但其同时履行抗辩权消灭。双务合同的双方当事人原系互负债务，以自己所负债务的履行担保他方的对待给付获得清偿，也可因此促使他方当事人履行债务而满足自己的债权。现在，当事人一方的债权，已因抵销而获得满足，他方当事人虽仍保有双务合同所生的债权，但此项债权已经失其因双务合同具有的担保作用及促进作用，原有的同时履行抗辩权亦遭剥夺，此项结果显失公平。[4] 就是说，同时履行抗辩权，寓有担保作用，在同时履行抗辩权消灭前，一方当事人应不得主张以自己在双务合同项下的债权与他方当事人对自己所负的其他种类债务抵销，以免同时履行抗辩权横遭剥夺。

---

〔1〕 邱聪智：《新订民法债编通则》（下），中国人民大学出版社2004年版，第373页。

〔2〕 中华民国最高法院1940年上字第895号判例；中华民国最高法院1948年上字第6217号判例；中国台湾地区"最高法院"1950年台上字第902号判例；邱聪智：《新订民法债编通则》（下），中国人民大学出版社2004年版，第373页。

〔3〕 参见邱聪智：《新订民法债编通则》（下），中国人民大学出版社2004年版，第373～374页。

〔4〕 参见孙森焱：《民法债编总论》（下册），法律出版社2006年版，第675～676页。

事例 甲购买乙的A车,应支付价款50万元,如乙另欠甲50万元,此时甲尚不得主张抵销。[1]

因此,合同当事人一方,唯有就他方当事人的债权,提出自己的给付,以担保其履行,然后始得就自己的债权主张与他方的另一债权抵销。唯若当事人一方的债权系被动债权,经他方主张抵销,则无异于他方自愿放弃同时履行抗辩权而为债务的履行,主张抵销的他方当事人自愿承受不利益,自无禁止的必要。[2] 由于中国现行法没有明确规定同时履行抗辩权与抵销之间的运作程序和效果,上述境外的操作及观点确有道理,中国民法及其学说应予借鉴。

4. 存在效力与行使效力

同时履行抗辩权在未经行使以前,是否具有排除给付迟延的效力?存在肯定说与否定说的分歧。肯定说也叫存在效力说,或曰存在效果说。否定说亦称行使效力说,或曰行使效果说。其较为详细的内容,上文"(四)当事人迟延履行与同时履行抗辩权"中已经论及,不再赘述。

5. 同时履行抗辩权与诉讼时效

双务合同的一方当事人,于其债权请求权因时效而消灭的,当他方当事人请求其给付时,是否仍可主张同时履行抗辩权,不无疑问。若就形式上解释,如一方无时效中断的原因,而他方则有此原因,他方可一方面拒绝自己的给付,另一方面仍可请求此方给付,十分不公。实则请求权虽因罹于时效而消灭,抗辩权则无时效规定之适用。双务合同当事人互负债务,既有履行上的牵连关系,那么,即使一方当事人的请求权已因罹于时效而消灭,也应任其抗辩权继续存在。所以,在他方当事人请求给付时,此方仍可行使同时履行抗辩权,以拒绝自己的给付,此与请求权因罹于时效而不得请求他方给付,应有所区别。[3] 由于中国现行法没有明确规定同时履行抗辩权与诉讼时效间的衔接、配合,上述境外的操作及观点确有道理,中国民法及其学说应予借鉴。

(六)同时履行抗辩权与违约责任的关系

在构成违约的情况下,守约方行使同时履行抗辩权,不影响向违约方主张违约责任。

(七)同时履行抗辩权因当事人的约定而扩张或收缩

由于《民法典》第525条关于同时履行抗辩权的规定非属强制性规定,可以由

---

〔1〕 参见邱聪智:《新订民法债编通则》(下),中国人民大学出版社2004年版,第374页。

〔2〕 参见孙森焱:《民法债编总论》(下册),法律出版社2006年版,第676页;[日]星野英一:《日本民法概论Ⅳ·契约》,姚荣涛译,刘玉中校订,五南图书出版有限公司1998年版,第37页。

〔3〕 参见[日]谷口知平、五十岚清编集:《新版注释民法(13)债权(4)》,泽井裕、清井元补订,有斐阁2006年版,第533页;孙森焱:《民法债编总论》(下册),法律出版社2006年版,第676页。

当事人的约定予以变更，于是，当事人双方可以约定有别于《民法典》第525条规定的成立要件，同时履行抗辩权因此而扩张或收缩，除非此类约定无效，或含有被撤销的情形，被撤销权人将约定撤销。

四、先履行抗辩权

（一）先履行抗辩权的意义

先履行抗辩权，是指当事人互负债务，有先后履行顺序的，先履行一方未履行其债务之前，后履行一方有权拒绝其履行请求，先履行一方履行债务不符合债的本旨的，后履行一方有权拒绝其相应的履行请求（《民法典》第526条）。

制度比较 | 先履行抗辩权的独立性

在传统民法上，有同时履行抗辩权和不安抗辩权的理论，却无先履行抗辩权的概念。相当于先履行抗辩权的抗辩权被认为包含在同时履行抗辩权之中，作为一种特殊情形处理。《民法典》明确而单独地规定了这一抗辩权。先履行抗辩权发生于有先后履行顺序的双务合同中，只有在处于先履行顺序的债务超过了履行期、处于后履行顺序的债务才到了履行期的情况下，才有同时履行抗辩权的适用。这是先履行抗辩权不同于同时履行抗辩权之处。

先履行抗辩权独立存在，而非由单一的同时履行抗辩权制度一统天下，具有明显的价值。其道理在于：(1)它尊重了当事人合意分配利益、风险的意思。(2)它可以避免如下是非颠倒的情形：由同时履行抗辩权"一揽子"解决履行抗辩的方案中，若不设置"排除若干情形适用同时履行抗辩权"的限制措施，则先履行一方已经违约，却可以借助行使同时履行抗辩权而拒绝后履行一方关于继续履行的请求，使《民法典》第577条以下规定的继续履行（强制的实际履行）徒有其名。(3)免去了境外民法上的同时履行抗辩权需要复杂解释的麻烦。日本民法将作为同时履行抗辩权的成立要件之一的"已届清偿期"，解释为包含一方负有先履行义务的情形，但同时又必须对此再作限缩，将已经违约的先履行一方、其他场合必须先行履行义务的一方排除在享有同时履行抗辩权之外，如同上述"(2)"所分析的那样，方能避免出现不适当的结果。而如此扩张、限缩的解释，显然比较复杂，一般人难以掌握。(4)更好地贯彻了公平原则，维护了后履行一方的期限利益。可见，那种认为中国现行法设计的同时履行抗辩权和先履行抗辩权并存模式存在法律漏洞，先履行抗辩权的独立缺乏正当性、应予取消的看法，显然偏激，应予反思。

（二）先履行抗辩权的成立要件

1. 须双方当事人互负债务

(1)构成先履行抗辩权，需要双方当事人互负债务。这与同时履行抗辩权的构成相同，原因在于先履行抗辩权乃脱胎于同时履行抗辩权。

(2)对于互负债务是否指二项债务处于互为对待给付的地位，同样应当采取与同时履行抗辩权相同的立场。因为这两种抗辩权成立要件的不同仅仅在于二项债务的履行顺序不同，其他方面没有特别的差异，所以，互负债务的要件规格，在先履行抗辩权与同时履行抗辩权中应当相同。也就是说，在绝大多数情况下，两项债务处于互为对待给付的状态，若干场合允许非对价关系的债务成立先履行抗辩权。这一点，上文“三、同时履行抗辩权”中已经有所交代，此处不赘。

这里所谓当事人互负立于对价关系的债务，不一定是同一合同文本所产生的两项债务。如果同一合同文本仅仅载有一个合同，则只要审视该合同项下的两项债务是否成立先履行抗辩权即可。如果同一合同本文载有若干个合同，则必须先识别和锁定每一个具体的合同，然后就每一个合同审视其是否成立先履行抗辩权；原则上不得将其中的甲合同项下的债务与其中的乙合同项下的债务之间的关系适用法律关于先履行抗辩权的规定。该项原理也适应于同时履行抗辩权制度。对此，通过下面的案例予以说明。

案例 某《股权联合收购协议》由原投资人甲与新投资人乙公司签订，其背景是原投资人甲已经受让了原股东丙在目标公司30%的股权，业已支付股权转让款2.04亿元人民币，尚有丙在目标公司的另外40%的股权需要受让，并支付股权转让款8000万元人民币。另外，目标公司在W市登记注册了全资子公司Y，Y公司拥有F建设用地使用权。

该《股权联合收购协议》约定，由新投资人乙公司代替原投资人甲向原股东丙支付股权转让款8000万元人民币，以完成对目标公司的联合收购。接着，新投资人乙公司受让原投资人甲在目标公司持有的29%的股权，股权转让款为2.04亿元人民币。至此，新投资人乙公司持有目标公司69%的股权，但登记在丁的名下。目标公司的股权结构为：新投资人乙公司指定代表丁持有目标公司69%的股权，原投资人甲持有1%的股权，原股东丙持有30%的股权。新投资人乙公司同意，自其将股权转让款2.8亿元人民币汇至原投资人甲和新投资人乙公司指定的联名账户之日起90日内，一旦收到原投资人甲符合回购条件的回购股权的通知，就按照本协议的约定，将新投资人乙公司在目标公司持有的69%的股权转让(被回购)给原投资人甲，回购价款为2.8亿元人民币。在回购期限届满时，原投资人甲因其自身原因没有完成股权回购的，则新投资人乙公司有权在如下救济手段中任选其一而主张：单方面解除《股权联合收购协议》，并追究原投资人甲的违约金责任，数额为《股权联合收购协议》项下股权转让款总额的10%；或通知原投资人甲终止股权回购，不退还原投资人甲交付的定金2950万元人民币。股权回购失败时，新投资人乙公司向原投资人甲支付2.04亿元人民币的股权转让款,若不及时支付,则按该转让款每日0.02%的比例支付违约金。

该《股权联合收购协议》还约定,原投资人甲应完成目标公司、目标项目(Y公司利用其F建设用地使用权开发建设的项目)、目标公司的全资子公司Y与原股东丙的移交,以及财务清理工作,新投资人乙公司有权对该项目工作(Y公司利用其F建设用地使用权开发建设)进行监管,原投资人甲和新投资人乙公司应指定人员接收下列移交内容:(1)目标公司、目标项目(Y公司利用其F建设用地使用权开发建设的项目)、目标公司全资子公司Y公司,包括目标公司的营业执照、税务登记证、全部印章,目标项目(Y公司利用其F建设用地使用权开发建设的项目)已经取得的所有批准、许可文件等,Y公司的营业执照、税务登记证、全部印章。(2)对目标公司进行财务清理,所有账务、票据齐全,且符合相关法律、法规及文件的规定;所有账务均应与目标项目的建设直接相关。(3)目标公司的商业登记证明原件、公章及Y公司的营业执照原件、公章、合同专用章及目标项目(Y公司利用其F建设用地使用权开发建设的项目)土地使用权证原件由原股东丙移交给新投资人乙公司指定的人员保管。但新投资人乙公司应确保原投资人甲运作目标项目(Y公司利用其F建设用地使用权开发建设的项目)的使用需要。

在履行过程中,因原投资人甲缺乏资金而回购股权失败,新投资人乙公司书面通知终止股权回购。于是,原投资人甲请求新投资人乙公司支付2.04亿元人民币的股权转让款及其相应的利息。新投资人乙公司以原投资人甲严重违约在先为由,援用先履行抗辩权,暂时拒绝向原投资人甲支付2.04亿元人民币的股权转让款及其相应的利息。新投资人乙公司列举的原投资人甲严重违约情形如下:(1)原投资人甲移交给新投资人乙公司的Y公司拥有的F建设用地使用权证处于注销状态;(2)怀疑原投资人甲私刻、伪造了目标公司和Y公司的公章;(3)原投资人甲拒绝了新投资人乙公司关于移交Y公司的有关证件、印章、批文、合同和其他资料的请求;(4)原投资人甲以Y公司的名义对外签订了《借款合同》和工程施工合同。

本书作者认为,新投资人乙公司所主张的先履行抗辩权不成立,理由如下:(1)先履行抗辩权的成立,原则上需要处于先履行顺序的义务与处于后履行顺序的义务产生于同一个合同,但在系争案件中,新投资人乙公司却将不同法律关系中的义务搅在一起,主张先履行抗辩权,不能得到支持。实际上,系争《股权联合收购协议》囊括了几种法律关系,新投资人乙公司所负2.04亿元人民币股权转让款的支付义务,属于新投资人乙公司与原投资人甲于股权回购失败时形成的保有69%股权及定金与支付2.04亿元股权转让款的法律关系中的债务。该法律关系的主要内容为:新投资人乙公司的债务为向原投资人甲支付2.04亿元人民币股权转让款,新投资人乙公司的权利是保有在目标公司中69%的股权,以及2950万元人民币的定金。而原投资人甲移交给新投资人乙公司的Y公司拥有的F建设用地使用权证处于注销状态、原投资人甲向新投资人乙公司移交Y公司的有关证件、原投资人甲涉嫌私刻和伪造了目标公司和Y公司的公章、原投资人甲以Y公司的名义对外签订了《借款合同》和工程施工合同，即便属实，也都不属于新投资人乙公司与原投资人甲于股权回购失败时形成的保有69%的股权及定金与支付2.04亿元股权转让款的法律关系，而是另外的法律关系的内容，且有的法律关系的主体另有其人。(2)先履行抗辩权的成立，原则上要求两项债务立于对价关系之中，而新投资人乙公司所列原投资人甲未履行的义务，与新投资人乙公司支付2.04亿元人民币的义务，没有立于对价关系。

以上所言，总体而言没错，但也有进一步斟酌的必要。如何看待建设工程施工合同中的债务及其构成，即为一例。一个工程形象进度可作为一项债务，就该工程形象进度付相应的工程款也可作为一项债务。这两项债务相互构成先后履行关系，可成立先履行抗辩权。需要说明，这种观点的成立必须以把发包方支付工程款的债务再对应地分解为若干项债务为前提。假如把承包方完成合同约定的工程工作(包括质和量两个方面)仅仅作为一项债务，将发包方支付工程款仅仅作为另一项债务，那么，这种观点就难以成立。[1]

2. 互负的债务须有先后履行顺序

(1)基本要求

构成先履行抗辩权，必须是互负的债务有先后履行顺序。如果两项对立的债务无先后履行顺序，就适用同时履行抗辩权，而不成立先履行抗辩权。至于两项债务的先后履行顺序是因当事人的约定而形成的，还是基于法律的直接规定而产生的，在所不问。

(2)互负的债务须有先后履行顺序的判断准则

若该债务为非继续性债务，按照非继续性债务的履行期一律为一个时间点的观点，则两项债务履行的先后顺序十分容易判断，一定是处于先履行顺序的债务超过了履行期、处于后履行顺序的债务才到了履行期。一项债务为继续性，另一项债务为非继续性，且非继续性的债务处于先履行顺序的，同样是处于先履行顺序的债务超过了履行期，处于后履行顺序的债务才到了履行期。若两项债务均为继续性债务，则所谓互负的债务须有先后履行顺序，可以是处于先履行顺序的债务到了履行期，并持续一段期间，处于后履行顺序的债务才到了履行期；也可以是处于先履行顺序的债务的履行期届满，处于后履行顺序的债务才到了履行期。

3. 先履行一方未履行或其履行不符合债的本旨

先履行一方未履行，既包括先履行一方在履行期限届至或届满前未予履行的

[1] 详细论证，参见崔建远：《合同法总论》(中卷)，中国人民大学出版社2012年版，第159~160页。

状态(未构成违约),又包含先履行一方于履行期限届满时尚未履行的现象(已经构成违约)。先履行一方的履行不符合债的本旨,是指先履行一方虽然履行了债务,但其履行不符合当事人约定或法定的要求,应予补救。履行债务不符合债的本旨,在这里是指迟延履行、不完全履行(包括加害给付、部分履行)等形态。

先履行一方未履行其债务或其履行不符合债的本旨,即请求后履行一方清偿,于此场合,后履行一方有权行使先履行抗辩权,也可以援用不当履行的抗辩权,有时还有权主张履行期尚未届满的抗辩,拒绝履行其债务。

应予说明,在先履行一方在履行期限届至或届满前未予履行(未构成违约)时,请求后履行一方清偿,如果后履行一方的履行期尚未届至,则他也享有履行期未届至的抗辩;若后履行一方的履行期已经届至但尚未届满,则后履行一方还有权主张履行期尚未届满的抗辩。

■ 探讨|先履行抗辩权与附生效条件的关系

一般来说,先履行抗辩权与附生效条件(有学说称为附停止条件或延缓条件,下同)本为不同领域的制度,两者在机理、法律构成和法律效果等方面均不相同,在个案中不发生关联的情形较为常见:(1)附生效条件的合同为单务合同时,根本不成立先履行抗辩权,附生效条件(附停止条件)与先履行抗辩权不发生关联,这十分明显,无须赘言。(2)附生效条件的合同虽为双务合同,但受所附生效条件抑制的债务与另外的债务并不立于对价关系,要么是受所附生效条件抑制的债务并非主给付义务,而另外的债务正是主给付义务;要么是受所附生效条件抑制的债务为主给付义务,但另外的债务不是主给付义务。于此场合,原则上也不成立先履行抗辩权。(3)按照民法通说,附生效条件的合同于所附条件尚未成就时不生效力,该合同项下的债务均未届期,甚至都没有产生,更遑论先履行抗辩权制度的适用了。因为先履行抗辩权适用于同一合同项下的两项债务已经产生,并且大多是先履行的义务已经届期的场合。

不过,事情并不总是这么简单,一个客观事实同时符合先履行抗辩权与附生效条件的构成,也是可能的,并且已经成为事实,下文将要评释的案型即为例证。按照本书作者关于附条件合同的观点,先履行抗辩权与附生效条件两项制度不搭界的情形有之,一个客观事实同时符合先履行抗辩权与附生效条件的构成的机会更多。对此,稍加分析如下:在本书作者看来,所附生效条件成就前,附生效条件的合同已经具有法律效力,只是合同项下的债务的履行效力尚未发生;附生效条件成就时,债务的履行效力才发生,也可以说债务已经届期,债权人有权请求债务人履行其债务。[1] 据此可知:(1)在先履行抗辩权成立于

〔1〕 参见崔建远:《合同法总论》(上卷)(第2版),中国人民大学出版社2011年版,第256~257页。

处在后履行顺序的债务尚未届期的场合，如果该债务属于附生效条件的债务，那么，所附生效条件尚未成就时，后履行一方可有援用先履行抗辩权的机会，也有权基于《民法典》第158条关于附生效条件的规定，以所附生效条件尚未成就为由，对抗先履行一方（承担所附生效条件的债务的主体）的给付请求。换言之，一个客观事实同时符合先履行抗辩权与附生效条件的构成（不过，后履行一方没有权利基于《民法典》第158条的规定，请求先履行一方履行其债务）。(2)在先履行抗辩权成立于处在先履行顺序的债务已经届期的场合，附生效条件的债务处于后履行顺序，且所附的生效条件尚未成就时，如果信守履行抗辩权成立于两项债务均已届期场合的理念，则法律关于先履行抗辩权的规定没有适用的机会，却有履行期尚未届至的抗辩存在，有时成立不当履行的抗辩权；但若将先履行抗辩权的成立要件确定在先履行顺序的债务届期，而不问后履行顺序的债务届期与否，则可有先履行抗辩权运用的机会。至于《民法典》第158条的规定，对于不同的当事人具有不同的意义。对于后履行一方来说，他可以基于该条款的规定，以所附生效条件尚未成就为由，对抗先履行一方的给付请求；对于先履行一方而言，他无权基于该条款的规定请求后履行一方履行其债务。(3)所附生效条件已经成就时，对于后履行一方来说，不得援用《民法典》第158条的规定，对抗先履行一方的给付请求，除非他已经履行了债务；至于有无权利援用法律关于先履行抗辩权的规定，对抗先履行一方的给付请求，取决于先履行一方是否违约了（如瑕疵给付、迟延履行），若是，则后履行一方有权援用法律关于先履行抗辩权的规定，若否，则无权援用。[1]
既然客观实际存在一个客观事实同时符合先履行抗辩权与附生效条件的构成的情形，那么，法律人有责任对此进行研究，并提出解决问题的对策。具体可见本章案例研习。

以上所论先履行抗辩权的成立要件，仅限于法律的规定，没有考虑当事人的约定因素。在实务中，当事人有时会约定先履行抗辩权的成立条件，使先履行抗辩权因此而扩张或收缩。

---

〔1〕 这三点内容的原文存在“先履行顺序的债务”、“债权人”和“债务人”使用得不清晰、是否存在先履行抗辩权和《合同法》第45条第1款规定的情形有误的缺点，郑州大学法学院的陈建同学发现并指出来，才有目前的行文。特别感谢陈建同学！

延伸｜当事人关于先履行抗辩权成立条件约定的效力

当事人关于先履行抗辩权成立条件的约定,是否发生法律效力,取决于《民法典》第526条关于先履行抗辩权成立要件的规定是否为强制性规定。该规定若为强制性规定,则当事人关于先履行抗辩权成立条件的约定不会发生法律效力;若为任意性规定,则当事人关于先履行抗辩权成立条件的约定有效,先履行抗辩权因此而扩张或收缩。本书作者认为:其一,先履行抗辩权规范平衡的是当事人之间的利益关系,不涉及公序良俗原则。就是说,《民法典》第526条的规定不属于强制性规定。既然如此,当事人得以意思表示予以改变。当事人关于先履行抗辩权成立条件的约定,就是对《民法典》第526条规定的部分修改,法律应当认可。这个结论还可以通过下文的论述得到加强。其二,《民法典》第526条的规定使用的措辞是"后履行一方有权拒绝",是赋予权利而非强加义务。既然是权利,那么权利人就可以放弃,除非放弃违反公序良俗或诚实信用的原则。放弃先履行抗辩权不涉及违反公序良俗、诚实信用的问题。当事人关于先履行抗辩权成立条件的约定,若表现为抗辩权的收缩,则可以视其为抗辩权人全部或部分放弃先履行抗辩权的表现;若表现为扩张,则可以将之理解为先履行一方在给付和对待给付的关系上,甘愿承受更多的负担,同意强化后履行一方的权利。这符合意思自治原则,而不涉及违反公序良俗原则、诚实信用原则的问题。既然如此,法律没有必要强加干涉。其三,在个案中,放弃先履行抗辩权的表示作出之后,相对人严重违约,只有原来放弃履行抗辩权的当事人行使抗辩权才符合公平正义,才不会陷于极为不利的境地的,法律应当承认他继续享有履行抗辩权。[1]

(三)先履行抗辩权的行使

1. 问题的提出

先履行一方未依约履行,后履行一方于诉讼或仲裁之前一直沉默不语,在行为上属于在履行期届满时未履行自己的债务。只是在诉讼或仲裁过程中,在先履行一方主张构成双方违约时,后履行一方才抗辩曰:"我是在运用先履行抗辩权,不构成违约。"对此,如何认定?由于在履行抗辩权的效力方面存在行使效力说和存在效力说的分歧,若采取存在效力说,认定后履行一方虽为明示,但也是在运用先履行抗辩权,则结论是后履行一方不构成违约,他不但自己不承担违约责任,还有权追究先履行一方的违约责任;若采取行使效力说,则认定后履行一方业已违约较为容易,不过,也有个后履行一方于何时主张才发生先履行抗辩权的效力的问题。

---

〔1〕 参见崔建远:《履行抗辩权探微》,载《法学研究》2007年第3期。

实务中出现了不少这样的情形：后履行一方未依约履行其债务，其本意并非在运用先履行抗辩权，而是因其疏忽大意而忘记了履行债务，甚至是恶意地拒不履行债务。面对此情此景，不分青红皂白，一律认定后履行一方在运用先履行抗辩权，不成立违约责任，就违背了是非、善恶的规则。为了尽可能地贯彻是非、善恶的准则，在采取行使效力说的大背景下，我们必须明确如下规则：（1）后履行一方于何时行使先履行抗辩权，才发生履行抗辩权的效力；（2）后履行一方在何种情况下必须明示行使先履行抗辩权，才发生履行抗辩权的效力；（3）后履行一方在何种情况下可以默示地行使先履行抗辩权。

2. 行使方式的具体分析

先履行抗辩权的行使是否需要明示，不宜一概而论，而应区分情况，最后确定。

（1）先履行一方尚未构成违约，亦未请求后履行一方履行的，先履行抗辩权无须明示就发生效力；先履行一方请求后履行一方履行的，后履行一方援用先履行抗辩权，拒绝自己的履行，需要明示。

附带指出，在上述情况下，若为非继续性合同，则后履行一方享有债务履行期尚未届至或尚未届满的抗辩；若为继续性合同，则后履行一方也可以主张履行期尚未届满的抗辩。因为抗辩无须当事人明示主张，裁判机构可依职权援用，发生法律效力，所以，后履行一方虽未明示，但于诉讼或仲裁过程中援用了抗辩，当然发生应有的效力。

（2）先履行一方已构成违约，但未请求后履行一方履行债务，后履行一方运用先履行抗辩权是否需要明示，需要区分先履行一方违约的类型：先履行一方仅为迟延履行的，后履行一方运用先履行抗辩权无须明示；先履行一方的违约属于瑕疵给付等类型，后履行一方行使先履行抗辩权需要明示。

先履行一方已构成违约，并请求后履行一方履行的，先履行抗辩权的行使需要明示。

附带指出，在“（2）”的情况下，若为非继续性合同，则后履行一方享有债务履行期尚未届至或履行期尚未届满的抗辩；若为继续性合同，则后履行一方也可以主张履行期尚未届满的抗辩。如同上述，抗辩无须当事人明示主张，裁判机构可依职权援用，发生法律效力。

（四）先履行抗辩权的效力

1. 先履行抗辩权行使的方式

先履行抗辩权，不问于诉讼上或诉讼外，均得行使。这与前文所述“同时履行抗辩权行使的方式”相同，不再赘述。

2. 先履行抗辩权与交换给付判决的排除与运用

就抗辩的效果而言，后履行一方享有先履行抗辩权，于自己给付之前，可以请求先履行一方履行，毋庸证明自己业已履行或提出给付，法院不得认为享有先履行抗辩权者的请求无理由，应当作出先履行一方应为给付的判决。不过，在双方的履行期有重叠情形、且先履行一方未构成违约的情况下，若先履行一方主张同时履行抗辩权，则也应得到支持，应按上文关于“同时履行抗辩权与交换给付判决”的说明处理。

3. 先履行抗辩权与抵销

后履行一方，对于先履行一方，负有合同以外的他种债务的，如主张以之与先履行一方所负双务合同的债务相互抵销，确实符合抵销要件的，应予准许，先履行抗辩权因此而归于消灭。其道理如同上文“同时履行抗辩权与抵销”部分所述，不再赘言。

4. 存在效力与行使效力

先履行抗辩权在未经行使以前，是否具有排除给付迟延的效力？这与前文所述“当事人迟延履行与同时履行抗辩权”大体相同，不再赘述。

5. 先履行抗辩权与诉讼时效

在先履行抗辩权的场合，两项债务的履行期届至和届满的时间点不同，诉讼时效期间的起算点自然有差异。在先履行义务已经罹于诉讼时效而后履行义务尚未罹于诉讼时效的场合，虽然抗辩权无诉讼时效规定适用的余地，但当先履行一方请求后履行一方履行债务时，若后履行一方有权援用先履行抗辩权对抗该项请求，则意味着先履行一方本应享有的时效利益消失殆尽，这对于先履行一方确实不公，而采取后履行一方丧失先履行抗辩权的态度，则可较好地平衡双方的利益。

6. 先履行抗辩权与违约责任

先履行抗辩权的行使不影响后履行一方主张违约责任。

五、不安抗辩权

（一）不安抗辩权的概念

不安抗辩权，是指因双务合同负担债务并向他方先为给付者，如他方的财产于订约后显形减少，有难为对待给付之虞时，在他方未为对待给付或提出担保之前，得拒绝自己的给付。我国《民法典》第 527 条规定：“应当先履行债务的当事人，有确切证据证明对方有下列情形之一的，可以中止履行：（一）经营状况严重恶化；（二）转移财产、抽逃资金，以逃避债务；（三）丧失商业信誉；（四）有丧失或者可能丧失履行债务能力的其他情形。当事人没有确切证据中止履行的，应当承担违约责任。”第 528 条规定：“当事人依照前条规定中止履行的，应当及时通知对方。对方提供适当担保时，应当恢复履行。中止履行后，对方在合理期限内未恢复履行能力并且未提供适当担保的，视为以自己的行为表明不履行主要债务，中止履行的一方可以解除合同并可以请求对方承担违约责任。”

制度沿革 | 不安抗辩权与预期违约

不安抗辩权是大陆法系的制度。按照《德国民法典》的规定,因双务合同负担债务并向他方先为给付者,如他方的财产于订约后显形减少,有难为对待给付之虞时,在他方未为对待给付或提出担保之前,得拒绝自己的给付(第321条)。这就是所谓的不安抗辩权。在后给付义务人订约后财产状况恶化,危及先给付义务人的债权实现的情况下,该制度能保护先给付义务人的合法权益,体现出实质正义。

但与英美法系的先期违约(anticipatory breach)制度相比,在保护先给付义务人方面稍逊一筹:(1)不安抗辩权行使的条件为后给付义务人的财产于订约后显形减少,有难为对待给付之虞;而先期违约成立的条件有拒绝履行(repudiation)、债务人的经济状况不佳、商业信誉不好、债务人在准备履行及履行过程中的行为或债务人的实际状况表明债务人有违约的危险等。(2)不安抗辩权以先给付义务人可中止自己的给付为救济方法,迫使后给付义务人为对待给付或提供担保。但为对待给付或提供担保并非后给付义务人的义务,仅为一时对抗辩的再抗辩权的运用,后给付义务人不为对待给付或提供担保,先给付义务人是否有权解除合同,在许多国家的法律上比较模糊。而依先期违约制度,债权人享有积极主动的救济手段。在拒绝履行的情况下,债权人有选择权:承认先期违约,立即诉请损害赔偿并解除合同;或拒绝承认先期违约,使合同继续有效,拘束着双方当事人。在预期不能履行(prospective inability to perform)场合,债权人有权中止自己的履行,请求先期违约人提供担保。该担保未在合理的期限内提供的,债权人有权诉请损害赔偿并解除合同。

鉴于此,《民法典》改造了大陆法系的不安抗辩权制度,适当吸收了英美法系的先期违约制度的合理成分,规定了第527条和第528条。

(二)不安抗辩权成立的条件

1. 双方当事人互负债务

这与同时履行抗辩权、先履行抗辩权场合所要求的相同,不再赘述。

2. 后履行义务人有丧失债务履行能力的极大可能

后履行义务人的期限利益应当受到保护,没有正当理由不得剥夺。不安抗辩权制度虽然是个正当理由,但剥夺后履行义务人的期限利益是有条件的,不允许先履行义务人在后履行义务人有履行能力的情况下行使不安抗辩权,只有在后履行义务人有不能为对待给付的现实危险,害及先履行义务人的债权实现时,先履行义务人才能行使不安抗辩权。

《民法典》第527条第1款前3项规定列举了3种典型的财产状况恶化的情形:其一,经营状况严重恶化;其二,转移财产、抽逃资金,以逃避债务;其三,丧失商业信誉。同时,抽象地规定“丧失或者可能丧失履行债务能力的其他情形”,以防止出现法律漏洞。前3项情形就其字面含义来说,无须达到“丧失或者可能丧失履行债务能力”的结果,但从立法目的和体系解释的层面考虑,须以“丧失或者可能丧失履行债务能力”为构成要素。

所谓“丧失或者可能丧失履行债务能力的其他情形”,应当包括以下类型:(1)在承揽合同场合,承揽人于缔约后丧失履行能力,依约又不得转交他人完成工作;(2)在劳务合同场合,提供劳务者于缔约后丧失履行能力;等等。[1]

应当说,无论是《民法典》第527条第1款前3项规定的字面意思,还是其规范意旨,都是将后履行义务人的清偿能力不足作为先履行义务人行使不安抗辩权的要件之一,即关注的是后履行义务人的责任财产的价值额,而不是其所有的特定物之是否还存在。于是,产生一个疑问:在特定物买卖等场合,因出卖人将该特定物卖与他人、该特定物毁损灭失等原因,致使不能履行,不过,出卖人的责任财产非常充实,于此场合,买受人可否行使不安抗辩权?似应区分合同目的而定:若买受人明示或可以推知的意思,取得该特定物为唯一目的,则可以成立不安抗辩权;若买受人可以接受损害赔偿以替代该特定物的交付,则不应成立不安抗辩权。

另外,上述不能为对待给付的现实危险须发生在合同成立以后,如果在订立合同时即已存在,那么,先履行义务人若明知此情却仍然缔约,法律则无必要予以特别保护;若不知此情,还可以通过合同的撤销、合同的无效等制度解决。

最后,《民法典》第527条关于不安抗辩权的规定非属强制性规定,可以由当事人的约定予以变更,所以,当事人双方可以约定有别于《民法典》第527条规定的成立要件,不安抗辩权因此而扩张或收缩。当然,如果此类约定无效或含有可撤销的情形,被撤销权人将约定撤销,或存有《民法典》第145条第1款前段、第171条规定的原因,有权人不予追认,那么,不安抗辩权的成立仍须依据《民法典》第527条的规定,而非当事人的约定。还有,如果当事人关于不安抗辩权成立要件的约定,在实质上已经使抗辩权成为先履行抗辩权或同时履行抗辩权,那么,应当适用《合同法》关于先履行抗辩权或同时履行抗辩权的规定,适用《合同法》总则和《民法通则》的有关规定,而不再适用法律关于不安抗辩权的规定。

(三)不安抗辩权的行使

为了兼顾后履行义务人的利益,也便于其能及时提供适当担保,《民法典》明确地规定了不安抗辩权人的通知义务,即第528条前段的规定:“当事人依据前条规定中止履行的,应当及时通知对方。”

---

[1] 参见任建民:《不安抗辩权若干问题研究》,清华大学同等学力申请2005年法学硕士学位论文,第13页。

为了防止不安抗辩权的滥用,《民法典》明确地规定了先履行义务人的举证责任,即第527条第2款规定:“当事人没有确切证据中止履行的,应当承担违约责任。”据此规定,先履行义务人在举出相对人丧失或可能丧失履约能力的确切证据时,有权行使不安抗辩权;先履行义务人若没有举证出此类确切证据,则不享有不安抗辩权,若其打着行使不安抗辩权的旗号而中止履行的,应当负违约责任。

在不安抗辩权的行使效果上,如果相对人未在合理期限内恢复履行能力并且未提供适当的担保,那么,行使不安抗辩权的当事人可以选择解除合同。由继续性合同的特性决定,合同解除时不能恢复原状或不宜恢复原状,所以,合同的解除原则上没有溯及力,但如果合同还没有开始履行或先前的履行因为本期次履行能力的丧失而失去了意义,则可以有溯及力。[1]

■ 探讨 | 继续性合同场合不安抗辩权的行使

在继续性合同场合,由此类合同自身的特点所决定,在行使不安抗辩权时,存在特殊的要求。

第一,行使不安抗辩权还是任意解除合同,应当尊重当事人的选择。

继续性合同存在区别于一时性合同解除制度的任意解除制度,当事人一方可以随时解除合同,不依对方当事人反对与否为转移(《民法典》第933条)。在不安抗辩权产生的条件具备时,任意解除权行使的条件也成熟了,于是出现了解除合同和行使不安抗辩权竞合的现象。在这种情形下,权利人有权自由选择,行使不安抗辩权,或行使解除权。

第二,先、后期次给付之间的关系与不安抗辩权。

在继续性合同场合,先履行义务人可以本期次给付的不安抗辩权对抗后履行义务人的给付请求。但后履行义务人可否以本期次给付的不安抗辩权对抗先履行义务人的后期次的履行?有学者认为,在通常情况下,不能允许先履行义务人以后履行义务人丧失了或可能丧失后期次给付的履行能力为由,行使不安抗辩权,拒绝自己本期次的履行。首先,不安抗辩权人负先履行的义务,对其权利的行使应严格限制。其次,从先履行抗辩权和不安抗辩权各自的目的及功能的比较来看,承认后履行义务人得以先履行义务人未履行其前期次的给付为由,行使先履行抗辩权,是为了从整体上维持当事人双方的权利义务的均衡和公平,而且,每期次的给付也呈对待交换状态。在前期次给付的履行未出现瑕疵,且先履行义务人业已履行了本期次给付的前提下,允许以后期次给付的义务人已经丧失了或可能丧失履行能力为由,行使不安抗辩权,显失公平。

[1] 参见李京法:《继续性合同基础理论研究》,清华大学法学院2003年法学硕士学位论文,第47页。

最后,不承认此种不安抗辩权不会发生上述先履行抗辩权讨论中的不公平现象。但是,倘若相对人的后期次给付关系到合同的整体,那么,仍然不允许行使不安抗辩权,是否反而不公正了呢?有学者认为,在继续性合同中,手段与目的之间的关系存在于合同的整体,如果后期次给付的履行关系到合同的整体,那么应例外地承认当事人可行使不安抗辩权。不过,在这种情况下,应严格当事人的举证责任,他不仅应对不安抗辩权的行使条件承担举证责任,而且应证明后期次给付的履行关系到合同的整体,后期次给付的不履行会使前期次给付的履行失去意义。[1]

(四)不安抗辩权的效力

在不安抗辩权的成立要件具备的场合,首先,在后履行义务人提供适当担保前,先履行义务人可以中止履行合同(《民法典》第527条)。其次,如果后履行义务人对履行合同提供了适当担保,则不安抗辩权即归于消灭,先履行义务人应恢复履行(《民法典》第528条中段)。最后,在先履行义务人中止履行后,对方在合理期限内未恢复履行能力,也未提供适当担保的,中止履行的一方可以解除合同并可以请求对方承担违约责任(《民法典》第528条后段)。

表2-2　同时履行抗辩权、先履行抗辩权和不安履行抗辩权比较

类型	构成要件	行使	法律效果
同时履行抗辩权	当事人双方互负债务; 双方互负的债务均已届清偿期; 他方不履行债务或未提出履行债务	诉讼上 诉讼外	拒绝履行自己的债务
先履行抗辩权	双方当事人互负债务; 互负的债务有先后履行顺序; 先履行一方未履行或其履行不符合债的本旨	诉讼上 诉讼外	后履行一方有权拒绝先履行方的履行请求
不安履行抗辩权	双方当事人互负债务; 后履行义务人有丧失债务履行能力的极大可能	举证证明	中止履行——通知对方; 对方提供担保——恢复履行; 对方未提供担保亦未恢复履行能力——解除合同并请求对方承担违约责任

[1] 参见李京法:《继续性合同基础理论研究》,清华大学法学院2003年法学硕士学位论文,第46页。

本节法条2-5

第五节 债的履行与权利转移

引导案例

[2-5] 甲出租A车与乙,后甲与丙又订立该车的买卖合同,甲能否将其对乙的返还A车的请求权让与给丙,以代交付?

从法律目的看,债的关系为达到一定法律目的的手段。其首要法律目的,乃在于将债权转变成物权或与物权具有相等价值的权利。〔1〕 债的关系的这种法律目的靠债的关系永续存在并不能达到,只有通过合同的履行使债的关系消灭方能实现。即使是在继续性之债场合,也是随着时间的推移,整体意义上的债在量的方面萎缩,个别债权在消失,物权或与物权价值相当的权利不断产生。也就是说,债的适当履行会导致物权或与物权具有相等价值的权利移转或取得。当然,在劳动、技术服务等合同中则不会发生物权或与物权具有相等价值的权利移转或取得,而是债权人获得他种形态的利益。

在不动产买卖中,不动产所有权自过户登记办理完毕时移转;在建设用地使用权的出让、转让中,建设用地使用权也是自过户登记办理完毕时移转(《民法典》第209条、第214条、第349条等)。

在动产买卖中,合同的履行会导致动产所有权的移转。按照《民法典》第224条的规定,动产所有权自交付时起转移。

一、交付的法律意义

交付不仅为动产所有权移转的生效要件,而且应是许多动产物权变动的生效要件。例如,按照《民法典》的规定,交付质物是动产质权的设立要件(第429条),交付权利凭证是以不记名仓单等为标的物的质权设立的要件(第441条)。提单的交付等同于货物的交付,实现货物所有权的移转。提单的转让不仅转让单证本身,同时转让提单所代表的权利。〔2〕

---

〔1〕 参见[日]石田文次郎:《财产法上动的理论》,严松堂书店1942年版,第324页。转引自郑玉波主编:《民法债编论文选辑》(上),五南图书出版有限公司1984年版,第32页;林诚二:《论债之本质与责任》,载《中兴法学》1978年第13期。转引自郑玉波主编:《民法债编论文选辑》(上),五南图书出版有限公司1984年版,第32页。

〔2〕 参见司玉琢主编:《海商法专题研究》,大连海事大学出版社2002年版,第68、94页。

首先说明，对于不动产的交付，法释［2003］7号第11条第1款规定："对房屋的转移占有，视为房屋的交付使用，但当事人另有约定的除外。"需要注意，在中国现行法上，不动产的交付并非不动产物权变动的生效要件。

交付左右物权的变动，主要体现在动产物权领域。关于动产交付的界定与形态，简介和评论如下：

交付，即移转占有，包括现实交付、观念交付，以及仓单、提单等证券的交付或背书。观念交付包括简易交付、占有改定和指示交付诸形态。

（一）现实交付

现实交付，系指对动产的事实管领力的移转，使受让人取得直接占有（《民法典》第224条等）。取得直接占有，必须基于出卖人的意思，买受人自行占有不构成交付。在市场经济条件下，动产的交付时常假他人之手进行，主要有三种情形：

第一，经由占有辅助人为交付。

事例　甲售一车给乙，由甲的司机将该车交付给乙的司机。

第二，经由占有媒介关系为交付。

事例　甲将一匹马寄存于乙处，出售给丙，约定由甲将该马交给驯马人丁，代为训练。在乙依甲的指示将该马交付给丁时，在丁与丙之间成立占有媒介关系，丁为直接占有人，丙为间接占有人。

第三，经由被指令人为交付。

事例　甲售A画给乙，乙转售给丙，乙请甲径直将该画交付于丙，甲同意并照办。于此场合，不能认为丙直接从甲处取得A画的所有权，因为丙可能不知道甲与乙之间的债的关系的性质和类型，即使为买卖合同，甲也可能保留A画的所有权。衡量当事人之间的利益状态，应认为移转所有权的让与合意在甲与乙、乙与丙之间分别成立。至于甲将A画交付给丙，应认为同时完成甲对乙的交付和乙对丙的交付。为解释这种债的关系，德国学说提出了被指令人的概念，即关于甲与乙之间的让与所有权，指令丙为交付受领人；关于乙与丙之间的让与，也指令丙为交付受领人。因而，在甲将A画交付给丙时，在一个"法律的瞬间时点"由乙取得所有权，再移转于丙。换言之，丙取得A画所有权，并非直接来自甲，而是经由乙。[1]

---

〔1〕　参见王泽鉴：《民法物权·通则·所有权》（总第1册），三民书局2003年增补版，第134～136页。

(二)简易交付

简易交付,是指受让人已经占有动产,买卖等合同生效时移转动产所有权(《民法典》第226条)。之所以允许这种无形的交付,是因其交易便捷和符合效益原则。至于受让人占有动产的原因,是租赁、寄存还是借用或拾得遗失物,均在所不问。

(三)指示交付

指示交付,又称返还请求权让与,是指在动产由第三人依法占有的情况下,转让人将其对该第三人的返还请求权让与受让人,以代替现实交付(《民法典》第227条)。学说称为让与返还请求权,或返还请求权代位。所让与的对第三人的返还请求权,兼指债权的返还请求权和物权的返还请求权。这是为了解决标的物仍在第三人占有时的问题,法律特别设计的规则。

引导案例[2-5]中,甲将其对乙的返还A车的请求权让与给丙,就是通过指示交付,使丙取得对A车的所有权。

指示交付可有三种情况:(1)在转让人系间接占有人(如出租人、出借人、寄托人)时,可将他基于占有媒介关系(租赁、借用、寄存)所产生的债权返还请求权让与受让人,以代交付。这种返还请求权的让与同时为间接占有的移转。应注意的是,这种情形并非所有物返还请求权的让与,而是受让人因取得动产所有权,而得主张所有物返还请求权。(2)转让人既非间接占有人,亦无其他可让与的返还请求权,仅有所有物返还请求权。例如,遗失A表并不知在何人之手。于此场合,通常认为转让人得让与其所有物返还请求权,以代交付。其理由有二:一是所让与的返还请求权不以对特定第三人为限;二是对第三人的返还请求权包括所有物返还请求权。(3)在动产所有权证券化时,其所有权的移转必须交付该证券,以代该动产之交付。[1]

讨论 | 指示交付是否限定于"动产由第三人依法占有"

《民法典》第227条将指示交付限定于动产由第三人依法占有的场合,作茧自缚,使一些本应通过指示交付来解决动产物权变动的问题却无法如愿,只得先由转让人从占有动产的第三人之处收回,再交给受让人,徒增周折和成本。如果删除"依法占有"的限定,就会使局面改观,使如下的问题可通过指示交付得到解决:在转让人为间接占有人时,可让与其基于侵权行为或不当得利而生的返还请求权。这种返还请求权的让与,与占有的移转无关。于此场合,所让与的也不是所有物返还请求权,而是受让人因取得所有权,而得主张所有物返还请求权。

《民法典》第227条将指示交付限定于动产由第三人依法占有的不足之二表现

[1] 王泽鉴:《民法物权·通则·所有权》(总第1册),三民书局2003年增补版,第137~139页;谢在全:《民法物权论》(上册),三民书局2003年版,第152页。

在：第三人对标的物的占有原有本权，但其后本权不复存在，导致第三人无权占有标的物，例如，第三人作为借用人占有借用物，其后借用合同终止，变为无权占有。在这些情况下，物权人将此类标的物出卖与他人，因不符合《民法典》第 227 条关于指示交付必须发生在动产由第三人依法占有的场合的要求，故只得先由转让人从占有动产的第三人之处收回，再交给受让人，徒增周折和成本。删除“依法占有”的限定，允许采取指示交付的方式，就会使局面改观。

《民法典》第 227 条将指示交付限定于动产由第三人依法占有的不足之三表现在：无法使受让人于让与合同生效不久就可取得标的物的直接占有，因为此时第三人对该标的物仍处于有权占有的状态。

为弥补《民法典》第 227 条规定的不足，在解释论上，应最大限度地限缩其中所言“法”的范围，将若干第三人无权占有的情形视为“依法”，而不作为“违法”对待。

讨论｜指示交付下让与的返还请求权的性质

有学说不赞同指示交付下让与的返还请求权为所有物返还请求权，而主张所让与的只能是债权的返还请求权，大概有以下四点理由。对这四点理由本书作者均持有异议，兹分析、评论如下：

其理由之一是，物权与物权请求权不可分离，所有物返还请求权并非独立的请求权，它只是为了实现所有权的圆满状态而发生，不能与所有权分离而转让。[1] 转让人移转所有权于受让人，也就导致转让人强制性地失去了所有物返还请求权，受让人随着取得所有权也就得到了该返还请求权。[2] 因此，所有物返还请求权只是所有权的附属品，[3] 基于所有物而生的请求权移转不是所有权移转的前提，而是所有权移转的结果。为此，所有人如果不放弃所有权，就不能同时转让基于所有权所生的请求权。[4] 所以，要通过转让所有物返还请求权，来实现移转所有权的目的，无疑是倒果为因，混淆目的和手段的关系。转让人转让所有权的动产究竟是处于间接占有之下，还是已经失去占有，原则上都不能通过让与所有物返还请求权的方式，这一请求权的让与只是所有权移

---

〔1〕 参见王利明：《物权法研究》（上册），中国人民大学出版社 2007 年版，第 210 页；崔建远，《物权法》，中国人民大学出版社 2011 年版，第 87 页；申卫星：《物权法》，中国人民大学出版社 2008 年版，第 126 页；朱岩、高圣平、陈鑫：《中国物权法评注》，北京大学出版社 2007 年版，第 170 页。

〔2〕 *Hans Josef Wieling*, Sachenrecht, 2. Auflage, Berlin und Herdelberg 2006, S. 322.

〔3〕 *Felicitas Einsele – Wili*, Die Vindikationszession, Zürich 1975, S. 52.

〔4〕 *Staudinger/Wiegand*, 2004, § 931 Rn. 11; *Karl H. Neumayer*, Die sogenannte Vindikationszession (§ 931 BGB) im dogmatischen Spannungsfeld zwischen Übereignung und procuratio in rem, in Festschrift für Heinrich Lange zum 70. Geburtstag, 25. März 1970, Hrsg. von Kurt Kuchinke, München 1970, S. 308.

转的结果而已。

评论如下:这样认识不能说无理,但有些机械。所有权与其请求权结为一体,所有权移转,所有物返还请求权也随之移转;作为物权效力的所有物返还请求权移转了,物权本体也得移转。如同转让抵押权时被担保债权也随之让与一样。此其一。所有权与其请求权结为一体,正好表明转让任何一个实质上都是全部转让。这类似于房地权属虽为两个,但转让时一体移转。之所以不径直称移转标的物所有权,而谓之曰转让所有物返还请求权,是为了体现形式主义的物权变动,而非意思主义的物权变动,凑足"交付"这个要件,使物权变动有个原因。转让所有物返还请求权是"交付"的变形。在这里,说穿了,指示交付制度的设置,纯粹是为了满足动产物权变动以交付为生效要件这个原则,为了形式的统一,为了前后一致。否则,完全可以采取意思主义的物权变动,径直称转让人和受让人达成了移转转让物的合意,就发生了转让物所有权的移转。因为于此场合实行意思主义的物权变动,不会害及交易安全及占有媒介人:从保护交易相对人(第三人)的角度观察,转让物此时被占有媒介人实际控制,交易相对人作为一个理性人,不得盲目相信转让人享有转让物的所有权,需要请求转让物举证证明他对转让物享有所有权等处分权,甚至更进一步地调查、核实,然后再做交易。通过这个过程,保障交易相对人不会遭受不测之损害。也就是说,交易安全方面不会出现问题;从占有媒介人角度考虑,也不会出现问题,因为他明知转让物非他所有,谁有权请求返还,他应当清楚,因为物权法及合同法规定了所有权人的返还请求权及其实现条件和程序,合同法设计了第三人请求移转占有的要件和程序。此其二。至于"果"与"因"、"目的"与"手段"的界定及其关系,未必如此。从所有权本体与其请求权之间的关系来看,它们就是一个整体的组成部分。既然是一个整体的组成部分,就是部分与部分之间的关系,这样,就可能不好说谁是"因",谁是"果",谁是"目的",谁是"手段"。如同心脏与肺叶均为人体的组成部分一样,不好说谁是"因",谁是"果",谁是"目的",谁是"手段"。退一步说,即使按照"果"与"因"、"目的"与"手段"的思路思考,也要看基点放在哪里。如果从没有物权请求权就不会有真正的物权这个角度观察,所有物返还请求权倒是"因",动产所有权却是"果"。如果从所有权人必须拥有所有物返还请求权,以便能够请求无权占有人返还动产的角度看,"目的"就是所有物返还请求权。为达此目的,需要拥有所有权。这样一来,所有权反倒成了"手段"。在奉行所有物返还请求权适用消灭时效制度的背景下,在个案中,某所有物返还请求权已经罹于时效,而所有权人特别想拥有所有物返还请求权,于此场合,所有物返还请求权为"目的",动产所有权却为"手段",至为明显。此其三。

其理由之二是,处于间接占有地位的所有人并不享有对其占有媒介人的所有物返还请求权。[1] 按照主流学说,物权请求权只是在所有权的圆满状态受到妨害时才发生。[2] 也就是说,当他人无权占有所有物时,所有权的圆满状态便会受到妨害。占有媒介关系的当事人若就占有发生争议,应该诉诸他们的债法约定,行使占有媒介关系所生的返还请求权。[3] 当事人存有占有媒介关系的情况下,通常并不发生所有物返还请求权。

评论如下:其实,于此场合也不发生债权的返还请求权。既然所有物返还请求权和债权的返还请求权均未发生,都是以后才发生的事情,那么,以"当事人存有占有媒介关系的情况下,通常并不发生所有物返还请求权"这样的路径来证明指示交付下让与的不会是所有物返还请求权,没有逻辑的力量。此其一。

其二,对于"当事人存有占有媒介关系的情况下,通常并不发生所有物返还请求权",却承认让与的可以是所有物返还请求权,可有若干解决之道。第一种是区分抽象意义上的物权请求权和具体意义上的物权请求权,有无妨害物权的具体行为的发生,或妨害物权的危险是否真实地存在,这种抽象的物权请求权都会存在。第二种是仍然遵从物权请求权于物权受到侵害或妨碍时发生,但适用《民法典》第 227 条的规定时,所有物返还请求权是未来发生的。

其三,诚然,论者为了证成其观点,提出了这样的理由:"倘若所有权的取得依赖于将来请求权的发生,而这一请求权的发生又有很大的不确定性,此时即使出让人转让这一请求权,受让人也没有得到现实存在的请求权,而是只享有了一个法律地位远弱于请求权的可能性,这样的解释路径显然无法满足指示交付的构成要件。因此,只要这一请求权让与无法发生即刻的所有权移转,就不能满足受让人在指示交付中的利益。"

本书作者认为,这种论证路径也欠缺说服力。须知,在直接占有人基于保管、借用等合同占有标的物、且合同继续存在时,转让人、受让人于此时并不享有原物返还请求权,所谓债权的返还原物请求权也是未来发生的。看来,以未来发生的、有不确定性为由否定转让的是所有物返还请求权,理由并不充分。

其理由之三是,单纯让与所有物返还请求权,未能使转让人丧失对转让物干预

---

〔1〕 *Karl H. Neumayer*, Die sogenannte Vindikationszession (§ 931 BGB) im dogmatischen Spannungsfeld zwischen Übereignung und procuratio in rem, in: Festschrift für Heinrich Lange zum 70. Geburtstag, 25. März 1970, Hrsg. von Kurt Kuchinke, München 1970, S. 310.

〔2〕 参见梁慧星主编,侯利宏执笔:《中国物权法研究》(上),法律出版社 1998 年版,第 109 页;王利明:《物权法研究》(上册),中国人民大学出版社 2007 年版,第 223 页;朱岩、高圣平、陈鑫:《中国物权法评注》,北京大学出版社 2007 年版,第 172 页。

〔3〕 由此,所有人若在诉讼中向占有媒介人主张所有物返还请求权,相对人(占有媒介人)只须提起权利自始并未发生的抗辩(Einwendung),而非提起如同时履行抗辩权那样延时性抗辩权(Einrede)。即使相对人未提抗辩,法官如调查时发现当事人之间存有占有媒介关系,也应依职权认定所有物返还请求权不成立。

的事实可能性,受让人也没有获得转让物的间接占有。当转让物由占有媒介人占有时,转让人通过转让基于占有媒介关系的原物返还请求权,使受让人获得间接占有,由此才发生观念交付下的指示交付。因为指示交付的要害并非让与返还请求权,而是使受让人取得转让物的间接占有,转让人丧失对物干预的可能性。在此体现了与交付原则(《民法典》第224条)相同的思想:受让人必须基于转让人的意思获得全部的占有。两者不同之处在于,《民法典》第224条必须移转全部的直接占有,而《民法典》第227条则要求间接占有的全部移转。由此可见,通过转让所有物返还请求权的方式来移转所有权,并不符合转让人在观念交付中至少取得间接占有的要求。

评论如下:(1)所谓“单纯让与所有物返还请求权,未能使转让人丧失对转让物干预的事实可能性”,这不符合指示交付制度的意旨,因为指示交付制度设计的目的及效果,就是发生这样的效力:所有物返还请求权一经移转给受让人,转让人就丧失了转让物所有权,同时,受让人就取得了转让物所有权。既然转让人已经丧失了转让物所有权,他还有什么权利对转让物进行合法的干预呢?(2)所谓“单纯让与所有物返还请求权……受让人也没有获得转让物的间接占有”,也只是一家之言,是这一家的逻辑。其实,只要我们将“取得所有物返还请求权”作为受让人取得间接占有的原因,受让人基于所有物返还请求权而享有对动产的间接占有,就完全解决了受让人对转让物取得间接占有的问题。这并非强词夺理,因为受让人拥有债权的返还请求权时,对于转让物构成间接占有;享有所有物返还请求权时,对于转让物也构成间接占有。实际上,受让人取得所有物返还请求权与取得间接占有可以视为同时。从而满足了论者关于“指示交付的要害并非让与返还请求权,而是使受让人取得转让物的间接占有,转让人丧失对物干预的可能性”的逻辑。(3)所谓“受让人必须基于转让人的意思获得全部的占有”,在让与的是所有物返还请求权的场合,也不成问题。因为受让人的确是基于转让人的意思在受让转让物。至于此处所谓“全部的占有”,其确切意思尚需明确,从论者的上下文来看,应当是指间接占有,而非直接占有和间接占有。如果这样认定是正确的,则受让人已经间接占有了转让物,满足了指示交付的要求。

其理由之四是,“在指示交付的善意取得中,转让人将因不享有所有物返还请求权而无法完成善意取得。”

评论如下:该项理由若针对指示交付下所转让的请求权在任何场合都可以是所有物返还请求权之说,能够成立,但若针对所转让的可以是所有物返还请求权,也可以是债权的返还请求权之说,则欠缺说服力。因为按照后一学说,则并不强求所转让的永远是所有物返还请求权,而是区分情况而定:存在所有物返还请求权时,所转让的可以是所有物返还请求权;不存在所有物返还请求权时，所转让的则是债权的返还请求权。它不让所有物返还请求权包打天下。在指示交付的善意取得中，所转让的是债权的返还请求权，而非所有物返还请求权，就破解了论者所出难题，就符合了逻辑。此其一。

其二，完全贯彻动产善意取得制度的本质要求，转让人对于转让物要占有，受让人对转让物也得占有，才会发生转让物的善意取得。既然论者所说的案例中转让人对于转让物没有占有，受让人也无法基于买卖等合同取得对转让物的占有，则指示交付场合不发生善意取得的后果。由于受让人明知转让人对转让物没有占有，没有理由推定转让人对于转让物享有所有权等处分权，为了自身的利益，他应当请求转让人举证证明对转让物享有所有权，双方按照有权处分的模式进行交易，否则，受让人就有重大过失，于是不符合善意取得的构成要件，不发生善意取得的结果。既然如此，论者称“不直接占有转让物的出让人如适用指示交付，他将因不享有所有物返还请求权而无法满足指示交付的构成要件，以致这一观念交付方式实际上被排除于善意取得之外，不利于交易安全的保护”，就不成立。

让与的返还请求权若为债权的返还请求权，则按照《民法典》第 546 条第 1 款的规定，需要通知债务人，否则，让与对债务人不发生效力。不过，这只是合同法上的效力表现。实际上，受让人与债务人之间的关系，还有物权法层面的表现，即受让人取得标的物所有权或其他物权之后，他可以向债务人主张标的物的所有权或其他物权，以此来对抗债务人。让与的若为物权的返还请求权，是否需要通知第三人（占有动产之人），法律未作规定，则宜类推适用《民法典》第 546 条第 1 款的规定。

（四）占有改定

占有改定，是指出卖人继续占有动产，出卖人与买受人订立合同，使买受人取得对动产的间接占有，并取得动产所有权（《民法典》第 228 条）。允许这种交付的原因，也在于简化动产所有权的移转。

事例　甲出卖 A 钢琴给乙，如果甲尚需使用该琴参加比赛，那么可以与乙订立合同（移转 A 钢琴的所有权、借用 A 钢琴或租赁 A 钢琴），由乙取得间接占有，以替代现实交付，进而完成 A 钢琴所有权的移转。于此场合，出卖人对钢琴是直接占有还是间接占有，在所不问。[1]

---

〔1〕 参见王泽鉴：《民法物权 · 通则 · 所有权》（总第 1 册），三民书局 2003 年增补版，第 137 页。

(五)仓单、提单等证券的交付或背书

动产物权业已证券化为仓单、提单等证券的,此类证券的交付或背书代替了动产的交付,从而发生动产物权的变动(参见《海商法》第 79 条等)。

二、船舶、航空器、机动车等物权的变动要件

应当指出,交付本非完全的公示方法,再加上有观念交付的存在,更使其无法完全公示物权状况的缺点加深,故法律就某些动产的物权变动的公示,兼采登记的方法或将动产证券化,把交付作为动产物权变动的生效要件,将登记作为对抗(善意)第三人的要件。《民法典》第 225 条关于"船舶、航空器和机动车等物权的设立、变更、转让和消灭,未经登记,不得对抗善意第三人"的规定,显然采取了这种模式。[1]

将《民法典》第 225 条的规定解释为"把交付作为船舶、航空器和机动车等动产物权变动的生效要件,将登记作为对抗(善意)第三人的要件",而非合同生效时发生物权变动;同时承认生产设备,原材料,半成品,产品,正在建造的建筑物、船舶、航空器,交通运输工具设立抵押权时,抵押权自合同生效时设立,登记为对抗善意第三人的要件,有如下理由支持。

1. 文义解释:该条没有正面规定船舶、航空器和机动车等动产物权变动的要件,既没有说自变动合同生效时发生物权变动,也没有说自登记完毕时发生物权变动,属于不完全法条,需要结合有关条文加以解释。

2. 体系解释和目的解释:该条处于《民法典》第二编"物权"第二章"物权的设立、变更、转让和消灭"的第二节"动产交付"之下。该章共有三节,其中,第一节"不动产登记",贯彻基于法律行为而发生的不动产物权变动以登记为生效要件的精神(《民法典》第 209 条等),只承认法律另有规定不以登记为生效要件的例外;第二节"动产交付",贯彻基于法律行为而发生的动产物权变动以交付为生效要件的原则(《民法典》第 224 条),同样只承认法律另有规定不以交付为生效要件的例外;第三节"其他规定",贯彻非基于法律行为而发生的物权变动不以公示为生效要件的理念,只有遗赠导致的物权变动属于基于法律行为而发生的物权变动,也不要求公示作为物权变动的生效要件。现在的问题是,法律对船舶、航空器和机动车的物权变动是否例外地规定了不以交付为生效要件。《海商法》没有正面规定船舶所有权变动、船舶抵押权设立的生效要件,只是明确地将登记作为对抗要件(第 9 条、第 13 条第 1 款);《民用航空法》同样未正面规定民用航空器所有权变动、民用航空器抵押权设立的生效要件,只是明确地将登记作为对抗要件(第 14 条第 1 款、第 16 条);《机动车登记规定》也没有正面规定机动车物权变动的生效要件(第 18 条、第 22

---

[1] 参见谢在全:《民法物权论》(上册),三民书局 2003 年修订 2 版,第 150 页。

条)。既然法律对于船舶、航空器和机动车的物权变动未作另外规定,那么,就应当按照动产物权变动的原则(《民法典》第 224 条)解释《民法典》第 225 条的规定,只有在设立抵押权时例外。

3.《民法典》第 225 条的规定原则上总揽船舶、航空器和机动车的所有权产生、转让,设立质权,设立抵押权,消灭等类型的物权变动,且未设例外。而《民法典》第 429 条明确规定:“质权自出质人交付质押财产时设立。”在这种情况下,只有将《民法典》第 224 条的规定解释为其贯彻的是“把交付作为船舶、航空器和机动车等动产物权变动的生效要件,将登记作为对抗(善意)第三人的要件”模式,才能自圆其说。当然,在设立抵押权时例外。假如将其解释为登记为船舶、航空器和机动车等动产物权变动的生效要件,则会造成《民法典》第 224 条和第 429 条之间的矛盾。

4.《民法典》第 403 条规定,以动产抵押的,抵押权自抵押合同生效时设立;未经登记,不得对抗善意第三人。这表明以船舶、航空器和机动车等动产设立抵押权,仍然不以登记为生效要件。

5. 在理论上,通说坚持中国的物权变动采取债权形式主义,《民法典》第二编等规定予以落实,只有土地承包经营权和地役权的设立采取了债权意思主义(第 333 条第 1 款、第 374 条),至于船舶、航空器和机动车的物权变动则未见有明确的条文采取债权意思主义。就此而言,也应当认为《民法典》对船舶、航空器和机动车的物权变动采取了以交付为生效要件的模式,而非合同生效时发生物权变动,只有在设立抵押权时例外。

6. 假如将登记作为船舶、航空器、机动车的诸物权变动的生效要件,则会产生负面的结果。其道理如下:《民法典》第 225 条明文规定登记为这些物权变动的对抗要件,而作为对抗要件的登记,难以时时、事事地表征着真实的物权关系。换句话说,登记所昭示的物权关系与真实的物权关系有时不一致。因此,假如把登记作为船舶、航空器、机动车诸物权变动的生效要件,则可能误将已经变动的船舶、航空器、机动车的物权关系当作尚未变动的物权关系,或者误将尚未变动的物权关系作为已经变动的物权关系看待。属于前者的例证有若干,例如,甲已经将作为买卖物的船舶现实地交付给了买受人乙,但尚未办理过户登记手续,若依据登记为船舶物权变动的生效要件说,则会仍然认为该船舶归甲所有,即使第三人明知该船舶所有权已经移转给乙的事实,乙也无权对抗该第三人。这显然违背了《民法典》第 225 条的规范意旨。属于后者的例证同样存在,例如,甲已经将作为买卖物的船舶现实地交付给了买受人乙,随后又将该船舶登记在第二个买受人丙的名下。于此场合,丙本来没有取得该船舶的所有权,但按照登记为船舶物权变动的生效要件说,可得出丙已经取得该船舶所有权的结论。这显然是不符合客观实际的,不适当地侵害了乙的合法权益。避免此类弊端的有效办法,就是坚持这样的观点:交付为船舶、航空器、机动车等诸物权变动的生效要件,登记仅为对抗善意第三人的要件。

三、交付与合同的生效要件

交付为动产物权变动的生效要件，不同于交付为动产物权变动合同的生效要件。在前者情况下，债务人尚未交付动产，仅是动产物权未变动，他仍有义务交付动产，债权人也有权请求他交付动产，法院有权基于该请求而强制债务人交付动产。但在后者场合，不交付动产，动产物权变动合同即不生效，债权和债务均不产生，债权人无权请求债务人交付动产，只有当债务人于缔约有过失时，债权人才能请求他承担缔约过失责任。这对于债权人非常不利，担保权及其他物权的功能被人为地、不适当地扼杀了，债权人所能获得的损害赔偿因其仅是信赖利益的赔偿而时常低于动产物权变动合同有效场合的损害赔偿。可见，把交付动产作为动产物权变动合同的生效要件，实在不足取。遗憾的是，原《担保法》第 64 条第 2 款却规定："质押合同自质物移交于质权人占有时生效。"如此，出质人不将质物交付于质权人占有，质押合同即不生效，债权和债务均不产生，质权人没有法律依据请求出质人交付质物，法院亦无根据强制出质人交付，质权人丧失了担保权的保障。若将交付质物作为质权产生的条件则会克服上述缺点。

原《物权法》认识到了上述问题，第 15 条已经作出了修正："当事人之间订立有关设立、变更、转让和消灭不动产物权的合同，除法律另有规定或者合同另有约定外，自合同成立时生效；未办理物权登记的，不影响合同效力。"原《物权法》特设第 178 条，明确规定："担保法与本法的规定不一致的，适用本法。"《民法典》延续了原《物权法》第 15 条的规定（第 215 条）。

此外，出租人履行租赁合同使承租人取得物权化的租赁权，出借人履行消费借贷合同（含借款合同）使借用人取得借用物的所有权，承揽人履行承揽合同使定作人取得定作物的所有权，转让方履行技术转让合同使受让方取得技术的专有权或使用权，转让方履行商标权转让合同使受让方取得商标专用权，等等，都是通过履行合同使债权转化为物权或与物权具有相等价值的权利的表现。

■ 案例研习 | 如何认定当事人的主张是附生效条件尚未成就的抗辩还是行使先履行抗辩权

□ **案件基本情况**

1. 合同约定的主要内容

发包人甲公司与承包人乙公司于 2003 年 1 月 17 日签订《S 市建设工程施工合同》，约定了（与评释密切相关的）如下内容：工程为 A、B、C、D 栋住宅楼及 E 栋裙楼，合同价款 18,910 万元人民币。承包人向现场工程师提交当月已完工程量报告的时间为每月 25 日，现场工程师接到报告后 7 日内按设计图纸核实已完工程量，并在 24 小时通知承包人，承包人为计量提供便利条件并派人参加。

承包人接到收到通知后不参加计量,计量结果有效,作为工程款支付的依据。在确认计量结果后14日内,发包人应向承包人支付工程进度款。按约定的时间发包人应扣回的预付款,与工程款(进度款)同期结算。发包人不按合同约定支付工程款(进度款),双方未达成延期付款协议,导致施工无法进行,承包人可停止施工,由发包人承担违约责任。工程竣工验收合格后21日内,承包人向发包人递交竣工结算报告及完整的结算资料,双方按照协议书约定的合同价款及本施工合同条款约定的合同价款调整内容,进行工程竣工结算。发包人收到承包人递交的竣工结算报告及结算资料后28日内进行核实,给予确认或提出修改意见。经双方协商达成一致意见后,发包人通知经办银行向承包人支付工程竣工结算款。发包人收到竣工结算报告及结算资料后63日内无正当理由不支付工程竣工结算价款,从第64日起向承包人以银行同期贷款利率支付拖欠工程价款的利息,并承担违约责任。承包人收到竣工结算价款后14日内将竣工工程交付发包人。

2003年3月17日,发包人甲公司与承包人乙公司签订《工程承包补充协议书》,约定了(与评释密切相关的)如下内容:主体工程封顶后,合格部分工程进度款在15日内支付,其进度款按主体工程款累计的30%作为第一次支付,以后按每月支付10%,主体工程款支付到85%时停止支付。工程封顶进入装修阶段,按当月完成工程量的70%计算进度款,次月的第15日支付。工程竣工验收后,达到合格标准,工程款支付90%,工程结算款后留3%作工程质量保证金,其余款项一次付清。

2. 合同履行概况

2003年6月6日,涉案工程开工,A、B、C、D栋主楼于2005年5月26日验收合格。

E栋裙楼自2004年1月2日起停工至今,其原因如何,系争双方各执一词。乙公司认为,《工程承包补充协议书》约定,E栋裙楼施工至28米,20~28米为一层,非经双方协商一致,任何一方不得擅自变更合同约定。否则,应承担违约责任。但甲公司单方面违反合同约定,在24米处擅自分包增加钢结构层。且E栋裙楼于24米处结构层增加后,乙公司多次要求甲公司提供图纸以便施工,但甲公司至今没有提供合法的经设计单位确认的变更设计图纸,乙公司不可能继续施工。甲公司则辩称,E栋裙楼自开工以来一直处于不间断穿插作业状态,而不是自2004年1月2日停工至今。停工令属于工程施工中的重大事项,甲公司从未发布过停工通知。乙公司擅自停工,其行为已经构成违约,应承担违约责任。E栋裙楼至今未完工的责任完全在于乙公司。

2005年6月8日,乙公司向甲公司提交了《工程结算书》及其他资料。甲公司从2003年9月17日至2005年5月24日向乙公司支付的款项为10,840万元人民币。

3. 诉讼请求及抗辩

乙公司诉至A法院,认为主体工程已于2004年5月封顶,2004年3月2日,乙公司向甲公司及监理公司分别报送了工程预算书,承建面积为139,298.05平方米,工程造价为154,843,606.67元人民币。至今未得到甲公司的异议。故从2004年3月10日起,乙公司所报主体工程款理应视为被确认,可作为甲公司支付工程款的依据。从2003年6月起至2005年4月25日,累计建设工程价款为192,897,964元人民币,扣除已付11,230万元人民币(含钢材款400万元人民币),共欠工程80,597,964元人民币。该工程现已竣工验收合格,依据《工程承包补充协议书》的约定,甲公司应付工程进度款72,538,167元人民币,应付工程进度款利息3,283,330元人民币(截至2005年5月25日)。

甲公司的抗辩如下:(1)乙公司未按合同约定全部完成承包范围内的全部工程内容,即E栋裙楼至今尚未封顶,装修部分仍未动工,整体工程没有全部完成,无法进行整体工程验收,也无法进行整体工程结算。(2)乙公司称涉案工程已经竣工验收,单方面认定实际完成工程造价192,897,964元人民币,并以此认定甲公司拖欠工程进度款,结算工程余款,均无依据。(3)系争合同约定,在整体工程竣工验收后,进行整体工程结算,工程结算后,才支付工程余款。E栋裙楼尚未完工,无法进行整体工程验收和无法进行整体工程结算,工程余款也无法确定。

4. 有关信息

关于E栋裙楼停工的原因、停工是否构成违约以及应如何承担违约责任等问题,甲公司已另案诉至S市中级人民法院,尚未结案。

□ **判决要旨**

系争《工程承包补充协议书》关于"主体工程封顶后,合格部分工程进度款在15日内支付,其进度款按主体工程款累计的30%作为第一次支付,以后按每月支付10%,主体工程款支付到85%时停止支付。工程封顶进入装修阶段,按当月完成工程量的70%计算进度款,次月的第15日支付。工程竣工验收后,达到合格标准,工程款支付90%,工程结算款后留3%作工程质量保证金,其余款项一次付清"的约定(第6条),这表明系争合同的履行顺序为,乙公司先全垫资施工至封顶,甲公司再依照合同约定的比例支付工程进度款和工程款,因此,乙公司的垫资施工的履行义务在先,甲公司支付工程款的履行义务在后。甲公司以乙公司履行义务不符合约定为由拒绝支付工程款,是行使先履行抗辩权的行为,如该抗辩权成立,在法律效果上的表现是甲公司有权拒绝支付全部或部分工程款。因此,该抗辩权的行使是甲公司在本案诉讼中提出的攻击防御方法,应在本案中进行审理并作出裁判。

至于关于E栋裙楼停工的原因、停工是否构成违约以及应如何承担违约责任的另案诉讼，独立于本案甲公司主张的先履行抗辩权，且本案诉讼形成在前，因此甲公司主张的先履行抗辩权应在本案中进行审理。

E栋裙楼停工的原因在于甲公司欲改变该楼的使用用途和设计并下令停工，但未按照合同的约定和建筑法律、法规的要求提供变更后的设计图纸，导致乙公司无法继续施工，并停工至今。因此，甲公司以乙公司未完成E栋裙楼建设至封顶的合同义务从而拒绝付款的抗辩权不能成立，甲公司应向乙公司支付相应的工程款。

□ **评释**

1. 甲公司抗辩用语的真实含义与相应的权利

本书作者认为，判断判决要旨是否正确，界定清楚甲公司抗辩用语的真实含义，乃关键的一环。就其表述看，甲公司所为的抗辩，既未援用相应的法律条文，亦未套用相应的法学理论，基本上是白描式地叙述事实和提出诉讼请求。这就需要法律人依据法律及法理剖析、界定其法律意义。

第一，甲公司关于拒付相应的工程进度款的抗辩，符合所附生效条件尚未成就的构成，因为系争《工程承包补充协议书》关于主体工程封顶后甲公司依一定比例支付工程进度款的约定，完全符合《合同法》第45条第1款规定的附生效条件。具体些说，主体工程封顶，属于未来发生的事实，且为发生不发生不确定的事实，系当事人双方合意的组成部分，也不违法。所有这些，都符合附条件合同中所附"条件"的规格。

第二，甲公司关于拒付相应工程进度款的抗辩，也符合先履行抗辩权的构成要件，因为主体工程封顶的义务与支付相应工程款的义务均产生于同一个合同，且立于对价关系；主体工程封顶的义务的履行顺序在先，支付相应工程款的义务的履行顺序在后；至诉讼时主体工程尚未封顶，甲公司据此拒绝支付相应的工程款。所有这些，都符合《合同法》第67条规定的先履行抗辩权的成立要件。

在一个事实同时符合附生效条件尚未成就的抗辩与先履行抗辩权的构成时，权利人明确地主张其中一个，发生相应的法律效果，最为理想。但权利人未必是法律人，不见得明白援用哪一个法律条文，表达自己的意见。他虽予抗辩，但未明示地主张哪个抗辩，或者一并主张这些抗辩，也是常有之事。对此，我们不应苛求。权利人虽予抗辩，但未明示其抗辩的类型及相应的法律依据，或者同时主张数个抗辩(权)，应为其自由，法律及裁判机构没有理由否认其抗辩的效果。

现在的问题是，在权利人虽予抗辩但未明示地主张哪个抗辩及相应的法律依据的情况下，裁判机构可否依职权认定权利人只是在主张其中的某一个呢？

具体到系争案件,主审法院或仲裁机构有无权力认定甲公司仅仅是在行使先履行抗辩权呢?给出明确的答案并寻觅出充分的理由,既是急审判实务之所急,也是丰富、完善民法理论的需要。

2. 裁判机构可否运用释明权

在一个事实仅仅符合所附生效条件尚未成就的抗辩,而不符合先履行抗辩权的成立要件,权利人虽予抗辩但未明示其抗辩的类型及其相应的法律依据的,裁判机构可以释明,也可以不予释明,依职权认定发生抗辩的法律效果即可。道理非常简单,所附生效条件尚未成就的抗辩,是无须主张的抗辩,裁判机构有权依职权认定抗辩的法律效果,何况权利人已经抗辩了呢!

在一个事实仅仅符合先履行抗辩权的成立要件,而不符合所附生效条件尚未成就的抗辩,权利人虽予抗辩但未明示其抗辩的类型及其相应的法律依据的,裁判机构同样可以释明,也可以不释明,直接认定权利人是在行使先履行抗辩权。之所以如此,是因为权利人未必是法律人,不宜苛求其字字句句均为法言法语。只要他表达了抗辩的意思,就应尽量地予以认定。

在一个事实同时符合所附生效条件尚未成就的抗辩与先履行抗辩权的构成的场合,如果权利人未作任何表示,裁判机构可依职权直接引用《合同法》第45条的规定,认定抗辩的效果,但无权向权利人这样释明:你主张《合同法》第67条规定的抗辩权吗?因为按照民法通说,先履行抗辩权是需要主张的抗辩权,权利人不予主张,则不发生抗辩的效果。裁判机构关于权利人是否主张先履行抗辩权的释明,无异在提醒权利人主张先履行抗辩权,这在实质上损害了相对人的权益。即使按照存在效果说,也仅仅限于迟延履行的场合,发生先履行抗辩权的效果,其他不履行的场合,非经权利人主张,不发生先履行抗辩权的效果。在所谓"其他不履行的场合",裁判机构不得释明。

在一个事实同时符合所附生效条件尚未成就的抗辩与先履行抗辩权的构成的场合,权利人虽予抗辩但未明示地主张哪个法律依据的情况下,裁判机构可以先予释明,由权利人明确其主张的法律及法理的依据,以便适用法律,解决争议;也可以不予释明,或者虽经释明但权利人仍不明确其抗辩类型和依据的(可能权利人不了解法律及法理),直接依职权认定发生所附生效条件已经成就的抗辩的法律效果。于此场合,本书作者之所以主张裁判机构可以释明,是因为尚未发现两种抗辩的效果在个案中存在差异。

3. 生效条件尚未成就的抗辩与先履行抗辩权的应用顺序

在一个事实同时符合所附生效条件尚未成就的抗辩与先履行抗辩权的构成,权利人虽予抗辩但未明示地主张哪个的情况下,裁判机构应当按照下文阐释的规则及理由,适用《合同法》第45条的规定,确定权利人在主张所附生效条件尚未成就的抗辩。其具体理由如下:

第一,《合同法》第 45 条第 1 款规定的所附生效条件,在客观事实符合其规格时,自然发生法律效力,它属于不需主张的抗辩,而非需要主张的抗辩权。裁判机构可依职权径直援引之。与此不同,先履行抗辩权,需要权利人主张才发生法律效果,权利人未予主张,则不发生法律效力。即使迟延履行的场合成立先履行抗辩权,通说也坚持权利人必须主张。因此,在权利人所为的抗辩未明确是行使先履行抗辩权还是主张所附生效条件尚未成就的情况下,裁判机构推断其为所附生效条件尚未成就的抗辩,最为稳妥;假如认定权利人是在行使先履行抗辩权,则有裁判机构代替权利人在为表示之嫌。

第二,《合同法》第 45 条第 1 款规定的附生效条件,就其字面意思和规范意旨而言,并不强求所谓的条件一定是违约行为,甚至绝大多数的条件均非违约行为。而《合同法》第 67 条规定的先履行抗辩权,其成立要件则包括先履行一方未履行或其履行不符合约定。也就是说,在绝大多数情况下,先履行抗辩权的成立需要先履行一方已经违约这个要件。

在这种背景下,一个客观事实同时符合所附生效条件尚未成就的抗辩与先履行抗辩权的构成,原告若未以被告违约作为拒绝履行自己债务的抗辩理由,没有追究被告的违约责任,被告亦无关于原告违约的反诉的,则主审法院不宜认定原告的抗辩是在行使先履行抗辩权。个中缘由,恐怕在于审查是否成立先履行抗辩权,一般需要确定被告是否已经违约。在原被告均未主张对方违约的场合,主审法院应当遵循不告不理的原则,不宜依职权径直审查原被告违约与否。

我们正在讨论的系争案件,正是这方面的典型。对于甲公司以 E 栋裙楼尚未封顶为由拒绝支付相应工程进度款的抗辩,认定为它是在依据《合同法》第 45 条第 1 款的规定主张所附生效条件尚未成就,主审法院无须审查和确定乙公司尚未将 E 栋裙楼封顶是否违约;而认定为它是在行使先履行抗辩权,则需要判断和确定乙公司未将 E 栋裙楼封顶是否构成违约。由于甲公司并未以乙公司未将 E 栋裙楼封顶构成违约为由拒付相应的工程进度款,乙公司未将 E 栋裙楼封顶是否构成违约已经另行起诉到 S 市中级人民法院,因而,主审法院认定甲公司是在行使先履行抗辩权,是武断的,十分不妥。

第三,先履行抗辩权是法定的,只要债权的效力是齐备的,就一定伴有该种抗辩权。当事人约定与否,并不影响其存在。与此不同,附生效条件则只有在当事人约定时才会存在。一般认为,凡是法律规定的,都推定当事人知晓。既然当事人已经了解先履行抗辩权的成立要件、行使方式和法律效果,却仍再约定附生效条件,就只能解读为当事人特别重视附生效条件,非常依赖附生效条件。在这种背景下,一个客观事实同时符合所附生效条件尚未成就的抗辩与先履行抗辩权的构成,权利人虽予抗辩,但没有明示地主张哪个,就应当依据意思自治原则,最大限度地尊重当事人的意思,认定权利人是在主张所附生效条件尚未成就的抗辩。这个结论,当然适合于我们正在讨论的系争案件。

第四,附条件合同制度中有一个特殊的规则,即《合同法》第45条第2款规定的“当事人为自己的利益不正当地阻止条件成就的,视为条件已成就;不正当地促成条件成就的,视为条件不成就”。该项规则本身妥当地解决了善、恶的法律后果,恰当地衡平了当事人双方间的利益关系,裁判机构应当尽可能地予以适用,而不应规避其适用。先履行抗辩权制度本身则欠缺该项规则,欲解决此类问题,恐怕要借助于诚实信用原则。鉴于诚实信用原则系价值补充的弹性条款,当事人能否成功地借助,存在变数。像我们正在讨论的系争案件,E栋裙楼尚未封顶是否为甲公司恶意阻止封顶,应当查清。若是,适用《合同法》第45条第2款的规定,诚为正当。主审法院在先履行抗辩权的框架下,而不是在援引诚实信用原则下,审查E栋裙楼尚未封顶归责于谁,超出了先履行抗辩权制度的负载量,不尽妥当。

4. 审查E栋裙楼尚未封顶归责于谁,程序违法

既然当事人已就审查E栋裙楼尚未封顶归责于谁向S市中级人民法院另案诉讼了,即便主审法院拟适用《合同法》第67条关于先履行抗辩权的规定,确定E栋裙楼尚未封顶是否属于乙公司违约,最终确定甲公司拒付相应的工程款有无依据,也应当先中止本案的诉讼,等待S市中级人民法院甚至二审法院的生效判决。但主审法院却置S市中级人民法院正在审理乙公司未将E栋裙楼封顶是否构成违约以及由谁承担违约责任的事实于不顾,在原被告均未于本案诉讼中主张对方违约的情况下,径直审查E栋裙楼尚未封顶的原因,并认定可归责于甲公司,这就使当事人双方在S市中级人民法院的诉讼变得毫无意义,违背了当事人的真意,不合民事诉讼程序。此其一。假如S市中级人民法院经审理认定乙公司违约,可否如此判决呢?由于本案判决具有既判力,恐怕S市中级人民法院不好认定乙公司违约,难以判命其负违约责任。此其二。

主审法院如此裁判系争案件还产生了如下负面影响:(1)直接剥夺了甲公司对违约责任争议的事实和法律适用进行举证、质证、辩论的诉讼权利。在甲公司和乙公司没有就E栋裙楼尚未封顶归责于谁、有无免责事由举证、质证和辩论的情况下,主审法院就依职权认定甲公司违约并承担违约责任的认定和判决,严重地违背了《民事诉讼法》的规定。(2)在事实上直接剥夺了甲公司的上诉权。虽然在形式上甲公司可以对S市中级人民法院另案(关于E栋裙楼停工的原因、停工是否构成违约以及应如何承担违约责任等问题的诉讼案件)判决提出上诉,但因本案判决既判力的缘故,甲公司的上诉会流于形式。[1]

---

〔1〕 这两点负面影响系中国人民大学法学院杨立新教授所提,特此致谢!

延伸阅读

□ 关于债的履行一般理论

吴雅婷:《论民法典合同编的后合同义务规则》,载《山东科技大学学报》(社会科学版)2020 年 4 期。
李宇:《后合同义务之检讨》,载《中外法学》2019 年第 5 期。
房绍坤、严聪:《以物抵债协议的法律适用与性质判断——最高人民法院(2016)最高法民终 484 号判决评释》,载《求是学刊》2018 年第 5 期。
王洪亮:《代物清偿制度的发现与构建》,载《浙江工商大学学报》2018 年第 2 期。
严之:《代物清偿法律问题研究》,载《当代法学》2015 年第 1 期。
肖俊:《代物清偿中的合意基础与清偿效果研究》,载《中外法学》2015 年第 1 期。
崔建远:《代物清偿与保证的联立分析》,载《东方法学》2011 年第 5 期。
薛军:《部分履行的法律问题研究——〈合同法〉第 72 条的法解释论》,载《中国法学》2007 年第 2 期。
王莉:《试论债的履行》,载《法学杂志》1999 年第 5 期。

□ 关于债的履行原则

彭凤至:《情事变更原则之研究》,五南图书出版有限公司 1986 年版。
姚辉、阙梓冰:《论情事变更与不可抗力的交融及界分——以新型肺炎疫情防控与疫后重建为契机》,载《中国政法大学学报》2020 年第 3 期。
吕双全:《情事变更原则法律效果的教义学构造》,载《法学》2019 年第 11 期。
万方:《我国情势变更制度要件及定位模式之反思》,载《法学评论》2018 年第 6 期。
何洋、钱晓芳:《协作履行原则的适用》,载《人民司法(案例)》2018 年第 5 期。
崔建远:《个案调处不等于普适性规则——关于若干债法司法解释的检讨》,载《广东社会科学》2014 年第 5 期。
韩世远:《关于债的履行原则,情事变更若干问题研究》,载《中国法学》2014 年第 3 期。
[德]卡斯腾·海尔斯特尔、许德风:《情事变更原则研究》,载《中外法学》2004 年第 3 期。
王闯:《论合同法中的协作履行原则》,载《人民司法》2001 年第 2 期。

□ 关于履行抗辩权

董昊霖:《论同时履行抗辩权——以程序法的基本理论为视角》,载《广东社会科学》2020 年第 5 期。
申海恩:《抗辩权效力的体系构成》,载《环球法律评论》2020 年第 4 期。
宋春龙:《诉讼法视角下的先诉抗辩权研究——兼评民法典各分编草案中的先诉抗辩权》,载《政治与法律》2019 年第 3 期。
李建星:《先履行抗辩权之解构》,载《法学家》2018 年第 5 期。
王利明:《预期违约与不安抗辩权》,载《华东政法大学学报》2016 年第 6 期。
崔建远:《无权处分合同的效力、不安抗辩、解除及债务承担》,载《法学研究》2013 年第 6 期。
陈韵希:《合同预期不履行的救济及其法理基础——再论〈合同法〉不安抗辩权和预期违约的界分》,载《比较法研究》2013 年第 6 期。
崔建远:《先履行抗辩权制度的适用顺序》,载《河北法学》2012 年第 12 期。

张金海:《预期违约与不安抗辩制度的界分与衔接——以不履行的可能性程度为中心》,载《法学家》2010 年第 3 期。
崔建远:《履行抗辩权探微》,载《法学研究》2007 年第 3 期。
韩世远:《构造与出路:中国法上的同时履行抗辩权》,载《中国社会科学》2005 年第 3 期。

■ 综合练习

1. 试述债的履行原则。
2. 试述情事变更原则的适用要件与法律效果。
3. 试述同时履行抗辩权构成要件与行使方式。
4. 试述预期违约与不安抗辩权。
5. 试述交付的类型及其法律意义。

第三章　债的保全

本章要点

债的保全是为防止债务人的财产不当减少或难以现实支配而给债权人的债权带来危害，而允许债权人代债务人行使权利或请求撤销债务人某些行为的权利，具体包括代位权和撤销权。债的保全属于债的对外效力，是"债的相对性"原则的突破，其目的是防止债务人责任财产减少危及债权人的债权。代位权，是指当债务人怠于行使其对第三人享有的权利而害及债权人的债权时，债权人为保全其债权，可以自己的名义代位行使债务人对第三人之权的权利。代位权由债权人以自己的名义通过诉讼方式行使。撤销权，是指债权人对于债务人所为的危害债权的行为，可请求法院予以撤销的权利。学界对于债权人撤销权的法律性质有不同观点。撤销权的成立要件因债务人的行为系有偿行为还是无偿行为而不同，撤销权由债权人以自己的名义在诉讼上行使。

关键词　债的保全　责任财产　债的相对性　代位权　撤销权

本节法条3-1

第一节　债的保全概述

债的保全，是指法律为防止债务人的财产不当减少或难以现实支配而给债权人的债权及其实现带来危害，允许债权人代债务人之位向第三人行使债务人的权利，或请求法院撤销债务人与第三人的法律行为的法律制度。其中，债权人代债务人之位，以自己的名义向第三人行使债务人的权利的法律制度，叫作债权人代位权制度；债权人请求法院撤销债务人与第三人的法律行为的制度，称为债权人撤销权制度。为适应加强对债权人保护的趋势，原《合同法》设计了债权人代位权和债权人撤销权制度，在新中国的立法史上属于首创，意义非凡；但同时也存有若干法律漏洞，且有些规定不明确，引发了解释分歧。法释[1999]19号和法释[2009]5号就不明确的予以澄清，就某些法律漏洞予以填补，贡献不小，值得肯定，但也有些解释采纳少数说，单向度思考问题，在价值判断方面有些失衡。《民法典》第三编第一分编第五章"合同的保全"，第535~542条8个条文规定了债权人代位权和债权人撤销权制度。《民法典》承继已被实践证明为妥当的债权人代位权规则和债权人撤销权规则，吸纳合理的研究成果，修正偏差的司法解释，设计出相对完善的制度。

债的保全涉及第三人，其效力属于债的对外效力（见图3－1）。本来，债的关系以相对性为原则，债权人不得直接支配债务人的人身、行为及其财产，更不得直接支配第三人的人身、行为及其财产；债权人不得干涉债务人与第三人的法律行为，但债的保全则使债权人的权利涉及了第三人的行为或财产，严重干涉了债务人与第三人的行为自由。

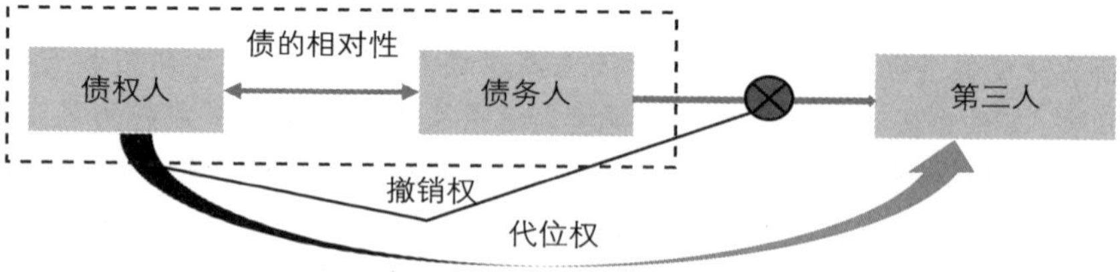

图3－1　债的相对性与债的保全

■ **讨论**｜如何认识债的相对性原则的突破

立法者何以突破传统民法的“债的相对性原则”，而赋予债权人代位权和撤销权？其立法的基础在于全面衡量债权人、债务人、第三人（义务人）各方的利益关系：债权人的合法债权应当得以实现；债务人对该第三人怠于行使其权利，对债权人又陷于迟延，陷于非正当性的状态；至于第三人方面，要么是其义务本应履行却未履行（债权人代位权的场合），要么是无偿地或以明显不合理的低价受让给付且主观上明知（债权人撤销权的场合）。面对此情此景，为什么非得受制于债的相对性这个教条，而违背现代伦理呢？

在权衡各方利益关系方面，债权人的合法债权应当得以实现这个因素，在考量因素中处于较为重要的位置。其道理在于，债权需要债务的适当履行才能实现，债务的履行多体现为从债务人的总财产中分离出一定的财产给债权人。如此，债务人的总财产即“责任财产”的状况如何，直接影响着债权人的债权实现情况。因为责任财产不仅为某一债权人的债权的一般担保，而且是全体债权人的债权的共同担保，所以，责任财产的减少往往害及债权人的债权实现，即民事责任在保障债权的实现上受责任财产的多寡的限制。为防止责任财产的减少害及债权人的债权实现，固然可以通过特别担保手段来保障债权实现，但特别担保亦有其弱点。例如，抵押权等的设立需当事人办理登记手续，留置权则限于特定的债权债务，保证等既需要保证人等第三人的同意，又难逃责任财产减少害及债权实现的命运，定金对于交付定金者的保护不力。鉴于此，法律在特别担保和民事责任之外，设置合同债的保全制度。其中的撤销权系为恢复债务人的财产而立,代位权在日本民法上系为保持债务人的财产而设。因为合同债的保全被用来维持和恢复债务人的责任财产,所以,合同债的保全又称作责任财产的保全。《民法典》规定的债权人代位权、债权人撤销权,也应如此解释。它们对债权实现起着积极的保障作用,能防债权不能实现于未然。

本节法条3-2

第二节　债权人代位权

引导案例

[3-1] 甲企业因经营需要向乙借款2000万元,双方签订了《借款合同》,借款期限届满,甲企业无力偿还借款。乙了解到,甲企业曾经向丙公司出借1600万元,但一直怠于向丙公司主张债务。乙可否行使甲企业对于丙公司1600万元的债权？应当如何行使权利？

一、债权人代位权概述

债权人的代位权,是指因债务人怠于行使其债权或者与该债权有关的从权利,影响债权人的到期债权实现的,债权人可以向人民法院请求以自己的名义代位行使债务人对相对人的权利(《民法典》第535条第1款)。

制度比较 | 债权人代位权

债权人代位权起源于法国习惯法,[1]《法国民法典》设有规定(第1166条),称为"间接诉权"或"代位诉权"(action oblique; action indirecte; action subrogatoire)。《德国民法典》和《瑞士债法典》均未规定债权人代位权,原因在于两国法律关于强制执行方法的规定颇为完备,没有特别承认债权人代位权的必要。而法国法关于强制执行的规定不完备,为了弥补这种缺陷,民法上规定了债权人代位权。日本民法的相关规定继受了这一制度。中国现行《民事诉讼法》关于强制执行的措施也算是比较完备,在这种背景下,原《合同法》(第73条)还规定债权人代位权,既有完善实体法上的债权保障制度(包含民事责任、履行

[1] 就此有不同见解,比如有的认为起源于罗马法,有的认为起源于日耳曼法,但以起源于法国习惯法较具说服力,参见[日]松坂佐一:《债权人代位权之研究》,有斐阁1950年版,第8页以下。转引自韩世远:《合同法总论》,法律出版社2004年版,第368页。

及其抗辩权、合同保全、合同担保、抵销等)的需要,又可为解决困扰中国企业多年的"三角债"问题多提供一个可资利用的手段。

对于债权人代位权在法律上的性质,有不同见解。学说上曾出现过代理权说,为自己的委托说,现在的多数意见采固有权利说。因为债权人代位权是债权人以自己的名义,行使债务人的权利的权利,所以不是代理权,而是债权人固有的权利。而在固有权利说内部,也有不同认识,需要进一步辨析。

1. 债权人代位权是基于债权人的债权而发生的实体法上的权利。债权人代位权,是债权人为保全其债权而代债务人行使其权利,在性质上为基于债权人的债权而发生的实体法上的权利,其内容在于行使债务人的权利,[1]借以保持债务人的责任财产,而非扣押债务人的财产权利或就收取的财产有优先受偿权,不是诉讼法上的权利。当然,债权人代位权虽名曰权利,但实质上是权能,盖必须先有债权而后才有代位权能的作用,[2]它是债权人债权的效力表现,是债权的一项权能。

2. 债权人代位权,不是债权人对于债务人或第三人的一般的债权请求权。一般的债权请求权,是债权人请求债务人直接向自己为给付,而传统民法上的债权人代位权并无使债权人直接请求次债务人(债务人的相对人)清偿并使自己的债权优先受偿的效力。原《合同法》关于债权人代位权的规定,未涉及债权人直接请求次债务人清偿并使自己的债权优先受偿的效力。法释[1999]19 号第 20 条规定:"债权人向次债务人提起的代位权诉讼经人民法院审理后认定代位权成立的,由次债务人向债权人履行清偿义务,债权人与债务人、债务人与次债务人之间相应的债权债务关系即予消灭。"就次债务人(债务人的相对人)的清偿由提起代位权诉讼的债权人受偿,因未规定例外,故胜诉的债权人享有了优先受偿权。

《民法典》第 537 条前段重复了法释[1999]19 号第 20 条的规定,同时特设后段"债务人对相对人的权利被采取保全、执行措施,或者债务人破产的,依照相关法律的规定处理",以矫正债权人一律优先受偿规则所引发的问题。此处所谓保全、执行的措施,包括查封、扣押、冻结、扣留、提取收入、划拨、变价被执行人的财产等方式(《民事诉讼法》第 242 ~ 244 条)。如果是提起代位权诉讼的债权人已就债务人的相对人的责任财产申请了保全、执行的措施,则遵循民事诉讼法"先下手为强"的规则,债权人有权就这些财产的提取收入、划拨或变价直接受偿(《民事诉讼法》第 224 条、第 236 条、第 247 条),这在实质上等于提起代位权诉讼的债权人享有优先受偿权了。与此不同,如果是债务人的其他债权人就债务人的相对人的责任财产申请了保全、执行的措施,则同样遵循民事诉讼法"先下手为强"的规则,由这些未提起

---

[1] 参见邱聪智:《新订民法债编通则》(下),中国人民大学出版社 2004 年版,第 303 页。
[2] 参见林诚二:《民法债编总论——体系化解说》,中国人民大学出版社 2003 年版,第 406 页。

代位权诉讼的债权人就这些财产的提取收入、划拨或变价受偿，只要受偿之后无剩余的财产，提起代位权诉讼的债权人对这部分已由他人申请保全措施、执行措施的财产便无优先受偿权。由此体现出《民法典》第537条后段限制了债权人代位权在优先受偿方面的效力，一些场合不承认提起代位权诉讼的债权人享有优先受偿权。

3. 债权人代位权不是直接代理关系中的代理权。债权人代位权与代理权虽然都是可行使他人的权利，但债权人行使代位权，系以自己的名义，而非以债务人的名义，债权人代位权乃债权人固有的权能，并非来自债务人的授权；[1]而委托代理中的代理权须有被代理人的授权，指定代理场合的代理权来自有关机关的授权。所有这些，都表现出债权人代位权与直接代理权之间的区别。

4. 债权人代位权也不是固有意义上的形成权。债权人代位权行使的效果，是债务人与第三人之间的法律关系发生变更，这虽与形成权相类似，但债权人代位权不是依债权人一方的意思表示而形成法律上的效力，形成次债务人（债务人的相对人）履行（对债务人的）义务的法律效果的，恰恰是债务人（对次债务人）所享债权的效力表现，只不过此次行使该债权的主体，不是债务人这个本来的债权人，而是债权人这个代位权人。所谓债务人与次债务人（债务人的相对人）之间的债权债务关系发生变化，其实并未超出债务履行、债权实现的范畴，即债的关系的框架。假如非从法律关系形成的角度观察不可的话，那么，该法律关系的形成也不是债权人代位权的直接效力，而是代位权使债权人可以依赖债务人的权利而向次债务人（债务人的相对人）主张。所以，债权人代位权不是固有意义上的形成权，而是以行使他人权利为内容的法定权能。因而，债权人在行使代位权时应尽善良管理人的注意。

称债权人代位权并非固有意义上的形成权，还因为债权人代位权虽然行使了，但并不见得奏效，在次债务人（债务人的相对人）由于种种原因而未清偿时，仅凭债权人一方的意思表示，债务人与次债务人（债务人的相对人）之间的法律关系是断然不会发生变更的。而固有意义上的形成权的行使，必定会形成一种法律关系，这不依相对人同意与否、配合或反对、作为或不作为而转移。由此显现出债权人代位权与固有意义上的形成权的差异。

5. 债权人代位权不同于一般所称的代位。债权人代位权，虽然称为代位，但其与一般所称的代位，性质上亦有不同。盖以一般所称代位，乃指权利因法律规定而当然移转另一主体之意，如连带债务人清偿代位、利害关系人清偿代位、保证人清偿代位、物上保证人清偿代位等，均属此类。与此有所不同，债权人代位权的代位，仅指权利行使上的代位而已，并不发生权利的当然移转，也不因债权人行使代位权

---

〔1〕 参见邱聪智：《新订民法债编通则》（下），中国人民大学出版社2004年版，第304页；林诚二：《民法债编总论——体系化解说》，中国人民大学出版社2003年版，第406页。

而移转于该债权人。[1]

总之,债权人代位权属于债权的对外效力,是从属于债权的特别权利。或者说,是债权的一种法定权能。无论当事人是否约定,债权人都享有它。作为债权人的固有权利,被学界通说认为属于广义的管理权。[2]

二、债权人代位权的成立要件

债权人代位权的成立要件如图 3－2 所示。

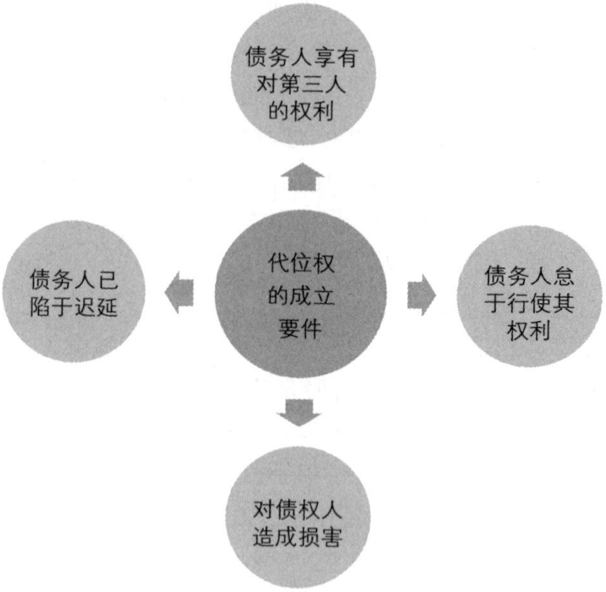

图 3－2　债权人代位权的成立要件

(一)债务人享有对于第三人的权利

债务人对于第三人的权利,为债权人代位权的标的。债权人代位权属于涉及第三人之权的权利,若债务人享有的权利与第三人无涉,则自不得成为债权人代位权的行使对象。

债务人享有的对于第三人的权利,可以先于债权人所欲保全的债权(被代位债权)产生,也可以后于该债权成立。[3]

---

〔1〕 参见邱聪智:《新订民法债编通则》(下),中国人民大学出版社 2004 年版,第 304 页;林诚二:《民法债编总论——体系化解说》,中国人民大学出版社 2003 年版,第 406～407 页。

〔2〕 参见[日]於保不二雄:《债权总论》(新版),有斐阁 1972 年版,第 162 页;[日]奥田昌道:《债权总论》(增补版),悠悠社 2000 年版,第 256 页;史尚宽:《债法总论》,荣泰印书馆股份有限公司 1978 年版,第 445 页。转引自韩世远:《合同法总论》,法律出版社 2004 年版,第 369 页。

〔3〕 中国台湾地区"最高法院"1983 年台上字第 3534 号判例;邱聪智:《新订民法债编通则》(下),中国人民大学出版社 2004 年版,第 304 页。

关于债权人代位权的标的，即债务人对其相对人的哪些权利可由债权人代位行使，原《合同法》将之限定于到期债权（第73条），法释[1999]19号把该到期债权再限缩为具有金钱给付内容的债权（第13条第1款），《民法典》修订为债权或者与该债权有关的从权利。

原《合同法》及法释[1999]19号的规定过于狭窄，不符合债权人代位权制度的立法目的，使该制度难以发挥应有的效能，应予目的性扩张。《民法典》在这方面前进了一步，把“与该债权有关的从权利”包括进来（第535条第1款），值得肯定。

讨论｜可代位行使的债权包括的种类

此处所谓债权，究竟包括哪些种类，确定起来并不容易。未见争议的有基于合同产生的债权、缔约过失场合的损害赔偿请求权、不当得利返还请求权、基于无因管理而生的债权、基于单方允诺产生的债权、可由他人代为行使的侵权损害赔偿请求权、相邻关系中的损害赔偿请求权等。此其一。违约损害赔偿、不履行无因管理之债、不返还不当得利、违反先合同义务等，不属于原给付义务，也不属于原给付义务所对应的从义务，而是变形的义务（或是由原给付转换而来的义务，或是原给付义务未被完全履行时填补因此所致损害而承担的义务），其对面的请求权可否由债务人的债权人代位行使？回答应是肯定的，因为它们也是债权，《民法典》第535条第1款所谓债权并未将第二性的债权排除在外。此其二。效力齐备的债权，固不待言，就是已经罹于时效的债权也应被允许，道理在于：如果允许债权人代位，特别是获得胜诉判决或裁决的话，不是对债务人更为有利吗？此其三。违约金债务源自违约金条款或合同的约定，违约金责任（或曰支付违约金）成立于违约行为发生之时。罗马法及其后世的法国民法、德国民法等把违约金约定作为一个独立的约定/合同看待，但从属于实质交易关系。[1] 违约金债务的对面就是违约金债权，它是实质交易关系中的债权的从权利，根据《民法典》第535条第1款的规定，可由债权人代位行使。不过，无论是原《合同法》还是《民法典》虽未反对罗马法及法国和德国的民法关于违约金的约定从属于实质交易关系这种理念及观点，但也未这样安排，而是把支付违约金设计为违约责任之一种。据此理念及观点，支付违约金即为原给付义务的变形，如同违约损害赔偿之于原给付义务，可径直将其作为债务。在债务人有权请求其相对人支付违约金的案例中，按照《民法典》第535

〔1〕 参见陈朝璧：《罗马法原理》，法律出版社2006年版，第166页；[德]迪特尔·梅迪库斯：《德国债法总论》，杜景林、卢谌译，法律出版社2004年版，第342～346页；孙森焱：《民法债编总论》（下册），法律出版社2006年版，第599页；尹田：《法国现代合同法》，法律出版社2009年版，第376～377页；[德]迪尔克·罗歇尔德斯：《德国债法总论》（第7版），沈小军、张金海译，中国人民大学出版社2014年版，第290～293页。

条第1款的规定,债务人的债权人有权代位行使之。此其四。《民法典》第535条第1款但书明确规定:专属于债务人自身的权利不得由债权人代位行使。法释[1999]19号对于与《民法典》第535条第1款但书内容相同的原《合同法》第73条但书的下述解释仍有其价值:所谓"专属于债务人自身的债权,是指基于扶养关系、抚养关系、赡养关系、继承关系产生的给付请求权和劳动报酬、退休金、养老金、抚恤金、安置费、人寿保险、人身伤害赔偿请求权等权利"(第12条)。此其五。此外,一般认为,不作为债权、劳务债权、技能债权,其实现与债务人的资力无关,债权人代位行使也起不到维持债务人责任财产的作用,故不得作为债权人代位权的标的。此其六。

所谓债权的从权利,如该债权所生的利息债权和担保权。此处的担保权,诸如抵押权、质权、留置权、请求保证人承担保证责任以及实现定金、押金、保证金等担保的权利,均属此类。

撤销权、解除权、抵销权、受领权呢? 依其本性,这些权利实为债权的权能,与债权的关系属于整体与部分的关系,不属于债权的从权利。不过,因其与债权结为一体,故可将之纳入债权的范围之内,允许债务人的债权人代位行使。

物的瑕疵担保中的减价权,多数说认其为形成权,亦可把它归为债权的权能。如此,根据《民法典》第535条第1款的规定,允许债务人的债权人代位行使之。

在我国台湾地区,允许债权人代位行使债务人的时效抗辩权,[1]本书赞同此观点:诉讼时效期间的届满,使债务人有权援用时效完成的抗辩,对抗债权人关于债务人履行其债务的请求。处于此种状态中的债权欠缺强制执行力,即效力不齐备。就此可知,时效完成与否均属债权的效力范围之事,同时也是债务的效力范围,债务人提出时效完成的抗辩没有超出该范围。据此观点,可把援用时效完成的抗辩划归债权的范围,再根据《民法典》第535条第1款的规定,债权人可代债务人之位援用其时效完成的抗辩来对抗债务人的另一债权人,从而达到维护债务人责任财产的状态。与此不同的路径是,债权本体不含抗辩,债权的效力亦然,可见债权与抗辩分属两个系谱。不过,二者间存在密切的关联,即只要债权及其效力存在,抗辩就不会消失。既然抗辩从属于债权,就可以比照《民法典》第535条第1款关于债权与其从权利的思路,允许债权人援用债务人享有的时效完成的抗辩。

债权具有请求力和执行力,还有处分权能。债权人在依其给付之诉取得确定

---

〔1〕 参见中国台湾地区"最高法院"1959年台上字第209号判例;中国台湾地区"最高法院"1963年台上字第681号判例;中华民国最高法院1932年上字第305号判例;中国台湾地区"最高法院"1970年台上字第4045号判例;邱聪智:《新订民法债编通则》(下),中国人民大学出版社2004年版,第305页。

判决之后，有权请求法院对债务人为强制执行。[1] 既然如此，提起诉讼的权利、申请强制执行的权利，包括查封、扣押、冻结、扣留、提取收入、划拨、变价被执行人的财产乃至申请注销登记等具体方式，也属于债权的效力范围。允许债权人代债务人之位行使这些权利，符合债权及其效力的原理。只要诉讼的结果能使债务人的责任财产得以维持，就应在可被代位之内。当然，这些权利同时属于诉讼上的公权利。公权利可否代位行使，可能意见不一，[2] 法释[1999]19 号第 17 条规定："在代位权诉讼中，债权人请求人民法院对次债务人的财产采取保全措施的，应当提供相应的财产担保。"这值得赞同。

探讨 | 所有权和用益物权未列入债权人代位权范围是否为不明知漏洞

《民法典》第 535 条第 1 款的文义显示，所有权和用益物权未被列入债权人可代债务人之位对其相对人行使的权利范围。这是否为不明知漏洞，应予补充？回答应是否定的，原因在于：自原《合同法》及法释[1999]19 号实施以来，已历十年，学说反复议论，物权及其请求权应该允许债权人代位行使。在《民法典（草案）》的研讨中，专家学者也不止一次地呼吁《民法典》应该采纳这些方案。尽管如此，《民法典》依然不明定之，这表明是有意把物权及其请求权排除于债权人代位行使的权利之列。对此，如果奉行债权人对于债务人的相对人的清偿享有直接受领权的规则，由行使代位权的债权人径直取得物权及其请求权，这对债务人的影响可能严重，就此来说，不宜把所有权和用益物权纳入债权人代位行使的范围；但是，如果采取"入库规则"，由于向债务人的相对人主张物权及其请求权是代债务人而为，获得胜诉的结果直接归属于债务人，那么，这对债务人不会有损害。不过，该项结论也不宜被绝对化，原因就在于，现今社会经济呈现复杂、交织的联系，债务人与其相对人之间可能在经济交往中相互牵制，若该相对人反制债务人会给债务人造成较大危害的话，那么，就不应允许债权人代位行使此类物权及其请求权。当然，有无这种情形，应由债务人举证证明。

承认这种例外是必要的，因为债权人代位权的构成要件之一是债务人怠于行使其权利，而此处所谓怠于，重在债务人没有及时请求其相对人履行义务，不问其原因如何，或有无故意、过失。

需要注意，债务人享有的物权，并非债权人和债务人之间债的标的，债务人即使

---

[1] 参见[德]迪特尔·梅迪库斯：《德国债法总论》，杜景林、卢谌译，法律出版社 2004 年版，第 16～17 页；王泽鉴：《债法原理》，北京大学出版社 2009 年版，第 16～17 页。

[2] 参见中国台湾地区"司法行政部"1971 函民字 1172 号；孙森焱：《民法债编总论》（下册），法律出版社 2006 年版，第 513～514 页；邱聪智：《新订民法债编通则》（下），中国人民大学出版社 2004 年版，第 305 页。

履行其对债权人所负债务，也不是以此类物权为给付，除非由代物清偿取代之。所以，依债权人对债务人享有债权本体的效力，无权要求债务人转移该物权，依此逻辑，债权人代债务人之位，也无权就债务人的物权及其请求权直接受偿，必须遵循“入库规则”，留在债务人之手。当然，债权人可以借助于民事责任把债权的效力的辐射面扩及于债务人的全部责任财产，包括上文所谓债务人的物权及其请求权；再通过强制执行程序，就该物权及其请求权的变价实现其债权。

（二）债务人怠于行使其权利

《民法典》第535条第1款要求，债权人代位权的成立需要债务人怠于行使其债权以及与该债权有关的从权利。

所谓怠于行使其权利，是指债务人应行使并且能行使而不行使其权利。所谓应行使，是指若不及时行使，则权利将有消灭或丧失的可能。例如，请求权将因时效完成而被义务人抗辩，受偿权将因不申报破产债权而丧失。所谓能行使，是指不存在行使权利的任何障碍，债务人在客观上有能力行使其权利。所谓不行使，即消极地不作为，是否出于债务人的过错，其原因如何，均在所不问。[1] 另外，日本有判例认为，债务人逾期履行时，债权人无须催告债务人行使其权利。[2]

如此解释怠于行使其权利，可能符合债权人代位权制度的立法目的，因为民法应当尽可能地遵循债的相对性原则，尽量减少突破债的相对性原则带来的震荡。据此，在下述情况下债权人代位权制度便不得适用：债务人甲无行为能力，且无监护人，无法向其债务人乙主张债权，这导致了债务人甲的债权人丙难以实现对债务人甲的债权。

其实，还应甚至更应看到，债权人代位权制度应当受制于债均应适当履行的原则，满足和促进货畅其流的经济要求。在债务人甲、债务人乙的债务均已届期甚至陷于迟延的情况下，尽快清偿才是对适当履行原则、货畅其流的本质要求的亡羊补牢。在债务人甲主观上松懈、懒惰时如此，在债务人甲客观上无法请求债务人乙清偿的场合亦然。如果这是正确的，那么，债权人代位权的成立要件局限于债务人甲主观上“怠于行使其权利”，就过于狭窄了，遗漏了“债务人甲无行为能力，且无监护人，无法向其债务人乙主张债权”等客观上无法行使其权利的情形，构成未认知的法律漏洞。

有法律漏洞就应当填补，于此处填补的方法应当是目的性扩张，具体到我国现行法，就是承认《民法典》第535条第1款关于“因债务人怠于行使其债权以及与该债权有关的从权利，影响债权人的到期债权实现的”规定适用范围狭窄，应将其适

---

〔1〕 参见欧阳经宇：《民法债编通则实用》，汉林出版社1977年版，第224页。

〔2〕 1932、7、大民判（民集11卷第1498页）。转引自［日］於保不二雄：《日本民法债权总论》，庄胜荣校订，五南图书出版有限公司1998年版，第158页。

用范围扩张“债务人甲无行为能力,且无监护人,无法向其债务人乙主张债权”等客观上无法行使其权利的领域,允许债务人甲的债权人丙诉请债务人乙履行其债务。顺此思路,可将法释[1999]19号第13条第1款关于“债务人不履行其对债权人的到期债务,又不以诉讼方式或者仲裁方式向其债务人主张其享有的具有金钱给付内容的到期债权,致使债权人的到期债权未能实现”的规定,看成包含了“债务人甲无行为能力,且无监护人,无法向其债务人乙主张债权”等客观上无法行使其权利的情形。从而抑制法释[1999]19号第13条第1款的负面效果,张扬其正面作用。

如此解释《民法典》第535条第1款,具有实践价值。例如,甲于步行中被某运输公司的司机李某撞伤,此后经出现场的某公安局交通警察大队决定,甲被送往丙医院紧急抢救。该公安局交通警察大队出具的《道路交通事故认定书》认定交通肇事司机李某负全责,甲不承担责任。后经司法鉴定认定甲为“智力缺损、精神障碍”,被某精神病院诊断为“脑器质性精神疾病所致精神障碍,颅脑损伤后综合症”。甲已无法律意义上的意思,没有意思能力请求肇事司机李某承担侵权损害赔偿责任。在这样的情况下,应认定为构成法释[1999]19号第13条第1款规定的“债务人不履行其对债权人的到期债务,又不以诉讼方式或者仲裁方式向其债务人主张其享有的具有金钱给付内容的到期债权,致使债权人的到期债权未能实现”,即满足《民法典》第535条第1款关于债权人代位权成立的要求,甲的债权人丙医院应有权援用《民法典》第535条第1款的规定请求债务人李某清偿其对甲的债务。假如拘泥于传统理论对于“怠于行使其权利”的解释,债务人甲的债权人丙就不得援用《民法典》第535条第1款的规定,诉请债务人李某承担其侵害债务人甲的赔偿责任。

需要说明,此处所谓怠于行使其债权,学说认为不包含权能,因为权能乃权利的作用,不可代位。假如不是整体地行使债权或物权,仅仅是单独、确定的使用、收益或处分,那么一定不可代位行使,否则,就干涉了债务人的自由。[1] 至于行使债权整体必然要行使其中的权能,则以代位行使债权论,而不视为单纯地行使权能,因为此时的债权与其权能是浑然一体的,而不是分离的。

讨论｜如何判断怠于行使债权或其权能

如何判断怠于行使债权或其权能?对此,试举例说明。乙欠甲100万元,乙仅有房屋一栋,若乙将之卖给丙,则可得价款300万元。于此场合,假如乙怠于向丙索取价款,那么甲即可代位向丙行使支付价款的请求权。但是,如果乙没有出售该房屋,而是把它用作“养蚊子”,则甲不得代位乙使用(甲自己住)、收益(出租)、处分(出售)该房屋。[2] 此例形象、明确,确有道理,值得赞同。

---

〔1〕 参见林诚二:《民法债编总论——体系化解说》,中国人民大学出版社2003年版,第407页。

〔2〕 参见林诚二:《民法债编总论——体系化解说》,中国人民大学出版社2003年版,第407页。

此外，有学说认为，债务人的期待权也不得由债权人代位行使。[1] 对此，应予赞同，因为期待权属于效力不齐备的权利，其履行期尚未届满，甚至没有届至，欠缺请求力等效力。

还要说明，受偿在性质上虽属权限，但实务和通说都认为代位权人可于诉之声明中要求代位受领。[2] 因为受偿作为债权的一种效力，与债权连为一体，行使该权限，也可看作行使权利。实际上，将请求代位受偿直接地、简化地看成行使权限，而不是单纯地为了表达方面的周延、全面，特意将其叙述为行使债权及其受领权限，也未尝不可。

讨论 | 怠于行使权利的表现

传统理论认为，怠于行使其权利，主要表现为根本不主张权利或迟延行使权利。如果债务人已经行使自己的权利，那么纵使其方法不当或后果不利，债权人也不得再行使代位权。[3] 更不得依债权人的主观意愿来认定债务人行使对于第三人权利的方法适当与否，及后果的好坏。例如，债务人承诺了于其不利的代物清偿或因不适当的诉讼方法而败诉，[4]债权人对此即使并不认同，也不得代替债务人擅自坚持于己有利的代物清偿或另行其他的诉讼方法。对于由此而给债权人带来的不利，可以借助其他制度予以补救。例如，在债务人的诉讼方法不适当时，为防止因诉讼方法不当而败诉，最终导致债务人的责任财产在数量上减少，债权人有权以诉讼辅助人的身份[《日本民事诉讼法》(1999 年修订)第 42 条]，个别情况下以当事人的身份[《日本民事诉讼法》(1999 年修订)第 47 条]，参加诉讼，以保全自己的权利。

在这方面，中国现行法修正了"怠于行使权利主要表现为根本不主张权利或迟延行使权利"的界定，将债务人怠于行使其债权以及与该债权有关的从权利的情形扩展了。相应地，债权人行使代位权的机会也就增多了，合同相对性原则的适用领域也就随之缩小。例如，法释[1999]19 号第 13 条第 1 款规定，债务人在不履行其对债权人的到期债务的情况下，不以诉讼方式或仲裁方式向其

---

〔1〕 参见林诚二：《民法债编总论——体系化解说》，中国人民大学出版社 2003 年版，第 409 页。

〔2〕 中华民国最高法院 1932 年上字第 305 号判例；中国台湾地区"最高法院"1970 年台上字第 4045 号判例；中国台湾地区"最高法院"1975 年台上字第 2916 号判例；林诚二：《民法债编总论——体系化解说》，中国人民大学出版社 2003 年版，第 407～408 页。

〔3〕 参见[日]最判昭 28・12・14 民集 7・12・1386；[日]奥田昌道：《债权总论》(增补版)，悠悠社 2000 年版，第 258 页；[日]田山辉明：《债权总论》，成文堂 1993 年版，第 70 页；中国台湾地区"最高法院"1961 年台上字第 408 号判例；邱聪智：《新订民法债编通则》(下)，中国人民大学出版社 2004 年版，第 305 页。

〔4〕 参见 1909、2、27 大民判(民录 14 辑 150 页)。转引自[日]於保不二雄：《日本民法债权总论》，庄胜荣校订，五南图书出版有限公司 1998 年版，第 158 页。

债务人主张到期债权,就构成怠于行使其对于第三人的权利。

法释[1999]19号第13条第1款的规定,有其正面作用:诉讼方式或仲裁方式能够清晰地显示出债务人行使权利了,证明力最为直接和确凿;而非诉讼方式、仲裁方式,即债务人直接请求其相对人履行的方式,在识别债务人对其相对人是否确实行使权利的问题上,相对困难。因为行使权利与否更多地取决于债务人、债务人的相对人是否承认,债务人实际上未行使权利却谎称已经行使了,甚至于债务人与其相对人恶意串通欺骗债权人,均不易查清。法释[1999]19号第13条第1款只承认债务人以诉讼方式或仲裁方式请求其相对人履行为行使权利,即可不让债务人、债务人的相对人谎称已经行使权利的企图得逞。

法释[1999]19号第13条第1款的正面作用还表现在,它可以将上文所论"债务人甲无行为能力,且无监护人,无法向其债务人乙主张债权"纳入原《合同法》第73条第1款的适用范围。

但是,法释[1999]19号第13条第1款的负面作用更大:(1)它漠视中国现行法规定的权利行使的多种途径和方式,人为地、不当地排除了当事人最为常态的行使权利的形式。权利人直接向义务人主张权利,最为便捷和经济,系权利行使的常态。通过诉讼方式行使权利,一般来说,应为不得已之事。因此,凡是未明文规定必须以诉讼方式行使权利的,均应允许权利人直接向义务人主张。中国现行法设置明文,要求权利的行使必须采取诉讼方式的,比较少见。举其要者,如意思表示存在瑕疵、显失公平场合,撤销权的行使,需要采取诉讼的方式(《民法典》第147~151条);集体经济组织、村民委员会或其负责人作出的决定侵害集体成员合法权益的,受侵害的集体成员行使撤销权,需向人民法院请求(《民法典》第265条第2款);等等。但是,对于普通债权、物权的行使,《民法典》并未规定必须采取诉讼的方式。如此,债务人直接向其义务人主张权利,为其自由,在《民法典》上本为正当,可是法释[1999]19号却剥夺了债务人依其意愿选择行使权利的方式的自由,至少在债务人尚未向其债权人清偿时是这样的,似有违反上位法之嫌。(2)无论最高人民法院是否意识到,适用[1999]19号第13条第1款的规定的前提和结果,是在认定债务人不通过诉讼方式向其相对人主张权利为"怠于行使其到期债权",即不当,实质是将权利的合法行使当作过失的表现,含有否定之意,至少在债务人尚未向其债权人清偿时是这样。其价值导向,善恶的区分和把握,均值商榷。(3)债务人直接向其相对人主张权利,较通过诉讼方式请求成本低得多,法释[1999]19号第13条第1款的规定迫使债务人采取诉讼方式请求次债务人履行,不然就运用同样是通过诉讼方式行使的债权人代位权机制,无疑增加了成本,不尽符合效益原则。

至于将债务人直接请求其相对人履行的权利行使形式排除于怠于行使其权利的形态之外,可能出现债务人、债务人的相对人谎称行使权利的情形,存在不足。对此,法律人可通过修正判断债务人行使权利的标准来解决。判断债务人是否怠于行使其权利,不宜限于行使权利的过程,而应兼顾行使权利的结果,即在债务人直接请求其相对人履行义务的情况下,不过分纠缠于债务人是否向其相对人主张了权利这个过程,而是更看重该相对人是否已向债务人清偿的结果,只要在债务履行期届满时该相对人未履行债务,债务人又未通过诉讼方式或仲裁方式请求,就认定债务人怠于行使权利。这样,债务人及其相对人已经行使权利了,就变得没有实际价值。

另外,在债务人以加害债权人为目的而行使权利的情况下,为保护债权人的合法权益,可以借助于债权人撤销权制度,由债权人将债务人行使权利的行为予以撤销,来恢复、维持债务人的责任财产,保全权利。[1]

(三)债务人已陷于迟延

在债务人迟延履行以前,债权人的债权能否实现,难以预料,若在这种情况下允许债权人行使代位权,则对于债务人的干预实属过分。反之,若债务人已陷于迟延,怠于行使其权利,且又无资力清偿其债务,则债权人的债权已经有不能实现的现实危险,此时已发生保全债权的必要。故债权人代位权应以债务人陷于迟延为成立要件。但也有例外,虽然债务未届履行期,但对专为保存债务人权利的行为(保存行为),如中断诉讼时效、申请预告登记、申请物权登记、申报破产债权等,例外地不须等到债务人迟延履行即可代位行使。原因在于,这些权利因其性质须及时行使,行使的目的及结果在于维持债务人责任财产的现状,符合债权人代位权的目的。[2] 若不及时行使该代位权,等到债务人迟延履行时债务人的权利已经消灭,则无代位之可能。况且,这种保存行为不同于实行行为,其行使不构成对债务人行为的干涉,而是有利于债务人的行为。

(四)影响债权人的到期债权实现

债权人代位权的目的,既然在于债权的保全,那么,就需要债权人于其债权有不能受偿的危险时,才可行使代位权;债务人怠于行使其权利,对于债权人的债权并无影响的,法律就没有必要以突破合同相对性原则、干预债务人自由的重大代价来赋予债权人代位权。[3] 原《合同法》第 73 条及法释[1999]19 号第 11 条注意到了这一点,规定上述三个要件加上"对债权人造成损害"的要件都具备时,债权人代

---

〔1〕 参见[日]於保不二雄:《日本民法债权总论》,庄胜荣校订,五南图书出版有限公司 1998 年版,第 158 页。

〔2〕 参见邱聪智:《新订民法债编通则》(下),中国人民大学出版社 2004 年版,第 307 页;林诚二:《民法债编总论——体系化解说》,中国人民大学出版社 2003 年版,第 409 页。

〔3〕 参见邱聪智:《新订民法债编通则》(下),中国人民大学出版社 2004 年版,第 306 页。

位权才成立。

《民法典》第535条第1款换用“影响债权人的到期债权实现”的表述。比较而论，这个修正虽然细微，却更为合理，理由如下：

1. 从期限利益的角度看。暂时搁置其他有关制度及规则对于此处法律关系所发挥的作用不论，专就债权人和债务人之间的债的关系来说，存在期限利益，债权人代位权制度对此不得无视。如果在债务履行期届至前就允许债权人行使代位权，那么，就牺牲了债务人的期限利益，这对债务人不公正。诚然，债权人可能因此受到不利损失。

事例　例Ⅰ：债务人交付的标的物存在瑕疵，但主要性能指标符合要求。

例Ⅱ：大宗货物的买卖中，出卖人交付的货物重量缺少千分之一。

例Ⅲ：在非定期合同的履行过程中，出卖人迟延5日交货。

例Ⅳ：债权人向债务人定作新型钻井平台，债务人若于履行期届至前履行债务，因加工设备、原材料、制作技术、操作职工、完工时间及运输条件诸要素全都具备，交付合格的钻井平台毫无问题，那么，债权人的债权就能够圆满实现，但是，坐等到履行期届满或届至时才实际履行，这固然符合履行规则，却因新冠肺炎疫情严峻而无法复工生产，导致无力清偿，债权人显然受有损失。

例Ⅴ：A国的甲公司向B国的乙公司购买某型号的导弹，B国的乙公司非导弹生产商，只是贸易商，它要从制造该种导弹的C国的丙公司购进，而后再向甲公司交货。在合同签订之际和甲公司与乙公司之间的买卖合同的履行期届满前，该单交易及其履行没有障碍。但在履行期届满之时，B、C两国处于战争状态，依C国临时颁行的法律，丙公司不得向乙公司供货，因此导致乙公司无力向甲公司履行合同，甲公司因此遭受损失。

在前三例中，债权人的债权受到损害，但没有达到合同目的落空的程度。于此场合，若允许债权人行使代位权，则显然过分。后两例的情形并不鲜见，尽管如此，法律仍不得允许债权人于其债权的履行期届至前行使代位权，须由债权人自己承受此类损失。之所以如此，是风险分配的机理在起作用。除去即时交易，信用经济天然地存在风险——债权无法全部或部分地实现。债权人选择甲日而非乙日作为清偿期，就自我决定了承担该种选择可能带来的风险，哪怕该种选择实出无奈，也得如此。《民法典》第535条第1款的行文准确地反映出这种风险分配，但原《合同法》第73条第1款的表述则不能，后者的文义未能把债权人的此类损失排除在外。

不过，法律是个整体，每种制度及规则都有各自的目的及功能，同时也是各自的适用边界。“堤内损失堤外补”，法律可以提供其他至少在理论上是合理的措施，如下述举要，来平衡各方权益，就看债权人会不会利用。

2. 从破产制度的角度看。债务人进入破产程序，若不及时申报破产债权，则会影响债权人的债权实现，根据《企业破产法》第7条第2款、第44条、第46条的规定，以及《民法典》第536条的规定，债权人向破产管理人申报破产债权实为必要，在破产申请受理时视为到期。此时此段，债权人所为不是在行使代位权，而是在行使债权本体。不过，在债务人的相对人破产时，若债务人怠于向破产管理人或人民法院申报对其相对人的债权，则会影响债权人的债权实现。于此场合，债权人代债务人之位向此处所为相对人的破产管理人或人民法院申报破产债权，则属于行使其代位权（《民法典》第536条）。

3. 从债务人的权利存在诉讼时效期间即将届满的角度看。债务人的权利罹于诉讼时效，其义务人援用时效完成的抗辩时，债务人的责任财产在实质上就减少了。这对债权人的债权实现可能无影响，如是，则债权人代位权的成立要件欠缺，债权人不得行使代位权；也可能有影响，如是，就具备了债权人代位权的成立要件，债权人可以行使代位权（《民法典》第536条）。

4. 从加速到期的角度看。在商业运作中，聪明的且有实力的商人时常在合同中约定，债务人未依约履行达到一定程度，就使债务加速到期，债权人的债权由原来的未届期变为到期债权。此时，就满足了债权人代位权成立的一个要件，“艺术”地“吞食”了债务人的期限利益，转嫁了商业风险。

5. 从先期违约规则的角度看。上文第1点所列风险，在符合《民法典》第578条规定的先期违约的构成要件时，债权人可以借助于此来化解此类风险。

6. 从不安抗辩权规则的角度看。债务的履行期尚未届至，但债务人的所作所为、责任财产的状况，可能害及债权人的债权实现，如第1点所述，如果案型符合《民法典》第527条和第528条规定的不安抗辩权的成立要件，则债权人可以借助于此来规避风险。

7. 可以借鉴裁判上的代位思路。在日本法上，债权在履行期限届至前，因债务人不行使权利，有不可能保全或保全发生困难之虞时，债权人可以经过法院的许可行使代位权（《日本民法典》第423条第2项，《非诉事件法》第72条至第79条）。[1] 这为保全债权所必需，值得中国法重视。如果这符合不安抗辩权的成立要件，就据此处理；如果不符合，则可借鉴日本法上的这种思路。如此，可把《民法典》第536条后段所谓“债权人可以代位……作出其他必要的行为”中的“作出其他必要的行为”解释为包括债权人为裁判上的代位。

8. 保存行为之于债权人代位权。保存行为乃防止债务人减少财产的行为。例如，在日本，在债务人的权利即将罹于消灭时效时，实行时效中断，进行保存登记；或

〔1〕 参见[日]於保不二雄：《日本民法债权总论》，庄胜荣校订，五南图书出版有限公司1998年版，第158页。

在第三债务人破产时,申报债权。由于这些行为对债务人没有任何不利,加上急需保存的情形较多,日本民法允许债权人在债权届期前代位行使债务人的权利,无须法院的批准(《日本民法典》第423条第2项但书)。[1] 这确有道理,我们在解释《民法典》第536条后段所谓"债权人可以代位……作出其他必要的行为"时,认定"作出其他必要行为"包括债权人实施保存登记等保全行为。特别是结合《民法典》第537条后段关于"债务人破产的,依照相关法律的规定处理"的规定,遵循相似的事物相同处理的原则,在债务人的相对人破产时,债权人可以代位向债务人的相对人申报破产债权。

《民法典》第535条第1款所谓债务人怠于行使其债权以及与该债权有关的从权利,影响债权人的到期债权实现,在传统民法上称作"有保全债权的必要",这折射出"影响债权人的到期债权实现"有程度上的要求,并非只要对债权人的到期债权有所影响便可成立债权人代位权,而是这种影响达到比较严重的程度——必须是债务人已陷于无资力的状态。

学说｜如何理解无资力

所谓无资力,也叫欠缺支付能力,传统学说认为,是指债务人负债超过资产(包括信用能力),不能清偿其债务的现象。对保全债权的必要,之所以解释为债务人无支付能力,是因为保全的对象为债务人的责任财产,其作用本为强制执行的准备,充其量亦仅是责任财产的维护而已,如债务人的责任财产,尚足以担保其所有负债,则债权实现仍无可虞,自不宜承认债权人代位权,妨害债务人的权利自由。[2] 纵使是给付特定物的债权,也是债权,假如为保全已特定债权,而不问债务人的资力如何,都可行使代位权,也已超过保全制度的立法目的,且干预自由行使权利的原则。[3] 这是"无资力说"。

但是,将债权人代位权的规范功能完全局限于一般财产的保全,使其仅生准备强制执行的作用,显然过于消极,事实上也难以发挥应有的作用。在这种情况下,债权人可以按照民事诉讼法关于强制执行的规定,直接查封债务人对第三人的权利(或其标的),而清偿自己的债权,何必代位行使?何况按照通说,因第三人履行而产生的利益直接归属于债务人的责任财产,债权人却须为代位权诉讼付出相当的成本。为了避免债权人代位权制度的目的落空,在特定物债权方面,学理上仍有逐渐趋于特定物债权实现的阐扬,认为只要特定物

---

〔1〕参见[日]於保不二雄:《日本民法债权总论》,庄胜荣校订,五南图书出版有限公司1998年版,第159页。

〔2〕参见邱聪智:《新订民法债编通则》(下),中国人民大学出版社2004年版,第306页。

〔3〕参见林诚二:《民法债编总论——体系化解说》,中国人民大学出版社2003年版,第408页。

债权的实现发生障碍,债权就有保全的必要。[1] 例如,甲购买乙的A物,受领前便转卖与丙,若甲怠于向乙行使交付请求权,则丙的债权将无法实现,所以,丙不问甲有无资力均可代位请求乙交付A物。[2] 这就是"特定物债权说"。中国台湾地区"最高法院"有判例采纳了这种见解。[3]

时至今日,多数赞同"无资力说"和"特定物债权说"并存、各有其适用领域的模式。在不特定物债权及金钱债权的场合,对债权有无保全必要的判断,运用"无资力说";在特定物债权的情况下,对债权有无保全必要的判断,采用"特定物债权说"。不过,在特定物债权的实现发生障碍,债权人代位行使债务人对其相对人的权利时,不是请求该相对人交付该特定物,而是主张损害赔偿或支付违约金的,因该损害赔偿请求权或支付违约金请求权与一般债权在性质上没有两样,也应以无资力为要件。[4]

中国《民法典》及其理论也应当采取"无资力说"和"特定物债权说"并存、各有其运用领域的模式,即在不特定物债权及金钱债权的场合,对债权有无保全必要的判断,运用"无资力说";在特定物债权的情况下,债权人代位请求债务人的相对人实际履行的,则采用"特定物债权说"。不过,债权人代位请求债务人的相对人承担损害赔偿责任或支付违约金的,依然奉行"无资力说"。[5]

需要指出,中国法所采用的"无资力说",应被稍加修正。本书认为,判断债务人是否陷入无资力,不宜简单地以债务人的责任财产额与债务人所负债务的总额的比较结果为依据,而应采取这样的思路:以债务人现时可直接控制的财产为限,来认定其有无清偿债权的资力。在债务人现时可直接控制的财产不能清偿债权人的债权时,即认定债务人无资力。其道理在于:(1)债务人的责任财产,包括债务人对其相对人的债权在内,而债权并非都能得到实现。一旦债权不能实现,债务人就可能或必然无力清偿债权人的债权,致使债权人受到损害。这已经具备了债权人代位权的一个构成要件。(2)债权人代位权就是要代债务人行使其债权,债务人对其相对人的债权是债权人代位权的对象,是需要借助于债权人代位权制度实现的权利。既然如此,把债务人对其相对人的债权作为债务人有资力的证明,就违背了债权人代位权制度的目的及功能,使之总也不具备构成要件。有鉴于此,对于无资

---

〔1〕 参见邱聪智:《新订民法债编通则》(下),中国人民大学出版社2004年版,第306~307页。

〔2〕 参见欧阳经宇:《民法债编通则实用》,汉林出版社1977年版,第225页。

〔3〕 参见中国台湾地区"最高法院"1958年台上字第1815号判例;中国台湾地区"最高法院"1957年台上字第422号判例。转引自邱聪智:《新订民法债编通则》(下),中国人民大学出版社2004年版,第307页。

〔4〕 参见邱聪智:《新订民法债编通则》(下),中国人民大学出版社2004年版,第307页。

〔5〕 对"无资力说"和"特定物债权说"的机理阐释,参见崔建远:《债权人代位权的新解说》,载《法学》2011年第7期。

力的判断，应当以债务人现时可直接控制的财产为限，来认定其有无清偿债权的资力，在债务人现时可直接控制的财产不能清偿债权人的债权时，即认定债务人无资力。

三、债权人代位权的行使

（一）行使的主体

除依债权性质不适合代位而为保全的以外（如以劳务为内容的债权或不作为债权，但于其转化为损害赔偿请求权时，不在此限），凡属债权人，原则上均可为代位权的主体。[1] 债务人的各个债权人在符合法律规定的条件下均可以代位行使债务人的权利。于此场合，这些债权人作共同原告。

（二）债权人以自己的名义行使

债权人是以代位权人的地位行使债务人的权利的，自然应以代位权人即债权人的名义行使。行使时应尽善良管理人的注意，因为行使代位权属于干预债务人权利的行为，债权人若未尽善良管理人的注意义务，给债务人造成损害，则应负损害赔偿责任。[2]

（三）债权人以诉讼方式行使

1. 必要性

《民法典》第535条明文规定，债权人代位权的行使采取诉讼方式。其立法理由如下：(1)债权人代位权必须通过诉讼方式行使，若允许在诉讼外行使，则不易达到债权保全的目的。(2)查清系争案件的事实，明确真实的法律关系，是妥当处理系争案件的前提。债务人对于第三人是否确实拥有权利，拥有多少权利，该权利上有无限制等，债权人有时不太清楚，而债务人参与诉讼，这些问题会轻而易举地得到解决。(3)通过诉讼方式能够有效地保证某个债权人行使代位权所获得的利益在各个共同债权人之间合理分配，有效地防止债权人滥用代位权（如防止其随意处分债务人的权利或将债务人的权利用以充抵自己的债权），有效地防止债权人与其他未行使代位权的债权人、债务人以及次债务人之间因代位权的行使而发生不必要的纠纷。[3]

2. 诉讼当事人

债权人作为原告，共同债权人在符合法律规定的条件下均可作为共同原告。债务人为实体法上的第三人。按照法释[1999]19号第13条的规定，次债务人为被告。

---

〔1〕 参见林诚二：《民法债编总论》，中国人民大学出版社2003年版，第409页。
〔2〕 参见林诚二：《民法债编总论》，中国人民大学出版社2003年版，第410页。
〔3〕 参见王利明、崔建远：《合同法新论·总则》，中国政法大学出版社1996年版，第386页。

学说对原告、被告的规定没有异议，存在意见分歧的是法释［1999］19号第16条第1款关于“债权人以次债务人为被告向人民法院提起代位权诉讼，未将债务人列为第三人的，人民法院可以追加债务人为第三人”的规定。赞同者认为，债权人未必是法律人，不见得知晓债务人参与诉讼或仲裁的必要性，或者即使了解这点但因其不熟悉程序也未将债务人列为第三人；再者，债权人不清楚债务人对于第三人是否确实拥有权利、拥有多少权利、该权利上有无限制等事实时，债务人参与诉讼或仲裁，显然有助于查清案件事实，较为顺利地解决纠纷。

3. 诉讼管辖

债权人依照《民法典》第535条的规定提起代位权诉讼的，由被告住所地人民法院管辖（法释［1999］19号第14条）。

债权人以境外当事人为被告提起代位权诉讼的，人民法院根据2017年《民事诉讼法》第265条的规定确定管辖（法释［2009］5号第17条）。

两个或两个以上债权人以同一次债务人为被告提起代位权诉讼的，人民法院可以合并审理（法释［1999］19号第16条第2款）。

需要注意，如果一个或数个债权人已就某项债权行使了债权人代位权，那么，其他债权人就不得就该项债权再行使代位权，提起代位权诉讼；若提起，人民法院便予以驳回。不过，其他债权人可以就另外的债权行使代位权，除非不具备代位权行使的要件；也可以起诉债务人，请求其履行债务，以实现其债权。

还需注意，债权人向人民法院起诉债务人以后，又向同一人民法院对次债务人提起代位权诉讼，符合《合同法》第73条第1款规定的“债务人怠于行使其到期债权，对债权人造成损害的”条件，以及法释［1999］19号第13条的相应解释，并符合2017年《民事诉讼法》第119条规定的起诉条件的，人民法院应当立案受理；不符合《合同法》第73条第1款规定的“债务人怠于行使其到期债权，对债权人造成损害的”条件，以及法释［1999］19号第13条的相应解释的，告知债权人向次债务人住所地人民法院另行起诉（法释［1999］19号第15条第1款）。

债务人在代位权诉讼中对债权人的债权提出异议，经审查异议成立的，人民法院应当裁定驳回债权人的起诉（法释［1999］19号第18条第2款）。

受理代位权诉讼的人民法院在债权人起诉债务人的诉讼发生法律效力以前，应当依据2017年《民事诉讼法》第150条第5项的规定中止代位权诉讼（法释［1999］19号第15条第2款）。

4. 代位权诉讼中的抗辩

在代位权诉讼中，次债务人相对人对债务人的抗辩，可以向债权人主张（《民法典》第535条第3款、法释［1999］19号第18条第1款）。

5. 代位权诉讼中的财产保全

在代位权诉讼中，债权人请求人民法院对次债务人相对人的财产采取保全措施的，应当提供相应的财产担保（法释[1999]19号第17条）。

（四）行使范围

由债权人代位权的规范意旨决定，债权人代位权的行使范围自然应被限制在保全债权的必要范围内。该范围，《民法典》第535条第2款前段表述为“代位权的行使范围以债权人的到期债权为限”。在该必要范围内，债权人可以同时或顺次代位行使债务人的数个权利。但在行使一个权利就足以达到目的时，不得行使其他权利。[1] 在应代位行使的权利的价值超过债权保全的程度时，只有在必要的限度内，分割债务人的权利，债权人才能行使代位权。但在债务人的权利不能分割行使时，债权人可以行使全部的权利。[2]

在代位权诉讼中，债权人行使代位权的请求数额超过债务人所负债务额或超过次债务人对债务人所负债务额的，对超出部分人民法院不予支持（法释[1999]19号第21条）。

（五）可代位行使的行为类型

债权人行使代位权，限于保存行为和实行行为，原则上不包含处分行为。[3] 例如，不允许免除单纯债务、放弃权利、延缓受偿期限等处分行为。但是，如代位权的标的为易于腐烂变质之物，则应允许代位债权人享有处分权。[4] 不仅如此，在与债务人的全部财产相关联，为保全债务人的财产所必要时，日本判例允许将债权、撤销权、解除权、买回权等权利的行使，以及买卖、抵销、变更等的交换利益行为，当作一种管理行为而加以实施。[5] 例如，在债务人对次债务人的债权未附担保，而次债务人对债务人的债权却附有担保的场合，债权人代位债务人主张抵销，债务人提供的担保即归消灭，对于债务人的责任财产自有裨益，应当允许。[6]

（六）债权人代位权行使的期限限制

原《合同法》未规定债权人代位权行使的期限，形成法律漏洞，《民法典》依然如故。可是，只要是权利，就有行使的一面。从平衡各方权益的需要的角度而言，权利的行使应受时间限制，债权人代位权的行使亦然。

---

〔1〕参见[日]於保不二雄：《日本民法债权总论》，庄胜荣校订，五南图书出版有限公司1998年版，第165页。

〔2〕参见史尚宽：《债法总论》，荣泰印书馆股份有限公司1978年版，第452页。

〔3〕参见史尚宽：《债法总论》，荣泰印书馆股份有限公司1978年版，第452页；胡康生主编：《中华人民共和国合同法释义》，法律出版社1999年版，第122页。

〔4〕参见邱聪智：《新订民法债编通则》（下），中国人民大学出版社2004年版，第308页。

〔5〕参见[日]於保不二雄：《日本民法债权总论》，庄胜荣校订，五南图书出版有限公司1998年版，第165页。

〔6〕参见林诚二：《民法债编总论——体系化解说》，中国人民大学出版社2003年版，第411页。

由于债权人的代位权不是固有意义上的形成权，债权人行使它的期间不宜适用除斥期间的规定。

因为债权人的代位权是以债权人行使债务人对于第三人的权利为内容的法定权能，涉及债权人对于债务人的债权，以及债务人对于第三人的权利，所以，债权人在行使该权的期间上要受到双重限制：

首先，受到债权人对于债务人的债权所要求的履行期限、诉讼时效期间、权利失效（期间）制度的限制。也就是说，如果债权人对于债务人的债权尚未届期，那么，债权人欲行使代位权，债务人有权抗辩；即使债务人对于债权人的债务已届履行期，但因债权人怠于主张其债权，致使该债权超过了诉讼时效期间，当债权人行使代位权时，债务人亦可抗辩。退一步说，即使不存在履行期限、诉讼时效方面的问题，如果债权人的债权不行使的期间过长，以至于使人相信债权人不会再行使其权利，那么，债权人再行使其债权就有悖于诚实信用原则，也不应允许债权人再主张该债权。这就是权利失效（期间）制度。

其次，受到债务人对其相对人的权利所要求的期间的限制。如果债务人对其相对人的权利为债权，则要受到该项债权的履行期、诉讼时效期间的限制；如果债务人对其相对人的权利是物权及物权请求权，则请求停止侵害、排除妨碍、消除危险的请求权不受诉讼时效的限制，不动产物权和登记的动产物权的权利人请求返还财产也不受诉讼时效的限制（《民法典》第 196 条第 1 项、第 2 项）；如果债务人对其相对人的权利是抵销权等形成权，那么该权利显然受到除斥期间的制约；如果债务人对其相对人的权利是对重大误解等民事行为的撤销权或变更权，那么该权利还要受到诉讼行使方式的拘束；如果债务人对其相对人的权利是诉讼上的权利，那么该权利必须适用程序法的规定。

在物权及其请求权方面，同样存在权利失效（期间）制度的限制。如果债务人对其相对人的物权请求权不行使的期间过长，以至于使人相信该债务人不会再行使其物权请求权，那么，债务人再行使其物权请求权就有悖于诚实信用原则，也不应允许他再主张该物权请求权。

四、债权人代位权行使的效力

（一）对债务人的效力

1. 债务人是否丧失处分权

在债权人行使代位权后，债务人对于代位权标的的处分权应否受到限制，学说上颇有争论。

学说比较｜债务人对代位权标的的处分权是否受到限制

"肯定说"主张，在债权人将代位权行使的事实通知债务人后，或债务人已经知晓债权人行使代位权后，债务人对于债权人代位行使的权利，不得再予以行使，不得为处分行为，不得提起为行使权利的诉讼。[1] 这符合债权人代位权制度的规范目的，因为对于债务人的处分权能若不加以限制，允许债务人任意处分其财产，则债权人代位权制度的目的可能落空。"否定说"则认为，如何保全债权，民事诉讼法上有保全程序的规定，债权人如不依法实施冻结、查封，则理应自行负担风险，"肯定说"似有使债权人代位权发挥冻结、查封程序的作用之虞，与交易安全的保护亦有抵触，解释上应以"否定说"为当。[2] "否定说"兼顾实体法和程序法，使二者相互衔接、配合，有其道理。法释[1999]19号第17条关于"在代位权诉讼中，债权人请求人民法院对次债务人的财产采取保全措施的……"的规定，也点明了债权人代位权制度与民事诉讼法上的财产保全制度的衔接，"否定说"在中国现行法上的依据更为充分。

当然，即使按照"肯定说"，对于超过债权人代位请求数额的债权部分，只要能够将之区隔出来，债务人也有处分的权能，可以向有管辖权的法院另行提起诉讼，只是在代位权诉讼的裁决发生法律效力以前，债务人提起的诉讼应当依法中止（参见法释[1999]19号第22条）。

2. 诉讼时效的中断

债权人提起代位权诉讼的，应当认定对债权人的债权和债务人的债权均发生诉讼时效中断的效力（法释[2008]11号第18条）。并且，债权人对同一债权中的部分债权主张权利，诉讼时效中断的效力及于剩余债权，但权利人明确表示放弃剩余债权的情形除外（法释[2008]11号第11条）。

3. 代位行使债权所得利益是否直接归属债务人

传统观点认为，行使债权人代位权就是行使债务人的权利，其行使的效果直接地归属于债务人，成为全体债权人的共同担保。代位的债权人也不能因代位而取得优先受偿权，只能与其他债权人平等地接受清偿。[3] 即使在债权人受领交付场合，也必须把该交付作为对债务人（次债务人的债权人）的清偿，而不能将它直接作

---

[1] 参见[日]於保不二雄：《日本民法债权总论》，庄胜荣校订，五南图书出版有限公司1998年版，第166页。

[2] 参见邱聪智：《新订民法债编通则》（下），中国人民大学出版社2004年版，第308页；林诚二：《民法债编总论——体系化解说》，中国人民大学出版社2003年版，第412～413页。

[3] 参见[日]於保不二雄：《日本民法债权总论》，庄胜荣校订，五南图书出版有限公司1998年版，第167页。

为对债权人自己债权的清偿。[1] 对于这种将行使代位权取得的财产先加入债务人的责任财产的做法，韩世远教授称为"入库规则"。[2] 该规则的道理在于，代位权本身与代位权的客体并不是一回事，代位权虽归债权人享有，但代位权的客体却是归属于债务人的，故代位权行使的结果也应归属于债务人。换言之，债权人代位权虽是为了让债权人保全自己的债权，却并非使债权人的债权直接获得满足，而是一种对全体债权人的共同担保的制度，是保全债务人责任财产的制度，即共同担保的保全，债权人代位权是要通过这种"共同担保的保全"来实现债权人"自己债权的保全"。[3] 债权人代位权行使的效果直接归属于债务人。如债务人仍怠于受领，则债权人可代位受领。另外，债权人可通过执行程序使其债权受偿。

《民法典》第537条规定，债务人的相对人向债权人履行义务，债权人接受履行后，债权人与债务人、债务人与相对人之间相应的权利义务终止。

关于债权人行使代位权时，债务人的相对人所为清偿的归属，系债权人代位权行使的重要效果。对此采取何种规则，我国的司法解释和学说一直存在分歧。

根据法释[1999]19号第20条的规定，就次债务人（债务人的相对人）的清偿由提起代位权诉讼的债权人受偿，因未规定例外，故胜诉的债权人享有了优先受偿权。《民法典》第537条后段限制了债权人代位权在优先受偿方面的效力。

《民法典》第537条后段的规定还暗含着这样的意思：债务人破产的，依据《企业破产法》的规定处理。结合《民法典》第536条的规定分析，可知此处所谓依据《企业破产法》的规定处理，包括债权人向破产管理人或人民法院申报破产债权、人民法院受理、债务人的债权人主张抵销、人民法院对该债权的处理等（《企业破产法》第7条第2款、第40条、第44条等）。尤其是《企业破产法》第16条规定"人民法院受理破产申请后，债务人对个别债权人的债务清偿无效"；第17条第1款规定"人民法院受理破产申请后，债务人的债务人或者财产持有人应当向管理人清偿债务或者交付财产"；第17条第2款规定"债务人的债务人或者财产持有人故意违反前款规定向债务人清偿债务或者交付财产，使债权人受到损失的，不免除其清偿债务或者交付财产的义务"；第18条规定"人民法院受理破产申请后，管理人对破产申请受理前成立而债务人和对方当事人均未履行完毕的合同有权决定解除或者继续履行，并通知对方当事人。管理人自破产申请受理之日起二个月内未通知对方当事人，或者自收到对方当事人催告之日起三十日内未答复的，视为解除合同。管理人决定继续履行合同的，对方当事人应当履行……"，排除了提起代位权诉讼的债权人优先受偿的可能。

但是，《民法典》第536条规定的"债权人可以代位……向破产管理人申报"，所

---

〔1〕 参见[日]奥田昌道：《债权总论》（增补版），悠悠社2000年版，第268页。

〔2〕 参见崔建远、韩世远：《合同法中的债权人代位权制度》，载《中国法学》1999年第3期。

〔3〕 参见[日]奥田昌道：《债权总论》（增补版），悠悠社2000年版，第250页。

指破产人是债务人的相对人，于此场合债权人代位申报破产债权，是债务人对其相对人的债权，这正是债权人代位权行使的表现。

延伸｜赋予债权人优先受偿权是否合理

《民法典》第537条后段在一些场合不承认提起代位权诉讼的债权人享有优先受偿权。这虽然必要，但本书仍觉未完全到位。其原因在于，如果债务人未进入破产程序，债务人的债权人均未申请保全、执行的措施，仍然赋予提起代位权诉讼的债权人享有优先受偿权，就存在如下弊端：(1)提起代位权诉讼的债权人享有优先受偿权，违反债权平等原则。各个债权人的债权一律平等，这是原则。拟打破这种平等，得有相当的理由，如为设立抵押权等。债权人主张了代位权，本已扩张了债权的效力，实属优惠，再赋予其债权优先受偿的效力，更是厚此薄彼。这里出现的局面是，债权人对债务人提起普通诉讼，法律不赋予其债权优先受偿的效力，债权人提起代位权诉讼，反倒赋予该债权优先受偿的效力，这不禁使人要问：同样是提起诉讼，为何效果的差距如此巨大？根据何在？(2)提起代位权的债权人享有优先受偿权，违反共同担保原则。债务人的责任财产是全部债权人的债权的一般担保，债务人对其相对人的债权属于责任财产的范畴，其实现后转化成的有形财产应当作为共同担保的责任财产，而不宜直接归行使代位权诉讼的债权人独有。赋予债权人的债权优先受偿的效力，是对共同担保原则的破坏。[1] (3)赋予债权人的债权优先受偿的效力，虽有利于鼓励债权人行使代位权，但与它给整个民法制度及其理论造成的破坏相比，此种优点微不足道。(4)不赋予债权人的债权优先受偿的效力，奉行"入库规则"，在绝大多数情况下，与赋予债权人的债权优先受偿的效力的结果相同。例如，其一，在债权人提起代位权诉讼，其他债权人没有向债务人主张其债权、没有向债务人的相对人主张代位权的情况下，该相对人的清偿虽然名义上归属于债务人，但也不影响债权人的债权的自然实现。其二，在该相对人向债务人清偿的场合，债权人请求债务人清偿，债务人无权拒绝，债权人没有义务留着财产等待着睡眠的其他共同债权人醒来共沾利益。其三，在该相对人直接向债权人履行的场合，按照"入库规则"，给付物虽然交付给了债权人，但债权人并无法律根据(法律上的原因)取得给付物的所有权，即使把债权人当作债务人的代理人看待，结论也是如此。因此，该给付物的取得对于债权人来说属于不当得利，债权人负有向债务人返还不当得利的债务。不过，该返还债务与债务人对债权人的债务，若表现为金钱债务或其他类型的同种类债务，符合

---

〔1〕 以上两点理由，系在法释[1999]19号草案的研讨会上，绝大多数专家学者所主张的。

抵销权的要件时,则债权人可主张抵销,无须实际返还不当得利。[1] 这在客观上使债权“优先实现”。(5)在债权人提起代位权诉讼,其他债权人也提起此类诉讼的情况下,合并审理(法释[1999]19号第16条第2款),首先提起诉讼的债权人无权优先受偿。(6)在债权人提起代位权诉讼,其他债权人向债务人提起普通诉讼的场合,代位权诉讼得中止(法释[1999]19号第15条第2款),债权人的债权也无法优先受偿。这是因为,按照债法原理,法律人应当尽量遵循合同相对性原则而非轻易突破,尽可能地由债权人直接向债务人主张债权,而非轻易允许债权人越过债务人直接向其相对人请求清偿,债权人仅为一人时如此,为数人即共同债权人时亦然。(7)中国民法通说认为,债权人撤销权兼具形成权和请求权的性质,其行使一方面使债务人和其相对人实施的法律行为归于无效,另一方面又使债务人的责任财产回复至行为前的状态。[2] 所谓使债务人的责任财产回复至行为前的状态,就是“入库规则”。于此场合,债权人无须再行提起代位权之诉即可请求债务人为清偿。就是说,债权人就债务人的财产没有优先受偿的权利。法释[1999]19号没有在债权人撤销权制度中规定债权人优先受偿,也表明了这一点。实际上,债权人行使撤销权,因撤销而回复由债务人直接控制的财产获得清偿,与债权人行使代位权而获得清偿,相差无几。本书认为,单单赋予债权人行使代位权时的优先受偿权,违反了相似的事务相同处理的公平理念。[3]

就此看来,“入库规则”最具合理性。鉴于此,对《民法典》第537条前段关于“由债务人的相对人向债权人履行义务”的规定,可不作债权人就债务人的相对人的清偿享有优先受偿权的解释,而将之解读为:它并未否定“入库规则”,而是在无其他共同债权人主张或依债务人的指令所为诸种情况下,相对人交付标的物或提供劳务的中性的路线图。因为“由债务人的相对人向债权人履行义务”的依据可以有几种:债务人的指令,或债权人、债务人和相对人之间的约定,或法律的直接规定,甚至是债权人的请求。在依债务人的指令、债务人的共同债权人都在债权上睡眠等情况下,所谓“由债务人的相对人向债权人履行义务”,并不表明债权人代位权具

---

[1] 存在“反对说”:代位权人受领的债务人对于第三人债权,与债务人对代位权人的债权,在性质上不许抵销。参见中国台湾地区“民法”第334条但书;邱聪智:《新订民法债编通则》(下),中国人民大学出版社2004年版,第310页。

[2] 参见张广兴:《债法总论》,法律出版社1997年版,第207~208页;王利明:《合同法研究》(第2卷),中国人民大学出版社2003年版,第165页;崔建远主编:《合同法》,法律出版社2003年版,第118页;韩世远:《合同法总论》,法律出版社2004年版,第396~397页;魏振瀛主编:《民法》,北京大学出版社、高等教育出版社2006年版,第343页;崔吉子:《债法通论》,北京大学出版社2006年版,第53页;崔建远主编:《合同法》,法律出版社2010年版,第159页。

[3] 参见崔建远:《合同法》,北京大学出版社2016年版,第176~177页。

有使债权人直接请求债务人的相对人清偿并使自己的债权优先受偿的效力。

在没有抵销场合，如债务人未为任意履行，债权人欲实现其债权，则依据《民事诉讼法》第224条、第236条、第242条、第243条、第244条和第254条的规定，以及法释[2015]5号第463条、第488条、第489条、第491条、第492条、第508条、第510条等规定，强制执行债务人的相对人的财产。

4. 费用的负担

债权人行使代位权的必要费用，由债务人负担（《民法典》第535条第2款后段），从权利的角度来说，该债权人享有费用偿还请求权。在债权人行使代位权属于对共同债权人的债权为保全时，此种费用可以作为共益费用，代位权人就债务人的责任财产具有使其债权受偿的效力。

此处所谓必要费用，范围如何？法无明文。诉讼费用、为诉讼调查取证所必需支出的费用、为财产保全所支出的费用、债权人代为受领次债务人的给付所支出的费用等，应当在内。当然，债权人行使代位权胜诉的，按照法释[1999]19号第19条的规定，诉讼费用由次债务人负担，从实现的债权中优先支付。

■ 讨论｜必要费用是否包括代位权诉讼所支付的律师代理费和差旅费

鉴于代位权诉讼的确需要支付律师代理费、差旅费，鉴于法释[1999]19号第26条前段明确规定“债权人行使撤销权所支付的律师代理费、差旅费等必要费用，由债务人负担”，鉴于债权人撤销权和债权人代位权的规范目的相同或相近，二者的行使都必须经过诉讼程序，在代位权行使的必要费用的范围方面，准用法释[1999]19号第26条前段的规定，有较为充分的理由。

为诉讼调查取证所必须支出的费用、为财产保全所支出的费用、债权人代为受领次债务人的给付所支出的费用、律师代理费、差旅费等费用，原则上应由债务人负担，还有法定委托关系说、[1]无因管理准用说等理论的支持。

按照法定委托关系说，在债权人代位权行使的过程中，债权人和债务人之间依法当然成立委托关系，债权人是受托人，债务人为委托人，代位行使债务人对于第三人的权利则属委托事务。依据委托关系，受托人在处理委托事务中所支出的必要费用自然由委托人负担，即使在此过程中受托人具有过失，也是如此。所以，债权人这个受托人行使代位权所支出的必要费用，即处理委托事务所支出的必要费用，应当由债务人这个委托人负担。

依据无因管理准用说，债权人行使代位权，相当于债权人（管理人）实施无因管理，应解释为未违反债务人（本人）的意思且有利于债务人（本人），为诉讼调查取证所必须支出的费用、为财产保全所支出的费用、债权人代为受领次债务人

[1] 参见[日]於保不二雄：《债权总论》（新版），有斐阁1972年版，第176页。

的给付所支出的费用、律师代理费、差旅费等费用，就是在无因管理过程中发生的必要费用，理应由债务人（本人）负担。只是特定物债权因代位权行使而实现，因规范性质及功能均为有异，并无债务人的利益归属及债权人全体均沾的问题，尚无无因管理费用求偿的适用。[1] 当然，存在“反对说”，认为债权人行使代位权欠缺为债务人谋利益的管理意思，债权人和债务人之间不成立无因管理。[2]

鉴于为诉讼调查取证所必须支出的费用、为财产保全所支出的费用、债权人代为受领次债务人的给付所支出的费用、律师代理费、差旅费等费用由债务人负担更为合理，鉴于债权人行使代位权在主观上不见得均有管理意思，法定委托关系说不失为一种可取的理论。当然，无因管理准用说也并非绝对不可成立，在债权人具有将第三人履行的利益归入债务人的责任财产之中的意思，即管理意思的情况下，可成立无因管理。不过，在债权人不具有此种管理意思的场合，则不构成无因管理。

5. 受领并保管第三人给付的标的物与留置权

代位权人受领第三人给付的标的物，并因保管该物而支出必要费用的，产生必要费用偿还请求权。该必要费用偿还请求权与该标的物属于同一法律关系，应当成立留置权。代位权人可就该留置物的变价使其必要费用偿还请求权优先受偿。[3] 而在债权人事实上优先受偿场合，其行使代位权的必要费用则不再构成共益费用，因而不应当再发生上述优先受偿权。

6. 代位权诉讼的裁判效力是否及于债务人

债权人因行使代位权，对第三人提起诉讼而获得裁判时，债务人或其他债权人参加诉讼的，参加者不得主张本诉讼的裁判不当，亦即为该裁判的效力所及。[4]

（二）对第三人的效力

债权人代位行使的系债务人的权利，债权人的地位不宜超越债务人，亦即第三人对债务人原有的法律地位不因代位权行使而受影响。因此，第三人对债务人的抗辩，无论是本于原法律关系的抗辩（包括权利发生的抗辩、权利存续的抗辩和权

---

〔1〕 参见邱聪智：《新订民法债编通则》（下），中国人民大学出版社 2004 年版，第 310 页。

〔2〕 参见林诚二：《民法债编总论》，中国人民大学出版社 2003 年版，第 414 页。

〔3〕 参见［日］奥田昌道：《债权总论》（增补版），悠悠社 2000 年版，第 268 页；林诚二：《民法债编总论》，中国人民大学出版社 2003 年版，第 414 页。

〔4〕 参见邱聪智：《新订民法债编通则》（下），中国人民大学出版社 2004 年版，第 309 页；林诚二：《民法债编总论》，中国人民大学出版社 2003 年版，第 413 页。

利消灭的抗辩)，抑或是抵销抗辩，第三人均可以之对抗行使代位权的债权人。[1]不过，如果采取债权人代位权的行使发生限制债务人处分权的效力的观点，则于债权人行使代位权后，因债务人处分其财产而发生的抗辩权，第三人不得用来对抗债权人。[2]

(三)对债权人的效力

法释[1999]19号第20条的规定，使债权人的债权具有优先受偿的效力，但《民法典》第537条后段限制了债权人代位权在优先受偿方面的效力。

在采取"入库规则"的情况下，债权人不得对其他共同债权人主张优先受偿权。不过，债务人如同意以该利益清偿其对代位债权人的负债，其他共同债权人又未主张其债权，或代位债权人依强制执行程序行使的，则应认为发生清偿的效力。本书作者赞同这种观点，不过，同时强调，不应忽视下述实际情形及结果：(1)在债权人提起代位权诉讼，其他债权人没有向债务人主张其债权、没有向第三人主张代位权的情况下，第三人的清偿虽然名义上归属于债务人，但也不影响债权人债权的自然实现。(2)在第三人向债务人清偿的场合，债权人请求债务人清偿，债务人无权拒绝，债权人没有义务如同保管人那样守着次债务人给付的财产等待着睡眠的其他共同债权人醒来共沾利益。(3)在第三人直接向债权人履行，但其他共同债权人向债务人主张债权的场合，按照"入库规则"，给付物虽然交付给了债权人，但债权人并不能取得给付物的所有权，该给付物对于债权人来说属于不当得利，债权人负有向债务人返还不当得利的债务。不过，该返还债务与债务人对债权人的债务，若表现为金钱债务或其他类型的同种类债务，符合抵销权的要件，则债权人可主张抵销，无须实际返还不当得利。这在客观上使债权"优先实现"。

至于债权人于代位受领第三人的给付后，可否主张抵销，存在"肯定说"与"否定说"的争论，已如前述。本书作者原则上赞同"肯定说"，但强调"返还债务与债务人对债权人的债务，表现为金钱债务或其他类型的同种类债务"这个要件。

对于行使代位权所生必要费用，债权人应享有偿付请求权，但在"特定物债权说"运用的领域除外。上文已述，不再赘言。

---

[1] 参见中国台湾地区"最高法院"1951年台上字第304号判例；邱聪智：《新订民法债编通则》(下)，中国人民大学出版社2004年版，第309页；林诚二：《民法债编总论》，中国人民大学出版社2003年版，第413页。

[2] 参见邱聪智：《新订民法债编通则》(下)，中国人民大学出版社2004年版，第309页。

本节法条3-3

第三节 债权人撤销权

引导案例

[3－2]债权人A对于债务人B享有债权50万元，其他共同债权人的债权数额为300万元。债务人B将价值50万元的汽车赠与甲，将房屋以明显不合理低价120万元出卖给乙。现债权人A拟行使撤销权维护自己权利，A可以就赠与汽车合同(50万元)和出卖房屋合同(120万元)行使撤销权，还是仅可以就赠与汽车合同(50万元)行使撤销权?

一、债权人撤销权概述

(一)债权人撤销权的概念

债权人撤销权，是指债权人对于债务人所为的危害债权的行为，可请求法院予以撤销的权利。因为《民法典》第538、539条规定债权人撤销权必须以诉讼方式行使，这就会同时产生实体法和程序法上的效果，故债权人撤销权又称为废罢诉权或撤销诉权。[1]

□ **制度沿革**

债权人撤销权起源于罗马法，由罗马法务官保罗(Paulus)创设，故又称为保罗诉权(*actio pauliana*)。查士丁尼《法学总论》(法学阶梯)有明文规定(Inst.，4.6.6)。[2] 后世许多法律都继受了它，有些是规定在民法典中的，比如《法国民法典》(第1167条，称废罢诉权 action paulienne)、《日本民法典》(第424条)；而德国则采用特别法，瑞士规定在破产法中(第285～292条)。

(二)债权人撤销权的规范功能

债权人撤销权和债权人代位权同属合同债的保全制度，其结果均足发挥保全债务人责任财产的功能。唯就权利行使的作用而言，二者仍有功能上的差异(见表3－1)。即债权人代位权系以债务人的现有权为范围，对于既成的社会秩序尚无破坏，制度运作上的考虑较为单纯；债权人撤销权则不以债务人的现有权为限，其行

---

〔1〕 参见林诚二:《民法债编总论》，中国人民大学出版社2003年版，第414页。

〔2〕 参见[罗马]查士丁尼:《法学总论——法学阶梯》，张企泰译，商务印书馆1989年版，第207页。

使结果,足以破坏既成的社会制度,制度运作上的考虑较为复杂。[1] 情况的确如此。

表 3-1 债权人撤销权与代位权的比较

比较	撤销权	代位权
行使主体	债权人	债权人
适用情形	债务人所为的危害债权的行为	债务人怠于行使其对第三人的权利而害及债权人的债权
行使权利	请求撤销债务人的行为	代位行使债务人对第三人的权利
行使方式	诉讼方式	诉讼方式

债权人撤销权的行使,直接废止了债务人与其相对人之间的法律行为,具有"侵略性",足以引起现有秩序的不安。有鉴于此,法律必须严格其成立和行使的条件。在中国台湾地区,对于债权人撤销权的作用,可否如债权人代位权那样赋予实现特定物债权的功能,法律评价上颇费思量。实务在较长的时期固持肯定看法,唯为学理多所疑虑。中国台湾地区"民法"债编修正,为了杜绝争议,特别宣示"不得仅为保全特定债权而行使撤销权",以免债权人撤销权流为实现特定债权的作用。[2] 在法国,1804 年的《法国民法典》于第 1167 条规定债权人撤销权,其行文为"债权人亦得以其本人的名义对债务人侵害其权利的行为提出攻击"。鉴于其字面意思涵盖过宽,对其"侵略性"限制不明、不够,法国于 1965 年 7 月 5 日颁布第 65-570 号法律,对《法国民法典》第 1167 条增加第 2 款,规定"但是,涉及'继承'编及'婚姻财产契约与夫妻财产制'编章中所规定的权利时,债权人应遵从该各编章所定规则"。不仅如此,2016 年的《法国民法典》(新债法)再次修正此前的规定,退缩到债务人的诈害行为不得对抗债权人这道防线,其第 1341-2 条规定:"债权人也可以自己的名义诉请(agir)宣告,债务人欺诈其权利的行为不得对抗该债权人;行为系有偿时,债权人负责证明与债务人订立合同的第三人知悉欺诈(的存在)。"不是径直规定债务人与其相对人之间的交易无效,而是不赋予其对抗债权人实现债权的效力,较为温和,兼顾了各方的利益,值得重视。

但是,尚不知《法国民法典》(新债法)是维护诈害行为的法律效力还是取消诈害行为。单就《法国民法典》(新债法)第 1341-2 条的字面意思观察,似乎在说对诈害行为的法律效力不做处理,只是该法律行为及履行结果不得对抗债权人。如

[1] 参见邱聪智:《新订民法债编通则》(下),中国人民大学出版社 2004 年版,第 310 页。

[2] 参见邱聪智:《新订民法债编通则》(下),中国人民大学出版社 2004 年版,第 310~311 页。

果这符合《法国民法典》(新债法)第1341－2条的规范意旨,那么,很难被中国法照搬过来。其道理在于:在中国法上,诈害行为有效,转得人享有该行为所生的债权,他自债务人之处取得的给付具有法律根据,且债务人处分其财产为有权处分,而非无权处分。如此,转得人保有所取得的给付的法律根据十分强劲。债权人何以否认转得人的这种保有呢?转得人为什么不可以对抗债权人呢?由此看来,中国法照搬《法国民法典》(新债法)的规定,还存有障碍。事实的确如此,中国《民法典》没有学习《法国民法典》(新债法)的模式,主要是采纳了债权人可以撤销诈害行为的观点。

(三)债权人撤销权的性质

债权人撤销权的性质如何,众说纷纭,莫衷一是。兹对有代表性的几种界定简介如下,通过比较分析,选择其中之一。

1. 形成权说。该说认为,债权人撤销权是一种具有依债权人的意思而撤销债务人与第三人之间的法律行为(诈害行为)的效力的形成权。依此说,撤销权诉讼为形成之诉。该说主张的"撤销法律行为",为法律用语,并以形成权概念为基础,从形式逻辑上讲最为明白简洁。但是这一说法不仅超越保全责任财产的目的,强调撤销的绝对效力而引起不当交易关系的混乱,而且为取回责任财产还要援用债权人代位权,往往并不符合这一制度的目的。[1]

2. 请求权说。该说认为,债权人撤销权是向因债务人的行为而受利益的第三人直接请求返还的债权。该说的本质在于取回因诈害行为而散失的责任财产。它是德意志普通法兴起后的通说,最能适合债权人撤销权制度的目的。但20世纪开始强调形成权概念,使请求权说在形式逻辑上存在矛盾,特别是,在责任财产仍然存在、并未散失的情况下,成立了会导致责任财产散失的诈害行为,例如,赠与、买卖、保证等合同虽已订立但未实际履行,或免除债务的意思表示已经到达债务人之处,此类诈害行为是否能作为债权人撤销权的标的?采取请求权说予以说明,显然尴尬。其原因在于,撤销了这些诈害行为,却因第三人并未从债务人处受领财产而不存在请求返还的债权,不但表现出请求权说欠缺客观基础,而且使撤销成了只开花不结果的作秀。[2] 请求权说的内部又分为基于法律规定的返还请求权、基于侵权行为的返还请求权及类似于不当得利返还请求权等观点。依此说,撤销权诉讼为给付之诉。

3. 折中说。该说认为,撤销权兼具形成权与请求权的性质。债权人撤销权的行使,一方面使债务人与第三人的法律行为归于无效;另一方面又使债务人的责任财

---

〔1〕 参见[日]於保不二雄:《日本民法债权总论》,庄胜荣校订,五南图书出版有限公司1998年版,第170页。

〔2〕 参见[日]於保不二雄:《日本民法债权总论》,庄胜荣校订,五南图书出版有限公司1998年版,第170页。

产恢复至行为前的状态。依此说，撤销权诉讼通常兼具形成之诉与给付之诉两种性质。中国学者多采此说。

4. 责任说。该说是20世纪50年代出现的新学说，由德国学者保卢斯最先提倡，〔1〕影响及于日本。〔2〕责任说将债权人撤销权作为一种伴有“责任上的无效”效果的形成权，撤销权诉讼便是一种形成诉讼。〔3〕责任说尽管有力，但在日本尚属少数说，其基本构思如下：迄今为止的学说认为，是财产从债务人名下转移到受益人处（财产流失的物权效果）有害债权人，故欲恢复责任财产，须实际上（在物权上）将取回的财产归到债务人名下。责任说对此提出批评，认为准确以言，是财产物权流失的反射效果同时使它不再构成债务人的责任财产（责任法上的效果）有害债权人，故欲恢复责任财产，只要撤销这一反射性效果使之归于无效（责任上的无效）即可。〔4〕撤销的效果是使撤销的相对人处于以其取得的财产对债务人的债务负责的状态。换言之，撤销的相对人只是被置于一种物上保证人的地位（物的有限责任），因而对于债务人的地位并不产生任何影响。撤销权诉讼的被告，是仅以受益人或转得人为被告即可，并不必以债务人为被告。就债权人与撤销的相对人之间的责任关系的具体实现而言，债权人可以通过请求强制执行来直接实现（作为撤销的结果，债权人拥有了对于受益人或转得人的强制执行容忍请求权），不必将脱逸财产实际归还给债务人。使责任关系具体实现的手续，是与撤销诉讼一起或另行提起的责任诉讼（作为一种给付诉讼的强制执行容忍诉讼）。〔5〕该学说的难点在于，与德国法不同，日本法上没有责任之诉的诉讼形式，中国法亦然。

（四）债权人撤销权与其他撤销权

《民法典》第476、477条规定了要约的撤销权，第147～151条规定了意思表示瑕疵、显失公平场合的撤销权，第171条规定了无权代理情形的撤销权；第265条第2款规定了在集体经济组织、村民委员会或其负责人作出的决定侵害集体成员合法权益的场合，受侵害的集体成员的撤销权；第280条第2款规定了在业主大会或业主委员会作出的决定侵害业主合法权益的场合，受侵害的业主的撤销权。这些撤销权与债权人撤销权均有差别（见表3－2），主要表现在如下几点：

---

〔1〕 Gotthard Paulus, Sinn und Formen der Gläubigeranfechtung, Archiv für die civilistische Praxis Bd. 155, S. 277 ff., 1956. 日本学者对该文的介绍，参见［日］下森定：《关于保罗〈债权人撤销权的意义及诸形态〉一文》，载《法学志林》第56卷第3号（1958年）。

〔2〕 参见［日］下森定：《关于债权人撤销权的一个考察》，载《法学志林》第57卷第2号、3、4合并号（1959～1960年）；［日］中野贞一郎：《债权人撤销诉讼和强制执行》，载《民事诉讼杂志》（第6卷），第53页，后收于《诉讼关系与诉讼行为》（1961年）。

〔3〕 参见［日］下森定：《债权法论点笔记》，日本评论社1990年版，第120页。

〔4〕 参见下森定教授于2002年11月1日于清华大学法学院所作讲演《日本民法中的债权人撤销权制度及其存在的问题》。

〔5〕 参见［日］下森定：《债权法论点笔记》，日本评论社1990年版，第120页。

表 3-2 民法上的撤销权比较

比较	债权人撤销权 第 538、539 条	要约撤销权 第 476、477 条	意思表示瑕疵 撤销权 第 147~151 条	无权代理行为的撤销 第 171 条
法律性质	兼具形成权与 请求权的性质	形成权	形成权	形成权
撤销对象	合同	要约	意思表示存在 瑕疵的法律行为	未被追认的 无权代理行为
行使方式	诉讼	通知	诉讼或仲裁	通知
法律效果	利益返还请求权	撤销对象归于消灭	撤销对象归于消灭	撤销对象归于消灭
期限限制	知道撤销事由 1 年内; 行为发生 5 年内	承诺通知 发出前到达	知道撤销事由 1 年内; 行为发生 5 年内	经催告后未追认

1. 撤销的对象不同。物权上的两种撤销权以有关主体作出的决定为对象,而非合同。《民法典》第 476、477 条规定的撤销权以要约为对象,亦非合同。《民法典》第 147~151 条规定的撤销权虽以合同为对象,但构成合同的意思表示存在瑕疵,或合同显失公平(其实,此类合同同样是意思表示存在瑕疵,若无瑕疵,即使显失公平也原则上不允许撤销)。《民法典》第 171 条规定的撤销权以未被追认的代理行为。与这些都不相同的是,债权人撤销权的对象并非意思表示存在瑕疵的合同,亦非效力待定的合同,在合同当事人之间也不宜用显失公平来判断。

2. 撤销权的法律性质不同。债权人撤销权的法律性质如何,虽然见解不一,已如上述,但至少可认定它并非民法上典型的形成权。有学者称债权人撤销权乃流动开放的概念,尚难给予机械封闭的定义,[1]多数说认为它兼具形成权与请求权的性质。与此不同,上述其他各种撤销权均为典型的形成权。

3. 法律效果不同。债权人撤销权直接发生债权性或物权性的利益返还请求权(后者且包括所有物返还请求权),上述其他撤销权只具有形成权的功能,即仅仅使被撤销的对象归于消灭,至于撤销后发生的不当得利返还请求权或物权请求权等后果,并非撤销权的直接效力,而属另外的法律制度。[2]

二、债权人撤销权的成立要件

(一)概述

罗马法将债务人的行为分为有偿行为与无偿行为。在无偿行为场合,仅有客

---

〔1〕 参见邱聪智:《新订民法债编通则》(下),中国人民大学出版社 2004 年版,第 312 页。

〔2〕 参见邱聪智:《新订民法债编通则》(下),中国人民大学出版社 2004 年版,第 312 页。

观要件即可行使撤销权；而在有偿行为场合，还应具备主观要件。德国民法、瑞士债务法和中国台湾地区“民法”加以继受，规定：在有偿行为的情况下，债权人撤销权以债务人有恶意为成立要件；在无偿行为的情况下，该撤销权的成立不要求主观要件，因为无偿行为的撤销，仅使受益人失去无偿所得的利益，并未损害其固有利益，法律应首先保护受危害的债权人的利益。〔1〕《民法典》对债务人以明显不合理的低价转让财产、以明显不合理的高价受让他人财产或者为他人的债务提供担保并影响债权人的债权实现场合，要求行使债权人撤销权以受让人知道或者应当知道为要件；而对无偿转让财产等行为影响债权人的债权实现场合，债权人行使撤销权未要求债务人及受益人知情。在解释上，应认为这借鉴了德国等民法的理论。也就是说，在有偿行为场合，债权人撤销权以债务人有恶意为成立要件，以受让人或转得人有恶意为行使要件。〔2〕 鉴于此，下文分别介绍债务人的行为系无偿行为时债权人撤销权的成立要件、债务人的行为系有偿行为时债权人撤销权的成立要件。

（二）债务人的行为系无偿行为时的成立要件

1. 须为行为前成立的债权

此处所谓“债权”，是指债权人对于债务人享有的债权；此处所谓“行为”，是指债务人与第三人实施的诈害行为。换句话表述，即为债权人对于债务人的债权，在债务人与第三人实施诈害行为时就已经存在。

因为债权人撤销权旨在保障债权人的债权，可否行使，本应以债权成立时债务人的财产状况为判断标准，所以，债务人实施诈害行为后成立的债权人对于债务人的债权，不得溯及既往而主张债权人撤销权，原因在于行为当时尚无诈害行为可言。同理，合同关系成立在前而其履行在后的，也不得将该履行行为作为诈害行为而主张撤销。合同关系更新的，对更新前的诈害行为也不得主张撤销，因为旧债务已告消灭。〔3〕

债务人的代理人实施的法律行为，直接对债务人发生效力，所以自然可以成为撤销的标的。

债务人以外的人实施的法律行为不能成为撤销的标的。例如，为了债务人而约定，对自己的不动产设定抵押权的人，让与其不动产的行为；〔4〕受益人实施的让与行为或设定抵押权的行为；〔5〕等等，都不能成为撤销权的对象。

2. 行为前成立的债权须为金钱债权或可转换为金钱债权的债权

债权人撤销权既为合同债的保全，那么，其债权只有为金钱债权或可转换为金

〔1〕 值得注意的是，另外还有一类模式，不区分有偿行为抑或无偿行为，对债权人撤销权的要件（主观方面与客观方面）统一把握，该模式以法国法和日本法为代表。

〔2〕 在日本民法理论上，并不作此种“成立要件”与“行使要件”的区分，统一地将其作为成立要件。

〔3〕 参见邱聪智：《新订民法债编通则》（下），中国人民大学出版社 2004 年版，第 312 页。

〔4〕 1904、2、9 大民判“民录”9 辑 132 页。

〔5〕 1917、3、30 大民判“民录”22 辑 671 页；1919、11、25 大民判“民录”24 辑 2254 页。

钱债权的债权，才可允许债权人据此债权行使债权人撤销权。对不能转换为金钱债权的债权，不得行使债权人撤销权。反之，如为金钱债权或可转换为金钱债权的债权，即使其附有条件或期限或因时效完成而产生抗辩权，也可行使债权人撤销权；附有保证的债权亦同。即使附有担保物权，如担保物的价值不足以清偿债务，亦享有债权人撤销权。[1]

3. 债务人所为的行为系无偿行为

债务人的无偿行为，系债权人撤销权的标的。在无偿行为方面，原《合同法》规定的成立要件是"因债务人放弃其到期债权或者无偿转让财产，对债权人造成损害的"（第74条第1款前段），即可撤销的无偿行为限于"债务人放弃其到期债权"和"无偿转让财产"两种类型。因为债务人处分其责任财产给债权人造成损害不限于这两种方式，原《合同法》第74条第1款前段的列举不全，妨害着债权人撤销权制度在功效方面的充分发挥，最高人民法院因此制定司法解释，成为具有法律拘束力的规则。这集中体现在法释[2009]5号第18条："债务人放弃其未到期的债权或者放弃债权担保，或者恶意延长到期债权的履行期，对债权人造成损害，债权人依照合同法第七十四条的规定提起撤销权诉讼的，人民法院应当支持。"

《民法典》大幅度地吸纳了上述成果，于第538条规定："债务人以放弃其债权、放弃债权担保、无偿转让财产等方式无偿处分财产权益，或者恶意延长其到期债权的履行期限……"第539条规定："债务人以明显不合理的低价转让财产、以明显不合理的高价受让他人财产或者为他人的债务提供担保，影响债权人的债权实现……"

讨论｜恶意延长其到期债权的履行期限是否属于无偿行为

按照立法计划和立法目的，《民法典》第538条规范债务人无偿处分其财产影响债权人的债权实现时，债权人可以撤销的问题；第539条调整债务人诈害的有偿处分其财产影响债权人的债权实现时，债权人有权撤销的事项。现在的疑问是，《民法典》第538条规定的"债务人……恶意延长其到期债权的履行期限"的行为，是否属于无偿处分其财产的行为？回答应是肯定的。在这里，有必要区分产生该债权的法律行为与延长该债权的履行期限的行为，前者可能大多为有偿，但该有偿不自然地带入后者之中。换个角度表述，"债务人……恶意延长其到期债权的履行期限"的行为，是有偿的还是无偿的，应被单独判断。如果该延长没有相对人提供对价，则该延长行为为无偿行为；如果该延长已由相对人提供对价，则该延长行为属于有偿行为。属于后者的比较鲜见。

---

[1] 参见邱聪智：《新订民法债编通则》（下），中国人民大学出版社2004年版，第313页；林诚二：《民法债编总论——体系化解说》，中国人民大学出版社2003年版，第416页。

(1)撤销的对象——行为

债务人“放弃其债权、放弃债权担保、无偿转让财产”“恶意延长其到期债权的履行期限”,在结果的层面,均为客观事实。客观事实已经实实在在地留存于世,无法抹去。所以,债权人撤销权的对象不会是客观事实。不过,它们都是债务人的意思表示,甚至有的还有第三人的意思表示。在这个层面,它们属于法律行为。法律行为才是债权人撤销权的标的。“放弃其债权、放弃债权担保、无偿转让财产”,归属法律行为的范畴,债权人撤销的对象就是“放弃其债权、放弃债权担保、无偿转让财产”的意思表示/合意本身;“恶意延长其到期债权的履行期限”亦属法律行为,债权人撤销的对象到底为何,以下具体论述。

债权的履行期限,为债务人与其相对人所订合同约定的内容,系先于债权人与债务人之间合同关系而存在的。这个阶段的交易为正常交易,从交易安全和债务人特别是其相对人的经营方面看,它不宜被撤销,即债权人无权撤销该合同,自然无权动摇该履行期限。与之不同,债务人“恶意延长其到期债权的履行期限”,是对原合同约定事项的改变,是债务人与其相对人就原定履行期限的延长所达成的合意,这属于合同变更的范畴。由于不可说原定履行期限影响债权人的债权实现,尽管实际结果如此,债权人也得忍受,因而,只能说债务人与其相对人变更的履行期限影响了债权人的债权实现,在债务人恶意如此行事的情况下,该合同变更成为债权人撤销的对象。

债权人撤销“债务人……恶意延长其到期债权的履行期限”的行为,该行为便自始归于无效,转得人基于该行为取得的给付物,失去法律根据,变成无权占有。此时此刻,债权人有权援用《民法典》第538条的规定,代债务人之位请求转得人予以返还。于此场合,暗含如下意思:在债务人与转得人之间关于延长到期债权的合意有效的情况下,转得人取得的给付物有法律根据,债权人请求转得人返还,就侵入了转得人的社会生活和法律生活。有鉴于此,必须严格此种撤销的构成要件。

最后,有必要言明:可由债权人撤销的法律行为,既有合同,也有单独行为,但不包括债务人单纯的不作为。学说认为,赠与、无息借贷、保证、合伙等真正有效的合同,遗赠、捐助、债务免除等真正有效的单独行为,均可作为债权人撤销权的标的;而无效的法律行为、债务人单纯的不作为、事实行为不得撤销。无效的法律行为当然无效,无须撤销,债权人只须主张无效,即可保全自己的权利。事实行为,无论其为作为还是不作为,无从撤销。[1] 此其一。至于准法律行为,如催告、通知让与债权、为中断时效期间而承认债务等,以及虽未实施法律行为而在法律上给予同一后果的行为,如撤销或不予追认被当作实施了法律上的追认或拒绝追认(法定追认),可

---

〔1〕 参见[日]於保不二雄:《日本民法债权总论》,庄胜荣校订,五南图书出版有限公司1998年版,第172页;邱聪智:《新订民法债编通则》(下)中国人民大学出版社2004年版,第313页;林诚二:《民法债编总论——体系化解说》,中国人民大学出版社2003年版,第416页。

否作为债权人撤销权的标的,我国《民法典》没有涉及,参阅其他国家和地区的判例、学说,意见不一。在中国台湾地区,通说和实务均持否定态度;[1]在日本,则有判例、学说持肯定的立场,理由在于,债权人撤销权以保全债权共同担保为目的,债务人的行为只要具有减少财产的法律后果,并不限于法律行为,准法律行为亦然,即应允许债权人撤销之。[2] 此其二。

(2)对《民法典》第538条所谓恶意的界定

《民法典》第538条所谓恶意,不同于善意取得、不当得利等制度中的恶意,带有道德色彩,即债务人知其延长其到期债权的履行期限会害及债权人的债权实现,仍故意为之,至少是放任害及结果的发生。

此处所谓恶意,指向的是债务人的恶意,债务人的相对人有无此种恶意,在所不问。如此断言,一是因为《民法典》第538条前段的文义是"债务人……恶意延长其到期债权的履行期限";二是因为该条规范的是债务人所为无偿行为的撤销问题,而无偿行为的撤销只要求具备客观要件,不要求主观要件;三是因为此处关注延长到期债权的履行期限所导致的结果,即影响债权人的债权实现这个结果,仍然不抛弃"不要求主观要件"这项大原则。《民法典》第538条之所以加上"恶意",出发点不是想改变债权人撤销权成立的要件,主要是出于协调债权人和债务人之间的利益关系的考量,不允许债权人过分干涉,即不允许债权人对债务人"善意"的无偿处分行为予以撤销。至于债务人的相对人有无恶意,按照《民法典》合同编和侵权责任编的分工,原则上由侵权责任法解决该相对人恶意侵害债权人的债权问题。

(3)债务人放弃债权担保与债权人撤销权的成立

《民法典》第538条对于债权人可以撤销的债务人无偿处分其财产是行为类型,增加了债务人放弃债权担保。对此,必须全面地、完整地理解《民法典》第538条的规定。不可一见到债务人放弃债权担保,就认定债权人撤销权成立,而应审查该放弃是否影响了债权人的债权实现。这是因为,债务人放弃债权担保,并未消灭其债权,在所弃担保为物的担保的场合,只不过把具有优先受偿效力的债权变成了以平等性为特色的普通债权罢了;在所弃担保为金钱担保的场合,债务人的责任财产便直接减少或无法扩张;在所弃担保为保证的场合,只得单纯地依赖债务人的责任财产。既然如此,债务人于其责任财产十分丰厚时放弃某特定债权的担保,丝毫不影响他清偿债权人的债权的能力,于此场合,不符合债权人撤销权的成立所要求的条件。在债权人的债权不关注特定物的交易类型中,更应如此思考。与这种情形不同,在债务人的相对人的责任财产不足以清偿数个并存的债权的场合,债务人放

---

[1] 中国台湾地区"最高法院"1953年台上字第323号判例;钱国成:《民法判决研究》,1958年自版,第46页;邱聪智:《新订民法债编通则》(下),中国人民大学出版社2004年版,第313页。

[2] 参见[日]於保不二雄:《日本民法债权总论》,庄胜荣校订,五南图书出版有限公司1998年版,第172页。

弃债权担保，其债权很可能不能全部甚至全部不能获得清偿；该种结果偏偏遇上债务人的责任财产状况不佳时，就会影响债权人的债权实现，这才具备债权人撤销权的成立要件。虽然债务人放弃债权担保，致使债权不能全部或全部不能获得清偿，但债务人仍有足够的责任财产来清偿债权人的债权，这也不具备债权人撤销权成立的要件。

4. 须债务人的行为影响债权人的债权实现

所谓影响债权人的债权实现，是指债务人减少其清偿资力，不能使债权人依债权本旨得到满足。债务人减少清偿资力包括两种情况：一为减少积极财产，如让与所有权、设定他物权、免除债务；二为增加消极财产，如债务人新负担债务。现存财产的变形，如买卖、互易等，不一定导致减少资力的结果，只要有相当的对价，就不属于有害债权的行为。

有害债权不仅是指债权受到现实的损害，将来受到的损害亦包括在内。当然后者的场合应由债权人负举证责任。

5. 债务人的行为必须以财产为标的

所谓以财产为标的的行为，是指在财产上受到直接影响的行为。之所以将债权人撤销权的标的限于债务人以财产为标的的行为，是因为债权人撤销权的目的在于维持债务人的责任财产，债务人的行为，非以财产为标的者，本与责任财产无关，债权人对之自无撤销权可言。因此，如结婚、收养或终止收养、继承的放弃或承认等行为，不以财产为标的，即使对债务人的财产发生不利的影响，债权人也不得撤销。债务人拒绝受领利益的，亦应为同一的解释。例如，债务人拒绝对要约承诺，债权人不得撤销债务人的该拒绝行为。[1]

■ 探讨｜债务人放弃继承可否作为债权人撤销权的标的

在这里，成问题的是，债务人放弃继承可否作为债权人撤销权的标的。中国台湾地区的审判实务采取否定见解，认为债权人不得主张撤销。[2] 但有学者认为，继承人放弃继承，在性质上亦为遗产的处分，属于以财产为标的的行为，如其结果有害债权，则应允许债权人撤销。[3] 学说见解更有道理，值得借鉴。

---

〔1〕 参见邱聪智：《新订民法债编通则》（下），中国人民大学出版社2004年版，第316页。

〔2〕 中国台湾地区“最高法院”1984年2月28日民事庭会议决议。

〔3〕 参见戴修瓒：《民法债编总论》，1955年自版，第192页；王伯琦：《民法债编总论》，正中书局1962年版，第191页；孙森焱：《民法债编总论》，三民书局1979年版，第462页；戴东雄：《继承法实例研究》，三民书局1982年版，第176页以下；邱聪智：《新订民法债编通则》（下），中国人民大学出版社2004年版，第316页；林诚二：《民法债编总论——体系化解说》，中国人民大学出版社2003年版，第418页。

只要具备以上要件，不要求债务人主观上明知其行为有害债权人的债权，债权人即可行使撤销权。

（三）债务人的行为系有偿行为时的成立要件

债务人所为的行为若为有偿行为，则债权人撤销权的成立要件，除上述无偿行为的有关要件外，尚需主观要件。

1. 客观要件

（1）债务人以明显不合理的低价转让财产

《民法典》第539条规定“债务人以明显不合理的低价转让财产……影响债权人的债权实现”的行为，债权人可以主张撤销之。

对价合理与否，如何判断？在判断上有客观等值原则和主观等值原则之分。客观等值原则以客观的市场标准或理性之人的标准来判断当事人之间的给付与对待给付是否等值，也可以说对价合理与否；主观等值原则系以当事人的主观意愿来判断，纵使以市场标准或自理性之人的角度衡量并非等值，但只要当事人具有真实的合意，在主观上愿意以自己的给付换取对方的给付，那么对双方而言就是公正的，[1]也可以说对价合理。由于两种给付之间在客观上是否相当，如对特定服务究竟应支付多少报酬，对特定商品究竟应支付多少价款，方为公平合理，涉及因素甚多，欠缺明确的判断标准，故在合同领域应采取主观等值原则，即当事人主观上愿以此给付换取对待给付，即为公平合理，至于客观上是否等值，在所不问。[2] 采取主观等值原则的深层原因在于合同自由。

一般认为，通常采主观等值原则，例外情形采取客观等值原则。所谓例外情形，如买卖标的物存在瑕疵、情事变更等，宜采客观等值原则。[3] 显失公平、善意取得等规则中价格合理与否的判断亦应如此。债权人撤销权的成立以债务人的诈害行为作为要件的场合，也应采取客观等值原则，不允许债务人借口“我认为对价合理”来维持其诈害行为的效力，导致责任财产减少，最终影响债权人的债权实现。

法释[2009]5号第19条采取了客观等值原则：人民法院应当以交易当地一般经营者的判断，并参考交易当时交易地的物价部门指导价或市场交易价，结合其他相关因素综合考虑予以确认（第1款）。转让价格达不到交易时交易地的指导价或市场交易价70%的，一般可以视为明显不合理的低价；转让价格高于当地指导价或市场交易价30%的，一般可以视为明显不合理的高价（第2款）。这值得赞同。

---

〔1〕 参见崔建远、戴孟勇：《合同自由与法治》（上），戴孟勇执笔，载高鸿钧等：《法治：理念与制度》，中国政法大学出版社2002年版，第312页。

〔2〕 参见[德]卡尔·拉伦茨：《德国民法通论》（上册），王晓晔等译，法律出版社2003年版，第63～64页；[德] 迪特尔·梅迪库斯：《德国民法总论》，邵建东译，法律出版社2000年版，第657页；王泽鉴：《债法原理》，法律出版社2009年版，第58页。

〔3〕 王泽鉴：《债法原理》，法律出版社2009年版，第59页。

(2)债务人以明显不合理的高价受让他人财产

应当看到,按债权人撤销权制度的立法目的衡量,原《合同法》第 74 条第 1 款后段规定的可撤销的有偿行为过于狭窄,法释[2009]5 号第 19 条第 3 款增加了"债务人以明显不合理的高价收购他人财产,人民法院可以根据债权人的申请,参照合同法第七十四条的规定予以撤销"。《民法典》予以承继:"债务人……以明显不合理的高价受让他人财产"(第 539 条)。增加该种诈害行为作为债权人撤销权的对象,确有道理,债权人撤销权制度的目的及功能是维持债务人的责任财产,无论债务人以明显不合理的低价转让财产,还是债务人以明显不合理的高价受让他人财产,都是在减少债务人的责任财产,它们之于债务人的责任财产的状况,所导致的结果是一样的,只不过前者是积极地减少财产,后者是消极地增加债务。遵循相似的事物相同处理的公平理念,对于这两类诈害行为应该同等对待,其中任何一种影响债权人的债权实现时,债权人都有权主张撤销。

其实,法释[2009]5 号第 19 条第 3 款、《民法典》第 539 条增加债务人以明显不合理的高价收购他人财产为可撤销的对象,仍不足以使债务人的责任财产总是维持在适当状态,以保障债权人的债权得以实现。据此应得出结论:只要债务人的行为减少了责任财产,并害及债权人的债权,就应成为撤销权行使的对象。为此应通过目的性扩张的方法,补充催告、通知让与债权、为中断诉讼时效而承认债务等准法律行为,以及虽未施行法律行为而法律上给予同一后果的行为,如撤销或不予追认被当作实施了法律上的追认。还有,一般来说,单纯诉讼行为不得撤销,但裁判上的和解抵销、放弃请求、承诺等减少财产或增加财产负担的适法行为,可以撤销。〔1〕

(3)债务人为他人的债务提供担保

《民法典》第 539 条规定:"债务人……为他人的债务提供担保,影响债权人的债权实现,债务人的相对人知道或者应当知道该情形的,债权人可以请求人民法院撤销债务人的行为。"这是原《合同法》及法释[1999]19 号、法释[2009]5 号均未规定的诈害行为类型。对《民法典》的该项增设,务必全面地、完整地把握其精神实质,即仅仅有"债务人……为他人的债务提供担保",没有"影响债权人的债权实现"的后果,以及"债务人的相对人知道或者应当知道该情形"的主观要件,是不允许债权人撤销的。其理由如下:

有学说认为,债权人撤销权的成立要件之一是,债务人与其相对人之间的行为所产生的债务,必须后于债权人的债权产生之时。〔2〕 对此,一是接受,二是需要补充。因为成立之后的法律行为未必都影响债权人的债权实现,所以,尚需观察、比较债权人的债权的履行期与债务人为他人的债务提供担保的设立日期或实行日期。

---

〔1〕 参见[日]於保不二雄:《日本民法债权总论》,庄胜荣校订,五南图书出版有限公司 1998 年版,第 172 页。

〔2〕 参见孙森焱:《民法债编总论》(下册),法律出版社 2006 年版,第 537 页。

抵押权、质权一经设立，基于物权的追及效力，担保权人的权利效力优先于债权人的债权，即使债权人自债务人处取得了标的物的所有权或其他物权，但只要该物属于担保物，则在抵押权、质权实行时，债权人也无权阻击担保权人实行担保物权，对抗不了拍卖、变卖该物的担保物权的效力。就此看来，债权人的债权产生之后，债务人再向其相对人设立抵押权、质权，有可能影响债权人的债权实现。至于实际上是否影响，一是取决于债务人的责任财产是否足够清偿数个并存的债权，包括债权人的债权；二是受制于判断和认定“影响债权人的债权实现”到底采取“无资力说”还是“特定物债权说”，本书赞同“无资力说”。如此，如果在债权人的债权成立之后，债务人以其特定物/权利为他人设立抵押权或质权，担保物权人实行担保物权后，债务人还有足够的责任财产清偿债权人的债权，那么，债权人的债权实现未受影响，债权人撤销权不成立。反之，如果在债权人的债权成立之后，债务人以其特定物/权利为他人设立抵押权或质权，担保物权人一经实行担保物权，债务人便无足够的责任财产清偿债权人的债权，那么，债权人的债权实现就受到影响，成立债权人撤销权。

如果在债权人的债权成立之后，债务人的动产成为第三人的留置物，债权人撤销权成立与否，与上述大体相同，但也有特殊之处。如果留置物恰好是债权人的债权的标的物，又脱离了留置权人的占有，交付到债权人之手。于此场合，留置权无追及效力，债权人有权保有该留置物，可以对抗“留置权”人的返还请求。也就是说，债权人的债权未因标的物成为留置物而无法实现，故不成立债权人撤销权。

如果在债权人的债权成立之后，债务人为他人的债务设立定金、押金或保证金的担保，债务人的责任财产因此而不足以清偿债权人的债权的，那么，成立债权人撤销权；反之，债务人的责任财产尚有足够的可控制的财产用于清偿债权人的债权的，则不成立债权人撤销权。

如果在债权人的债权成立之后，债务人充任第三人的保证人，实际承担保证责任的日期先于债权人的债权的履行期限，债务人实际承担保证责任之后，无力清偿债权人的债权的，成立债权人撤销权。此其一。如果在债权人的债权成立之后，债务人充任第三人的保证人，但实际承担保证责任的日期迟于债权人的债权的履行期限，未等第三人请求债务人承担保证责任，债权人的债权的履行期限届满，债权人请求债务人清偿，债务人满足该项请求，那么，债权人的债权实现未因债务人为他人的债务提供人的担保而受影响，故不成立债权人撤销权。此其二。不过，虽然第三人请求债务人承担保证责任的日期尚未届至，但该第三人以行使不安抗辩权等事由先于债权人向人民法院申请保全、先予执行，并获准，债务人除此而外的责任财产不足以清偿债权人的债权的，仍然成立债权人撤销权。此其三。

在债权人的债权成立之后，债务人为他人的债务设立让与担保，在外观上是转移的该财产的物权，或是知识产权，或是股权等，由此给债权人的债权实现带来的危险，高于债务人以其特定财产设立抵押权、质权，所以，应当比照债务人为他人的债务提供抵押权、质权担保的规则予以处理。债务人若为他人的债务设立让与担保，其可控制的责任财产足以清偿债权人的债权的，则不成立债权人撤销权；反之，若不足以清偿债权人的债权的，则成立债权人撤销权。

在债权人的债权成立之后，债务人与他人形成交易关系，或基于此前产生的交易关系，依约将一定数额的资金划入特定账户之内。他们之间的合同约定，该特定账户由债务人、甲、乙、丙、丁共管，非经该五人同意并完成特定程序，无法动用划入该特定账户内的资金。这种新型的交易关系，虽非《民法典》设计的担保，但其之于债权人的债权实现，与典型担保之于债权人的债权实现具有类似性。债务人若依约将一定数额的资金划入特定账户之内，其责任财产除去该笔资金仍足够清偿债权人的债权，则不成立债权人撤销权；反之，成立债权人撤销权。

最后，在这方面，需要注意《企业破产法》的特别规定。如其第 31 条规定，对没有财产担保的债务提供财产担保的行为，债权人可以撤销（第 3 项）。对未到期的债务提前清偿的行为，亦可撤销（第 4 项）。此外，第 32 条规定，人民法院受理破产申请前 6 个月内，债务人不能清偿到期债务，并且资产不足以清偿全部债务或明显缺乏清偿能力，仍对个别债权人进行清偿的，管理人有权请求人民法院予以撤销。但是，个别清偿使债务人财产受益的除外。

2. 主观要件

在诈害行为系有偿行为的情况下，债权人撤销权的成立，还需要债务人的恶意、受益人的恶意等主观要件，还涉及转得人的主观状态问题。

（1）债务人的恶意

债权人撤销权成立所需要的恶意，传统民法上限于明知[《法国民法典》（新债法）第 1341－2 条后段、《日本民法典》第 424 条第 1 项、中国台湾地区“民法”第 244 条第 2 项]，中国《民法典》第 539 条虽然未使用“明知”的措辞，但其文义和规范意旨决定了需要债务人实施诈害行为应当出于明知。

债务人在实施诈害行为时，了解该行为有害于债权人即可，无须具有积极的意欲，简言之，债务人有消极的认识就构成诈害意思。〔1〕 即以债务人预见其行为可能引起或增加其无资力状态为已足，不以有积极损害的期望为必要，仅消极的有此认识为已足。〔2〕 而且，诈害的认识，只要有害于一般的债权人，使共同担保产生不足，

---

〔1〕 参见［日］1904、11、27、大民判（民录 9 辑 1320 页）；1957、4、28 最高民判（民集 14 卷 1046 页）；［日］於保不二雄：《日本民法债权总论》，庄胜荣校订，五南图书出版有限公司 1998 年版，第 184 页。

〔2〕 参见孙森焱：《民法债编总论》（下册），法律出版社 2006 年版，第 544 页；林诚二：《民法债编总论——体系化解说》，中国人民大学出版社 2003 年版，第 418 页。

即可成立，没有必要认识有害于特定的债权人。[1] 这些观点较好地平衡了债权人和债务人的利益关系，值得中国法借鉴。

债务人的恶意，以实施诈害行为时有会害及债权人的认识为准。行为时没有认识，而后为恶意的，不成立诈害行为。只要债务人实施行为时没有认识到这会害及债权人，即使有过失也不成立债权人撤销权。[2] 这些观点较好地平衡了债权人和债务人的利益关系，值得中国法借鉴。

诈害行为由债务人的代理人实施的，其恶意的有无，就代理人的主观状态加以判断。债务人虽有恶意，但事实上未产生有害于债权人的结果的，不成立撤销权。

(2)相对人的恶意

《民法典》第 539 条所谓(债务人的)相对人，在原《合同法》中叫作受让人(第 74 条第 1 款后段)，在法释(1999)19 号称作受益人或受让人(第 24 条)，与《日本民法典》第 424 条第 1 项和中国台湾地区"民法"第 244 条第 2 项所用受益人的称谓相对应，是指基于债务人的行为而取得权益的人。

事例 债务人乙将其 A 楼赠与或以明显不合理的低价出卖给丙，导致无力清偿所欠债权人的债务。此处之丙，即为《民法典》第 539 条所指相对人。相对人的命名，在绝大多数情况下名实相符，但在为第三人利益的合同中的受益人，系第三人，不是合同的相对人，故受益人的术语更为确切。

受益人/相对人的恶意，按照《日本民法典》第 424 条第 1 项、中国台湾地区"民法"第 244 条第 2 项的规定及其理论，是指受益人受益时已经知道债务人所为的诈害行为有害于债权人的债权，即已经认识到了该行为对债权损害的事实。[3] 至于受益人是否知悉债务人亦为恶意，则在所不问。受益人是否明知，以受益时为准。故受益当时，苟属不知，纵令嗣后知悉，债权人也不得行使撤销权。至于受益人的不知是否出于过失，在所不问。盖受益人因有偿行为取得的利益，既系基于善意，即当予以保护，以维护交易安全。[4] 在受益人受利益与债务人行为在时间上不一致时，只要受益人在受益时为恶意，无论行为时是善意还是恶意，都认定为恶意。

尽管这有其道理，但《民法典》仍未完全沿袭之，而是把相对人/受益人的恶意

---

〔1〕 参见[日]於保不二雄：《日本民法债权总论》，庄胜荣校订，五南图书出版有限公司 1998 年版，第 184 页。

〔2〕 参见[日]1963、10、10 最高民判，民集 17 卷 1313 页；[日]於保不二雄：《日本民法债权总论》，庄胜荣校订，五南图书出版有限公司 1998 年版，第 184 页；孙森焱：《民法债编总论》(下册)，法律出版社 2006 年版，第 544 页。

〔3〕 参见[日]於保不二雄：《日本民法债权总论》，庄胜荣校订，五南图书出版有限公司 1998 年版，第 185 页。

〔4〕 参见孙森焱：《民法债编总论》(下册)，法律出版社 2006 年版，第 544 页。

界定为其“知道或者应当知道”诈害行为影响债权人的债权实现，即增加了“应当知道”。比较而言，本书更赞同《民法典》的理念及规定，因为法谚有云重大过失等同于故意，重大过失不知亦为恶意，受益人应当知道诈害行为的后果却仍与债务人为之，属于重大过失，构成恶意。此其一。从举证证明的实务操作看，债权人举证证明受益人明知，实在困难，这在客观结果上使得债权人撤销权的规范变成具文；而“应当知道”在举证证明上已经客观化，债权人举证证明相对容易。这样一来，债权人撤销权制度可以发挥实际功效，不再是束之高阁的欣赏品。此其二。

为第三人利益的合同，以第三人（受益人）有恶意为已足，与债务人成立法律行为的相对人是否有恶意，在所不问。

探讨｜债权人撤销权与《民法典》第154条的关系

对《民法典》第154条规定所说的“他人”存在“特定的他人”和“不特定的他人”两种解释，如果采取“特定的他人”的解释，就会出现这样的情形：在个案中，债务人的诈害行为，既符合《民法典》第538条或第539条规定的债权人撤销权的构成要件，又具备《民法典》第154条规定的“恶意串通，损害他人合法权益”的要件。依据前者，债权人有权撤销该诈害行为；按照后者，债务人的诈害行为无效。它们的法律后果有所不同：(1)若绝对适用《民法典》第154条而排斥第538条或第539条以及第541条、第542条的规定，则债务人的诈害行为无效，且不依债务人、债权人和第三人的意志而转移。反之，若允许适用《民法典》第538条或第539条以及第541条、第542条的规定，则债权人有选择的余地，可以审时度势，不行使撤销权。(2)若适用《民法典》第154条的规定，则可能产生《民法典》第985条规定的将取得的财产返还与第三人的后果。若允许适用《民法典》第538条或第539条以及第541条、第542条的规定，则不会出现返还财产与第三人（债权人）的后果，只有债务人的责任财产回复至诈害行为前的状态的现象。(3)适用《民法典》第154条的规定，第三人能否作为原告主张债务人和相对人实施的诈害行为无效，法律尚无明文，审判实务做法不一。与此不同，适用《民法典》第538条或第539条以及第541条、第542条的规定，债权人是当然的原告，没有法律障碍。(4)若绝对适用《民法典》第154条而排斥第538条或第539条以及第541条、第542条的规定，则是在彻底贯彻绝对无效制度，全力维护立法者关注的法律秩序，落实立法者的理念。若允许适用《民法典》第538条或第539条以及第541条、第542条的规定，则较为灵活，给债权人提供了选择有利于己的救济路径。

于此场合，如何适用法律，利益攸关，颇费思量。本书倾向于债权人有权选择适用法律的观点，理由在于：(1)《民法典》第154条关于“行为人与相对人恶意串通，损害他人合法权益的民事法律行为无效”的规定，有别于《民法典》第

153条第2款关于“违背公序良俗的民事法律行为无效”的规定，后者乃强制性规定毫无疑义，前者则不如此简单。当所谓他人系特定之人时，《民法典》第154条关于“行为人与相对人恶意串通，损害他人合法权益的民事法律行为无效”的规定，调整的便是特定当事人之间的利益，可能不是社会公共利益。在调整的是非社会公共利益的情况下，可以不把《民法典》第154条关于“行为人与相对人恶意串通，损害他人合法权益的民事法律行为无效”的规定作为强制性规定看待，为债权人选择法律的适用提供空间。(2)债权人的合法权益应当得到保护，由债权人选择适用法律最能达到这一目的。因为适用《民法典》第154条的规定，存在原告适格的要求，也就是说，审判实务一般不允许第三人提起确认合同无效之诉，除非第三人是利害关系人。在债权人请求法院确认债务人的诈害行为无效时，一旦主审法院不承认债权人为利害关系人，拒绝受理债权人这个第三人提起的无效确认之诉，同时禁止债权人援用《民法典》第538条或第539条以及第541条、第542条的规定，那么债权人就难有进攻之道，获救之途。如果允许债权人选择，局面就会改观。

(3)转得人及其主观状态

日本民法和中国台湾地区“民法”上的债权人撤销权制度，设有转得人规则(《日本民法典》第424条第1项、中国台湾地区“民法”第244条第4项)。所谓转得人，是指自受益人处取得权利的人。

事例 例如，在债务人乙将其A楼赠与丙，丙又将之出卖给丁，均已办理完毕转移登记手续。此处之丙叫作受益人，丁即为转得人。

《民法典》第539条的行文是“债务人的相对人知道或者应当知道……”，所谓债务人的相对人，在前例中是丙，绝不会是丁。所以说，《民法典》上的债权人撤销权制度中尚无转得人规则。

从实际生活来讲，肯定存在转得人及其取得财产的问题，问题只在于适用何种法律规则加以解决。一种思路是认定《民法典》设置的债权人撤销权制度存在法律漏洞，借鉴有关立法例及其理论，填补该漏洞；另一种思路是认为《民法典》无此法律漏洞，已有相应的法律制度解决转得人及其取得财产的问题。

制度比较 | 转得人规则

关于境外立法例及其理论的转得人规则，有学者介绍曰：罗马法以及后世的《德国撤销法》(第3条3号、4号)、《瑞士破产法》(第286条)对于无偿行为的转得人，推定为恶意，行使撤销权的债权人可以取回转得人基于无偿行为取得的财产。[1] 另一种描述则为：债务人与受益人间的行为系无偿者，自罗马法以来的多数立法例，不问转得人为善意抑或恶意，债权人均得撤销之。[2] 反之，若债务人之法律行为系有偿行为，则以转得人有恶意时为限，债权人得请求撤销之。盖就有偿行为，转得人应为对待给付，苟撤销之，则转得人难免蒙受相当之损害，故法律于保护债权人之中，复设此限制，使善意的转得人不致蒙受意外之损害。[3]

《日本民法典》（第424条第1项）和中国台湾地区"民法"（第244条第4项）不区分债务人与转得人之间的行为系有偿的抑或无偿的，只要转得人于其行为或转得时不知存有撤销原因，转得人就不负返还义务，以达保护善意第三人的目的。[4]

对于以上两种思路及观点，本书倾向于：转得人规则在债权人撤销权的条文中的确没有，但《民法典》的其他法律制度足以解决问题，故所谓欠缺转得人规则，形成法律漏洞，这在《民法典》设计的债权人撤销权制度中并不存在，现行法上的有关制度足以解决转得行为的效力、转得人能否保有其基于转得行为取得的财产。

尽管如此，单就立法技术而言，《民法典》第538条以下特设转得人规则，优点更多。其一，在不同的类型中，转得人的主观状态所导致的法律后果不尽相同，完全可以就此作细致的规定。这只有在《民法典》第538条以下特设转得人规则才能做到。其二，《民法典》第538条以下特设转得人规则，相对于前述所列举的各项法律制度而言，处于特别法的地位，优先适用，效果更好。其三，便于理解和把握债权人撤销权制度。

(4)举证及推定恶意

债务人、相对人/受益人、转得人有无恶意，立法例及判例、学说不尽相同。在日本，受益人或转得人负有举证证明自己为善意的责任。债权人不必举证受益人或转得人的恶意。[5] 与此有别，《法国民法典》（新债法）第1341-2条后段规定："行为系有偿时，债权人负责证明与债务人订立合同的第三人知悉欺诈（的存在）。"不

---

〔1〕 参见［日］於保不二雄：《日本民法债权总论》，庄胜荣校订，五南图书出版有限公司1998年版，第185页。

〔2〕 参见孙森焱：《民法债编总论》（下册），法律出版社2006年版，第545页；陈朝璧：《罗马法原理》，法律出版社2006年版，第163页。

〔3〕 参见陈朝璧：《罗马法原理》，法律出版社2006年版，第163页。

〔4〕 参见［日］於保不二雄：《日本民法债权总论》，庄胜荣校订，五南图书出版有限公司1998年版，第185页；孙森焱：《民法债编总论》（下册），法律出版社2006年版，第545页。

〔5〕 参见［日］1904、9、21大民判，1962、3、8最高民判（民集16卷436页）；［日］於保不二雄：《日本民法债权总论》，庄胜荣校订，五南图书出版有限公司1998年版，第185～186页。

过,价格明显过低的,宜推定其恶意的存在。[1] 在不动产交易场合,足以认定有协助债务人隐匿财产,致难以执行之虞的,也应认定为恶意的存在。[2]

在中国法上,如何分配举证证明责任,尚无明文,亦未积累丰富的经验,需要总结经验、吸取教训,借鉴上述立法例及判例、学说,逐渐形成合理的证明责任分配的规则。

(四)影响债权实现的多维度考量

债权人撤销权的成立,不但需要债务人实施了诈害行为,包括有偿的,无偿的,而且需要这些行为影响债权人的债权实现。《民法典》将债权人撤销权制度的构成要件之一予以微调,由原《合同法》所谓"对债权人造成损害"(第73条)调整为《民法典》上的"影响债权人的债权实现"(第538条、第539条)。如何理解和判断影响债权人的债权实现,应采多维度考量的方法。

1. 财产视角

《民法典》第538条和第539条所谓影响债权人的债权实现,在《日本民法典》上叫作侵害债权人(第424条),在中国台湾地区"民法"上叫作害及债权(第244条第1项),传统学说称为有害于债权人的债权,是指债务人减少其积极财产(如让与所有权、设立他物权、免除债权等),或增加消极财产(如承担债务),足以减少其一般财产,削弱共同担保,使债权受有损害而不能获得完全清偿的现象。[3] 现存财产的变形,如买卖、互易等,不一定导致资力减少的结果,只要有相当的对价,就不属于影响债权实现的行为。债务人实施使债权受有损害而不能获得完全清偿的行为,通称为诈害债权的行为,或径称为诈害行为。

探讨 | 如何判断是否构成诈害行为

诈害行为乃债权人撤销权成立的中心要件。是否影响债权人的债权实现,构成诈害行为,不宜如债权人代位权那样采取"无资力说"和"特定债权说"并存、各有其运用领域的模式,而应一律以"无资力说"来判断债务人的行为是否影响债权人的债权实现,构成诈害行为。其道理在于,在债权人代位权制度中,债务人的义务人本应履行其义务却不履行,应受责难;债权人代位行使债务人对

---

〔1〕 参见中国台湾地区"最高法院"1962年台上字第302号判例;邱聪智:《新订民法债编通则》(下),中国人民大学出版社2004年版,第318页。

〔2〕 此为日本实务的立场。参见邱聪智:《新订民法债编通则》(下),中国人民大学出版社2004年版,第318页。

〔3〕 参见中国台湾地区"最高法院"1959年台上字第1750号判例;中国台湾地区"最高法院"1961年台上字第841号判决;邱聪智:《新订民法债编通则》(下),中国人民大学出版社2004年版,第314页;林诚二:《民法债编总论——体系化解说》,中国人民大学出版社2003年版,第416页;[日]於保不二雄:《日本民法债权总论》,庄胜荣校订,五南图书出版有限公司1998年版,第174页。

其相对人的权利，并未损害他们的利益，亦未侵害他们的自由，“对于第三人、债务人，都能造成原来应有的状态，所以其影响力很小”，〔1〕对债权人行使代位权的限制不宜过严。无论是债务人无资力导致不特定物债权及金钱债权产生保全的必要，还是债务人因其相对人不交付特定物而无法清偿债权人的特定物债权，都成立债权人代位权。与此不同，债权人撤销权具有“侵略性”，其行使，便否认了债务人实施的行为，撕毁了一个市场主体的交易行为，回复了第三人因债务人免除行为而消灭的债务，取回了第三人因债务人赠与而获得的财产。实际上，无论是从合同的相对性原则来讲，还是遵从交易安全原则的要求，债权人都不宜、不得撤销另外两方市场主体的正常的交易行为，只有在为数不多的情况下，才不得已地允许撤销。这从《民法典》第 221 条第 1 款的规定及其效力可以得到印证。该条款仅仅赋权办理了预告登记的债权人或若干物权人不同意处分人再次处分预告登记权利的标的物，并且使该不同意具有否定该再次处分所引发的物权变动的效力。因此，对债权人撤销权的构成和行使必须严加限制。再者，若采“特定物债权说”，则债务人免除其相对人给付特定物债务、债务人将特定物赠与其相对人的行为，都能被认定为影响了债权人的债权实现，构成了诈害行为，债权人可将之撤销。如此一来，会导致如下复杂且不太合理的结局：在债权人行使撤销权之前，该第三人已将该特定物出卖给下手，甚至已经交付或办理完毕移转登记手续，本属有权处分，该下手有充分依据取得该特定物的所有权。可是，现因债权人行使撤销权，该第三人出卖该特定物反倒变成了无权处分，该下手能否保有住该特定物成为疑问，除非债务人追认该交易行为，或该交易具备《民法典》第 311 条第 1 款规定的要件，该下手善意取得该特定物。如果排斥“特定物债权说”，一律采取“无资力说”，就不会出现上述复杂且不尽合理的局面。

因此，在债权人撤销权制度中，当下学说对影响债权人的债权实现的判断均采“无资力说”。但如何认定债务人无资力，观点不同。瑞士民法认为无资力是指“债务超过”（Überschulden），而德国和奥地利的民法则把“支付不能”（Zalungsunfähigkeit）认为是无资力。不过，近年来已改采更为宽松的标准，只要发生履行困难，即可认定为债权受到损害，可行使债权人撤销权。在中国法上，宜采“债务超过说”，即如果债务人在处分其财产后便不具有足够资产清偿债权人的债权，就认定该行为影响债权人的债权实现，债权人可行使撤销权。如果债务人在处分其财产后仍有清偿债权人债权的资产，就不能认为该行为有害债权。

---

〔1〕［日］於保不二雄：《日本民法债权总论》，庄胜荣校订，五南图书出版有限公司 1998 年版，第 169 页。

本书进而主张,所谓债务人在处分其财产后便不具有足够资产清偿债权人的债权,不宜采取债务人的正资产与负债简单地对比数量的判断方法,而应树立只要债务人可控制或曰可支配的财产不足以清偿到期债权的观念。所谓债务人的正资产与负债简单地对比数量,例如债务人可控制或曰可支配的财产为200万元人民币,对其相对人的债权为100万元人民币,对债权人所欠债务为260万元人民币,但此处所谓100万元人民币的债权何时能够实现,是个未知数,至少在债务人对其债权人的260万元人民币的债务已届清偿期时仍未实现。于此场合,尽管债务人的责任财产为300万元人民币,超出其所欠债权人的260万元人民币,但债权人对于债务人的债权至多实现200万元人民币,余下的60万元人民币何时实现、能否实现十分不确定。如果可控制或曰可支配的财产不足以清偿对债权人所负的到期债务就构成无资力的观点,那么,债权人撤销权的构成要件已经具备,债权人可以撤销债务人与其相对人之间的赠与合同。反之,如果不采取可控制或曰可支配的财产不足以清偿对债权人所负的到期债务就构成无资力的观点,则债权人撤销权的构成要件尚不具备,债权人无权撤销债务人与其相对人之间的赠与合同。可是,这样一来,债权人的债权很可能难以实现至少是难以全部实现。有鉴于此,笔者力主可控制或曰可支配的财产不足以清偿到期债务即构成债权人撤销权的观点。这也与最高人民法院《关于适用〈中华人民共和国企业破产法〉若干问题的规定(一)》(法释[2011]22号)的下述理念相同:第1条第1款第2项规定,债务人不能清偿到期债务并且明显缺乏清偿能力的,人民法院应当认定其具备破产原因。第2条规定,下列情形同时存在的,人民法院应当认定债务人不能清偿到期债务:(1)债权债务关系依法成立;(2)债务履行期限已经届满;(3)债务人未完全清偿债务。第4条规定,债务人账面资产虽大于负债,但存在下列情形之一的,人民法院应当认定其明显缺乏清偿能力:(1)因资金严重不足或者财产不能变现等原因,无法清偿债务;(2)法定代表人下落不明且无其他人员负责管理财产,无法清偿债务;(3)经人民法院强制执行,无法清偿债务;(4)长期亏损且经营扭亏困难,无法清偿债务;(5)导致债务人丧失清偿能力的其他情形。这些规定体现着一个思想:尽管债务人的责任财产的数额多于负债,但只要债务人的现金流中断,不能清偿到期债务,就认定为具备了破产原因。应当说,一家企业进入破产程序,后果的严重程度超过债权人撤销权的行使。举重以明轻,债权人撤销权的构成采取可控制或曰可支配的财产不足以清偿到期债务之说,就是可取的。

需要具体讨论的,至少有清偿、提存、抵销、设立抵押权、债务人资力变动、无权处分的承认与影响债权人的债权实现之间的关系。

债务人就现存债务为清偿，固然产生减少积极财产的结果，但同时也减少消极财产，对于债务人的资力并无影响，难谓影响债权人的债权实现，故不得将之认定为诈害行为，不许债权人行使撤销权。[1] 提存、抵销亦应为同一解释。不过，期前清偿牺牲了期限利益，在代物清偿场合，代偿物的价值高于债权额的，若导致债务人的资力减弱，害及一般债权的，则仍属诈害行为，可被撤销。[2]

2. 时空因素

债务人实施法律行为时尚有资力，但其后因情事变动而变成无资力的，债权人不得撤销该法律行为，因为有无诈害债权应以行为时的资力状态为判断标准。反之，行为时无资力，其后变为有资力的，则因诈害状态已经除去，亦因债权已无保全的必要，而不得再行撤销之。[3]

除债务人设立担保物权以外的交易，如债务人将其财产赠与他人、低价转让给他人，只要这些法律行为的履行期迟于债权人的债权的履行期，就不会影响债权人的债权实现。不过，这些法律行为的履行期先于债权人的债权的履行期的，就会影响债权人的债权实现。

第三人无权处分债务人的财产，债务人对此予以承认，无权处分合同有效，若该合同为有偿且其对待给付相当，则债务人的资力未受影响，债权人不得将之撤销；若该合同为无偿，或虽有偿但代价过低，则债务人的资力受到影响，债权人可以将之撤销。无权代理的承认，亦作同一解释。[4]

3. 交易方式

（1）无偿行为与有偿行为。通常，判断有偿还是无偿，是看在一个交易中一方自相对人处取得给付是否支付对价。但在某些情况下，不应局限于该交易关系，还要放眼于相互牵连的交易，若是“堤内损失堤外补”，则不宜再以无偿论处。当然，有无此种牵连，要由债务人举证证明。若举证证明不成功，则仍以某特定交易中有无对价为准。

（2）不合理的低价、不合理的高价。判断对价是否合理，通常也是锁定某一特定交易，审视给付与对待给付之间是否相宜，若不相宜，则为不合理。再者，此处判断标准，采取客观等值原则。

---

〔1〕 参见中国台湾地区“最高法院”1966 年台上字第 2839 号判例；邱聪智：《新订民法债编通则》（下），中国人民大学出版社 2004 年版，第 315 页。

〔2〕 中国台湾“最高法院”1966 年台上字第 2839 号判例；邱聪智：《新订民法债编通则》（下），中国人民大学出版社 2004 年版，第 315 页；林诚二：《民法债编总论——体系化解说》，中国人民大学出版社 2003 年版，第 417 页。

〔3〕 参见邱聪智：《新订民法债编通则》（下），中国人民大学出版社 2004 年版，第 315～316 页。

〔4〕 参见邱聪智：《新订民法债编通则》（下），中国人民大学出版社 2004 年版，第 316 页。

三、债权人撤销权的行使

(一)行使的主体

债权人撤销权的行使主体,是指因债务人的行为而使债权实现受到影响的债权人。如果债权人为多数人,那么,既可以由全体债权人共同享有并行使债权人撤销权,也可由每个债权人独立享有并行使。不过,因债权人撤销权行使的目的在于保障全体债权人的共同利益,所以,每个债权人行使债权人撤销权将对全体债权人的利益发生效力。

(二)行使的方式

1. 采取诉讼方式的必要性

债权人撤销权由债权人以自己的名义在诉讼上行使。之所以要求以诉讼的形式行使,是因为债权人撤销权对于第三人的利害关系重大,应由法院审查该撤销权的主体、成立要件,以避免撤销权的滥用,达到债权人撤销权制度的立法目的。

2. 诉讼主体

在债权为连带债权的情况下,所有的债权人可作为共同原告主张债权人撤销权,也可以由其中的一个债权人作为原告。在后者情况下,其他共同债权人不得再就该撤销权的行使提起诉讼。

债权人在依照《民法典》第 538、539 条的规定提起撤销权诉讼时只以债务人为被告,未将受益人或受让人列为第三人的,人民法院可以追加该受益人或受让人为第三人(法释[1999]19 号第 24 条)。

3. 管辖

债权人撤销权诉讼,由被告住所地人民法院管辖(法释[1999]19 号第 23 条)。

两个或两个以上债权人以同一债务人为被告,就同一标的提起撤销权诉讼的,人民法院可以合并审理(法释[1999]19 号第 25 条第 2 款)。

4. 撤销权诉讼的性质

撤销权诉讼兼有给付之诉与形成之诉的性质。如依形成之诉,则仅撤销债务人的行为即可达到增加债务人共同担保的目的。例如,债务人与第三人成立动产买卖合同,在尚未交付该动产时,债权人撤销权的行使采用形成之诉便足够了,不需要再提起给付之诉。但在动产已经交付,动产所有权已经转移给该第三人的情况下,撤销权的行使不仅需撤销该动产买卖合同,而且需依给付之诉请求该第三人返还该动产,[1] 请求该第三人注销所有权移转登记。

5. 行使的时间限制

撤销权自债权人知道或应当知道撤销事由之日起 1 年内行使。自债务人的行

---

〔1〕 参见史尚宽:《债法总论》,荣泰印书馆股份有限公司 1978 年版,第 477 页。

为发生之日起5年内没有行使撤销权的，该撤销权消灭（《民法典》第541条）。之所以如此，是由于如果允许债权人长时间拥有撤销权，那么必然会影响到交易的安全。另外，经过长时间后，善意、恶意等的证明会变得困难。

6. 行使的范围

《民法典》第540条前段规定，撤销权的行使范围以债权人的债权为限。其目的在于尽可能降低撤销权的行使对交易安全的影响，在依据法释[1999]19号第20条关于"债权人向次债务人提起的代位权诉讼经人民法院审理后认定代位权成立的，由次债务人向债权人履行清偿义务，债权人与债务人、债务人与次债务人之间相应的债权债务关系即予消灭"的规定，处理撤销判决的利益的背景下，《民法典》第540条前段关于"撤销权的行使范围以债权人的债权为限"的规定，有其道理。不过，在诈害行为的标的物为一套房屋等不可分物、债权人的债权数额仅为该房屋价值一部分的场合，仅限于债权额主张撤销并要求返还，显然不当。于此场合，宜认为债权人有权就该套房屋的诈害行为行使撤销权。如果按照"入库规则"处理撤销判决的利益，即因行使撤销权而取回的财产或代替原来利益的损害赔偿，均归属于债务人的责任财产，属于全体债权人的共同担保，则《民法典》第540条前段关于"撤销权的行使范围以债权人的债权为限"的规定，有时会导致极不妥当的后果。

事例　案例[3-2]中，行使撤销权的债权人A的债权数额为50万元，其他共同债权人的债权数额为300万元，债务人赠与甲的汽车价值50万元，以明显不合理的低价出卖与乙的房屋价值120万元。在这种情况下，若仅允许债权人撤销赠与甲50万元汽车的合同，甲返还的50万元的汽车由全体债权人按债权比例受偿，则其不合理性一目了然。只有承认债权人有权撤销赠与汽车的合同、以明显不合理的低价买卖房屋的合同，全体债权人就价值170万元的汽车、房屋实现其债权，才公平合理。

在这个意义上，下述观点具有合理性：债权人撤销权行使的目的在于保全所有的债权，因而其行使范围不以保全行使撤销权的一般债权人享有的债权额为限，而应以保全全体一般债权人的全部债权为限度。[1]

四、债权人撤销权的效力

（一）对债务人和相对人/受益人的效力

债权人依照《民法典》第538、539条的规定提起撤销权诉讼，请求人民法院撤销债务人影响债权人的债权实现的行为，人民法院应当就债权人主张的部分进行

---

〔1〕 参见王家福主编：《中国民法学·民法债权》，法律出版社1991年版，第186页。

审理。债务人影响债权人的债权实现的行为被撤销的，自始没有法律约束力(《民法典》第 542 条)。也就是说，中国现行法对债权人撤销权未采纳责任说。

如债务人和相对人/受益人的交易行为尚未发生物权变动的效果，则债权人撤销权仅发生形成权的效力。如债务人和相对人/受益人之间已经完成交付，则受益人尚需负返还财产的义务，亦即债权人撤销权同时发生形成权和请求权的效力。有学者认为，债务人或相对人/受益人可以提出相当价额给债权人，以阻止撤销权的行使。如此，则债权人撤销权仅仅产生请求权的效力；至于受益人和债务人之间的关系，则依权利瑕疵担保责任处理。[1] 这样，考虑到了方方面面，值得我们借鉴。

(二)对转得人的效力

中国台湾地区"民法"债编修正，于第 244 条第 4 项增订："债权人依第一项或第二项之规定声请法院撤销时，得并声请命受益人或转得人回复原状。但转得人于转得时不知有撤销原因者，不在此限。"其"立法"理由为："对转得人可否声请回复原状？现行条文亦无规定。唯学者通说以为转得人于转得时知悉债务人与受益人间之行为有撤销原因者，债权人撤销之效果，及于该转得人。如转得人于转得时不知有撤销之原因，则应依物权法上善意受让人之规定，取得权利，不得令其回复原状。如此，方足以维护交易安全并兼顾善意转得人之利益，爰增订第四项规定(日本民法第四百二十四条第一项但书参考)。"道理已经阐明，值得我们借鉴。

如此，受益人和转得人均为恶意，而他们实施的行为为撤销效力所及的，债权人可直接向转得人请求返还利益。此时，债权人对转得人前手和受领人，也有恢复原状请求权。受益人和转得人负不真正连带债务，债权人可分别或同时主张全部清偿。[2]

(三)对债权人的效力

债权人撤销权的目的既在于确保债务人一般责任财产的担保，那么，因行使撤销权而取回的财产或代替原来利益的损害赔偿，均归属于债务人的责任财产，属于全体债权人的共同担保，应按债权数额比例分受清偿，行使撤销权的债权人对之并无优先受偿的权利。但因强制执行而支出的费用及其他为债权人共同利益而支出的费用可求偿于债务人的，可根据强制执行的规则就强制执行的财产先受清偿。[3]

(四)撤销之诉判决的效力

为撤销之诉的当事人应受判决效力的拘束。应受该判决效力拘束的特定继承

---

〔1〕 参见邱聪智：《新订民法债编通则》(下)，中国人民大学出版社 2004 年版，第 319 页。

〔2〕 参见邱聪智：《新订民法债编通则》(下)，中国人民大学出版社 2004 年版，第 319 ~ 320 页。

〔3〕 参见孙森焱：《民法债编总论》(下册)，法律出版社 2006 年版，第 553 页。

人、标的物占有人或其他第三人，均不得再就该法律关系有所争执。可申请强制执行者亦限于行使撤销权的债权人。至于其他债权人，既非判决效力所及，则不得依该判决申请强制执行。而且，即使债权人于撤销之诉受败诉判决确定后，其他债权人仍可就同一诈害行为再行提起诉讼，请求撤销。还有，其他债权人可就撤销之诉确定的债务人的权利，申请执行法院对之强制执行。例如，若撤销判决系撤销债务人赠与合同，则赠与物所有权即回复为债务人所有，其他债权人可申请对该赠与物为强制执行。[1]

五、债权人撤销权的消灭

债权人撤销权的行使，足以破坏现存的社会秩序，且使交易安全制度受到相当考验。故《民法典》不但严格其成立要件，而且限制其行使时间，以免滋生流弊，特于第541条规定：撤销权自债权人知道或应当知道撤销事由之日起1年内行使。自债务人的行为发生之日起5年内没有行使撤销权的，该撤销权消灭。

此处所谓1年期间、5年期间，不是诉讼时效期间，而是除斥期间。这样认定的理由，包括债权人撤销权具有形成权的性质，该期间为不变期间，不存在中止、中断、延长的情形。

此处所谓事由，系债权人撤销权要件的各项事由的简称，在无偿行为的场合指债权人知道或应当知道有诈害事实，在有偿行为的场合尚须知道或应当知道诈害意思。

有判例、学说认为，该除斥期间是否经过，债权人知道或应当知道撤销事由与否，纵未经当事人主张或抗辩，法院亦应先为调查认定，以为判断的依据。[2]

■ 案例研习 | 成都市国土资源局武侯分局与招商（蛇口）成都房地产开发有限责任公司、成都港招实业开发有限责任公司、海南民丰科技实业开发总公司债权人代位权纠纷案[3]

□ 基本案情

2002年6月28日，成都市武侯区人民法院针对成都市国土资源局武侯分局（以下简称武侯国土局）与四川港招实业股份有限公司（以下简称四川港招公司）拖欠征用土地费两案，分别作出（2001）武侯民初字第1924号、1925号民事判决。该两份判决均认定：1999年7月20日由武侯国土局、四川港招公司、招

〔1〕 参见孙森焱：《民法债编总论》（下册），法律出版社2006年版，第553页。

〔2〕 参见中国台湾地区“最高法院”1996年台上字第1941号判例；邱聪智：《新订民法债编通则》（下），中国人民大学出版社2004年版，第321页。

〔3〕 案例来源：《最高人民法院公报》2012年卷，案号：（2011）民提字第210号。

商局(蛇口)成都房地产开发公司(以下简称招商局公司)三方共同签订的《债务关系转移合同》系各方当事人真实意思表示,其内容合法,应受法律保护。根据《债务关系转移合同》约定,招商局公司欠武侯国土局土地征用费21,833,446.50元债务全部由四川港招公司承担。后四川港招公司与武侯国土局先后于2000年7月20日、2001年3月29日签订两份《交款合同》,分别约定:四川港招公司应于2000年9月30日前、2001年12月20日前各向武侯国土局支付800万元、1000万元,但四川港招公司并未履行付款义务,故成都市武侯区人民法院在上述两份判决书中分别判决四川港招公司支付武侯国土局1000万元、800万元。该两份民事判决书生效后,成都市武侯区人民法院于2003年5月28日发出(2003)武侯民一再字第3号、第4号民事裁定,对该两案进行再审,并于2003年10月15日作出(2003)武侯民一再字第3号、第4号民事判决,撤销了该院(2001)武侯民初字第1924号、第1925号民事判决,确认武侯国土局与招商局公司、四川港招公司于1997年7月20日签订的《债务关系转移合同》无效。宣判后,招商局公司不服,向成都市中级人民法院提出上诉,该院于2004年12月1日作出(2004)成民再字第42号、第43号民事判决,驳回上诉,维持原判。之后,招商局公司继续向四川省高级人民法院提起申诉,该院于2006年7月5日分别作出(2005)川民再终字第41号、第42号民事判决,依法撤销了(2003)武侯民一再字第3号、第4号以及(2004)成民再字第42号、第43号民事判决,维持了(2001)武侯民初字第1924号、第1925号两份判决。四川省高级人民法院在两份再审判决中,确认了武侯国土局、四川港招公司与招商局公司三方签订的《债务关系转移合同》以及武侯国土局与四川港招公司签订的《交款合同》均为有效合同,同时认定四川港招公司为成都港招实业开发有限责任公司(以下简称成都港招公司)投资开办的公司,而成都港招公司未按规定将注册资本金注入四川港招公司,应承担投资不实的责任。2006年9月1日,成都市武侯区人民法院在执行前述两案过程中,分别作出(2006)武侯执裁字第69号、第70号民事裁定,认定成都港招公司在向其开办的四川港招公司投入注册资金时,未将其应当投入四川港招公司的价值21,441,941元的泰丰国际商贸中心项目用地土地使用权转移到四川港招公司,构成投资不实,故裁定追加第三人成都港招公司为被执行人,成都港招公司应在注册资金不实的21,441,941元范围内对武侯国土局承担责任。

因成都港招公司既不向武侯国土局承担注册资金不实的赔偿责任,也不以诉讼或者仲裁方式向招商房地产公司主张到期债权,已造成武侯国土局债权受损,故武侯国土局于2006年11月29日向成都市中级人民法院提起代位权诉讼,请求判令由招商房地产公司履行成都港招公司对武侯国土局负有的21,441,941元债务,并承担本案诉讼费、保全费。法院判决驳回武侯国土局的诉讼请求。武侯国土局不服上述民事判决,向四川省高级人民法院提起上诉。四川省高级人民法院经审理,判决驳回上诉,维持原判。武侯国土局不服四川省高级人民法院上述民事判决,向最高人民法院申请再审。

□ **裁判结果**

最高人民法院认为,本案的诉讼焦点是:武侯国土局能否对招商房地产公司行使代位权。该焦点问题可以分解为两个具体问题:其一,武侯国土局能否对改制前的招商局公司行使代位权?其二,改制后的招商房地产公司应否对原招商局公司的债务承担责任?

关于第一个问题,即武侯国土局能否对改制前的招商局公司行使代位权问题。本院认为,根据《合同法》第73条关于"因债务人怠于行使其到期债权,对债权人造成损害的,债权人可以向人民法院请求以自己的名义代位行使债务人的债权,但该债权专属于债务人自身的除外"之规定,债权人代位权是债权人为了保全其债权不受损害而以自己的名义代债务人行使权利。本案中,武侯国土局因土地征地费问题与招商局公司、四川港招公司签订《债权债务转移合同》以及武侯国土局与四川港招公司签订的《交款合同》已为人民法院生效法律文书确认为有效,武侯国土局对四川港招公司的债权合法确定,因此四川港招公司是武侯国土局的债务人。成都港招公司因在开办四川港招公司过程中出资不实而被生效的裁判文书认定应在注册资金不实的21,441,941元范围内对武侯国土局承担责任,故成都港招公司亦是武侯国土局的债务人,武侯国土局对成都港招公司的债权亦属合法且已确定。成都港招公司与招商局公司于1998年4月12日签订《债权债务清算协议书》,约定招商局公司应将其泰丰国际商贸中心项目用地土地使用权以评估价34,441,941元抵偿其所欠成都港招公司的3481.55万元的债务。该协议书系双方当事人真实意思表示,不违反法律、行政法规强制性规定,应属有效。根据该协议,招商局公司对成都港招公司负有3481.55万元的金钱债务,招商局公司对成都港招公司负有给付泰丰国际商贸中心项目用地土地使用权的义务。本院认为,成都港招公司与招商局公司双方协议以土地作价清偿的约定构成了代物清偿法律关系。依据民法基本原理,代物清偿作为清偿债务的方法之一,是以他种给付代替原定给付的清偿,以债权人等有受领权的人现实地受领给付为生效条件,在新债务未履行前,原债务并不消灭,当新债务履行后,原债务同时消灭。本案中,成都港招公司与招商局公司虽然签订了《债权债务清算协议书》并约定"以地抵债"的代物清偿方式了结双方债务,但由于该代物清偿协议并未实际履行,因此双方原来的3481.55万元的金钱债务并未消灭,招商局公司仍对成都港招公司负有3481.55万元的金钱债务。据此,招商局公司是成都港招公司的债务人,进而是武侯国土局的次债务人。根据《合同法》第73条以及本院法释[1999]19号

第11条、第13条之规定，因为成都港招公司既未向武侯国土局承担注册资金不实的赔偿责任，又未以诉讼或者仲裁方式向招商局公司主张已到期债权，致使债权人武侯国土局的债权未能实现；已经构成《合同法》第73条规定的“债务人怠于行使其到期债权，对债权人造成损害”，因此，武侯国土局有权代位行使成都港招公司基于《债权债务清算协议书》而对招商局公司享有的合法金钱债权，但该代位权的行使范围应以其对成都港招公司的债权即注册资金不实的21,441,941元范围为限。

关于第二个问题，即改制后的招商房地产公司应否对原招商局公司的债务承担责任。本院认为，本案现已查明的事实表明，成都港招公司本来就对四川港招公司出资不实，未将其应当投入四川港招公司价值21,441,941元的泰丰国际商贸中心项目用地土地使用权投入到四川港招公司。却于1999年7月20日与武侯国土局、四川港招公司签订《债务关系转移合同》将其欠武侯国土局的征地费21,833,446.5元转移给其出资不实设立的四川港招公司。在该《债务关系转移合同》签订后尚不到1个月，成都港招公司便于同年8月10日与招商局公司签订《债权、债务以及资产处置协议》，将招商局公司改制为招商房地产公司，将本应投入四川港招公司的泰丰国际商贸中心项目用地土地使用权留给了改制后的招商房地产公司并由其负责偿还招商局公司欠招商银行230万美元贷款，其余资产及其债权、债务以及职工安置均由成都港招公司承担；同年8月22日，招商局公司办理了《企业申请注销登记注册书》，并于8月23日因改制而注销。该改制系采取增资扩股的方式进行，即招商局公司在由800万元注册资金增资1000万元注册资金的同时，将其对增资后更名的招商房地产公司享有的1000万元股权转让给四川奇峰房地产开发有限责任公司、叶某、刘某，从而实现他人对企业的参股并将企业改造为有限责任公司。招商局公司与成都港招公司的上述出资不实、债务转移、债权债务和资产处置以及采增资扩股方式的企业改制等一系列行为，暂且不论其是否真正存在恶意逃债、损害债权人利益的动机和目的，但实际结果的确导致武侯国土局不能实现对四川港招公司和成都港招公司的债权，令本院不得不对其上述系列行为的动机产生怀疑。为了更好地审理企业改制相关的民事纠纷案件，最高人民法院专门制定了《关于审理与企业改制相关的民事纠纷案件若干问题的规定》，该规定所确立的法人财产原则、企业债务承继原则以及企业债务随企业财产变动原则，旨在防止企业在改制过程中造成企业财产流失，避免损害债权人的利益。本院认为，企业改制或者改造只是企业变更的一种形式，根据法人财产原则和企业债务承继原则，变更设立后的公司应当承继原企业的债权债务。虽然招商局公司在改制时与成都港招公司签订了《债权、债务及资产处置协议》，但无论是招商局公司对成都港招公司负有的3481.55万元的债务，还是招商局公司欠招商银行的230万美元的贷款,均是招商局公司改制前的对外负债,根据法人财产原则以及企业债务承继原则,改制后的招商房地产公司均应负责偿还改制前的招商局公司的债务。尽管改制后的招商房地产公司在注册资金数额、股东构成、企业性质等方面均有别于原招商局公司,但企业改制只是转换企业的组织形式和变更企业的经济性质,原企业的债权债务并不因改制而消灭。根据法人财产原则和企业债务承继原则以及本院《关于审理与企业改制相关的民事纠纷案件若干问题的规定》第5条关于"企业通过增资扩股,实现他人对企业的参股,将企业整体改造为有限责任公司或者股份有限公司的,原企业债务由改造后的新设公司承担"之规定,原招商局公司对成都港招公司的债务应由改制后的招商房地产公司承担。故武侯国土局将招商房地产公司作为次债务人,要求其承担原招商局公司所欠成都港招公司的债务,不仅符合《合同法》第73条和本院法释[1999]19号关于债权人代位权制度及其构成要件之规定,而且符合本院《关于审理与企业改制相关的民事纠纷案件若干问题的规定》的原则和规定。因此,武侯国土局关于要求招商房地产公司承担原招商局公司所欠成都港招公司债务的请求,于法有据,应予支持,招商房地产公司应在21,441,941元范围内向武侯国土局承担清偿责任。根据本院法释[1999]19号第20条关于"债权人向次债务人提起的代位权诉讼经人民法院审理后认定代位权成立的,由次债务人向债权人履行清偿义务,债权人与债务人、债务人与次债务人之间相应的债权债务关系即予消灭"之规定,招商房地产公司向武侯国土局履行21,441,941元的清偿责任后,武侯国土局与成都港招公司、武侯国土局与四川港招公司、成都港招公司与招商房地产公司(原招商局公司)之间相应的债权债务关系即予消灭。

综上所述,本院认为,武侯国土局对成都港招公司所享有的债权合法有效,成都港招公司对原招商局公司所享的债权亦经生效法律文书所确定,合法有效并已到期;成都港招公司既未向武侯国土局承担注册资金不实的赔偿责任,又怠于行使其对招商局公司或者改制后的招商房地产公司的到期债权,致使武侯国土局的债权未能实现,故武侯国土局关于要求招商房地产公司承担原招商局公司所欠成都港招公司债务的再审请求和理由成立,本院予以支持。原一审、二审判决认定事实基本清楚,但适用法律不当,本院予以纠正。依照《合同法》第73条,法释[1999]19号第13条、第19条、第20条,《关于审理与企业改制相关的民事纠纷案件若干问题的规定》第5条以及《民事诉讼法》第153条第1款第2项、第186条第1款之规定,判决撤销四川省高级人民法院(2008)川民终字第90号、四川省成都市中级人民法院(2007)成民初字第19号民事判决;招商(蛇口)成都房地产开发有限责任公司向成都市国土资源局武侯分局支付21,441,941元;上述给付义务履行后,成都市国土资源局武侯分局与成都港招实业开发有限责任公司、成都市国土资源局武侯分局与四川港招实业股份有限公司、成都港招实业开发有限责任公司与招商(蛇口)成都房地产开发有限责任公司之间相应的债权债务关系即予消灭。

□ **简要评析**

本案的第一个争议点是武侯国土局能否行使代位权。结合代位权的构成要件可以分别分析如下:成都港招公司是武侯国土局的债务人,成都港招公司享有对招商局公司3481.55万元的金钱债权,这符合债务人享有对于第三人的权利要件;成都港招公司未以诉讼或仲裁的方式向招商局公司主张已经到期的债权,这符合债务人怠于行使其权利要件;成都港招公司因在开办四川港招公司过程中出资不实而被生效的裁判文书认定应在注册资金不实的21,441,941元范围内对武侯国土局承担责任,成都港招商公司未向武侯国土局承担注册资金不实的赔偿责任,即成都港招商公司作为债务人已限于迟延履行;成都港招商公司的行为造成武侯国土局的债权受到损害。因此,法院认为,这已经构成《合同法》第73条规定的"债务人怠于行使其到期债权,对债权人造成损害",武侯国土局有权代位行使成都港招公司对招商局公司享有的合法金钱债权,但该代位权的行使范围应以其对成都港招公司的债权21,441,941元范围为限,其法律依据在于"代位权的行使范围以债权人的债权为限"。

从法院的分析来看,武侯国土局与成都港招商公司之间、成都港招商公司与招商局公司之间的债权债务关系是否合法有效并且仍然存在,是关键点,在此基础上判断是否满足代位权的其他要件。其中,还涉及股东出资法律关系、代物清偿法律关系等。因此,本案中武侯国土局能否行使代位权,需要对这些复杂的法律关系进行梳理,同时结合代位权的构成要件、行使主体、行使方式和行使范围等进行判断。

延伸阅读

□ **关于债的保全一般理论**

邱聪智:《新订民法债编通则》(下),中国人民大学出版社2004年版。

林诚二:《民法债编总论——体系化解说》,中国人民大学出版社2003年版。

孙森焱:《民法债编总论》(下册),法律出版社2006年版。

韩新磊:《合同相对性原则的外部补充与内部缓和》,载《华北电力大学学报(社会科学版)》2020年第4期。

崔建远:《债权保障理论初探》,载《私法》2004年第3期。

徐开墅、张国炎:《论债权的保全制度》,载《中国法学》1991年第4期。

□ **关于债权人代位权**

谢鸿飞:《连带债务人追偿权与法定代位权的适用关系——以民法典第519条为分析对象》,载《东方法学》2020年第4期。

王利明:《债权人代位权与撤销权同时行使之质疑》,载《法学评论》2019年第2期。

潘重阳:《论债权人代位权制度之存废——以实体与程序交叉为视角》,载《大连海事大学学报》(社会科学版)2015年第3期。

崔建远:《债权人代位权的新解说》,载《法学》2011年第7期。

徐澜波:《合同债权人代位权行使的效力归属及相关规则辨析——兼论我国合同代位债权司法解释的完善》,载《法学》2011年第7期。

王利明:《论代位权的行使要件》,载《法学论坛》2001年第1期。

崔建远、韩世远:《合同法中的债权人代位权制度》,载《中国法学》1999年第3期。

□ **关于债权人撤销权**

崔建远:《论债权人撤销权的构成》,载《清华法学》2020年第3期。

周寓先:《处于诉讼中的债权不影响债权人行使撤销权》,载《人民司法》2019年第14期。

茅少伟:《恶意串通、债权人撤销权及合同无效的法律后果——最高人民法院指导案例33号的实体法评释》,载《当代法学》2018年第2期。

胡卫:《民法中撤销权的检讨与建构》,载《法学论坛》2011年第3期。

陈雪萍:《债权人撤销权之诉之性质及主体研析》,载《法学杂志》2004年第4期。

李向前:《论债权人的撤销权》,载《当代法学》2002年第5期。

申卫星:《论债权人撤销权的构成——兼评我国〈合同法〉第74条》,载《法制与社会发展》2000年第2期。

综合练习

1. 试述债的相对性原则和债权人代位权与撤销权。
2. 试述代位权的成立要件与效力。
3. 试述撤销权的成立要件与效力。
4. 试述债权人的撤销权与其他撤销权比较。

第四章　债的担保

本章要点

债的担保是为了促使债务人履行债务，保障债权人的债权实现的法律制度。债的担保分为一般担保和特别担保，一般担保是债务人必须有其全部财产（责任财产）作为履行债务的总担保，特别担保是针对特定的债权人设立的担保。特别担保包括人的担保、物的担保和金钱担保。人的担保是保证，物的担保包括抵押、质押和留置权等，金钱担保主要是定金。鉴于物的担保在物权法中有详细的论述，因此，本章主要论述保证和定金。保证是债务人不履行债务时，第三人按照约定履行债务或承担责任的担保方式，包括一般保证和连带责任保证。定金是当事人一方在合同订立时，或订立后、履行前，按合同标的额的一定比例，预先给付与对方当事人的金钱或其他代替物。

关键词　债的担保　一般担保　特别担保　保证　定金

本节法条4-1

第一节　债的担保概述

引导案例

[4-1]甲企业向某金融机构申请贷款，为了顺利获得贷款，甲企业希望由乙担保公司为自己的贷款提供保证。但乙担保公司提出，希望甲企业为其提供担保措施，以确保其如果承担了担保责任后可以实现追偿权。乙担保公司提出的要求是否合理？甲可以为乙提供的担保措施有哪些？

一、债的担保的概念

债的担保，是促使债务人履行其债务，保障债权人的债权得以切实实现的法律措施。

债的担保有一般担保与特别担保之分。一般担保，是指债务人必须以其全部财产作为履行债务的总担保。它不是特别针对某一项债的，而是面向债务人成立的全部债的。如此，它在保障债权实现方面显现出了弱点，即在债务人没有责任财产或责任财产不足的情况下，债权人的债权便全部不能或不能全部实现。在担保债权实现上具有优势的，当属特别担保。所谓特别担保，即通常所言之担保，在现代法上包括人的担保、物的担保和金钱担保，以及所有权保留。本章所论即为这种担保。债的担保的结构如图4－1所示。

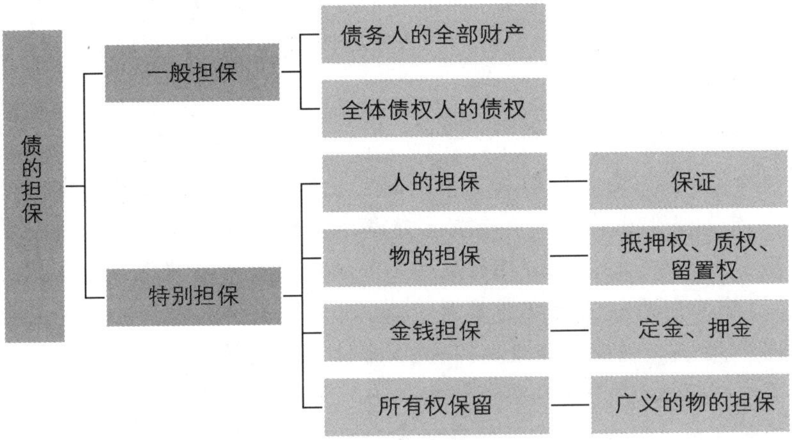

图4－1　债的担保的结构

二、债的担保与反担保

债的担保包括人的担保、物的担保和金钱担保。担保人为了自己的利益，可以要求债务人提供反担保（《民法典》第387条第2款前段）（见图4－2）。

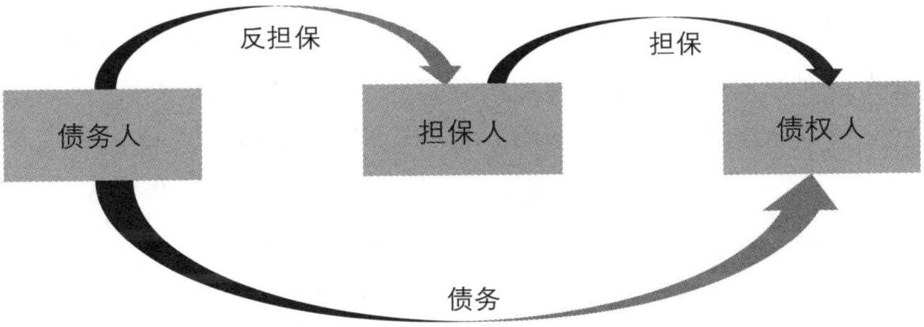

图4－2　债的担保与反担保

（一）人的担保

人的担保，是指在债务人的全部财产之外，又附加了其他有关人的一般财产作债权实现的总担保。其形式主要有保证，即基于保证人和债权人的约定，当债务人不履行其债务时，由保证人按照约定代债务人履行债务或承担民事责任。在中国现行法上，保证分为一般保证和连带责任保证。

（二）物的担保

物的担保，是以债务人或其他人的特定财产作为清偿债权的标的，在债务人不履行其债务时，债权人可以将财产换价，并从中优先受清偿，使其债权得以实现的担保形式。其方式主要有抵押权、质权、留置权和优先权。广义的物的担保，还包括所有权保留（《民法典》第641～643条）。应当指出，中国现行法虽然从整体上规定了抵押权，但证券抵押尚付阙如。而证券抵押恰恰是以担保方式作为投资手段的重要方式，在高度发达的市场经济中起着重要作用，中国立法亦应予以确认。

制度比较 | 所有权保留及其类型

所谓所有权保留，是指标的物虽然交付了，但其所有权仍然保留在出让人之手，待一定的条件成就时该所有权才转移给受让人的制度。它在分期付款买卖中运用得最为广泛。在分期付款买卖合同约定有所有权保留的条款的情况下，买卖物的所有权不因交付发生变动，而是待买受人付清全部价款时才转移。这样，会促使买受人积极支付价款，保障出卖人获得全部价款。《民法典》规定了这种担保方式，并且明确出卖人有权取回标的物的情形，值得肯定，因为市场经济是信用经济，信用经济必定产生分期付款买卖方式。在分期付款买卖日益增多的形势下，所有权保留是买受人于价款付清前可以先占有、使用标的物，同时能保障出卖人的价款债权得以实现的较为理想的担保方式。

应当指出，所有权保留还存在其他的类型，如日本有所谓的“延长的所有权保留”和“扩大的所有权保留”，前者指在生产、流通过程中，原材料供应商为了担保价金债权而在原材料及其加工物上保留所有权。由于这种供应商的所有权保留与融资者的让与担保权在加工物上会发生冲突，在日本这种所有权保留很少使用。[1] 所谓“扩大的所有权保留”，是指在继续性买卖关系中，基于全部买卖商品与全部价金债权的牵连关系，为担保全部债权而保留全部买卖商品的所有权。它也被日本学者称为“根所有权保留”[2]或“无限所有权保留”。[3]

---

〔1〕［日］近江幸治：《担保物权法》，祝娅、王卫军、房兆融译，沈国明、李康民审校，法律出版社2000年版，第270页。

〔2〕［日］高木多喜男：《担保物权法》，有斐阁1984年版，第348～350页。转引自梁慧星：《日本现代担保法制及其对我国制定担保法的启示》，载梁慧星主编：《民商法论丛》（第3卷），法律出版社1995年版，第186页。

〔3〕［日］米仓明：《所有权保留的实证研究》，载《法学协会杂志》第81卷第5号，第115页。转引自［日］近江幸治：《担保物权法》，祝娅、王卫军、房兆融译，沈国明、李康民审校，法律出版社2000年版，第271页，注释1。

(三)金钱担保

金钱担保,是在债务以外又交付一定数额的金钱,该特定数额的金钱的得丧与债务履行与否联系在一起,使当事人双方产生心理压力,从而促其积极履行债务,保障债权实现的制度。其主要方式有定金、押金。

(四)让与担保

所谓让与担保,是指债务人或第三人为担保债务人履行其债务,将担保标的物的权利移转于债权人,待债权获得清偿时,担保标的物的权利复归于债务人或第三人,在债务不履行时,债权人可以就该担保标的物受偿的非典型担保。以标的物是动产抑或不动产为标准,它分为动产让与担保和不动产让与担保。关于动产让与担保,中国现行法尚未规定,仅仅设置了动产抵押权制度(《民法典》第395、396、403、404、416条)。关于不动产让与担保,建设部于2001年修订的《城市房地产抵押管理办法》是将其作为在建工程抵押权加以规定的(第11条、第28条),法释[2000]44号(第47条)、原《物权法》(第180条第1款第5项)、《民法典》(第395条第1款第5项)亦然,实务中盛行的按揭属于不动产让与担保的范畴。应当注意,将在建工程作为标的担保物权,以及将实质上是按揭的关系作为抵押关系,均不符合抵押权的性质要求,莫不如作为不动产让与担保,更为顺畅。在制定《物权法》《民法典》的过程中,相当的专家学者主张规定此类担保方式。

(五)反担保

第三人为债务人向债权人提供担保的,担保人为了自己的利益,可以要求债务人提供反担保(《民法典》第387条第2款前段、第689条)。该债务人向担保人提供的担保相对于担保人提供的原担保而言,称为反担保。

关于反担保提供者的范围,《民法典》仅仅规定债务人为反担保的提供者,忽视了债务人委托第三人向原担保人提供反担保的情形。按本条侧重保护原担保人的合法权益、换取原担保人立保的立法目的和基本思想衡量,法条文义涵盖的反担保提供者的范围过狭,不足以贯彻其立法目的,构成一法律漏洞。对该漏洞的弥补应采取目的性扩张方式,将第三人提供反担保的情形纳入本条的适用范围。法释[2000]44号第2条第1款已经作了这样的解释,值得肯定。

探讨 | 反担保的方式

关于反担保的方式,不能认为所有担保的方式均可作反担保的方式。首先,留置权不能为反担保方式。因为按《民法典》第387条第2款的规定,反担保产生于约定,而留置权却发生于法定。留置权在中国法上一律以动产为客体,价值相对较小,在主债额和原担保额均为巨大的场合,把留置权作为反担保的方式实在不足以保护原担保人的合法权益。其次,定金虽然在理论上可以作为反担保的方式,但因为支付定金会进一步削弱债务人向债权人支付价款或酬金的能力，加之往往形成原担保和反担保不成比例的局面，所以在实践中极少采用。在实践中，运用较多的反担保形式是保证、抵押权，然后是质权。不过，在债务人亲自向原担保人提供反担保的场合，保证就不得作为反担保的方式。因为这会形成债务人既向原担保人负偿付因履行原担保而生之必要费用的义务，又向原担保人承担保证债务，债务人和保证人合二而一的局面，起不到反担保的作用。只有债务人以其特定财产设立抵押权、质权，作为反担保的方式，才会实际地起到保护原担保人的合法权益的作用。至于实际采用何种反担保的方式，取决于债务人和原担保人之间的约定。在第三人充任反担保人的场合，抵押权、质权、保证均可采用，究竟采取何者，取决于该第三人（反担保人）和原担保人之间的约定。

设立反担保的行为是法律行为，必须符合《民法典》规定的条件。而每种反担保的方式又各有其特定的成立要件，因此尚需符合法律规定的特定成立要件。例如，《民法典》第400条规定，抵押权的设立须有抵押合同并须具有书面形式与相应条款；第402条规定以土地使用权、地上房屋等设立抵押的，应当办理登记手续。反担保采取抵押权方式的，亦然。

依反担保设立的目的要求，反担保的实行，应于原担保实行之后。

根据物权法教材和债法教材的分工计划，本章仅介绍和讨论保证、定金两种担保方式。

三、债的担保的法律性质

（一）债的担保具有从属性

这里的从属性，是指债的担保从属于主债，以主债的存在或将来存在为前提，随着主债的消灭而消灭，一般也随着主债的变更而变更。

应该看到，对从属性的理解和要求，存在严格和宽松之分。中国以往关于担保的著述均严格要求先有主债存在，后有担保产生。绝对贯彻这一观点，就排斥了为将来存在的债权设定担保的情况。《民法典》已经明确规定了最高额保证（第690条）和最高额抵押（第420条至第424条），允许为将来存在的债权预先设立保证或抵押权。所有这些，显然是从宽把握债的担保的从属性的。

还有，“不可撤销的保函”“见索即付的保函”“见单即付的保函”等，独立于主债关系，中国司法裁判机关承认其法律效力（法释［2016］24号）。此类担保仅有补充性和保障债权切实实现性，欠缺从属性。德国法上的土地债务根本没有从属性，是具有独立性的物的担保；流通抵押权虽有从属性，但为了保护因信赖债权存在而受让的人时，从属性会被击破。[1] 证书式的证券抵押权完全按照有价证券法的基本规则确定，即债券的所有人或指示证券的权利人就是抵押权人（《德国民法典》第1187条第3句）。[2] 在抵押权善意取得的情况下，受让人获得的只是一项抵押权，绝对没有取得对人债权。[3] 这至少表明担保的从属性被大大弱化了。

以上情形表明：担保的从属性更多的是立法政策使然，法律完全可以根据实际生活的需要而漠视从属性，承认独立性的担保类型。

（二）债的担保具有补充性

这里的补充性，是指债的担保一经有效成立，就在主债关系的基础上补充了某种权利义务关系，如保证法律关系、抵押法律关系、质押法律关系、定金法律关系等。这些补充的权利义务关系产生了如下法律效果：或使保障债权实现的责任财产（一般财产）扩张，或使债权人就特定财产享有了优先权，或使当事人对特定数额的金钱有得丧的可能和机会，从而大大增加了债务人适当履行其债务的压力，极大地提高了债权人的债权得以实现的可能性。当然，在主债关系因适当履行而正常终止时，补充的义务并不实际履行；只有在主债务不履行，并且担保人又无抗辩事由时，补充的义务才履行，使主债权得以实现。

（三）债的担保具有保障债权切实实现性

这是从债的担保的功能来看债的担保的法律性质，是从债的担保和民事责任的区别上考察债的担保的法律特征。

大陆法系和苏联民法认为，违约金属于债的担保的范畴。中国法学界也有不少著述持这种观点，甚至有人认为债的担保是一种违约责任。这就有必要认清债的担保和民事责任的联系与区别。

债的主要效力在于履行，只有债务人按债的约定适当履行其债务，债的目的才能达到，当事人的需要才能得到满足。在债务人为自己的利益或因其他原因而不能履行其债务时，债的目的就会落空，债权人就不能全部或全部不能实现其债权。为避免这种结果发生，促使债务人适当履行其债务，民法特设民事责任制度，借以令违约人在无免责事由的情况下承受负担，使债务人积极而适当地履行其债务，从而保障债权人的债权得以实现。

---

〔1〕 参见［德］鲍尔、施蒂尔纳：《德国物权法》（下册），申卫星、王洪亮译，法律出版社2006年版，第28、40、42～43页。

〔2〕 参见［德］鲍尔、施蒂尔纳：《德国物权法》（下册），申卫星、王洪亮译，法律出版社2006年版，第43页。

〔3〕 参见［德］鲍尔、施蒂尔纳：《德国物权法》（下册），申卫星、王洪亮译，法律出版社2006年版，第95页。

探讨｜民事责任与债的担保的区别

民事责任也是对债的担保，但是，在担保债权实现这点上，民事责任毕竟有其不足：其一，民事责任的方式之一是强制履行，而在具体的案件中，强制履行并不总是可能的。其二，虽然从总体上说，民事责任具有促使债务人履行其债务，从而实现债权人债权的作用，但在具体的案件中，它毕竟是制裁债务人于不履行之后，不易保障债权人于未受损害之前，因此过于消极。其三，请求债务人承担民事责任的权利终究属于债权范畴，它同其他债权至多处于平等地位，如果债务人不断参与新的债的关系，处分其财产，致使其丧失或降低支付能力，那么债权人仍难免不受损害。其四，在债务不履行时成立民事责任，有时以债务人或有关第三人有过错为必要条件。在过错归责而债务人无过错地未履行债务的情况下，由于不能成立民事责任，债权人的损失得不到补偿。为弥补民事责任在保障债权实现方面的种种不足，需要充分发挥债的担保的作用。

在保障债权实现这点上，债的担保不受或少受债务人财产状况的限制，即使债务人的一般财产不足以清偿数个并存的债权，被担保的债权一般也能得以实现。具体而言，在人的担保情况下，通过扩张一般担保的财产数量，即不仅把债务人的全部财产作为责任财产，也把保证人、连带债务人或并存的债务承担人的全部财产纳入可以履行债务的范畴或列入可以承担责任的系列，大大提高了债权实现的可能性。在物的担保情况下，通过使债权人对债务人或第三人的特定财产享有优先受偿权的形式来使债权得到满足。在所有权保留的情况下，通过在买受人全部付清价款之前不移转标的物所有权来促使买受人积极支付全部价款；即使买受人不付清价款，出卖人也能基于所有物返还请求权取回标的物，从而免受损害。在金钱担保的情况下，通过特定数额的金钱得丧的规则效力使当事人产生心理压力，为避免自己的金钱损失而积极履行债务，保障债权实现。总之，债的担保具有保障债权实现的性质，违约责任在这点上远比债的担保逊色。[1]

债的担保和民事责任的区别还表现在，前者大多不以过错为要件，不具有惩罚性，存在担保权人享有收益的问题。[2]

综上所述，视债的担保为一种违约责任，把违约金定性为债的担保并不妥当。违约金责任具备违约责任的特点，不与债的担保同类。例如，在惩罚性违约金责任场合，在《民法典》第三编第二分编典型合同对特定类型的违约行为实行过失归责、当事人双方约定以过失为构成要件的情况下，违约金责任的成立，以违约行为和过错为要件，它对债权实现的保障直接受债务人的财产状况的左

〔1〕 崔建远：《合同责任研究》，吉林大学出版社1992年版，第38～40页。
〔2〕 崔建远：《合同责任研究》，吉林大学出版社1992年版，第38～40页。

右。如果说违约金具有担保作用，也并未超出其他违约责任方式所具有的担保作用的限度。正如有的学者所言：“违约金作为财产责任的一种表现形式，不具有与财产责任不同的任何特殊作用。”〔1〕因此，中国现行法把违约金责任作为违约责任的方式加以规定，而未把它列入担保体系，是十分科学的。

本节法条4-2

第二节　保　　证

引导案例

[4-2] 甲公司向某金融机构贷款，甲公司的下属公司乙公司为该笔贷款提供保证，乙公司提供保证的事项经董事会审议通过。请问该保证是否有效？如果家公司未可能偿还银行的贷款，银行能否要求乙公司履行保证责任？

一、保证概述

（一）关于保证的界定

保证，是指第三人和债权人约定，当债务人不履行其债务时，该第三人按照约定履行债务或承担责任的担保方式。这里的第三人叫作保证人；这里的债权人既是主合同等主债的债权人，又是保证合同中的债权人；这里的“按照约定履行债务或承担责任”称为保证债务，也有人称作保证责任。

保证关系的当事人是谁？对此主要有两种观点。一种观点认为，保证是保证人和债权人之间的合同关系。另一种观点认为，保证是保证人、债权人和债务人之间的法律关系，是主合同、委托合同及保证合同三组关系的总和。〔2〕

本书赞同第一种观点。其理由在于，虽然保证一般是由主债务人委托保证人承保而产生的，但不能因此而改变保证关系的性质。主债务人和保证人之间的关系，一般属于委托合同关系，在个别情况下为无因管理关系，然而无论何者都不会是保证合同关系。主债务人和债权人是通过主合同相连接的，它们之间可能是买卖合同关系，也可能是借款合同关系，等等。主债务和保证债务之间的联系在于，主债务的不履行是保证债务履行的法律事实，但它们分属于不同的合同关系，属于不

---

〔1〕［苏联］A. A. 法因斯坦：《社会主义组织之间的合同责任》，黄欣译，江平、黄道秀校，法律出版社1984年版，第27页。

〔2〕参见苏惠祥主编：《中国当代合同法论》，吉林大学出版社1992年版，第172～173页；李国光等：《关于适用〈中华人民共和国担保法〉若干问题的解释理解与适用》，吉林人民出版社2000年版，第165页。

同的因果链条，不能依据这种联系就把主债务人视为保证合同的当事人。只不过债权人既是主合同的债权人，又是保证合同的债权人；主债务人既是主合同的债务人，又是委托合同的委托人，或是无因管理中的本人；保证人既是保证合同的债务人，又是委托合同中的受托人或是无因管理中的管理人。这种重叠和联系正反映了复杂的社会关系中人的角色的多重性，但多重性角色只能表明社会关系的复杂性，却证明不了几种合同关系变为一种合同关系。在此处所指就是证明不了主合同关系、委托合同关系变成保证合同关系。明确这一点，有助于正确适用法律。解决保证合同纠纷，应该适用保证规范，而不应适用法律关于委托合同、无因管理等的规定。只有在处理保证人和主债务人之间的关系时，若有委托合同，才适用法律关于委托合同的规定；若无委托合同，则适用法律关于无因管理的规定，也可能适用侵权责任法的规定。

（二）保证的法律性质

1. 保证具有附从性

保证债务以主合同的存在或将来可能存在为前提，随主合同的消灭而消灭。其范围和强度不得超过主合同中的债务，不得与主合同债务分离而为移转。这些就是保证的附从性，具体表现在以下几个方面（见图4－3）：

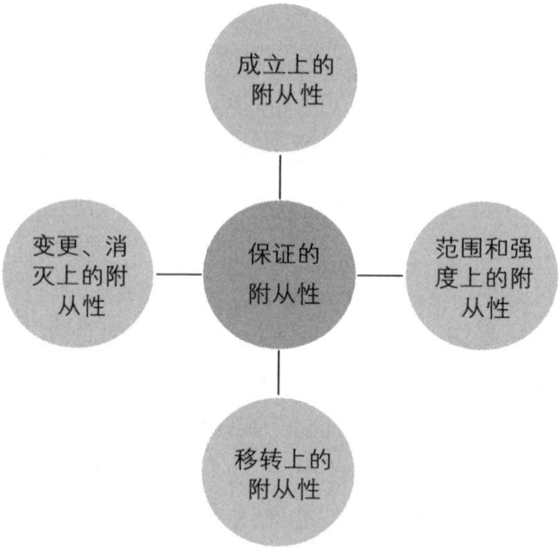

图4－3　保证的附从性的体现

首先，成立上的附从性。保证以主合同的成立为前提，于其存续中附从于主合同。保证虽对于将来或者附条件的合同也可成立，但这并非附从性原则的例外。

其次，范围和强度上的附从性。由保证的目的决定，保证的范围和强度原则上与主合同债务相同，不得大于或强于主合同债务。保证债务与主合同债务毕竟属于两个债务，它们的范围和强度当然可以有差异。但是，保证债务因其具有附从性，故不得超过主合同债务的范围和强度。如有超过,应缩减至主合同债务的程度。例如,保证债务的数额不得大于主合同债务的数额,应随着主合同债务额的降低而降低。在对附条件的主合同债务为无条件保证的场合,只成立附有与主合同债务同一条件的保证债务。约定保证债务的履行期早于主合同债务的履行期的,该约定的期限无效,保证债务的履行期为自主债务履行期届满之日起6个月或2年。约定保证债务的利息高于主合同债务的利息的,应缩减至主合同债务的利息。约定主合同债务人仅就其重大过失负责的,保证人也只就其重大过失负责。[1]

再次,移转上的附从性。《民法典》第696条规定,债权人转让全部或者部分债权,未通知保证人的,该转让对保证人不发生效力。保证人与债权人约定禁止债权转让,债权人未经保证人书面同意转让债权的,保证人对受让人不再承担保证责任。根据该规定,债权人经保证人同意转让债权的,保证人在保证范围内继续承担保证责任。《民法典》第697条第1款规定,债权人未经保证人书面同意,允许债务人转移全部或者部分债务,保证人对未经其同意转移的债务不再承担保证责任,但是债权人和保证人另有约定的除外。根据该规定,保证人对经其同意转移的债务仍承担保证责任。

最后,变更、消灭上的附从性。在主合同债务消灭时,保证债务也随之消灭。例如,在主债务因主合同解除而消灭、因适当履行而消灭时,保证债务也随之消灭。在主合同债务变更时,保证债务一般随之变更,但不得增加其范围和强度。债权人和债务人未经保证人书面同意,协商变更主债权债务合同内容,减轻债务的,保证人仍对变更后的债务承担保证责任;加重债务的,保证人对加重的部分不承担保证责任(《民法典》第695条第1款)。债权人和债务人变更主债权债务合同的履行期限,未经保证人书面同意的,保证期间不受影响(《民法典》第695条第2款)。

2. 保证具有独立性

保证债务虽附从于主合同债务,但并非成为主合同债务的一部分,而是另一个独立的债务,在附从主合同债务的范围内有独立性。因此,保证合同可以约定保证债务仅担保主合同债务的一部分,保证债务的范围和强度可以不同于主合同债务,保证债务可以有自己独立的变更或消灭原因。此外,保证合同还可以单就保证债务约定违约金,保证人可以单就部分债务提供担保。对于保证合同所发生的抗辩权,保证人可以单独行使。

尤其需要指出的是,"不可撤销的保函""见索即付的保函""见单即付的保函"等,独立于主债关系,不因主债的不成立、无效、被撤销等而归于消灭,保证人不享有和无权行使债务人对债权人所拥有的抗辩权,债权人许可债务人转让债务,以及债权人和债务人修改主合同,不构成保证人不负保证责任的原因,因而其被称为独立

〔1〕 参见史尚宽:《债法总论》,荣泰印书馆股份有限公司1978年版,第830页。

保证。[1] 法[2019]254 号指出,从属性是担保的基本属性,但由银行或者非银行金融机构开立的独立保函除外(第 54 条前段)。

事例 某《不可撤销还款担保函》约定,保证人应根据本担保函对贷款人承担连带保证责任。无论什么原因,一旦借款人未能按照协议约定的期限偿还(包括但不限于贷款本金、利息、延迟利息、费用和赔偿金等)任何到期应付金额,借款人保证无条件地、单独地和直接地向贷款人偿还上述全部款项。保证人不得以贷款人尚未对借款人提起诉讼或尚未对借款人主张其他可主张的权利,或以借款人具有清偿能力或借款人尚未破产为由,拒绝或拖延履行担保责任。保证人无条件放弃对贷款人的先诉抗辩权(第 2 条)。保证人应根据本担保函对贷款人承担见索即付的保证责任。只要借款人未按期清偿协议项下任何款项(包括但不限于贷款本金、利息、延迟利息、费用和赔偿金等应付金额),保证人就应保证于收到贷款人的书面支付请求后,在本担保函约定的期限内无条件向贷款人履行担保义务,并将有关款项支付给贷款人或根据贷款人的指示进行划款。同时,保证人的保证责任不受借款人和第三人签订的任何协议的影响,也不受借款人破产、清算、修改公司章程或其他变更的影响。保证人不享有任何检索抗辩权(第 3 条)。保证人应根据本担保函对贷款人承担持续不断的保证责任。保证人不可撤销地声明和承诺,贷款人和借款人在本担保函有效期间如果需要对本协议进行修改或延长还款期限,那么,保证人无须得到来自任何形式的通知。本担保函应保持持续不断的效力。借款人和贷款人在不通知的情况下对还款期限作出任何变更依本担保函均视为已经得到保证人的同意和确认,不构成保证责任得以部分或全部免除的条件(第 4 条)。保证人授权贷款人,在借款人未按期偿还协议项下任何应付款项或保证人未能按期履行本担保函项下的支付义务时,直接从担保人的账户上主动扣除相应的款项,以抵销保证人对贷款人的负债。贷款人在采取上述扣款措施前,无须取得保证人的同意,亦无须事先通知保证人(第 7 条)。

在上述约定中,第 4 条中段所谓"保证人不可撤销地声明和承诺,贷款人和借款人在本担保函有效期间如果需要对本协议进行修改或延长还款期限,那么,保证人无须得到来自任何形式的通知",显然违反了中国现行法关于主合同变更需要通知保证人的规定,也没有理由地突破了合同相对性原则,扩张了借款合同的约束范围,容易造成显失公平的后果,使保证人陷入极为不利的境地,不应当有效。第 4 条后段所谓的"借款人和贷款人在不通知的情况下对还款期限作出任何变

[1] 参见曹士兵:《中国担保诸问题的解决与展望——基于担保法及其司法解释》,中国法制出版社 2001 年版,第 22~23 页。

更依本担保函均视为已经得到保证人的同意和确认，不构成保证责任得以部分或全部免除的条件”，明显违反了民事主体的沉默视为同意的意思表示必须由法律明文规定或当事人约定的原则；因为保证人不是借款合同的当事人，而是第三人，所以，它也不合理地突破了合同的相对性原则，不具有法律拘束力。

在上述约定中，第7条所谓“保证人授权贷款人，在借款人未按期偿还协议项下任何应付款项或保证人未能按期履行本担保函项下的支付义务时，直接从担保人的账户上主动扣除相应的款项，以抵销保证人对贷款人的负债。贷款人在采取上述扣款措施前，无须取得保证人的同意，亦无须事先通知保证人”，一是没有充分理由地突破了合同相对性原则；二是滥用了抵销权，没有理由地侵害了保证人的共同债权人的合法权益，赋予了借款合同的约定具有颠覆债权平等原则的魔力，即约定使贷款人这个普通债权人对于保证人的普通债权变成了优先于其他普通债权人的普通债权的权利。鉴于此，此类约定不具有法律效力。

最高人民法院对独立保证的态度原来是，区分国内的和国际的两种情形，承认独立保证在对外担保和外国银行、机构对国内机构担保上的效力，认为独立保证在国际间是当事人自治的领域。对于国内企业、银行之间的独立保证采取否定的态度，不承认当事人对独立保证的约定的法律效力。最高人民法院屡次以判决的形式，否定了独立保证在国内运用的有效性。[1] 随着法释[2016]24号的发布，最高人民法院已经改变态度，对于国内贸易中运用的独立保证也已承认其法律效力。不过，法释[2016]24号第1条第1款规定，“本规定所称的独立保函，是指银行或非银行金融机构作为开立人，以书面形式向受益人出具的，同意在受益人请求付款并提交符合保函要求的单据时，向其支付特定款项或在保函最高金额内付款的承诺”。这表明，目前法律认可的独立保证，仅限于银行或非银行金融机构作为保证人，银行或非银行金融机构之外的机构或个人对外提供的独立保证仍未得到认可。

法[2019]254号进一步明确，凡是由银行或者非银行金融机构开立的符合法释[2016]24号第1条、第3条规定情形的保函，无论是用于国际商事交易还是用于国内商事交易，均不影响保函的效力。银行或者非银行金融机构之外的当事人开立的独立保函，以及当事人有关排除担保从属性的约定，应当认定无效。但是，根据“无效法律行为的转换”原理，在否定其独立担保效力的同时，应当将其认定为从属性担保。此时，如果主合同有效，则担保合同有效，担保人与主债务人承担连带保证责任。主合同无效，则该所谓的独立担保也随之无效，担保人无过错的，不承担责任；担保人有过错的，其承担民事责任的部分，不应超过债务人不能清偿部分的1/3（第54条后段）。

---

〔1〕 曹士兵：《中国担保诸问题的解决与展望——基于担保法及其司法解释》，中国法制出版社2001年版，第27页。

应当指出，票据保证具有独立性，体现在被保证人的签名因其欠缺行为能力而无效的，被保证人不承担票据债务，保证人的签名依然有效，保证人仍应承担保证责任。

3. 保证具有补充性或连带性

《民法典》第686条规定，保证分为一般保证和连带责任保证。当事人在保证合同中对保证方式没有约定或者约定不明确的，按照一般保证承担保证责任。在一般保证中，先由主债务人履行其债务，只有在对其财产强制执行而无效果时才由保证人承担保证责任。否则，保证人对债权人可拒绝承担保证责任(《民法典》第687条)。这种性质就是保证的补充性。它不同于本章第一节阐述的担保的补充性，但以那种在主债关系之外补充了另一类法律关系的补充性为前提。

在连带责任保证中，不存在上述履行的前后限制，在主债务人不履行主合同债务时，债权人既可以请求主债务人履行债务，也可以请求保证人在其保证范围内承担保证责任(《民法典》第688条)。这就是保证的连带性。

二、保证合同

(一)保证合同的概念分析

保证合同是为保障债权的实现，保证人和债权人约定，当债务人不履行到期债务或者发生当事人约定的情形时，保证人履行债务或者承担责任的合同(《民法典》第681条)。《民法典》第三编合同第二分编典型合同第十三章对保证合同进行了专章规定，将保证合同规定为典型合同的一种。

保证合同是单务合同、无偿合同。在保证合同中，只有保证人承担债务，债权人不负对待给付义务，故而保证合同为单务合同。在保证合同中，保证人对债权人承担保证债务，债权人对此不提供相应代价，所以保证合同为无偿合同。“有偿的约定承受保证契约之订立者，非保证契约，乃为保证契约之预约。”[1]

保证合同为诺成合同。保证合同因保证人和债权人协商一致而成立，不需另交标的物，所以它为诺成合同。

保证合同为要式合同。《民法典》第685条规定：“保证合同可以是单独订立的书面合同，也可以是主债权债务合同中的保证条款。第三人单方以书面形式向债权人作出保证，债权人接收且未提出异议的，保证合同成立。”这表明中国法上的保证合同为要式合同。

保证合同为附从性合同。除涉外的不可撤销的保函等独立保证以外，主合同有效成立或将要成立，保证合同才发生效力。《民法典》第682条第1款规定，保证合同是主债权债务合同的从合同。主债权债务合同无效的，保证合同无效，但是法

〔1〕 史尚宽：《债法总论》，荣泰印书馆股份有限公司1978年版，第843页。

律另有规定的除外。正因这种主从关系，所以，保证合同无效，并不必然导致主合同无效。

（二）当事人

保证合同的当事人为保证人和债权人。其中的债权人可以是一切享有债权之人，但原则上必须是个别的特定之人。其为自然人、其他组织抑或为法人，均无不可。保证人问题较为复杂，以下作较为详细的讨论。

1. 不得担任保证人的情形

（1）主债务人不得同时为保证人。如果主债务人同时为保证人，那么，意味着责任财产未增加，仍然只是主债务人以其一般财产作一般担保，保证的目的落空。所以，主债务人不得同时为保证人。

（2）机关法人原则上不得为保证人。这是因为机关法人主要从事国家活动（包括立法活动、行政活动、司法活动等），其财产和经费来自国家财政和地方财政的拨款，并主要用于符合其设立宗旨的公务活动。虽然机关法人也进行一些民事活动，如购置办公用品、兴建或购买公务员住宅等，但仍以必要和可能为前提。因此，国家机关的财产和经费若用于清偿保证债务，则不仅与其活动宗旨不符，也会影响其职能的正常发挥。此外，机关法人在对外代表国家从事管理活动时，所欠债务由国家承担责任；以机关法人名义从事民事活动，以财政所拨预算经费为限，而预算经费为其担负的国家职能活动所必需，在经费紧张的今日，一般无剩余可言。故机关法人一般不具有代偿能力，由其作为保证人并不能保证债权的实现。为此，《民法典》第 683 条开首便规定："机关法人不得为保证人，但经国务院批准为使用外国政府或者国际经济组织贷款进行转贷的除外。"外国政府贷款和国际经济组织贷款一般由国家有关主管机关负责借入，然后按有关规定转贷给国内有关单位。在转贷时，一般要求国内借款单位提供还款担保，这种担保得由国家机关提供。如外国政府贷款的转贷，就要求借款单位提交省、直辖市、自治区或计划单列市计委的还款担保。〔1〕

法释[2000]44 号第 3 条规定："国家机关和以公益为目的的事业单位、社会团体违反法律规定提供担保的，担保合同无效。因此给债权人造成损失的，应当根据担保法第五条第二款的规定处理。"

（3）学校、幼儿园、医院等以公益为目的的非营利法人、非法人组织不得作保证人（《民法典》第 683 条第 2 款）。公益乃不特定之多数人的利益，一般是非经济利益。如果允许上述机构为债权人提供担保，那么这极有可能减损其用于公益目的

〔1〕 参见董开军主编：《〈中华人民共和国担保法〉原理与条文释义》，中国计划出版社 1995 年版，第 51～53 页。

的财产，无疑有违公益法人的宗旨。因此，法律不允许它们作保证人。[1]

但应看到，在实践中，有些事业单位利用本单位所拥有的技术或知识，向社会提供有偿服务，取得了一定的报酬。这些单位除了国家或地方的财政拨款外，尚有自己的经济收入。有些事业单位实行了企业化管理，自负盈亏；还有些事业单位按照有关规定既从事国家核拨经费的工作，又从事经营活动。因此，对事业单位法人可否充任保证人，不可一概而论。对那些领取《企业法人营业执照》或国家政策允许从事经营活动的事业单位法人，应当认为其有从事保证活动的权利能力，可以充任保证人。对此，法释[2000]44号规定，从事经营活动的事业单位、社会团体为保证人的，如无其他导致保证合同无效的情况，所签订的保证合同应当认定为有效（第16条）。

（4）企业法人的分支机构、职能部门，因其主体资格、清偿能力等方面的原因，也不宜充任保证人。原《担保法》第10条规定："企业法人的分支机构、职能部门不得为保证人。企业法人的分支机构有法人书面授权的，可以在授权范围内提供保证。"对此，法释[2000]44号加以了细化及弹性处理，具体来说，企业法人的分支机构经法人书面授权提供保证的，如果法人的书面授权范围不明，那么，法人的分支机构应当对保证合同约定的全部债务承担保证责任（第17条第2款）。企业法人的分支机构经营管理的财产不足以承担保证责任的，由企业法人承担民事责任（第17条第3款）。企业法人的分支机构提供的保证无效后应当承担赔偿责任的，由分支机构经营管理的财产承担。企业法人和债权人都有过错的，应当根据其过错程度各自承担相应的民事责任；债权人无过错的，由企业法人承担民事责任（第17条第4款）。

（5）除非满足特定条件，公司不得对外提供担保。股份有限公司和有限责任公司的财产为股东或出资人所出，并最终归他们所有，因而公司的工作人员不得擅自以此作保证财产，损害股东、出资人的合法权益，除非具备《公司法》规定的条件。按照《公司法》第16条的规定，公司向其他企业投资或为他人提供担保，依照公司章程的规定，由董事会或股东会、股东大会决议；公司章程对投资或担保的总额及单项投资或担保的数额有限额规定的，不得超过规定的限额（第1款）。公司为公司股东或实际控制人提供担保的，必须经股东会或股东大会决议（第2款）。前款规定的股东或受前款规定的实际控制人支配的股东，不得参加前款规定事项的表决。该项表决由出席会议的其他股东所持表决权的过半数通过（第3款）。《公司法》第148条第3项规定，董事、高级管理人员不得违反公司章程的规定，未经股东会、股东大会或董事会同意，将公司资金借贷给他人或以公司财产为他人提供担保。

---

〔1〕 参见董开军主编：《〈中华人民共和国担保法〉原理与条文释义》，中国计划出版社1995年版，第51～53页。

多数说认为，公司违反《公司法》第16条第1款或第2款的规定，构成越权行为的，应适用《民法典》第61条第3款的规定，即在担保权人对此类越权行为为善意的，公司不得据此而否认该越权行为，而须承担履行该越权行为的后果；在担保权人对此类越权行为为恶意的，公司有权因此而否认该越权行为的效力，不履行该越权行为项下的义务，但须承担《民法典》第500条规定的缔约过失责任。

2. 保证人应当具备代偿能力

原《担保法》第7条规定，充任保证人应具有代为清偿债务的能力，简称为代偿能力。该能力的内涵和外延如何界定，需要探讨。在保证系单纯地为担保债权人不因债务人违约而受损害的场合，或保证责任为连带赔偿责任的场合，保证人拥有足额的财产即为有代偿能力。在保证责任必须是保证人代债务人实际履行主合同、主合同债务又非金钱债务的情况下，保证人仅有足额的金钱而无实际履行主合同约定的物品、技能等，就不算具有代偿能力。还应指出，判断保证人是否具有足额的代偿财产，在时间方面不能一概而论。在保证合同成立时保证人就有足额的代偿财产固然表明保证人有代偿能力；在保证合同成立时虽无足额的代偿财产，但于实际承担保证责任时将确定地具有足额的财产，亦为保证人有代偿能力。

在这里，存在的疑问是，保证人有无代偿能力是否影响保证合同的效力。法释[2000]44号有意澄清，其第14条规定："不具有完全代偿能力的法人、其他组织或者自然人，以保证人身份订立保证合同后，又以自己没有代偿能力要求免除保证责任的，人民法院不予支持。"参与该司法解释草拟的法官对此进一步解释道，保证人是否具有代偿能力并不应影响保证合同的有效性，理由如下：代偿能力不属于行为能力范围；代偿能力属于一种不定量；排除代偿能力作为保证人资格的要件，并不违背保证制度的目的；不将代偿能力作为保证人资格的要件，有助于促使债权人慎重审查保证人的代偿能力，确保自己债权的实现；中国担保法没有将履行能力作为保证人资格的必要条件。〔1〕

讨论 | 保证人是否需要有行为能力

充任保证人是否需要有行为能力，学术界有不同看法。在保证人亲自签订保证合同的情况下，由于保证合同为一法律行为，需要保证人具有行为能力。从原《担保法》第10条关于"企业法人的分支机构、职能部门不得为保证人。企业法人的分支机构有法人书面授权的，可以在授权范围内提供保证"的规定来看，保证人应有行为能力。没有行为能力的法人的分支机构、职能部门欲充任保证人尚需法人的授权，实际上它们是居于法人的代理人的地位订立保证合

〔1〕参见李国光等：《关于适用〈中华人民共和国担保法〉若干问题的解释理解与适用》，吉林人民出版社2000年版，第95～99页。

同的。

至于银行的支行、分理处取得授权的方式，有意见认为中国现行法已经总体授权它们有以法人的名义签订储蓄、借款、保证、抵押、质押等合同的权限，另外的意见则区分情况，主张银行的支行、分理处在签订保证、抵押、质押等合同时必须出示法人的授权书，只有这样，才能表明其具有代理权。本书倾向于前者。

（三）保证合同的内容和形式

按照一般的理解，保证合同的内容，是指保证人承担的保证债务（保证责任）和享有的抗辩权、债权人享有的请求保证人承担保证债务的债权。因为这些权利义务主要通过保证合同的条款来体现和固定（未通过合同条款体现的权利义务由法律规范直接规定或由法官补充），所以，保证合同的内容也可指保证合同的条款。

根据《民法典》第684条规定，保证合同具有以下内容或曰条款：

1. 保证的主债权种类和数额。被保证的主债权种类，如借款合同中的还本付息债权、买卖合同中的请求交付标的物或支付价款的债权等均属此类。此处还有专属性的问题需要讨论。与被担保债权相对应者为被担保的债务，该债务是否有非专属性的限制呢？在中国，连带责任保证虽然包括保证人与债务人承担连带债务和保证人就主债务承担连带民事责任两种形式，但最终均可归结为承担连带民事责任的方式。由于连带民事责任不存在专属性问题，在连带责任保证中，主债务既可以是非专属性的债务，也可以是专属性的债务。在一般保证方式中，中国法未明确指出被担保的债务不得为专属性的债务。从法释［2000］44号第13条关于“保证合同中约定保证人代为履行非金钱债务的，如果保证人不能实际代为履行，对债权人因此造成的损失，保证人应当承担赔偿责任”的规定来看，允许被担保的债务为专属性的债务。因债务人不履行专属性的债务可转化为赔偿责任，故保证人可承担该责任。

自然债务是否得为保证的对象，应分两种情形而定：其一，在保证成立后主债务变为自然债务的，如在主债务因时效完成而变为自然债务时，保证虽不因之而失效，但保证人得主张主债务人的时效完成的抗辩，即使债务人抛弃该抗辩权，保证人也有权主张；〔1〕其二，对时效已经完成的自然债务进行保证，其保证仍为有效，于此场合不得主张主债务的时效已经完成的抗辩（法释［2000］44号第35条）。但学说认为，保证人不知时效完成的事实且无重大过失的，应有权抗辩。

被担保的债权，也可以是将来可能发生的债权。《民法典》明确规定了最高额保证，其第690条第1款规定，“保证人与债权人可以协商订立最高额保证的合同，约定在最高债权额限度内就一定期间连续发生的债权提供保证。”

〔1〕 参见郑玉波：《民法债编各论》（下），三民书局1981年版，第826页。

保证担保的数额，保证合同有约定时依其约定，无约定时，《民法典》第691条的规定有适用的余地，再就是结合个案案情予以确定。

2. 债务人履行债务的期限。债务人履行债务的期限是衡量债务人是否违约的标准之一，也是保证人是否实际承担保证责任的因素之一，因而应该明确规定。它有两种情形：一为期日，二为期间。

3. 保证的方式。保证的方式包括一般保证方式和连带责任保证方式。不同的保证方式对当事人的利益有较大影响，应予明确规定。未约定时按一般保证论（《民法典》第686条第2款）。

4. 保证担保的范围。保证担保的范围依当事人在保证合同中的约定确定，无约定时按《民法典》第691条规定处理，即包括主债权及利息、违约金、损害赔偿金和实现债权的费用。法[2019]254号第55条规定，担保人承担的担保责任范围不应当大于主债务，是担保从属性的必然要求。当事人约定的担保责任的范围大于主债务的，如针对担保责任约定专门的违约责任、担保责任的数额高于主债务、担保责任约定的利息高于主债务利息、担保责任的履行期先于主债务履行期届满等，均应当认定大于主债务部分的约定无效，从而使担保责任缩减至主债务的范围。

讨论｜担保责任范围与定金的关系

在一俄罗斯钢材买卖合同纠纷案件中，买受人乙公司向出卖人甲公司依约交付了100万元人民币的定金，与保证人丙公司签订了保证合同，但未约定担保范围；与丁公司签订了财团抵押合同，但未办理抵押登记手续。合同的履行情况是，出卖人届时无货可交，经催告依然如故，构成根本违约。乙公司请求丙公司承担保证责任，是否包括100万元人民币定金的双倍返还？本书作者持否定态度，因为定金合同与俄罗斯钢材买卖合同为各自独立的合同，定金之债不属于该买卖合同项下的主债权及其利息，亦不属于该买卖合同被违反所产生的违约金、损害赔偿金，更不属于乙公司实现债权的费用。一句话，它不属于《民法典》第691条规定的担保范围。不过，乙公司可以曲线救国，不请求丙公司承担100万元定金的双倍返还责任，而是将100万元定金乃至更多数额作为甲公司违约造成损失的一部分，作为甲公司承担违约责任的内容之一，请求丙公司代甲公司承担损害赔偿责任。

5. 保证期间。保证期间为保证责任的存续期间，事关保证人和债权人之间的债权债务能否行使或履行，也是确定保证债务和诉讼时效关系的依据。债权人与保证人可以约定保证期间，但是约定的保证期间早于主债务履行期限或者与主债务履行期限同时届满的，视为没有约定；没有约定或者约定不明确的，保证期间为主债务履行期限届满之日起6个月（《民法典》第692条第2款）。

债权人与债务人对主债务履行期限没有约定或者约定不明确的，保证期间自债权人请求债务人履行债务的宽限期届满之日起计算（《民法典》第692条第3款）。

必须指出，当事人双方关于保证期间的约定未必一律有效。在连带责任保证的情况下，约定的保证期间若短于债务履行期限，则这意味着保证人实际上不可能承担保证责任，故此类约定不发生法律效力。在一般保证的情况下，约定的保证期间若在强制执行主债务人的财产无效果的情形出现之前便已经届满，则这同样意味着保证人实际上不会承担保证责任，故此类约定也不发生法律效力。

6. 双方认为需要约定的其他事项。双方认为需要约定的其他事项，主要指赔偿损失的范围及计算方法、是否设立反担保等。

在一个具体的保证合同中，不完全具备上述条款，尚可补正。其补正依《民法典》第510条和第511条的规定，如此仍不能补正的，法官可依职权填补漏洞。

关于保证合同的表现形式，《民法典》第685条第1款规定，保证合同可以是单独订立的书面合同，也可以是主债权债务合同中的保证条款。《民法典》第685条第2款规定："第三人单方以书面形式向债权人出具担保书，债权人接受且未提出异议的，保证合同成立。"这表明法律关于保证合同形式的规定不是强制性规定。

（四）保证合同的不成立、无效及所生责任

1. 保证合同无效或保证人不承担责任的情形

按照中国现行法的规定，保证合同无效或保证人不承担保证责任的情形如下：（1）法人的分支机构、职能部门未经法人书面授权或超出授权范围与债权人订立保证合同的，保证合同无效（法释[2000]44号第17条、第18条），但法人的分支机构、职能部门签订保证合同构成表见代理的，依据《合同法》第49条的规定，该法人不得主张保证合同无效。（2）主合同当事人双方恶意串通，骗取保证人提供保证的，保证人不承担民事责任（《民法典》第154条）。（3）主合同债务人采取欺诈、胁迫等手段，使保证人在违背真实意思的情况下提供保证的，债权人知道或应当知道欺诈、胁迫事实的，保证人不承担民事责任（法释[2000]44号第40条）。在保证人受欺诈、胁迫而签订保证合同场合，该规定为特别规定，应当优先适用，主合同的债权人、债务人无权援用《民法典》第152条第2款的规定予以抗辩。（4）除经国务院批准为使用外国政府或者国际经济组织贷款进行转贷外，国家机关未经国务院批准而与债权人订立保证合同的，保证合同无效（《民法典》第683条第1款）。（5）学校、幼儿园、医院等以公益为目的的事业单位与债权人订立保证合同的，保证合同无效（《民法典》第683条第2款）。（6）《公司法》第16条、第148条第3项规定，董事、高级管理人员不得违反公司章程，未经股东会、股东大会或董事会的同意，以公司财产为公司股东、实际控制人或其他人的债务提供担保。如果违反了，即构成越权行为，应适用《民法典》第61条第3款、第504条的规定，在担保权人对此类越权行为为恶意的,公司有权因此而否认该越权行为的效力。

法释[2000]44号还专就对外担保合同规定了如下的无效原因:(1)未经国家有关主管部门批准或登记对外担保的;(2)未经国家有关主管部门批准或登记,为境外机构向境内债权人提供担保的;(3)为外商投资企业注册资本、外商投资企业中的外方投资部分的对外债务提供担保的;(4)无权经营外汇担保业务的金融机构、无外汇收入的非金融性质的企业法人提供外汇担保的;(5)主合同变更或债权人将对外担保合同项下的权利转让,未经担保人同意和国家有关主管部门批准的,担保人不再承担担保责任。但法律、法规另有规定的除外(第6条)。

本来,中国现行法关于对外担保无效的规定,均源自部门规章,按照《民法典》第153条第1款及法释[1999]19号第4条的规定,认定合同无效所依据的法律限定在法律、行政法规,部门规章和地方规章不得作为认定合同无效的依据。但是,这有时不符合实际的需要。对此,拙作《合同法总论》(上卷)已经作了较为详尽的分析,[1]此处不再赘述。

还应指出,法释[2000]44号对保证合同承认有可以撤销的原因。债务人和保证人共同欺骗债权人,订立主合同和保证合同的,债权人可以请求人民法院予以撤销。因此,给债权人造成损失的,由保证人和债务人承担连带赔偿责任(第41条)。

2. 保证合同无效所生责任

保证合同被确认无效后,债务人、保证人、债权人有过错的,应当根据其过错各自承担相应的民事责任(《民法典》第682条第2款)。从性质上看,该民事责任为缔约过失责任,其责任方式为赔偿损失。

其赔偿范围是债权人相信保证合同有效但实际上却无效所受损失的赔偿,即信赖利益的赔偿。在主合同有效、保证合同无效的情况下,该信赖利益的赔偿表现为:(1)缔约费用,包括邮电费用、赴订约地所支出的合理费用;(2)准备接受保证人承担保证责任所支出的合理费用;(3)债权人支出上述费用所失去的利息;(4)丧失签订有效的保证合同的机会所遭受的损失。

前三项为直接损失,在所立保证为一般保证或连带责任保证中没有区别;后一项为间接损失,在所立保证为一般保证的场合,只要未出现对债务人的财产依法强制执行无效果的事实,债权人就能够从债务人处实现债权,实际上无须保证人承担保证责任,保证合同有效抑或无效没有关系,也就是说,债权人不存在该项间接损失,保证人不负赔偿间接损失之责;在对债务人的财产依法强制执行无效果的情况下,实际上需要保证人承担保证责任,保证合同的有效抑或无效直接影响(债权人)债权实现的程度,债权人因保证合同无效而遭受的该项间接损失,保证人应负责赔偿,具体数额依个案而定,难以用一抽象术语概括。在所立保证为连带责任保证场

[1] 参见崔建远:《合同法总论》(上卷),中国人民大学出版社2008年版,第286~291页。

合，债务人迟延履行、不完全履行、拒绝履行、不能履行均可产生违约责任，保证人在任何一种情况下均负相应的责任，其责任范围应当包括债权人遭受的间接损失，只不过具体数额需要依个案而定。

在主合同和保证合同均为无效的情况下，保证人所负的信赖利益的赔偿，同样包括债权人的直接损失和间接损失。其直接损失包括缔约费用和相应的利息，一般不包括准备接受保证人承担保证责任所支出的费用。因为债权人在明知主合同无效乃至明知保证合同无效时，不应作接受保证责任的准备。这里的间接损失的数额因主合同无效而相对降低，比在主合同有效但保证合同无效情况下的间接损失额低些。

为使在保证合同无效、被撤销时保证人承担缔约过错责任更具有可操作性，法释[2000]44号区分情况而作了如下规定：(1)在董事、高级管理人员违反《公司法》的规定，违反公司章程，未经股东会、股东大会或董事会的同意，以公司财产为公司股东、实际控制人或其他人的债务提供担保，担保合同因此而无效的情况下，除债权人知道或应当知道的外，债务人、担保人应当对债权人的损失承担连带赔偿责任(第4条)。(2)主合同有效而担保合同无效，债权人无过错的，担保人与债务人对主合同债权人的经济损失，承担连带赔偿责任；债权人、担保人有过错的，担保人承担民事责任的部分，不应超过债务人不能清偿部分的1/2(第7条)。(3)主合同无效而导致担保合同无效，担保人无过错的，担保人不承担民事责任；担保人有过错的，担保人承担民事责任的部分，不应超过债务人不能清偿部分的1/3(第8条)。

三、保证方式

(一)一般保证与连带责任保证

保证方式在中国现行法上被分为一般保证和连带责任保证。所谓一般保证，是指当事人在保证合同中约定，债务人不能履行债务时，由保证人承担保证责任的保证(《民法典》第687条第1款)。[1] 所谓连带责任保证，是指当事人在保证合同中约定保证人与债务人对债务承担连带责任的保证(《民法典》第688条第1款)。这两种保证之间最大的区别在于保证人是否享有先诉抗辩权。在一般保证的情况下，保证人享有先诉抗辩权，即"一般保证的保证人在主合同纠纷未经审判或者仲裁，并就债务人财产依法强制执行仍不能履行债务前，对债权人可以拒绝承担保证责任"(《民法典》第687条第2款)。而在连带责任保证的情况下，保证人不享有先诉抗辩权，即"连带责任保证的债务人在主合同规定的债务履行期届满没有履行债

〔1〕 需要注意，这里的"不能履行"，应当严格按照传统民法及其理论关于不能履行的界定予以解释，即不包括金钱债务场合债务人暂无资金而无法付清届期钱款的情形，也不包括种类物之债场合仅仅是债务人届期没有标的物交付给债权人的情形。

务的,债权人可以要求债务人履行债务,也可以要求保证人在其保证范围内承担保证责任”(《民法典》第688条第2款)。

上述情况表明,保证人在不同的保证方式中所处的地位不同,其利益受到法律保护的程度也有差异。一般而言,保证人在一般保证中的地位较为优越,往往并不实际承担任何责任;保证人在连带责任保证中的地位不太有利,只要债务人不履行其债务,保证人就得满足债权人提出的承担保证责任的请求。于此场合,法律对保证人和债务人同等保护。既然如此,保证人承担何种方式的保证责任就显得十分重要,需认真对待,最好是在保证合同中明确约定。“当事人在保证合同中对保证方式没有约定或者约定不明确的,按照一般保证承担保证责任”(《民法典》第686条第2款)。

(二)单独保证与共同保证

保证方式,从保证人的数量角度来看,尚有单独保证和共同保证之分。单独保证,是指只有一个保证人担保同一债权的保证。除非另有指明,我们通常所说的保证就是指的单独保证。

共同保证,是指数个保证人担保同一债权的保证。具体而言,一是保证人必须二人以上,至于是自然人还是法人抑或是法律认可的其他组织,在所不问;二是数个保证人担保同一债务,如果数个保证人分别保证各自的债务,彼此之间无关联,那么,仍为单独保证,而非共同保证。

数个保证人和债权人签订一个保证合同固然可以成立共同保证,而签订数个保证合同共同担保同一债权也可以成立共同保证,并且这些合同是同时成立还是先后成立,彼此间有无意思联络,均在所不问。[1]

探讨 | 共同保证的效力与连带责任保证

关于共同保证的效力,《民法典》第699条规定:“同一债务有两个以上保证人的,保证人应当按照保证合同约定的保证份额,承担保证责任。没有约定保证份额的,保证人承担连带责任,债权人可以要求任何一个保证人承担全部保证责任。”学说认为,这种连带系保证人之间的连带,而非保证人与主债务人之间的连带,故谓之“保证连带”,因与“连带责任保证”有所区别。这种保证人既然不与主债务人负连带责任,那么其保证债务除具有从属性外,还具有补充性,因此,各保证人对于债权人均有先诉抗辩权。这种观点在以一般保证为典型方式的立法上有理有据。

无论是在一般保证还是在连带责任保证中,既然数个保证人之间负连带责

---

〔1〕 参见郑玉波:《民法债编各论》(下),三民书局1981年版,第890~891页。

任,那么就应适用连带债务的规范,即使其给付可分,也不得对债权人主张分割利益。[1] 这类保证人对主债务人来说,因无分担部分可言,所以一个保证人在承担全部保证债务后,可以向主债务人追偿。但各保证人之间仍有分担部分问题,于是,已经承担保证债务的保证人有权请求免负保证责任的保证人实际承担其应当负担的份额。[2]

应该指出,《民法典》允许数个保证人约定各自应负的保证份额,并据此执行(第699条前段)。

(三)定期保证与无期保证

保证方式依保证是否定有期限作标准,可划分为定期保证和无期保证。定期保证,是指保证合同约定有保证人承担保证责任的期限,保证人仅于此期限内负其责任,债权人未在此期限内对债务人或保证人提起诉讼或申请仲裁的,保证人即免负其责。无期保证,是指保证合同未约定保证期限,债权人有权自主债务履行期届满之日起6个月内请求保证人承担保证责任的保证(《民法典》第692条第2款)。主合同对主债务履行期限没有约定或约定不明的,保证期间自债权人要求债务人履行义务的宽限期届满之日起计算(《民法典》第692条第3款)。可见,所谓无期保证中的无期,只是保证合同未约定期限,法律早已规定了期限。

(四)诉讼程序中的保证与诉讼程序外的保证

依是否在诉讼程序中设立作标准,保证可分为诉讼程序中的保证和诉讼程序外的保证。后者为常态的保证,前者在《民事诉讼法》上有财产保全措施中的保证(第100条、第101条、第104条)、先予执行措施中的保证(第107条)、执行程序中的保证(第231条)。前后二者有许多不同点:(1)发生的场合不同:后者发生于正常的经营活动之中;前者发生于诉讼程序中或当事人提起诉讼之前,但与诉讼活动有关。(2)产生的根据不同:后者是基于保证合同的约定而产生的;前者是基于《民事诉讼法》的有关规定或人民法院的要求而产生的。(3)目的不同:后者是为了保证债权实现或债权人不受损害而存续的;前者因其发生的诉讼阶段不同及针对的对象不同而有其不同的目的。财产保全和先予执行是为了使被采取诉讼保全措施或被采取先予执行措施的当事人,不至于因申请人的错误申请而遭受损失;财产保全措施是为了防止其移转财产,逃避其最终可能要履行的义务;执行阶段的保证是为了达到暂缓执行的目的,同时又不至于使被执行人在暂缓执行期间丧失履行能力而最终不能履行人民法院的判决。(4)所保证的债务的具体内容不同:后者的保证人所保证的内容是债务人履行债务;前者的保证人所保证的是为了使申请人或

---

〔1〕 参见郑玉波:《民法债编各论》(下),三民书局1981年版,第890~891页。
〔2〕 参见郑玉波:《民法债编各论》(下),三民书局1981年版,第890~891页。

被申请人的合法权益不至于在人民法院的诉讼中，因当事人的错误申请而遭受不必要的损失。[1]

诉讼程序中的保证是向人民法院提出的，人民法院对保证人的资格及所保证的内容进行了审查，各方面的权利义务关系均比较清楚，对于保证人应否承担责任以及承担什么样的责任均比较明确。因此，当需要保证人承担责任时，不必再经过诉讼程序，可以由人民法院直接裁定。

（五）有限保证与无限保证

依当事人是否约定保证担保的范围为标准，保证方式可以划分为有限保证和无限保证。所谓有限保证，是指当事人自由约定担保范围的保证。当然，该约定的范围不得超出主债务的范围，这是由保证的附从性决定的。所谓无限保证，是指当事人未特别约定保证担保的范围，依据法律的规定确定该范围的保证。

（六）继续的保证与一时的保证

依保证是否具有继续的债权关系的特征为标准，保证方式还可以划分为继续的保证和一时的保证。前者是指具有继续的债权关系特征的保证，如职务保证、租赁的保证，以及支票透支、赊卖货物等继续的交易关系的保证。后者是指具有一时的债权关系特征的保证，如普通买卖的价款保证、普通借款的保证等。[2]

（七）将来债务的保证与既存债务的保证

保证方式还有将来债务的保证和既存债务的保证之分。前者指为将来存在的债权债务设定的保证，如最高额保证；后者指为已经存在的债权债务设定的保证，这是保证的常态。

四、保证担保的范围

保证担保的范围，亦即保证债务的范围，或称保证责任的范围。《民法典》第691条对此规定："保证的范围包括主债权及利息、违约金、损害赔偿金和实现债权的费用。当事人另有约定的，按照约定。"所谓另有约定，可以是约定单就本金债权为保证，不保证利息；也可以是约定仅就债权的一部分设定保证；还可以是约定只保证缔结保证合同时已存的债权，而不及后扩张的部分。应注意，基于保证的附从性，约定的保证担保的范围不得超出主债务的数额，否则，超出部分无效。

在当事人未约定保证担保的范围时，基于《民法典》第691条的规定，保证人应对主债的全部债务承担保证责任。所谓全部债务，包括主债权及利息、违约金、损害赔偿金和实现债权的费用。

---

〔1〕 参见刘成祥：《保证制度的若干理论与实务》，吉林大学1986年硕士学位论文。

〔2〕 参见张龙文：《民法债权实务研究》，汉林出版社1977年版，第223页。

五、债权人与保证人之间的关系

(一)债权人的权利

1. 债权人请求保证人承担保证责任的前提和条件

债权人对保证人享有请求其承担保证责任(履行保证债务)的权利。该权利的行使以主债务人不履行其债务为前提,以保证责任已届承担期为必要。在一般保证中,在保证责任已届承担期时,虽然债权人有权行使上述请求权,但在主债务人已经适当给付或承担应负责任的情况下,或在对主债务人的财产依法强制执行有效果的情况下,保证人有权主张先诉抗辩权,拒绝承担保证责任。如果保证人不行使抗辩权,那么,债权人可以对主债务人和保证人有效地行使两个请求权,并可以同时或先后请求其为全部履行或一部履行。当然,在任何一方为一部或全部清偿时,其债务(责任)因而缩减或消灭。在连带责任保证中,保证责任已届承担期,债权人请求保证人实际承担保证责任的,保证人无先诉抗辩权,但有主债务已适当履行或相应责任已经承担的抗辩权。

2. 债权人请求保证人承担保证责任的期间

债权人请求保证人承担保证责任的期间,首先,有约定时依约定,但约定的期间不得早于或等于主债务的履行期限。其次,当事人无约定,或者约定的期间早于或等于主债务的履行期限的,债权人请求保证人承担保证责任的期间,应自主债务履行期届满之日始,至 6 个月届满时止(《民法典》第 692 条第 2 款)。再次,但在保证人有权行使先诉抗辩权的情况下,保证人不负迟延责任。于此期间,债权人不得以保证责任与他对保证人的债务加以抵销。最后,债权人申报债权后在破产程序中未受清偿的部分,保证人仍应承担保证责任。债权人要求保证人承担保证责任的,应当在破产程序终结后 6 个月内提出(法释[2000]44 号第 44 条第 2 款)。

(二)保证人的保证责任

1. 保证责任与保证债务的关系

保证责任,并非保证人违反民事义务的后果,而是直接基于保证合同而产生的第一性义务,按照中国法学界关于责任为违反第一性义务所产生的第二性义务的通说,它不是民事责任,而是真正的民事义务,称为保证债务。但是按照大陆法系关于民事责任为债的一般担保的通说,保证责任的确为债的一般担保,加上民法学界已经习惯把保证债务叫作保证责任,所以,本书仍把保证责任和保证债务作为同义语来使用。

2. 代偿能力与保证责任的承担

具有代偿能力的保证人承担保证责任,这无疑义。问题在于,不具有完全代偿能力的法人、其他组织或自然人,以保证人的身份订立保证合同,与《担保法》关于保证人应具有代偿能力的要求(第 7 条)不一致,如何处理?法释[2000]44 号规定,他们以自己没有代偿能力为由要求免除保证责任的，人民法院不予支持（第14条）。该司法解释还具体规定，企业法人的分支机构经法人书面授权提供保证的，如果法人的书面授权范围不明，那么，法人的分支机构应当对保证合同约定的全部债务承担保证责任（法释[2000]44号第17条第2款）。企业法人的分支机构经营管理的财产不足以承担保证责任的，由企业法人承担民事责任（法释[2000]44号第17条第3款）。

结合程序法考虑这个问题，应适用法释[2000]44号第124条关于“企业法人的分支机构为他人提供保证的，人民法院在审理保证纠纷案件中可以将该企业法人作为共同被告参加诉讼。但是商业银行、保险公司的分支机构提供保证的除外”的规定，以求快捷、经济。

3. 在最高额保证合同场合保证责任的承担

最高额保证合同的不特定债权确定后，保证人应当对在最高债权额度内就一定期间连续发生的债权余额承担保证责任（法释[2000]44号第23条）。

4. 主合同解除与保证责任的承担

主合同解除后，保证人对债务人应当承担的民事责任仍应承担保证责任，除非保证合同另有约定（法释[2000]44号第10条）。

5. 特殊的保证责任

保证责任的典型形式是在主债务人不履行债务时，保证人代为履行或承担赔偿责任。如果借款人未专款专用致使不能及时或全部还本付息，即构成违约，那么，于此场合保证人向债权人承担的是典型的保证责任。如果借款人未专款专用并未造成不能及时或全部还本付息的后果，那么，于此场合保证人向债权人承担的责任是一种特殊的保证责任。例如，法释[2000]44号第26条前半段规定，第三人向债权人保证监督支付专款专用的，在履行了监督支付专款专用的义务后，不再承担责任。未尽监督义务造成资金流失的，应当对流失的资金承担补充赔偿责任。再如，法释[2000]44号第27条规定，保证人对债务人的注册资金提供保证的，债务人的实际投资与注册资金不符，或者抽逃转移注册资金的，保证人在债务人注册资金不足或者抽逃转移注册资金的范围内承担连带保证责任。

至于实务中出现的“保证协助借款人筹集资金以偿还贷款”“保证债务人将所借资金投入生产过程中所产出的产品合格”等所谓“保证”，实质上是安慰函，不发生《担保法》所设置的保证的效力。

（三）保证人的权利

保证合同是单务、无偿的合同，保证人对债权人不享有请求给付的权利，所享有的只是抗辩权或其他防御性的权利。

1. 主张债务人权利的权利

保证具有附从性，因而主债务人对于债权人所有的抗辩或其他类似的权利，保证人均可主张。

(1)关于主债务人的抗辩权

《民法典》第701条前段规定:“保证人可以主张债务人对债权人的抗辩。”该抗辩权主要有三类:其一,权利未发生的抗辩权。例如,主合同未成立,保证人对此不知情,于此场合,保证人可对债权人主张主债权未成立的抗辩。其二,权利已消灭的抗辩权。例如,主债权因适当履行而消灭。保证人可对债权人主张权利已消灭,拒绝债权人的履行请求。其三,拒绝履行的抗辩权。例如,时效完成的抗辩权、同时履行抗辩权、不安抗辩权、先履行抗辩权等。即使债务人放弃上述抗辩权,保证人也有权主张,因为保证人主张主债务人的抗辩权并非代为主张,而是基于保证人的地位而独立行使。

(2)关于主债务人的其他类似权利

这里的其他类似权利有撤销权和抵销权。在撤销权方面,如在主债务人对其主合同有撤销权时,保证人对债权人可以拒绝履行,也就是保证人可以把主债务人的撤销权作为自己抗辩的事由。

2. 基于保证人的地位而特有的抗辩权

基于保证人的地位而特有的抗辩权,在实体法上,就是先诉抗辩权,一般保证的保证人享有此权。

先诉抗辩权,又称检索抗辩权,是指保证人在债权人未就主债务人的财产依法强制执行而无效果时,对于债权人可拒绝清偿的权利。《民法典》未使用这个表述,而是采用“就债务人财产依法强制执行仍不能履行债务前,有权拒绝向债权人承担保证责任”(第687条第2款)的用语,因为金钱债务没有不能履行,种类债务也大多不构成不能履行,所以,在种类之债及金钱之债中,一般保证就会名存实亡,保证责任基本上不会实际承担,先诉抗辩权变成无条件的、永不消失的权利。这显然违背《担保法》的立法目的,需要重新诠释这里的“不能履行”,将“就债务人财产依法强制执行仍不能履行债务前,对债权人可以拒绝承担保证责任”解释为“就债务人财产依法强制执行无效果前,对债权人可以拒绝承担保证责任”。所谓依法“强制执行无效果”,包括执行结果不能清偿债务或不足清偿债务诸情形。例如,拍卖主债务人的财产无人应买,或拍卖所得价款仅能清偿一部分债务,或主债务人虽有财产却不知其所在等。对此,法释[2000]44号第131条已经明确:“本解释所称‘不能清偿’指对债务人的存款、现金、有价证券、成品、半成品、原材料、交通工具等可以执行的动产和其他方便执行的财产执行完毕后,债务仍未能得到清偿的状态。”

把《民法典》第687条第1款规定的“当事人在保证合同中约定,债务人不能履行债务时,由保证人承担保证责任的,为一般保证”之中的“债务人不能履行债务”,解释为不包括在金钱债务场合债务人没有资金付清届期的欠款(破产场合的情况复杂,暂不议论);将《民法典》第687条第2款关于“就债务人财产依法强制执行仍不能履行债务前,对债权人可以拒绝承担保证责任”的规定,解释为“就债务人财产依法强制执行无效果前,对债权人可以拒绝承担保证责任”,在实务中已经显示出重要价值。

先诉抗辩权既可通过诉讼方式行使,也可以在诉讼外行使。但按照《民法典》第687条第2款的规定,在下列四种情况下不得行使:其一,债务人下落不明,且无财产可供执行(法释[2000]44号第25条)。本书认为,住所变更无论是在国内迁徙还是移居国外,并不限定,关键是导致债权人请求主债务人履行债务发生重大困难。对重大困难的判断,应综合诉讼及执行的难易程度、债务人的财产状况等客观情况进行。关于住所变更的时间,必须是在保证合同成立之后,而不能是成立之前或当时。其二,人民法院已经受理债务人破产案件。债权人于此期间不能从主债务人处获得满足,甚至将来也是如此,只有保证人实际承担保证责任才会实现债权,于是法律不允许保证人行使先诉抗辩权。其三,债权人有证据证明债务人的财产不足以履行全部债务或者丧失履行债务能力。其四,保证人以书面形式放弃先诉抗辩权。既然保证人放弃此权,那么,法律就无必要对其特别保护,故而不允许其再主张先诉抗辩权。

基于保证人的地位而特有的抗辩权,结合程序法,保证人可以基于法释[2000]44号第130条关于“在主合同纠纷案件中,对担保合同未经审判,人民法院不应当依据对主合同当事人所作出的判决或者裁定,直接执行担保人的财产”的规定,对抗债权人关于承担保证责任的主张。

3. 基于一般债务人的地位应有的权利

在保证关系中,保证人是债务人,因而一般债务人应有的权利,保证人也应享有。例如,在保证债务已经单独消灭时,保证人有权主张;在保证债务未届清偿期的场合,保证人有权抗辩;在保证合同不成立、无效或被撤销致使保证债务不存在时,保证人有权拒绝履行保证债务;在保证债务罹于诉讼时效时,保证人亦可拒绝负责。

六、保证人与主债务人之间的关系

保证本为保证人和债权人之间的关系,其效力原本不包含保证人和主债务人之间的关系,但保证人和主债务人之间毕竟存在追偿权、代位权和保证责任除去请求权等内容,故有必要讨论。

(一)保证人的追偿权

1. 保证人的追偿权的概念

保证人的追偿权,又称保证人的求偿权,是指保证人在承担保证责任后,可以向主债务人请求偿还的权利。保证人承担保证责任,对债权人与保证人之间的关系来说,形式上属于清偿自己的债务,但对主债务人和保证人之间的关系而言,实质上仍然属于清偿他人(主债务人)的债务。于是,自然有"保证人承担保证责任后,有权向债务人追偿"(《民法典》第 700 条)的必要。

2. 保证人的追偿权的要件

(1)必须是保证人已经对债权人承担了保证责任。此处所谓对债权人承担了保证责任,包括保证人代债务人向债权人为主债关系中的给付义务的清偿,或向债权人承担损害赔偿责任,保证人向债权人为代物清偿或以物抵债,或抵销,或提存。[1] 保证人的追偿,必须限于自己有所给付,致使有偿地消灭主债务人对于债权人的责任。假如自己毫无给付,仅因其尽力致使主债务消灭,如说服债权人,使债权人免除主债务人的债务,则不得向主债务人追偿。[2]

(2)必须使主债务人对债权人因保证而免责。如果主债务人的免责不是由保证人承担保证责任的行为引起的,那么保证人就没有追偿权。再者,在保证人的给付额高于主债务人的免责额时,如以价值超过主债务数额之物抵债或代物清偿,保证人只能就免责额追偿;在保证人的给付额低于主债务人的免责额时,保证人只能就给付额追偿。[3]

(3)必须是保证人没有赠与的意思。这是保证人的追偿权的消极要件,保证人在行使追偿权时不必就此举证。

3. 保证人的追偿权的效力

(1)在保证人受主债务人的委托而为保证场合的效力

如果保证人系基于主债务人的委托而产生的,那么保证人和主债务人之间的关系属于委托合同关系,应适用委托合同规范处理。具体而言,保证人为受托人,他承担保证责任而使主债务人(委托人)免去对债权人的责任,属于处理委托事务。于是,保证人承担保证责任所支付的原本、利息和必要费用均可向主债务人追偿;保证人承担保证责任因不可归责于自己的事由,遭受损害的,可向主债务人请求损害赔偿。不过,保证人不得基于委托合同关系,请求主债务人预付承担保证责任所需必要费用,因为这与保证的目的不合。[4]

保证人接受委托而为保证,基于受托人的地位,承担保证责任应当顾及主债务人的利益,故其于知悉主债务人有权利不发生、权利已经消灭或拒绝给付等各种抗辩或抗辩权时,自应对债权人行使;若不行使,而对债权人承担保证责任的,该项付出不构成委托合同中的必要费用,不得向主债务人追偿。至于保证人不知主债务人享有这些抗辩或抗辩权,向债权人承担保证责任的,仍可认为该项付出系因处理

〔1〕 参见刘春堂:《民法债编各论》(下),三民书局 2008 年版,第 365 页。
〔2〕 参见刘春堂:《民法债编各论》(下),三民书局 2008 年版,第 365 页。
〔3〕 参见刘春堂:《民法债编各论》(下),三民书局 2008 年版,第 365 ~ 366 页。
〔4〕 参见刘春堂:《民法债编各论》(下),三民书局 2008 年版,第 366 ~ 367 页。

委托事务而支出的必要费用，保证人有权向债务人追偿。不过，保证人如因过失而不知主债务人享有上述抗辩或抗辩权，以致向债权人承担保证责任的，则应对主债务人因此遭受的损失承担赔偿责任。再者，保证人在向债权人承担保证责任后，怠于通知主债务人，致主债务人因不知其情事而再向债权人为清偿的，应当解释为保证人丧失对主债务人的追偿权。[1]

(2)保证人未受主债务人委托而为保证

如果保证人和主债务人之间为无因管理关系，保证人承担保证责任符合法律规定、社会常理及主债务人的正确意见，那么，保证人就此支付的原本、利息和必要费用可请求主债务人偿还，如有损害尚可请求赔偿。假如保证人承担保证责任违反法律规定、社会常理、主债务人的正确意见，那么，保证人就此支付的原本、利息和必要费用虽可向主债务人追偿，但也只能在主债务人获得利益的限度内主张。

(3)共同保证人的追偿权

关于共同保证人的追偿权问题，应分别情况予以对待：其一，如果保证人之间按份对主债务承担保证责任，则各个保证人按份向债权人履行保证债务。按份共同保证的保证人在按照保证合同约定的保证份额承担保证责任后，在其履行保证责任的范围内对债务人行使追偿权（法释[2000]44 号第 21 条）。保证人履行的债务大于其保证债务的，其大于部分无权向主债务人主张追偿。其二，如果各共同保证人对债务负连带保证责任，则每一个保证人都有义务向债权人履行全部保证债务。连带共同保证的保证人承担保证责任后，向主债务人不能追偿的部分，由各连带保证人按其内部约定的比例分担。没有约定的，平均分担（法释[2000]44 号第 20 条第 2 款）。其三，在人民法院受理债务人破产案件后，债权人未申报债权的，各连带共同保证的保证人应当作为一个主体申报债权，预先行使追偿权（法释[2000]44 号第 46 条）。

(4)预先行使追偿权

原《担保法》第 32 条规定："人民法院受理债务人破产案件后，债权人未申报债权的，保证人可以参加破产财产分配，预先行使追偿权。"这包括两种情况：其一，在主债务人破产时，已经履行保证债务的保证人可以将其追偿权作为破产债权，参加破产程序。保证人履行了自己承担的保证债务的，即从债权人处取得代位权和向主债务人的追偿权。如果主债务人破产，那么保证人可以破产财产的债权人的身份参加破产程序，并将其对主债务人的追偿权作为破产债权，从破产财产中获得清偿。其二，在主债务人破产时，保证人并未实际履行保证债务的，亦可以其将来的追偿权为破产债权，参加破产程序。保证人虽然尚未实际履行保证债务，但主债务人

---

[1] 参见史尚宽：《债法各论》，荣泰印书馆股份有限公司 1981 年版，第 871 ~ 872 页；刘春堂：《民法债编各论》（下），三民书局 2008 年版，第 367 页。

既已破产，自然不能履行其主债务，于此场合，债权人要求保证人履行保证债务几乎是必然的。因此，应当允许保证人以其将来的追偿权为破产债权，参加破产程序。这从法释[2000]44 号第 44 条第 2 款关于“债权人申报债权后在破产程序中未受清偿的部分，保证人仍应当承担保证责任。债权人要求保证人承担保证责任的，应当在破产程序终结后六个月内提出”的规定中可以看出。因为在连带保证的情况下，债权人可以要求保证人或主债务人任何一方首先履行义务；而在一般保证的情况下，根据《民法典》第 687 条第 2 款的规定，保证人不享有先诉抗辩权，即此时也等同于连带保证。因此，当债权人不申报债权时，应当允许保证人预先行使追偿权。但是，债权人已经将其债权总额作为破产债权参加了破产程序的，则保证人不得再以其将来的追偿权参加破产清偿。这是因为：其一，此时债权人已经参加了破产程序，如果允许保证人的追偿权再加入破产债权，则在实质上会产生同一债权双重加入的结果，损害了主债务人的利益，也就损害了破产债权人的合法权益。其二，同时，既然债权人参加了破产程序，债权人的债权已通过破产程序得到部分满足，那么，对保证人而言，也无所谓追偿权问题。其三，即便债权人未能依破产程序获得全部清偿，虽然他可就未清偿部分要求保证人履行，但因债权人已加入破产程序，保证人即使对这部分债务为履行，也仍不能再加入破产程序。其四，债权人获部分清偿后，破产程序已告结束，保证人也无从加入破产程序，他因履行保证债务而遭受的损失只能由其自身承担，这由其承担保证责任的风险所致。[1]

(5)保证人向物上保证人的追偿

在既有人的担保又有物的担保的情况下，保证人在承担了保证责任之后，在物上保证人为主债务人的情况下，可以向物上保证人(主债务人)追偿；在物上保证人为第三人的情况下，只要各担保人之间已经约定了各自的担保份额，保证人就不宜要求物上保证人向自己清偿应当分担的份额。其理由如下：其一，多个担保方式共同担保同一个债权，在性质和功能上没有按份担保的天然要求，而是各自承担着担保全部债权的责任。其二，担保责任并非终局的责任，只是过渡性质的债务，最终的责任由主债务人承担。既然如此，在无分担份额约定的情况下，令各担保人依照份额来承担担保责任，意味着人为地把法律关系复杂化了，增加成本。对此，回想一下连带债务场合的内部关系都是按份处理，而不再按连带处理，就会明白。当然，在法释[2000]44 号第 38 条第 1 款后段关于“当事人对保证担保的范围或者物的担保的范围没有约定或者约定不明的，承担了保证责任的担保人，可以……要求其他担保人清偿其应当分担的份额”的规定未修改之前，允许保证人请求其他担保人分担相应的份额，有法律根据。

但是，必须指出，法释[2000]44 号第 38 条第 1 款后段的规定不合法理，也有失

---

〔1〕 参见刘成祥：《保证制度的若干理论与实务》，吉林大学 1986 年硕士学位论文。

权衡。其原因在于，其一，所谓“当事人对保证担保的范围或者物的担保的范围没有约定或者约定不明的”，是个伪问题。因为只要未约定或约定不明，担保范围就可以依据《民法典》第 691 条的规定，加以确定，范围就是明确的。在这样的情况下，还允许承担担保责任者请求其他担保人分担相应的份额，同样是人为地将法律关系复杂化，增加成本。其二，这降低了共同保证、共同抵押等制度的存在价值，显得法律规定它们是在浪费笔墨。其三，这使担保人面临随时被人追讨甚至陷入诉讼的境况。

(6)保证人的追偿权与诉讼时效

保证人的追偿权为一新成立的权利，应适用《民法典》第 188 条规定的 3 年时效，并从保证人应当承担保证责任之日起开始计算。

(7)追偿权行使的方式

在主债务人不主动偿还债务的情况下，保证人既可以采取一般途径请求债务人偿还，也可以依靠司法途径主张。人民法院判决保证人承担保证责任或赔偿责任的，应当在判决书主文中明确保证人享有追偿权。判决书未予明确追偿权的，保证人只能按照承担责任的事实，另行提起诉讼(法释[2000]44 号第 42 条第 1 款)。

(二)保证人的代位权

1. 保证人的代位权的概念

保证人的代位权，是指保证人在向债权人承担保证责任后，可以取代债权人对于主债务人的地位，行使其债权的权利。

保证人的代位权系取得债权人对于主债务人的权利，是代位债权人行使债权人对于主债务人的权利，在结果上保证人可请求债权人将其对主债务人的对待给付交付于自己；[1]而债权人代位权系债权人以自己的名义代位行使债务人对于第三人的权利，且通说认为行使的结果依据“入库规则”处理，两者不同。

2. 保证人的代位权的构成要件

(1)必须是保证人已经向债权人承担保证责任。此处所谓向债权人承担保证责任，固然指保证人代债务人向债权人为主债关系中的给付义务的清偿，或向债权人承担损害赔偿责任，就是保证人向债权人为代物清偿或以物抵债，或抵销，或提存，只要能够消灭主债关系，均属向债权人承担保证责任。[2]

(2)必须是保证人对主债务人有追偿权。保证人的代位权系为确保其追偿权而设，所以保证人只有对主债务人享有追偿权，才有代位权。这也决定了保证人的

[1] 参见郑玉波：《民法债编各论》(下)(第 6 版)，三民书局 1981 年版，第 853 ~ 854 页；刘春堂：《民法债编各论》(下)，三民书局 2008 年版，第 369、371 页。

[2] 参见刘春堂：《民法债编各论》(下)，三民书局 2008 年版，第 369 页。

代位权的范围,不得超过保证人的追偿权的范围,亦即,不得超过保证人承担保证责任的限度。[1]

3. 保证人的代位权的效力

保证人取得债权人对于主债务人的债权,或者说,债权人对于主债务人的债权在保证人承担保证责任的限度内移转给保证人。此种取得、移转,属于法定取得、移转,保证人一经承担保证责任,便当然地取得债权人对于主债务人的债权,或者说债权人对于主债务人的债权当然地移转给保证人,无须当事人的意思表示。[2]

因为这种依法律规定而当然发生的债权移转,其效果与按照法律行为成立的债权让与无异,所以,不但原本债权,而且该债权的担保,如抵押权、质权、留置权或保证等,以及该债权的其他从属权利及瑕疵,如利息、违约金、主债务人对债权人的抗辩等,也一同移转给保证人,保证人代位取得的债权,与原债权相同。[3]

保证人仅仅承担了部分保证责任的,债权人对于主债务人的债权只能部分移转给保证人,债权人仍保留未受清偿部分的债权。于此场合,保证人所取得的债权与债权人所保留的债权并存。因为债权人的利益不应因保证人承担保证责任而受影响,所以,保证人代位权的行使,不得有害于债权人的利益,因而主债务如有物上保证的,债权人可优先行使该担保物权。[4]

4. 追偿权与代位权的关系

保证人的追偿权系保证人对主债务人的权利,为新成立的权利;代位权系保证人取得债权人对于主债务人的债权,且为债权人原有的权利,并非新成立的权利。这两种权利可以并存,保证人可以选择行使,也可一并行使,唯其中任一权利因行使而达到目的时,另一权利即归消灭。[5]

七、保证债务与诉讼时效

(一)保证期间与诉讼时效的区别

关于保证期间是否为诉讼时效期间,存在不同意见,本书持否定说。其理由如下:(1)按照《民法典》的规定,保证期间允许当事人约定,并且首先看约定,只有在当事人没有约定,或约定的保证期间早于或等于主债务的履行期限时,才采用法律规定的保证期间(第692条第2款)。而诉讼时效期间一律由法律规定,不允许当

---

〔1〕 参见刘春堂:《民法债编各论》(下),三民书局2008年版,第369页。

〔2〕 参见刘春堂:《民法债编各论》(下),三民书局2008年版,第369~370页。

〔3〕 参见中华民国最高法院1929年上字第1235号判例;中华民国最高法院1929年上字第1561号判例;郑玉波:《民法债编各论》(下)(第6版),三民书局1981年版,第852页;刘春堂:《民法债编各论》(下),三民书局2008年版,第369~370页。

〔4〕 参见刘春堂:《民法债编各论》(下),三民书局2008年版,第370页。

〔5〕 参见刘春堂:《民法债编各论》(下),三民书局2008年版,第371~372页。

事人约定。当事人违反法律规定，约定延长或缩短诉讼时效期间、预先放弃诉讼时效利益的，人民法院不予支持（法释[2008]11号第2条）。这与德国民法及其学说关于"虽然消灭时效可以减轻，但不得排除或加重之。也就是说，延长消灭时效期间通常是无效的"[1]的精神不尽一致。（2）如果保证期间届满，债权人一直未向保证人主张履行保证债务，保证债务也未随着主债务的诉讼时效的中断而改为适用诉讼时效期间，那么，保证债务消失，亦即债权人对保证人的债权不复存在（原《担保法》第25条第2款、第26条第2款）。也就是说，保证期间届满使债权本体消灭。而诉讼时效期间届满，仅仅使债务人产生抗辩权，并不消灭债权自身。（3）按照《民法典》第692条第1款规定，保证期间不因任何事由而发生中断、中止、延长的法律后果。而依据《民法典》（第188条、第194条、第195条）的规定，诉讼时效存在中断、中止、延长的制度，尽管有的不同时具备这三项制度。（4）在保证期间内，债权人请求保证人承担保证责任，只要保证人无抗辩事由，保证期间就功成身退，让位于诉讼时效期间（《民法典》第694条、法释[2000]44号第34条）。这一现象本身就表明保证期间不是诉讼时效期间，因为如果它是诉讼时效期间，就不会存在上述"保证期间就功成身退，让位于诉讼时效期间"的问题。（5）保证合同约定有保证期间的，保证期间的起算点为当事人约定的开始时日。保证合同无此约定的，保证期间的起算点为主债务履行期届满的次日。而诉讼时效期间的起算则有所不同，按照《民法典》第694条的规定，一般保证的债权人在保证期间届满前对债务人提起诉讼或申请仲裁的，从保证人拒绝承担保证责任的权利消灭之日起，开始计算保证合同的诉讼时效期间（第694条第1款）。连带责任保证的债权人在保证期间届满前要求保证人承担保证责任的，从债权人请求保证人承担保证责任之日起，开始计算保证合同的诉讼时效期间（第694条第2款）。

附带指出，保证期间也不是除斥期间，理由如下：（1）保证期间允许甚至倡导约定，而除斥期间为法定期间，只有解除权可以约定除斥期间（《民法典》第564条第1款）。（2）保证期间届满，消灭的是债权及其有关的从权利、从义务。而除斥期间届满，消灭的是形成权。（3）在保证期间内，债权人请求保证人承担保证债务的，如果保证人未行使抗辩权，保证期间就功成身退，诉讼时效期间取而代之。除斥期间不存在这个现象。（4）保证期间的起算点的确定如同上述，除斥期间的起算点则因立法者对于不同类型的除斥期间持有不尽相同的价值取向和利益衡量而形形色色。

1. 起算点为权利人知道或应当知道撤销事由之时。除斥期间的起算点为权利人知道或应当知道撤销事由之时的，计有如下几种：（1）在可撤销的合同场合，撤销权的除斥期间自撤销权人知道或应当知道撤销事由时起算（《民法典》第152条第1项）。（2）在债权人撤销权的情况下，撤销权的除斥期间自债权人知道或应当知道

---

[1] [德]迪特尔·梅迪库斯：《德国民法总论》，邵建东译，法律出版社2000年版，第93页。

撤销事由之日起算(《民法典》第 541 条前段)。(3)在赠与人的法定撤销权的场合,撤销权的除斥期间自赠与人知道或应当知道撤销原因之日起算(《民法典》第 663 条第 2 款)。(4)在赠与人的继承人或法定代理人的撤销权的场合,撤销权的除斥期间自该继承人或法定代理人知道或应当知道撤销原因之日起算(《民法典》第 664 条第 2 款)。(5)在协议实现抵押权损害其他债权人利益的情况下,其他债权人撤销该协议的权利,其除斥期间的起算点为知道或应当知道撤销事由之日(原《物权法》第 195 条第 1 款)。

2. 起算点为份额转让之时。共有人的优先购买权,其除斥期间的起算点为份额转让之时(《民法典》第 305 条)。

3. 相对人行使催告权,确定除斥期间的起算点。除斥期间的起算点由相对人行使催告权予以确定的,计有如下情形:(1)在限制行为能力人订立合同场合,相对人通过催告,确定 30 日除斥期间的起算点(《民法典》第 145 条第 2 款);(2)在无权代理场合,相对人通过催告,确定 30 日除斥期间的起算点(《合同法》第 171 条第 2 款);(3)法律没有规定、当事人也没有约定解除权行使期间的,相对人通过催告,确定解除权除斥期间的起算点(《民法典》第 564 条第 2 款)。

4. 起算点为行为发生时。计有如下情形:(1)在效力未定的民事法律行为场合,相对人的撤销权的除斥期间,其起算点应为民事法律行为成立之时(《民法典》第 145 条第 2 款、第 171 条第 2 款)。(2)债权人撤销权的 5 年除斥期间,其起算点为债务人的行为发生之日(《民法典》第 152 条第 2 款)。(3)委托合同中的任意解除权,其除斥期间的起算点为合同成立之日(《民法典》第 933 条)。(4)建筑物区分所有场合业主的撤销权,其除斥期间的起算点应为业主大会或业主委员会的决定公布之时(《民法典》第 280 条第 2 款)。

5. 起算点为通知到达或披露义务履行完毕之时。(1)承租人的优先购买权,其除斥期间的起算点应为出租人通知承租人出卖租赁物之时(《民法典》第 726 条)。(2)在间接代理的情况下,第三人的选择权的除斥期间,其起算点为代理人披露委托人之时(《民法典》第 926 条)。

6. 起算点为形成权成立之日。在商品房买卖合同解除的场合,对解除权的除斥期间法律没有规定或者当事人没有约定……对方当事人没有催告的,其起算点为解除权发生之日(法释[2003]7 号第 15 条第 2 款)。

保证期间是不同于诉讼时效、除斥期间的期间,具有自己的独立地位和价值。因它具有消灭债权本体的效力,故不妨称其为失权期间。

(二)一般保证债务与诉讼时效期间的起算、中断、中止

原《担保法》第 25 条第 2 款关于在合同约定的保证期间和法定的保证期间,“债权人未对债务人提起诉讼或者申请仲裁的,保证人免除保证责任;债权人已提起诉讼或者申请仲裁的,保证期间适用诉讼时效中断的规定”的规定,存在问题。

因为保证债务的诉讼时效期间尚未起算,何谈中断? 此其一。其二,债权人对债务人提起诉讼或申请仲裁,主债务诉讼时效中断,但在就债务人的财产强制执行无效果的事实出现之前,保证人有权拒绝履行保证债务,即不构成保证债务的履行迟延,也就是债权人的债权尚未遭受到来自保证人的违约行为的损害,因而按照诉讼时效期间自权利人知道或应当知道其权利受到侵害时起算的规定衡量,保证债务的诉讼时效期间不起算。法释[2000]44 号第 125 条关于"一般保证的债权人向债务人和保证人一并提起诉讼的,人民法院可以将债务人和保证人列为共同被告参加诉讼。但是,应当在判决书中明确在对债务人财产依法强制执行后仍不能履行债务时,由保证人承担保证责任"的规定,坚持了原《民法通则》的这个思想。诉讼时效期间不起算,也就无所谓诉讼时效的中断。

法释[2000]44 号意识到了原《担保法》第 25 条第 2 款规定的不当,试图加以修正,于其第 34 条第 1 款规定:"一般保证的债权人在保证期间届满前对债务人提起诉讼或者申请仲裁的,从判决或者仲裁裁决生效之日起,开始计算保证合同的诉讼时效。"这避免了原《担保法》第 25 条第 2 款存在的"未起算,却中断"的逻辑错误,但仍然存在问题:其一,它不符合原《民法通则》第 137 条和原《民法总则》第 188 条第 2 款关于诉讼时效期间起算点的规定,因为判决或仲裁裁决生效之日,对主债务人的财产强制执行有无效果并不清楚,只要未出现对主债务人的财产强制执行无效果的事实,保证人就有权行使先诉抗辩权,可以拒绝履行其保证债务。"在保证人得为检索抗辩之期间,保证人不负迟延责任。"〔1〕也就是只要债权人对保证人的债权尚未受到保证人不当行为的侵害,依据原《民法通则》、原《民法总则》关于诉讼时效期间起算点的规定进行反面推论,保证债务的诉讼时效期间就仍不开始进行计算。其二,它同法释[2000]44 号第 125 条后段关于"应当在判决书中明确在对债务人财产依法强制执行后仍不能履行债务时,由保证人承担保证责任"的规定不一致,走到了另外的方向。其三,它同法释[2000]44 号第 36 条第 1 款前段关于"一般保证中,主债务诉讼时效中断,保证债务诉讼时效中断"的规定相抵触,即按照法释[2000]44 号第 34 条第 1 款的规定,保证债务的诉讼时效期间开始起算,而依据第 36 条第 1 款前段的规定,保证债务的诉讼时效中断。

《民法典》第 694 条规定,一般保证的债权人在保证期间届满前对债务人提起诉讼或者申请仲裁的,从保证人拒绝承担保证责任的权利消灭之日起,开始计算保证债务的诉讼时效。这是《民法典》第 188 条第 2 款关于"诉讼时效期间从知道或者应当知道权利被侵害时起计算"的规定落实到保证债权债务的诉讼时效期间的起算上,在一般保证场合,债权人的债权受到保证人不履行保证债务的侵害,是在保证人不再享有先诉抗辩权却拒绝债权人关于履行保证债务的请求之日,债权人

---

〔1〕 史尚宽:《债法各论》,荣泰印书馆股份有限公司 1981 年版,第 855 ~ 856 页。

作为一名理性人对此事实应当知道，保证债务的诉讼时效期间应当开始起算。详细说，其一，在债务人陷入破产、债务人住所变更致使债权人请求债务人履行发生重大困难、保证人书面放弃先诉抗辩权的情况下，这些事由之一出现，债权人即有权请求保证人履行保证债务。保证人拒绝债权人的请求，在债权人指定的期限届满时不承担保证责任的，构成对债权的侵害。债权人作为一名理性人对此事实应当知道，于是，诉讼时效期间开始起算。其二，除上述情况之外，对主债务人的财产强制执行无效果之日，无须债权人催告保证人即应履行保证债务，他却拒绝债权人关于履行保证债务的请求，构成对债权的侵害。债权人作为一名理性人对此事实应当知道，于是，保证债务的诉讼时效期间开始起算。其三，在强制执行主债务人的财产无效果之后，债权人向保证人催告履行保证债务，该催告指定的履行期限届满，保证人仍不履行保证债务，构成对债权的侵害，债权人作为一名理性人对此事实应当知晓，于是，保证债务的诉讼时效期间开始起算。

在保证债务的诉讼时效期间已经开始起算的情况下，依据主从关系原理，认定主债务诉讼时效期间中断、中止的，保证债务的诉讼时效期间才中断、中止。

另外，一般保证债务作为独立于主债务的债务，其诉讼时效期间可以单独地因不可抗力或其他障碍致使债权人不能行使其债权的事由出现而中止。

（三）连带责任保证债务与诉讼时效期间的起算、中断、中止

1. 连带责任保证债务与诉讼时效期间的起算、中断

在连带责任保证债务场合，不存在先诉抗辩权，主债务的履行期届至，债权人就有权请求保证人履行保证债务，但保证人可以主债务履行期尚未届满为由予以抗辩，不产生担保责任；在主债务的履行期届满时，主债务人和保证人都未履行债务的，债权人的债权受到了侵害，主债务和保证债务的诉讼时效期间均开始起算。不过，这依然是立法论。作为解释论，仍应按照法释[2000]44 号第 34 条第 2 款（《民法典》第 694 条第 2 款）关于“连带责任保证的债权人在保证期间届满前要求保证人承担保证责任的，从债权人要求保证人承担保证责任之日起，开始计算保证债务的诉讼时效”的规定，处理纠纷。该规定将保证债务适用诉讼时效的起算点确定在“债权人要求保证人承担保证责任之日”。债权人在此期间请求保证人承担保证责任，保证人才有义务实际承担保证责任。债权人在保证期间内未请求保证人承担保证责任的，按照《民法典》第 693 条第 2 款的规定，保证人不再承担保证责任。

2. 连带责任保证债务与诉讼时效期间的中止

在保证债务的诉讼时效期间已经开始起算的情况下，依据主从关系原理，认定主债务诉讼时效期间中断、中止的，保证债务诉讼时效期间中断、中止。

（四）关于保证债务的诉讼时效期间中断是否影响主债务的诉讼时效期间的中断

根据主债务与保证债务之间为主从关系的事实和原理，“保证债务因时效而消

灭时,主债务不因而消灭。其他对于保证人之履行请求或其他时效之中断,对于主债务不生效力”。[1]从理论上看,保证债务的诉讼时效期间中断,不导致主债务的诉讼时效期间中断。

八、保证责任的免除

保证责任的免除,又称保证债务的免除,本指对已经存在的保证责任基于法律的规定或当事人的约定加以除去的现象。这里为叙述方便,将根本就未产生保证责任、保证人不负责的现象也放在保证责任免除的标题下进行讨论。

1. 主合同当事人双方恶意串通,骗取保证人提供保证的,必须保护保证人的利益,保证人不承担保证责任(原《担保法》第30条第1项、《民法典》第154条)。

2. 主合同债务人采取欺诈、胁迫等手段,使保证人在违背真实意思的情况下提供保证的,在债权人知道或应当知道欺诈、胁迫事实的情况下,保证人不承担保证责任(法释[2000]44号第40条)。其反面推论是,债权人不知道也不应当知道欺诈、胁迫事实的,保证人仍然承担保证责任。需注意,债权人是否知道或应当知道主债务人采取欺诈、胁迫等手段,使保证人在违背真实意思的情况下订立保证合同,由保证人举证证明。该反面推论应否成立?回答是肯定的,理由在于,在债务人欺诈、胁迫保证人,导致保证合同成立,债权人不知也不应知此事的情况下,欺诈、胁迫的原因存在于债务人和保证人之间的委托合同中,而不存在于保证合同中,在不采取保证合同以委托合同为自己的原因,进而保证合同的效力受委托合同的效力左右的法制下,保证合同依然有效,保证债务继续存在。[2]

3. 保证人与债权人约定禁止债权转让,债权人未经保证人书面同意转让债权的,保证人对受让人不再承担保证责任(《民法典》第696条第2款)。还有,债权人将对外担保合同项下的权利转让,未经担保人同意和国家有关部门批准的,担保人不再承担担保责任,除非法律、法规另有规定(法释[2000]44号第6条第5项)。中国现行法确实存在此类“另有规定”。例如,法发[2009]19号第3条第2款后段规定:“国有银行向金融资产管理公司转让不良债权,或者金融资产管理公司收购、处置不良债权的,担保债权同时转让,无须征得担保人的同意,担保人仍应在原担保范围内对受让人继续承担担保责任。担保合同中关于合同变更需经担保人同意或者禁止转让主债权约定,对主债权和担保权利转让没有约束力。”

4. 债权人未经保证人书面同意,允许债务人转移全部或者部分债务,保证人对未经其同意转移的债务不再承担保证责任,但是债权人和保证人另有约定的除外(《民法典》第697条第1款)。

---

[1] 史尚宽:《债法各论》,荣泰印书馆股份有限公司1981年版,第869页。

[2] 参见曹士兵:《中国担保诸问题的解决与展望——基于担保法及其司法解释》,中国法制出版社2001年版,第166~167页。

5. 债权人和债务人未经保证人书面同意,协商变更主债权债务合同内容,减轻债务的,保证人仍对变更后的债务承担保证责任;加重债务的,保证人对加重的部分不承担保证责任。债权人和债务人变更主债权债务合同的履行期限,未经保证人书面同意的,保证期间不受影响(《民法典》第 695 条)。

6. 一般保证的债权人在保证期间届满前对债务人提起诉讼或者申请仲裁的,从保证人拒绝承担保证责任的权利消灭之日起,开始计算保证债务的诉讼时效。连带责任保证的债权人在保证期间届满前请求保证人承担保证责任的,从债权人请求保证人承担保证责任之日起,开始计算保证债务的诉讼时效(《民法典》第 694 条)。

7. 在同一债权既有保证又有物的担保的情况下,保证责任如何承担,何时免除?《民法典》规定:"被担保的债权既有物的担保又有人的担保的,债务人不履行到期债务或者发生当事人约定的实现担保物权的情形,债权人应当按照约定实现债权;没有约定或者约定不明确,债务人自己提供物的担保的,债权人应当先就该物的担保实现债权;第三人提供物的担保的,债权人可以就物的担保实现债权,也可以要求保证人承担保证责任。提供担保的第三人承担担保责任后,有权向债务人追偿。"(第 392 条)此外,法释[2000]44 号第 38 条第 3 款关于"债权人在主合同履行期届满后怠于行使担保物权,致使担保物的价值减少或毁损、灭失的,视为债权人放弃部分或全部物的担保。保证人在债权人放弃权利的范围内减轻或免除保证责任"的规定有其道理,应予坚持。[1]

8. 保证合同约定,主合同解除后,保证人不再对债务人承担的民事责任负保证责任的,依其约定(法释[2000]44 号第 10 条)。

9. 一般保证的保证人在主债权履行期间届满后,向债权人提供了债务人可供执行的财产的真实情况的,债权人放弃或怠于行使权利致使该财产不能被执行,保证人可以请求人民法院在其提供可供执行财产的实际价值范围内不再承担保证责任(《民法典》第 698 条)。

10. 债务人对债权人享有抵销权或撤销权的,保证人可以在相应范围内拒绝承担保证责任(《民法典》第 702 条)。

■ **探讨** | 以新贷还旧贷与保证之间的关系

□ 法释[2000]44 号第 39 条第 1 款的规定及其分析

债务人以新贷还旧贷变相顺延了还债期间,在存在保证的情况下,无形中延长了保证期间,增加了保证人实际承担保证责任的风险。为了保护保证人的合法权益,法释[2000]44 号规定,主合同当事人双方协议以新贷偿还旧贷,除保

〔1〕 详细论述,参见崔建远:《物权法》(第 2 版),中国人民大学出版社 2011 年版,第 424 ~ 426 页。

证人知道或应当知道的外,保证人不承担民事责任(第39条第1款)。

法释[2000]44号第39条第1款的规定适用于以下情况:(1)在前一借款合同(旧贷)没有保证人,而后一借款合同(新贷)有保证人的情况下,对于债权人来说是由无担保的贷款变成了有担保的贷款,对保证人而言等于直接承担了已经不能归还贷款的保证责任。(2)在前一借款合同(旧贷)的保证人为甲,后一借款合同(新贷)的保证人为乙的情况下,前一借款合同(旧贷)因新贷还了旧贷而履行完毕,甲的保证责任自然消灭,从结果上等于保证人乙承担了甲的保证责任。因此,在上述两种情况下,如果不事先把该情况告知后一保证人,则属于借款合同的当事人恶意串通欺骗保证人,保证人不应当承担保证责任。当然,保证人若知道或应当知道新贷还旧贷,仍愿意为其担保,便无欺诈因素在内,保证人应当依其约定承担保证责任。[1]

在这里,保证人知道或应当知道的判断标准在实务中成为突出问题。有证据表明,保证人的法定代表人知道主合同当事人双方协议以新贷偿还旧贷的;保证人的法定代表人在担保为偿还旧贷而设新贷的合同书上签名的;有证据表明,保证人的其他管理人员明知主合同当事人双方协议以新贷偿还旧贷,该管理人员以经办人的名义在担保为偿还旧贷而设新贷的合同书上签名,并盖有保证人的合同专用章的,均为保证人知道或应当知道,保证人应当承担保证责任。

□ 法释[2000]44号第39条第2款的规定及其分析

法释[2000]44号第39条第2款规定:新贷与旧贷系同一保证人的,不适用第39条第1款的规定。

该款适用于这样的情况:前后两份借款合同都由同一个保证人担保,该保证人无论是否知道或应否知道,均应承担保证责任。[2]

本书作者认为,债务人的偿还能力随着时间的推移会变化,在旧贷期间,债务人有清偿能力,保证人不会实际承担保证责任,即使承担了,也能够追偿回来。但在新贷期间,债务人的财产状况恶化,保证人得实际承担保证责任,甚至于无法追偿。由此看来,法释[2000]44号第39条第2款的规定存在不妥之处。

---

〔1〕 参见李国光等:《最高人民法院关于适用〈中华人民共和国担保法〉若干问题的解释理解与适用》,吉林人民出版社2000年版,第165~166页。

〔2〕 参见李国光等:《最高人民法院关于适用〈中华人民共和国担保法〉若干问题的解释理解与适用》,吉林人民出版社2000年版,第167页。

本节法条4-3

第三节 定 金

引导案例

[4-3]张某和某房地产公司于2001年2月1日签订了一份认购商品房的预购单。其中约定,张某向某房地产公司交付定金1万元,双方应于2001年2月15日前签订正式的商品房预售合同,如逾期未签订合同,则张某所交付的定金予以取消,预购单自动解除。该约定是否有效?张某交付的定金属于何种性质定金?

一、定金的概念

(一)关于定金的界定

定金,是指合同当事人为了确保合同的履行,依据法律规定或当事人双方的约定,由当事人一方在合同订立时,或订立后、履行前,按合同标的额的一定比例,预先给付与对方当事人的金钱或其他代替物。

(二)定金的法律性质

1. 定金属于金钱担保。定金是通过一方当事人向对方当事人交付一定数量的金钱或其他代替物,履行与否与该特定数额的金钱或其他代替物的得失挂钩,使当事人产生心理压力,从而积极而适当地履行债务,以发挥担保作用。它与人的担保和物的担保有不同的机理,属于金钱担保。

2. 定金合同为实践合同。定金合同的成立,不仅须有双方当事人的合意,而且应有定金的现实交付,具有实践性。主合同可以是实践性的,也可以是诺成性的。定金合同必须是实践性的,仅有设立定金的合意,而无定金的实际交付,不产生定金合同,定金之债不成立。原《担保法》第90条后段关于"定金合同从实际交付定金之日起生效"的规定,法释[2000]44号第119条关于"实际交付的定金数额多于或者少于约定数额,视为变更定金合同;收受定金一方提出异议并拒绝接受定金的,定金合同不生效"的规定,可以视为承认了定金合同为实践合同。之所以如此解释,是因为《担保法》等尚未明确区分合同成立和合同生效,而是时常将二者混为一谈。在将二者明确区分的情况下,法释[2000]44号第119条的规定是合理的。《民法典》规定"定金合同自实际交付定金时成立"(第586条第1款后段),进一步明确了定金合同为实践合同。

3. 定金合同为从合同。定金的有效以主合同的有效成立为前提,定金合同是主合同的从合同。在主合同无效时，定金合同亦无效，除非担保合同另有约定(准用《民法典》第388条第1款后段)。这表明定金合同具有从属性。

(三)定金与相关概念的比较

1.定金与预付款

虽然定金和预付款都可以是一方向另一方交付一定的金钱，但二者的法律性质和效力却存在很大差别：

(1)定金是一种担保方式，不属于债务的履行范畴，至于在实际履行过程中定金抵充部分价金，需要付款的债务人单方作出意思表示，甚至得有双方当事人的合意；而支付预付款当然属于价金支付债务的一部分，并且是提前履行部分债务，其作用在于使接受预付款的一方获得期限利益，故支付预付款只是在客观上起到了保障相应的债权实现的作用。

(2)定金的交付形成了一个定金合同，独立于也从属于主债关系；而预付款的支付属于履行主债的一部分，不构成一个独立的合同，也无所谓支付预付款和主债务的从属关系。

(3)定金一般是一次性交付；预付款可以分期支付。[1]

(4)定金的类型较多，作用也有差异。有的是主合同的成立要件，有的起证明主合同存在的作用，有的是解除主合同的代价，有的是签订主合同的担保。预付款原则上没有这些性质和作用，但实务中出现了把预付款作为合同生效的先决条件和解除条件的现象。

事例　某《互联网专线接入服务协议》第8.1条约定："自本协议签订后10日内，甲方向乙方支付接入服务预付款共计1万元人民币，甲方按期交纳1万元人民币的接入服务预付款，为本协议生效的先决条件；如果甲方在本协议签订后10日内未能按期交纳1万元人民币的接入服务预付款，本协议即刻终止。"此类约定不违反法律的强制性规定，也没有害及专线接入服务协议、预付款的本质和作用，没有必要否认其法律约束力。

(5)当事人一方不履行主合同并达到严重程度，适用定金罚则。预付款则无此效力，而是在标的物正常交付的情况下，交付预付款的一方再补交剩余的价款即可。在交付标的物的一方违约的情况下，如果交付预付款的一方解除合同，那么，他有权请求返还预付款；如果他不解除，则有义务继续交付剩余的价款。

2.定金与押金

定金和押金均属于金钱担保范畴，都是当事人一方按约定给付相对人的金钱

[1]　参见苏惠祥主编：《中国当代合同法论》，吉林大学出版社1992年版，第204页。

或其他代替物,在合同适当履行后,都发生返还的法律后果。但它们仍为不同的担保方式:(1)定金的交付通常是在合同订立时或履行前,具有预先给付的特点;押金的交付,或与履行主合同同时,或与履行主合同相继进行,不是预付。(2)定金担保的对象是主合同的主给付;押金担保的对象往往是主合同中的从给付。(3)定金的数额低于主合同的标的额,且不得超过法定的比例;押金的数额往往高于或等于被担保的债权额。(4)定金具有在一方违约时丧失或双倍返还的效力;押金没有双倍返还的法律效果。

3. 定金与价款或租金

价款,在此处包括买卖合同中的价款、房地产转让合同中的转让款、股权转让合同中的转让款等。定金为担保方式,价款为交易的对价,二者具有本质的不同,十分明显。这里之所以提及它们,是因为在实务中常有合同约定:“在……条件下,定金转化为价款”或“在……情况下,定金转化为租金”,而在这些约定变成现实时,定金担保即不复存在,从而影响当事人双方的利益分配。

事例 某《合同书》第4条第1项约定:“乙方应于本合同签署之日支付甲方人民币伍佰万元,该定金于支付最后一笔转让款时转化为转让款。”第4条第2项约定:“乙方应于甲方交付A地块的同时支付甲方第二笔定金壹仟玖佰万元,该定金于支付最后一笔转让款时转化为转让款;乙方并应同时支付首期转让款人民币壹仟贰佰万元。”第4条第4项规定:“乙方应于甲方交付A地块后的两年内支付甲方第三期转让款人民币八仟肆佰万元,扣回已付定金贰仟肆佰万元,实际支付六仟万元。”该《合同书》的这些约定表明,定金,只有在满足约定的条件时才变成转让款,在满足约定的条件之前仍为定金。按照定金和转让款各自的性质及功能,定金在转化为转让款之后便不再具有担保的性质及功能,不再适用定金罚则的规定。双方当事人如果完全履行了该《合同书》第4条第4项的约定,则定金消失,即使此后任何一方违约,也不会产生定金罚则的结果。

4. 定金与保证金

在期货交易、国有建设用地使用权出让、建设工程、长途电话业务合作、租赁、房屋装修等合同或法律关系中,时常出现保证金的担保方式。其种类和性质复杂,对于债权的保障作用也多种多样。由于《民法典》对其尚未定性和定位,保证金合同属于非典型合同,或曰无名合同。关于非典型合同的法律适用,虽然一般有类推适用说、吸收说、结合说,但由于法释[2000]44号第118条规定:“当事人交付留置金、担保金、保证金、订约金、押金或者订金等,但没有约定定金性质的,当事人主张定金权利的,人民法院不予支持”,因而保证金不得类推适用定金罚则,除非当事人明确约定了定金罚则的效力。此其一。保证金合同时常不是类型结合合同的形态,而是单一合同的态样,因而结合说、吸收说往往派不上用场。此其二。有鉴于此,贯彻意思自治原则,按照当事人的约定赋予保证金以法律效果,是我们时刻牢记的准则。此其三。实务中出现的保证金,形形色色,因此,对于被排除在定金范围之外的保证金,必须予以类型化,确定每种类型的保证金的效力。从有助于解决问题而非纯逻辑的美观出发,下述保证金的类型及其分析,没有完全遵循统一的区分标准。

(1)备用金类型的保证金

有的保证金无定金罚则的效力,只是作为当事人一方履行付款义务的备用金,被存储于双方当事人指定的账户上或债权人的账户上,在该当事人未及时或未如数地支付应付款额时,相对人有权从保证金中提取相应的数额。这种保证金对于债权人的债权而言具有较强的保障作用。以下即属于当事人一方履行付款义务的备用金的情形。

事例 1　某《长途电话业务合作协议》第 3 条第 2 款第 F 项约定:"保证金:自合同生效之日起乙方应向甲方支付保证金人民币 60 万元,如果甲方实际流量连续两个月达到或超过 400 万分钟,则在最近一个缴费期内补交保证金 20 万元;随甲方流量每增加 100 万分钟,保证金依此类推,若出现不正常缴费,则以保证金抵充;如合同解除甲方应在合同解除后一个月内将保证金归还乙方。"第 4 条第 C 款约定:"乙方逾期未及时向甲方付款,甲方有权首先从保证金抵充(当未清缴话费总额达到保证金总额 80% 时,甲方有权在 5 个工作日内让乙方蓄补同等数额的保证金,若乙方未能按时履行,甲方有权停止双方业务合作,并保留对未清缴话费的追缴权利),剩余部分乙方应向甲方支付滞纳金,滞纳金每日应按应付款项的千分之三计算。"其中,"抵充"属于履行债务;"乙方未能按时蓄补同等数额的保证金,甲方有权停止双方业务合作",是将乙方蓄补同等数额的保证金作为乙方的主给付义务,乙方违反该主给付义务构成违约,产生解除权,甲方可以行使解除权。

事例 2　某《担保合作协议书》第 4 条第 3 款约定:被保证人同意,在本次向某银行贷款人民币 7000 万元后,将贷款总额的 30% 作为保证金存入保证人指定的账户;保证人保证在被保证人贷款到期日前 10 个工作日内,将保证金全额退还至被保证人的贷款账户,由贷款银行监管;被保证人同意承担该保证金应分担的贷款利息。

(2)预付款类型的保证金

有的是名为保证金,实为预付款。它使债权提前全部或部分地得到实现。就这部分债权来说,保证金实际上起到了保障债权实现的作用,但就尚未清偿的债权部分而论,保证金显然不是担保方式,如果说它有担保作用,那么至多与违约责任的担保作用相当。

(3)租赁保证金

在租赁合同中,通常会约定有租赁保证金,在租赁合同终止时,出租人将其返还给承租人或用来冲抵承租人应承担的租金或其他费用。

> **事例** 某《房屋租赁合同书》约定:承租人应在本合同签订后5个工作日内向出租人交纳2个月的租金作为租赁保证金,共计806,400元人民币(第3条第2项)。在本合同终止时,出租人收取的租赁保证金除用以冲抵合同约定的应由承租人承担的费用外,剩余部分由出租人无息退还承租人(第3条第4项)。未经出租人同意而将租赁房屋整体转租给第三人的,出租人有权解除本合同,且不再退还租赁保证金,同时承租人还得承担违约责任(第6条)。在政府规划建设征用、自然灾害或不可抗力致使承租人不能正常使用租赁房屋时,本合同自行终止,出租人退还保证金,双方按当年实际使用时间结算租赁等各项费用,互不承担违约责任(第9条第3款)。
> 从这些约定可知,此类租赁保证金具有预付部分租金、双方当事人清结合同履行和返还租赁房屋所需费用的备用金、承租人承担违约责任的备用金、在合同因不可归责于双方当事人的原因而终止时予以退还的性质。

(4)装修保证金

在房屋租赁合同中,可能会约定装修保证金。

> **事例** 某《房屋租赁合同》约定,在承租人按照本合同约定进行装修时,应交纳装修保证金,共计人民币10万元给出租人,在承租人装修完毕的3日内,若无其他纠纷,则出租人应将该保证金全额退还(第4条第4款)。其中,所谓"其他纠纷",包括因承租人违反法律、法规、规章的规定,违反本合同的约定,擅自改变租赁房屋的主体结构、损坏各种专用部分的管道和电梯等共用部分、乱倒垃圾等而发生的纠纷。在承租人对上述行为产生的费用、损害赔偿金等需要承担责任时,出租人乃至物业管理公司有权从装修保证金中扣除。

(5)质量保证金

在买卖、建设工程施工等合同场合,当事人约定有质量保证金,甚至法律直接规定质量保证金。因为只有在买卖物符合约定时才有义务支付该笔金钱、在建设工程于其质量保证期届满时质量符合约定时才有义务支付或返还该笔金钱,所以称其为质量保证金。对此,法释[2012]8号也有反映,于其第21条规定:"买受人依约保留部分价款作为质量保证金,出卖人在质量保证期间未及时解决质量问题而影响标的物的价值或者使用效果,出卖人主张支付该部分价款的,人民法院不予支持。”这一方面可以促使出卖人消除瑕疵;另一方面保护买受人的合法权益。

(6)定金类型的保证金

根据当事人的意思和合同全部条款的关联性,有的保证金应被认定为定金。

事例　甲乙双方就A项目于2004年7月8日签订了《销售合作协议》,其中的第7条约定:“本协议签订之日,乙方给付甲方保证金壹佰万元整。甲方保证履行本协议,若违约则双倍返还保证金并承担乙方一切损失,保证金冲抵乙方应支付的首期包销款。”仅就该约定的文义观察,该保证金与定金相比,既有相同的一面,即甲方(接受保证金的一方)违约,应双倍返还保证金;也有不同的一面,即未约定这样的效力:乙方(给付保证金的一方)违约,甲方不予返还保证金。如果将它解释为当事人疏忽而遗漏了“乙方(给付保证金的一方)违约,甲方不予返还保证金”的约定,存在合同漏洞,则可以认为这是关于定金的约定;如果认为当事人的本意就是其文义昭示的内容,那么,它就不是关于定金的约定。究竟如何认定?可以通过目的解释、体系解释等方法澄清该约定的含义。目的解释在本案中有些困难,体系解释比较容易。其原因在于,甲乙双方于2004年8月26日签订了《终止协议》,该协议第1条约定:“本终止协议签字盖章之日起,原《销售合作协议》终止执行,双方互不追究违约责任。”第2条约定:“本终止协议签字盖章当日,双方重新签订《销售合作协议》,乙方根据双方于二〇〇四年七月八日签订的A项目《销售合作协议》已支付给甲方的100万元保证金转化为新的《销售合作协议》中乙方应支付甲方的部分定金。”甲乙双方于当日(2004年8月26日)就A项目签订了新的《销售合作协议》,该协议未再规定保证金,通篇未出现保证金的字样,而是约定了定金,其第7条约定:“本协议签订之日,乙方给付甲方定金1300万元(含乙方已支付甲方的100万元保证金),该定金由乙方根据甲方的付款委托直接支付项目土地出让金,余款再划入甲方账户。该1300万元定金按归还当日银行一年固定贷款利率计算利息(自该1300万元实际支付之日起的一年时间归还)。甲方保证履行本协议,若违约则双倍返还定金并承担乙方的一切损失。”第10条第2款第1项约定:“如由于甲方原因,导致以下情况发生,或由于甲方股东违约,则乙方有权解除本协议,甲方应承担乙方的相应经济损失,并于10日内双倍返还乙方支付的定金。”尤其是前述第7条括号内的话,十分明显地将乙方按照甲乙双方于2004年7月8日所签《销售合作协议》第7条的规定支付的100万元“保证金”,认定为“定金”,这与甲乙双方于2004年8月26日签订的《终止协议》第2条关于“乙方根据双方于二〇〇四年七月八日签订的A项目《销售合作协议》已支付给甲方的100万元保证金转化为新的《销售合作协议》

中乙方应支付甲方的部分定金”的约定互相印证,令人信服地表明该“保证金”是定金。

(7)保有返还请求权的保证金

如果上文所引“本协议签订之日,乙方给付甲方保证金壹佰万元整。甲方保证履行本协议,若违约则双倍返还保证金并承担乙方一切损失,保证金冲抵乙方应支付的首期包销款”的字面文义所昭示的含义,是当事人的本意,那么,仅仅有接受保证金的一方违约须双倍返还保证金,而交付保证金的一方违约并不丧失请求返还保证金的权利,只是实际上并不返还,是“冲抵”首期包销款。可见,此类保证金只具有定金的部分效力,可称为保有返还请求权的保证金。

(8)无双倍返还效力的保证金

有的保证金具有如下效力:交付保证金的一方当事人不履行债务,保证金归接受它的一方当事人所有,接受保证金的一方当事人不履行债务,不负双倍返还的责任。可见,此类保证金只具有定金的部分效力,可称为无双倍返还效力的保证金。

(9)作为动产质权标的物的保证金

法释[2000]44号第85条规定:“债务人或者第三人将其金钱以特户、封金、保证金等形式特定化后,移交债权人占有作为债权的担保,债务人不履行债务时,债权人可以以该金钱优先受偿。”这承认了此类保证金之上竖立着动产质权。此处所谓保证金,包括信用证开证保证金、银行承兑汇票保证金、按揭贷款保证金、期货交易保证金等类型。

二、定金的种类

定金制度,古已有之,中外皆用。但因时代、场所及交付阶段的不同,其性质和效力也不尽一致。举其要者有如下五类。

(一)成约定金

成约定金,是指作为合同成立要件的定金,因定金的交付,合同才成立。

成约定金是德国固有法的制度,称为手金(handgold)。德国的现行法未规定这种制度,但因其奉行合同自由原则,所以允许当事人约定成约定金。法释[2000]44号允许当事人约定以交付定金为主合同成立或生效的要件(第116条前段),承认了成约定金,不过,对此持比较宽松的态度:在主合同已经履行或已经履行主要部分的情况下,即使给付定金的一方尚未交付定金,主合同仍然成立或生效(第116条后段)。

(二)证约定金

证约定金,是指以定金为订立合同的证据。这种定金不是合同的成立要件,仅以证明合同成立为目的。

在罗马法,定金通常有证约定金的性质。德国普通法及近代多数国家的立法,多承认这种定金。对于此类定金,中国现行法虽无明文,但学说大多认为,定金的交付一般都标志着合同的存在,所以,有证明合同成立的作用。对方当事人若否认合同成立,则须举证定金的交付另有原因和作用,而非主合同成立的标志。还有,在合同存在无效、可撤销或效力未定的原因时,合同被确认为无效、被撤销、不被追认,定金的交付,只能证明合同成立,至于合同的效力如何,适用相应的法律规定。

(三)违约定金

违约定金,是指交付定金的当事人若不履行债务,则接受定金的当事人有权不予返还;接受定金的一方若不履行债务,则需双倍返还的定金(《民法典》第587条后段)。此类定金,就其能够担保债权实现,尤其是使部分债权已经实现的角度观察,属于担保方式,确定无疑;其具有间接强制当事人履行债务的效力,在这点上其与违约金相同,两者的不同表现为定金是事先交付,而违约金是在违约责任成立之后支付。于是,在关注定金和违约金的类似性的层面上,将此类定金命名为违约定金。违约定金通常兼有证约定金的作用。

(四)解约定金

解约定金,是指以定金为保留合同解除权的代价,也就是交付定金的当事人可以抛弃定金以解除合同,而接受定金的当事人也可以双倍返还定金来解除合同。

在罗马法上,除当事人另有约定以外,定金不当然具有解除权保留的效力。普鲁士民法、奥地利民法、德国民法、瑞士民法都承继了罗马法的上述思想,只有法国民法和日本民法规定解约定金为定金通常的性质。中国的《民法典》未规定解约定金,但法释[2000]44号则明确承认了此类定金:在定金交付后,交付定金的一方可以按照合同的约定以丧失定金为代价解除主合同,收受定金的一方可以双倍返还定金为代价解除主合同(第117条前段)。这种类型的定金已被当事人运用。

事例　某《房屋租赁合同》第4.1条约定:“在本合同签订后5个工作日内,承租人应向出租人支付租赁定金400万元人民币。记租日前,本合同因不可抗力而不能履行超过6个月的,出租人应在不可抗力确定之日后的5个工作日内将定金全额返还给承租人。出租人收到定金后,如提出解除该租赁合同,应双倍返还该笔定金给承租人;如承租人提出解除该租赁合同,则无权请求返还该笔定金。”

(五)立约定金

立约定金,是指为保证正式缔约而交付的定金。此类定金的效力为,交付定金的当事人若拒绝立约,则丧失定金;接受定金的当事人若拒绝立约,则应加倍偿还定金。中国在1949年以前,即有出卖土地先成立押议后订立正式合同的习俗。在现行法上,法释[2000]44号规定,当事人约定以交付定金为订立主合同担保的,给付定金的一方拒绝订立主合同的,无权要求返还定金;收受定金的一方拒绝订立主合同的,应当双倍返还定金(第115条)。这些都是承认立约定金的表现。立约定金在实务中已经出现。案例[4-3]中,张某交付的该笔定金属于立约定金。[1]

三、定金的成立

(一)定金合同

定金合同不但需要当事人双方的意思表示一致,而且需要现实交付定金。定金合同从实际交付定金时成立(《民法典》第586条第1款后段)。关于定金交付的时间,存在带有规律性的规则:立约定金必须在主合同订立之前交付,否则,起不到担保主合同订立的作用;成约定金原则上在主合同订立之前或成立之时交付,这是由此类定金为主合同的成立要件的性质和功能决定的,不过存在例外,即主合同已经履行或已经履行了主要部分的,即使定金尚未交付,也视为主合同已经成立;证约定金通常于主合同成立时交付,以确实起到证明合同成立的作用;违约定金和解约定金既可以在主合同成立时交付,也可以在主合同成立后、履行前交付,因为在这段期限内的任何时刻交付,违约定金的功效都是一样的。

(二)定金的标的

定金的标的,一般为金钱,在少数情况下是其他代替物。在金钱以外的物作定金标的的场合,之所以要求为代替物,是因为接受定金的当事人不履行债务的,必须双倍返还,而不代替物为定金标的的无法双倍返还。定金的数额由当事人约定;但是,不得超过合同标的额的20%,超过部分不产生定金的效力。实际的定金额多于或者少于约定数额的,视为变更约定的定金数额(《民法典》第586条第2款)。

探讨 | 定金交付是否转移所有权

定金的交付是仅转移定金的占有权还是转移定金的所有权?对此尚有争论,本书赞同后者。因为在定金以金钱为标的时,法谚有"货币属于其占有者"之说,意指货币的所有权与占有融为一体,取得货币的占有即取得货币的所有权,丧失货币的占有即丧失货币的所有权。这是由货币的本质、货币的价值和交易的需要决定的。[2] 接受者收取定金后可任意处分的事实,也证明了上述结论的正确性。这一结论也适用于代替物为定金标的的场合,因为接受定金的当事人收取代替物后,可以任意消费和为法律上的处分,显现出所有权的性质和效力。

---

〔1〕 参见苏文能、黄毅:《本案应否双倍返还定金》,载《人民法院报》2003年1月12日,第3版。

〔2〕 参见郑玉波:《民法物权》,三民书局1988年版,第417~418页。

四、定金的效力

（一）成约定金和证约定金的效力

成约定金的效力是，定金的交付使主合同成立，不交付则原则上主合同不成立，不发生定金罚则的效力（法释[2000]44 号第 116 条）。证约定金的效力在于证明合同成立，不具有罚则的效力。

（二）解约定金的效力

解约定金具有解除合同的效力，该效力的发生以定金的丧失或双倍返还为条件：交付定金的一方丧失定金返还请求权，将合同解除；收受定金的一方双倍返还定金，将合同解除（法释[2000]44 号第 117 条）。因为定金的丧失或双倍返还为解除条件的全部内容，解约人有无过错并非解除条件的构成要素，所以，解约定金的效力不以解约人有过错为发生要件。并且，只要解约定金的合同中没有解约人承担违约责任的约定，那么，解约人除承受定金丧失或双倍返还的负担之外，无须承担违约责任。还有，在解约定金合同已经成立并生效的情况下，主合同具备了法律规定的或当事人约定的解除权发生的条件，解约人据此行使解除权，将主合同解除，完全适用法定解除或约定解除的规则，解约定金的效力不发生。

（三）立约定金的效力

立约定金的效力在于，给付定金的一方只有丧失定金的返还请求权才可以拒绝订立主合同，若保有该请求权则必须订立主合同；收受定金的一方若保有定金就必须订立主合同，只有双倍返还定金才可以拒绝订立主合同（法释[2000]44 号第 115 条）。

（四）违约定金的效力

1. 违约定金罚则生效的主观要件

违约定金具有预付违约金的性质，它是为制裁债务不履行而交付的。正因为违约定金系为制裁债务不履行而交付的，所以，定金罚则的生效以存在可归责于当事人的事由为要件。当合同因不可归责于当事人的事由而不能履行时，任何当事人都不应受到制裁，定金应当返还。对此，法释[2000]44 号第 122 条已经明确规定："因不可抗力、意外事件致使主合同不能履行的，不适用定金罚则。因合同关系以外第三人的过错，致使主合同不能履行的，适用定金罚则。受定金处罚的一方当事人，可以依法向第三人追偿。"其中，在实行过错责任原则的法制下，所谓"因合同关系以外第三人的过错，致使主合同不能履行的，适用定金罚则"，属于当事人为他人的过错承担责任，也可以解释为由于可归责于当事人的原因而承担责任。所以，对于此类情形仍然可以解释为定金罚则的生效以存在可归责于当事人的事由为要件。法释[2003]7 号第 4 条关于"出卖人通过认购、订购、预订等方式向买受人收受定金作为订立商品房买卖合同担保的，如果因当事人一方原因未能订立商品房买卖合同,应当按照法律关于定金的规定处理;因不可归责于当事人双方的事由,导致商品房买卖合同未能订立的,出卖人应当将定金返还买受人”的规定,也表现出定金罚则以可归责于当事人的原因为主观要件。[1] 当然,当事人若特别约定,将主观因素排除在定金罚则的生效条件之外,应当依其约定。

违约定金必须在存在可归责于当事人一方的事由而不履行债务时才发生制裁效力,或者说定金罚则生效,其具体内容如下:给付定金的一方不履行债务或者履行债务不符合规定,致使不能实现合同目的,无权请求返还定金;收受定金的一方不履行债务或者履行债务不符合约定,致使不能实现合同目的的,应当双倍返还定金(《民法典》第 587 条后段)。

2. 违约定金罚则生效的客观要件

违约定金是否在任何类型的债务不履行中都发生上述效力呢? 违约定金在债务人拒绝履行和不能履行两种情况下发生罚则效力,这为司法解释和学说共同承认。但在逾期履行、不完全履行的情况下,是否适用定金罚则则存在分歧意见。有的持否定说,有的则赞同适用定金罚则。

例如,原《农副产品购销合同条例》第 17 条第 6 款和第 18 条第 6 款规定,供方不完全履行预购合同的,应加倍偿还不履行部分的预付定金;需方不完全履行预购合同的,无权收回未履行部分的预付定金。最高人民法院《关于在审理经济合同纠纷案件中具体适用〈经济合同法〉的若干问题的解答》第 8 条第 3 款后段规定:“其他允许给付定金的各类经济合同不完全履行的,也可以照此办理。”在原《合同法》草案的研讨过程中,一些专家坚持,只有在拒绝履行和不能履行的情况下,才适用定金罚则。有些专家学者则主张,不完全履行、迟延履行致使合同目的落空的,适用定金罚则;否则,不适用定金罚则。与此类似的表述是,不完全履行、迟延履行给债权人造成重大损失的,发生定金罚则生效的后果,不然,不发生不再返还或双倍返还的效果。法释[2000]44 号于第 120 条明确规定:“因当事人一方迟延履行或者其他违约行为,致使合同目的不能实现,可以适用定金罚则。但法律另有规定或者当事人另有约定的除外。当事人一方不完全履行合同的,应当按照未履行部分所占合同约定内容的比例,适用定金罚则。”

正因定金罚则以违约致使合同目的不能实现为暗含的生效条件,在当事人违反从给付义务或附随义务时,往往没有导致合同目的落空,所以,从给付义务或附

---

[1] 戴孟勇博士认为,由于《合同法》奉行了无过错责任原则,违约金责任的成立有的无须过错,违约定金罚则的生效亦应如此处理。这确有道理,在立法论上值得赞同。只是司法解释规定违约定金的罚则生效须有可归责于当事人一方的事由,在解释论上似难改变;若要改变,只得求助于《合同法》为上位阶规范,司法解释为下位阶规范,后者不得抵触前者的规则。需要指出的还有,全国人民代表大会常务委员会法制工作委员会的一些专家认为,《合同法》并未确立无过错责任原则,仍然贯彻了过错责任原则。如此,定金罚则需要可归责于当事人一方的规则及其理论还得坚持。

随义务的违反一般不适用定金罚则(见表4－1)。

表4－1　违约定金罚则的适用情形

<table>
<tr><th>违约情形</th><th colspan="2">是否适用违约定金罚则</th></tr>
<tr><td>债务人拒绝履行</td><td colspan="2">适用</td></tr>
<tr><td>不能履行</td><td colspan="2">适用</td></tr>
<tr><td rowspan="2">迟延履行、不完全履行</td><td>致使合同目的不能实现</td><td>适用</td></tr>
<tr><td>未致使合同目的落空</td><td>不适用</td></tr>
<tr><td>违反从给付义务、附随义务</td><td colspan="2">不适用</td></tr>
</table>

五、定金合同的终止

定金合同的终止,应当适用合同终止的一般原因。对此,不再多论。在这里需要讨论的是,定金合同终止的特殊原因。

事例　某《房屋租赁合同》第4.1条约定了解约定金,第4.2条接着约定:“本合同第4.1条规定的定金仅适用于租赁物交付之前合同的履行。合同履行后定金于租赁期内转为租金,直接冲抵每月应付的保底租金,直至全部冲抵完毕,冲抵的最后一个月保底租金的不足部分,由承租人补齐。”不难理解,该笔定金转为保底租金之日,就是该解约定金合同终止之时。

■ 案例研习｜中国农业发展银行乾安县支行与江苏索普(集团)有限公司、上海儒仕实业有限公司保证合同纠纷案〔1〕

□ **基本案情**

2011年6月28日,松原天安生物制品有限公司(以下简称天安公司)为归还原所欠乾安县支行贷款,以借新还旧方式与乾安县支行签订本案《流动资金借款合同》,约定天安公司向乾安县支行借款17,670.7万元人民币,用于偿还天安公司原所欠债务,借款期限自2011年6月28日起至2019年6月26日止。同日,乾安县支行与天安公司还签订了三份贷款重组合同,重组贷款金额分别为2000万元、8000万元、3000万元。同日,乾安县支行与索普公司、儒仕公司以及吉林省酒精工业有限公司签订《保证合同》,约定索普公司、儒仕公司、吉林省酒精工业有限公司为本案借款合同以及另案3000万元借款总计20,670.7万

〔1〕北大法宝司法案例数据库。案例来源:最高人民法院第二巡回法庭发布关于公正审理跨省重大民商事和行政案件十件典型案例,案号:(2016)最高法民终40号民事判决书。

元的借款提供连带责任保证。同日，乾安县支行还与债务人天安公司签订《最高额抵押合同》，担保最高债权本金金额为19,840万元；与第三人吉林松原吉安生化丁醇有限公司（以下简称丁醇公司）签订《最高额抵押合同》，担保最高债权本金金额为3000万元。以上合同签订后，对于本案新借贷款天安公司除偿还241万元外，其余均未偿还。2015年2月，乾安县支行向吉林省高级人民法院提起本案诉讼，请求索普公司、儒士公司共同连带承担保证责任，向乾安县支行偿还天安公司所欠借款本金17,429.7万元。

□ **裁判结果**

吉林省高级人民法院一审认为，本案乾安县支行有权宣布借款提前到期，索普公司、儒仕公司应当承担保证责任，且对索普公司、儒仕公司关于应在其他保证和抵押担保范围内免除保证责任的主张不予支持，据此判决索普公司、儒仕公司共同连带偿还乾安县支行借款本金17,429.7万元及利息、罚息和复利，并连带给付乾安县支行本案律师代理费54万元等。索普公司、儒仕公司不服，向最高人民法院提出上诉。

在对本案重组贷款余额、设定抵押、乾安县支行另案诉讼索普公司与儒仕公司3000万元保证合同纠纷以及乾安县支行另案诉债务人天安公司1亿元借款合同纠纷等情况进行细致查明的基础上，最高人民法院第二巡回法庭审理认为：一审判决对于认定本案保证主债权金额的举证责任分配不当，致使对本案担保主债权金额的认定有误；乾安县支行知道本案主债权不仅附着债务人天安公司的物保而且亦附着第三人丁醇公司的物保，亦应当知道关于实现担保物权的约定应为明确，但其发起本案诉讼之时，却不起诉、不追加天安公司与丁醇公司；尤其是，乾安县支行另案起诉债务人天安公司主张1亿元债权过程中，未经保证人索普公司、儒仕公司书面同意却一致变更放弃本案债权原所附着的债务人天安公司的最高额抵押担保；而且，乾安县支行放弃第三人丁醇公司的最高额抵押担保，也违背其与丁醇公司物保合同关于实现抵押权的明确约定，更违背了其为获此抵押向保证人所作的特殊承诺；故索普公司、儒仕公司主张免于承担本案保证责任的上诉请求，有事实与法律依据，应予支持。据此判决：(1)撤销吉林省高级人民法院(2015)吉民二初字第9号民事判决；(2)驳回中国农业发展银行乾安县支行的诉讼请求。

□ **典型意义**

本案当事人跨越吉林与江苏两省，系由招商引资而引发的一系列贷款重组及其物权抵押与法人保证并存的现象，其最为核心的争议是物权担保与保证担保、即通常所谓“物保与人保”之间的关系处理问题。《物权法》出台后，人保与物保之间的法律关系把握成为司法实践之难点所在，如何与《担保法》相关规定衔接适用，更是较难把握且理论与实践尚不统一的问题。本案结合具体案情，在《担保法》物保绝对优先精神的基础上，对《物权法》第 176 条规定作了物保相对优先的理解与把握，既很好地体现了意思自治的要求，也维护了诚实信用的原则，据此让债权人对其滥用物保与人保选择权利的行为相应承担了不利后果。本案判决注重案件事实的详尽查明，注重综合理解与把握《担保法》《物权法》《合同法》等相关法条精神，更充分展开说理，特别注重情、理、法相融，全文 6 万余字，90 余页，属近年来最高人民法院较长判决之一。

延伸阅读

□ 关于债的担保一般理论

高圣平：《民法典担保从属性规则的适用及其限度》，载《法学》2020 年第 7 期。

刘保玉：《民法典担保物权制度新规释评》，载《法商研究》2020 年第 5 期。

邹海林：《我国〈民法典〉上的"混合担保规则"解释论》，载《比较法研究》2020 年第 4 期。

耿林：《比较法视野下的混合共同担保》，载《江汉论坛》2017 年第 6 期。

唐烈英：《担保及其类型论》，载《西南民族大学学报》(人文社科版)2004 年第 2 期。

左传卫：《论债与责任的关系》，载《法商研究》2003 年第 5 期。

崔建远：《民事责任三题》，载《法学研究》1989 年第 1 期。

□ 关于保证

杨巍：《保证债务与主债务的诉讼时效关联》，载《法学》2020 年第 6 期。

张鹏：《我国保证债务诉讼时效问题研究》，载《中外法学》2011 年第 3 期。

徐磊：《同一债权上保证与物的担保并存之法律分析——兼评〈担保法〉第 28 条与〈担保法解释〉第 38 条及〈物权法〉第 176 条》，载《法学杂志》2008 年第 3 期。

程啸、王静：《论保证人追偿权与代位权之区分及其意义》，载《法学家》2007 年第 2 期。

孔祥俊：《保证期间再探讨》，载《法学》2001 年第 7 期。

□ 关于定金

金磊：《给付欠条能否视为对定金的给付》，载《人民法院报》2017 年 5 月 17 日。

黎乃忠：《定金契约要物性的批判与重塑》，载《现代法学》2015 年第 6 期。

综合练习

1. 试述债的担保的概念及其类型。
2. 试述保证的法律性质。
3. 试述一般保证与连带责任保证。
4. 试述定金与预付款的区别。
5. 试述定金的类型及其效力。

第五章　债的移转

本章要点

债的移转，是指债的关系失同一性的前提下，债的主体有所变更的现象。换言之，债的移转是债的主体的变更。从发生原因上来看，债的移转可以因为法律规定、法院裁决和法律行为而发生。本章主要论述基于法律行为下的转让合同而发生的移转，包括债权让与、债务承担和债的概括承受。债权让与是债权人将其债权移转给第三人，债务承担是债权全部或部分第移转给第三人承担，概括承受是指将合同中的权利和义务一并转让给第三人。我国《民法典》第三编第六章第545条到第556条规定了债权让与、债务承担和债的概括承受。

关键词　债的移转　债权让与　债务承担　债的概括承受

本节法条5-1

第一节　债的移转概述

债的移转，是指债的关系不失其同一性，而其主体有所变更的现象，或者说，在债的关系不失其同一性的前提下，债的关系的一方当事人依法将其债权、债务全部或部分地转让给第三人的现象。

债的移转属于债的变更，并且是债的主体发生变更，即由新的主体代替旧的主体，或是债权移转，或是债务移转，或是债权债务移转。无论是债权移转还是债务移转，既可以是全部的，也可以是部分的。

债的移转，有的基于法律的直接规定而发生，此类移转称为法律上的移转，如依继承法的规定，被继承人死亡，其包括合同权利、义务在内的遗产即移转于继承人；有的基于法院的裁决而发生，此类移转称作裁判上的移转；有的基于法律行为而发生，此类移转名为法律行为上的转让，如遗嘱人以遗嘱将其合同权利转让给继承人或受遗赠人，或转让人与受让人订立转让合同而将合同权利、义务转让。其中，通过转让合同而移转合同权利，属于债权让与《民法典》称作债权转让（第545～550条）；通过转让合同而移转合同义务，称为债务承担《民法典》称作债务转让（第551～554条）。本章重点介绍债权让与、债务承担和债权债务的概括转让。除非另有说明,债权让与限于合同权利的让与,债务承担单指合同义务的承担,债权债务的概括转让仅指合同权利义务的概括转让。

债的移转时,债的关系不失其同一性。所谓债的关系不失其同一性,是指债的效力依旧不变,不但其原有的利益(如时效利益)和瑕疵(如各种抗辩)均不受移转的影响,而且其从属的权利(如担保)原则上亦仍然继续存在。因此,债的移转与债的更改大不相同,因为后者乃消灭旧债的关系,成立新债的关系,所有旧债的关系上的利益和瑕疵及从权利均随之消灭。[1]

债的移转的类型如图 5－1 所示:

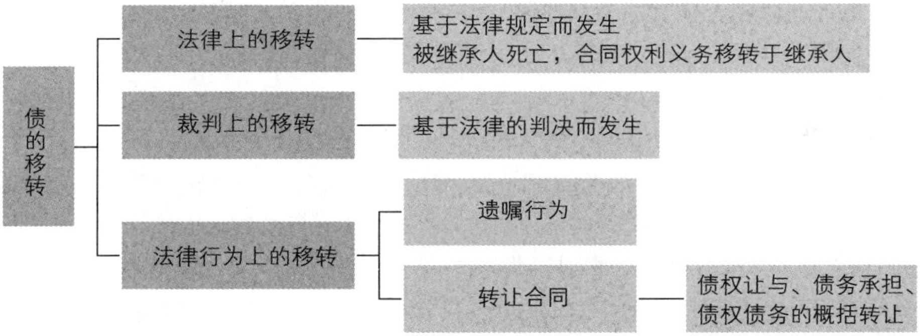

图 5－1　债的移转类型

本节法条5-2

第二节　债权让与

引导案例

[5－1]2002 年 6 月 2 日,甲公司和乙订立一个买卖奥迪车的合同,约定甲公司于 2002 年 9 月 1 日将奥迪车交付与乙,乙同时支付价款 32 万元。2002 年 7 月 15 日,乙和丙签订转让奥迪车请求权的合同,并于当日把书面通知送达与甲公司。

一、债权让与的概念

债权让与,是指不改变债权关系的内容,债权人通过让与合同将其债权移转于

〔1〕 参见郑玉波:《民法债编总论》(修订第 2 版),陈荣隆修订,中国政法大学出版社 2004 年版,第 431 页。

第三人享有的现象。其中的债权人叫作让与人，第三人称为受让人。

（一）债权让与和债权让与合同

债权让与和债权让与合同不是同一个概念，而是具有联系和区别的两个范畴。正所谓“债权让与是债权的转让行为，而不是一个合同（一项允诺）”。[1] 详细些说，债权让与，是指债权自其主体处移转到受让人之手的过程，是债权变动的一种形态，在不承认物权行为制度及其理论的法制下，它属于事实行为；同时，它也是债权归属于受让人的一种结果。而债权让与合同则为引起债权让与的一种法律事实，并且，因其以当事人的意思表示为要素，故它属于一种法律行为；因其在让与人和受让人之间产生了债权债务，故它属于债权行为。当然，因中国现行法未采纳物权行为制度及其理论，所以，除非上下文的需要，不单独使用债权行为的概念，本书遵循这个技术规范。

应予注意，中国台湾地区学者、一些日本学者所使用的“债权让与契约”一语，指的是准物权契约，或者称为准物权行为，即债权由让与人处移转到受让人之手的行为，而非债权合同。[2] 换句话说，他们所谓“债权让与契约”对应着中国现行法上的“债权让与”，他们所谓“原因行为”或“基础行为”对应着中国现行法上的“债权让与合同”；在他们的术语中，“债权让与”和“债权让与契约”指的是同一个事物，是准物权行为，不同于中国现行法上的作为事实行为的“债权让与”。

《民法典》规范的债权让与（第545条至第550条），主要是普通债权的让与，相当于日本民法上的指名债权的让与。有价证券的让与，首先适用《票据法》等商事法的规定，商事法没有规定的，才适用《民法典》的有关规定。购物券、入场券等证券化的债权，有的被中国现行法禁止，允许使用且可以转让的，也首先适用特别法的规定，没有特别法或特别法没有规定的，才适用《民法典》的有关规定。下文所论的债权让与，除非特别指明，均为普通债权（指名债权或记名债权）的让与。

（二）债权让与与物权变动

债权让与不同于物权变动，这不但是因为指名债权不同于物权，而且是因为二者对于公示的要求不同。物权变动必须通过移转占有、登记等公示形式对外表现出来。[3] 而债权的让与，除非法律、行政法规规定转让债权应当办理批准等手续，无须采用特别的公示方式（《民法典》第502条），无登记、占有移转的要求，让与合

---

〔1〕［美］E. 艾伦·范斯沃思：《美国合同法》，葛云松、丁春艳译，中国政法大学出版社2004年版，第721页。

〔2〕参见郑玉波：《民法债编总论》（修订第2版），陈荣隆修订，中国政法大学出版社2004年版，第434页；林诚二：《民法债编总论——体系化解说》，中国人民大学出版社2003年版，第493页；邱聪智：《新订民法债编通则》（下），中国人民大学出版社2004年版，第420页；另可参见［日］於保不二雄：《日本民法债权总论》，庄胜荣校订，五南图书出版有限公司1998年版，第281页。

〔3〕参见［德］迪特尔·梅迪库斯：《德国民法总论》，邵建东译，法律出版社2000年版，第169页。

同生效，债权立即移转给受让人，无须有形的履行行为，连债权证书都不必交付。即使在对已经做成债权证书的债权进行让与时，必须交付债权证书，也不过是一种证据手段而已。[1] 交付证书属于履行从给付义务。

当然，应当指出，如果当事人特约在债权让与合同成立之后的某个时间点债权才移转，那么，只要该约定不违法，就应依其约定。如果拟转让的是未来的债权，该债权移转的时间点则在债权成立之时，甚至于在其后的当事人约定的日期。

二、债权让与制度的法律结构

债权让与、债权让与合同（基础行为、原因行为）和产生债权的行为之间的关系重要且复杂（见图 5－2），需要辨析。

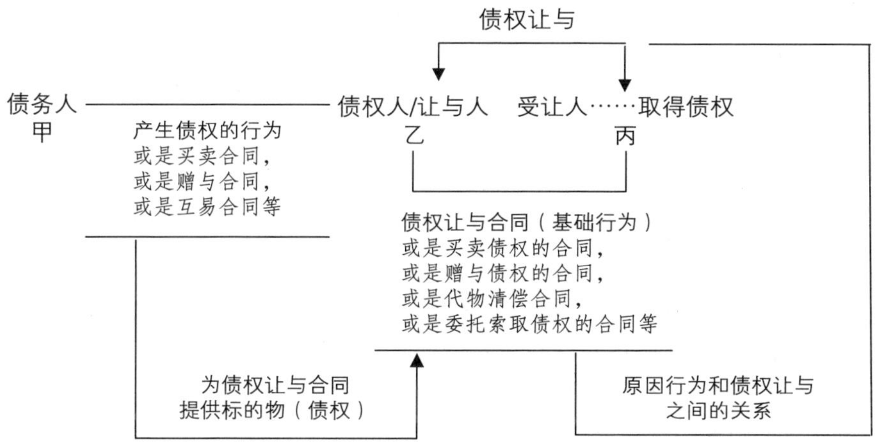

图 5－2　债权让与结构

此处所谓产生债权的行为，是指产生将要被转让的债权的法律行为，亦即产生债权让与合同的标的物的法律行为。产生债权的行为大多是合同，如买卖合同、赠与合同、互易合同、借款合同等。至于所谓基础行为（原因行为），并非此类产生将要被转让的债权的法律行为，而是指债权让与合同的具体表现形式，可能是买卖合同，可能是赠与合同，也可能是代物清偿合同，还可能是信托合同等。有学者认为，以委任（委托）索取债权的目的或委任（委托）保管财产的目的等，可以作为债权让与这个准物权行为的目的。[2] 换言之，债权让与合同是个总称谓，在个案中，债权让与合同，或表现为买卖债权的合同，或表现为赠与债权的合同，或表现为代物清偿合同，或表现为信托合同，等等。不过，德国民法和中国台湾地区的“民法”及其理论，不常用债权让与合同的范畴，更多的是使用基础行为（原因行为）或基础合同

〔1〕　参见［德］迪特尔·梅迪库斯：《德国民法总论》，邵建东译，法律出版社 2000 年版，第 284 页。
〔2〕　参见孙森焱：《民法债编总论》（下册），三民书局 1997 年版，第 694 页。

的概念。债权让与，就是债权让与合同（或是买卖债权的合同，或是赠与债权的合同，或是代物清偿合同，或是信托合同等）生效的结果。在这里，必须注意，虽然都叫买卖合同、赠与合同等，但作为产生债权的行为中的买卖合同、赠与合同不同于作为基础行为（原因行为）的买卖合同、赠与合同，它们是不同的事物，合同的当事人、标的物等均不一致。

事例 案例[5－1]中，乙和丙之间的转让奥迪车请求权的合同，实际上是乙把该奥迪车请求权出卖给了丙，丙将向乙支付价款32万元。其中，甲公司和乙之间的买卖合同是产生债权的行为。乙和丙之间的奥迪车请求权转让合同就是基础行为（原因行为），在我国民法上也叫债权让与合同。奥迪车请求权于2002年7月15日由乙转让丙的现象，就是债权让与。在这里，买卖奥迪车的合同（产生债权的合同）提供转让奥迪车请求权的合同（债权让与合同）的标的物，转让奥迪车请求权的合同（债权让与合同）系奥迪车请求权让与（债权让与）的法律事实。换言之，转让奥迪车请求权的合同（债权让与合同）是奥迪车请求权让与（债权让与）的原因行为；奥迪车请求权让与（债权让与）为转让奥迪车请求权的合同（债权让与合同）生效的结果（相当于有体物买卖合同履行的结果）。

中国的某些著述把产生债权的行为，如案例[5－1]所举的甲公司和乙之间的买卖奥迪车的合同，看作债权让与的原因行为。这存在以下不妥：其一，这种观点未能清晰地反映当事人之间的分层次的、功能不同的法律关系；其二，这种观点略去了债权让与合同和产生将要被转让的债权的合同之间的联系。

三、债权让与、债权让与合同和原因行为

债权让与，若为准物权行为，则必有原因（原因行为），债权让与合同是其原因行为。客观上虽然有原因，但法律不一定采取有因性原则。在德国民法、中国台湾地区的“民法”及其理论上，债权让与是个准物权行为，债权让与合同（基础行为、原因行为）系另一个法律行为，属于债权行为；债权让与这个准物权行为独立于债权让与合同（基础行为/原因行为），债权让与合同（基础行为/原因行为）是债权让与的原因行为（基础行为）；两者不但分离，而且，该原因行为不成立、无效、被撤销、被解除等，债权让与这个准物权行为照样有效，债权让与的效果依然发生。简言之，债权让与这个准物权行为采取无因性原则。

在中国，债权让与完全采取意思主义的变动模式，债权的移转乃让与合同生效的当然后果，无须其他要件，除非当事人另有约定。不仅如此，债权的移转无须有形的履行行为。这样，债权让与紧紧“附随”于让与合同，如果说存在自己的独立表现形式，那么也仅仅在于“逻辑上的一秒”；没有自己的“独立价值”，也就无须所谓原

因或原因行为。

因为中国的民法未采纳物权行为的独立性和无因性制度及其理论，所以债权让与并非一个法律行为，而是一个事实行为，也指债权归属于受让人这种结果。从事实行为的构成方面观察，事实行为不以表现内心的意思内容为必要，乃无关于心理的行为。[1] 既然不考虑心理，便谈不上当事人的法律目的，尤其是主观目的。由于事实行为不以意思表示为要素，不要求效果意思，因而"法律目的"这个原因便不需要。也就是说，债权让与这个事实行为和债权让与合同之间的关系，以无因性关系予以说明可能并不妥当。

再者，中国法虽不具有德国法系那样的债权让与这个准物权行为的效力不受让与合同影响的意义，但可能有债权让与正当性的意义。但是，债权让与的正当性，在不承认物权行为理论的立法例上，完全可以用让与合同及其生效来说明，用不着舍近求远地去寻找"原因"。

尽管如此，但鉴于既有的著述大多论述债权让与的原因或原因行为，且存在不适当的观点，本书仍要简单地说明这个问题，所持的基本观点，一是因债权让与自债权让与合同生效时完成，故讨论有因、无因在中国现行法上大多是债权让与合同是否有因，而非准物权行为有因抑或无因；二是应该区分情况而定，不可一概而论。第一，票据债权让与采取无因性原则，这是票据法的原则要求。第二，在日本及中国台湾地区，证券化的债权采取无因性原则，这符合商事交易的特点和商事法的特殊性。"受让人之善意取得债权，除了在有价证券之情形，原则上并不可能。……因为在债权并无可资认定权利存在之外在表征。"[2]在中国，票据债权以外的证券化债权是否采取无因性原则，尚不明确，中国法应当借鉴日本法在这方面的规定。第三，在普通债权的让与合同存在《民法典》第 144 条、第 146 条、第 153 条、第 154 条规定的原因时，让与合同无效，因中国民法未承认物权行为独立性和无因性制度，故不发生债权让与的效果。可以说，在这些情况下，债权让与是有因的。并且，由于中国法的无效是绝对的无效，法律对于存在无效原因的合同绝不允许其发生法律效力。所以，如果当事人以其意思排除上述原因，那么该排除的意思表示无效。第四，在债权让与合同存在《民法典》第 147 ~ 151 条规定的原因时，如果撤销权人行使撤销权，那么同样因中国民法未承认物权行为独立性和无因性制度，故不发生债权让与的效果。可以说，在这些情况下，债权让与仍然是有因的。撤销权人不行使撤销权，合同继续有效，发生债权让与的效果。但这不是债权让与无因的例证；相反，可以解释为是债权让与有因的表现。在债权让与合同存在可撤销的原因场合，双方当事人达成协议，排除撤销权的行使，按照合同自由原则，应当允许。可以将这

---

〔1〕 参见王泽鉴:《民法总则》,三民书局 2000 年版,第 276 页。

〔2〕 黄立:《民法债编总论》,中国政法大学出版社 2002 年版,第 611 页。

种现象解释为撤销权人不行使其撤销权。为防止当事人一方欺诈、胁迫或乘人之危，又利用约定无因性阻却撤销权的行使，法律不应当承认当事人事先作出的下述约定：在债权让与合同存在撤销原因场合，债权让与具有无因性。第五，在其他情况下，当事人可以约定债权让与具有无因性，即债权让与的效力不受债权让与合同不成立、被解除等情况的影响。当事人无此类约定，债权让与为有因。这是由中国民法总体上采取有因原则决定的解释原则。

四、债权让与合同的条件

在德国民法和中国台湾地区"民法"上，债权让与系准物权行为，属于处分行为，而处分行为以处分人具有处分权为生效条件，无处分权人从事债权让与，无效。[1] 所以，它们讨论债权让与的条件，重点在考察是否存在债权，若存在债权，则接下来考察它是否具有让与性。至于债权让与合同，则受到冷遇，因为它只是债权让与这个处分行为的原因行为，而德国民法、中国台湾地区"民法"又实行无因性原则，故它们只是在考察债权让与的原因时，才提到诸如买卖、赠与、信托、委任(委托)、代物清偿等具体的原因。与此不同，在中国的民法上，债权让与系事实行为，为债权让与合同生效的结果，它完全是债权让与合同这个"债权合同"的效力表现。如此，与其说让与人需要拥有有效的债权、具有处分该债权的权限，是债权让与这个债权变动结果的条件，莫不如说其为债权让与合同的有效条件，更为准确。

以下讨论债权让与合同(相当于德国民法所谓的债权合同)的条件。

(一)须存在有效的债权

根据《民法典》第545条的规定及其解释，类推《民法典》第597条的规定，可知债权让与合同需要让与人拥有有效的债权，具有处分该债权的权限。以不存在或无效的债权让与他人，或以已经消灭的债权让与他人，都将因标的物不存在或标的不能而导致债权让与合同不成立，或效力待定。这是不同于德国民法、中国台湾地区"民法"之处。

有效的债权，是指该债权真实存在且并未消灭，但这并不意味着它一定能够得到实现，也就是说，让与人仅负有保证它确实存在的义务，并不负有保证债务人能够清偿的义务。

对有效的债权应从宽解释，不要求它必须是效力齐备的债权。以下类型的债权也可以作为让与的标的：(1)在继续性合同场合的既存债权；(2)附停止条件或附始期的合同所生债权；(3)已罹诉讼时效的债权；(4)可撤销的合同所生的债权；(5)享有选择权的债权等内容不确定的债权；(6)成为权利质权标的的债权，属于确定、有效的债权，只是其上载有负担。只要受让人于其受让时知晓该种负担，预知权

---

[1] 参见[德]迪特尔·梅迪库斯：《德国民法总论》，邵建东译，法律出版社2000年版，第169页。

利质权实行的可能,债权让与合同的效力就不因权利质权的存在而受到影响。[1]

探讨 | 将来债权能否成为让与合同的标的物

将来的债权届时能否存在,不确定性很大;以此类债权作为让与合同的标的物,使受让人承受了较大的风险。鉴于此,除非债权让与合同明确约定将来的债权作为标的物,且不违反强制性规定,不损害社会公共利益,不违背社会公德,原则上不承认将来的债权作为让与合同的标的物。

(二)被让与的债权须具有可让与性

债权让与,系债权从让与人处移转到受让人之手的过程,更是一种结果。这个结果得以成为现实,债权具有让与性是必要条件。债权没有让与性,相当于有体物为禁止融通物,不会发生移转的法律效果。在近现代,债权一般都应具有让与性。这是由市场经济的投资流动化要求所决定的,并由此打破了债权仅存在于特定人之间的法律观念,确立债权的财产权性质和财富性质。[2] 只要债权让与不违反法律的强制性规定、社会公共利益和社会公德,就应如此。

但问题还有另一面,债权毕竟不同于物权,具有特定的债务人,而且种类、内容也不由法律确定,而是基于各种各样的交易关系、个别地创立发生的。因此,即使在原则上已经承认债权让与自由,仍不能无视特定债务人的立场以及交易关系的个性、特殊性,不得不设定范围相当大的重大例外规则。[3] 例如,人格的信赖关系等个人色彩浓厚的关系,需要尊重,债权仍有不适于让与的。[4] 再如,基于社会政策和保护社会公共秩序的需要,债权让与的范围也应受到一定的限制。《民法典》第545条明确规定三类债权不得转让:根据债权性质不得转让、按照当事人约定不得转让、依照法律规定不得转让。

1. 根据债权性质不得转让

根据合同性质不得转让(让与)的债权,也叫债权性质不容许让与的债权,原是指改变债权人就不能维持同一性或就不能达到债权目的的债权。日本的判例对此的解释是,无论是否以特别关系为债权发生原因,或是否需要债权人的行为,或是

---

〔1〕 详细说明,参见崔建远:《合同法总论》(中卷),中国人民大学出版社2012年版,第410~414页。

〔2〕 参见[日]於保不二雄:《日本民法债权总论》,庄胜荣校订,五南图书出版有限公司1998年版,第279页。

〔3〕 参见[日]於保不二雄:《日本民法债权总论》,庄胜荣校订,五南图书出版有限公司1998年版,第279页。

〔4〕 参见郑玉波:《民法债编总论》(修订第2版),陈荣隆修订,中国政法大学出版社2004年版,第435页。

否为金钱债权,皆无关系。[1] 根据合同性质不得让与的债权,通常包括如下种类:

(1)因债权人变更而引起给付内容变更的债权。所谓因债权人变更而引起给付内容变更的债权,如在专门为教授特定人外语的合同,专门为特定人绘肖像画的合同等场合,其债权若发生让与,那么给付的内容会发生变化,合同会丧失同一性,因而基于此类合同而产生的债权不得让与。[2] 当然,立法例及学说对此有不同的观点。[3]

(2)因债权人变更,债权行使会产生显著差异的债权。雇佣、委托、租赁、借用等合同,均以特定当事人之间的信赖关系为基础,债务人只对该债权人才愿意承担给付义务,其缔约目的就是对该债权人为给付。如果债权人变更,则债权的行使方法势必发生变更。例如,借用人怠于注意致使借用物毁损或毁损的巨大危险,出借人可以解除合同,而借用人是否怠于注意,出借人是否解除合同,则因人而异。[4] 所以此类债权不得让与,让与时常构成合同解除的原因。但应注意,不允许这种债权让与的最终目的是保护债务人,因此,在债务人同意让与时,该种债权具有可让与性。[5] 在法律未否认此类债权的让与性的情况下,也没有必要禁止此类债权让与。[6] 上述观点符合债权的法律性质和客观实际,中国的民法应予借鉴。

(3)应在特定当事人之间进行决算的债权。所谓应在特定当事人之间进行决算的债权,最为典型的是《日本商法典》第529条以下规定的交互计算合同。[7] 承认这种合同项下的债权具有让与性,势必使交互计算的目的难以达成,因而日本的判例[8]和通说都认为此类债权不具可让与性。[9] 在中国台湾地区,也有学说认为交互计算范围内的债权,不得让与。不过,此种特殊关系一旦除去,其债权的让与

---

[1] 1907年4月17日大民判,"民录"12辑524页。转引自[日]於保不二雄:《日本民法债权总论》,庄胜荣校订,五南图书出版有限公司1998年版,第285页。

[2] 参见[日]於保不二雄:《日本民法债权总论》,庄胜荣校订,五南图书出版有限公司1998年版,第286页;郑玉波:《民法债编总论》,三民书局1996年版,第435页;黄立:《民法债编总论》,中国政法大学出版社2002年版,第613页。

[3] 详细分析,参见崔建远:《合同法总论》(中卷),中国人民大学出版社2012年版,第416~417页。

[4] 参见[日]於保不二雄:《日本民法债权总论》,庄胜荣校订,五南图书出版有限公司1998年版,第286页;孙森焱:《民法债编总论》(下册),三民书局1997年版,第699页。

[5] 参见[日]林良平、石田喜久夫、高木多喜男:《债权总论》(改订版),青林书院1982年版,第436页;[日]潮见佳男:《债权总论Ⅱ》(第2版),信山社2001年版,第533页。

[6] 参见[日]於保不二雄:《日本民法债权总论》,庄胜荣校订,五南图书出版有限公司1998年版,第286页。

[7] 交互计算契约是指存在交易行为的当事人之间,对一定时期内相互之间发生的债权债务的总额抵销后,负有余额债务的一方向对方清偿的契约。

[8] 参见大判昭和11·3·11"民集"15·320。

[9] 参见[日]伊藤进(等):《民法讲义4》(债权总论),高阳堂1977年版,第247页;[日]我妻荣:《新订债权总论》,岩波书店1964年版,第522页。

性,仍可恢复。[1]

(4)预约上的债权。有判例及学说认为,预约上的债权多以预约当事人之间的信任关系为基础而发生,未得预约的义务人承诺,不得让与。例如,消费借贷以借用人的信用为基础,借用人的更迭对于贷与人的利害有重大影响,基于消费借贷预约的权利,在性质上不得让与。但在无偿保管的预约场合,债权人是谁非为要素,应当解释为无须预约义务人的承诺,预约上的债权可以让与。[2]

(5)某些不作为债权。一般来说,不作为债权只是为了特定债权人的利益而存在,如果允许债权人让与不作为债权,那么,无异于为债务人新设义务,显然于债务人不公,所以原则上不允许让与不作为债权。但有时不作为债权可以附属于其他法律关系一同被让与,如竞业禁止的债权可以与营业一同让与。[3] 再如,在企业兼并场合,被兼并企业所享有的不作为债权应当移转给兼并企业。

(6)某些属于从权利的债权。从权利一般随着主权利的让与而让与,原则上不得与主权利相分离而单独让与。例如,保证债权系为担保主债权而存在,它若与主债权分离,则将失去担保性质,所以不得单独让与,但可以随同被担保的主债权的让与而让与。如果从权利可与主权利分离而单独存在,则可以单独转让。例如,已届清偿期的利息债权可以与本金债权相分离而单独让与,盈余分配请求权可与股权分离而单独让与。[4]

2. 按照当事人的约定不得转让(让与)的债权

根据合同自由原则,当事人可以在不违反法律的强制性规定、社会公共利益和社会公德的前提下,自由约定合同的内容。因此,当事人在合同中可以特别地约定禁止债权人让与合同债权的内容,并具有法律效力,于是,此类债权便不具有让与性。不过,《国际保理公约》(第6条第1款)等法律文件,就应收账款等债权禁止让与特约则持相反的见解。

禁止让与特约属于民法上的意思表示,应适用民法有关意思表示的规定。它可以在订立合同时以一个条款的形式出现,也可以在合同成立后另为一个合同,但必须在债权让与之前作出;否则,便不具有影响债权让与的效力。该约定可以采取口头方式,也可以采取书面方式。[5]

特约不得受让债权的人,简称为受禁人,其范围可以是泛指,即约定债权不得让与一切他人;也可以是特指,即指明债权不得让与某人或某些人。[6]

---

〔1〕 参见郑玉波:《民法债编总论》,三民书局1996年版,第466页。

〔2〕 参见史尚宽:《债法总论》,荣泰印书馆股份有限公司1978年版,第675页。

〔3〕 参见史尚宽:《债法总论》,三民书局1996年版,第680页。

〔4〕 参见史尚宽:《债法总论》,荣泰印书馆股份有限公司1978年版,第676页。

〔5〕 参见史尚宽:《债法总论》,荣泰印书馆股份有限公司1978年版,第681页。

〔6〕 参见史尚宽:《债法总论》,荣泰印书馆股份有限公司1978年版,第681页。

禁止让与的期限,可以约定在债的整个有效期内均不得让与债权,也可以约定债权在一定期间内不得让与。

禁止债权让与的约定具有何种法律效力,《民法典》第 545 条第 2 款规定:“当事人约定非金钱债权不得转让的,不得对抗善意第三人”(前段)。但是“当事人约定金钱债权不得转让的,不得对抗第三人”(后段)。

3. 依照法律规定不得让转让(让与)的债权

法律规定债权不得让与,即该债权为禁止流通物,让与人和受让人签订让与该债权的合同,构成自始客观不能,合同无效。于此场合,债务人有权拒绝向受让人履行债务。

依照法律规定不得让与,在中国现行法上,有《保险法》关于“按照以死亡为给付保险金条件的合同所签发的保险单,未经被保险人书面同意,不得转让或者质押”(第 34 条第 2 款)的规定。

在某些立法例及其理论上,法律禁止扣押的债权不得让与。所谓禁止扣押的债权,是指维持当事人及其共同生活的亲属生活等所必需的,不得供强制执行的债权。[1] 这在德国法上似乎不成问题,因为《德国民法典》第 400 条明确规定禁止扣押的债权不得让与。但应注意到,日本有学者持相反的意见,认为禁止扣押不过是为了保护债权人,对于不依债权人的意思而为的处分,予以禁止而已,若债权人依自己的意思而为处分,则当不在禁止之列。[2]

(三)让与人和受让人须就债权的转让意思表示一致

依据《民法典》第三编第一分编第二章关于合同的订立的规定和《民法典》第一编第六章关于意思表示和法律行为的规定,债权让与合同的成立,必须是让与人和受让人就债权的转让意思表示一致。

五、债权让与合同的效力

(一)债权让与合同的生效

债权实际上发生让与,需要成立的债权让与合同生效。该合同一经生效,债权即移转给受让人,不存在有体物买卖那样有形的履行行为。当然,在将来的债权让与场合,债权让与合同生效,使受让人立即取得请求让与人移转将来的债权的权利,作为让与合同的标的物的债权实际移转,需要到该债权存在时才有可能。还有,当事人约定债权于未来的某个时间点移转的,依其约定,除非该约定违反法律、行政法规的强制性规定,损害社会公共利益,违背社会公德。

---

〔1〕 参见郑玉波:《民法债编总论》(修订第 2 版),陈荣隆修订,中国政法大学出版社 2004 年版,第 437 页。

〔2〕 参见[日]於保不二雄:《债权总论》,有斐阁 1959 年版,第 275 页。转引自郑玉波:《民法债编总论》(修订第 2 版),陈荣隆修订,中国政法大学出版社 2004 年版,第 437 页。

债权让与合同的生效，适用《民法典》第三编第一分编第三章关于合同的效力的规定。首先，让与人和受让人一般均应具有完全的行为能力。按照《民法典》第145条第1款的规定，限制行为能力人经其法定代理人同意或追认，也可以订立让与合同。纯获利益的受让，则无须其法定代理人的同意。其次，需要让与合意真实。最后，需要该合意合法。这包含两层含义：一是债权让与合同的内容合法，如不得恶意串通损害国家、集体或第三人的合法权益，不得以合法形式掩盖非法的目的，不得损害社会公共利益，不得违背社会公德，以及不得违反法律、行政法规的其他强制性规定等；二是债权让与合同的形式应合法，此类合同原则上为不要式合同，无须采取特别的方式，但法律对债权让与有特别规定或当事人有特别约定的，应依法律的规定或当事人的约定。《民法典》第502条规定，债权转让，法律、行政法规规定应当办理批准、登记等手续的，依照其规定。应当注意，法释[1999]19号规定，在一审法庭辩论终结前当事人仍未办理批准手续的，或仍未办理批准、登记等手续的，人民法院应当认定该合同未生效；法律、行政法规规定合同应当办理登记手续，但未规定登记后生效的，当事人未办理登记手续不影响合同的效力（第9条）。

（二）债权让与合同的生效在让与人和受让人之间产生的效果

债权让与合同的生效，在让与人和受让人之间形成如下法律后果。

1. 法律地位的取代

债权让与合同生效后，如果让与合同规定债权于未来的某个时间点移转，那么，让与人仍然享有债权，尚未退出债权债务关系，只是就他和受让人之间的关系而言，其债权受到限制，如未经受让人授权不得行使债权；受让人并未取得被让与的债权，只是开始享有取得债权的期待权，也就是享有于约定的时间点取得债权的权利，同时有权援用债权人对债务人的抗辩权，如同时履行抗辩权、履行期尚未届至的抗辩等。唯有如此，才可有效地保护受让人的和合法权益，阻止让与人放任债务人实施有害受让人权益的行为，更可防范让与人与债务人恶意串通损害受让人的合法权益。

未来债权的让与，也大致如此，只是某些抗辩或抗辩权尚不存在。

在债权为现实存在且全部让与的场合，该债权即由原债权人（让与人）移转于受让人，让与人脱离原债的关系，受让人取代让与人的法律地位而成为新的债权人。《金融资产管理公司条例》（国务院令第297号）第13条规定："金融资产管理公司收购不良贷款后，即取得原债权人对债务人的各项权利。原借款合同的债务人、担保人及有关当事人应当继续履行合同规定的义务。"但在债权部分让与时，让与人和受让人共同享有债权。

2. 从权利随之移转

《民法典》第547条第1款规定："债权人转让债权的，受让人取得与债权有关的从权利，但是该从权利专属于债权人自身的除外。"所谓从权利，包括担保物权、保证债权、定金债权、利息债权、违约金债权和损害赔偿请求权等。“受让人取得从权利不因该从权利未办理转移登记手续或者未转移占有而受到影响”(《民法典》第547条第2款)。

(1)此处所谓担保权,包括担保物权、保证债权、定金债权、押金债权和保证金债权等。在保证的情况下,在债权让与时,该转让对保证人发生效力,需要通知保证人,保证原则上随之移转,即“保证人在原保证担保的范围内继续承担保证责任”(《民法典》第696条第1款),“但是保证人与债权人事先禁止债权转让,债权人未经保证人书面同意转让债权的,保证人不再承担保证责任”(《民法典》第696条第2款)。

质权、留置权随着被担保债权的让与而移转,只是因其以占有为本质要件,故须向受让人转移标的物的占有。[1]

抵押权随着被担保债权的让与而移转,有法释[2001]12号第9条的如下规定:“金融资产管理公司受让有抵押担保的债权后,可以依法取得对债权的抵押权,原抵押权登记继续有效。”

因为此类抵押权不是初始产生的,对于受让人而言是继受取得,所以,放弃登记为生效要件的物权变动模式,若采取债权意思主义,在让与人和受让人之间的关系方面没有问题,在不强调体系化的背景下,也可以接受。但考虑到交易安全,应当奉行不办理移转登记不得对抗善意第三人的原则。在解释论的层面,认定该项规定的文义涵盖过宽,不符合法律保护交易安全的目的,存在法律漏洞,应当限缩其适用范围,设置但书,即不办理抵押权移转登记的,不得对抗善意第三人。[2]

至于最高额抵押权,《民法典》第421条规定:“最高额抵押担保的债权确定前,部分债权转让的,最高额抵押权不得转让,但当事人另有约定的除外。”表达了两层意思:其一,最高额抵押担保的债权一经确定,该项债权连同抵押权即可转让;其二,即使最高额抵押担保的债权尚未确定,当事人的下述约定亦发生法律效力:一是部分债权转让的,抵押权也部分转让,原最高额抵押所担保的债权额随之减少;二是部分债权转让的,全部抵押权随之转让,未转让的部分债权成为无担保权的债权。[3] 该项规定可资赞同,因为它贯彻了意思自治原则,把握住了最高额抵押权已经普通抵押权化的机理,体现了普通抵押权担保的债权可以转让的精神。

(2)所谓其他从权利,包括利息债权、违约金债权和损害赔偿请求权等。其中,

---

[1] 参见[日]於保不二雄:《日本民法债权总论》,庄胜荣校订,五南图书出版有限公司1998年版,第281页。

[2] 参见高润恒:《保理合同中的应收账款债权转让研究》,清华大学2006年博士学位论文。

[3] 参见全国人大常委会法制工作委员会民法室编:《中华人民共和国物权法条文说明、立法理由及相关规定》,北京大学出版社2007年版,第370页。

利息债权若尚未届期，则自然属于从权利，它应随原本债权一同移转；但已经届期却尚未支付的利息，即迟延利息，具有独立地位，与从权利并不相同，不得当然随同原本债权一同移转。不过，利息债权毕竟为原本债权的扩张，与原本债权相伴为其常态，于是，中国台湾地区"民法"第295条第3款规定："未支付之利息，推定其随同原本移转于受让人。"此种推定，可以反证推翻。[1] 这有其合理性，值得我们重视。

(3)形成权的类型较多，需要区分情况而定。与请求权相结合、功能在于实现债权的形成权，如选择权、催告权，应当与债权一同移转。与债的关系(而非单一的债权)相结合、与当事人的地位有关系的形成权，如解除权、撤销权等，只有在概括承受的情况下，才随着债权债务的概括移转而移转。[2] 在(单纯的)债权让与，债权人仍负有债务，继续为债权关系的当事人的情况下，如果解除权等形成权随着债权让与而移转，那么会出现下述不合理的局面：让与人应当解除合同以保护自己的合法权益，却因无解除权而束手无策；或者让与人坚持合同继续有效以获得期待利益，却因受让人行使解除权而期待落空。

(4)债权瑕疵随同移转。债权的让与只是变更债权的主体，该债权的性质不因此而有所变更，故因债权的性质所定的期间，对债权的受让人，自然适用；[3]债权存在的瑕疵，也移转于受让人。[4] 于此场合，若让与的债权自身存在类似有体物那样的瑕疵，则应类推适用《民法典》第617条和第621条关于物的瑕疵担保责任的规定，令让与人承担物的瑕疵担保责任；若让与的债权存在第三人主张的情形，则应类推适用《民法典》第612条及第613条关于权利瑕疵担保的规定，让与人对受让人承担权利瑕疵担保责任，除非受让人在订立合同时知道或应当知道第三人对该债权享有权利。

(5)专属于债权人(让与人)自身的从权利并不随之移转(《民法典》第574条第1款)。所谓专属于让与人自身的从权利不随债权让与而移转，如在保证合同约定专为债权人而设定保证责任的情况下，该保证责任便与原债权人不可分离，不随同主债权让与而移转于受让人。又如，商人之间所产生的留置权，为担保其因营业关系而成立的债权。也就是说，留置权与债权人而非同债权相结合，由于债权让与

[1] 参见郑玉波：《民法债编总论》(修订2版)，陈荣隆修订，中国政法大学出版社2004年版，第439页。

[2] 参见史尚宽：《债法总论》，荣泰印书馆股份有限公司1978年版，第684页；郑玉波：《民法债编总论》(修订2版)，陈荣隆修订，中国政法大学出版社2004年版，第439页。

[3] 参见1937年渝上字第1219号判例。

[4] 参见史尚宽：《债法总论》，荣泰印书馆股份有限公司1978年版，第688页；黄立：《民法债编总论》，中国政法大学出版社2002年版，第618页。

并未消灭债权人与另一商人之间债的关系，债权让与，留置权并不随同移转。[1]

3. 从给付义务的履行

让与人应将债权证明文件全部交付与受让人，并告知受让人行使债权所必要的一切情况。对此，《民法典》虽未规定，但根据诚实信用原则，应将债权证明文件全部交付与受让人，属于让与人的从给付义务；应告知受让人主张债权的必要情况，为让与人的附随义务。

所谓债权证明文件，包括债务人出具的借据、票据、合同书、账簿等。所谓应告知受让人主张债权的必要情况，一般指债务的履行期、履行地、履行方式，债务人的住所，债权担保的方式，以及债务人可能会主张的抗辩等。[2]

再有，让与人占有的债权担保物，应全部移交受让人占有。

4. 让与人不负担保债务人支付能力的责任

中国台湾地区“民法”第352条前半段规定：“债权之出卖人，对于债务人之支付能力，除契约另有订定外，不负担保责任。”中国台湾地区“最高法院”认为：“诉争甘薯之给付请求权，既经上诉人合意受让于前，复由让与之被上诉人通知债务人某某于后，即生移转的效力，是上诉人提起请求给付此项甘薯之诉，仅得对于该债务人为之，纵令该债务人因无支付能力延不履行，而依‘民法’第三百五十二条之规定，除其让与契约另有订定外，被上诉人仍不负担保责任。”[3]这有其道理，值得借鉴，理由在于：债权虽须债务人适当履行才可实现，但与债务人毕竟分属两个领域，让与的标的物是债权，而非债务人及其支付能力；何况债务人即使支付能力强劲，背信而拒不清偿，也并非鲜见。

六、债权让与对债务人的效力

（一）概说

由于中国民法未采纳物权行为制度及其理论，所谓债权让与对于债务人的效力，当指债权移转给受让人的结果与债务人之间的关系，或者说债权让与合同生效的结果对于债务人的效力，并非准物权行为对于债务人的法律效力。

债权的自由转让必须在不损害债务人现存利益的前提下进行，债务人不应因债权的让与而增加负担或丧失应有的权利。例如，因债权转让增加的履行费用，由

---

〔1〕 参见史尚宽：《债法总论》，荣泰印书馆股份有限公司1978年版，第684页；黄立：《民法债编总论》，中国政法大学出版社2002年版，第618页。

〔2〕 参见孙森焱：《民法债编总论》（下册），法律出版社2006年版，第788页；邱聪智：《新订民法债编通则》（下），中国人民大学出版社2004年版，第425页；林诚二：《民法债编总论——体系化解说》，中国人民大学出版社2003年版，第498页。

〔3〕 中国台湾地区“最高法院”1954年台上字第122号判例。转引自林诚二：《民法债编总论——体系化解说》，中国人民大学出版社2003年版，第498页。

让与人负担(《民法典》第550条)。应该说,对债务人的保护和促进债权的自由流转,是债权让与制度的一个问题的两个方面。所以,债权让与对于债务人的效力,主要是从保护债务人利益的角度出发而规定的,具体涉及对债务人的债权让与通知,以及由此引起的权利义务。

(二)对债务人的债权让与通知

由于债权让与合同不具有公示性,债务人可能不知道债权让与的事实,于是仍然有权向原债权人履行合同债务;如果允许债权让与合同自成立时对债务人也同时生效,那么,债务人因不知债权让与的事实而为给付却不发生清偿的效果,同时对新债权人(受让人)负有债务不履行的责任,显然不公平。

学说比较｜债权让与对债务人在何种条件下生效

为了保护债务人的合法权益,许多立法例就债权让与对债务人在何种条件下生效作了限定,有以下三种主义:严格限制主义,即债务人同意原则;自由主义,即债权自由让与原则;折中主义,即让与通知原则。

相比较而言,折中主义既维护了债务人的利益,又保障了债权的自由流转,合理地平衡了当事人之间的利益关系,在立法价值上实现了静的安全与动的安全的结合。这种模式获得了中国大多数学者的赞同:它一方面考虑到了债务人的利益,要求债权人或受让人在债权让与达成合意后及时地通知债务人,避免债务人因不知情而受到损失;另一方面,它充分尊重了债权人处分其债权的自由,有利于鼓励债权转让,符合市场经济发展的需要。[1] 正因如此,《民法典》第546条第1款规定:"债权人转让债权,未通知债务人的,该转让对债务人不发生效力。"

这样,债务人在收到债权让与通知之后,应承认受让人为债权人,不得再向原债权人(让与人)为清偿或其他免责行为,否则,不发生清偿的效果,免责行为也归于无效。受让人对于债务人可以主张权利。当然,在当事人另外约定了债权移转的时间点或被转让的债权为未来的债权的场合,情况较为复杂,下文将作具体分析。

所谓"未通知债务人的,该转让对债务人不发生效力",就是在让与通知前,债务人对于原债权人(让与人)的清偿、免责行为,或让与人对于债务人为免除或抵销,应当有效。[2] 受让人对于债务人不得主张债权,受让人请求债务人向其为清偿

[1] 参见王利明、崔建远:《合同法新论·总则》,中国政法大学出版社1996年版,第431~432页。
[2] 参见史尚宽:《债法总论》,荣泰印书馆股份有限公司1978年版,第691页。

的，债务人有权抗辩，[1]因而债务人对于受让人得拒绝清偿，受让人对于债务人的时效中断、实行担保权、申请破产等行为，也不能视为有效。[2]但是，在让与通知前，债务人对受让人的清偿及其他免责行为应视为有效，让与人对债务人的抵销、免除也应视为有效。[3] 受让人实施时效中断的行为若含有债权让与通知的意思，则债权让与对于债务人发生效力。还有，在让与通知前，受让人对于债务人为抵销或免除的意思表示，其中含有让与通知的内容的，债权让与对于债务人发生效力。[4]

1. 债权让与通知的方式

债权让与通知，法律性质为观念通知，通知人无须有效果意思，也不需要债务人承诺。唯观念通知属于准法律行为，[5]可以准用《民法典》关于意思表示及法律行为的有关规定，自通知到达债务人处始生效力。

债权让与通知，可以采取诉讼通知的形式，但通常采取非诉的形式。让与债权的意思表示自到达债务人及其继承人或其代理人时生效。

金融资产管理公司受让国有银行债权后，原债权银行在全国或省级有影响的报纸上发布债权转让公告或通知的，人民法院可以认定债权人履行了《合同法》第80条第1款规定的通知义务（法释[2001]12号第6条第1款）。财金[2012]6号第19条规定，转让债权资产的，金融企业和受让资产管理公司要在约定时间内在合同或者省级有影响的报纸上发布债权转让通知暨债务催收公告，通知债务人和相应的担保人，公告费用由双方承担。双方约定采取其他方式通知债务人的除外。

债权让与通知的相对人，为债务人及其继承人或其代理人。债务人之所在不明又无代理人的，依日本判例应对不在者的财产管理人为通知。[6]

连带债务，对于债权人而言虽然视为同一债务，但就债务人角度而言，却是每位债务人各自负担全部给付内容的独立债务。这样，债权人可以就其对于连带债

---

〔1〕 有学者认为，在让与通知到达债务人处之前，即使债务人已经知晓了债权让与的事实，受让人也无权请求债务人向其清偿[郑玉波：《民法债编总论》（修订第2版），陈荣隆修订，中国政法大学出版社2004年版，第442页]。但本书认为，由让与通知的目的和作用决定，如有证据证明债务人已经知晓了债权让与的事实，债权让与对于该债务人应当发生效力。

〔2〕 参见[日]於保不二雄：《日本民法债权总论》，庄胜荣校订，五南图书出版有限公司1998年版，第295页；郑玉波：《民法债编总论》（修订2版），陈荣隆修订，中国政法大学出版社2004年版，第442页。

〔3〕 参见[日]於保不二雄：《日本民法债权总论》，庄胜荣校订，五南图书出版有限公司1998年版，第295页。

〔4〕 参见史尚宽：《债法总论》，荣泰印书馆股份有限公司1978年版，第691页。

〔5〕 中华民国最高法院1939年上字第1284号判例；中华民国最高法院1931年上字第58号判例；孙森焱：《民法债编总论》（下册），法律出版社2006年版，第789页；邱聪智：《新订民法债编通则》（下），中国人民大学出版社2004年版，第426页；[日]於保不二雄：《日本民法债权总论》，庄胜荣校订，五南图书出版有限公司1998年版，第293页。

〔6〕 参见史尚宽：《债法总论》，荣泰印书馆股份有限公司1978年版，第690页。

务人一人的债权而单独让与，向该债务人为让与通知。如果以对于全体债务人的债权为让与，那么，应通知全体债务人。只有这样，债权让与的效力才会对全体债务人发生。如果仅仅向其中一位债务人为让与通知，则债权让与只对该债务人发生效力。[1]

2. 债权让与通知的时间

债权让与通知的时间，首先，需要明确的是，由让与通知属于观念通知的性质决定，在债权让与合同签订之前为让与通知的，因尚无债权让与的事实，故该让与通知不发生法律效力。其次，在债权让与合同签订之后为让与通知的，如果被让与的是未来的债权，那么，让与通知自到达债务人处时发生法律效力，无须于其后债权现实地产生时再为让与通知。[2] 最后，在现存债权作为标的物，债权让与合同已经签订的情况下，让与通知应于何时作出，宜区别情况而定，兹分述如下：

(1)在债务的履行期届满之前，债务人尚未清偿的，将债权让与的事实通知债务人，债权让与对于债务人发生效力。假如债务人在收到让与通知后仍向让与人为给付，那么，不发生清偿的法律效果，受让人有权请求债务人向其给付。不过，虽然债务的履行期尚未届满，但已经届至，债务人于此期间适当地履行了债务，债权人其后将债权让与的事实通知债务人，尽管该通知早于债务履行期届满前，债务人也有权对抗受让人的给付请求。

(2)在让与人或受让人怠于为债权让与的通知，债务人不知债权让与的事实，仍然向让与人(原债权人)为给付的，债务人对受让人因此而未获清偿或未能及时获得清偿的后果不承担民事责任；在债务人尚未履行的情况下，如果债权让与通知迟于债务履行期，使债务人难以向受让人履行，只能向让与人清偿，则债务人有权拒绝向受让人给付，仍然可以向让与人履行，并就此不负民事责任。换言之，在债务人收到债权让与通知之前，对让与人所为的给付有效，即债务人仍以让与人为债权人而为履行，同样可以免除其债务，受让人不得以债权已经让与为由，要求债务人继续履行，而只能请求让与人返还所受领的债务人的给付。

(3)在债务的履行期限已经届满、债务人尚未履行的情况下，让与人或受让人才将债权让与的事实通知债务人的，只要债务人此时能够向受让人履行，债权让与对债务人就应当有效。其道理在于，假如因让与通知迟于债务的履行期限，就赋予债务人拒绝向受让人履行的权利，那么，这会使问题的处理迂回曲折，徒增成本，不符合效率原则，莫不如承认债权让与通知对于未为履行的债务人具有法律效力，即债务人自接到该通知时起有义务向受让人为给付。不过，由此给债务人增加的负担，应当由怠于为债权让与通知的让与人或受让人承受。换句话说，债务人若尚

---

〔1〕 参见史尚宽：《债法总论》，荣泰印书馆股份有限公司1978年版，第690页。
〔2〕 参见史尚宽：《债法总论》，荣泰印书馆股份有限公司1978年版，第691页。

未给付,则自收到债权让与的通知时起,应当将受让人作为债权人而履行债务,于此场合,他对让与人的履行不能构成债的清偿,其债务不能免除,仍须向受让人履行债务。让与人如果仍然受领债务人的给付,属非债清偿,债务人可以请求返还。

(4)在债务的履行期已经届满、债务人收到债权让与通知前已经向让与人履行的情况下,让与通知才到达债务人处的,债务人有权拒绝受让人的给付请求,并不承受由此增加的负担。

3. 债权让与通知的效力

让与通知为观念通知,可准用法律关于意思表示的规定。因此,让与通知存在《民法典》规定的无效的原因时,当然无效,债权让与对债务人不发生效力。至于让与通知可否撤销,《民法典》规定,债权转让的通知不得撤销,但经受让人同意的除外(第 546 条第 2 款)。

4. 债权让与通知的主体

关于何人为债权让与通知,《民法典》第 546 条第 1 款规定,让与人(债权人)为债权让与的通知人。《日本民法典》第 467 条第 1 项的规定亦然。这过于狭隘,排除了受让人可以为让与通知的情形,构成一个法律漏洞。实际上,早在罗马法时期,对于让与应由何人通知债务人的问题,学者之间就曾有过争论。有人主张,既然受让人握有债权,那么应由受让人通知债务人;也有人主张,让与通知乃让与人放弃债权的行为,应由让与人通知;还有人主张,无论让与人通知还是受让人通知,其结果相同,二者均值赞同。后者得到大家的认可,并体现在《查士丁尼法典》的具体规定中。[1]《法国民法典》继受罗马法,规定让与人和受让人双方都可以通知。目前大多数国家的立法采纳此例。所以,对《民法典》第 546 条第 1 款规定形成的法律漏洞,可以通过目的性扩张予以填补,允许受让人也作为让与通知的主体,从而有利于灵活地解决实际中的问题。但从保护债务人履行安全的角度考虑,受让人在为让与通知时,必须举证证明自己已经取得了债权,如债权让与合同、让与公证书等,否则,债务人可以拒绝履行。

5. 债权让与通知的例外

最后应当指出,从《民法典》第 546 条第 1 款的规定来看,其似采严格让与通知主义,即债权人转让权利的,应当通知债务人,否则,对其不产生让与的效力。但是,如果有证据证明该债务人已经知晓了债权让与的事实,仍向让与人履行债务,则显然有违于诚实信用原则。于此情形,不能免除其对受让人的债务。[2] 当然,对此应由受让人负责举证。

---

〔1〕 参见陈允、应时:《罗马法》(第 2 版),商务印书馆 1933 年版,第 248 页。

〔2〕 参见《意大利民法典》第 1264 条。

此外，债权让与必须通知债务人的原则还存在一些例外情况，主要表现为以下几点：(1)证券化债权让与不以通知债务人为要件。例如，指示债权，以背书和票据的交付而移转；无记名债券，如火车票、电影票等，则仅以债券的交付而移转债权，均不须通知债务人；票据债务人负有按照票据上载明的权利绝对履行的义务，而不得以未收到让与通知为由拒绝履行。(2)特殊债权的移转必须办理登记手续，如电话使用权的过户。(3)当事人之间特别约定债权不得让与的，债权人欲让与债权，应当征得债务人的同意。当然，站在立法论的立场上，在应收账款债权等让与场合，中国法若追随国际潮流，规定当事人关于禁止债权转让的特约不影响债权移转于受让人的效力，那么，此处所谓征得债务人同意的要求则不再必要。

(三)表见让与及其效力

当债权人将债权让与第三人的事项通知债务人后，即使债权让与并未发生或该让与无效，债务人基于对让与通知的信赖而向该第三人所为的履行仍然有效。此类虽无债权让与的事实，而债权让与通知仍然有效的现象，学说称为表见让与。

表见让与一般只有在债权人为让与通知行为时才能产生，如果由受让人为让与通知，则不产生表见让与的效力。也就是说，即使受让人已将债权让与通知了债务人，而在债权未能让与或让与无效的，债务人也不能以其对抗受让人的事由对抗让与人。[1] 但受让人在为债权让与通知行为时，提出了债权已经归属于他的充分证据，足以表明债权已经发生了移转的，尽管实际上并未让与，但是在此情形，本书认为仍可构成表见让与。

再者，让与人将债权让与的事实通知债务人，倘若债权并未让与或其让与无效，那么，债务人因而主张受让人非债权人，拒绝向其给付的，法律应予准许。只不过债务人若因认识错误，以合法移转误认为无效，则即应负担风险。[2]

(四)抗辩(权)的援用

1. 债务人对让与人所享有的抗辩(权)，大多可以向受让人主张。根据《民法典》第548条的规定，债务人接到债权转让通知后，债务人对让与人的抗辩，可以向受让人主张。这是因为债权让与是债之主体的变更，并不改变债的内容，债的同一性不因债权让与而丧失。由此决定，债权原有的瑕疵，不能不随同移转于受让人，所以债务人可以对抗原债权人的事由，自然可以对抗新的债权人。该对抗受让人的抗辩(权)制度，正是“债务人不能因债权让与而受有不利益”原则的体现。

债务人可以对抗让与人的事由，亦为对抗受让人的事由，兼指实体法上的抗辩(权)和诉讼法上的抗辩(权)。

---

〔1〕 参见郑玉波：《民法债编总论》(修订第2版)，陈荣隆修订，中国政法大学出版社2004年版，第443页。

〔2〕 参见孙森焱：《民法债编总论》(下册)，法律出版社2006年版，第791页。

债务人可对抗受让人的实体法上的抗辩(权),包括:(1)债权不发生的抗辩。例如,合同不成立或被撤销或被确认为无效的抗辩(权)。(2)债权消灭的抗辩。例如,对于让与人行使撤销权、解除权而致债权消灭的抗辩,以及清偿、提存的抗辩。(3)拒绝给付的抗辩。例如,履行期尚未届至的抗辩,已罹诉讼时效的抗辩权等,以及在原债权人将合同上的权利单独让与第三人,自己保留合同债务时,债务人基于让与人不履行对应债务而产生的同时履行抗辩权、不安抗辩权等。[1]

债务人可对抗受让人的诉讼法上的抗辩(权),包括协议管辖的抗辩、仲裁条款的抗辩等。[2] 判决的既判力对于受让人为有效。[3]

以上抗辩事由,必须于债务人受让与通知时业已存在,方可对抗受让人;在受让与通知以后才发生的事由,则不在此限,因其并非原债权的瑕疵。[4]

在受让人再将债权移转时,债务人有权以其对抗受让人,甚至以受让人的抗辩,对抗再受让人(转得人)。[5]

2. 债务人对于让与人所享有的抗辩(权),有些不得向受让人主张。必须指出,债务人对于让与人的抗辩,并非总能够对抗受让人,存在若干不得对抗的情况。

债务人所享有的对抗受让人的抗辩,可以预先或在嗣后与受让人协商一致予以抛弃。[6]

抗辩纯为对于让与人个人的事由的,债务人不得以之对抗受让人。例如,让与人和债务人虽然约定他不请求债务人履行,但债务人也不得以此约定对抗受让人。[7]

(五)抵销的主张

《民法典》第549条第1项规定,债务人接到债权转让通知时,债务人对让与人享有债权,且债务人的债权先于转让的债权到期或者同时到期的,债务人可以向受让人主张抵销。这具有合理性,债务人乙和债权人甲之间可能存在若干交易关系,可能存在信赖、抗辩及抗辩权和抵销权等法律手段,形成制衡态势,这样,乙的合法权益就较有保障,抵销权系有效的保障手段之一。但是,甲将其对乙的债权转让给

---

[1] 参见孙森焱:《民法债编总论》(下册),法律出版社2006年版,第792页;邱聪智:《新订民法债编通则》(下),中国人民大学出版社2004年版,第427页;林诚二:《民法债编总论——体系化解说》,中国人民大学出版社2003年版,第502页。

[2] 参见孙森焱:《民法债编总论》(下册),法律出版社2006年版,第792页;邱聪智:《新订民法债编通则》(下),中国人民大学出版社2004年版,第427页;林诚二:《民法债编总论——体系化解说》,中国人民大学出版社2003年版,第502页。

[3] 参见史尚宽:《债法总论》,荣泰印书馆股份有限公司1978年版,第693页。

[4] 参见史尚宽:《债法总论》,荣泰印书馆股份有限公司1978年版,第693页。

[5] 参见史尚宽:《债法总论》,荣泰印书馆股份有限公司1978年版,第693页。

[6] 参见史尚宽:《债法总论》,荣泰印书馆股份有限公司1978年版,第693页。

[7] 参见史尚宽:《债法总论》,荣泰印书馆股份有限公司1978年版,第694页。

丙之后,乙可能失去对于甲的上述制约手段,对丙却无其他交易关系来制约,自己的利益不保。无论是对甲还是对丙,乙均无抵销权这种有效保障自己权益的法律手段,处于不利的境地。为改变乙所处的这种不利格局,《民法典》设置特则即第549条第1项,赋权乙对丙享有抵销权,以达利益平衡。关于这种制度安排,乙本来拥有的抵销权不得因其债权人转让债权而消失,而是继续保有。

至于受让人的权益保护,可通过受让人的尽职调查、适度调整转让款的数额、转让人和受让人之间的抗辩及抗辩权、民事责任制度、借助其他法律关系的牵制等途径来解决。

《民法典》第549条第2项规定:债务人的债权与转让的债权是基于同一合同产生,债务人可以向受让人主张抵销。这同样具有合理性,本来,债务人和债权人之间的两项债权在产生和存续上均有牵连性。由此牵连性带来了履行抗辩权、时效完成的抗辩权以及有关抗辩,甚至抵销权,使债务人的债权及其利益较有实现的法律保障。但是,债权人将其债权转让给他人,债务人与该他人之间不见得存在前述有关保障措施,只得满足该他人关于清偿债务的请求。更为糟糕的是,当债务人请求转让人(原债权人)履行债务时,转让人却无足够的责任财产予以清偿,使债务人在财产上只"出"不"进"。《民法典》第549条第2项的规定就可避免这样的结果。

至于受让人的权益保护,同样是通过受让人的尽职调查、适度调整转让款的数额、转让人和受让人之间的抗辩及抗辩权、民事责任制度、借助其他法律关系的牵制等途径来解决。

专就债权转让领域的抵销而言,《民法典》第568条第1款为一般法,《民法典》第549条为特别法,后者优先于前者适用。

七、债权让与对第三人的效力

(一)债权的二重让与

债权的二重让与,是指让与人和受让人(Ⅰ)签订关于债权A的让与合同(Ⅰ),然后又同受让人(Ⅱ)签订关于债权A的让与合同(Ⅱ)的现象。其法律效果比较复杂,需要做类型化的分析。

第一种类型的债权二重让与,必须符合下述条件:现存债权作为让与的标的物,当事人没有约定债权于未来的某个时间点移转。以下讨论这种类型的债权二重让与。

1. 在让与合同(Ⅰ)生效,且债权让与及时通知了债务人的情况下,债权让与的结果,不但拘束着让与人和受让人(Ⅰ),而且债务人也必须承认,就是包括受让人(Ⅱ)在内的其他人也无权否认。于此场合,对于让与合同(Ⅱ)而言,让与人系无权处分,如果受让人(Ⅱ)不知道债权A已经让与给了受让人(Ⅰ),且无重大过失,那么准用《民法典》第612条的规定，让与合同（Ⅱ）有效，只是由于受让人（Ⅱ）不能取得债权A，让与人须向受让人（Ⅱ）承担违约责任；如果受让人（Ⅱ）已经知道或应当知道债权A已经让与给了受让人（Ⅰ），根据法释[2009]5号第15条和法释[2012]8号第3条的规定，让与合同（Ⅱ）也有效，让与人向受让人（Ⅱ）承担不能履行的违约责任。[1]

2. 在让与合同（Ⅰ）生效，让与人未将债权A让与给受让人（Ⅰ）的事实通知债务人，却通知债权A已经转让给了受让人（Ⅱ）的情况下，债务人向受让人（Ⅱ）清偿，无民事责任可言，只是受让人（Ⅱ）获得了不当得利，应当返还给受让人（Ⅰ）。[2] 当然，按照有的立法例及其理论，在债务人明知受让人（Ⅱ）尚未受让债权却向其清偿的情况下，不构成不当得利。[3]

需要说明，于此场合，由于中国现行法不承认物权行为制度，在受让人（Ⅱ）自债务人处获得的给付为有体物场合，受让人（Ⅰ）向受让人（Ⅱ）主张的不当得利返还，其利益表现，不会是标的物的所有权，要么是占有，要么是债务人请求受让人（Ⅱ）返还给付物的权利。

3. 在两个让与合同均已签订，债务人均未收到债权让与的通知的情况下，让与合同（Ⅰ）有效，让与合同（Ⅱ）符合《民法典》第612条和第613条规定的条件的，也有效。于此场合，因债权让与合同对于第三人不待通知就已经发生了效力，故债务人无论是向受让人（Ⅰ）还是向受让人（Ⅱ）为给付，都发生清偿的法律效果，债务人所承担的债务消灭。此其一。但是，债权毕竟从债权让与合同（Ⅰ）生效时就已经归属于受让人（Ⅰ）了，所以，受让人（Ⅱ）并不享有债权，接受的给付没有合法根据，构成不当得利，应当将所受给付返还给受让人（Ⅰ）。在受让人（Ⅱ）取得的给付表现为有体物的情况下，不当得利的利益形态，要么是标的物的占有，要么是债务人请求受让人（Ⅱ）返还标的物的权利，不会是标的物的所有权。此其二。由于让与合同（Ⅱ）为有效，受让人（Ⅱ）因此所受的损失，可依据违约责任制度向让与人求偿。在让与合同（Ⅱ）约定有违约金时，受让人（Ⅱ）可请求让与人支付违约金。否则，请求让与人赔偿损失。此其三。如果受让人（Ⅱ）在签订受让合同（Ⅱ）时为恶意，则受让合同（Ⅱ）成为效力待定，只有让与合同（Ⅰ）是确定的有效。于此场合，除非受让人（Ⅰ）追认让与合同（Ⅱ），受让人（Ⅱ）接受债务人的给付没有合法根

---

[1] 对于法释[2009]5号第15条和法释[2012]8号第3条规定的利弊分析，参见崔建远：《合同法》（第2版），北京大学出版社2013年版，第105页以下。

[2] 参见郑玉波：《民法债编总论》（修订第2版），陈荣隆修订，中国政法大学出版社2004年版，第478页。需要说明，于此场合，由于中国现行法不承认物权行为制度，在受让人（Ⅱ）自债务人处获得的给付为有体物场合，受让人（Ⅰ）向受让人（Ⅱ）主张的不当得利返还，其利益表现，要么是占有，要么是债务人请求受让人（Ⅱ）返还给付物的权利。下文涉及此类情形的，均应如此理解。

[3] 参见郑玉波：《民法债编总论》（修订第2版），陈荣隆修订，中国政法大学出版社2004年版，第478页。

据，所受领的给付构成不当得利，应当返还给受让人（Ⅰ）。在受让人（Ⅱ）取得的给付为有体物时，该不当得利的利益形态，要么是标的物的占有，要么是登记，要么是债务人请求受让人（Ⅱ）返还标的物的权利。需要说明，即使准用法释[2009]5号第15条和法释[2012]8号第3条的规定，让与合同（Ⅱ）仍然有效，结论依然如故。此其四。至于让与人（原债权人）和受让人（Ⅱ）之间的关系，若准用法释[2009]5号第15条和法释[2012]8号第3条的规定，则让与合同（Ⅱ）仍有效，依然成立不能履行的违约责任。此其五。在这里，债务人如果具有过失，那么，其给付行为不发生清偿的效果，由此增加的费用应当自负。此其六。在债务履行期尚未届满的情况下，债务人向受让人（Ⅱ）给付而未向让与人（原债权人）履行，在让与人（原债权人）和债务人之间不构成违约；但在债务履行期届满的情况下，债务人若向受让人（Ⅱ）清偿，而未向让与人（原债权人）履行，则构成违约，得向原债权人承担违约责任[原债权人再向受让人（Ⅰ）承担违反债权让与合同的民事责任]。此其七。但须注意，让与人（原债权人）二重让与也有过失，应当适用与有过失规则，减少债务人的赔偿数额。此其八。如果债务人向让与人（原债权人）为清偿，那么，只要符合债权的本质，就当然发生清偿效果。然后，让与人（原债权人）对受让人（Ⅰ）负返还不当得利的义务。如果受让人（Ⅰ）还有损失，那么，有权对让与人（原债权人）主张违约损害赔偿。如果债务人向受让人（Ⅰ）为清偿，那么，只要符合被转让的债权的本质，就应承认其法律效力，以免造成浪费。此其九。

4. 在两个让与合同均已签订，二重的债权让与均已通知，但债务人最先收到第二个债权让与的通知的情况下，如果债务人在第二个债权让与的通知到达后，第一个债权让与的通知到达前，已经向受让人（Ⅱ）为清偿，那么，债务人的债务就归于消灭，不负担民事责任；受让人（Ⅱ）对受让人（Ⅰ）负有返还不当得利的义务。〔1〕如果在第一个债权让与的通知到达后，债务人才为清偿，那么，学说认为，债务人可以选择清偿的对象，既可以向受让人（Ⅰ）为清偿，其根据是受让人（Ⅰ）系真正的债权人；也可以向受让人（Ⅱ）为清偿，其根据是表见让与。不过，受让人（Ⅱ）负有向受让人（Ⅰ）返还不当得利的义务。〔2〕本书作者认为，在这种情况下，应当承认例外，即债务人在明知受让人（Ⅱ）并非真正的债权人时，仍向其清偿，对因此造成的损失应负赔偿责任，对债权让与通知有过失的让与人或受让人也应承担相应的责任。于此场合，主张损害赔偿者应负举证债务人恶意的责任。

债权于未来移转情况下的二重让与、未来债权的二重让与，在要件和法律后果

〔1〕参见郑玉波：《民法债编总论》（修订第2版），陈荣隆修订，中国政法大学出版社2004年版，第446页。

〔2〕参见郑玉波：《民法债编总论》（修订第2版），陈荣隆修订，中国政法大学出版社2004年版，第446页。

方面会有所变换，必须注意。[1]

(二)有利害关系的第三人为清偿

在债务人自己为清偿时，纵为表见让与，其清偿也有效力，债务人的债务消灭。这种情形，如果就债的履行有利害关系的第三人(如保证人)为清偿，那么，是否受同样的保护？中国台湾地区"民法"及其理论持肯定态度。此外，在债务人收到债权让与通知前，上述第三人已经向原债权人为清偿的，其清偿有效，因为此类第三人既就债的履行与债务人有同等的利害关系，则关于保护债务人的规定，应当扩张解释适用于第三人。[2] 至于无利害关系的第三人为清偿，原则上不能受此等保护，自不待言。[3]

探讨 | 债权打包让与合同的处理方式

财金[2012]6号规定了不良资产的批量转让，即金融企业对一定规模的不良资产(10户/项以上)进行打包，定向转让给资产管理公司。

债权打包让与合同为无名合同。对其处理，可有如下两种方案：

第一种处理方案：将打包的债权拆包，就每一项债权专门成立一个债权让与，分别赋予其法律效力。这种方案的优点在于，它符合债权让与的传统意义，符合《民法典》规定的债权让与的模式，符合法解释学关于非典型合同适用法律的规则。同时，该方案有其缺点，那就是它不符合当事人的原意，违反了意思自治原则；在当事人没有明确约定债权让与价款的具体构成、没有明确债权让与价款的计算公式或方法的场合，由于合同约定的债权让与价款是就整包债权整体估算的，每笔债权的让与价款究竟是多少，难以确定。在双方诉争到裁判机构时，更是各说各的道理，使裁判者感到相当棘手。

不容忽视的是，第一种处理方案不符合公平正义，其道理在于，在不良债权打包转让的交易中，一包不良债权中往往存在实质上"优良"的债权，完全可以实现的债权，也存在实质上不良的债权。正因存在实质上不良的债权，难以实现的债权，有时此类债权在整包转让债权中所占比重还不小，所以，在不良债权打包转让的交易中，作为转让标的物的整包债权数额较大，而让与价款却低得可怜。例如，某《受托管理处置不良贷款债权转让合同》约定，作为转让标的物的"债权资产"为48,801,952.21元人民币(第3条)，而转让标的物的整体作价人民币450,000元。在这种背景下，假如不将45万元人民币的让与价款作为整

[1] 关于债权于未来移转情况下的二重让与、未来债权的二重让与的详细分析，参见崔建远：《债权：借鉴与发展》，中国人民大学出版社2012年版，第132页以下。

[2] 参见史尚宽：《债法总论》，荣泰印书馆股份有限公司1978年版，第698页以下。

[3] 参见郑玉波：《民法债编总论》(修订第2版)，陈荣隆修订，中国政法大学出版社2004年版，第447页；孙森焱：《民法债编总论》，三民书局1997年版，第712页。

包债权的价款,而是作为每笔让与债权的价款的算术和,简单地用整包债权的数额与每笔债权数额之比、用让与总价款与每笔债权价款之比处理纠纷,就不可避免地导致如下不合理的结果:整包债权中在实质上“优良”的债权实现了,其数额可能远远高于让与债权价款的数额,全归受让人享有;而实质上劣质债权因存在《民法典》规定的无效原因(如根本违法的债权、假造的债权等)而归于无效,或因存在《民法典》规定的可撤销原因(如显失公平、欺诈等)而被撤销,就这些部分让与人返还相应的债权让与价款给受让人,就意味着商业风险全由让与人承受,所有的“好处”都由受让人取得,显失公平。

第二种处理方案:将一包债权视为一个物,只成立一个债权让与合同。这种方案尽管存在不符合《民法典》规定的债权让与模式,受让人难以追究瑕疵担保责任的弱点,但更有如下优点:(1)从当事人双方的真意看,第二种处理方案符合当事人的原意,贯彻了意思自治原则。(2)从债权让与对价方面来看,在当事人没有明确约定债权让与价款的具体构成、没有明确债权让与价款的计算公式或方法场合,第二种处理方案符合债权让与的价款是就“整包债权”计算的客观事实,无须裁判者确定每个具体债权的让与价款,免去棘手的问题。(3)从公平正义的层面来看,在不良债权打包转让的交易中,采用第二种处理方案,让与债权的价款是就整包债权算定的,无须将之分解为每笔让与债权的价款,不再简单地用整包债权的数额与每笔债权数额之比、用让与总价款与每笔债权价款之比处理纠纷,就避免了采用第一种处理方案导致的不合理结果,从而符合公平正义的要求。(4)从作者掌握的信息来看,实务中多采取第二种方案。鉴于此,本书赞同第二种处理方案。如此,需要出台司法解释,以便法律适用。[1]

第三节 债务承担

引导案例

[5-2]甲出卖给乙一袋大米,甲与丙订立合同,由丙承受向乙交付一袋大米的债务。乙是否可以拒绝丙向自己交付大米,而要求甲履行义务?

---

〔1〕 参见崔建远:《债权让与续论》,载《中国法学》2008年第3期。

一、债务承担的概念

所谓债务承担,是指债的关系不失其同一性,债权人或债务人通过与第三人订立债务承担合同,将债务全部或部分地移转给第三人承担的现象。该第三人称为承担人。

债务承担合同成立并生效,债务就发生转让的效果,不需要履行行为。这是债务承担合同与有体物买卖合同的明显不同点。

债务承担不同于物权变动,这不但是因为债务不同于物权,而且是因为对于公示的要求不同。物权变动必须通过移转占有、登记等公示形式对外表现出来。〔1〕至于债务承担,除非法律、行政法规规定转让债务应当办理批准、登记手续,无须采用特别的公示方式(《民法典》第502条)。

二、债务承担制度的法律结构

债务承担、债务承担合同、产生债务的合同是不同的范畴,需要辨明。所谓产生债务的合同,顾名思义,就是将被转让的债务得以产生的合同,系为债务承担合同提供标的物的合同。所谓债务承担合同,德国民法、中国台湾地区"民法"时常称为基础行为或原因行为,是指债务人或债权人和承担人签订的将债务转让给承担人的合同。它可以由债务人和承担人协商签订,也可以由债权人和承担人协商订立,甚至于由承担人和债权人及债务人三方协商共同签订。〔2〕所谓债务承担,就是债务由债务人处移转到承担人之手的过程,德国民法、中国台湾地区的"民法"称为准物权行为,在不承认物权行为制度及其理论的法制上,其为一事实行为;同时,也是债务归承担人承受的结果。

案例[5-2]中,丙取得债务叫作债务承担,甲和丙之间订立的合同为债务承担合同(基础行为/原因行为),甲和乙之间的买卖合同关系,是产生债务的合同。

债务承担这个结果能否实现,完全取决于债务承担合同(基础行为/原因行为)是否有效,债务承担合同(基础行为/原因行为)有效,债务就移转于承担人,债务承担实现;债务承担合同(基础行为/原因行为)无效,债务承担的效果不发生,该债务仍由债务人来负。由此可见,把产生债务的合同作为债务承担的原因行为,是一种误解。债务承担合同(基础行为/原因行为)才是债务承担的原因行为。假使采取无因性原则,那么,也是债务承担不受债务承担合同(基础行为/原因行为)无效、被撤销、被解除等的左右,只要符合自己的要件,债务承担就发生法律效力。

---

〔1〕参见[德]迪特尔·梅迪库斯:《德国民法总论》,邵建东译,法律出版社2000年版,第169页。

〔2〕参见郑玉波:《民法债编总论》(修订第2版),陈荣隆修订,中国政法大学出版社2004年版,第447页。

三、债务承担、债务承担合同与原因行为

债务承担作为一种事实行为,一种结果,考虑其原因及其行为的场合较少。如果要考虑其原因行为,那么该原因行为是债务承担合同(基础行为/原因行为),而非产生债务的合同。

提示 | 产生债务的合同并非原因行为

在中国,存在把产生债务的合同称为原因行为的观点。这有几点不妥:其一,未清晰地反映当事人之间的分层次的、功能不同的法律关系。其二,这意味着略去了债务承担合同(基础行为/原因行为)与发生债务的合同之间的关系。实际上,产生债务的合同无效、被撤销、被解除、不被追认,使债务不存在,即债务承担合同(基础行为/原因行为)的标的物不存在。债务承担合同(基础行为/原因行为)成立时该债务就不存在的,构成自始不能,如果该债务的不存在对于任何人均为如此,如行刺公民的债务、交付走私汽车的债务等,那么,就是自始客观不能,债务承担合同(基础行为/原因行为)自始失其目的,失其意义,失其客体,故不发生法律效力;如果该债务的不存在只是对于债务人而言,他人可以拥有该债务,那么,就是自始主观不能,于此场合,债务人订立债务承担合同(基础行为/原因行为),属于转让他人债务。假如在债务承担合同(基础行为)履行期限届满前,债务人仍无债务,那么该合同无效,债务承担的后果不发生;倘若在债务承担合同履行期限届满前,债务人取得了债务,如无效行为转换为有效行为,那么,债务人负有债务,债务承担合同(基础行为/原因行为)有效,待其履行时引起债务承担。实际上,因债务承担合同(基础行为/原因行为)生效债务就移转,故订立合同时无债务,合同无效应为常态。这是债务承担合同与有体物买卖在无权处分上的不同。

在中国,所谓有因或无因,通常指的是债务承担合同有因或无因。既然如此,债务承担及债务承担合同(基础行为)是否采取无因性原则呢?在中国法上应该区分情况而定:(1)债务承担合同(基础行为/原因行为)存在《民法典》规定的无效原因时,无效。因中国民法未承认物权行为制度,故不发生债务承担的效果。也就是说,在这些情况下,债务承担合同(基础行为/原因行为)是有因的。如果联系债务承担,也可以说它有因。并且,因为中国现行法上的无效是绝对的无效,法律对于存在无效原因的合同绝不允许其发生法律效力,所以,如果当事人以其意思排除上述原因,该排除的意思表示无效。(2)在债务承担合同(基础行为/原因行为)存在《民法典》规定的可撤销原因时,如果撤销权人行使撤销权,同样因中国民法未承认物权行为制度,故不发生债务承担的效果。也就是说,在这些情况下,债务承担合同(基

础行为/原因行为)仍然是有因的,也可以说债务承担是有因的。撤销权人不行使撤销权,合同继续有效,发生债务承担的效果。但这不是债务承担合同(基础行为/原因行为)、债务承担本身无因的例证;相反,可以将其解释为是债务承担合同、债务承担本身有因的表现。债务承担合同存在可撤销的原因,双方当事人达成协议,排除撤销权的行使,按照合同自由原则,应当允许。可以将这种现象解释为撤销权人不行使其撤销权。为防止当事人一方欺诈、胁迫或乘人之危,又利用约定无因性阻却撤销权的行使,法律不应承认当事人事先作出的下述约定:在债务承担合同(基础行为/原因行为)存在撤销原因的场合,债务承担具有无因性。(3)在其他情况下,当事人可以约定债务承担具有无因性,即债务承担的效力不受债务承担合同(基础行为/原因行为)不成立、被解除等因素的影响。当事人无此类约定,债务承担为有因。这是由中国民法总体上采取有因原则所决定的解释原则。

四、免责的债务承担

(一)免责的债务承担的界定

债务承担,按照承担后原债务人是否免负责任,可以分为免责的债务承担和并存的债务承担。其中,免责的债务承担,是指第三人取代原债务人的地位而承担全部债务,债务人脱离狭义债的关系的债务承担方式。并存的债务承担,将在下文讨论。

(二)免责的债务承担的条件

1. 承担人和债务人签订债务承担合同

债务人和承担人签订债务承担合同,从意思自治的角度着眼,债务人和承担人的意思表示一致,债务承担合同即成立,债权人的同意只是债务承担合同的生效要件。在债权人同意之前,债务承担合同处于效力未定的状态。

(1)须存在有效的债务

存在有效的债务是债务承担合同具有标的物的表现,在债务承担合同订立时,如果作为标的物的债务因违反强行性规定而无效,那么,债务承担合同无效;如果债务根本就不存在,并且对于任何人均为如此,意味着债务承担合同没有标的物,那么,债务承担合同同样无效。

产生债务的合同虽然存在可撤销或解除的事由,但在被撤销或被解除之前,仍可就该债务成立有效的债务承担合同。但若产生债务的合同随后被撤销或被解除,则债务承担合同便失去标的物,其效力如何,应类型化,适用上一自然段所阐释的规则。

就将来发生的债务也可以设立债务承担,只不过只有在该债务成立时,才能发生转移的效果。

诉讼中的债务也可以由第三人承担,在诉讼中对原债务人的判决,对免责的债务承担人有效。

(2)被移转的债务应具有可移转性

不具有可移转性的债务,若成为债务承担合同的标的物,则合同的效力必受影响。为保障债务承担合同有效,法律要求债务具有可移转性。以下债务不具有可移转性,但其程度有所不同,对于债务承担合同效力的影响也有差异:

第一,性质上不可移转的债务。这种债务一般是以特定债务人的特殊技能或特别的人身信任关系为基础而产生的。前者如以某著名演员的表演为标的的合同义务,以某画家绘画为标的的合同义务等,因其与特定债务人的人身具有密切联系的债务,需要债务人亲自履行,因而不得移转;后者如以对某人的特别信任为基础而成立的委托合同等,此种债务一般不能发生移转,否则会使债权人的预期目的落空。但是,如果债权人同意此类基于特别信任而产生的债务由他人承担,那么,就是承认承担人的给付是在履行原债务,自然应予允许。[1]（当然,对此可有宽严两种解释:严格地解释,这种债务承担实际上是变更了原债务的质,发生了债的变更;宽松的解释则仍为债务承担。)

第二,当事人特别约定不得移转的债务。债务人违反该约定,将该债务转让给受让人,债务承担合同成立并生效,意味着债务人和债权人将他们原来禁止转让的约定废止,承认该债务可以移转,因而债务承担合同应当有效。[2] 这符合意思自治的精神,可以赞同。当然,债务人或债权人任何一方坚持原约定,都会影响债务承担合同的效力。

第三,强制性规范规定不得转让的债务。债务承担合同以此类债务作为标的物,构成自始客观不能,合同无效,不发生债务承担的结果。

(3)须承担人和债务人协商一致

债务承担要求承担人就债务承担与债务人意思表示一致。该意思表示一致就是一个合同,名为债务承担合同,其订立及效力应适用《民法典》总则关于合同订立的规定和关于意思表示及法律行为的规定。这就要求承担人应具有完全行为能力,当事人的意思表示须真实,债务承担合同的内容不得违反强制性规定,不得损害社会公共利益,不得违背社会公德,当事人不得基于非法原因而成立债务承担等。

(4)须经债权人同意

债权人同意是债务承担合同对于债权人的生效要件(《民法典》第551条第1款)。其原因在于,债的关系建立在债权人对债务人的履行能力了解和信任的基础上,债务人的支付能力,对于债权人权利的实现至关重要。如果债务人未经债权人同意而将债务移转给承担人,那么,该人无足够的资力和信用履行债务时,债权人

〔1〕 参见史尚宽:《债法总论》,荣泰印书馆股份有限公司1978年版,第706页。

〔2〕 参见史尚宽:《债法总论》,荣泰印书馆股份有限公司1978年版,第706页。

的利益可能会遭受损失。

■ 探讨 | 债权人同意是债务承担合同的生效要件还是对债权人的生效要件

《民法典》第551条第1款关于“债务人将债务的全部或者部分转移给第三人的,应当经债权人同意”的规定,未言明债权人同意是债务承担合同的生效要件,抑或只是对债权人的生效要件。一种观点认为,债权人同意只是债务承担合同对债权人的生效要件,即使债权人拒绝承认该合同,该合同对债权人虽然对抗不了,但在债务人和承担人之间则已经发生效力,债务已经转移给承担人,因此债务人于清偿债务之后,可以依据中国台湾地区“民法”第312条的规定,对承担人行使权利。[1] 本书作者则认为,在中国大陆民法上,不宜采纳此说,理由如下:其一,在债权人拒绝同意债务承担的情况下,仍然承认债务承担合同在债务人和承担人之间有效,意味着在债务人和承担人之间,债务人不再负有向债权人清偿的义务,而是承担人负有向债权人清偿的债务。但承担人“受让”的该项债务却因债权人不予认可而对债权人不生效力,承担人若硬要向债权人清偿,债权人又拒绝受领,则承担人的所谓债务没有任何积极的价值,债务人对债权人仍然负有债务。这在客观上否定了债务已经移转的效果。其二,在这里,必须注意,与有体物的买卖不同,债务和债权系对立的统一体,两者共存共亡,缺少任何一个,另一个不会存在,或者说没有价值。在债权人起初拒绝同意,事后又拒绝受领的情况下,承担人所承担的“债务”实际上并无对应的债权,从实质的意义上讲,承担人无债务可负。

关于债权人同意的方式,明示或默示均可,不要求必须采取一定方式。债权人即使未明确表示,但如果其向承担人请求履行或受领承担人的履行,那么亦表明其同意。

债权人拒绝债务承担的,可以明示亦可默示。在债权人同意之前,承担人与债务人的债务承担合同属于效力未定的法律行为,债务人或承担人为了避免债务承担合同的效力久悬不决,债务人或者第三人可以催告债权人在合理期限内予以同意,债权人未作表示的,视为不同意(《民法典》第551条第2款)。

(5)债务承担合同的形式

债务承担合同为不要式合同,无论书面形式还是口头形式,均无不可,但双方当事人的意思表示须为明示。不过,根据《民法典》第502条的规定,债务人转移合同义务,法律、行政法规规定应当办理批准、登记等手续的,自办理上述手续后才可生效。当事人之间约定须履行特定形式的,如公证,也需依法办理才能生效。

---

[1] 参见孙森焱:《民法债编总论》(下册),三民书局1997年版,第724页。

2. 承担人和债权人签订债务承担合同

承担人和债权人签订债务承担合同，以转让债务，也得存在有效的债务、债务有让与性等要件，这些在上文“承担人和债务人之间签订债务承担合同”部分已经讨论过，此处不再赘述。

《民法典》第551条第1款规定：“债务人将债务的全部或者部分转移给第三人的，应当经债权人同意。”按该条的字面理解，似乎只有债务人才有权移转债务，其未规定债权人对债务进行移转的权利。不过，由于债务是为了债权人的利益而设的，在债务的移转问题上，债权人拥有比债务人更为优越的地位，根据“举重明轻”的解释规则，应当认为既然债务人可以移转债务，那么债权人当然也可以移转债务。所以，第三人（承担人）完全可以通过与债权人订立债务承担合同进行债务的移转。

承担人和债权人订立的债务承担合同，自双方达成合意时成立。该合同的订立应依据《民法典》第三编第一分编第二章关于合同的订立的规定以及第一编第六章关于法律行为及意思表示的规定。例如，承担人应为具有完全行为能力之人，债务承担不得违反强制性规定，意思表示真实等。债务承担合同存在无效、可撤销的原因，被确认为无效、被撤销后，不发生债务承担的效果，债务人不脱离合同关系，仍负有原债务。

探讨 | 债务承担合同是否需要债务人同意

承担人和债权人订立债务承担合同，是否需要取得债务人的同意。在一般情况下，承担人代债务人履行债务，对债务人并无不利，债务人一般不会反对，即使债务人反对，而承担人自愿代其履行，债权人又愿意接受承担人的履行，自无使债务承担合同归于无效的必要，所以承担人和债权人订立的债务承担合同，不必经债务人同意即可生效。[1] 对此，必须指出三点：其一，承担人代债务人清偿债务之后，他和债务人之间是否形成无因管理关系，主张偿还必要费用能否得到支持，取决于这种关系是否符合无因管理的构成要件。实务中，有的承担人为了自己的利益甚至有意坑害债务人，主动地替债务人清偿债务。于此场合，承担人不得依据无因管理主张费用的偿还。其二，必须承认以下例外：有偿债务承担须经债务人同意；债务人和债权人事先订有禁止债务移转特约的，须经债务人同意；债务承担给债务人增加负担的，须经债务人同意。其三，承担人违反债务人的意思承担债务，债务人可以拒绝承担人的追偿，因为这不符合无因管理的构成要件。

---

〔1〕 参见张广兴：《债法总论》，法律出版社1997年版，第244页；[德]迪特尔·梅迪库斯：《德国债法总论》，杜景林、卢谌译，法律出版社2004年版，第566页。

虽然承担人和债权人订立债务承担合同一般不必经债务人同意即可成立，但应通知债务人，以免债务人向债权人清偿，增加成本。在未通知债务人的情况下，债务转移只在债权人和承担人之间生效，对债务人不生效力，不过，在通知之前，债务人向债权人所为的履行有效。

（三）债务承担合同的效力

1. 承担人成为债务人

免责的债务承担合同一经生效，承担人就取代原债务人，成为新债务人；原债务人脱离狭义债的关系，由承担人直接向债权人承担债务，嗣后承担人不履行债务，应当承担债务不履行责任，原债务人不再承担责任。原债务人对承担人的偿还能力并不负担保义务。

2. 承担人的抗辩（权）

（1）承担人可援用债务人对于债权人的抗辩（权）。承担人既因承担债务而为债务人，则原债务人基于原债的关系对于债权人的抗辩（权），承担人均可继续援用。对此，《民法典》第553条前段明确规定，债务人转移义务的，新债务人可以主张原债务人对债权人的抗辩。

承担人可援用的原债务人对于债权人的抗辩（权），包括债务成立的抗辩（如债的关系无效）、债务存续的抗辩（如同时履行抗辩权）和诉讼时效完成的抗辩。[1]不过，若债务人已经抛弃抗辩（权），则承担人无从行使。[2]

因为债务人所可对抗债权人的事由，承担人亦可以之对抗债权人，所以，关于承担债务的诉讼时效，亦应以原债务的诉讼时效为计算标准。[3] 其后债务人实行清偿的，承担人也免负责任。[4]

（2）承担人所可援用的抗辩，仅以原债的关系为限，而且不得以属于债务人的债权为抵销。《民法典》第553条后段规定，原债务人对债权人享有债权的，新债务人不得向债权人主张抵销。其原因在于，以原债务人既因承担人的债务承担而脱离债的关系，如允许承担人以属于债务人的债权与债权人享有的债权为抵销，则无

---

〔1〕 参见孙森焱：《民法债编总论》（下册），法律出版社2006年版，第808页；邱聪智：《新订民法债编通则》（下），中国人民大学出版社2004年版，第433页；林诚二：《民法债编总论——体系化解说》，中国人民大学出版社2003年版，第509页。

〔2〕 参见孙森焱：《民法债编总论》（下册），法律出版社2006年版，第808页。

〔3〕 中国台湾地区"最高法院"1978年3月14日"民庭庭推总会"决定："债务之承担债务人虽有变更，而其债务仍为同一之债务，并非成立新债务，原债务之性质及内容均不变更，且参照'民法'第三百零三条第一项上段规定，债务人所得对抗债权人之事由，承担人亦得以之对抗债权人，则关于承担之债务之消灭时效，自应自该债务原来请求权可得行使时起算。"转引自邱聪智：《新订民法债编通则》（下），中国人民大学出版社2004年版，第433页，注3；林诚二：《民法债编总论——体系化解说》，中国人民大学出版社2003年版，第509页。

〔4〕 参见中国台湾地区"最高法院"1959年台上字第199号判例；邱聪智：《新订民法债编通则》（下），中国人民大学出版社2004年版，第433页，注4。

异于承认承担人可处分债务人的权利。[1]

解除权、撤销权等形成权，与合同当事人的地位紧密相连，仅有合同当事人始得行使，在单纯的债权让与、债务承担的场合，并不随同移转，须于债务人行使解除权或撤销权后，合同因此归于消灭，承担人始得援用其抗辩事由而拒绝给付。[2] 因为解除权、撤销权与合同当事人的地位紧密相连，涉及对价关系，且在双务合同场合，虽有债务承担，但债务人仍可能为对价的债权人，故其不宜随债务的移转而移转，何况承担人并非原合同的当事人。[3]

(3)承担人可否以承担债务的原因关系的事由对抗债权人。中国台湾地区“民法”规定：“承担人因其承担债务之法律关系所得对抗债务人之事由，不得以之对抗债权人”(第303条第2款)。这是因为债务承担属于准物权行为，而准物权行为为无因行为，原因关系的存在与否，对于债务承担这个准物权行为的效力，不发生影响。原因行为纵然无效或被撤销，债务承担这个准物权行为仍属有效。就承担人与债权人之间的关系而言，因债权人承认债务承担这个准物权行为，故该行为对于债权人便发生效力，倘若承担人可以其承担债务的法律关系所得对抗债务人的事由来对抗债权人，那么这将使债权人蒙受不测之损害。[4]

与此有别，在中国大陆民法上，债务承担、债务承担合同大多采取有因原则，债务承担合同这个原因行为无效、被撤销，会导致债务承担的效力丧失，债务复归于原债务人。如此，承担人时常可以原因行为无效、被撤销等对抗债权人。

3. 从属于原本债务的义务的移转

《民法典》第554条前段规定，债务人转移义务的，新债务人应当承担与主债务有关的从债务。这是因为从属于原本债务的义务原属全部债务的组成部分，如与其原本债务割裂，则损及债务的同一性，故原则上债务的从属义务应随原本债务的移转而移转。

所谓从属于原本债务的义务，包括利息债务、违约金债务等。利息债务，若属原本债务的利息债务，则应随原本债务的移转而移转于承担人；但若属迟延的利息债务，即已届清偿期而未支付所产生的利息债务，则因其已与原本债务分离而具有独立性，而非从属于原本债务的债务，故承担债务者并不当然承担此项债务。[5] 关于违约金债务，债务人的债务移转于承担人时，倘若尚未发生违约行为，违约金债务

---

〔1〕 参见孙森焱：《民法债编总论》(下册)，法律出版社2006年版，第808～809页；邱聪智：《新订民法债编通则》(下)，中国人民大学出版社2004年版，第433页；林诚二：《民法债编总论——体系化解说》，中国人民大学出版社2003年版，第510页。

〔2〕 参见孙森焱：《民法债编总论》(下册)，法律出版社2006年版，第808页。

〔3〕 参见林诚二：《民法债编总论——体系化解说》，中国人民大学出版社2003年版，第509～510页。

〔4〕 参见孙森焱：《民法债编总论》(下册)，法律出版社2006年版，第809页；林诚二：《民法债编总论——体系化解说》，中国人民大学出版社2003年版，第510页。

〔5〕 参见孙森焱：《民法债编总论》(下册)，法律出版社2006年版，第810页。

尚未发生,唯关于违约金的约定,则不因债务承担而妨碍其存在。在承担人承担债务以后,发生违约的,承担人自应负担,债权人有权请求承担人依约支付违约金。反之,如在承担人承担债务以前,违约行为已经发生,违约金债务已经存在,则因其具有独立性,是否由承担人一并承担债务,应当探求当事人的真意而后确定。具体些说,违约金债务属于损害赔偿额的约定的,只有在债务承担合同明确约定由承担人负担时,才随同原本债务的移转而移转给承担人;若约定债务人不于适当时期或不依适当方法履行债务时应支付违约金,承担人于承担原本债务时,则不当然承担该笔违约金债务。[1]

从属于原本债务的义务原则上移转于承担人,不过尚有例外:(1)《民法典》第554条后段规定,从债务专属于原债务人自身的,不随同原本债务而移转。所谓专属于原债务人自身的义务,如债务人应为债权人提供服务,以抵充利息的,如其债务由第三人承担,则原债务人的债务已经移转于该第三人,即不再负担利息债务,自无继续向债权人提供服务的必要。至于第三人承担债务,并不当然承担提供服务的义务,因为原债务人的提供服务具有专属性。[2] (2)第三人就债权所提供保证、抵押权或质权等担保,系因对债务人的资力、信用、相互协助或情谊,具有个别的信赖关系,倘若债务由另一第三人承担,则提供担保的第三人对于该承担人未必具有相同的信赖关系,自不得强制提供担保的第三人继续为承担人提供信用而负担保义务。当然,提供担保的第三人对于债务的承担予以承认的,即是表示该第三人愿意提供信用,其担保义务继续存在;否则,就债权所为的担保因债务的承担而归于消灭。如果就债权提供担保的第三人承担了债务,那么就保证而言,由债务人保证自己债务而不合保证的本旨,保证债务归于消灭;就物上保证论,犹如债务人自己提供担保物权,应当继续有效。[3]

五、并存的债务承担

(一)概说

并存的债务承担,又称附加的债务承担,或重叠的债务承担、债务加入,指第三人(承担人)加入债的关系之中,与原债务人一起向债权人承担同一债务的现象。

并存的债务承担与保证债务,有相同的一面,如均为增加了担保债权实现的责任财产的数量;更有不同之点:(1)保证债务乃于债务人不履行债务时,保证人代债务人履行或承担赔偿责任的债务,系属从属债务。而并存的债务承担则系由承担人负担主债务,债权人系对承担人及原债务人直接发生债的关系,相互间没有主从

[1] 参见孙森焱:《民法债编总论》(下册),法律出版社2006年版,第810页。
[2] 参见孙森焱:《民法债编总论》(下册),法律出版社2006年版,第810页。
[3] 参见孙森焱:《民法债编总论》(下册),法律出版社2006年版,第811页。

关系。[1] (2)在一般保证场合,保证人享有先诉抗辩权,而并存的债务承担不存在先诉抗辩权。

并存的债务承担,有的依据法律的直接规定而成立,无论当事人的真意如何,简称为法定的并存的债务承担;有的由当事人约定产生,简称为约定的并存的债务承担。法定的并存的债务承担,其成立要件和法律效果均由法律直接规定,此处不再赘述。以下仅讨论约定的并存的债务承担,径称为并存的债务承担。

(二)并存的债务承担的成立条件

第三人与债务人约定加入债务并通知债权人,或者第三人向债权人表示愿意加入债务,债权人未在合理期限内明确拒绝的,债权人可以请求第三人在其愿意承担的债务范围内和债务人承担连带责任(《民法典》第552条),并存的债务承担成立。

1. 须债务系有效的债务

并存的债务承担,需要该债务有效,与免责的债务承担中一样,上文已经讨论过,此处不再赘述。

2. 债务具有移转性

并存的债务承担若对承担人发生效力,则可能将由他向债权人清偿,因而要求债务具有移转性,否则,承担人无法向债权人清偿原本属于债务人的债务。对此,免责的债务承担中同样讨论过,也不再叙述。

3. 当事人就并存的债务承担达成合意

所谓当事人就并存的债务承担达成合意,包括三种情形:一是承担人和债权人就并存的债务承担达成合意;二是承担人和债务人就并存的债务承担达成合意;三是承担人、债权人和债务人三方共同形成并存的债务承担合意。以下分别介绍和讨论。

(1)承担人和债权人就并存的债务承担达成合意,并存的债务承担合同成立,对债务人有利,无须取得其同意即发生效力。由于债权人和原债务人之间的债的关系并未因债务承担合同的签订而受影响,债务人未必参与合同的订立。倘若债务人曾参与而明示与承担人负连带责任,则成立连带债务。若未参与,则成立不真正连带债务。[2]

(2)承担人和债务人就并存的债务承担达成合意,并存的债务承担合同也成立,无须债权人承认。因为债务人和债权人之间维持原有债的关系,承担人加入其中,承担与债务人同一内容的债务,为债权担保的责任财产因此而扩张,对债权人有利,且未变更债权人和债务人原有债的关系,因此,无须债权人的承认即可有效

---

〔1〕 参见孙森焱:《民法债编总论》(下册),法律出版社2006年版,第814页。

〔2〕 参见孙森焱:《民法债编总论》(下册),法律出版社2006年版,第814~815页。

成立。这不同于免责的债务承担的成立须经债权人同意。[1] 但《民法典》规定应当通知债权人。

(3)承担人、债权人和债务人三方共同形成并存的债务承担合意,并存的债务承担合同成立,更不成为问题,不再展开论述。

(三)并存的债务承担合同的效力

1. 并存的债务承担合同生效,第三人(承担人)加入债的关系中来,成为另一债务人,与原债务人一起向债权人负担债务。在这里,存在的疑问是,承担人和原债务人之间的关系,以及他们和债权人之间的关系如何?因中国现行法缺乏规定,故需探讨。

(1)在当事人之间无约定时,承担人和债务人负同一债务。所谓承担人和债务人负同一债务,其含义在不同的立法例及判例学说上存在差别。在日本,存在承担人和债务人向债权人承担连带责任的判例和学说,[2] 不过,现在的民法通说认为,如果以并存的债务承担发生连带债务,那么难免使债权人遭受不测之损害,不如采取如下观点:只要当事人没有表示出发生连带债务关系的意思,便解释为不真正连带债务关系。[3] 在1949年以前的中华民国时期和今日的中国台湾地区,判例和通说主张,承担人与债务人负连带债务。[4] 《民法典》第552条采纳此说,规定债权人可以请求第三人在其愿意承担的债务范围内和债务人承担连带债务。

(2)当事人之间有约定的,依其约定。如约定承担人和债务人负担按份责任,则依其约定。由于此类约定可能损害债权人的利益,此类并存的债务承担应当征得债权人的同意,若债权人不同意,则原债务人仍须承担全部债务。如果约定承担人和债务人负担连带债务,则债权人可以请求任何一位债务人履行全部债务。如果约定承担人和债务人负不真正连带责任,那么也尊重其约定。不然,照抄照搬境外的规定及其理论,假如一律采取连带责任或不真正连带责任,那么会使实务中发生的承担人和债务人约定按份负责的债务承担案件,完全没有法律条文可资援用,相当的法官感到裁判此类案件困难,莫不如在现行法的框架内承认按份负责的并存的债务承担类型,更为务实。至于其他类型的并存的债务承担,则宜视社会发展状况而定,目前还可承认不真正连带债务的类型。

---

[1] 参见孙森焱:《民法债编总论》(下册),法律出版社2006年版,第815页;林诚二:《民法债编总论——体系化解说》,中国人民大学出版社2003年版,第513页。

[2] 最判昭41·12·20"民集"20·10·2139。转引自韩世远:《合同法总论》,法律出版社2004年版,第581页。

[3] 参见[日]本城成雄、宫本健藏:《债权法总论》(第2版),嵯峨野书院2001年版,第228页。转引自韩世远:《合同法总论》,法律出版社2004年版,第581页。

[4] 参见中华民国最高法院1934年度上字第1377号判例;中国台湾地区"最高法院"1988年度台上字第96号裁判;史尚宽:《债法总论》,荣泰印书馆股份有限公司1978年版,第716页;郑玉波:《民法债编总论》(修订2版),陈荣隆修订,中国政法大学出版社2004年版,第455页。

2. 从债务和从权利。由于债务人的债务未因承担人的加入而免除,一切权利义务关系均应维持原状,从属于债务的从权利和从义务不发生转移或者消灭的问题。不过,如果三方当事人均同意发生转移,应当依其约定。

3. 对债权人的抗辩、抵销。《民法典》第 553 条规定:“债务人转移债务的,新债务人可以主张原债务人对债权人的抗辩;原债务人对债权人享有债权的,新债务人不得向债权人主张抵销。”

4. 对债务人的求偿。在承担人和债务人负连带债务的情况下,履行了全部债务的债务人或者承担人,有权向另一方求偿。

5. 当事人就债权所为的担保,无论是人的担保还是物的担保,因原债务人于并存的债务承担合同成立后并未脱离债的关系,皆不受影响,故债权人于并存的债务承担后,仍可对于保证人或物上保证人行使担保权。但是,这仅仅对原债务人继续有效,对于承担人而言,则非经当事人承认,对承担人的债务不发生担保的效力。[1]

本节法条5-4

第四节 债的概括承受

引导案例

[5-3] 甲与乙订立房屋租赁合同,约定自 2016 年 1 月 1 日至 2018 年 12 月 31 日,乙承租甲的房屋。2017 年 2 月,甲将房屋卖给了丙。乙是否有权利继续租赁该房屋?甲在房屋租赁合同项下的权利和义务,是否全部转让给丙?

一、债的概括承受概述

所谓债的概括承受,是指债的一方当事人将其债权债务一并移转给第三人,由第三人概括地继受这些权利义务的法律现象。

债的概括承受,可以是基于当事人之间的法律行为而产生的(《民法典》第 555 条),被称为意定概括移转。债的概括承受,也可以是基于法律的规定而产生的(《民法典》第 725 条、第 67 条第 2 款),被称为法定概括移转。如图 5-3 所示。

---

[1] 参见林诚二:《民法债编总论——体系化解说》,中国人民大学出版社 2003 年版,第 515 页。

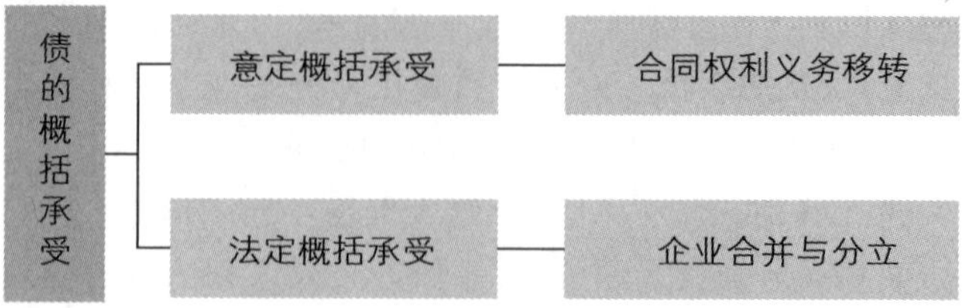

图 5－3　债的概括承受类型

债的概括承受，可以是债权债务全部由出让人移转至承受人，即全部移转。全部移转将使承受人取代出让人的法律地位，成为债的关系中新的当事人；也可以是债权债务的一部分由出让人移转至承受人，即一部移转。一部移转时出让人和承受人应确定各自享有的债权和承担的债务的份额和性质，如果没有约定或者约定不明确，则视为连带之债。

二、债权债务概括移转的类型

（一）合同承受

合同承受，又称合同承担，是指合同关系一方当事人将其合同上的权利和义务全部地移转给第三人，由该第三人在移转范围内承受自己在合同上的地位，享受合同权利并负担合同义务。

合同承受一般是基于当事人与第三人之间的合同而发生。《民法典》第 555 条对此作了规定，当事人一方经对方同意，可以将自己在合同中的权利和义务一并转让给第三人。合同承受有时也可以基于法律的直接规定而发生。例如，《民法典》第 725 条规定："租赁物在租赁期间发生所有权变动的，不影响租赁合同的效力。"据此可知，当买卖租赁物时，基于"买卖不破租赁"的原则，买受人除可取得物的所有权外，还承受该租赁物上原已存在的租赁合同关系的出租人的法律地位。此种合同权利义务的概括移转并非基于当事人的意志，而是基于法律的直接规定，因而属于法定移转。

根据《民法典》第 556 条、第 551 条第 1 款的规定，合同承受必须经对方当事人的同意才能生效。因为合同承受不仅包括合同权利的移转，还包括合同义务的移转，所以当事人一方通过合同承受对合同权利和义务进行概括移转的，必须取得对方的同意。合同承受，在德国民法、中国台湾地区"民法"上是一种无因行为，因而承受人得对抗出让人的事由，不得用以对抗对方当事人；但在中国民法上，它时常为有因行为，于是在承受合同无效、被撤销等情况发生时，承受人可以之对抗对方当事人。

（二）企业的合并与分立

企业合并，是指两个或两个以上的企业合并为一个企业。企业分立则是指一个企业分立为两个及两个以上的企业。为了保证相对人和合并、分立企业的利益，根据主体的承继性原则，企业合并或分立之前的合同债权和债务应由合并或分立后的企业承担。对此，《民法典》第67条第2款明确规定："法人合并的，其权利和义务由合并后的法人享有和承担。法人分立的，其权利和义务由分立后的法人享有连带债权，承担连带债务，但是债权人和债务人另有约定的除外"。

企业合并或分立后，原企业的债权债务的移转，属于法定移转，因而无须取得相对人的同意，依合并或分立后企业的通知或公告发生效力。通知的方式既可以是单独通知，也可以是公告通知。公告通知的，应当保证在一般情形下能为相对人所知悉。通知到达相对人或公告期满时，原债权债务即移转于合并或者分立的新企业，该企业成为合同关系的当事人，享有一切债权，承担一切债务。

三、债权债务概括移转的效力

债权债务的概括移转，按照《民法典》第556条的规定，应当适用《民法典》第545～554条的规定，涉及债权转让的部分可准用有关债权转让的有关规定，涉及债务移转的则准用债务承担的有关规定。债权转让和债务承担产生的法律效力，如从权利或从债务的一并移转，抗辩权的随之移转等，也同样适用于债权债务的概括移转。

更有甚者，由于债权让与或债务承担，只是单纯的债权转让或债务移转，因而使第三人成为新的债权人或债务人。由于第三人作为债权的受让人或债务的承担人并非原债的当事人，因而与原债权人或原债务人的利益不可分离的权利，并不随之移转于受让人或承担人。但在债权债务的概括转让场合，由于债权和债务的承受人完全取代了原当事人的法律地位，债的内容也原封不动地移转于新当事人，因而，与债权让与、债务承担有所不同，原当事人享有的一切权利和义务，包括追认权、选择权、解除权、撤销权等，都将随之而移转于承受人。

案例研习 | 代学堂与冉卫等债权债务概括转移合同纠纷上诉案[1]

□ **基本案情**

2009年12月24日，冉卫与刘强签订协议约定：冉卫委托刘强介绍施工单位为其承包的工程进行施工，完工后以工程总量的3%提成给刘强，刘强负责协助共同营造良好的施工环境至完工。协议签订后，刘强在工地协助约两个月。2013年5月2日，刘强与代学堂签订《债权转让协议书》，刘强将享有的工程介绍提成费的全部权利转让给代学堂所有。冉卫主张未收到转让通知，不同意

---

〔1〕 案例来源：《人民司法·案例》2014年第16期；案号：(2013)石法民初字第02214号；(2013)渝四中法民终字第00244号。

支付提成费。代学堂遂诉至重庆市石柱土家族自治县人民法院，请求判令冉卫支付提成费。

□ **法院判决**

石柱土家族自治县人民法院经审理后认为，刘强与冉卫存在合法有效的债权，代学堂与刘强签订的《债权转让协议书》具有法律约束力。刘强将债权转让给代学堂，应当通知冉卫，如未经通知，对冉卫不产生法律效力。代学堂无充分的证据证明冉卫已实际收到转让债权通知，因此刘强将债权转让给代学堂的行为对冉卫不产生法律效力，代学堂依据其与刘强之间签订的《债权转让协议书》向冉卫主张权利，应不予支持。

石柱法院遂依据《合同法》第 80 条的规定，驳回代学堂的诉讼请求。代学堂不服一审判决，提起上诉，请求撤销原判，依法改判支持其一审诉讼请求。重庆市第四中级人民法院经审理后认为，债权让与的通知主体应包括转让人和受让人，受让人直接起诉债务人要求履行债务，应视为是债权让与的一种通知方式。在促成各方当事人达成和解协议的情况下，代学堂自愿撤回上诉。二审法院裁定准予代学堂撤回上诉。

□ **评析**

该案的关键点有两个，一是受让人能否作为债权让与的通知主体；二是诉讼能否可以通知的形式。本书第五章第二节中债权让与对于债务人的效力中提到，债权让与可以采取诉讼通知的形式，但通常采取非诉的形式。对于债权让与通知的主体，本书在债权让与通知的主体中进行了分析，即“《合同法》第 80 条第 1 款的规定形成法律漏洞，可以通过目的性扩张予以填补，允许受让人也作为让与通知的主体，从而有利于灵活地解决实际中的问题。但从保护债务人履行安全的角度考虑，受让人在为让与通知时，必须举证证明自己已经取得了债权。”

延伸阅读

□ **关于债权让与**

王文胜：《托底型回购合同的风险转嫁机理》，载《法学研究》2020 年第 4 期。

何颖来：《〈民法典〉中有追索权保理的法律构造》，载《中州学刊》2020 年第 6 期。

李宇：《保理合同立法论》，载《法学》2019 年第 12 期。

朱晓喆：《资产证券化中的权利转让与“将来债权”让与——评“平安凯迪资产支持专项计划”执行异议案》，载《财经法学》2019 年第 4 期。

潘运华：《日本债权二重让与中通知的法律效果》，载《华东理工大学学报》（社会科学版）2019 年第 4 期。

徐涤宇:《〈合同法〉第 80 条(债权让与通知)评注》,载《法学家》2019 年第 1 期。
冯洁语:《禁止债权让与特约:比较法的经验与启示》,载《法商研究》2018 年第 5 期。
潘运华:《债权二重让与中的权利归属》,载《法学家》2018 年第 5 期。
庄加园:《〈合同法〉第 79 条(债权让与)评注》,载《法学家》2017 年第 3 期。
尹飞:《论债权让与中债权移转的依据》,载《法学家》2015 年第 4 期。
李宇:《债权让与的优先顺序与公示制度》,载《法学研究》2012 年第 6 期。
崔建远:《债权让与续论》,载《中国法学》2008 年第 3 期。
崔建远、韩海光:《债权让与的法律构成论》,载《法学》2003 年第 7 期。
韩海光、崔建远:《论债权让与和对抗要件》,载《政治与法律》2003 年第 6 期。
韩海光、崔建远:《论债权让与的标的物》,载《河南省政法管理干部学院学报》2003 年第 5 期。

□ **关于债务承担**

夏昊晗:《债务加入与保证之识别——基于裁判分歧的分析和展开》,载《法学家》2019 年第 6 期。
肖俊:《〈合同法〉第 84 条(债务承担规则)评注》,载《法学家》2018 年第 2 期。
汪利民、王惠玲:《债务承担与涉他合同的法律效果》,载《人民司法(应用)》2017 年第 4 期。
朱奕奕:《并存的债务承担之认定——以其与保证之区分为讨论核心》,载《东方法学》2016 年第 3 期。
崔建远:《无权处分合同的效力、不安抗辩、解除及债务承担》,载《法学研究》2013 年第 6 期。
龚兵:《免责的债务承担》,载《法学杂志》2006 年第 2 期。

■ 综合练习

1. 试述债权让与的构成及其法律效力。
2. 试述免责的债务承担的条件。
3. 试述免责的债务承担与并存的债务承担的区别。
4. 试述《民法典》上关于债的概括承受的规定及其效力。

第六章　债的消灭

本章要点

债的消灭，又称债的权利义务终止，是指债的关系不复存在的法律现象。与物权相比，债更多具有手段性，因而债从产生、变更到消灭是一个不断发生的过程，债的消灭是最终的一个环节，也是债的使命得以完成的体现。从债的消灭原因上看，除了履行（清偿）外，还有抵销、提存、免除和混同等。我国《民法典》第三编除了专章规定合同的履行外，在合同的权利义务终止一章规定了抵销、提存、免除和混同。本章对于清偿、抵销、提存、免除和混同进行分别论述。

关键词　债的消灭　清偿　抵销　提存 免除　混同

本节法条6-1

第一节　清　　偿

一、清偿的概念分析

清偿，是指按债的本旨而实现债权内容的行为。至于何为按债的本旨，根据主体方面、客体方面、场所、时间是否合乎债的内容而决定。[1]

探讨｜清偿与履行及给付的关系

清偿与履行的意义相同，只不过履行是从债的效力、债的动态方面观察的，而清偿则是从债的关系终止、债权的消灭的角度着眼的。

至于清偿（履行）与给付之间的关系，则不如此简单。在不注重给付结果的债的关系中，债务人为给付（行为），即为（适当）履行，就是清偿；在同时注重给付行为和给付结果的债的关系中，债务人为给付（行为），但未达成给付结果的，便不是（适当）履行，亦非清偿。

---

〔1〕 参见［日］於保不二雄：《日本民法债权总论》，庄胜荣校订，五南图书出版有限公司 1998 年版，第 330 页。

当事人利益的实现为债的本来目的。债务一经清偿,即实现债权客体的给付,债权人并已受领时,债权即因其达到目的而消灭。在双务之债场合,只有两项债务均被清偿时,债的关系才会终止。

从债权实现方面看,债务人履行债务固属清偿,第三人为满足债权人的目的而为给付,亦应如此对待。此外,即使依强制执行或实行担保权而获得满足,也应发生清偿的效果。

探讨｜清偿是否必须为法律行为

清偿是否必须有清偿人的清偿意思和受偿人的受偿意思?现在一般认为,清偿并非仅仅以清偿意思的后果消灭债权,还要按照达到目的的法理消灭债权,并且还应明确区分清偿和为清偿的给付行为。这样一来,对于清偿并不一定要有清偿意思,因而清偿并非法律行为。[1] 特别是在不采取物权行为的法制上,更是如此,清偿基本上为事实行为,因而关于法律行为的规定于此场合不再适用。例如,无行为能力人或限制行为能力人完全可以清偿。又如,不适用代理的规定。

应予注意,即使在不采取物权行为的法制下,清偿也可能为法律行为。例如,受托人通过与第三人签订商品房买卖合同来履行受托义务,即属于清偿为法律行为的例证。在这种情况下,应当适用《民法典》关于法律行为、代理等规定。

二、代为清偿

在法律有规定或合同有约定时,清偿可由第三人进行,这在本书第二章"债的履行"中已经阐述过。除此类情形之外,还有代为清偿制度,即清偿由第三人代而为之的制度。之所以如此,是因为债权人可由第三人清偿而使自己的权利全部或部分得以实现。债务人不过是改向第三人承担债务,且在第三人以赠与为目的代为清偿时,债务人还可因此而免去其所负担的给付义务。所以,对他并无不利,对于代为清偿的第三人也无不利可言。这是代为清偿制度得以生存和发展的利益基础和根本动力所在。

(一)代为清偿的适用条件

代为清偿并非在一切情况下都适用,其成立必须符合下述条件:

1. 依债的关系的性质,可以由第三人代为清偿。如作为债的关系内容的债务属于专属性的,则性质上不许代为清偿。普遍认可的基于债务性质不得代为清偿的

---

〔1〕 参见[日]於保不二雄:《日本民法债权总论》,庄胜荣校订,五南图书出版有限公司1998年版,第331页。

情形有：不作为债务，以债务人本身的特别技能、技术为内容的债务，因债权人与债务人之间的特别信任关系所生的债务等。

2. 债权人与债务人之间没有不得由第三人代为清偿的约定，即使有约定，也必须在代为清偿前为之，否则无效。

3. 债权人没有拒绝代为清偿的特别理由，债务人也无提出异议的正当理由。如果代为清偿有违公序良俗或诚实信用，对债权人、债务人或社会有不利的影响；或代为清偿违背其他强制性规定时，债权人就有权拒绝受领代为清偿，债务人也有权提出异议，不发生清偿的效力。

4. 代为清偿的第三人必须有为债务人清偿的意思。在这点上，代为清偿与债务承担不同：第一，若为清偿人的错误，误信为自己的债务而为清偿时，不成立代为清偿；第二，连带债务人、不可分债务人，仅在超过了自己本来负担的给付义务而为清偿的范围内，始构成代为清偿。

（二）代为清偿与代理清偿

就代为清偿之人必须有为债务人清偿的意思而言，代为清偿与代理清偿有相同之处，但二者也有区别：

1. 代理清偿系基于代理人与债务人之间代理清偿的合意，为任意行为。而代为清偿无须有此种合意，且既有任意行为又有法定行为。

2. 代理清偿中给付的提出视为债务人自己提出，而且，必须有清偿的效力直接对债务人发生效力的意思表示。而代为清偿中给付的提出，仅对债权人而言，可视为债务人自己提出，且代为清偿的效力也有特殊之处。

3. 在代理清偿场合，债的关系一般都因清偿而绝对地消灭。而在代为清偿情形下，债的关系仅在债权人与债务人之间相对地消灭。

4. 在代理清偿场合，代理人可能的利益损失依代理协议加以处理。在代为清偿场合，第三人的利益补偿可基于当事人之间的协议，也可基于法律的直接规定。

（三）代为清偿的法律效力

对于已经成立的代为清偿，还存在效力问题。对此，应区分情况加以考察：

1. 从债权人与债务人之间的关系考察

代为清偿系因第三人以为债务人的意思而为清偿，所以，在债权人与债务人之间，债的关系归于消灭，债务人免除义务。但在双务之债中，须双方的债务均获清偿，债的关系才消灭。此时，除非第三人得代位债权人，否则债务人有债权证书的返还请求权。如果债权人无正当理由而拒绝受领代为清偿时，应负受领迟延责任。对此，债务人也可主张。

2. 从债权人与第三人之间的关系考察

如果第三人系就债务履行有利害关系的第三人，则依清偿代位制度，在其可得求偿的范围内，债权人所享有的权利当然移转于第三人。如果为其他第三人，也可依约定而在其求偿权的范围内代位债权人。此时，应注意以下几点：

(1)如果仅为一部分的清偿代位，则第三人所取得部分担保权的位序，应后于债权人剩余部分债权的担保权。

(2)债权人对于第三人不负瑕疵担保责任，此点与债权让与有明显区别。债权让与合同若为买卖、互易、代物清偿，则属于有偿合同。为增进交易信用，保护交易安全，让与人(债权人)应对受让人(第三人)负瑕疵担保责任。但在清偿代位场合，则多有不同。法定清偿代位，第三人取代债权人的地位系直接基于法律的规定，故债权人对于第三人当然不负瑕疵担保责任。任意清偿代位，第三人取代债权人的地位无论是由于债务人抑或债权人的同意，都是为了保证第三人的求偿权得以实现，根本不可视同买卖，故债权人对于第三人也无瑕疵担保责任可言。

(3)第三人对于债权人有债权证书的返还请求权。如果仅为一部清偿代位，第三人可请求于债权证书中记入代位。中国目前可由第三人请求在负债字据上附记代位或请求给予代位的确认证书(或确认字据)。

(4)代为清偿的第三人有权指定清偿的抵充。

(5)对于选择债务，在符合公平原则的情况下，第三人有选择权。[1]

如果第三人系依债权人的委托而代为清偿时，对于债权人可依委托合同约定请求费用的偿还或报酬的支付。[2]

3. 从第三人与债务人之间的关系考察

如果第三人与债务人之间有委托合同，则适用委托合同的规范，第三人有求偿权。如果第三人与债务人之间既无委托合同又无其他履行上的利害关系时，第三人可依无因管理或不当得利的规定求偿。于此场合，第三人负有及时通知债务人其清偿事实的义务，若怠于通知，导致债务人为二重清偿时，应负损害赔偿责任。不过，该赔偿债务不妨和第三人(清偿人)的求偿权相抵销。[3]

第三人以赠与的意思为清偿，不发生求偿权。

第三人因代为清偿而有代位权：(1)在其求偿权的范围内，得对债务人行使债权人的一切权利。[4] (2)债务人对于债权人有可得抗辩的事由，有可供抵销的债权，对于代位后的第三人也可主张。(3)第三人因代为清偿而享有的求偿权与代位权，为请求权的并存，因一权利的行使而得满足时，其他权利即归消灭。

三、清偿费用

清偿费用，是指清偿所需要的必要费用。例如，物品交付的费用，运送物品的费

---

〔1〕 参见王轶：《代为清偿制度论纲》，载《法学评论》1995 年第 1 期。

〔2〕 参见史尚宽：《债法总论》，荣泰印书馆股份有限公司 1978 年版，第 41 页。

〔3〕 参见史尚宽：《债法总论》，荣泰印书馆股份有限公司 1978 年版，第 41 页。

〔4〕 参见史尚宽：《债法总论》，荣泰印书馆股份有限公司 1978 年版，第 41 页。

用，金钱邮汇的邮费，但不包括合同标的本身的价值。通常情况下，清偿费用有运送费、包装费、汇费、登记费、通知费等。

对于清偿费用，法律无明文规定、当事人又无约定时，由债务人负担。但因债权人变更住所或其他行为而致增加清偿费用时，增加的费用由债权人负担。例如，债权人受领迟延而致清偿费用增加，债权人请求对物品特别包装而增加费用，债权人请求将物品送往清偿地以外的地点而增加费用，因债权移转增加费用，均由债权人负担。“不过即使由债权人负担的情况下，债务人只能进行清偿后的求偿或从清偿总额中扣除该项数额，而不能主张就清偿同时履行。”〔1〕

四、清偿的抵充

清偿抵充，是指债务人对同一债权人负担数宗同种类债务，而债务人的履行不足以清偿全部债务时，决定该履行充作某宗或某几宗债务的现象。我国《民法典》第560条对清偿的抵充作了规定。

(一)清偿抵充的要件

清偿抵充必须具备如下要件：

第一，必须是债务人对同一债权人负担数宗债务。此数宗债务，可以是自始发生在债务人和债权人之间，也可以是嗣后由他人之处承担而来，还无论此数宗债务是否均届清偿期。

第二，数宗债务的种类相同。种类不同者，自可依给付的种类确定系清偿何宗债务。

> **事例** 债务人借米、面各50斤，债务人如提出偿还50斤米时，不发生抵充问题。若债权人先订购某种书籍100册，后又追加50册，此时债务人只送交50册，即发生抵充的效果。

第三，必须是债务人的给付不足以清偿全部债务，但至少是足以清偿一宗债务，否则，债权人可以拒绝其为一部清偿，也不发生抵充问题。

(二)清偿抵充的方法

1. 合同上的抵充。当事人之间就债务人的给付系抵充何宗债务有约定时，从其约定。抵充合同既可以为明示，也可以为默示；抵充合同订立的时间既可在给付时，也可以在给付前。

2. 清偿人指定的抵充。如果当事人之间没有约定，则清偿人有权单方面指定其

〔1〕［日］於保不二雄：《日本民法债权总论》，庄胜荣校订，五南图书出版有限公司1998年版，第345页。

给付系清偿何宗债务(《民法典》第 560 条第 1 款)。这种指定为形成权的行使,应向清偿受领人以意思表示为之,一经指定,清偿人不得撤销。指定应在清偿时提出。

3. 法定抵充。清偿人不为指定或未为指定时,应当优先抵充已到期的债务;数项债务均到期的,优先履行对债权人缺乏担保或担保最少的债务;均无担保或担保相等的,优先履行债务负担较重的债务;负担相同的,按照债务到期的先后顺序履行;到期时间相同的,按比例履行(法释[2009]5 号第 20 条前段)。

实情是,债权人和债务人就抵充达成合意的情形有限,在不成立抵充合同的情况下,需要确定哪方当事人就抵充而为的指定为准。这可由债务人决定其清偿指向的是哪个或哪些债权。如果这种指定不能依约定而被移至以后的时间,则其至迟必须于给付时间时进行。

债务人除主债务之外还应当支付利息和费用以及实现债权的有关费用,其给付不足以清偿全部债务时,除当事人另有约定外,应当按照下列顺序履行:(1)实现债权的有关费用;(2)利息;(3)主债务(《民法典》第 561 条)。此外,按《民法典》第 430 条的规定及其解释,质押合同无另外约定时,质权人收取质物的孳息,先充抵收取孳息的费用,再充抵质权担保的债权。

主张清偿抵充一定债务的清偿者,应由债务人举证证明所抵充债务已消灭。债权人对于债务人有数宗同种内容的债权,如债务人证明为履行目的已对债权人为给付,那么,债权人主张其抵充其他同种债权的,就应当举证其他同种债权的确存在。

五、清偿的提供

为清偿债务,有的仅依债务人的给付行为即可完成,如不作为债务、应表示意思的债务、仅依债务人行为就能处理的事务或能完成工作的债务等,为其表现;有的必须经由债权人合作才能完成,如应按债权人预先指定的时间或场所进行履行的债务、应由债权人提供材料或劳务才能进行的债务、往取债务等,均属此类。

在需要债权人合作的债务中,债务人要为给付做好必要的准备,并请债权人合作,称为履行的提供或清偿的提供,或简称提供。清偿的提供要依债务本旨进行。依债务本旨的清偿提供,从提供之时起,免除一切因不履行而产生的责任。与此相反,当提供未依债务本旨时,债务人不能免于不履行之责,而债权人即使未予以合作,也不负债权人迟延之责,即使债权人予以受领仍不产生债权消灭的后果。所谓依债务本旨,应依主观的、客观的、场所的、时间的关系上是否合乎债权发生原因而决定。[1]

按照在与债权人合作的相互关系中,债务人应进行的清偿行为或清偿准备行

〔1〕 参见[日]於保不二雄:《日本民法债权总论》,庄胜荣校订,五南图书出版有限公司 1998 年版,第 351～352 页。

为的不同程度划分，清偿提供的方法可分为实际提供（事实上提供）和口头提供（口头上提供）。实际提供是原则，多用于金钱债务的场合。口头提供是例外。所谓实际提供，是指债务人依债务本旨实际完成清偿必要行为。债务人对此无须有清偿的意思，也不必催告债权人受领及其合作。[1] 因此，债权人不在清偿现场亦不影响实际提供，[2] 债务人使代理人进行提供亦同。[3] 所谓口头提供，又叫言词提供，是指债务人做好清偿的准备，应达到一有债权人受领或其他合作即可直接完成的程度，并将之通知债权人，催告债权人受领或其他合作，发生提供效力。口头提供适合于债权人拒绝受领或其他合作，要求债务人进行实际提供有失公平的场合。[4]

六、清偿的效力

（一）债权及其从属权利消灭

依债务本旨，向债权人或其他有受领权人为清偿，经其受领的，债权消灭。清偿债权处于狭义的债的关系的，债的关系消灭，从属的权利和义务也随之消灭；处于广义债的关系、且另一狭义债的关系尚存的，债权的担保及其他从属权利也同时消灭。

在这个领域，给付有无瑕疵需要当事人举证证明：瑕疵是否在给付之时即已存在，应由债务人举证证明其给付符合约定；瑕疵是否发生于给付之后，则由债权人举证证明。[5] 举证不能的，负有举证证明责任者承受其不利后果。

（二）受领证书给与请求权

债务人不仅必须证明其给付符合约定，而且必须证明自己已为给付。为使其能够进行此种证明，有些立法例及理论确立：[6] 清偿使债的关系全部消灭的，债务人有权请求返还或涂销负债的字据。清偿仅消灭债的关系一部，或者负债字据上载有债权人他项权利的，债务人有权请求债权人把消灭事由记入字据。受领清偿之人向债务人出具受领证书，以证明债务/债权消灭，这也不失为有效的方法。[7] 中国现行法虽无此类明文，但事理如此，应当承认。

---

〔1〕 参见[日]於保不二雄：《日本民法债权总论》，庄胜荣校订，五南图书出版有限公司1998年版，第352～353页。

〔2〕 参见1906、3、11大民判（民录11辑349页）；1918、6、8大民判（民录24辑1166页）。转引自[日]於保不二雄：《日本民法债权总论》，庄胜荣校订，五南图书出版有限公司1998年版，第353页。

〔3〕 参见1922、3、23大民判（民录27辑641页）。转引自[日]於保不二雄：《日本民法债权总论》，庄胜荣校订，五南图书出版有限公司1998年版，第353页。

〔4〕 参见[日]於保不二雄：《日本民法债权总论》，庄胜荣校订，五南图书出版有限公司1998年版，第352～353页。

〔5〕 参见[德]迪特尔·梅迪库斯：《德国债法总论》，杜景林、卢谌译，法律出版社2004年版，第192页。

〔6〕 参见[德]迪特尔·梅迪库斯：《德国债法总论》，杜景林、卢谌译，法律出版社2004年版，第193页。

〔7〕 参见孙森焱：《民法债编总论》（下册），法律出版社2006年版，第837页。

（三）清偿的推定

1. 定期给付清偿的推定。所谓定期给付，乃基于一定的法律关系，亦即一个基本债权，因相隔相当期间的经过，依次发生一定的给付的，其性质与利息债权相同。例如，租金、赡养费等均属此类。因此，例如债务人已经给付 6 月的租金，便推定 5 月之前的租金已为清偿，此时如债权人主张其以前的给付尚未清偿的，则应负举证责任。〔1〕

2. 利息清偿的推定。如债权人给与受领原本的证书的，推定其利息也已经受领。〔2〕

3. 债的关系消灭的推定。债权证书已经退还的，推定其债的关系消灭。原来，在通常情况下，如债权人已经退还债权证书，即表示债权人已经完全受领清偿，如未完全受清偿，债权人则不至于退还债权证书，故推定债的关系推定消灭。〔3〕

七、余论

清偿的时间、清偿的场所、代物清偿等问题，见本书第二章“债的履行”中的论述，此处不再赘述。

本节法条6-2

第二节　抵　　销

引导案例

[6-1] 甲租赁乙的房屋，到 2013 年年末欠乙租金 1.5 万元未付，乙一直未向甲主张该笔租金；2016 年 6 月，乙向甲购买价值 3.5 万元的货物，约定同年 12 月底前付清货款。到了年底，乙仅支付甲货款 2 万元，称尚欠的 1.5 万元货款抵销甲欠乙的租金 1.5 万元。乙的主张能否得到支持？

一、抵销概述

抵销，是指二人互负债务而其给付的种类相同，并已届清偿期的，各以其债权充当债务之清偿，而使其债务与相对人的债务在对等额内相互消灭（《民法典》第 568 条第 1 款前段）。从债权的角度描述，就是具有相互性的债权在对等额内相互

---

〔1〕 参见林诚二：《民法债编总论——体系化解说》，中国人民大学出版社 2003 年版，第 552 页。

〔2〕 参见林诚二：《民法债编总论——体系化解说》，中国人民大学出版社 2003 年版，第 552 页。

〔3〕 参见林诚二：《民法债编总论——体系化解说》，中国人民大学出版社 2003 年版，第 552 页。

消灭(参见图6－1)。主张抵销的一方当事人叫作抵销权人,简称为抵销人。抵销人的债权,即债务人的债权,称为自动债权,或抵销债权,或反对债权。被抵销的债权,即债权人的债权,叫作被动债权,或受动债权。案例[6－1]中,乙是抵销权人,乙的1.5万元的租金债权为主动债权。甲对乙享有的1.5万元的货款债权为被动债权、抵销债权。

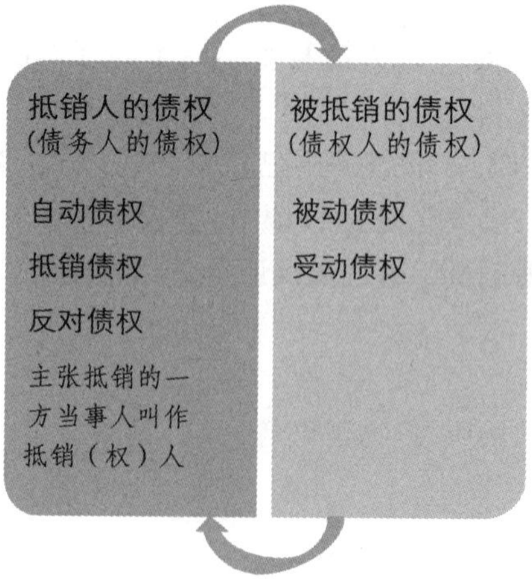

图6－1　抵销的概念

(一)抵销的功能

抵销使清偿简化,节省给付的交换。此其一。抵销制度使任何一方当事人可以在无诉讼/仲裁、判决和强制执行的情况下,实现其对另一方享有的债权的功能,明显地降低了交易成本。[1] 有学者这样比喻:抵销权类似于抵押权,系一种优先受偿的权利,优先于抵销相对人(被动债权人)的其他债权人而受清偿。在这个意义上,抵销权不仅仅是一种形成权。[2] 这就是抵销的担保作用,且较人的担保和物的担保交易成本低廉得多。此其二。这种债权实现的方式在债务人不能清偿的程序中非常有利于债权人。[3] 所有这些都显现出抵销的可能即抵销适状意味着一定的财产价值,而该财产价值不经债权人协助是不得被剥夺的。此其三。[4] 抵销制度的存在及运行,在某些场合确保自己是在正当地行使权利,而非违约。此其四。

诚然抵销制度也有局限性:抵销欠缺公示性,且因当事人一方的意思表示,足使债权归于消灭,对于善意第三人易致不测之损害。例如,债务人濒临破产时,对于

〔1〕参见[德]迪特尔·梅迪库斯:《德国债法总论》,杜景林、卢谌译,法律出版社2004年版,第206～207页。

〔2〕参见BGHZ2,305;黄立:《民法债编总论》,中国政法大学出版社2002年版,第717～718页。

〔3〕参见[德]迪特尔·梅迪库斯:《德国债法总论》,杜景林、卢谌译,法律出版社2004年版,第207页。

〔4〕参见[德]迪特尔·梅迪库斯:《德国债法总论》,杜景林、卢谌译,法律出版社2004年版,第207页。

该债务人负有债务者，竟以低价收买破产债权，并与债务人主张抵销，则债务人的责任财产，亦即将来的破产财团即相对减少，他破产债权受偿的比率即见降低，自属不公平。[1] 鉴于此，《企业破产法》等相关法律应设必要规则，力达公正结果。这将在本节抵销的消极要素中叙述。

（二）抵销的类型

1. 法定抵销与合意抵销

抵销不仅有以上所述的由法律规定其构成要件合法律效果的抵销，即法定抵销的类型，在奉行意思自治原则的法制下，尽可能地尊重当事人双方的意思，于是还承认合意抵销，即按照当事人双方的合意所为的抵销。例如，当事人一方以对于第三人的债权与他方对自己的债权抵销的合同，犹如代物清偿合同，当属有效。再如，当事人一方以其对于他方的债权抵销，则具有第三人清偿的性质，亦属有效。又如，二人互负债务的标的物亦未必相同，以给付稻谷为标的物的债务与给付金钱为标的物的债务，经双方当事人合意抵销的，也难谓无效。但订立抵销合同的结果影响第三人的利益时，不被允许。例如，作为质权标的物的债权，其债权人不得与债务人合意将之消灭，以保障质权得以存续。[2]

2. 抵销合同

当事人订立的抵销债权的合同叫作抵销合同，其成立应依《民法典》第三编第二章关于合同订立及第 569 条关于合意抵销的规定。关于抵销合同的性质，有人认为属于清偿或者拟制清偿，有人认为属于代物清偿，有人认为系两个互无关系的无因的免除合同，有人认为系一个双务的免除合同，有人认为系独立种类的合同。[3] 多数说为诺成、不要式、双务、有偿的合同。[4]

以抵销合同消灭债权是合同效力的表现，至于其效力是否具有溯及既往的效力，应依抵销合同的约定，无约定时以抵销的效力向将来发生为原则。

抵销合同尽管具有自身特色，但其适用《合同法》总则、遵循合同法一般理论，应无疑问。鉴于此，本节不再着墨抵销合同，仅仅介绍法定抵销。

二、抵销的积极要件

按照《民法典》第 568 条的规定，抵销必须具备以下要件才能生效。

---

〔1〕 参见［日］於保不二雄：《日本民法债权总论》，庄胜荣校订，五南图书出版有限公司 1998 年版，第 391 页；孙森焱：《民法债编总论》（下册），法律出版社 2006 年版，第 903 ~ 904 页。

〔2〕 参见孙森焱：《民法债编总论》（下册），法律出版社 2006 年版，第 902 ~ 903 页。

〔3〕 参见史尚宽：《债法总论》，荣泰印书馆股份有限公司 1978 年版，第 826 页。

〔4〕 参见孙森焱：《民法债编总论》（下册），法律出版社 2006 年版，第 902 页；邱聪智：《新订民法债编通则》（下），中国人民大学出版社 2004 年版，第 471 页。

(一)双方当事人互负债务、互享债权(债权的相互性)

抵销以在对等额内使双方债权消灭为目的,故以双方互享债权为必要前提。抵销权的产生,在于当事人对于相对人既负有债务,同时又享有债权。只有债务而无债权或只有债权而无债务,均不发生抵销问题。

探讨 | 能否以第三人的债权为抵销

第三人的债权,即使取得该第三人的同意,也不能以之为抵销。因为一方面,此时仅一方当事人能够主张抵销,而相对人则无此权利,有失公平;另一方面,第三人的债权对其债权人关系巨大(如该债权已经出质),如允许用作抵销,则可能害及第三人的债权人的利益(如使债权质权因失去标的物而难以存续)。不过,若绝对如此,有时会导致不适当的结果,需要设置若干例外:(1)在债权让与的情况下,债务人对原债权人享有债权的,得向债权受让人主张抵销(《合同法》第83条)。(2)为了避免保证人于承担保证责任后向主债务人求偿困难,加剧保证人难觅的局面,《法国民法典》规定,主债务人对于债权人的债权,保证人得主张抵销(第1294条第1项)。《日本民法典》仿效(第457条第2项)。中国台湾地区“民法”债编修正时亦然。[1] (3)连带债务人中的一人对于债权人享有债权的,其他连带债务人以该债务人应分担的部分为限,得主张抵销。[2] (4)德国民法及其学说认为,在个案中,依据诚实信用原则应该承认两项债权抵销的,虽然这两项债权欠缺相互性,也允许抵销。[3] 这符合民法理论和公平正义,值得借鉴,只是《民法典》上的诚信原则和公平原则合在一起才相当于德国民法上的诚实信用原则,需要稍微修正:在个案中,依据诚信原则和公平原则应该承认欠缺相互性的两项债权抵销的,应予允许。

我国《民法典》第702条规定,债务人对债权人享有抵销权或者撤销权的,保证人可以在相应范围内拒绝承担保证责任。该条没有明确规定保证人的抵销权,但明确了保证人可以拒绝承担保证责任,其效果是一样的。

(二)双方的债权均有效存在

抵销足以使对立的债权在相当数额的范围内归于消灭,故以各该债权均有效存在为前提。

---

〔1〕 参见林诚二:《民法债编总论——体系化解说》,中国人民大学出版社2003年版,第559页。

〔2〕 参见中国台湾地区“民法”第277条;孙森焱:《民法债编总论》(下册),法律出版社2006年版,第904页。

〔3〕 参见[德]迪尔克·罗歇尔德斯:《德国债法总论》(第7版),沈小军、张金海译,沈小军校,中国人民大学出版社2014年版,第147页。

1. 从主动债权方面来看，主动债权必须具有强制执行的效力，故请求力被排除的不完全债权，不得作为主动债权而主张抵销，否则，与强制债务人履行本可拒绝履行的债务无异。因此，超过利息限制部分的利息债权、破产债权经依协调而未获清偿或破产程序终结后未获清偿部分既无请求权，其债权人即不得主张抵销。[1] 在附条件的债权中，若所附条件为停止条件（生效条件），在条件成就前，债权尚不发生效力，自不得为抵销；若所附条件为解除条件，则条件成就前债权为有效存在，故得为抵销；且条件成就并无溯及力，因而行使抵销权后条件成就时，抵销仍为有效。[2]

延伸 | 超过诉讼时效的债权、可撤销债权、附条件债权等能否抵销

抵销，意味着抵销人的债权的实现。因此，在抵销的道路上不允许有法律上的障碍存在。也就是说，抵销人必须能够取得给付判决。[3] 具体说明如下：

1. 超过诉讼时效期间的债权，虽然不得作为主动债权而主张抵销，但其若为被动债权的，则可用作抵销。于此场合，可认为债务人抛弃了时效利益。[4] 此其一。案例[6－1]中，到2016年年底，乙的租金债权已经过了诉讼时效，因此，乙不得主张以已过诉讼时效的租金债权抵销甲的货款债权。但是，如果甲提出抵销的，乙的租金债权为被动债权，可以用作抵销，可以认为甲放弃了时效利益。

在诉讼时效完成前，对立债权已经具备抵销要件，只是当事人未于此时主张抵销，在诉讼时效完成后当事人才主张抵销，应当得到支持，因为抵销权行使的效力溯及既往于得为抵销之时发生。[5] 此其二。

对超过诉讼时效期间的债权，当事人双方就原债务达成还款协议的，按照最高人民法院《关于超过诉讼时效期间当事人达成的还款协议是否应当受法律保护问题的批复》（法复[1997]4号）的规定，应当依法予以保护。据此，与此类债务相对的债权可以用作抵销。此其三。

与此类似，借款合同项下的偿还本息的债务虽然已经罹于诉讼时效，信用社向借款人发出催收到期贷款通知单，债务人在该通知单上签字或盖章的，按照最高人民法院《关于超过诉讼时效期间借款人在催款通知单上签字或盖章的法

[1] 参见史尚宽：《债法总论》，荣泰印书馆股份有限公司1978年版，第826页；孙森焱：《民法债编总论》（下册），法律出版社2006年版，第905页。

[2] 参见王家福主编：《中国民法学·民法债权》，法律出版社1991年版，第203页。

[3] 参见[德]迪特尔·梅迪库斯：《德国债法总论》，杜景林、卢谌译，法律出版社2004年版，第209页。

[4] 参见王家福主编：《中国民法学·民法债权》，法律出版社1991年版，第203页。

[5] 参见孙森焱：《民法债编总论》（下册），法律出版社2006年版，第905页；邱聪智：《新订民法债编通则》（下），中国人民大学出版社2004年版，第472页；林诚二：《民法债编总论——体系化解说》，中国人民大学出版社2003年版，第559页。

律效力问题的批复》(法释[1999]7号),应当视为对原债务的重新确认,该债权债务关系应当受法律保护。据此,信用社享有的此类债权可以作为主动债权而抵销。此其四。

债权人对于主债务人的请求权已经罹于诉讼时效,可否由债权人以对保证人(抛弃先诉抗辩权)所负债务与该保证人所负保证债务主张抵销?虽有肯定说,但是肯定说更为合理:债权人若可主张抵销,因保证人对于主债务人有求偿权,其结果无异于剥夺主债务人的时效利益,显非公平。考虑到保证人因债权人对于主债务人的请求权已经罹于诉讼时效而得主张诉讼时效完成的抗辩的,并非因保证债务罹于诉讼时效所致,实为保证债务的从属性使然。[1] 此其五。

2. 可抵销的债权,在未经撤销之前,仍属有效存在,债权人自得以之为主动债权而主张抵销。倘若嗣后行使撤销权,则与自始无效相同,抵销就失去效力,另一方的债权因而复苏。唯撤销权人如知其得撤销而仍主张抵销的,可认其已经抛弃其撤销权,其抵销自属有效。再者,抵销以后,债权因经解除而消灭的,抵销也随同失去效力。[2] 因嗣后行使撤销权致使先前的抵销失去效力,另一方的债权因而复苏,但因撤销而产生的缔约过失赔偿、不当得利返还,与复苏的债权属于同种类且构成相互性的,仍应允许抵销。

3. 合同解除有溯及力的,抵销的情形与上述撤销场合的相同,不再赘述。合同解除无溯及力的,解除行为之前的合同关系并未消灭,合同项下的债权尚存,与另一方的债权种类相同且构成相互性的,应当允许抵销。不过,该尚存债权已经不同于合同未解除阶段的债权,至少在数额方面存在差异,因此,抵销时需要重新估价该尚存债权的价值额。

4. 附停止条件(中国现行法称为生效条件)的债权于停止条件成就之前尚未生效,故不得将之作为主动债权而主张抵销。附解除条件的债权于条件成就之前依然有效,可作为主动债权而抵销;于条件成就时失其效力,另一方当事人的被动债权则早因抵销而归于消灭,主张抵销的一方当事人系无法律上的原因(中国现行法称为合法根据)而受利益,成立不当得利。[3]

5. 附有同时履行抗辩权的债权,不得以之为主动债权而主张抵销,否则即为剥夺相对人的抗辩权。但若作为被动债权,则可认为抵销权人已抛弃同时履行抗辩权,此时以之为抵销,当无不可。[4]

---

〔1〕 参见孙森焱:《民法债编总论》(下册),法律出版社2006年版,第905~906页。

〔2〕 参见孙森焱:《民法债编总论》(下册),法律出版社2006年版,第906页。

〔3〕 孙森焱:《民法债编总论》(下册),法律出版社2006年版,第906页。

〔4〕 王家福主编:《中国民法学·民法债权》,法律出版社1991年版,第203页;孙森焱:《民法债编总论》(下册),法律出版社2006年版,第906页;邱聪智:《新订民法债编通则》(下),中国人民大学出版社2004年版,第472页;林诚二:《民法债编总论——体系化解说》,中国人民大学出版社2003年版,第559页。

2. 从被动债权方面观察：被动债权必须有效存在，抵销始足消灭主动债权。因此，被动债权如属无效或不存在，则抵销不发生效力。此外，尚有事项需要说明：[1]

(1) 被动债权如属得撤销的，在未经撤销之前，固得作为被动债权予以抵销，倘若嗣后被撤销，则溯及地失去效力，抵销即归无效，主动债权即行复苏。只是在主张抵销的当事人一方知悉被动债权有可撤销的事由却仍为抵销的，可认其已经抛弃撤销权。

(2) 合同解除有溯及力的，抵销的情形与上述撤销场合的相同，在此不再赘述。合同解除无溯及力的，解除行为之前的合同关系并未消灭，合同项下的债权尚存，作为被动债权，与另一方的主动债权种类相同且构成相互性的，应当允许抵销。不过，该尚存债权已经不同于合同未解除阶段的债权，至少在数额方面存在差异，因此，抵销时需要重新估价该尚存债权的价值额。

(3) 无请求权的债权，作为被动债权，属于债务人主动以其债权与无请求权的债权为抵销，与任意给付无异，应当有效。

(4) 附停止条件的债权于条件未成就时，无论是作为主动债权还是被动债权，均不需抵销。附解除条件的债权于条件未成就时可以作为被动债权而为抵销。如果解除条件成就，被动债权嗣后失去效力，使因抵销而消灭的主动债权失去法律上的原因，致另一方当事人受益，主张抵销的一方当事人有权基于不当得利请求另一方返还利益。于此场合，主张抵销的一方纵然知晓存在附解除条件，条件成就与否原属不确定。主张抵销时是以被动债权存在为前提，应当属于预期条件不成就，尚难推定主张抵销的一方有抛弃因条件成就的利益的意思。[2]

(三) 标的物的种类、品质相同（同种类性）

双方互负债务，必须标的物的种类、品质相同，才可抵销。如果标的物的种类、品质不同，一是债务各有其不同的经济目的，抵销很可能使之落空；二是债务互异其经济价值，抵销难以公平。[3]

1. 标的物的种类、品质相同。标的物的种类、品质相同，即可抵销，至于标的物的数额是否一致，则在所不问。履行地点，不属于债务的种类范畴，按照中国台湾地区“民法”第 336 条的规定及其学说，债务异其履行地点的，可以抵销，只是主张抵销的债务人应当赔偿相对人因抵销而遭受的损失。[4] 本书赞同这种处理。

2. 标的物种类相同，但品质不同。给付物的种类虽然相同，但品质不同时，例

---

[1] 孙森焱：《民法债编总论》（下册），法律出版社 2006 年版，第 906 ~ 907 页。

[2] 参见王伯琦：《民法债篇总论》，正中书局 1962 年版，第 296 页。

[3] 参见郑玉波：《民法债编总论》（修订 2 版），陈荣隆修订，中国政法大学出版社 2004 年版，第 513 页。

[4] 参见郑玉波：《民法债编总论》（修订 2 版），陈荣隆修订，中国政法大学出版社 2004 年版，第 513 页。

如,甲级刀鱼和乙级刀鱼,原则上不允许抵销,但允许以甲级刀鱼的给付抵销乙级刀鱼的给付。

3. 标的物的种类不同,不得抵销。标的物的种类、品质不相同的,若拟通过抵销的方式消灭债务,只有依据《民法典》第 569 条关于合意抵销的规定,双方当事人协商一致,予以抵销。

延伸｜特定之债能否抵销

抵销既然要求标的物的种类、品质相同,因而最适合于种类之债,尤其是货币之债。

以特定物为给付物时,即使双方的给付物属于同一种类,也不允许抵销。但是,在双方当事人均以同一物为给付物时,仍属同一种类的给付,可以抵销。例如,甲有向乙请求交付某特定物的债权,同时对于丙负有交付该物的债务,嗣后在乙继承丙的遗产场合,就发生这种抵销。当事人一方的给付物为特定物,对方的给付物为同种类的不特定物,因二者不是同种类的给付,不允许以种类债权对特定债权抵销,但允许以特定债权抵销种类债权。

在双方当事人的债权皆为种类债权,但种类的范围有广有狭时,范围狭的种类债权对范围广的种类债权可以抵销;范围广的种类债权对于范围狭的种类债权,则不允许抵销。因为在后者,其给付的种类不同一。在双方的债权或一方的债权为选择债权场合,如果依选择权行使的结果是给付种类相同,就允许抵销。[1]

(四)自动债权已届清偿期

因债权人通常仅在清偿期届至时,才可以现实地请求清偿,若未届清偿期,也允许抵销的话,就等于在清偿期前强制债务人清偿,牺牲其期限利益,显属不合理。所以,自动债权已届清偿期才允许抵销。在自动债权未定清偿期的情况下,只要债权人给债务人以宽限期,宽限期满即可抵销。

因债务人有权抛弃期限利益,在无相反的规定或约定时,债务人可以在清偿期前清偿。所以,受动债权即使未届清偿期,也应允许被抵销。原《合同法》要求双方的互负到期债权(第 99 条第 1 款),《民法典》第 568 条修订为“互负债务”,不再要求均已到期,值得赞同。

同时,应注意另一方面的问题:债权即使已届清偿期,但当事人约定不得抵销的,人民法院可以认定该约定有效(《民法典》第 568 条第 1 款后段)。

---

〔1〕 参见胡长清:《中国民法债篇总论》(下册),商务印书馆 1947 年版,第 585 页;诸葛鲁:《债之抵销》,载《法令月刊》第 19 卷第 1 期。

应当指出，在破产程序中，破产债权人对其享有的债权，无论是否已届清偿期，无论是否附有期限或解除条件，均可抵销（《企业破产法》第 40 条）。

三、抵销的消极要件

根据《民法典》第 568 条第 1 款的规定，虽然允许抵销，“但是，根据债务性质、按照当事人约定或者依照法律规定不得抵销的除外”。这相较于原《合同法》第 99 条第 1 款规定的“但依照法律规定或者按照合同性质不得抵销的除外”更为全面、合理。

（一）根据债务性质不得抵销的债务

依债的性质，须直接实现，如相互抵销，就背离债的本旨，或不符合给付目的的，就属于依债的性质不得抵销的债务。例如，互相不得竞业的不作为债务，或提供劳务的单纯作为债务，均为性质上不得抵销的债务。[1] 再如，依缔约人的意旨不许以同种类之物代替的，属于性质上不得抵销。[2]

（二）按照当事人约定不得抵销的债务

互负债务的双方若以约定排除抵销规定的适用，乃基于当事人之间个别利益的考量斟酌的结果，对债务本旨的履行原无损益，也不背离债务具有处分权同时该处分权可被限制的法律属性；承认此种特约的效力，符合双方当事人的利益衡平，符合意思自治原则。就此来说，当事人双方约定禁止抵销债务的，该债务就不得抵销。但该约定不得对抗善意第三人。所以，当事人之间纵有不得抵销的特约，如其一方将债权让与他人，该他人为善意的，就不受该特约的约束，仍然可以基于受让的债权对于当事人的他人为抵销，这样，可以避免损害善意第三人的权益。[3] 举轻以明重，如果该特约有害交易安全的，则应被认定为无效。[4]

按照当事人约定不得抵销的，倘若当事人一方进入破产程序，他方的破产债权是否得依破产法的规定，对于破产管理人就破产财团而为抵销？有学说认为，不得抵销的特约，在当事人一方宣告破产时，仍然有效，他方不得就其破产债权主张抵销。[5] 这也与《企业破产法》的精神吻合，值得肯定。

（三）依照法律规定不得抵销的债务

1.《合伙企业法》第 41 条前段规定，合伙人发生与合伙企业无关的债务，相关

---

〔1〕 参见邱聪智：《新订民法债编通则》（下），中国人民大学出版社 2004 年版，第 475 页；林诚二：《民法债编总论——体系化解说》，中国人民大学出版社 2003 年版，第 560 页。

〔2〕 参见孙森焱：《民法债编总论》（下册），法律出版社 2006 年版，第 908 页。

〔3〕 参见孙森焱：《民法债编总论》（下册），法律出版社 2006 年版，第 909 页。

〔4〕 参见黄立：《民法债编总论》，中国政法大学出版社 2002 年版，第 713 页。

〔5〕 参见[日]兼子一、恒田文次：《破产法、和议法》，第 110 页。转引自孙森焱：《民法债编总论》（下册），法律出版社 2006 年版，第 909 页。

债权人不得以其债权抵销其对合伙企业的债务。

2.《企业破产法》第40条规定，有下列情形之一的，不得抵销：其一，债务人的债务人在破产申请受理后取得他人对债务人的债权的。其二，债权人已知债务人有不能清偿到期债务或破产申请的事实，对债务人负担债务的；但是，债权人因为法律规定或有破产申请1年前所发生的原因而负担债务的除外。其三，债务人的债务人已知债务人有不能清偿到期债务或破产申请的事实，对债务人取得债权的；但是，债务人的债务人因为法律规定或有破产申请1年前所发生的原因而取得债权的除外。

3.《德国民法典》第394条规定，不得对禁止扣押的债权（《德国民事诉讼法》第850条以下条文）主张抵销。其规范意旨在于保护不可扣押债权的债权人，以免对债务人的强制执行保护因抵销而失效。[1] 《日本民法典》第510条规定："债权为禁止扣押的债权时，其债务人不得以抵销对抗债权人。"《日本商法典》第200条第2项规定，股东对于缴纳股金的请求不得以抵销对抗公司。这是基于股份公司充实资本原则而作出的规定，[2] 对于股份公司有足够的责任财产从事经营，保障股份公司能够清偿其债权人的债权，都是必要的，值得中国法及理论借鉴。还有，雇佣人不得以预支金额及其他以劳动为条件的债权抵销报酬。这可防止用预支款拘束人身，并保障劳动者的生活。[3] 中国台湾地区"民法"第338条规定："禁止扣押之债，其债务人不得主张抵销。"举其要者，如不得强制执行的债权，退休金债权，抚恤金债权等，均属其类。[4] 此类债权系维持权利人及其共同生活的亲属生活所必需的债权。此类债权旨在保障权利人及其共同生活的亲属的生活为目的，自然应以该债权人能依债务本旨而为履行，使债权获得现实的满足，方符合立法计划和目的。倘若该债权的义务人竟主张抵销，致禁止扣押的债权竟归于消灭，则保护权利人生活的立法计划和目的无从实现，这显然不应被允许。[5] 以上均值得中国法及学说采纳。

需要澄清的是，禁止扣押的债权，仅系该债权的债务人不能主张抵销，亦即不能以被动债权主张抵销；非谓其债权人亦不能以之为主动债权主张抵销。盖以债权人如自愿抛弃其利益保护，以其与债务人的债权主张抵销，尚非法之所禁也。例

〔1〕 参见［德］迪尔克·罗歇尔德斯：《德国债法总论》（第7版），沈小军、张金海译，中国人民大学出版社2014年版，第149页。

〔2〕 参见［日］於保不二雄：《日本民法债权总论》，庄胜荣校订，五南图书出版有限公司1998年版，第398页。

〔3〕 参见［日］於保不二雄：《日本民法债权总论》，庄胜荣校订，五南图书出版有限公司1998年版，第398页。

〔4〕 参见邱聪智：《新订民法债编通则》（下），中国人民大学出版社2004年版，第474页。

〔5〕 参见孙森焱：《民法债编总论》（下册），法律出版社2006年版，第909～910页。

如,公务员主张以其退休金债权与借款债务抵销,仍然发生抵销的效力。[1] 这符合权当事人之间的利益衡平,不违背禁止权利滥用原则,可资赞同。

4.《德国民法典》第 393 条规定,对因故意侵权行为发生的债权不能主张抵销。其规范意旨在于阻止故意侵害行为的加害人可以享有抵销的好处。以此也旨在消除"没有制裁效力的私人复仇"的危险。[2] 如果没有第 393 条的规定,不能收回债权的债权人就有可能试图殴打债务人,以便能够以自己本来就无法收回的债权与债务人的损害赔偿请求权抵销。[3] 中国法及理论也应如此。

5. 中国台湾地区"民法"第 340 条规定:"受债权扣押命令之第三债务人,于扣押后始对其债权人取得债权者,不得以其所取得之债权与受扣押之债权为抵销。"所谓扣押命令,是指执行法院依中国台湾地区"民法"第 115 条第 1 项的规定,所发禁止第三人向债务人为清偿的命令。[4] 所谓受债权扣押命令之第三债务人,例如,依中国台湾地区"强制执行法"第 115 条第 1 项的规定,就债务人对于第三人的金钱债权为执行时,执行法院发禁止命令禁止该第三人向债务人清偿的情形。对第三债务人发禁止命令系为保障强制执行程序中债权人的债权得受清偿,唯第三债务人所得行使的抵销权亦不宜因此而受影响。依中国台湾地区"民法"第 340 条的规定,执行法院的禁止命令不影响第三债务人以扣押时或扣押以前对其债权人取得的债权与受扣押的债权为抵销,即使执行法院的禁止命令于送达时,主动债权犹未届清偿期,甚且后于被动债权届至者亦然。[5] 至于第三债务人于受禁止命令后,对于强制执行程序中的债务人新取得的债权则不得主张抵销,盖为防止第三债务人与强制执行程序中的债务人于执行法院发禁止命令后,随时创设新债权,再循抵销的途径,消灭经扣押的债权,使禁止命令扣押的效力归于消灭。[6]

再者,债权受扣押的,其债权人不得以之为主动债权而主张抵销,盖债权人的处分权因受扣押而受限制,如有违反,对于声请执行法院发扣押命令的债权人不生效力。[7]

综上所述,抵销的构成要件如图 6－2 所示:

---

〔1〕 参见邱聪智:《新订民法债编通则》(下),中国人民大学出版社 2004 年版,第 474～475 页。

〔2〕 MünchKomm－Schlüter §393 Rn. 1. 转引自[德]迪尔克·罗歇尔德斯:《德国债法总论》(第 7 版),沈小军、张金海译,中国人民大学出版社 2014 年版,第 149 页。

〔3〕 参见[德]迪尔克·罗歇尔德斯:《德国债法总论》(第 7 版),沈小军、张金海译,中国人民大学出版社 2014 年版,第 149 页。

〔4〕 参见邱聪智:《新订民法债编通则》(下),中国人民大学出版社 2004 年版,第 475 页。

〔5〕 参见史尚宽:《债法总论》,荣泰印书馆股份有限公司 1978 年版,第 813 页;王伯琦:《民法债篇总论》,正中书局 1962 年版,第 298 页;孙森焱:《民法债编总论》(下册),法律出版社 2006 年版,第 910～911 页。

〔6〕 参见孙森焱:《民法债编总论》(下册),法律出版社 2006 年版,第 911 页。

〔7〕 参见孙森焱:《民法债编总论》(下册),法律出版社 2006 年版,第 911 页。

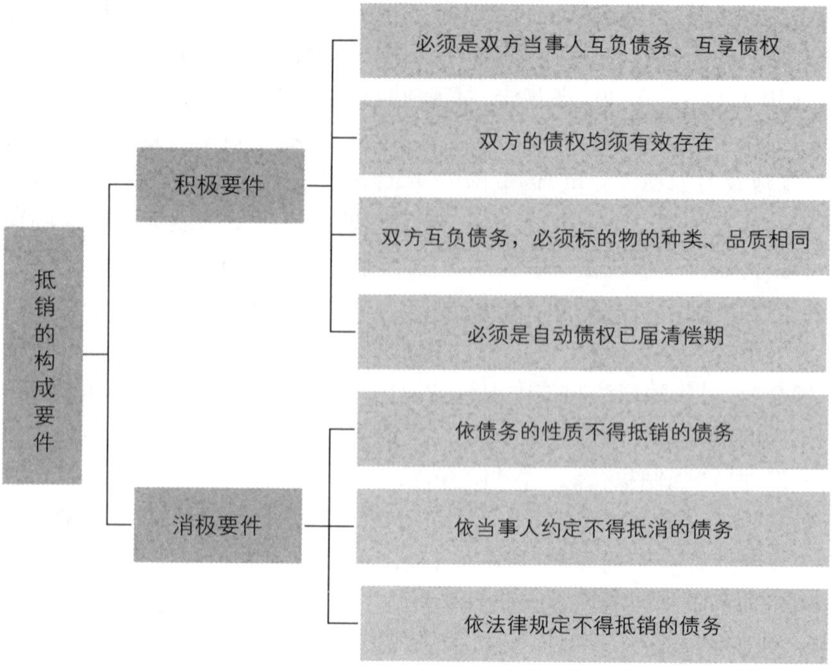

图 6－2 抵销的构成要件

四、抵销的方法

对于抵销,《法国民法典》采取当然抵销主义,即双方债权适于抵销状态时,无须当事人就此为任何行为,依法律规定自动发生抵销的效果(第 1290 条)。与此不同,《德国民法典》要求当事人为抵销的意思表示,才发生抵销的法律效力(第 388 条)。《日本民法典》亦然(第 506 条第 1 项)。中国《民法典》借鉴了后一种模式,规定当事人主张抵销的,应当通知对方(第 568 条第 2 款前段)。这表明,在《民法典》上,抵销为单独行为,应适用法律关于法律行为及意思表示的规定。

在日本,判例要求抵销的意思表示必须显示抵销的债权,但不必明示债权发生的日期、发生原因、数额等,只要显示出能认识到其债权的同一性就足够。[1] 另外,可以进行抵销意思表示的时间,与是否适于抵销的时间并无关系。在言词辩论终结前,有适于抵销的债权,在判决确定后仍可抵销。[2] 以票据债务为抵销的,因票

〔1〕 参见 1932、5、6 大民判(民集 11 卷 887 页)。转引自[日]於保不二雄:《日本民法债权总论》,庄胜荣校订,五南图书出版有限公司 1998 年版,第 399 页。

〔2〕 参见 1909、4、17 大民判(民录 15 辑 360 页);1919、3、3(民录 25 辑 364 页)。转引自[日]於保不二雄:《日本民法债权总论》,庄胜荣校订,五南图书出版有限公司 1998 年版,第 399 页。

据为缴回证券,必须交出票据。[1] 所有这些,都符合事理,且简约经济,值得中国法及学说借鉴。

抵销,不要求采取诉讼的方式。当然,如果抵销权人选择以诉讼的方式为抵销,法律也无禁止的必要。日本民法学说认为,裁判时的抵销不仅有诉讼法上的后果,而且也产生私法上的后果。[2] 的确如此,诉讼外主张抵销可发生抵销的效果,举轻以明重,诉讼中主张抵销更应发生抵销的效果。法[2019]254 号第 43 条前段在中国法上首次明确:抵销权既可以通知的方式行使,也可以提出抗辩或者提起反诉的方式行使。当然,由于抵销是抵销权的行使,反诉/反请求才符合其本质要求,就此说来,法[2019]254 号第 43 条关于抵销可以提出抗辩的方式行使的规定,有必要予以反思。

抵销,系处分债权的行为,抵销人,亦称抵销权人,对于债权须有处分权才有权抵销,且应具有相应的行为能力。不过,出质人对其出质的债权虽有处分权,但须经质权人同意方可抵销,不然,就损害了质权人的权益。遗产管理人就遗产的债务可以为抵销。限制行为能力人的法定代理人可以代为抵销。再者,抵销权虽属形成权,尚非专属权,故可为代位权行使的标的。[3] 这符合法理,也衡平了各方的利益,值得中国法及理论界接受。

《民法典》第 568 条第 2 款规定,当事人主张抵销的,应当通知对方。此处所谓对方,应为被动债权的债权人。在债权让与的场合,被动债权的债权人为债权的受让人,抵销的意思表示便应向该受让人为之。被动债权被第三人申请扣押时,抵销的意思表示不但应向被动债权的债权人为通知,而且应向扣押的申请人为之。被动债权的债权人为无行为能力人或限制行为能力人的,抵销的意思表示应送达到其代理人之处。

在抵销方法领域,存在这样的疑问:对于乙的付款请求,甲只是拒绝,从未明示过抵销。到了诉讼中才自称是抵销。这发生抵销的法律后果吗?假如发生,自何时发生?于诉讼程序中的主张时点开始计算?还是溯及既往?拒绝,一般来说,属于抗辩,至于是否为主动进攻性质的抵销,单就此点而言,难做判断。所以,在无其他有利证据证明甲的拒绝诚为抵销之外,此处甲的拒绝不宜被认定为抵销。甲于诉讼中表达了抵销之意,哪怕是声称其此前的拒绝乙的付款请求即为行使抵销权,也应认定为甲在抵销,只不过抵销发生的时间点不宜溯及至甲拒绝付款之时。

当事人对抵销持有异议的,应当及时提出,若在约定的异议期限届满后才提出异议并向人民法院起诉的,人民法院不予支持;当事人没有约定异议期间,在抵销通

---

〔1〕 参见孙森焱:《民法债编总论》(下册),法律出版社 2006 年版,第 914 页。

〔2〕 [日]於保不二雄:《日本民法债权总论》,庄胜荣校订,五南图书出版有限公司 1998 年版,第 399 页。

〔3〕 参见孙森焱:《民法债编总论》(下册),法律出版社 2006 年版,第 913 页。

知到达之日起3个月以后才向人民法院起诉的,人民法院不予支持(法释[2009]5号第24条)。

抵销不得附有条件或期限(《民法典》第568条第2款后段)。因为抵销等单独行为本为确定法律关系而有价值,如允许附加条件,将使法律关系越不确定,易陷相对人于不利,故为保护相对人的利益,原则上应认不许附加条件。唯有两种例外,一是附加条件经过了相对人同意;二是条件的成就与否,纯由相对人决定。[1] 抵销的意思表示不得附有期限,其理由也在于使法律关系尽早确定,以符合抵销乃确定法律关系的本质。

五、抵销的效力

(一)二人互负债务在同等数额内消灭

《民法典》第568条第1款规定:"任何一方可以将自己的债务与对方的到期债务抵销"。法[2019]254号第43条第2句规定:"双方互负的债务在同等数额内消灭。"据此可以推知,抵销使双方的债权按照抵销数额而消灭。之所以如此,是因为从自动债权方面看,不能超过自己的债权额获得满足;从被动债权方面来看,也仅于得获满足的范围,即仅就自动债权额消灭其债权。由此决定,一方的债权额大于对方的债权额时,前者仅消灭一部分债权额,残存的债权仍然存续;后者则全部消灭。

对于此处所谓债务数额,法[2019]254号第43条第3句明确:"双方互负的债务数额,是截至抵销条件成就之时各自负有的包括主债务、利息、违约金、赔偿金等在内的全部债务数额。"

抵销为债权的行使,依据《民法典》第195条第1项的规定,诉讼时效开始中断,就残存的债权,诉讼时效期间应该重新计算,其起算点为残存债权的履行期限届满的次日。

(二)债权溯及抵销条件成就之时消灭

《民法典》第568条第2款中段规定:"通知自到达对方时生效。"这是否意味着两相抵销的债权自抵销通知到达被动债权人之时消灭?本书认为,不宜按照《民法典》第568条第2款中段规定的文义解读,而应区分抵销的生效与债权消灭两个概念,抵销自抵销通知到达对方时生效;但抵销消灭债权的效果溯及自抵销条件成就之时而非抵销通知到达之时,理由如下:

抵销为法律行为,而法律行为的效力原则上不溯及既往,但因当事人在双方的债权具备抵销要件时往往认为可随时抵销,于是常常怠于为抵销的意思表示,所以,仅令抵销的意思表示向将来发生效力,就容易产生不公平的结果。如果令抵销的意思表示溯及最初得为抵销时发生效力,即相互间的债权溯及得为抵销时按照

---

[1] 参见王泽鉴:《民法总则》,北京大学出版社2009年版,第402页。

抵销数额而消灭，结果就比较公平。[1] 所以，法[2019]254 号第 43 条第 2 句规定："抵销的意思表示自到达对方时生效，抵销一经生效，其效力溯及自抵销条件成就之时，双方互负的债务在同等数额内消灭。"所谓自抵销条件成就之时，与某些立法例及学说所谓得为抵销时的含义相同，是指抵销权发生之时。如果双方债权的抵销权发生之时不同，则应以抵销人的抵销权发生时为标准。被抵销人嗣后纵为抵销的意思表示，也不得溯及其抵销权发生时产生抵销效力，因其抵销权已依对方的抵销意思表示归于消灭。[2]

（三）债权溯及抵销条件成就时消灭的具体效果

1. 自抵销条件成就时起，就消灭的债务不再发生支付利息的债务。[3] 二人互负的债务，未必均附有利息债务，即使均附有利息债务，其利率亦未必同一。不过，所有这些，均与抵销的效力无关。若于抵销条件成就后债务人的一方已付利息于另一方，嗣后因抵销而使债的关系消灭，则另一方受领的利息即属不当得利，应负返还利益的义务。[4]

2. 自抵销适状发生之后，一经抵销，债的关系即已消灭，自然不成立债务人迟延责任，如为债务迟延而给付迟延利息，得依不当得利的规定请求返还利益。债务人的违约金债务亦归于消灭。[5]

3. 抵销的溯及效力对于已发生的法律事实不发生影响。因债务人不履行债务而终止合同的，债务人的债务嗣后纵因抵销而不存在，亦不得认为终止权的发生原因溯及地归于消灭，合同仍然有效。[6]

4. 债权的受让人与债务人之间主张抵销时，纵其受让的债权及债务人供抵销的债权，于受让以前均已届清偿期，所谓抵销条件成就亦于债权的让与具备对抗要件时始行发生，尚非以清偿期为准。盖债权让与以前，债权的受让人与债务人之间原未互负债务，自然抵销条件尚未成就，应待债权的让与对于债务人具备对抗要件时，方始发生。[7]

需要注意的是，抵销要在进行抵销的意思表示的当时抵销条件已经成就，如果

---

〔1〕 参见诸葛鲁：《债之抵销》，载《法令月刊》第 19 卷（1）；林诚二：《民法债编总论——体系化解说》，中国人民大学出版社 2003 年版，第 563 页。

〔2〕 参见胡长清：《中国民法债篇总论》（下册），商务印书馆 1948 年版，第 599 页。

〔3〕 参见中华民国最高法院 1929 年上字第 316 号判例；孙森焱：《民法债编总论》（下册），法律出版社 2006 年版，第 915 页。

〔4〕 参见孙森焱：《民法债编总论》（下册），法律出版社 2006 年版，第 915 页；邱聪智：《新订民法债编通则》（下），中国人民大学出版社 2004 年版，第 477～478 页。

〔5〕 参见孙森焱：《民法债编总论》（下册），法律出版社 2006 年版，第 915 页；邱聪智：《新订民法债编通则》（下），中国人民大学出版社 2004 年版，第 478 页。

〔6〕 参见孙森焱：《民法债编总论》（下册），法律出版社 2006 年版，第 916 页。

〔7〕 参见孙森焱：《民法债编总论》（下册），法律出版社 2006 年版，第 916 页。

在适于抵消后又因更改、清偿、解除等原因致使抵销未成就的，那么，抵销的意思表示也就因缺乏其成立要件而不得产生溯及效力。[1]

（四）因清偿地不同的债务为抵销发生的损害赔偿

中国台湾地区"民法"第336条规定，以清偿地不同的债务为抵销的，应赔偿另一方因抵销而发生的损害。其规范意旨表明不能因清偿地不同而谓双方所负债务的给付种类不同，故不妨由一方为有效的抵销，唯为抵销的自动债权人应赔偿另一方因此所产生的损害，以维公平。若依债务本旨，债务人应于清偿地履行债务始能达到合同目的，例如，为建筑房屋而购买钢筋的情形，仍应认为依债的性质不能抵销，因此情形不属于中国台湾地区"民法"第336条调整的范围。[2]

抵销人依中国台湾地区"民法"第336条的规定应负损害赔偿责任，系依法律的规定而发生，既非债务不履行，亦非侵权责任，自不以抵销人的故意或过失为要件。还有，所谓损害固以与抵销有相当因果关系为限，其范围则包括另一方因未能在原清偿地受领给付所受损害，以及未能在原清偿地履行债务所受损害。对第三人负担违约金或迟延利息的债务也属于此类。若另一方因抵销而受损害同时受有利益的，则依损益相抵规则，认定是否受有损害。[3]

六、抵销与有关制度的关联

（一）抵销与债的担保

当下有泛化债的担保的趋势，把凡是有助于债权实现的法律措施都当作债的担保。例如，在民间借贷场合双方又订立商品房买卖合同，认为该商品房买卖合同就是民间借贷合同项下还本付息债务的担保。抵销，可直接实现债权，按照举轻以明重的方法，抵销更属债的担保。但这是值得商榷的。迄今为止，通说一直认为抵销具有债的担保的作用，但不符合债的担保的规格和构成，故其非属债的担保，不适用诸如抵押权、质权、保证、定金等债的担保的法律规定。[4]

（二）抵销与履行抗辩权

实务中，不时见到当事人一方为了对抗另一方的给付请求，援用《民法典》第525条或第526条甚至第527条和第528条的规定，主张履行抗辩权。可是，此类履

---

〔1〕参见1915、2、17大民判（民录21辑115页）；1915、4、1大民判（民录21辑418页）；1921、1、18大民判（民录27辑79页）；1957、3、8最高民判（民录11卷513页）；[日]於保不二雄：《日本民法债权总论》，庄胜荣校订，五南图书出版有限公司1998年版，第400页。

〔2〕参见孙森焱：《民法债编总论》（下册），法律出版社2006年版，第916页；邱聪智：《新订民法债编通则》（下），中国人民大学出版社2004年版，第478页；林诚二：《民法债编总论——体系化解说》，中国人民大学出版社2003年版，第564页。

〔3〕参见孙森焱：《民法债编总论》（下册），法律出版社2006年版，第916页。

〔4〕详细论述，参见崔建远：《"担保"辨——基于担保泛化弊端严重的思考》，载《政治与法律》2015年第12期。

行抗辩权的成立需要两项债务发生于同一合同关系之中，加上诸如两项债务立于对价关系以及其他构成要件，要求十分严格，在两项债务非产生于同一合同关系或虽产生于同一合同关系但并非立于对价关系的情况下，加上裁判者坚持履行抗辩权构成的通说，该当事人一方的履行抗辩便未获支持。可是，如果换个路径，如主张抵销，则能够获得支持。例如，承租人乙欠出租人甲的房租 1 万元人民币，出租人甲索要数次未果，便起诉到某人民法院，承租人乙以出租人甲欠其借款 2 万元至今未还为由，援用《民法典》第 526 条的规定，行使先履行抗辩权。该抗辩因不符合两项债务分属两个合同关系而不成立先履行抗辩权，故未获主审法院的支持。其实，由于甲和乙互负人民币的金钱债务，完全符合抵销的成立要件，承租人乙主张抵销，便可对抗住出租人甲的诉讼请求。

不过，在有些案件中，债务人选择履行抗辩权，特别是对于履行抗辩权采取存在效果说的前提下，如此选择就更为有利，因为此种履行抗辩权的存在尤其是行使时，就使自己暂时不履行债务不构成违约，不但自己不承担违约责任，而且阻却对方当事人享有解除权，保持住于己有利的合同。假如在诉讼中仅以自己享有抵销权为由对抗债权人的诉讼请求，而不主张履行抗辩权，就会因此时方才主张抵销（过于迟延）不足以“抹去”此前的不履行这种违约行为，换言之，依然构成违约，这就难以对抗住债权人关于以债务人已经违约为由而主张解除合同并要债务人承担违约责任的诉讼请求。

（三）抵销与强制执行

甲欠乙 100 万元人民币，于未偿还的背景下，双方签订 A 房买卖合同，甲将其所有的 A 房卖与乙，作价 100 万元人民币，并将 A 房的钥匙交付给乙，但未办理过户登记手续。

此后，甲的另一债权人丙就 A 房申请强制执行，乙予以对抗，提交的证据有 A 房买卖合同、甲出具给乙的以 A 房抵债的承诺文件，援用的法律依据有最高人民法院《关于人民法院办理执行异议和复议案件若干问题的规定》（以下简称法释[2015]10 号）第 28 条关于执行异议的规定，即甲和乙之前成立有 A 房买卖合同、乙持有 A 房的钥匙、以 A 房抵偿 100 万元人民币的欠款意味着乙已向甲付清了房款、A 房尚未过户的原因不在乙一方。丙则以 A 房抵债不符合法释[2015]10 号第 28 条第 3 项规定的“已支付全部价款，或者已按照合同约定支付部分价款且将剩余价款按照人民法院的要求交付执行”为由，反驳乙的执行异议。对此，分析如下：

如果丙不认可甲出具给乙的以 A 房抵债的承诺文件，乙无其他证据证明甲与其之间确实成立了以 A 房抵偿 100 万元人民币欠款的协议，那么，乙有必要利用抵销的手段以满足法释[2015]10 号第 28 条第 3 项规定的“已支付全部价款，或者已按照合同约定支付部分价款且将剩余价款按照人民法院的要求交付执行”这一要件,因为以自己对甲享有的100万元人民币的债权抵销所欠甲的100万元人民币的债务,就等于乙向甲付清了购买A房的全部房款。

诚然,如果确有证据证明甲和乙之间已有以A房抵偿100万元人民币欠款的协议,且甲已将A房的钥匙交付给乙了,那么,这纯属代物清偿,而非A房买卖,换言之,A房买卖合同系虚假的意思表示,按照《民法典》第146条第1款的规定,其为无效,自然不存在乙向甲负有支付A房房款的债务,A房应为甲向乙偿还100万元人民币的替代物。

如此一来,这是否意味着系争案件不符合法释[2015]10号第28条所要求的对抗执行的要件了呢?回答应是否定的,理由如下:首先,从就事论事的角度来看,A房买卖合同与以A房抵债合同具有实质的一致性,无论在哪个合同中都是甲把A房的占有和所有权转移给乙,都是乙把款项支付给甲,其差异仅仅在于,在A房买卖合同中是乙于缔约后的某个时间向甲付清A房的价款,而在以A房抵债合同中是乙于缔约之前已经付清了A房的价款。既然如此,不如死扣法释[2015]10号第28条第1项所谓"在人民法院查封之前已签订合法有效的书面买卖合同"的字眼。其次,从问题的实质层面探究,法释[2015]10号第28条乃建立在这样的理念和思想基础之上:强制执行,执行的是被执行人的财产,当有证据证明执行申请人指向的财产不是被执行人的财产时,就不应强制执行该项财产。在买卖不动产的场合,买受人或债权人已经付清了全部价款,或者已按照合同约定支付部分价款且将剩余价款按照人民法院的要求交付执行,该不动产已被买受人占有,按照商品交换规则,买受人已经取得了该不动产的所有权,只不过在现行法上采取的是登记取得不动产所有权的立法技术罢了。由于商品交换规则的存在和实施,加上强制执行领域非交易领域,因而宜按《民法典》第229~231条的理念行事,而不必墨守《民法典》第214条和第216条第1款的规定。正是在这个意义上,法释[2015]10号第28条是可取的,值得肯定的。

(四)抵销与债权质权的抵触

出质的债权原则上不得抵销,但就第三债务人而言,如于受质权设立的通知之前,已经取得了对于出质人的债权,该第三债务人的抵销权不应因出质人为其债权人设立质权而受妨碍。不但如此,第三债务人于受质权设立的通知时,或其后已届清偿期的,可以对质权人主张抵销。[1]

---

〔1〕 其详细论述,参见崔建远:《关于债权质的思考》,载《法学杂志》2019年第7期。

本节法条6-3

第三节　提　　存

引导案例

[6-2]甲向乙借了1万元,预定年利率为10%,一年到期后还本付息,如果到期未归,按照年利率20%按天计收利息。一年到期时,甲联系不到乙,之前的划款账户也无法成功划款,乙的家人也拒绝接受该还款。如果不还款,利息逐渐增多,但又无法还款,此时,甲应该怎么办?

一、提存概述

(一)提存的类型与概念

提存制度用于清偿、担保、保管等种种目的,所谓提存因之而有清偿提存或为清偿而提存,或者作为代替清偿的提存。[1] 中国现行法设置有存在清偿提存和担保提存。前者由《民法典》第570~574条加以规定,后者则规定在有关制度之中。例如,《民法典》第406条第2款规定,抵押人转让抵押财产的,应当及时通知抵押权人。抵押权人能够证明抵押财产转让可能损害抵押权的,可以请求抵押人将转让所得的价款向抵押权人提前清偿债务或者提存。转让的价款超过债权数额的部分归抵押人所有,不足部分由债务人清偿。而清偿提存则是指由于债权人的原因而无法向其交付合同标的物时,债务人将该标的物交给提存部门而免除其债务的制度。

(二)提存的制度功能

债务的履行往往需要债权人的协助。如果债权人无正当理由而拒绝受领或不能受领,债权人虽然应负担受领迟延责任,但债务人的债务却并不因此而消灭。于此场合,债务人仍应随时准备履行,为债务履行提供的担保也不能消灭,显失公平。为解决这一问题,法律设置提存制度十分必要。《民法典》把提存作为合同的权利义务终止的原因。

(三)提存的法律性质

关于提存的法律性质或法律理论构成,意见极为分歧。在中国,有学说认为,提存涉及三方当事人,即提存人(债务人)、提存部门和债权人,因而发生提存人与提

---

〔1〕 参见[日]於保不二雄:《日本民法债权总论》,庄胜荣校订,五南图书出版有限公司1998年版,第381页。

存部门、提存部门与债权人、提存人与债权人的三方法律关系。就提存人与债权人之间的关系而言，为私法上的法律关系，且提存的目的也在于消灭既存于债务人与债权人之间的债的关系，因而提存具有私法关系的因素。但是，提存部门为国家所设机关，接受提存标的物并为保管以及将提存物发还债权人，系公法上的义务，而且债权人与提存人之间的法律关系，系以提存部门的行为为中介，始生消灭效果，故提存又具有公法上的法律关系的因素。这两种法律关系在提存中因当事人之间的不同关系而分别存在，提存人与债权人的关系为私法关系，他们与提存部门的关系为公法关系。[1] 此处所谓私法上的法律关系，再具体些，就是私法上的保管合同，并具有第三人利益合同的性质。

二、提存的原因

1. 债权人迟延受领，指债权人无正当理由未按清偿期受领或拒绝受领。对此，《民法典》第570条第1款第1项使用的术语是“债权人无正当理由拒绝受领”，《提存公证规则》（司法部令第38号）第5条第1项的表述为“债权人无正当理由拒绝或延迟受领债之标的”。

构成该提存原因，必须是债务人现实地提出了给付，个别情况下是以言词提出给付。如果债务人未提出给付，则不构成提存原因。

债权人迟延受领，使债务人无法履行，为保护其合法权益，尽早摆脱不合理的拘束，《民法典》允许债务人提存（第570条第1款第1项）。因此，本书不赞同日本民法学说关于“提存原因与受领迟延没有任何关系”“没有必要将提存作为受领迟延的后果”的看法。

2. 债权人下落不明，包括债权人不清、地址不详，债权人失踪又无代管人等情况。此处下落不明的程度，较《民法典》在宣告失踪和宣告死亡制度中的要求为宽松（第40条、第46条）。

债权人下落不明使债务人无法履行，即使履行也达不到合同目的，故《民法典》允许债务人提存，以保护其合法权益（第570条第1款第2项）。

3. 债权人死亡未确定继承人、遗产管理人，或者丧失民事行为能力未确定监护人。在此情况下，债务人失去给付受领人，或者即使履行也达不到合同目的，为使债务人从这一困境中解脱出来，《民法典》允许提存（第570条第1款第3项）。

4. 法律规定的其他情形。《民法典》第406条第2款规定，抵押人转让抵押财产的，应当及时通知抵押权人。抵押权人能够证明抵押财产转让可能损害抵押权的，可以请求抵押人将转让所得的价款向抵押权人提前清偿债务或者提存。转让的价款超过债权数额的部分归抵押人所有，不足部分由债务人清偿。《提存公证规则》

---

〔1〕 参见王家福主编：《中国民法学·民法债权》，法律出版社1991年版，第208～209页。

第5条第2项规定，债权人不在债务履行地又不能到履行地受领，债务人可以申请提存。

当然，这是为实现担保目的所为的提存，即担保提存，与清偿提存即直接为清偿债务而实施的提存不同。

三、提存的主体

提存的主体，又称提存的当事人，包括提存人，债权人或其继承人、遗产管理人、监护人、财产代管人（提存受领人），提存部门。单就提存的私法关系而言，提存是代替清偿的为第三人利益的保管合同。保管合同的当事人为提存人与提存部门，而债权人并非合同当事人，只不过第三人约款后果的当事人。

（一）提存人

提存人，又称清偿人，是指为履行清偿义务或担保义务而向提存部门申请提存的人。凡得为清偿之人均可为提存，故提存人虽然多为债务人，但不以债务人为限，凡第三人得为有效的清偿者，均可提存给付物。[1] 因为提存是一种法律行为，所以需要提存人在提存时具有行为能力，并且此时所为的提存意思表示必须真实。

（二）债权人（提存受领人）

债权人，又称提存受领人，是指提存之债的债权人或其继承人、遗产管理人、监护人、财产代管人。提存系清偿人为债权人而将给付物寄存于提存部门，债权人可以随时受取提存物。债权人可以受取提存物系依法律规定发生的效果，而非基于当事人之间的约定。[2]

（三）提存部门

提存部门，在一些国家和地区的法制上为提存所，[3] 在中国，《提存公证规则》规定为公证处（第2条），债务履行地的公证处办理提存公证（第4条第1款）。公证处应当指定银行设立提存账户，并备置保管有价证券、贵重物品的专用设备或租赁银行的保险箱（《提存公证规则》第8条）。

四、提存的标的物

提存的标的物，简称为提存物，是指清偿人依约定应当向提存部门交付的标的物。提存物应为符合债务本旨的给付物，因此债务人为提存时，不得以与合同内容不相符的标的物交付提存部门。换言之，提存物必须与合同标的物相符。否则，就是违约，而非提存。《提存公证规则》规定，提存物与合同标的物不符或在提存时难

---

〔1〕 参见孙森焱：《民法债编总论》（下册），法律出版社2006年版，第890页。

〔2〕 参见孙森焱：《民法债编总论》（下册），法律出版社2006年版，第890页。

〔3〕 参见［日］於保不二雄：《日本民法债权总论》，庄胜荣校订，五南图书出版有限公司1998年版，第385页；孙森焱：《民法债编总论》（下册），法律出版社2006年版，第890页。

以判明两者是否相符的，提存部门应告知提存人，如提存受领人因此原因拒绝受领提存物，则不能产生提存的效力。提存人仍要求提存的，公证处可以办理提存公证，并记载上述情况（第13条第2款）。

提存物，以适于提存者为限。适于提存的标的物，包括货币；有价证券、票据、提单、权利证书；贵重物品；担保物（金）或其替代物；其他适于提存的标的物（《提存公证规则》第7条）。

标的物不适于提存或提存费用过高的，债务人依法可以拍卖或变卖标的物，提存所得的价款（《民法典》第570条第2款）。所谓不适于提存的标的物，例如，水果、生鲜食品、爆裂物、化学品、药品等容易毁损、灭失的物品。所谓提存费用过高的标的物，例如，需要特殊设备或人工照顾的动物等。[1]

提存物原则上为提存全部标的物，仅提存一部分并不能免于与其部分相当的债务。[2]

五、提存的方法

提存人应在交付提存物的同时，提交提存申请书。提存申请书上应载明提存人的姓名（名称）、提存物的名称、种类、数量以及债权人的姓名、住址等基本内容。此外，提存人应提交债务证据，以证明其所提存之物确系所负债务的标的物；提存人还应提交债权人受领迟延或下落不明等致使债务人无法履行的证据。如有法院或仲裁机构的裁决书，也应一并提出。其目的在于证明其债务已符合提存要件，以便提存部门判定是否准予提存。

提存部门应当在收到申请之日起3日内作出受理或不予受理的决定。不予受理的，公证处应当告知申请人对不予受理不服的复议程序（《提存公证规则》第10条第2款）。提存部门通过审查确定提存人具有行为能力，意思表示真实，提存之债真实、合法（《提存公证规则》第13条第1款）。具备提存的原因，提存物与合同标的物相符，符合管辖规则时，应当准予提存。提存部门应当验收提存标的物并登记存档。对不能提交提存部门的标的物，提存部门应当派人到现场实地验收。验收时，提存申请人（或其代理人）应当在场，提存部门的工作人员应制作验收笔录。验收笔录应当记录验收的时间、地点、方式、参加人员，物品的数量、种类、规格、价值以及存放地点、保管环境等内容。验收笔录应当交提存人核对。提存部门的工作人员、提存人等有关人员应当在验收笔录上签字。对难以验收的提存标的物，提存部

---

〔1〕 参见孙森焱：《民法债编总论》（下册），法律出版社2006年版，第891页；黄立：《民法债编总论》，中国政法大学出版社2002年版，第698～699页。

〔2〕 参见1912、12、16大民判（民录17辑808页）；1937、8、10大民判（民集16卷1344页）。转引自［日］於保不二雄：《日本民法债权总论》，庄胜荣校订，五南图书出版有限公司1998年版，第385页。

门可予以保全证据，并在笔录和证书中注明。对经验收的提存物应采用封存、委托代管等必要的保管措施。对易腐烂易燃易爆等物品，提存部门应在保全证据后，由债务人拍卖或变卖，提存其价款(《提存公证规则》第14条)。

提存人应将提存事实通知债权人或者债权人的继承人、遗产管理人、监护人、财产代管人(《民法典》第572条)。以清偿为目的的提存或提存人通知有困难的，提存部门应在适当时间内以书面形式通知提存受领人，告知其领取提存物的时间、期限、地点和方法。提存受领人不清或下落不明、地址不详无法送达通知的，提存部门应当以适时公告的方式通知。公告应刊登在国家或债权人在国内住所地的有关报刊上(参见《提存公证规则》第18条)。

六、提存的效力

关于提存的效力，应分提存人(清偿人)与提存受领人(债权人)之间、提存人(清偿人)与提存部门之间和提存受领人(债权人)与提存部门之间的效力三个方面。

(一)提存人与提存部门之间的效力

1. 在符合提存条件的情况下，提存人有权请求提存部门办理提存业务，提存部门有义务予以提存。

2. 提存货币的，以现金、支票交付提存部门的日期或提存款划入提存账户的日期，为提存日期。提存物需要验收的，以提存部门验收合格的日期为提存日期。提存的有价证券、提单、权利证书或无须验收的物品，以实际交付提存部门的日期为提存日期(参见《提存公证规则》第16条)。

3. 提存部门保管提存物。提存物可分货币、有价证券、贵重物品以及其他物品，其保管方法各有不同。(1)货币的保管由提存部门指定的金融机构具体实施。提存的货币产生利息。(2)有价证券和贵重物品仍由提存部门指定的金融机构具体实施。其中的有价证券产生的利息或红利，有价证券的偿还金，提存部门因利害关系人的请求，应代为受取，以代替提存物或连同保管之。提存物为贵重物品时，应邀请专家鉴定其是否无危险性且适于提存。其无危险性且适于提存的，当场会同密封。[1] (3)其他物品由提存部门指定相应的场所(如仓库)予以保管。保管人有权对于有受取提存物权利之人可以请求交付保管费用，但不得超过通常因保管所应收取的数额。

4. 提存物的取回。提存是以保护清偿人为目的的制度，只要对于债权人或第三人没有不合适、不利益，就允许提存人取回提存物。[2] 提存物的取回仅能适用于对

---

〔1〕 参见孙森焱：《民法债编总论》(下册)，法律出版社2006年版，第893～894页。

〔2〕 参见[日]於保不二雄：《日本民法债权总论》，庄胜荣校订，五南图书出版有限公司1998年版，第389页。

债权人或第三人没有不当的情形。在以提存消灭质权或抵押权的情况下，自始就不允许取回。另外，在债权人受领提存时，或判决确立提存有效时，也不允许取回[1]。一般认为，在提存人放弃取回权也不得再取回。在对提存部门的关系上，取回具有保管合同解除的性质。[2]

提存人可以凭人民法院生效的判决、裁定或提存之债已经清偿的公证证明取回提存物。提存受领人以书面形式向公证处表示抛弃提存受领权的，提存人得取回提存物。提存人取回提存物的，视为未提存。因此产生的费用由提存人承担。提存人未支付提存费用前，提存部门有权留置价值相当的提存标的（《提存公证规则》第26条）。

所谓提存人取回提存物的，视为未提存，意味着债务视为未消灭。于此场合，共同债务人或保证人的债务有何变化？《法国民法典》规定共同债务人或保证人不能免责（第1261条），而日本民法仅仅在消灭质权或抵押权的情况下不允许取回，由于共同债务人或保证人应与债务人共负其责，所以，因提存物的取回既不能免责，也不能说受到不正当或不利益。[3] 在中国现行法上，共同债务人与清偿人共负其责，保证债务从属于债务人的债务，既然取回提存物意味着债务未消灭，那么，就该债务共负其责的共同债务人不应免责，从属于该债务的保证债务亦无消灭的理由，除非具备了自己消灭的原因。

此外，提存物可因另外的原因而取回：（1）提存因出于错误而为提存的，应提出确凿的证据，申请返还提存物。（2）提存原因已经消灭，可申请返还提存物。例如，提存人于提存后，合同解除，使提存原因消灭。（3）受取权人同意返还的，提存人可以取回提存物。例如，债权人于提存后与债务人成立和解，同意由债务人申请返还提存物。[4] 所有这些，都符合事理，值得重视。

（二）提存受领人与提存部门之间的效力

提存受领人因提存而对提存部门或提存部门指定的保管人取得提存物受领请求权。该请求权取代原有的给付请求权，其性质及范围应与原有的给付请求权相同。提存受领人可以随时行使提存物受领请求权，即可以领取提存物。但是，在对原有的给付请求权附有履行请求权的情况下，在债务人应于债权人给付后才清偿

---

〔1〕 参见1965、11、25最高民判（民集19卷2040页）；[日]於保不二雄：《日本民法债权总论》，庄胜荣校订，五南图书出版有限公司1998年版，第389页。

〔2〕 参见[日]於保不二雄：《日本民法债权总论》，庄胜荣校订，五南图书出版有限公司1998年版，第389页。

〔3〕 参见[日]於保不二雄：《日本民法债权总论》，庄胜荣校订，五南图书出版有限公司1998年版，第390页。

〔4〕 参见孙森焱：《民法债编总论》（下册），法律出版社2006年版，第894页。

的情况下，债权人如不进行自己的给付，就不能受取提存物。[1] 在这方面，《民法典》规定，提存受领人对债务人负有到期债务的，在提存受领人未履行债务或提供担保之前，提存部门根据提存人的要求应当拒绝其领取提存物（第740条第1款后段）。与此相反，在债权人没有对待给付和需要履行其他条件而应直接受领的权利时，债务人即使以债权人某一行为为履行条件而提存时，只要债权人不予承诺，其提存就归于无效。[2]

提存受领人领取提存标的物时，应提供身份证明、提存通知书或公告，以及有关债权的证明，并承担因提存所支出的费用，除非当事人另有约定。提存受领人（债权人）负有对待给付义务的，应提供履行对待给付义务的证明。委托他人代领的，还应提供有效的授权委托书。由其继承人领取的，应当提交继承公证书或其他有效的法律文书（《提存公证规则》第23条第2款）。

债权人领取提存物的权利，自提存之日起5年内不行使而消灭，提存物扣除提存费用后归国家所有。但是，债权人未履行对债务人的到期债务，或者债权人向提存部门书面表示放弃领取提存物权利的，债务人负担提存费用后，有权取回提存物（《民法典》第574条第2款）。

提存期间，提存标的物毁损灭失的风险由提存受领人负担（《民法典》第573条前段、《提存公证规则》第27条第2款前段）。

提存部门有保管提存标的物的权利和义务。提存部门应当采取适当的方法妥善保管提存标的物，以防毁损、变质或灭失。因提存部门过错造成毁损、灭失的，提存部门负有赔偿责任（《提存公证规则》第27条第2款）。

对不宜保存的，提存受领人到期不领取或超过保管期限的提存物品，提存部门可以拍卖，保存其价款。下列物品的保管期限为6个月：(1)不适于长期保管或长期保管将损害价值的；(2)6个月的保管费用超过物品价值5%的（《提存公证规则》第19条、第20条）。

提存期间，标的物的孳息归债权人所有（《民法典》第573条中段）。提存的存款单、有价证券、奖券需要领息、承兑、领奖的，提存部门应当代为承兑或领取，所获得的本金和孳息在不改变用途的前提下，按不损害提存受领人利益的原则处理。无法按原用途使用的，应以货币形式存入提存账户。定期存款到期的，原则上按原来期限将本金和利息一并转存。股息红利除用于支付有关的费用外，剩余部分应当存入提存专用账户（《提存公证规则》第22条第2款、第3款）。

除当事人另有约定外，提存费用由债权人（提存受领人）承担（《民法典》第573

---

〔1〕 参见1943、9、29大民判（民集22卷983页）；[日]於保不二雄：《日本民法债权总论》，庄胜荣校订，五南图书出版有限公司1998年版，第388页。

〔2〕 参见[日]於保不二雄：《日本民法债权总论》，庄胜荣校订，五南图书出版有限公司1998年版，第388页。

条后段)。提存费用包括:提存公证费、公告费、邮电费、保管费、评估鉴定费、代管费、拍卖变卖费、保险费,以及为保管、处理、运输提存标的物所支出的其他费用。提存受领人(债权人)未支付提存费用前,提存部门有权留置价值相当的提存标的物(《提存公证规则》第25条第2款、第3款)。

提存部门不得挪用提存标的物,提存部门及其工作人员挪用提存标的物,除应负担相应的责任外,对直接责任人员要追究行政或刑事责任(参见《提存公证规则》第27条第1款)。

提存部门未按法定或当事人约定条件给付提存标的给当事人造成损失的,提存部门负有连带赔偿责任(《提存公证规则》第27条第4款)。

符合法定或当事人约定的给付条件,提存部门拒绝给付的,由其主管的司法行政机关责令限期给付;给当事人造成损失的,提存部门负有赔偿责任(《提存公证规则》第28条第1款)。

(三)提存人与提存受领人之间的效力

提存的后果与清偿同样消灭债务。但是,因为提存后仍允许取回提存物,提存自身尚非终局性的,所以,在取回权存续期间,提存的效力实质上处于不确定的状态。对此,德国普通法一般持解除条件说,而《德国民法典》采用停止条件说;[1]提存物的取回被排除的,债务人因提存而免除其债务,恰如其在提存时已向债权人履行给付一样(第378条)。在这个意义上,提存是一种履行替代。[2] 提存物的取回未被排除的,债务人可以提醒债权人从提存物中受清偿(第379条第1项);债务人取回提存物的,提存视为未发生(第379条第3项)。在对提存受领人的关系上,取回是有关第三人约款的特殊撤销方式。在日本,解除条件说为通说,近年来停止条件说较为流行。[3] 比较而言,《提存公证规则》第17条后段关于"提存之债从提存之日即告清偿"的规定,采取提存一经实施就确定地消灭债务的模式,这忽略了提存人取回权及其可能行使的因素,不够妥当,应借鉴提存物取回被排除时提存始消灭债务的规则。不过,一经提存,提存受领人就无权请求提存人另行清偿,倒有其道理。

提存金钱或其他消费物时,由消费保管或不规则保管和提存物的性质决定,提存物的所有权即归属于提存部门,提存受领人从提存所受与之同种类、同等级、同数量的物件时,提存受领人即取得该物的所有权。而提存特定物时则与之相反,提

〔1〕 参见[日]於保不二雄:《日本民法债权总论》,庄胜荣校订,五南图书出版有限公司1998年版,第387页。

〔2〕 参见[德]迪尔克·罗歇尔德斯:《德国债法总论》(第7版),沈小军、张金海译,沈小军校,中国人民大学出版社2014年版,第153页。

〔3〕 参见[日]於保不二雄:《日本民法债权总论》,庄胜荣校订,五南图书出版有限公司1998年版,第389页。

存部门并不取得标的物的所有权，提存物的所有权由提存人直接转移于提存受领人。[1] 于此场合，可把提存部门看作提存受领人的履行辅助人，提存物为动产时，依《物权法》第 23 条关于交付为所有权转移的生效要件的规定，提存物所有权转移的时间为提存部门占有该物之时。

提存物在提存期间所产生的孳息归提存受领人（债权人）所有（《民法典》第 573 条中段）。提存人取回提存物的，孳息归提存人所有（《提存公证规则》第 22 条第 1 款）。

提存的标的物的收益，除用于维护费用之外，剩余部分应当存入提存账户（《提存公证规则》第 22 条第 4 款）。

本节法条6-4

第四节 免　　除

引导案例

[6－3] 甲于 2015 年 7 月 20 日，向某金融机构贷款 100 万元，贷款利率为 10%，贷款期限为一年，贷款到期后一次性还本付息。2016 年贷款到期后，甲经营状况出现严重问题，无法偿还贷款。经沟通，该金融机构同意，如果甲于 2016 年 12 月 31 日前偿还本金 100 万元和 5 万元利息，则剩余的利息无须再支付，也无须再承担违约责任。请分析该金融机构的行为属于何种性质行为？如果甲于 2016 年 12 月 31 日前向金融机构支付了 105 万元，甲与该金融机构之间的债权债务关系是否消灭？如果甲未按时支付 105 万元，该金融机构可否要求甲按照原来贷款协议的约定承担违约责任？

一、免除概述

免除，是指债权人抛弃债权的行为。

制度比较｜免除的法律性质

免除为债的消灭原因，为各国民法所承认，但对其法律性质的揭示，却有分歧。《德国民法典》第 397 条等法律认为免除为契约，理由有三：(1)债系债权人和债务人之间特定的法律关系，债务为相对的义务，不应忽视债务人的意思。如

〔1〕 参见［日］於保不二雄：《日本民法债权总论》，庄胜荣校订，五南图书出版有限公司 1998 年版，第 387～388 页；孙森焱：《民法债编总论》（下册），法律出版社 2006 年版，第 897 页。

果承认仅以债权人的单方行为即发生债之关系消灭的效果，恰恰是对债务人意思的漠视。(2)债权人免除债务人的债务，系一种恩惠的表现。但恩惠不得强加于人。如果债务人不欲接受这种恩惠，却反其意而免除其债务，显然有害于债务人人格的独立性。(3)债权人免除债务人的债务，必有其一定的动机或目的，因而不能断定债权人的免除一定不会有损于债务人的利益。为避免债权人滥用权利，保护债务人的合法权益，应对债权人免除债务的方法和效力有所限制，免除须征得债务人的同意即为其表现。[1] 反对说则认为，债务人被免除债务，不过是债权人抛弃债权的间接结果，债务人既因此而受利益，就没有征得其同意的必要。并且，如果免除必须征得债务人的同意，那么在债务人不同意时就会发生债权人不得抛弃其债权的结果，这显然违反事理。[2] 鉴于此，《奥地利民法典》第 1444 条、《日本民法典》第 519 条和中国台湾地区"民法"第 343 条采取免除为单独行为说。中国《民法典》规定，债权人免除债务人部分或者全部债务的，债权债务部分或者全部终止，但是债务人在合理期限内拒绝的除外(第 575 条)。"债务人在合理期限内拒绝"是《民法典》新增的规定。依据该规定，债务人的意思也会影响免除行为的效果。但何为"合理期限"值得探讨。

(一)免除的特征

1. 免除为无因行为。免除仅依债权人表示免除债务的意思而发生效力，其原因如何，在所不问。所以，免除为无因行为。

2. 免除为非要式行为。免除的意思表示不需特定方式，无论以书面或言词为之，或者以明示或默示为之，均无不可。所以，免除为非要式行为。

3. 免除具有无偿性。虽然免除的原因行为可以是有偿也可以是无偿，如有的为赠与，有的为对待给付，也有的为和解，但免除本身则是无偿的。即使为使债权人免除债务而约定对待给付，也不因此而使免除具有有偿性。

(二)免除需要债权人具有处分该债权的能力

免除为债权人处分债权的行为，因而需要债权人具有处分该债权的能力。无行为能力人或限制行为能力人不得为免除行为，应由其法定代理人代为免除或征得其同意。债权人若丧失处分权时，如受破产宣告，或其债权被法院裁定扣押，或为质权的标的，债权人均不得任意免除。[3]

---

[1] 参见胡长清：《中国民法债篇总论》(下册)，商务印书馆 1947 年版，第 602 页；孙森焱：《民法债编总论》(下册)，三民书局 1997 年版，第 845 页；史尚宽：《债法总论》，荣泰印书馆股份有限公司 1978 年版，第 829 页。

[2] 参见胡长清：《中国民法债篇总论》(下册)，商务印书馆 1947 年版，第 603 页。

[3] 参见黄立：《民法债编总论》，中国政法大学出版社 2002 年版，第 721 页。

二、免除的方法

免除应由债权人向债务人以意思表示为之。向第三人为免除的意思表示，不发生免除的法律效力。

免除的意思表示构成法律行为。因此，《民法典》关于法律行为的规定适用于免除。免除得由债权人的代理人为之。

免除为单独行为，自向债务人或其代理人表示后，即产生债务消灭的效果。因而，一旦债权人作出免除的意思表示，即不得撤回。但债务人在合理期限内拒绝的，不发生债务消灭的效果。

关于免除是否可以附条件或期限，存在争议。在中国台湾地区，免除为单独行为，通说认为，免除可以附停止条件、始期。

事例　债务人于1年内结婚，借款不须返还，为附停止条件的免除。如果约定债务于1个月后免除，则为附始期的免除。[1]

三、免除的效力

免除发生债务绝对消灭的效力。因免除使债权消灭，故债权的从权利，如利息债权、担保权等，也同时归于消灭。仅免除部分债务，债务仅部分终止（《民法典》第575条）。

免除的客体为具体的债务，仅就各个债务成立免除。债的关系中若存在两个对立的债务的，只有将它们逐一免除时，才发生全部免除的效力，即债的关系消灭的效果。

将来之债的免除，可以视为附停止条件之债的免除，应该承认。只是不得抛弃的请求权的免除，不发生免除的效力。例如，法定抚养请求权的债权人，不得免除债务人将来的债务。[2]

免除不得损害第三人的合法权益。例如，已就债权设定质权的债权人不得免除债务人的债务，而以之对抗质权人。

保证债务的免除不影响被担保债务的存在，被担保债务的免除则使保证债务消灭。这是由主从关系所决定的。

在债务被全部免除的情况下，有债权证书的，债务人可以请求返还债权证书。

---

〔1〕 参见黄立：《民法债编总论》，中国政法大学出版社2002年版，第722页。

〔2〕 参见黄立：《民法债编总论》，中国政法大学出版社2002年版，第722页。

本节法条6–5

第五节　混　　同

引导案例

[6 – 4] 甲公司欠乙公司货款 1000 万元，由于公司发展和战略调整的需要，乙公司收购了甲公司。此种情形下，乙公司 1000 万元的债权是否消灭？消灭的原因是什么？

一、混同概述

混同，是指债权和债务同归一人，原则上致使债权债务关系消灭的事实（《民法典》第 576 条）。债权人和债务人系立于对立状态，法律乃在于规范此类对立的主体之间的财产关系，债权因混同而消灭，并非逻辑的必然，仅仅是在通常情况下，处于这种状态下的债权继续存续，已经没有法律上的需要，法律规定它因混同而消灭，效果更佳。[1]

广义的混同，是指不能并立的两种法律关系同归于一人而使其权利义务归于消灭的现象。它包括以下几种情形：(1) 所有权和他物权同归一人；(2) 债权和债务同归一人；(3) 主债务和保证债务同归一人。它们虽有共性，但又各具特殊性，应分别考察。在第一种类型中，他物权的存续，于所有权人或第三人有法律上的利益时，不因混同而消灭。所有人抵押为其著例。另外，在该类型中，混同的原因在于弱权利被强权利所吸收。在第三种类型中，混同的规则是弱义务被强义务所吸收。[2] 本节仅讨论第二种类型。

二、混同的成立

债权债务的混同，由债权或债务的承受而产生。其承受包括概括承受与特定承受两种（见图 6 – 3）。

---

〔1〕 参见黄立：《民法债编总论》，中国政法大学出版社 2002 年版，第 723 页。
〔2〕 参见黄立：《民法债编总论》，中国政法大学出版社 2002 年版，第 723 页。

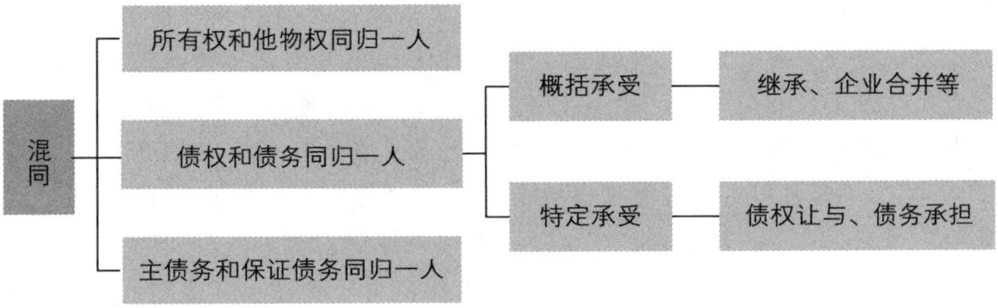

图 6－3　混同的类型

概括承受是发生混同的主要原因，如债权人继承债务人的财产、债务人继承债权人的财产、企业合并、营业的概括承受等。在企业合并场合，合并前的两个企业之间有债权债务时，企业合并后，债权债务因同归一个企业而消灭。

特定承受，系指债务人由债权人受让债权，或者债权人承担债务人的债务时，因而发生的混同。

三、混同的效力

概括承受使合同关系及其他债之关系绝对地消灭。在特定承受的情况下，狭义债的关系消灭，未让与的债权和与之相对应的债务继续存在，未转让的债务和与之相对应的债权亦然。债权的消灭，也使从权利如利息债权、违约金债权、担保权等归于消灭。

债权系他人权利的标的时，从保护第三人的合法权益出发，债权不消灭。例如，债权为他人质权的标的，为了保护质权人的利益，不使债权因混同而消灭。因为质权人对于第三债务人有直接收取权，尤其在入质债权附有担保权时，质权人就债权的继续存在享有更大的利益。《民法典》规定，混同损害第三人利益的，债权债务不终止（第 576 条）。

法律为贯彻债权的流通性，可以设有例外规定，在债权债务归于一人时，不发生混同的效力。例如，票据法为促进票据的流转，规定票据债权人、债务人为一人的，债不消灭，票据在到期前仍可以转让。

■ 案例研习 | 天圣制药集团股份有限公司与海南国栋药物研究所有限公司、海南欣安生物制药有限公司技术转让合同纠纷申请再审案〔1〕

□ 基本案情

天圣公司（甲方）与国栋公司（乙方）达成《新药技术转让合同》，合同内容如下：

〔1〕 案例来源：北大法宝，案号：（2012）民申字第 1542 号民事判决书。

本合同乙方拥有二甲双胍格列吡嗪片新药证书和生产批件实际所有权(乙方与生产批件持有者有协议,可将生产批件转让),甲方受让该药品新药证书和生产批件并支付相应的转让价款。合同就转让标的、转让价款及其支付方式、双方责任进行了详细约定。中国招商银行结算业务委托书记载,2008年2月2日,天圣公司通过招商银行重庆分行南岸支行向国栋公司支付了40.8万元的款项。之后一直没有再支付任何款项。期间双方针对调整合同价款有过进一步沟通。在国栋公司和天圣公司签订本案新药技术转让合同之前,双方还签订了如下六份合同。基于上述六份合同,天圣公司向国栋公司共计付款62万元。2012年10月16日,天圣公司向国栋公司发出《解除合同的通知》,要求解除上述六份技术转让合同,国栋公司返还天圣公司基于上述六份合同已经支付的转让费62万元,并要求国栋公司承担38万元的违约金。2013年1月18日,天圣公司向重庆市第三中级人民法院提起诉讼。该案经历了一审、二审和再审。在听证过程中,天圣公司和国栋公司均认可,在重庆长龙实业集团有限公司向国栋公司发出《关于二甲基双胍格列吡嗪转让函》之前,双方对上述六份合同是否继续履行或者解除未进行过协商。

□ 法院裁判要点

最高人民法院再审时认为,结合再审申请人的申请再审理由、被申请人答辩及本案案情,本案在再审审查过程中的争议焦点之一是,天圣公司是否履行了本案技术转让合同的主要付款义务。天圣公司主张其已经履行了本案合同的主要付款义务的理由之一是,在天圣公司与国栋公司签订的其他六份技术转让合同中,由于国栋公司未能履行合同,应退还天圣公司首付款共计62万元,该笔款项与天圣公司在本案中应付转让款构成抵销。

对于是否构成抵销,法院分析如下:

1. 国栋公司在其他六份合同中是否对天圣公司负有返还技术转让费首付款的债务?

根据本院查明的事实,国栋公司和天圣公司就其他技术项目签订的六份合同中,国栋公司均为技术转让方,负有转让相关技术的义务,天圣公司均为技术受让方,负有支付技术转让费的义务。基于该六份合同,天圣公司向国栋公司共计支付技术转让费首付款62万元。对于上述六份合同,天圣公司股东重庆长龙实业集团有限公司在2009年4月8日向国栋公司发出的《关于二甲基双胍格列吡嗪转让函》中,提出将该六份合同的技术转让费首付款转用于本案技术合同转让费。在此之前,双方当事人对上述六份合同是否继续履行或者解除未进行过任何协商。

因此,在天圣公司股东重庆长龙实业集团有限公司向国栋公司发出的《关于二甲基双胍格列吡嗪转让函》之前,双方当事人之间的上述六份技术转让合同仍然有效,并未发生变更或者解除。根据上述六份技术转让合同,天圣公司对国栋公司负有支付技术转让费的债务,国栋公司对天圣公司负有转让相关技术的义务。国栋公司在上述六份合同中是否对天圣公司负有返还技术转让费首付款的债务,尚属不确定的事实。2012 年 10 月 16 日,天圣公司向国栋公司发出《解除合同的通知》,要求解除上述六份技术转让合同并要求国栋公司返还转让费 62 万元。并于 2013 年并向法院提起诉讼,提出同样的诉讼请求。上述事实亦进一步佐证,国栋公司在上述六份合同中是否对天圣公司负有返还技术转让费首付款的债务尚未确定。

2. 国栋公司在其他六份合同中对天圣公司负有的返还首付款的债务与天圣公司在本案技术转让合同中对国栋公司负有的支付技术转让费的债务是否构成抵销?

合同法上的抵销有两种类型:法定抵销和合意抵销。根据《合同法》第 99 条的规定,法定抵销需要满足以下条件:当事人互负到期债务;双方债务的标的物种类、品质相同;不属于依照法律规定或者按照合同性质不得抵销的情形。前文分析表明,国栋公司在其他六份合同中是否对天圣公司负有返还技术转让费首付款的债务,尚属不确定的事实,更谈不到该债务已经到期。因此,该债务不符合法定抵销中债务需确定且到期的要件,无法与天圣公司在本案技术转让合同中对国栋公司负有的支付转让费的债务构成法定抵销。

根据《合同法》第 100 条的规定,合意抵销需要满足以下条件:当事人互负债务;双方协商一致。本案中,天圣公司亦未提供有效证据证明,国栋公司在收到《关于二甲基双胍格列吡嗪转让函》后同意将基于上述六份技术转让合同取得的首付款抵作本案技术合同转让费。因此,天圣公司与国栋公司并未就上述债务进行抵销协商一致,没有达成合意,不能成立合意抵销。

可见,国栋公司在其他六份合同中对天圣公司负有的返还首付款的债务与天圣公司在本案技术转让合同中对国栋公司负有的支付技术转让费的债务不能构成抵销。天圣公司关于债务抵销的相关主张不能成立。

□ **评析**

该案的核心之一是一方当事人主张抵销是否可以成立?是否成立抵销要分别看是否满足法定抵销和合意抵销的构成要件。法定抵销主要是《合同法》第 99 条进行了规定,本章第二节对于抵销进行了论述。该案中天圣公司的债权是否存在都是不确定的事实,已经也无从判断是否到期,能否进行抵销的问题。因此,法院认定天圣公司关于债权抵销的主张不能成立,其基于抵销的己方已经履行主要债务的主张自然无法成立。

延伸阅读

□ 关于清偿

史秀永、武大喜:《多笔借款的清偿抵充顺序》,载《人民司法》2018 年第 17 期。

肖俊:《代物清偿中的合意基础与清偿效果研究》,载《中外法学》2015 年第 1 期。

冉克平:《民法典编纂视野中的第三人清偿制度》,载《法商研究》2015 年第 2 期。

房绍坤:《论新债清偿》,载《广东社会科学》2014 年第 5 期。

王轶:《代为清偿制度论纲》,载《法学评论》1995 年第 1 期。

□ 关于抵销

张保华:《抵销抗辩中的关联性与确定性:实体法与程序法交织的视角》,载《法律适用》2020 年第 9 期。

崔建远:《论中国民法典上的抵销》;载《国家检察官学院学报》2020 年第 4 期。

申海恩:《论抵销适状》,载《东南大学学报(哲学社会科学版)》2020 年第 4 期。

廖中洪、蒋陆军:《执行抵销若干适用问题研究》,载《西南政法大学学报》2017 年 2 期。

许德风:《破产视角下的抵销》,载《法学研究》2015 年第 2 期。

汤文平:《论合同解除、债权抵销之异议——〈《合同法》解释(二)〉第 24 条评注》,载《东方法学》2011 年第 2 期。

黄勤武:《超过诉讼时效的债权可以行使抵销权》,载《人民司法》2011 年第 4 期。

施建辉:《第三人代为清偿研究——兼论预备债务抵销抗辩》,载《法学评论》2007 年第 6 期。

耿林:《诉讼上抵销的性质》,载《清华大学学报(哲学社会科学版)》2004 年第 3 期。

□ 关于提存

崔建远:《我国提存制度的完善》,载《政治与法律》2019 年第 8 期。

张平:《提存的法律性质和提存制度的发展》,载《中国公证》2018 年第 12 期。

王硕:《清偿提存制度研究——以解释论为重心的考察》,载《福建法学》2014 年第 3 期。

韩世远:《提存论——〈合同法〉第 101 - 104 条的解释论》,载《现代法学》2004 年第 3 期。

陈静波:《论我国提存制度及其完善》,载《当代法学》2002 年第 4 期。

史浩明:《论提存》,载《法商研究(中南政法学院学报)》2001 年第 6 期。

□ 关于免除与混同

欧元捷:《论个人破产建构的中国逻辑——以破产与免债的界分为起点》,载《山东社会科学》2020 年第 3 期。

周江洪:《连带债务涉他效力规则的源流与立法选择》,载《法商研究》2019 年第 3 期。

张梁:《诉讼外"和解契约"的效力与合伙债务的混同》,载《天津法学》2016 年第 2 期。

张谷:《论债务免除的性质》,载《法律科学》2003 年第 2 期。

综合练习

1. 试述债的消灭原因。
2. 试述代为清偿与代理清偿的区别。
3. 试述清偿的抵充规则有哪些。
4. 试述抵销的概念及其构成要件。
5. 试述提存的原因及其效力。

第七章　不当得利

本章要点

没有法律根据，使他人受损失而获得利益，构成不当得利。作为债的发生原因之一，不当得利属于法律事实。从功能上看，没有合法根据的损益变动均可以由不当得利制度调整。从类型上看，不当得利可以分为给付不当得利和非给付不当得利。给付不当得利的构成要件包括基于给付而获得利益、他方当事人受有损失、一方获得利益与他方受到损失之间具有因果关系。非给付不当得利包括基于受益人的行为而生的不当得利、基于受害人的行为而生的不当得利、基于第三人行为而生的不当得利、基于法律规定而生的不当得利、基于自然事件而生的不当得利等。从效力上看，受损失的人有权请求不当得利人返还不当得利，返还时以返还所受利益的原状为原则，不能返还的，应当返还其价值额。

关键词　不当得利　给付不当得利　非给付不当得利

本节法条7-1

第一节　不当得利概述

原《民法通则》仅以第92条规定不当得利，原《民法总则》以第118条第2款承认不当得利系债的发生原因之一，以第122条规定不当得利的构成要件和法律效果。《民法典》用6个条文依次宣示不当得利系债的发生原因之一（第118条第2款）、总括不当得利关系（第122条），明确不当得利的构成要件和法律效果以及排除的情形（第985条）、设置利益不存在规则（第986条）、宣明不当得利与赔偿责任的聚合规则（第987条）和无偿受让不当得利之人的返还规则（第988条），明显更为细化完善，可操作性也更强。

一、不当得利的界定

没有法律根据，使他人受损失而获得利益，就是不当得利（《民法典》第122条）。原《民法通则》第92条没有采取无法律上的原因的称谓，而是称为没有合法根据。原《民法总则》将《民法通则》的“合法根据”修改为“法律根据”，《民法典》延用《民法总则》的规定。正因为不当得利的存续没有法律根据，虽属既成事实也无正当理由使得利人对其予以保有，因此，不当得利应当返还给受损失之人。这种不当得利返还的权利义务关系就是不当得利之债（如图 7－1 所示）。其中，获得不当得利的人叫作得利人，是不当得利之债的债务人，负有返还不当得利的债务；财产受到损失的人称为受损失的人，是不当得利之债的债权人，享有请求得利人返还不当得利的债权。

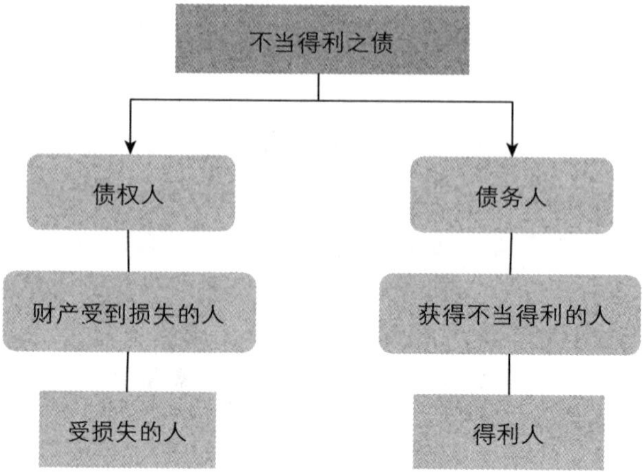

图 7－1　不当得利之债

二、不当得利的法律性质

不当得利能够引起不当得利之债，因此它是一种法律事实。不当得利本质上是一种利益，与当事人的意志无关，所以它属于法律事实中的自然事实。虽然有的不当得利是由受损失的人、得利人或第三人的行为引起的，但这些行为只是不当得利发生的原因，而非不当得利本身；原因中含有当事人的意志因素，不等于不当得利是以当事人的意志作用为要素的。不当得利的发生原因决定不了不当得利本身的法律性质。所谓不当得利制度所应当考虑的，并非不当得利的过程，而是保有利益的正当性，[1]从另一个角度说明了上述意见的可取性。再说，不当得利发生的原因也并非全是行为，也有事件。可见，不宜以行为甚至是侵权行为来确定不当得利的法律性质。

三、不当得利的基本类型

关于不当得利的类型存在不同的认识，奥地利学者 Wilburg 提出的给付型不当得利和非给付型不当得利，已经成为德国民法和奥地利民法的通说，这也成为中国

〔1〕　参见王泽鉴：《债法原理・不当得利》（总第 2 册），三民书局 1999 年版，第 128 页。

民法学的多数说,[1]本书也予以遵循。非给付型不当得利又分为若干亚类型,将在下文详述。《民法典》第985条确定的是不当得利的基本构成,没有排除不当得利的类型化。[2]

四、不当得利制度的地位及功能

法国的判例学说创设不当得利请求权辅助理论,限制不当得利制度的适用范围。[3] 瑞士的通说采取辅助性理论,认为不当得利请求权仅在于无其他请求权可资主张时,始能行使,其功能大受限制,致未受重视,居于次要地位。不过,近年来因受德国法学的影响,学者力倡废弃辅助性理论,并重新检讨不当得利请求权的理论基础及构成要件,而有重大发展。[4]

在德国民法、中国台湾地区的"民法"上,物权行为无因性的贯彻,使基于合同所为的有体物的交付或移转登记,不因债权行为的不成立、无效或被撤销而受影响,物权变动的效力依旧发生,可受领人没有支付对价或仅仅支付了部分对价,显然不公,只有成立不当得利返还请求权,方能予以矫正。也就是说,给付不当得利返还请求权具有调节物权行为无因性而发生财产变动的特殊规范功能。这就是德国法学家Dernburg所说的不当得利制度乃立法者用来治疗自创的伤痕。所谓自创的伤痕,是指物权行为的无因性。[5]

中国民法虽未采取物权行为理论,无须不当得利制度治疗因实行物权行为制度而自创的伤痕,以所有权、他物权为利益形态的不当得利大为减少,但因承认所有权、他物权、占有、登记均为不当得利构成所需要的利益要件,不当得利制度的适用范围同样广泛。特别是利益表现为占有、登记的不当得利在范围上与德国、中国台湾地区的并无二致。凡是没有法律根据的损益变动均可由不当得利制度调整。

---

〔1〕 参见张广兴:《债法总论》,法律出版社1997年版,第97～106页;寇志新总编:《民法学》,陕西人民出版社1998年版,第966～967页;王利明主编:《民法》,中国人民大学出版社2000年版,第494～495页;魏振瀛主编:《民法》,北京大学出版社、高等教育出版社2000年版,第576～577页。

〔2〕 详细论述可参见崔建远:《不当得利规则的细化及其解释》,载《现代法学》2020年第3期。

〔3〕 Dawson, *Unjust Enrichment*, p. 92; Amos and Waton, *Introduction to French Law*, 1967, Third Edition, p. 192(194). 转引自王泽鉴:《债法原理·不当得利》(总第2册),三民书局1999年版,第6页。

〔4〕 Kaufman – Butschli, *Grundlagenstudien zur ungerechtfertigten Bereicherung in ihrer Ausgestaltung durchschweizerische Recht*, 1983. 转引自王泽鉴:《债法原理·不当得利》(总第2册),三民书局1999年版,第7页。

〔5〕 Dernburg, *Das Bürgerliche Recht*, Die Schuldverhältnisse, Bd. Ⅱ 2.4 Aufl. S. 77. 转引自王泽鉴:《债法原理·不当得利》(总第2册),三民书局1999年版,第26页。

本节法条7-2

第二节　给付不当得利

引导案例

[7－1] 甲与乙订立房屋买卖合同，将房屋A出卖给乙。甲将房屋A交付给乙，且办理了过户登记手续。事后，该房屋买卖合同被确认为无效。甲可否要求乙返还房屋A，要求返还的请求权基础是什么？

一、给付不当得利概述

给付不当得利，是指基于给付而产生的不当得利。其规范功能在于使给付人可以向受领人请求返还其欠缺目的而为的给付。给付不当得利请求权，尤其在非债清偿的情况下，乃根植于公平理念而被法律确认，即法律一方面允许当事人得依其意思从事各种交易，决定其给付目的；另一方面又设置不当得利制度调整欠缺目的的财产变动，以补救失败的交易计划。[1]

二、给付不当得利的构成要件

（一）基于给付而获得利益

1. 给付的概念

给付不当得利的基本构成要件是一方当事人基于给付而获得利益。所谓给付，是指有意识地基于一定目的而增加他人的财产。[2] 所谓增加他人的财产，学说上称为给予行为（出捐行为，Zuwendung）。给予行为可以表现为事实行为（如提供劳务，交付物品），也可以表现为法律行为（如免除债务）。给予必须基于给付人的意思，如果一方当事人获得利益并非出于他人的意思，不构成给付不当得利，可能成立非给付不当得利。所谓基于一定目的，即有意识地增加他人的财产，学说上称为双重目的性（Doppelte Finalität）。[3]

---

[1] Joerges, *Bereicherungsrecht als Wirtschaftsrecht*, 1977；王泽鉴：《债法原理·不当得利》（总第2册），三民书局1999年版，第23～24页。

[2] Esser－Weyer, *Schuldrecht*, Bd. Ⅱ, Besonderer Teil, Teilband. 2. 6Aufl. 1984. S. 373；王泽鉴：《债法原理·不当得利》（总第2册），三民书局1999年版，第28页。

[3] 参见王泽鉴：《债法原理·不当得利》（总第2册），三民书局1999年版，第28～29页。

事例　甲误将乙的房屋作为自己的而修缮，因无增加乙的财产的意思，所以，甲不能根据给付不当得利请求返还，只能基于非给付不当得利请求返还。

这种给付概念，具有三种功能，一是区别给付不当得利和非给付不当得利；二是不当得利的当事人，即应由给付人向受领人主张不当得利请求权；三是决定不当得利的客体及范围。[1]

2. 基于给付而获得的利益

基于给付而获得的利益，实际上就是一方当事人从对方当事人处所受领的给付，表现为以下形态：

(1)财产权的取得。具有财产价值的权利，可成为给付不当得利的客体，如所有权、定限物权、知识产权、债权、期待权、票据上的请求权、担保物权的顺位等。

(2)占有或登记。占有、登记具有财产价值，也可以成为不当得利的客体。

事例1　甲无权占有了乙的自行车，甲既可以向乙主张物的返还请求权(《民法典》第235条)，也可以基于占有的不当得利请求返还该自行车(《民法典》第122条)，因为乙对该自行车占有的本身即构成利益。

事例2　案例[7-1]中，甲出卖A屋与乙，且已经办理了过户登记手续，后该房屋买卖合同被确认为无效，于此场合，甲可以向乙主张物的返还请求权(《民法典》第235条)，也可以基于不当得利请求乙注销该房屋的登记(《民法典》第122条)，因为A屋登记在乙名下本身即构成利益。

(3)债务消灭。债务免除，对于债务人来说显然受有利益。第三人清偿，债务人所负的债务因之消灭，同样受有利益。

(4)劳务的提供。劳务的提供，使相对人受益。在合同无效或被撤销等场合，劳务的提供者无法基于合同请求相对人支付酬金，可依据不当得利请求受益人返还该项利益。

(5)物的使用。使用物而获得利益，在该使用丧失合同依据时，该利益可构成不当得利中的获益。

3. 个别具体的判断标准

在德国民法及中国台湾地区的“民法”理论上，作为构成不当得利要件之一的获得利益，是指依某特定的给付行为而取得的个别具体的财产利益，而非就受领人

---

〔1〕 参见王泽鉴：《不当得利法在实务上的发展(上)——二〇〇一年至二〇〇七年度“最高法院”若干重要判决综合评释》，载《月旦法学杂志》2008年第157期。

的整个财产状态而抽象地计算之。[1]

事例 甲向乙购买全套大英百科全书，所获得的利益为乙移转的该书的所有权。于此场合，不得认为甲因必须支付价款，故就整个财产而言并未获得利益。在买卖合同有效的情况下，甲取得大英百科全书的所有权之所以不成立不当得利，不是因为甲没有获得利益，而是因为取得大英百科全书所有权具有法律上的原因。[2]

（二）他方当事人受有损失

在损害赔偿制度中，损失（损害）是指权利或利益受到侵害时所发生的不利益，即行为发生前的财产状态和行为发生后的财产状态两相比较，受害人所受的不利益，即为损失（损害）之所在。此类损失（损害）有积极损失（损害）和消极损失（损害）、所失利益和所受损害的问题。与此有别，不当得利制度的目的及功能，不在于填补损害，而在于使受领人返还无法律上原因而获得的利益，所以，构成不当得利的受损失，不具有损害赔偿制度上的损失（损害）的意义，而是另有所指。它不以积极损失（损害）和消极损失（损害）为要件。在给付不当得利类型中，一方当事人因他方当事人为给付而获得利益，就是他方当事人的损失。

事例 甲出售A车给乙，并依约交付了，乙所获得的利益，是甲的给付，即A车的所有权。[3]

（三）因果关系

构成不当得利，需要一方当事人获得的利益与他方当事人受到的损失之间具有因果关系，以决定谁得向谁主张不当得利。

构成不当得利所需要的因果关系，在学说上有直接因果关系说和非直接因果关系说的分歧。

1. 直接因果关系说

德国的传统见解为了适当限制不当得利当事人请求权的范围，使受害人不得对于间接获利的第三人请求返还其所受的利益，而采取直接因果关系说，主张构成不当得利所需要的因果关系必须是直接的。该因果关系是否直接存在，应当以受

---

[1] Joachim Wolf, Der Stand der Bereicherungslehre und ihre Neubegründung, 1980, S. 7ff. 转引自王泽鉴：《债法原理·不当得利》（总第2册），三民书局1999年版，第31页。

[2] 参见王泽鉴：《债法原理·不当得利》（总第2册），三民书局1999年版，第31～32页。

[3] 参见王泽鉴：《债法原理·不当得利》（总第2册），三民书局1999年版，第33～34页；王泽鉴：《不当得利法在实务上的发展（上）——二〇〇一年至二〇〇七年度"最高法院"若干重要判决综合评释》，载《月旦法学杂志》2008年第157期。

益的原因事实与受损的原因事实是否同一为判断。[1] 中国台湾地区的通说和判例也予以接受。[2]

在给付不当得利中,因果关系的要件已由给付关系取而代之,即以给付人为不当得利的请求权人(债权人),以受领人为债务人。给付人无权处分第三人的物品场合,也是如此认定。

事例 甲擅自将乙借阅的A书出卖给善意的丙,并依交付而移转了所有权。在该买卖合同无效的场合,应由甲(给付人)对丙(受领人)请求返还A书。在丙将A书所有权移转返还给甲时,该书的所有权当然复归于乙。如此解决,旨在兼顾甲和丙之间的抗辩和所有权人乙的利益。[3]

以给付关系作为决定不当得利请求权的当事人,理由主要有以下三种:(1)维护当事人之间的信赖关系。就得利人而言,应向为给付之人返还其无法律上原因(《民法典》第122条)而受领的给付,而且亦仅须向给付人返还,无须向与其无给付关系的第三人负返还义务;就为给付之人而言,他既向特定人为给付,则亦仅能向受领人请求返还,而不能向第三人予以主张。(2)合理分配风险,保持当事人之间的抗辩。(3)为"谁得向谁主张不当得利请求权"提供一个较为明确的判断标准。[4]

直接因果关系的类型包括双重瑕疵、间接代理、处分基于合同受领的给付三种类型。

(1)双重瑕疵类型。甲出售A车给乙,乙将之转售于丙,并依约定交付了。在甲和乙之间、乙和丙之间的买卖合同均不成立、无效或被撤销的情况下,甲不得向丙主张不当得利请求权,因甲已将A车所有权移转给乙了,丙取得A车所有权的利益,来自乙的财产及其交付,与甲所受损失没有直接的因果关系。

(2)间接代理类型。如丙委托乙,以乙的名义向甲购书,乙取得该书所有权后,再移转给丙。在买卖合同不成立、无效或被撤销的情况下,甲也不得向丙主张不当得利的返还,因甲已将该书的所有权移转给乙了,丙所受有该书所有权的利益,来

---

〔1〕 Wilburg, *Die Lehre von der ungerechtfertigten Bereicherung nach osterreichischen und deutschen Recht*, 1934, S. 108. 转引自王泽鉴:《债法原理·不当得利》(总第2册),三民书局1999年版,第36页。

〔2〕 参见胡长清:《中国民法债编总论》(上册),商务印书馆1947年版,第98页;王泽鉴:《债法原理·不当得利》(总第2册),三民书局1999年版,第35~36页;中国台湾地区"最高法院"1964年台上字第2661号判例。

〔3〕 参见王泽鉴:《不当得利法在实务上的发展(上)——二〇〇一年至二〇〇七年度"最高法院"若干重要判决综合评释》,载《月旦法学杂志》2008年第157期。

〔4〕 参见王泽鉴:《债法原理·不当得利》(总第2册),三民书局1999年版,第41~42页。

自乙的财产，与甲的受损失并无直接因果关系。

(3)处分基于合同受领的给付类型。乙向甲购买水泥修缮丙的房屋，在乙无力支付价款时，甲仍不得向丙主张不当得利的返还，因为甲已将水泥的所有权移转给乙了，丙所受利益来自乙的财产，与甲所受损失并无直接因果关系。[1]

2. 非直接因果关系说

非直接因果关系说（社会观念说）认为，一方当事人若无法律上的原因而受利益，致他方因之受有损失，则对于因果关系存在与否的判断，也应当基于公平理念，依社会上的一般观念加以决定。如损益之间有第三人行为介入，若该财产价值的移动，依社会观念认为不当时，应当适用不当得利的规定，使之返还。

事例　甲从乙处骗取1000元，用以向丙为非债清偿。若依直接因果关系说，则乙只能向甲主张不当得利返还，而不能向丙直接行使不当得利返还请求权，即丙对乙无返还其利益的义务。若果真如此，在甲逃亡时，乙就徒受损失，而丙却坐享其利益，显失公平。如果采取非直接因果关系说，则会使丙承担返还不当得利的义务，方为合理。[2]

中国的现行法尚无给付不当得利和非给付不当得利区分的明文，更无给付不当得利适用直接因果关系的规定，理论对此探讨不多，究竟是固守直接因果关系说，还是兼采非直接因果关系说，需要继续研究。本书认为，在个别类型中采取非直接因果关系可能有助于问题的适当解决。

事例1　甲系A目标公司的股东，与乙签订股权转让合同，其中约定A目标公司此前所欠税款、出让金等仍由甲负担。该合同被纳入随后由甲、乙、A目标公司签署的《三方协议》之中。

在该《三方协议》履行过程中，税务机关、国土资源管理机关向目标公司催收税款、出让金，乙用自己的钱款以A目标公司的名义交纳了。

而后，乙通过仲裁请求甲偿付因交纳这些税款、出让金而丧失的钱款。甲的抗辩是：乙不是请求权人，A目标公司才适格。

在本书作者看来，该案不宜遵循给付不当得利及直接因果关系的路径，而应按照非直接因果关系处理，即在目标公司交纳税金、土地使用权出让金方面，尽管应

〔1〕　参见王泽鉴：《债法原理·不当得利》（总第2册），三民书局1999年版，第37页。

〔2〕　参见郑玉波：《民法债编总论》（修订2版），陈荣隆修订，中国政法大学出版社2004年版，第94～95页；史尚宽：《债法总论》，荣泰印书馆股份有限公司1978年版，第72页；孙森焱：《民法债编总论》（上册）（修订新版），三民书局1999年版，第143～144页。

有的给付关系是,甲与A目标公司之间有给付关系,A目标公司与乙之间存在给付关系,遵循给付不当得利及直接因果关系的路径,乙无权直接请求甲返还不当得利,但是,如此处理过于迂回曲折,浪费裁判资源,徒增成本,莫不如运用非直接因果关系理论,承认在甲和乙之间成立不当得利。尤其是,系争《三方协议》的当事人系甲、乙和目标公司,该协议明确约定了甲以A目标公司的名义交纳甲作为股东阶段的税金和出让金的义务,如此,乙基于系争《三方协议》请求甲返还不当得利,并不剥夺甲享有的一切抗辩及抗辩权,不会损害甲的合法权益。所以,该案运用非直接因果关系完全正当。该不当得利的构成要件是:乙本无以A目标公司的名义交纳税金和出让金的义务,却交纳了税金和出让金,受到了损失;甲有义务以A目标公司的名义交纳税金和出让金,却没有交纳,获得了利益;该损失和利益之间存在非直接因果关系;甲没有法律根据享有该项利益。

事例2　甲向乙借款2000万元人民币,于还本付息之日无力偿付。丁于诉讼中陈述,丙此前找到自己,声称其受甲的委托,请求自己代甲偿付2000万元人民币及其利息的借款,自己便应允,已经代甲偿付完毕,并提供了这方面的证据。对此,乙承认收到了丁支付的2000万元人民币及其利息,但甲否认其委托丙请求丁代其偿付2000万元人民币及其利息给乙的事实,丙也拒绝出具受甲委托请求丁代甲偿付2000万元人民币及其利息这样内容的证人证言,更拒出庭作证。

在上述证据证明有关案件事实的背景下处理该案,乙的意见十分关键。如果乙认为丁向其支付的2000万元人民币及其利息,就是代甲清偿其借款,甲对自己负担的2000万元人民币及其利息的债务已经因此而消灭,那么,乙便因此获得了2000万元人民币及其利息的利益,且没有法律根据。丁所付2000万元人民币及其利息构成其损失。若采直接因果关系说,甲的获益与丁的损失之间间隔几环关系,而非直接因果关系,那么,丁和甲之间不构成不当得利。解决问题之道只能是:丁与乙之间构成非债清偿的不当得利之债,丁请求乙返还该项不当得利;乙对甲享有的2000万元及其利息的借款合同下的债权没有消灭,可以请求甲付清借款的本息。反之,若采非直接因果关系说,则可认定甲的获益与丁的损失之间存在因果关系,成立不当得利,丁有权请求甲偿付2000万元及其利息的不当得利,甲和乙之间的借款合同关系业已消灭。两相比较,于系争案件中,显然是非直接因果关系更简洁、高效。

当然,不可否认,采取非直接因果关系说处理系争案件,甲对乙的有关抗辩,如抵销、违反附随义务成立的损害赔偿等,不但甲没有机会主张,丁也无权援引。而采取直接因果关系说则不存在这方面的缺点。不过,这是抽象的、泛泛而论的道理,如果在系争案件中不存在此类抗辩,则采纳非直接因果关系说非常可取。

直接因果关系说固然可以保持当事人之间的抗辩,为“谁得向谁主张不当得利请求权”提供一个较为明确的判断标准,在大多数情况下运用该说解决给付不当得利问题确实具有优点,但在某些情况下非直接因果关系说则更为可采性。

事例 甲公司将尚未办理所有权登记、尚未取得消防合格的毛坯房A楼出租给乙公司,乙公司未对A楼未做任何装修工程,随即转租给张某。张某出资将A楼装修成为适合商业经营的经营场所,并开始了营业。此时,乙公司拖欠大量租金,经催告仍未支付,且失去联系,甲公司据此向B法院起诉,主张解除甲公司和乙公司之间的房屋租赁合同,并请求乙公司赔偿损失。B法院支持了甲公司的诉讼请求。

随后,甲公司起诉到C法院,请求张某撤出A楼,恢复对A楼的占有,理由是张某与乙公司之间的A楼租赁协议系以乙公司对A楼享有租赁权为前提,现在乙公司因其与甲公司之间的A楼租赁合同被解除而丧失了租赁权,张某与乙公司之间的A楼租赁协议便失去了存续的依据,应当归于消灭,故张某应将A楼交还自己。

至少多数说认为,承租人丧失租赁权后,转租合同自然归于终止。如果这是正确的,那么,甲公司的主张应当得到C法院的支持。

在这样的背景下,若依直接因果关系说,就会出现这样的局面:张某装修了A楼,却与甲公司之间没有合同关系,不符合给付不当得利的构成要求,只得向乙公司主张违约责任。乙公司与甲公司之间原来存有合同关系,可是,乙公司没有装修A楼,不享有不当得利请求权。若不受直接因果关系说的限制,允许张某冲破给付关系的桎梏,请求甲公司返还不当得利,就能合理地保护张某的合法权益。

(四)没有法律根据:欠缺给付目的

1. 概述

按照《民法典》第122条的规定,构成不当得利,需要受益人获得利益没有法律根据。原《民法通则》中使用的是“没有合法根据”,在解释上一般认为,“没有合法根据”在许多情况下相当于大陆法系所谓无法律上的原因,在给付不当得利中,就是欠缺给付目的。

给付,是为一定目的而增加他人的财产。此处所谓一定目的,叫作给付的目的。其内容,即给付目的的内容,为给付所关联的债的关系及其缘由。此处所谓缘由,是指给付人欲将其给付与哪个债的关系发生关联的缘由,主要指履行目的。该履行目的,乃由给付人的目的表示一方确定,明示的或默示的均可,但须彰显给付所欲履行的债的关系。给付目的的内容,一般来说,除给付人主观上的目的以外,尚须客观上为一定的表示，才发生法律上的效力。[1]

给付目的主要有两类：(1)清偿债务。此处所谓债务，或为法定债务，如因侵权行为而产生的损害赔偿；或为因基础行为而产生的债务，如基于买卖合同所产生的交付买卖物的债务。(2)直接创立一种债的关系。例如，没有约定的或法定的义务而为他人修缮房屋，以成立无因管理。给付目的通常基于当事人的合意，但在单独行为的场合，可由给付人一方为意思表示为之。当事人一方本于一定目的而为给付时，其目的在客观上即为给付行为的原因，从而给付如欠缺其原因时，他方当事人受领给付即无法律上的原因，应成立不当得利。[2]

2. 类型

给付行为欠缺目的，分为自始无给付目的、给付目的嗣后不存在和给付目的不达三种，相应地，给付行为因欠缺目的而构成的不当得利也分为三类。

(1)自始无给付目的

给付自始欠缺给付目的的不当得利，主要有两种，一是狭义的非债清偿，如不知所欠之债业已清偿仍为履行。二是作为给付的原因行为未成立、无效或被撤销，如买卖交付买卖物，但买卖合同却未成立。[3]

(2)给付目的嗣后不存在

第一，合同所附解除条件成就，该合同消灭，基于该合同所为的给付可构成不当得利。

事例　甲赠与A车给乙，约定乙移民他国时，赠与合同失其效力。如今，乙已经移民加拿大，所受A车的原因嗣后即失其效力。于此场合，在德国民法和中国台湾地区“民法”上，构成利益为A车所有权的不当得利，也成立利益为占有A车的不当得利；在中国的民法上，只能成立利益为占有A车的不当得利，以及所有物返还请求权。

第二，合同所附终期届至，该合同消灭，基于该合同所为的给付，可构成不当得利。其道理如同合同所附解除条件成就，在此不再赘述。

第三，依当事人一方的意思表示，撤销或不追认合同，基于该合同所为的给付，

---

〔1〕 参见王千维：《在给付行为之当事人间基于给付而生财产损益变动之不当性》，新学林出版股份有限公司2007年版，第15～17页。

〔2〕 参见郑玉波：《民法债编总论》(修订第2版)，陈荣隆修订，中国政法大学出版社2004年版，第94～95页；史尚宽：《债法总论》，荣泰印书馆股份有限公司1978年版，第76页；孙森焱：《民法债编总论》(上册)，法律出版社2006年版，第132～133页；王泽鉴：《债法原理·不当得利》(总第2册)，三民书局1999年版，第44～45页。

〔3〕 参见史尚宽：《债法总论》，荣泰印书馆股份有限公司1978年版，第81页；王泽鉴：《债法原理·不当得利》(总第2册)，三民书局1999年版，第45～46页。

可构成不当得利。

事例 例如，某国土资源管理部门将A宗建设用地使用权出让给甲，并办理完毕过户登记（变更登记），后依欺诈或重大误解等理由将该出让合同撤销。于此场合，该建设用地使用权的登记即为不当得利构成要件中的利益，该国土资源管理部门可基于不当得利制度请求甲注销该项登记。

第四，合同解除，基于该合同所为的给付，可构成不当得利。在合同解除无溯及力的场合，受领人取得给付物的所有权具有合法根据，那就是解除生效之前的合同关系及其债权，在德国民法和中国台湾地区"民法"上，受领人所受领的给付具有法律上的原因，不成立不当得利。但是，这在不成立违约责任的情况下，显失公平，不如改采如下的观点：他因未为对待给付或未为完全的对待给付而获得的利益，没有合法根据，构成不当得利。

第五，为证明债务而交付证书，其后债务因清偿或其他事由而消灭，导致失去证明目的。于此场合，成立利益表现为占有的不当得利。

（3）给付目的不达

拟实现将来某种目的而为给付，但日后并未达成其目的，属于给付目的不达。例如，附停止条件的债务，预期条件能够成就而先行交付标的物，结果是条件并未成就。在德国民法、中国台湾地区"民法"上，认为成立不当得利，但给付人若违反诚实信用原则而妨碍目的达成的，不得依不当得利的规定请求返还。[1] 在中国民法上，可成立占有的不当得利请求权，也产生所有物返还请求权，给付人可选择其一而行使。

三、举证责任

主张不当得利请求权的当事人（原告），对不当得利请求权的成立要件应负举证责任。就给付不当得利而言，原告必须证明：（1）受领人（被告）因给付人（原告）的给付而获得利益；（2）原告所受损失和被告所获利益之间存在因果关系；（3）被告所获利益无法律上原因（欠缺给付目的）。

四、给付不当得利返还请求权的排除

《民法典》第985条的但书，称为特殊不当得利的有之，称为给付不当得利返还请求权的排除的也有之，本书认为后一种称谓更直观、更贴切。

---

〔1〕 参见郑玉波：《民法债编总论》（修订第2版），陈荣隆修订，中国政法大学出版社2004年版，第99页；王泽鉴：《债法原理·不当得利》（总第2册），三民书局1999年版，第47页。

（一）为履行道德义务进行的给付

为履行道德义务进行的给付，依《民法典》第 985 条但书之一的规定，受损人不得请求返还。其规范意旨在于调和法律与道德，使法律规定符合一定的道德观念，以道德上的义务作为法律上的义务，给付人不得请求返还。

所谓道德义务，既有全人类共识的，也有特定社会特定国度认可的；不同时期也可能不一。

事例　侄子对于叔伯在法律上虽无抚养义务，但在道德上则有之。教徒、信徒对于教堂、寺庙的献礼，也属于道德上的义务。

（二）债务到期之前的清偿

债务到期之前的清偿，依《民法典》第 985 条但书之二的规定，受损人不得请求返还。其理由如下：债权含有若干权能，如请求给付的权能、受领给付的权能和保有给付的权能等。债务届期前，债权人无权请求债务人为清偿，但债务人一经清偿，债权人便有权受领给付，也有权保有该给付，除非该给付有害于己（《民法典》第 530 条第 1 款但书）。债务到期之前的清偿自受领人一侧观察，有法律根据，不具备不当得利的构成要件。正所谓“在清偿期前，债务并非不存在，仅债权人不得请求履行而已，因而债务人于期前清偿时，不仅不能谓为无法律上之原因，且其债务因清偿而消灭，债权人亦无得利之可言”。这与《民法典》第 530 条第 1 款但书关于债务人“提前履行不损害债权人利益的”债权人应当受领给付的精神相衔接。

债务人于期前清偿，债权人利用该项给付获得了期限利益，是否构成不当得利？《日本民法典》第 706 条但书规定，如果债务人不知未届清偿期而为给付，那么，债权人取得的期限利益构成不当得利，负有返还义务。《德国民法典》第 813 条却明确规定债务人不得请求返还。中国台湾地区“民法”未设明文，王泽鉴教授赞同《德国民法典》的精神，“理由在乎避免法律关系之趋于烦杂也”。这符合利益衡量，中国法及理论应予借鉴。

（三）明知无给付义务而进行的债务清偿

明知无给付义务而进行的债务清偿，依《民法典》第 985 条但书之三的规定，受损人不得请求返还。

非债清偿，构成不当得利，这是自罗马法以来的传统，《民法典》第 985 条所设不当得利的一般条款也应该包含该种类型。不过，但书却设例外，即对于“明知无给付义务而进行的”非债清偿则不得请求返还。“盖以咎由自取也”禁止出尔反尔，即明知无给付义务，犹任意给付，再请求返还，前后矛盾，有违诚信原则，无保护必要，因此不得请求返还。这些理由可作为《民法典》第 985 条但书关于明知无给付义务而进行的债务清偿不得请求返还的规定的理论根据。

(四)宜增设因不法原因而为的给付,不得请求返还

因不法原因而为的给付,不得请求返还,这是不少学者主张纳入《民法典》第985条但书之中的一则,但未成现实。在德国民法上,多数说基于“禁止主张自己之不法”或不洁净手的抗辩等原则,采取拒绝保护的观点。但也有不同观点,卡纳里斯(Canaris)教授另提一般预防论,理由是违反良俗的行为本身多不具刑罚处罚性,不应予以惩处,除非符合《德国民法典》第817条第2款的规定。即使行为违反法律的强制性规定,破坏法律秩序,虽须支付罚款,但可纳入成本,低于其所获利益。《德国民法典》第817条第2款的规定辅助预防行为违反良俗或法律强行规定,相当于侵权行为法一般预防的功能。王泽鉴教授也认为德国民法的多数说难称圆满,主张法律(或法院)应公平衡量当事人的利益,予以适当必要的保护,不能因请求救济者本身不清白便一律拒绝保护,使权益的衡量失其公平,实乃法律的自我设限。如果双方当事人(给付人和受领人)违法或背俗,如进行毒品交易,则排除给付返还请求权,如果只是给付人单方违法或背俗,则不排除返还请求权。诸如贿赂法官以求胜诉案件,支付赃款,应属不法原因的给付,不得请求返还。但与此有别,为回赎绑票而为的给付,则可以请求返还。所以,区分情形而分别处理较为适当。

第三节 非给付不当得利

引导案例

[7-2] 甲未经允许,擅自在乙的屋顶设置广告牌,甲从中获得利益。甲的行为是否构成不当得利?属于何种不当得利?

[7-3] 甲将乙的A车擅自出卖与丙,丙善意取得A车,乙可否要求甲返还卖车款,或者赔偿损失,其法律是什么?甲可否向丙主张返还A车?

一、非给付不当得利概述

非给付不当得利,顾名思义,不当得利是因给付以外的事由而发生的类型。其事由包括受益人(得利人)的行为、受害人(受损人)的行为、第三人的行为、自然事件、法律的直接规定。由于它们各具特色,难以从积极特征概括,只能从消极特征立论,称为非给付不当得利。

二、基于受益人(得利人)的行为而生的不当得利

(一)权益归属理论

因受益人(得利人)的行为而生的不当得利,例如,出卖他人之物,使用消费他人之物,出租他人之物等,实务中案例不少,德国学说上称为侵害他人权益的不当得利(Eingriffskondiktion),在非给付不当得利类型中居于最重要的地位。

受益人(得利人)因其行为而受利益,如何认定其系“使他人受损失”“无法律上的原因”(没有合法根据),而应成立不当得利?其判断标准如何?学说上有违法性说和权益归属说两种见解。

学说比较|违法性说和权益归属说

违法性说认为,侵害他人权益,所以构成不当得利,是因为侵害行为具有不法性,不当得利请求权的发生系基于获利行为的不法性。该说由德国学者 Schulz 提出,原作为不当得利法的基本原则,认为所谓“无法律上的原因”乃指违法性而言。[1] 但该项理论虽可说明侵害他人权益行为的违法性,却未充分说明侵害人不能保有利益的正当性,存在缺陷。原来,不当得利制度的目的在于使受益人返还其无法律上原因而获得的利益,所考虑的,不是不当得利的过程,而是保有利益的正当性。给付过程的违法性和保有给付的正当性是两个不同的观点。这两者在许多情形一致,但不相一致的也有。换言之,(1)不法侵害他人的权益虽具有违法性,但获得的利益仍可保有。如故意以违背善良风俗的方法从事营业竞争。(2)侵害他人的权益虽不具有违法性,但难谓保有利益的正当性。例如,甲将其对乙的债权让与丙,乙在受到让与通知前对甲为清偿。于此场合,甲受领的给付并非当然具有违法性,但欠缺保有的正当性,应成立不当得利。[2]

为了合理说明保有给付正当性的有无,权益归属说应运而生。该说认为,权利均有一定的利益内容,属于权利人,归其享有。[3] 违反权益归属而取得其利益的,例如,无权处分他人之物而获得价款,属于侵害他人权利的范畴,欠缺法律上的原因,应成立不当得利。此项见解不以得利过程的合法性,而是以保有给付的正当性,作为判断标准,符合不当得利的规范功能,可资赞同。[4]

---

〔1〕 Schulz, *System der Rechte auf den Eingriffserwerb*, AcP105(1909),1. ff. 转引自王泽鉴:《债法原理·不当得利》(总第2册),三民书局1999年版,第127页。

〔2〕 参见王泽鉴:《债法原理·不当得利》(总第2册),三民书局1999年版,第127~128页。

〔3〕 Wilburg, S. 22f.; Caemmerer, *Gesammelte Schriften* 1. 1968, S. 228, 272ff.; Erman－H. P. Westermann, §812 Rz. 64. 转引自王泽鉴:《债法原理·不当得利》(总第2册),三民书局1999年版,第128页。

〔4〕 参见王泽鉴:《债法原理·不当得利》(总第2册),三民书局1999年版,第128页。

（二）构成要件

1. 因侵害他人的权益而获得利益。基于受益人（得利人）的行为而生的不当得利，以侵害他人的权益而获得利益为基本要件。无权出卖他人之物而获得价款，出租他人之物而收取租金，占用消费他人之物等，为其典型表现。

2. 使他人受损失。基于受益人（得利人）的行为而生的不当得利，其构成所要求的“使他人受损失”，只要因侵害应归属于他人的权益而获得利益，就可认为基于同一原因事实“使他人受损失”，不以有财产移转为必要。〔1〕

案例[7-2]中，甲的行为使乙受到损失，至于乙有无使用计划或其屋顶是否受到毁坏，在所不问。甲和乙之间虽无财产的移动，但不影响不当得利的成立。〔2〕

3. 没有法律根据。侵害应归属于他人的权益范畴而获得利益，使他人受损失，欠缺正当性，就构成无法律上的原因。〔3〕所有权具有一定的内容，权益范畴较易判断。其他权利，尤其是人格权，其应归属于权利人享有的内容，如何认定，较为困难。

事例　甲擅自以乙女的照片作为杂志的封面女郎，是否成立不当得利，即为一例。

（三）不当得利和侵权行为之间的关系

侵害他人的权益，可成立不当得利，有时也构成侵权行为。详细情形有如下四种：

1. 成立不当得利，但不构成侵权行为。案例[7-2]中，甲在乙的屋顶设置广告牌，并未致乙的屋顶受到损害，虽不发生侵权责任，但仍应构成不当得利。

2. 构成侵权行为，但不成立不当得利。继承人甲一般过失地将乙的A物误认为自己之物，并出卖给丙，但该物在交付之前被洪水冲走。于此场合，甲应向乙承担侵权责任，但无不当得利返还义务。

3. 成立不当得利和侵权行为。继承人甲明知某物非属其父的遗产仍出卖给善意的丙，并移转了所有权，取得了价款场合，应向该物的所有权人负不当得利返还义务和侵权责任。

4. 不成立不当得利和侵权行为。在德国民法、中国台湾地区“民法”上，甲非因过错地不知其继承遗产中的A镯属于乙所有，赠与善意的丙，并移转其所有权。于此场合，甲对乙既不成立侵权责任（因无故意、过失），也不成立不当得利（因未获得

---

〔1〕 Esser-Weyers, S. 403; Medicus, *Schuldrecht* Ⅱ, S. 260f. 转引自王泽鉴：《债法原理·不当得利》（总第2册），三民书局1999年版，第129页。

〔2〕 参见王泽鉴：《债法原理·不当得利》（总第2册），三民书局1999年版，第129页。

〔3〕 参见王泽鉴：《债法原理·不当得利》（总第2册），三民书局1999年版，第129页。

利益)。[1] 不过,中国《民法典》规定善意取得必须以价格合理为构成要件(第311条第1款第2项),丙不能善意取得A镯;在乙不予追认该赠与合同的情况下,甲对丙可基于物的返还请求权,或占有的不当得利返还请求权,要求丙返还A镯;乙对甲亦可基于物的返还请求权,或占有的不当得利返还请求权,要求丙返还A镯;还可把甲对丙的返还请求权作为不当得利的利益,请求丙返还A镯。

三、基于受害人(受损人)的行为而生的不当得利

基于受害人(受损人)的行为而生的不当得利,有的是给付不当得利,有的为非给付不当得利,究竟如何,需要根据个案予以确定。这种类型的不当得利主要有如下两种类型。

(一)支出费用的不当得利

事例 甲误将乙的奶牛为自己的而饲养,可向乙请求返还不当得利。
在这种类型的不当得利领域,可能发生"强迫得利",即对他人之物支出费用,增加其价值,但违反受益人的意思,不符合其计划的情形。
例如,不知他人的围墙即将拆除而加以装修,盗用他人行将报废的旧车加以钣金,占用他人预定兴建房屋的建设用地而种植树木等,均属此类。

解决强迫得利,存在不同意见。主观说认为,就受益人的整个财产,依其经济上的计划认定应偿还的价值额。

事例 例如,油漆他人即将拆除的围墙,其应偿还的价值额为零,不必返还。

反对说则主张,不宜为解决这种特殊问题而将价值额的计算主观化。强迫得利应如何返还,属于所受利益是否存在的问题。就油漆围墙而言,因该围墙预定拆除,在整个财产上并无存留的利益,善意的受领人免负返还或偿还价值额的责任。[2]

在这种类型的不当得利领域,费用的支出构成不当得利请求权和占有回复关系上支出费用的请求权,形成竞合并存关系,本书将在本章第五节"不当得利返还请求权与有关请求权之间的关系"中详述。

---

〔1〕 参见王泽鉴:《债法原理·不当得利》(总第2册),三民书局1999年版,第132页。

〔2〕 Münchkomm – Lieb, §812 Rz. 265f.; Soergel – Mühl, §812 Rz. 162; Esser – Weyers, S. 413; Fikentscher, SS. 694, 705;王泽鉴:《债法原理·不当得利》(总第2册),三民书局1999年版,第200页。

(二)因清偿他人的债务而发生的所谓“求偿不当得利请求权”

事例 例如,甲向乙购买A车,分期付款,约定在价款付清前由乙保留对A车的所有权。在履行过程中,甲的债权人丙对A车请求强制执行,且为自己的利益而代甲清偿后几期的价款,消灭A车买卖合同关系。于此场合,丙对甲可主张“求偿不当得利请求权”。[1]

四、基于第三人的行为而生的不当得利

基于第三人的行为而生的不当得利,是指受益人(得利人)因第三人的行为取得应当归属于他人(受害人、受损人)的利益,而成立的不当得利。其主要类型有:(1)第三人以受害人的饲料饲养受益人的家禽;(2)债务人善意地向收据持有人为清偿,导致债权人丧失其债权;(3)债务人善意地向准占有人(如负债字据的持有人)为清偿;(4)法院在拍卖程序中将价款分配于无权利接受分配的人;(5)债务人在收到债权让与通知之前向债权人为给付,其清偿有效,致使债权消灭,债权受让人因此遭受损失;(6)登记部门在办理登记时,误将抵押权的顺序颠倒,致使后顺序的抵押权所担保的债权优先获得清偿。[2]

五、基于法律规定而生的不当得利

(一)概述

基于法律的直接规定而生的不当得利,其中的法律规定,应从广义理解,指法律秩序,包括法院的判决和行政处分。此其一。如果法律规定的目的是在使受益人终局地实质地保有利益,以维护财产状态的新秩序为目的,则不成立不当得利;反之,该法律规定的目的仅仅在技术上谋取方便,形式上使该项利益归属于某人,实质上并不使其终局地保有该项利益时,则可成立不当得利。此其二。

(二)具体类型

基于法律规定而生的不当得利,主要发生在添附、善意取得等场合,兹简介如下。

1. 添附与不当得利

在添附制度中,法律使原物的所有权人中的一人取得因添附而发生新物的所有权,是为避免社会经济的不利,保全物的使用价值,以及防止共有的不便。[3] 于是,一方面使该新物取得人终局地取得所有权;另一方面不允许新物取得人终局地实质地保有其价值利益,使因添附丧失所有权而受损失的动产所有权人,可基于不

---

[1] 参见王泽鉴:《债法原理·不当得利》(总第2册),三民书局1999年版,第165页。

[2] 参见王泽鉴:《债法原理·不当得利》(总第2册),三民书局1999年版,第166~167页。

[3] 参见王泽鉴:《债法原理·不当得利》(总第2册),三民书局1999年版,第175页。

当得利请求新物所有权人予以返还。

2. 善意取得与不当得利

案例[7－3]中,甲将乙的A车擅自出卖与丙,丙善意取得A车,甲对乙负有不当得利返还车款的义务,或承担损害赔偿责任。至于丙是否承担不当得利返还的义务,在德国民法、中国台湾地区"民法"上,一种理论认为,丙善意取得A车系基于甲的给付,具有法律上的原因,不构成不当得利;另一种学说主张,善意取得制度为保护交易安全而设,有使受让人终局地保有其取得的权利,因此,丙取得A车不成立不当得利。[1] 王泽鉴教授阐释道,中国台湾地区"民法"第179条所谓"法律上之原因"非专指债之关系而言,确属的论,法律规定本身亦可作为保有所受利益的法律上原因,民法关于善意取得的规定,即其著例。[2] 在中国,丙善意取得场合,他(它)和甲之间的买卖合同有效,不成立不当得利;在该买卖合同无效时,丙仍负不当得利返还的义务,只是返还的利益是A车的所有权或占有,还是差价款,存在争议。如果彻底贯彻善意取得制度使受让人终局地保有其取得的权利这种立法目的,则不应使丙返还A车,而应返还差价款,即采用差额说返还不当得利;假如沿袭德国关于给付不当得利的规则,丙就必须依不当得利制度返还A车,甲向丙返还(全部或部分的)车款。本书作者倾向于前者。

3. 终局确定判决与不当得利

债权人基于法院的确定判决,请求对债务人的财产为强制执行,获得了钱款,该确定判决如未经其后的确定判决予以废弃,纵使该确定判决的内容不当,亦非无法律上的原因而获得利益。[3] 不过,在该确定判决被其后的确定判决撤销时,则债权人依据该确定判决取得的该笔钱款丧失法律根据,债务人可基于不当得利请求债权人予以返还。

4. 行政处分与不当得利

行政处分可以作为获得利益的合法根据(法律上的原因),当事人据此获得的利益在该行政处分被撤销时,可构成不当得利。

> **事例** 依据征收决定拆除A房并予补偿10万元,后该征收决定被撤销,A屋的所有权人取得的10万元补偿款便失去法律依据,征收机关可基于不当得利请求返还。

---

〔1〕 参见王泽鉴:《债法原理・不当得利》(总第2册),三民书局1999年版,第174页。

〔2〕 参见王泽鉴:《债法原理・不当得利》(总第2册),三民书局1999年版,第2页。

〔3〕 参见中华民国最高法院1933年上字第3771号判例;中国台湾地区"最高法院"1980年台上字第1142号判例;王泽鉴:《债法原理・不当得利》(总第2册),三民书局1999年版,第177页。

5. 可没收物的扣押和保管与不当得利

可没收物的扣押属于公权力的行使，交付他人保管属于公法行为，可作为合法根据（法律上的原因）。但是，其法律关系一旦终止，则成为无法律上的原因，可构成不当得利。[1]

六、基于自然事件而生的不当得利

获得利益出于自然事件的结果，可成立不当得利。

事例　甲放养的羊群进入乙承包的牧场，乙取得占有利益，甲可基于占有的不当得利请求乙返还该羊群。当然，在甲能够证明那些羊属于他（它）所有的情况下，也可以基于物的返还请求权请求乙返还。

事例　甲养殖的草鱼因大雨涨水而游入乙承包的池塘里，无法辨别归属的场合，甲可基于不当得利请求乙返还草鱼。

七、给付不当得利请求权与非给付不当得利请求权的关系

（一）排除非给付不当得利

在二人关系不当得利的场合，如果认定当事人之间存在给付关系，就概念而言，当然排除非给付关系。只有在当事人之间没有给付关系时，才发生非给付不当得利请求权。

事例　甲受雇喂养乙的马，雇佣合同无效时，甲对乙有给付不当得利请求权。如果甲和乙之间没有雇佣关系，甲误认乙的马为自己的马而喂养，因无给付关系，应成立非给付不当得利。

（二）非给付不当得利的成立

需要注意的是，第三人介入损益变动过程而与受益人或受害人具有给付关系时，受益人和第三人之间的关系中可能欠缺法律上的原因，该财产损益变动被赋予“不当性”的性格，因而成立非给付不当得利。例如，承揽人将其所盗油漆用于为定作人完成的工作物上，在该承揽合同关系中，承揽人对定作人的给付和定作人取得该工作物所有权的同时一并取得该油漆的所有权，均有法律上的原因（合法根据），无“不当性”可言。另外，定作人取得油漆所有权的利益系直接出自该油漆原所有

[1] 参见王泽鉴：《债法原理 · 不当得利》（总第2册），三民书局1999年版，第178页。

权人的财产,并且定作人对该油漆原所有权人而言,乃系违反法律上权益归属而取得油漆所有权的利益,因而,在定作人和该油漆原所有权人的关系中,定作人取得油漆所有权的利益即无法律上的原因,构成不当得利。[1]

(三)给付不当得利返还请求权原则上优先

第三人介入损益变动过程而与受益人或受害人具有给付关系时,应如何界定给付不当得利和非给付不当得利?基本上可以采取给付不当得利返还请求权优先性作为判断的出发点,即因给付而获得利益时,对第三人原则上不成立非给付不当得利,给付关系不成立、无效或被撤销时,仅须对给付人负不当得利返还义务。此外,还应参酌各个法律规定的规范目的(如民法关于善意取得的规定),作为判断依据。[2]

对此,我们以无权处分场合的不当得利加以分析。

案例 乙将甲的A车擅自出卖与丙,丙善意取得A车。在这种情况下,丙获得了利益(A车所有权),一方面系由于乙的给付;另一方面又导致甲丧失A车的所有权,其不当得利关系,可分两种情况说明:

(1)乙和丙之间的买卖合同有效成立,丙对甲是否负有不当得利返还义务?

在德国民法、中国台湾地区"民法"上,丙从乙处受领给付上的利益,具有法律上的原因,不构成不当得利。至于丙对甲是否承担不当得利返还义务,需要探讨。非给付不当得利请求权辅助性理论,强调给付关系的优先性,认为获得利益系基于给付关系的,无成立非给付不当得利的余地。具体到上述例子,甲对丙无不当得利返还请求权。另一种学说主张,对甲而言,丙不得以其与乙之间的合同关系作为保有A车的法律依据(合同的相对性),甲对丙之所以不得主张非给付请求权,其理由系民法关于善意取得的规定,旨在使善意的受让人终局地实质地保有其取得的权利。无论采取何种学说,结论均同,即甲不能对丙主张非给付不当得利返还请求权,只能向乙行使非给付不当得利返还请求权,请求返还其侵害甲的A车所有权而取得的利益(价款请求权或价款)。[3] 在中国,亦应如此。

(2)乙和丙之间的买卖合同不成立、无效或被撤销,丙对甲是否负有不当得利返还义务?

---

〔1〕 参见王千维:《在给付行为之当事人间基于给付而生财产损益变动之不当性》,新学林出版股份有限公司2007年版,第9~10页。

〔2〕 Esser – Weyers, S. 413; Medicus, *Bürgerliches Recht*, Rdnr. 730;王泽鉴:《债法原理·不当得利》(总第2册),三民书局1999年版,第174、185页。

〔3〕 Hüffer, Die Eingriffskondiktion, Jus 1981, 263, 267; Medicus, *Bürgerliches Recht*, Rdnr, 730; Koppensteiner – Kramer, S. 114ff.; Erman – Westermann, §812 Rz. 83ff.;王泽鉴:《债法原理·不当得利》(总第2册),三民书局1999年版,第174、183页。

在德国民法、中国台湾地区"民法"上，由于乙和丙之间的买卖合同不成立、无效或被撤销，丙取得A车的所有权欠缺法律上的原因，应负不当得利返还义务，固无疑问，至于由乙对丙主张给付不当得利返还请求权，还是由甲对丙主张非给付不当得利返还请求权，则有两种见解，一为直接请求权说；二为双重不当得利请求权说。

直接请求权说认为，丙获得利益，系基于乙的无权处分，并因此使甲丧失所有权，所以应由原权利人甲直接对取得人丙行使不当得利返还请求权。[1]

双重不当得利请求权说强调，为顾及丙和乙之间的给付关系及其所由发生的抗辩，应由给付人乙（无权处分人）对受领人丙行使不当得利返还请求权，原权利人（甲）则可依不当得利的规定请求乙让与其对丙的不当得利返还请求权。[2] 必须注意的是，丙是从乙处受让占有，而丧失标的物所有权的则为甲，因此如何决定乙对丙的不当得利返还请求权的内容，不无疑问。由乙对丙请求返还标的物的所有权，显然超出其因给付而遭受的损失，不利于原权利人（甲），就利益衡量而言，应回复乙为无权处分前的状态，所以乙对丙可请求返还的，系将占有移转于自己，而将其所有权移转于甲，而于丙将标的物交付于乙时，其所有权亦重归于甲。[3]

在中国，在该买卖合同无效时，丙仍负不当得利返还的义务，只是返还的利益是A车的所有权或占有，还是差价款，存在争议。如果彻底贯彻善意取得制度使受让人终局地保有其取得的权利这种立法目的，则不应使丙返还A车，而应返还差价款，即采用差额说返还不当得利；假如沿袭德国关于给付不当得利的规则，丙就必须依不当得利制度返还A车，甲向丙返还（全部或部分的）车款。本书作者倾向于前者。

（四）特殊情形下非给付不当得利返还请求权优先

需要指出的是，第三人介入损益变动过程而与受益人或受害人具有给付关系时，给付不当得利不宜一律优先，在某些情况下，非给付不当得利应当优先。

案例 甲、乙、丙三家公司共同出资设立丁房地产开发有限公司，约定丁公司正常运作时，登记在甲公司名下的A国有土地建设用地使用权将过户到丁公司名

---

〔1〕 Boehmer, *Grundlagen der Bürgerlichen Rechtsordnung* Ⅱ, 2, 1954, S. 7ff.; Oertman, Recht 1915, 514; Grunsky, JZ, 62, 207. 转引自王泽鉴：《债法原理·不当得利》（总第2册），三民书局1999年版，第147页。

〔2〕 Erman – H. P. Westermann, §816 Rz. 10; Esser – Weyers, S. 409; Staudinger – Lorenz, §816 Rz. 21; Soergel – Mühl, §816 Rz. 17. 转引自王泽鉴：《债法原理·不当得利》（总第2册），三民书局1999年版，第147页。

〔3〕 参见王泽鉴：《债法原理·不当得利》（总第2册），三民书局1999年版，第147～148页。

下，条件是乙公司必须向甲公司清偿1.3亿元人民币的欠款。

在A国有土地建设用地使用权尚未移转过户到丁公司名下的背景下，丁公司作为发包人与作为承包人的戊建筑有限责任公司签订了B《建设工程施工合同》，并且，在未取得建设工程规划许可、建设工程施工许可等五项行政许可的情况下，戊建筑有限责任公司便垫资施工。

施工结束后，戊建筑有限责任公司向丁公司主张工程款时，便遭遇到B《建设工程施工合同》因违法而无效的后果。

在这件案件纠纷中，如果囿于给付不当得利优先的观点，则戊建筑有限责任公司便无权向甲公司诉求不当得利，因为戊建筑有限责任公司与丁公司之间有建设工程施工合同关系，丁公司与甲公司之间存在1.3亿元人民币的债务关系及移转过户A国有土地建设用地使用权的关系，戊建筑有限责任公司与甲公司之间没有给付关系。可是，在系争案件中，丁公司缺乏可供执行的财产，甲公司拒绝将A国有土地建设用地使用权过户登记在丁公司名下，拘泥于给付不当得利优先的原则，严重损害了戊建筑有限责任公司的权益。与此不同，如果采取非给付不当得利优先的观点，那么，戊建筑有限责任公司有权直接向甲公司主张不当得利，从而实现自己的权益。稍微具体地说即是：戊建筑有限责任公司的垫资、有关技术、劳务都物化于A国有土地建设用地之上的建筑物里了，受有损失；按照房地权属一体的原则，甲公司于补办有关手续后会取得该建筑物的所有权，取得利益；于未补办有关手续时，依据添附法理取得这些物化物的所有权；此处利益和损失之间存在因果关系；甲公司取得所有权具有《物权法》第142条正文的依据，但所取得的利益却无合法根据，构成不当得利。

本节法条7-4

第四节 不当得利的效力

引导案例

[7-4] 甲与乙订立买卖合同，将名贵的花瓶卖给乙，并交付了花瓶。随后，该买卖合同被认定为无效，甲要求乙返还不当得利。乙的不当得利是什么，如果乙作为花瓶的受领人，已经将花瓶转卖给其他人，无法返还花瓶。此时，甲可否要求乙返还花瓶的价值，该价值应当如何认定？

一、不当得利请求权的客体

不当得利请求权的客体，中国台湾地区“民法”规定为，所受利益、本于该利益更有所取得(第181条);中国最高人民法院《民法通则意见》规定为原物、孳息(第131条前段)。

(一)原物返还

不当得利的返还方法,以返还所受利益的原状为原则,学说称作原物返还,以价值额偿还为例外。原物返还,包括所受利益,以及本于该利益更有所得。

1. 所受利益

所受的利益,是指得利人因给付或非给付所取得的权利、物的占有、不动产的登记、债务免除等财产上的利益。关于返还的方法,对于权利,应按照各个权利的移转方法,将其权利移转于受害人(受损人)。例如,对于物的占有,应依交付的方法为之;对于不动产的登记,可请求移转登记(变更登记)的途径予以返还;经设立的物权(用益物权或担保物权)应予废止;经废止的物权应予复原。经成立的债权应予免除;经抛弃的债权应予回复。[1] 在所受利益为金钱时,按照严格形式的看法,应认为得利人所受利益为货币的所有权及其直接占有,其应返还的,亦为该货币的所有权及占有,在不能返还原物时(如已经存入银行),应予偿还其价格。但就经济观点观察,也可以认为应予返还的为金钱价值,而非特定的货币本身。[2]

2. 本于该利益更有所取得

所谓本于该利益更有所取得,可分为三类:(1)原物的用益,是指原物所得的孳息(天然孳息和法定孳息)和使用利益(如房屋的使用);(2)基于权利的所得,如原物为债权的,所受到的清偿;(3)原物的代偿物,如原物因毁损而从第三人处取得的损害赔偿金或保险金。[3]《民法通则意见》仅仅规定了第一类即孳息(第131条前段),有所不足,应予扩张至"(2)""(3)"。

提示 | 逾期支付时的利息计算

逾期返还借款、逾期支付货款,在审判和仲裁的实务中,一般都裁判返还借款本金、支付货款本金加上按照银行同期、同类贷款利率计算的利息。例如,法发[2009]19号第9条规定:"受让人向国有企业债务人主张利息的计算基数应以原借款合同本金为准;受让人向国有企业债务入主张不良债权受让日之后发生的利息的,人民法院不予支持。但不良债权转让合同被认定无效的,出让入在向受让人返还受让款本金的同时,应当按照中国人民银行规定的同期定期存款利率支付利息。"

---

〔1〕 参见王泽鉴:《债法原理·不当得利》(总第2册),三民书局1999年版,第188~189页。

〔2〕 Musielak, Grundkurs, BGB, 1986, S. 325;王泽鉴:《债法原理·不当得利》(总第2册),三民书局1999年版,第189页。

〔3〕 参见王泽鉴:《债法原理·不当得利》(总第2册),三民书局1999年版,第192页。

探讨｜应当返还的不当得利中的孳息的认定

《民法通则意见》第131条前段关于"返还的不当得利,应当包括原物和原物所生的孳息"的规定之中,原物与孳息之间具有特定的关联关系,即孳息必须是原物所生的利益,而不得将他物所生的利益作为孳息。

对此,以某《股权转让协议》为例加以说明。甲公司和乙公司签订了《股权转让合同》,乙公司依约支付了2000万港元的股权转让款,但甲公司并未将其股权实际移转给乙公司,而是实际转让给了丙公司,获得了6000万美元。后来,该《股权转让合同》被确认为无效。乙公司据此请求甲公司返还不当得利,包括2000万港元以及甲公司将涉案股权转让给丙公司所获得6000万美元转让款的51%。

本书作者认为,甲公司向乙公司返还的不当得利,包括"原物"及"孳息"。其中的"原物",应为返还涉案2000万港元。其中的"孳息"必须是涉案2000万港元这个"原物"所生的利益,而不得是甲公司在其目标公司中的股权及其带来的利益。例如,不得是涉案股权转让所得的转让款。其中的道理很简单,涉案股权不是涉案2000万港元不当得利返还中的"原物",也不是涉案2000万港元不当得利返还中的"孳息"。换个角度说,涉案2000万港元的不当得利返还,与涉案股权之间没有因果关系,与涉案股权转让所得转让款更无因果关系。所以,在系争《股权转让协议》无效场合处理返还问题,乙公司无权主张涉案股权转让款的返还。稍微详细些说,其一,涉案51%股权没有转让给乙公司,就是说,涉案51%股权从来就不是乙公司的财产。无论该51%股权增值还是贬值,是继续留在甲公司之手,还是转让给丙公司,均为甲公司自己的事情,与乙公司无关,更遑论不当得利及其返还的问题。其二,因为"其一"的客观事实,顺理成章地得出这样的结论:专就涉案股权而言,乙公司与甲公司之间不存在财产的"损益变动"。而不当得利制度仅仅是为解决双方之间存在没有法律上原因的财产"损益变动"而设置和存在的。既然专就涉案股权而言两造当事人之间不存在财产的"损益变动",那么,乙公司在主张涉案2000万港元的不当得利返还时,就无权将51%股权的转让款计算在内。其三,正如前述不当得利的构成,需要具备四项要件,即一方当事人获得利益;另一方当事人遭受损失、该获得利益与遭受损失之间有因果关系、该获得利益没有合法根据。因为涉案股权从未转让给乙公司,涉案股权从来不是乙公司的财产,所以,涉案51%股权转让给丙公司,甲公司获得6000万美元的转让款,一是具有合法根据的;二是这并不导致乙公司遭受损失。也就是说,甲公司转让涉案51%股权并获得6000万美元的转让款,不具备不当得利构成的三项要件,即不具备"他方当事人受有损失""一方当事人基于给付获得利益与他方当事人受有损失之间存在因果关系""没有合法根据"这三项要件,一句话,不成立不当得利。

由此可见,乙公司的下述主张不符合不当得利制度的本质要求、不当得利的构成,于法无据:该种返还不仅要回复到合同前的状态,而且返还的范围要扩大,要取得涉案股权转让款的51%。

(二)价值额偿还

1. 应偿还价值额的情形

获得的利益或本于该利益更有所得,依其性质或其他情形不能返还的,应偿还其价值额。所谓依其性质,如获得的利益为劳务、物的使用或消费、免除他人的债务等。所谓其他情形,主要有获得利益本身(如花瓶)的灭失、被盗或遗失,得利人将受领的标的物出售、赠与或与他人之物互易而移转其所有权等。还有,受领之物部分毁损时,也属于不能返还原物,就其毁损部分也应以价值额偿还。对此类不能原物返还的情形,受领人有无过失,在所不问。受领的利益为代替物的,应予返还的,仍为价值额,而非其他代替物。〔1〕

2. 价值额的计算及其时间点

客观说认为,所谓价值额,应依客观交易的价值予以确定。主观说则主张,所谓价值额,应就得利人的财产加以判断,在财产总额上有所增加的,皆应予以返还。

事例 案例[7-4]中,得利人的利益为A花瓶的所有权,市场价格为5万元,得利人将之出售于他人时,不能将A花瓶返还,应偿还其价值额。按照客观说,无论其价款多少,得利人应偿还的均为5万元;依主观说,得利人应偿还的为所得价款,若所得价款为6万元,应偿还6万元;若所得价款为4万元,应偿还4万元。〔2〕 客观说为通说,〔3〕主观说系近来的见解,但也有反复。〔4〕

在受领的利益为劳务时,所应偿还的,为取得该项劳务的相当报酬。消费他人之物时,所应偿还的,系该物的市场价格。在使用他人之物的情形,为"物的使用"本身。〔5〕

---

〔1〕 参见王泽鉴:《债法原理·不当得利》(总第2册),三民书局1999年版,第192页。

〔2〕 参见王泽鉴:《债法原理·不当得利》(总第2册),三民书局1999年版,第192~193页。

〔3〕 参见史尚宽:《债法总论》,荣泰印书馆股份有限公司1978年版,第95页;郑玉波:《民法债编总论》(修订2版),陈荣隆修订,中国政法大学出版社2004年版,第109页;王泽鉴:《债法原理·不当得利》(总第2册),三民书局1999年版,第192~193页。德国通说亦采客观说,但争论激烈,参见Koppensteiner, NJW 1971,1769ff.; Koppensteiner – Kramer, S. 159ff., 161ff., 175f.; Goetzke, *Subjektiver Wertbegriff im Bereicherungsrecht*, AcP 173, S. 289; Larenz, *Zur Bedeutung des "Wertersatzes" im Bereicherungsrecht*, Festschrift für v. Caemmerer, 1978, S. 209f.; Reuter/Martinek, S. 563。

〔4〕 参见王泽鉴:《债法原理·不当得利》(总第2册),三民书局1999年版,第193页。

〔5〕 参见王泽鉴:《债法原理·不当得利》(总第2册),三民书局1999年版,第194页。

关于应偿还价值额计算的时间点,德国、中国台湾地区的学说存在分歧。有认为不当得利请求权成立时,[1]有认为法院事实审辩论终结时,[2]也有观点主张以价值额偿还义务成立时为准据时间点:[3]在原获得的利益依其性质不能返还的情形,其准据时间点与不当得利返还请求权成立时相同;在原物因其他事由不能返还的情形,以其不能事由发生(如原物灭失或出售于他人)时。之所以采纳这种见解,是因为所应返还的,即为价值额,在理论上自应以价值额偿还义务成立时为时间点。此其一。原物在其返还义务发生时起至与其不能返还时的增值,应包括在价值额偿还请求权之内。此其二。如采纳以法院事实审辩论终结时为时间点,事实上系以原物在受领人财产的变动为其判断标准,与法律设置价值额偿还的规范目的未尽相符。[4]

3. 获得利益的返还

在无权使用他人著作权、专利权等情况下,所获利益不能原物返还,应偿还其价值额。该项价值额应按照使用该项权利通常必须支付的报酬加以计算。

问题在于,受损人可否进一步请求债务人(得利人)返还超过该项客观价值额的获利?换句话说,债务人所应返还的,究竟为价值额还是获得的利益?这涉及不当得利制度的功能,侵权损害赔偿和无因管理制度的适用,系民法上一项重要的争论问题。

■ 学说比较 | 获得利益如何认定

通说认为,损失大于利益时,应以利益为准,利益大于损失时,则应以损失为准。所以,在侵害他人著作权或专利权时,仅应偿还其客观价值额,在无权处分他人之物时,亦然。其理由在于,若返还超过损失的利益,则受害人反而获得不当得利。不过,不法侵害他人权利,能有侵害的获得利益,不合事理,亦非妥当。于是,通说又主张受害人可类推适用无因管理的规定,向受益人请求返还不法管理他人事务所得的利益。由于管理人明知为他人事务却仍作为自己的事务而管理,不适用于过失的情形,学者又主张应在侵权行为法中另觅解决之道,

---

[1] 此为德国通说,RGZ 101,391;BGHZ 5, 197, 200。转引自王泽鉴:《债法原理 · 不当得利》(总第2册),三民书局1999年版,第194页。

[2] Esser – Weyers, S. 418; Koppensteiner NJW 71, 589. 转引自王泽鉴:《债法原理 · 不当得利》(总第2册),三民书局1999年版,第194页。

[3] 参见史尚宽:《债法总论》,荣泰印书馆股份有限公司1978年版,第94页;孙森焱:《民法债编总论》(上册),法律出版社2006年版,第153页;王泽鉴:《债法原理 · 不当得利》(总第2册),三民书局1999年版,第194页。

[4] Reuter/Martinek, S. 569f. 转引自王泽鉴:《债法原理 · 不当得利》(总第2册),三民书局1999年版,第194页。

从宽认定损害赔偿的范围，包括通常使用著作权、专利权等可获得的利益。〔1〕近来，不少德国和瑞士的学者主张，在侵害他人权益的不当得利的场合，债务人应负返还获得的全部利益（扣除费用等）的义务，主要理由如下：(1) 任何人不得因其不法行为而获得利益。侵害他人权利的，应返还所获得的利益。唯有如此，才可避免鼓励不法，具有预防的作用。〔2〕(2) 不法无因管理的成立，必须以管理人明知所管理的事务为他人的事务，侵权损害赔偿的成立，必须以行为人具有过错为要件，未臻周全，不法侵害他人权益的，纵无过错，也不得保有其获得的利益。〔3〕(3) 不当得利返还请求权就其功能而言，在于剥夺受益人无法律上原因的全部利益，一方当事人获得利益，不以他方当事人财产上受到损失为必要。通说认为，《德国民法典》第 816 条第 1 款规定所说的利益，是指获得的全部利益，〔4〕有些学者以此为据进而认为，在侵害著作权、专利权或人格权时，加害人应负获得利益的返还责任。〔5〕

本书作者认为，德国、瑞士某些学者的新说值得重视，中国不当得利制度可以有条件地借鉴。

（三）强迫得利的返还

主观说认为，应就得利人的整个财产，依其经济上的计划，认定应偿还的价值额。反对说则主张，不宜为解决这个特殊问题而将价值的计算主观化。强迫得利场合，应如何返还，属于是否获得了利益的问题。得利人若未获得利益，则不存在返还的问题。

事例 例如，甲拟将拆除其围墙，乙却自作主张油漆该围墙，于此场合，甲在整个财产上并无存留的利益，甲免负返还义务。〔6〕

---

〔1〕 参见王泽鉴：《债法原理・不当得利》（总第 2 册），三民书局 1999 年版，第 194～195 页。

〔2〕 Max Keller und Peter Schaufelberger, *Das Schweizerische Schuldrecht* Bd. Ⅲ, Ungerechtfertigte Bereicherung, 2. Aufl. 1983, S. 70. 转引自王泽鉴：《债法原理・不当得利》（总第 2 册），三民书局 1999 年版，第 197 页。

〔3〕 Brandner, *Die Herausgabe von Verletzervorteilen im Patentrecht und im Recht gegen unerlaubteren Wettbewerb*, GRUR 1980 359. 转引自王泽鉴：《债法原理・不当得利》（总第 2 册），三民书局 1999 年版，第 197 页。

〔4〕 Koppensteiner – Kramer, S. 160. 转引自王泽鉴：《债法原理・不当得利》（总第 2 册），三民书局 1999 年版，第 197 页。

〔5〕 Esser – Weyers, S. 417; Koppensteiner – Kramer, S. 162f. 转引自王泽鉴：《债法原理・不当得利》（总第 2 册），三民书局 1999 年版，第 197 页。

〔6〕 Münchkomm – Lieb, §812 Rz. 265f.; Soergel – Mühl, §812 Rz. 162; Esser – Weyers, S. 413; Fikentscher, SS. 694, 705; 王泽鉴：《债法原理・不当得利》（总第 2 册），三民书局 1999 年版，第 200 页。

二、不当得利返还的范围

（一）善意得利人的返还责任

1. 概述

得利人为善意（不知道且不应当知道）时，仅负返还现存利益，如果该利益已不存在，则不必返还原物或偿还价值额（《民法典》第986条）。之所以如此，是因为法律使善意得利人的财产状态不致因发生不当得利而受不利的影响。

这里的善意，是指得利人不知没有法律根据，有无过错，在所不问。

2. 利益不存在的概念、准据时间点和举证责任

这里的利益，不同于不当得利构成上所要求的在不当得利过程中所取得的个别的、具体的利益，而是应抽象、概括地就得利人整个财产加以判断，以获得利益的过程而产生的现有财产总额，与若无其事实应有财产的总额比较，而决定有无利益的存在。〔1〕这种按照经济考察方法认定的利益概念，学说上称为差额说（Differenztheorie），不当得利过程中出现的利益（积极项目）与不利益（消极项目）均应纳入计算，以其结算的余额，作为应返还的利益。〔2〕

关于利益是否存在的准据时间点，学说主张应以受返还请求之时为准，得利人在受返还请求的催告时应负返还责任。既然经过催告，应当知道获得的利益没有合法根据（无法律上的原因），自此时起，应负返还责任。〔3〕

得利人主张利益不存在时，应就该事实负举证责任。〔4〕

3. 利益不存在的认定

（1）以一方给付为讨论对象场合的利益不存在

第一，受领标的本身不存在。就受领标的物而言，所谓利益不存在，可就若干典型案例加以说明。其一，原来获得利益（如A车所有权）因毁损、灭失、被盗或其他事由不能返还时，获得相应的损害赔偿金、补偿金或保险金等补偿，属于“本于该利益更有所取得”，应予返还；若未获得此类补偿，如取得的金钱被盗，取得的小狗死亡，取得的葡萄酒被饮用，就构成利益不存在，得利人免负返还义务或偿还价值额的责任。但是，得利人饮用该葡萄酒而节约了其他葡萄酒，于此场合取得的利益体现于其所节约的价值，应成立“节约式不当得利”。其二，特别是，在经济上合理使

---

〔1〕 Jachin Wolf, *Der Stand der Bereicheungslehr und ihre Neubegründung*, 1980, S. 7f.；王泽鉴：《债法原理·不当得利》（总第2册），三民书局1999年版，第202页。

〔2〕 参见许惠佑：《不当得利法上所受利益之不存在》，台湾政治大学1980年硕士学位论文；王泽鉴：《债法原理·不当得利》（总第2册），三民书局1999年版，第202页。

〔3〕 参见王泽鉴：《债法原理·不当得利》（总第2册），三民书局1999年版，第203页。

〔4〕 Jauering－Schlechtrim，§818 Rz. 6e.；孙森焱：《民法债编总论》（上册），法律出版社2006年版，第156页。

用取得的利益不意味着不当得利已不存在。例如,某人以无因取得的金钱支付债务,则不当得利的金额应以其债务如未获无因取得的利益支付的状态为基准。其三,出于种种原因,如取得的利益无法以物的形态返还,或是对于得利人没有价值,或是不再具有价值,故可以是当初就没有不当得利,也可以是事后丧失不当得利。这种无价值的情形特别体现在所谓“强迫得利”(aufgedrängte Bereicherung)案型之中,特别是在费用支出不当得利的框架里。其四,得利人就获得的利益(如A车所有权)为法律行为上的交易,所获得的对价(如价款或互易物)不能认为系本于该利益更有所取得,属于原物不能返还,应负返还价值额的责任。例如,得利人将时值10万元的A车以11万元出售,应返还10万元(客观说);若以9万元出卖,其财产总额的增加现在尚存的,为9万元,所以,善意得利人仅负9万元的返还义务。如果A车被盗,得利人获得的利益不存在,那么,他不负不当得利返还义务或价值额偿还的责任。不过,得利人若原来约定赠与他人时值10万元的汽车,实际交付A车来履行该赠与合同,其财产总额的增加尚存,应负返还10万元的责任。其五,获得的利益为金钱并且已被融入受领人的财产时,难被识别出来,也就不好说其存在。但得利人若能证明确实以该项金钱赠与他人,可主张获得的利益不存在。其六,使用消费他人之物,但无支出此类消费的计划的,那么,其使用消费的利益便没有留存于财产总额之中,按照差额说,可主张获得的利益不存在。

第二,得利人的其他财产上的损失。除上文所述受领标的本身不存在以外,还应考虑得利人因取得利益的过程中于其财产所受的损失。当然,这里有何种财产损失应予扣除的问题。

有学说认为,与获得利益的事实有因果关系的损失,均可列入扣除的范围,但王泽鉴教授认为因果关系过于广泛,对其应作适当限制,得利人可以主张扣除的,尚须限于其因信赖取得的利益存在法律上的原因而遭受的损失。法律之所以责令恶意得利人承担加重的责任,是因为恶意得利人应当考虑到有义务返还其受领利益;之所以减轻善意得利人的返还责任,是因为善意得利人信赖其所受利益具有法律依据。既然该信赖受法律保护,那么,善意得利人可以主张扣除的,也应当以其信赖覆盖的损失为限。依此见解,得利人就其财产上损失可以主张扣除的,有如下几种:其一,因取得该利益所支出的费用,如运费、关税等;其二,对受领物所支出的必要费用和有益费用,如动物的饲料费用;其三,得利人相信所获利益不致返还,因此将自己的财产给与他人,如不知无法律上的原因而取得电脑,遂将自己原有的电脑捐赠希望小学;其四,如果得利人取得某种利益是以其权利消灭或其价值降低为代价的,如第三人丙因其错误向债权人甲清偿乙的债务,甲误信该清偿为有效而受领,导致毁损了债权证书,抛弃担保时,其原有债权受损害,那么,得利人也可主张扣除,其具体操作可以是甲保有给付,将其对乙享有的债权转让给丙。

(2)双务合同中为给付与不当得利关系中的利益不存在

处理双务合同中的不当得利返还请求权,与如何认识不当得利返还请求权的客体之间相关。德国民法的多数说认为,在双务合同场合当事人各有独立的不当得利返还请求权,如出卖人已经转移了买卖物的占有和所有权,买受人业已付清了价款,但实际上买卖合同不成立或被撤销或归于无效,出卖人享有该买卖物的所有权返还请求权,买受人享有价款的返还请求权。由于这两项请求权是基于同一个不复存在的合同产生的,构成同时履行抗辩权。如果返还的标的在种类上相同(如买受人已将车转售他人时,则应向出卖人偿还价款),那么,当事人有权主张抵销。这就是二个不当得利返还请求权对立说(Zweikondiktionentheorie),一译互相返还理论。但是,该学说存在缺陷,例如,在买受人自出卖人处受领的买卖物全部或一部灭失时,买受人一方面可以主张所受利益不存在,免负返还或偿还价款的义务;另一方面仍可向出卖人请求返还其支付的价款,则发生买受人可将所受利益灭失的风险转嫁出卖人负担,与公平理念及双务合同的本质容有未符。又如,在出卖人先行交付买卖物,买受人未付款,此时买卖物灭失,如果买受人可以主张所受利益不存在,免负返还义务,则出卖人应承担先为给付的风险。这的确不公平。

为克服该缺点,德国实务及部分学者采取差额说(Saldotheorie),认为在双务合同的场合,双方当事人所为给付因合同不复存在而要"清算"或曰"计算",若有差额,便成立不当得利返还请求权。较为详细些说,双务合同中双方的给付,根据经济上交换的目的,构成一个整体,在已经实际给付时,不因合同不复存在而抛弃一并观察、计算的理念和思路。该说也受到了一些学者的批评,德国实务为顾及双务合同中当事人利益及法律上的价值判断,对差额说作了修正,创设了例外。

中国法可以借鉴各说的优点,确定双务合同场合的不当得利不存在。其一,如果双方当事人均已提出给付,其取得的利益尚存时,可依相互返还理论,每一方当事人均可行使不当得利返还请求权。不发生利益不存在问题。在一方受领的给付不复存在的情况下,假如允许一方面主张利益不存在,不再承担返还不当得利的义务;另一方面却有权请求相对人返还其受领的对待给付,把给付不复存在的风险完全转嫁给相对人,这是违反公平正义的,不应被允许。于此场合,不考虑受领人有无过错,这才达到利益平衡。其二,如果一方当事人先为给付,如出卖人先行交付买卖物,后查清该买卖合同不成立,买受人受领的买卖物已经灭失,不能原物返还,则不得主张利益不存在,仍应负担不当得利返还义务。

(3)取得的利益无偿转让给第三人与利益不存在

《民法典》第988条规定:"得利人已经将获得的利益无偿转让给第三人的,受损失的人可以请求第三人在相应范围内承担返还义务。"其意在于区分两个法律关系,在受损人和得利人之间的关系方面,利益不存在,得利人不再负不当得利返还的义务;但在无偿受让利益的第三人与受损人之间成立不当得利返还关系,受损人系债权人，该第三人是债务人。

需要注意的是，对于《民法典》第988条的规定，不应完全按照字面意思理解，而应予以限缩性的解释。其一，适用该条宜以得利人转让其得利为正当时，受损人才有权请求受让该利益的第三人返还该利益，该第三人无权抗辩；得利人非正当地转让时，得利人取得的利益视为仍然存在，不得主张利益不存在并拒绝承担返还义务，于此场合，如果受损人径直请求该第三人返还不当得利，则该第三人有权予以拒绝。其二，如果进入破产程序，破产管理人虽然有权请求受赠人返还，但这已非不当得利问题，而是破产问题。在“利益”表现为有体物、股权、知识产权，它们作为交易的标的物已被受让人善意取得的，受损失之人也无权请求该受让人返还。

（二）恶意得利人的返还责任

1. 构成要件

此处所说的恶意，是指得利人知道或者应当知道没有法律根据，包括受领时明知和其后明知，不包括因过失而不知晓的情形。由于认定没有合法根据（无法律上的原因）较为困难，得利人依其对事实的认识和法律上的判断知晓其欠缺保有所获利益的正当根据时，就足够了，不以确实了解整个法律关系为必要。得利人为法人机关时，该机关的明知即为法人的明知。代理人的明知，应归被代理人负责。得利人为限制行为能力人的，应依其法定代理人的明知加以认定。[1]

2. 法律效果

（1）自始恶意的得利人的返还责任

第一，加重的返还责任。恶意得利人应将受领时获得的利益，附加利息，一并返还。其一，受领时获得的利益。受领时获得的利益，不仅包括该利益的本体，还包括本于该利益更有所取得。受领时获得的利益依其性质或其他情形而不能返还时，应偿还其价值额。恶意得利人不得主张所获得的利益不存在而免负返还责任。[2] 其二，就获得的利益附加利息。受领的利益为金钱时，应附加利息。受领的利益为金钱以外的形态时，可转变为损害赔偿。[3] 其三，损害赔偿。恶意得利人返还获得的利益（含利息），若仍不能填补受损人的损失，就其不足部分，应另负损害赔偿责任。该种损害赔偿，请求权系不当得利制度上的制度，而非侵权责任法上的损害赔偿，不以受损人对损失的发生具有过错为要件。[4]

第二，得利人的支出费用请求权。恶意得利人不得主张所获得的利益不存在，故因取得利益所支出的费用，如运费、税费等，不得主张扣除。[5]

---

〔1〕 参见王泽鉴：《债法原理·不当得利》（总第2册），三民书局1999年版，第209～211页。

〔2〕 参见王泽鉴：《债法原理·不当得利》（总第2册），三民书局1999年版，第212页。

〔3〕 参见王泽鉴：《债法原理·不当得利》（总第2册），三民书局1999年版，第212～213页。

〔4〕 参见王泽鉴：《债法原理·不当得利》（总第2册），三民书局1999年版，第213页。

〔5〕 参见王泽鉴：《债法原理·不当得利》（总第2册），三民书局1999年版，第213页。

(2)嗣后恶意的得利人的返还责任

受领人于其明知没有合法根据(无法律上的原因)的阶段,仅就现存利益负返还义务,若所获得的利益不存在,亦可主张,不负返还责任;于其明知获得的利益没有合法根据(无法律上的原因)时,开始承担加重的责任。[1]

本节法条7-5

第五节 不当得利返还请求权与有关请求权之间的关系

一、不当得利返还请求权的独立性

《民法典》第985条与第157条前段关于合同失去效力场合的返还财产和折价补偿的规定、第179条第1款第4项关于返还财产责任和第5项关于恢复原状责任的规定、第235条关于物的返还请求权的规定、第322条关于添附的规定、第460条至第462条关于占有回复关系的规定、第566条第1款关于合同解除场合恢复原状的规定、第577条关于违约救济方式的规定、第979条关于无因管理中请求权的规定、第980条关于不真正无因管理的规定、第1179条关于侵权损害赔偿请求权的规定之间是何种关系?如何适用法律?这是无法回避的现实问题。需要研讨。

解决这些问题,直接与对不当得利是采取辅助性理论(Pringcipe de subsidarité)还是独立性理论密切相关。所谓不当得利辅助性,第一层意思是指有其他请求权存在时,一方并未受利益,致他方受损失,不当得利的构成要件不具备,不发生不当得利返还请求权;第二层意思是指不当得利返还请求权仅限于当事人不能依据其他请求权得到完全满足时,始能行使之。[2] 在法国,法院要求受损人没有其他诉权可以进行救济时方可主张不当得利返还。该诉权既可以是针对得利人的,也可以是针对第三人的(如保证人)。[3] 即使其他诉权已因诸如已经罹于时效、权利失效、法院的判决、证据不充分等情形而难以理想地救济受损人,也不许适用不当得利的规定。但是,如果该诉权是基于事实上的原因(如债务人资不抵债)而不能达到救济受损人的最终目的,则可以用不当得利请求权替补。[4] 在瑞士,通说也采取

---

[1] 参见王泽鉴:《债法原理·不当得利》(总第2册),三民书局1999年版,第213页。

[2] Wenner, Die Voraussetzungen des Anspruchs aus ungerechtfertiger Gereicherung Bereiecherung underbesonderer Bertücktigung des Problems der Subsidiarität, 1977, S. 135. 转引自王泽鉴:《不当得利》,北京大学出版社2009年版,第209~210页。

[3] Com, 10 oct. 2010, Bull. civ., JV, n°150. Ph. Malaurie, L. Aynès, Ph. Stotfel_Munck, Cours de droit civil: Les obligations, 5°éd. 2011, Dalloz, n°1071, p. 584. 转引自李世刚:《法国新债法·债之渊源(准合同)》,人民日报出版社2017年版,第106页。

[4] 参见李世刚:《法国新债法·债之渊源(准合同)》,人民日报出版社2017年版,第106~107页。

辅助性理论,认为不当得利请求权仅在于无其他请求权可资主张时,始能行使,其功能大受限制,致未受重视,居于次要地位。不过,近年来因受德国法学的影响,学者力倡废弃辅助性理论,并重新检讨不当得利请求权的理论基础及构成要件,而有重大发展。[1] 德国通说肯定不当得利返还请求权的独立性,在不当得利返还请求权与其他请求权竞合时,允许当事人选择行使。[2] 中国台湾地区的判例学说也一向采取该说,[3]其理由如下:(1)中国台湾地区的"民法"并未规定不当得利返还请求权不能与其他请求权竞合并存;(2)某项请求权成立与否,应以该请求权自身的构成要件而论,有无其他请求权的存在,属于另外的问题;(3)辅助性理论的目的,在于防止不当得利返还请求权适用范围的扩大,致使其他制度丧失其规范机能。这种顾虑在法国民法上自有所据,因为在不当得利制度的适用范围未臻明确时,有必要另创辅助性理论以资节制。中国台湾地区"民法"上的不当得利返还请求权有一定的构成要件和法律效果,适用范围可以适当规范,没有造成法律秩序混乱的可能,原则上应肯定不当得利返还请求权可与其他请求权竞合并存。[4]

以上三点理由同样符合中国《民法典》规定的情形,即《民法典》不当得利制度的适用范围十分广泛,特别是利益表现为占有、登记的不当得利在范围上与德国、中国台湾地区的并无二致。凡是没有合法根据的损益变动均可由不当得利制度调整。也就是说,解释中国《民法典》的有关规定时,宜采不当得利请求权独立性的理论。

二、不当得利返还请求权与合同无效、被撤销或确定不发生效力后的返还请求权

《民法典》第157条前段规定:"民事法律行为无效、被撤销或者确定不发生效力后,行为人因该行为取得的财产,应当予以返还;不能返还或者没有必要返还的,应当折价补偿。"其中的返还财产,可能是返还有体物,也可能是返还股权,还可能是返还担保物权,或是返还知识产权等。[5]

---

〔1〕 Kaufman - Butschli, Grundlagenstudien zur ungerechtfertigten Bereicherung in ihrer Ausgestaltung durchschweizerische Recht, 1983. 转引自王泽鉴:《不当得利》,北京大学出版社2009年版,第209页。

〔2〕 参见Koppensteiner - Kramer, S. 213; Schmidt, Die Subsidirität der Bereicherungsausprüche, 1969。转引自王泽鉴:《不当得利》,北京大学出版社2009年版,第210页。

〔3〕 参见史尚宽:《债法总论》,荣泰印书馆股份有限公司1978年版,第98页;郑玉波:《民法债编总论》(修订2版),陈荣隆修订,中国政法大学出版社2004年版,第113~115页;孙森焱:《民法债编总论》(上册),法律出版社2006年版,第161~164页;刘春堂:《不当得利请求权与其他请求权之竞合》,载刘春堂:《民商法论集》,三民书局1985年版,第57页;王泽鉴:《不当得利》,北京大学出版社2009年版,第210页。

〔4〕 参见王泽鉴:《不当得利》,北京大学出版社2009年版,第210页。

〔5〕 关于返还财产的较为详细的辨析,参见崔建远:《物权:规范与学说——以中国物权法的解释论为中心》(上册),清华大学出版社2011年版,第262~268页。

单就第一种情形而言，因为“无效的或者被撤销的民事法律行为自始没有法律约束力”（《民法典》第 155 条），所以，受领人自始无权利保有给付人给付的有体物的所有权，该有体物的所有权未因给付而发生所有权的转移，其所有权仍归给付人享有。如此，在该给付物为动产时，根据《民法典》第 235 条关于“无权占有不动产或者动产的，权利人可以请求返还原物”的规定，成立所有物返还请求权；在该给付物为不动产且未办理转移登记时，仍可适用《民法典》第 235 条的规定，给付人享有所有物返还请求权，但若已经完成转移登记，则首先适用《民法典》第 236 条关于排除妨害请求权的规定，由给付人请求不动产登记机构注销该给付物的所有权转移给受领人的登记，回复给付人系该物的所有权人的登记，同时援用《民法典》第 235 条的规定，请求受领人返还对该物的占有。

本书认为，不当得利中的利益可以表现为占有、登记，可成立占有的不当得利或登记的不当得利。《民法典》第 985 条关于不当得利构成的规定与第 157 条前段关于返还财产的规定可以发生竞合关系，给付人可视证据等实际情况而选取物权请求权或不当得利返还请求权。至于《民法典》第 157 条前段规定的折价补偿，因为于此场合不存在物权，故不具备物权请求权的构成要件，仅仅符合不当得利的构成，给付人只可主张不当得利返还请求权。

此处是否存在《民法典》第 157 条前段关于折价补偿的规定为不当得利的特别法，《民法典》第 985 条关于不当得利构成的规定为普通法，前者优先适用的问题？在本书看来，虽然不宜断言特别法与普通法的关系之说为错误，但《民法典》第 157 条前段过于概括，缺乏给付不当得利请求权排除的列举，欠缺利益不存在规则等，在个案中还得依赖《民法典》第 985 条以下的规定。在这个意义上，《民法典》第 157 条前段反倒带有普通法的意味。

三、不当得利返还请求权与作为民事责任的返还财产与恢复原状

《民法典》第 179 条第 1 款第 4 项规定的返还财产和第 5 项规定的恢复原状，是把返还财产和恢复原状作为了民事责任的方式。按照前述分析，返还财产在有的情况下可成立物的返还请求权甚至排除妨害请求权，在有的场合可产生不当得利返还请求权。也就是说，这三种请求权在个案中可能竞合，权利人可视证据等因素而选择有利于己的请求权而主张。例如，权利人若选取不当得利返还请求权或返还财产责任，很可能遭遇无权占有人时效完成的抗辩，而主张排除妨害请求权则不受时效的阻击，（登记的物权的）物的返还请求权也有这样的益处。

恢复原状，其表现形态种种，[1]若限于《民法典》第 179 条第 1 款的语境中，则

---

〔1〕关于恢复原状的较为详细的辨析，参见崔建远：《物权：规范与学说——以中国物权法的解释论为中心》（上册），清华大学出版社 2011 年版，第 249～262 页。

只有以下两种：一是返还财产；二是把损坏的有体物修复如初。在第二种情形下，恢复原状有时属于填补物权人的损失，因为被毁损之物修复如初，物权人就不再有损失（个别情况下可能仍有）；有时兼有物权请求权和损害赔偿请求权的双重属性，因为毁损之物尚未恢复原状时，"占有"的覆盖面可能减缩了，"使用"或许不能了或打了折扣，"收益"不见了或减少了，"处分"，尤其是事实上的处分，在量的方面不可同日而语了。毁损之物被恢复原状之后，物权人对于标的物的支配全方位地理想化了，即占有、使用、收益和处分的状态如初。恢复原状所起的作用如同物的返还请求权、停止侵害请求权、排除妨碍请求权所起的作用。就此说来，恢复原状请求权具有物权请求权的一面。这种恢复原状请求权兼有损害赔偿请求权和物权请求权的双重属性。但无论哪种情形均无受益可言，即不具备不当得利的构成，不会与不当得利请求权竞合。

四、不当得利返还请求权与物的返还请求权

《民法典》第 235 条规定了物的返还请求权，它与《民法典》第 985 条规定的不当得利返还请求权之间可能发生竞合，其如同前述"不当得利返还请求权与合同无效、被撤销或确定不发生效力后的返还请求权"中的分析，不再赘言。

五、不当得利返还请求权与取得添付物所有权

《民法典》第 322 条的规定，是取得添附物所有权的法律根据，但不是不付对价的法律根据，换言之，不付对价享有在添附物上的附加价值没有法律根据，因此构成不当得利。

六、不当得利返还请求权与占有回复关系请求权

1. 无权占有人占有他人之物没有正当权源，占有该物所产生的孳息亦无合法根据，按照《民法典》第 985 条的规定，构成不当得利。权利人有权基于不当得利制度请求占有人返还占有物所产生的孳息。无论是从文义，还是从立法目的及立法计划，都看不出《民法典》第 460 条关于占有人返还孳息的规定，排除了《民法典》第 985 条关于不当得利返还规定的适用。因而，占有物的孳息返还请求权与不当得利返还请求权为竞合关系。[1]

在善意占有人为维护占有物而支出了必要费用的情况下，遇到占有物的物权

---

〔1〕 需要注意的是，与《民法典》不同，中国台湾地区"民法"第 952 条关于"善意占有人，依推定其为适法所有之权利，得为占有物之使用及收益"的规定，即为善意占有人享有占有物使用收益的法律上原因，不构成不当得利。也就是说，该条的规定排除了不当得利返还请求权。但是，由于中国台湾地区"民法"第 958 条规定恶意占有人负有返还占有物所生孳息的义务，占有物的孳息返还请求权与不当得利返还请求权为竞合关系。

人请求善意占有人返还占有物(行使物的返还请求权)或返还不当得利(主张不当得利返还请求权)时,善意占有人有权将必要费用予以扣除(有时属于抵销)。

2.《民法典》第461条规定,善意占有人所负有限的侵权损害赔偿责任,即以因占有物毁损、灭失取得的保险金、赔偿金或补偿金等返还给权利人,采取的是不当得利返还的原则。

3.《民法典》第462条规定了占有物返还请求权和占有妨害排除请求权,如果坚持不当得利中的利益形态包括占有,那么,该条规定的占有物返还请求权与《民法典》第985条规定的(占有的)不当得利返还请求权可能发生竞合。此其一。如果妨害含有对动产的无权占有,对不动产物权的登记错误,那么,《民法典》第462条规定的占有妨害排除请求权与《民法典》第985条规定的(占有的或登记的)不当得利返还请求权可能发生竞合。此其二。占有人将占有物转让于第三人,第三人因善意而取得所有权的情形,占有物的所有权人有权请求无权处分人(占有人)返还所得的对价。就该对价可成立不当得利,与占有物毁损灭失的损害赔偿请求权发生竞合。此其三。

七、不当得利返还请求权与合同解除后的请求权

《民法典》第566条第1款所谓合同解除场合的恢复原状,在给付物为有体物时构成物权请求权,在给付为其他标的时可以构成不当得利返还。在通过物权请求权的行使达到恢复原状的结果时,就不存在不当得利返还;在物权请求权不予行使时,有可能就给付物的占有或登记成立不当得利返还请求权。

八、不当得利返还请求权与基于合同的履行请求权

《民法典》第577条规定了继续履行、采取补救措施或者赔偿损失的违约救济方式。其中的继续履行,在本质上仍是在完成合同的约定,债权人受领之,具有合同约定的根据,或者说债权人享有的合同项下的债权系受领和保有该给付的根据,这排除了不当得利的成立。从债务人一侧观察,债务人未继续履行时,并不因此而免为给付,无获得利益可言,故不成立不当得利。[1] 按照请求权基础的检索理论,[2] 也可得出此种结论。

其中的赔偿损失,与不当得利返还请求权通常不发生竞合问题,因为守约方可基于违约责任的规定请求违约方赔偿损失,双方当事人之间并未发生一方获得利益、他方受到损失的财产变动关系,故不成立不当得利。[3]

---

〔1〕 参见王泽鉴:《不当得利》,北京大学出版社2009年版,第211页。

〔2〕 详细介绍和说明,参见[德]迪特尔·梅迪库斯:《请求权基础》,陈卫佐等译,法律出版社2012年版,第10~16、29页以下;王泽鉴:《民法思维》,北京大学出版社2009年版,第57~134页。

〔3〕 参见王泽鉴:《不当得利》,北京大学出版社2009年版,第213页。

其中的补救措施，在违约救济体系中属于继续履行、赔偿损失之外的一种，应指修理、更换、重作，不包含减少价款、退货（或为代物清偿，或为解除合同，或为合同更改），因为减少价款、退货（或为代物清偿，或为解除合同，或为合同更改）不符合违约责任质的规定性。从权利的角度观察，也能得出该种结论，因为请求解除合同的权利、作为形成权的减少价款请求权并非债权，而请求承担违约责任的权利均为债权。[1] 修理、更换、重作与不当得利返还请求权之间的关系，相同于继续履行与不当得利返还请求权之间的关系。

九、不当得利返还请求权与无因管理请求权

《民法典》第979条系关于无因管理的构成和法律效果的规定，据此，无因管理是本人取得并保有利益的法律根据，这就排斥了不当得利的成立。[2] 在某些案件中，无因管理的成立，使不当得利因欠缺成立要件而不存在。例如，管理人甲自己购买了1000元的瓦当为乙修缮屋顶，乙取得该瓦当的所有权及屋顶不再漏雨的利益，具有法律根据——无因管理制度，管理人请求乙返还这些利益，欠缺不当得利构成中的没有法律根据这个要件，但符合无因管理的构成要件。在此类情况下无因管理和不当得利不是竞合关系，而是无因管理请求权为不当得利请求权的前提问题。

但在某些情况下，本人有选择不当得利或无因管理的余地。例如，甲将A房出卖与乙，甲不缴纳增值税，乙代其缴纳。乙在公法上虽有义务向国家纳税，但在法律上对甲并无义务。所以，仍然成立无因管理。[3] 乙也可向甲主张不当得利返还。[4] 再如，在误信他人的事务为自己的事务而管理（误信管理）的场合，有时可作为非给付的不当得利处理，也可发生准无因管理的效果。[5]

十、不当得利返还请求权与侵权损害赔偿请求权

不当得利因得利人的侵权行为而发生，并不鲜见。例如，因过错消费、占用、出租、无权处分他人之物，或使用他人的著作权、专利权等。该过错之人向受害人承担侵权损害赔偿责任，不成问题。同时，行为人因侵权行为而获得了利益，导致权利人受到损失，也成立不当得利。所以，《民法典》第985条关于不当得利返还请求权的规定与第1179条关于侵权损害赔偿请求权的规定可能发生竞合。

---

[1] 参见崔建远：《合同法》，北京大学出版社2016年版，第360~361页。

[2] 参见王泽鉴：《不当得利》，北京大学出版社2009年版，第217页。

[3] 参见林诚二：《民法债编总论——体系化解说》，中国人民大学出版社2003年版，第113页。

[4] 参见王泽鉴：《不当得利》，北京大学出版社2009年版，第218页。

[5] 参见［德］迪特尔·梅迪库斯：《德国债法分论》，杜景林、卢谌译，法律出版社2007年版，第500页。

案例研习｜江苏百锐特贸易有限公司诉张月红不当得利纠纷案〔1〕

□ 基本案情

2012年5月30日下午,张龙喜与他人在原告百锐特公司所有的东台市金海中路3号新宁鑫光公寓4幢904室进行墙体改装,张龙喜在904室南阳台东侧墙体凿墙过程中,不慎从九楼南阳台百叶窗处坠落地面而受伤。2013年7月18日,张龙喜向法院诉讼要求雇主周东祥、房主百锐特公司赔偿其因事故产生的各项损失,其女儿张月红为法定代理人参与诉讼。2013年9月9日,法院依法作出(2013)东民初字第0901号民事判决,由百锐特公司承担30%的赔偿责任即344,298元及15,000元精神损害抚慰金,并负担诉讼费3836元。该判决已发生法律效力。

2013年11月,张龙喜就此案申请强制执行。百锐特公司于2014年1月至3月履行100,000元。2014年3月24日,百锐特公司与张龙喜(张月红为法定代理人)达成执行和解协议:百锐特公司欠张龙喜赔偿款368,333元,已给付100,000元,现于2014年4月5日、5月15日各给付100,000元。按期足额还款,则张龙喜放弃余款,本案执行终结。执行款汇至张月红银行卡。如百锐特公司不按期履行,则恢复原判决执行。后百锐特公司按时给付200,000元。2014年11月22日,张龙喜去世。原告江苏百锐特贸易有限公司提起诉讼,要求被告张月红返还不当得利132,012元。

□ 评析

本案为不当得利纠纷案件,争议焦点为:被告张月红收取原告百锐特公司给付的执行款,是否构成不当得利,张月红是否应返还未达预期年限的护理费。

《民法通则》第92条规定,没有合法根据,取得不当利益,造成他人损失的,应当将取得的不当利益返还受损失的人。根据该规定,不当得利成立的构成要件有四项:一方获得利益,另一方受到损失,获利与受损之间具有因果关系,获得利益没有合法根据。

首先,原告百锐特公司之所以需向张龙喜支付款项,是基于生效民事判决书所确定的义务,不属于不当得利法律关系中利益受损方的利益受损。根据法律规定,法定代理人能够代理无民事行为能力或限制行为能力人直接进行诉讼活动,其目的是保护无民事行为能力或限制民事行为能力人的利益,法定代理人本人无权从中获利。张龙喜因颅脑损伤处于植物性生存状态,致被告张月红以其法定代理人的身份参与(2013)东民初字第0901号民事判决书的履行,其法律后果应由张龙喜承担。

其次,从法律规定的普遍性、盖然性来看,立法者在立法时不可能考虑到个案

〔1〕 案例来源:《最高人民法院公报》2018年第5期。

的特殊性。根据最高人民法院《关于审理人身损害赔偿案件适用法律若干问题的解释》第21条第3款的规定,护理期限应计算至受害人恢复生活自理能力时止;受害人因残疾不能恢复生活自理能力的,可以根据其年龄、健康状况等因素确定合理的护理期限,但最长不能超过20年。护理费属于将来发生的财产损失,更多体现为对受害人定残后的损害救济;护理期限则是根据受害人实际状况对受害人需护理期间的法律推定,是法官基于法律规定在自由裁量权范围内做出的综合判断,价值取向在于保护受害人的权利,受害人亦需承担护理费可能不足的风险。(2013)东民初字第0901号民事判决书依据鉴定意见及受害人年龄、健康状况等因素综合判定百锐特公司对张龙喜20年护理费的30%承担赔偿责任,是对张龙喜权益受损应得赔偿的合理认定,符合法律规定,无论张龙喜还是被告张月红均未因该判决获得不当利益。

最后,生效的民事裁判对当事人具有拘束力,权利人有权按照生效的民事裁判要求义务人履行义务。在(2013)东民初字第0901号民事判决书执行的过程中,百锐特公司与张龙喜达成了执行和解协议,系双方对自己权利的处分,非经法定事由,不得擅自变更或者解除。张龙喜通过张月红收取30万元赔偿款符合双方约定,具有合法依据,其认为张月红因张龙喜提前病故而获取不当利益的依据不足。

基于此,被告张月红收取原告百锐特公司给付的执行款,不构成不当得利,故百锐特公司诉张月红返还132,012元的诉讼请求,缺少事实和法律依据,法院不予支持。

延伸阅读

□ 关于不当得利一般理论与功能

王泽鉴:《不当得利》(第2版),北京大学出版社2015年版。

黄茂荣:《无因管理与不当得利》,厦门大学出版社2014年版。

王栋:《民法典中不当得利的立法解读和司法适用》,载《中国检察官》2020年第15期。

崔建远:《不当得利规则的细化及其解释》,载《现代法学》2020年第3期。

殷秋实:《意大利法中不当得利的构成》,载《东方法学》2019年第2期。

洪学军:《论不当得利制度的功能——种体系化取向的民法学思考》,载《法律科学》2003年第6期。

肖永平、霍政欣:《不当得利的法律适用规则》,载《法学研究》2004年第3期。

□ 关于不当得利请求权

晏夏:《论三角关系中让与债权不存在的不当得利返还》,载《东南大学学报》(哲学社会科学版)2018年第S1期。

朱严秀:《试论指示给付关系下的不当得利返还——兼评〈民法总则〉122条》,载《东南大学学报》(哲学社会科学版)2018 年第 S1 期。
张翔:《原因关系双重瑕疵的指示给付型不当得利》,载《东南大学学报》(哲学社会科学版)2018 年第 S1 期。
洪学军、张龙:《不当得利返还请求权与其它请求权的竞合研究》,载《现代法学》2003 年第 5 期。
邹海林:《不当得利请求权与其他请求权的竞合》,载《法商研究》2000 年第 1 期。

综合练习

1. 试述不当得利的概念、法律性质与功能。
2. 试述给付不当得利的构成要件。
3. 试述非给付不当得利的类型。
4. 试述不当得利的效力与不当得利返还的范围。

第八章　无因管理

本章要点

无因管理是指没有法定的或约定的义务，为避免他人利益受损失而进行管理的法律事实。无因管理是和不当得利、合同、侵权行为等并列的债的发生原因之一。构成无因管理需要满足管理他人事务、管理人具有管理意思和没有法定或约定的义务三个要件。从法律效果上看，管理人为管理事务所支出的必要费用，有权向本人请求偿还。除了清偿、提存、抵销等债的一般消灭原因外，无因管理之债还因管理人终止管理或本人承认管理而消灭。

关键词　无因管理　误信管理　幻想管理　不法管理

本节法条8-1

第一节　无因管理概述

引导案例

[8-1]乙的房屋破损而发生漏雨，甲作为其邻居帮助乙修缮房屋，为修缮房屋，甲购买了水泥、瓦当等。甲和乙之间是否产生法律关系，是何种法律关系？

原《民法通则》仅以第93条规定无因管理，原《民法总则》以第118条第2款承认无因管理系债的发生原因之一，以第121条规定无因管理的构成要件和法律效果。《民法典》用8个条文依次宣示无因管理系债的发生原因之一（第118条）、总括界定无因管理关系（第121条）、明确无因管理的构成要件和与之相称的法律效果（第979条）、规定不真正无因管理及其法律后果（第980条）、设置事务管理的实施规则（第981条）、规定管理人的通知义务（第982条）和管理人的报告义务（第983条）、转化为适用委托合同的规定（第984条）。不难发现，相较于《民法通则》和《民法总则》，《民法典》上的无因管理规则内容大大丰富了。

一、无因管理的概念

（一）无因管理的界定

无因管理，是指没有法定的或约定的义务，为避免他人利益受损失而进行管理的法律事实（《民法典》第121条）。其中，所谓进行管理，简称为管理事务。管理事务的一方称为管理人，受事务管理的一方叫作本人。因本人一般从管理事务中受益，所以又称为受益人。案例[8－1]中，甲就是管理人，乙是本人和受益人（见图8－1）。

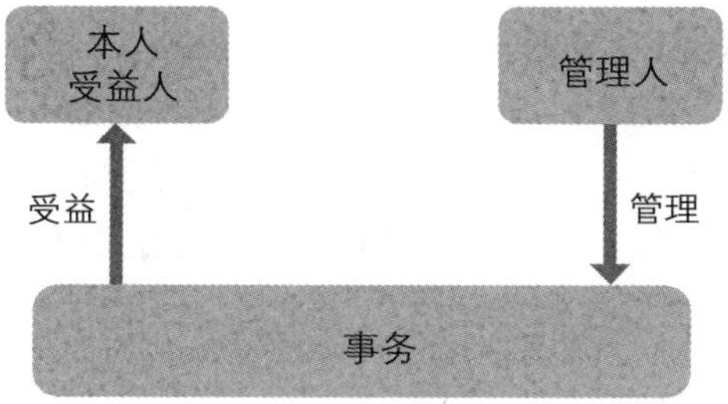

图8－1　无因管理的结构

（二）无因管理的法律性质

无因管理是管理人有意识地实施管理事务的行为，管理人的意思在其中，因而属于行为，而不属于事件。

1. 无因管理不是法律行为，是事实行为。无因管理的成立，需要管理人有将管理事务在事实上所产生的利益归属于本人的意思，即管理意思。至于无因管理产生何种法律效果，并不取决于此种管理意思，而是由法律直接规定的，即只要有管理事务的事实，在法律上就发生一定的法律效果。可见，管理意思不是效果意思，也无须表示；无因管理不以效果意思为要素，也就是不以意思表示为要素。所以，无因管理不是法律行为，而是事实行为，不适用民法关于意思表示和法律行为的规定。

在这里，称作无因管理不是法律行为，是就无因管理作为无因管理之债的法律事实而言的，也是在无因管理为“事务管理的承担”（开始管理事务的行为）的意义上讨论的；如果是对“事务管理的实施”（具备事务管理的承担之后，关于管理事务所采取的措施和方法）进行分析，或者说考察一个一个具体的管理行为，某个或某些具体的行为可能是法律行为。

事例　管理人甲为修缮乙的屋顶而向丙购买水泥，就成立了水泥买卖合同。不过，该水泥买卖合同与无因管理不画等号，它只是为管理事务所采取的措施和方法，因而未能改变无因管理为事实行为的本性。正所谓水泥买卖合同等“均为无

因管理之手段，无因管理本身并非为法律行为，而是事实行为，即非法律行为之适法行为”。〔1〕

2. 无因管理属于混合的事实行为。无因管理以管理意思为构成要件，表明了它以人的精神作用为要素，与先占取得需要占有人具备所有的意思相似，因而它属于混合的事实行为。〔2〕

3. 无因管理是法律认可的事实行为。本来，个人事务应由自己处理，他人不得干涉，系法律的基本原则，违反此项原则，任意干预他人事务，通常应构成侵权行为。但同时，助人为乐，危难相助，见义勇为，不但为道德所赞许，而且是人类社会共同生活的要求，因而在一定条件下干预他人事务，也有允许的必要。民法权衡、规律上述个人利益和社会利益，规定一定条件，使符合者具有阻却违法的性质，或者说使管理事务具有合法性，在管理人和受益人之间产生一定的权利义务，无因管理应运而生。〔3〕 可见，无因管理是一种合法的事实行为。

二、无因管理与代理的异同

无因管理是管理本人（受益人）事务的行为，代理也是“管理”本人（被代理人）事务的行为，就此看来，无因管理和代理具有一致性。但是，二者毕竟属于不同的法律制度，具有如下本质的区别（见表8-1）：（1）无因管理是管理人在无法定或约定义务情况下所实施的行为，代理行为则是代理人为履行法定或约定义务而实施的行为。（2）无因管理的构成，需要管理人有管理意思，由于该意思不是效果意思，无须表示出来；代理行为的实施，需要代理人有将代理行为所生后果归属于被代理人的意思，简称为代理意思，该意思为效果意思，必须表示出来。（3）不要说无因管理本身是事实行为，就是管理人实施的具体的管理事务的行为，也时常表现为事实行为（有时表现为法律行为）；而代理是一种法律关系，也是一项法律制度，代理行为只是其中的组成部分，基本上是法律行为，没有事实行为。（4）无因管理场合，管理人和本人（受益人）都不以拥有行为能力为必要，唯管理人既须有管理意思，因而需要有意思能力；〔4〕法定代理人和指定代理人需要有行为能力，委托代理人则可以是限制行为能力人。（5）代理关系不仅包括被代理人和代理人之间的内部关系，也必然包含相对人和被代理人之间的外部关系，而无因管理关系仅仅表现为本人和

〔1〕 王泽鉴：《民法学说与判例研究》（第2册），三民书局1979年版，第97页。
〔2〕 参见郑玉波：《民法债编总论》（修订第2版），陈荣隆修订，中国政法大学出版社2004年版，第73页。
〔3〕 参见王泽鉴：《民法学说与判例研究》（第2册），三民书局1979年版，第75~76页。
〔4〕 参见郑玉波：《民法债编总论》（修订第2版），陈荣隆修订，中国政法大学出版社2004年版，第73页。

管理人之间的内部关系。(6)由上述差别决定,代理问题适用民法关于代理和法律行为的规定,无因管理不适用民法关于代理和法律行为的规定,而适用相应的债法规则。但须注意,管理人收到本人的指示后,必须依之行事,在内部转变为委托合同关系,适用民法关于委托合同的规定;管理人对外活动有时形成委托代理,适用民法关于代理和法律行为的规定。

表8-1　无因管理与代理的区别

区别	无因管理	代理
性质	事实行为	法律行为
适用范围	无法定或约定义务所实施	为履行法定或约定义务实施
意思	需要有管理意思,但无须表示出来	需要有代理意思,且必须表示出来
行为能力	管理人不以拥有行为能力为必要	法定代理人和指定代理人需要有行为能力;委托代理人可以是限制行为能力人
当事人	受益人—管理人	被代理人—代理人—相对人
法律适用	债法规则	代理和法律行为

需要指出的是,由于"事务管理的实施"可表现为法律行为,如管理人甲为修缮乙的屋顶而与丙签订水泥买卖合同,此时管理人甲需要具有行为能力。但是,这并不否定就无因管理制度而言管理人不必具有行为能力的结论。换句话说,管理人若不具有完全的行为能力,该水泥买卖合同的效力待定,其影响限于买受人(管理人)和出卖人之间的关系;至于管理人和受益人之间的无因管理关系,则不受此影响。

三、无因管理与无权代理

无权代理是行为人在无法定或约定的义务情况下实施的行为,并且,有时行为人也有将该行为所生结果归属于本人(被代理人)的意思,无因管理和无权代理有相似之处。其实,无权代理和无因管理相去甚远。

第一,无权代理人是以本人(被代理人)的名义实施"代理行为",除非是隐名代理(俗称外贸代理);而就管理人和本人(受益人)之间而言,真正的无因管理场合,管理人以谁的名义实施事务的管理,不影响无因管理的构成;在误信的和不法的无因管理场合,正常情况下自然是管理人以自己的名义管理事务;在幻想的无因管理场合,恐怕也是管理人以自己的名义实施管理。第二,无权代理时常属于违法行为,而无因管理是合法行为。第三,无权代理行为基本上是法律行为,不会是事实行为;而无因管理是事实行为。第四,无因管理属于对内问题,在管理人和受益人之间发生债的关系,且为法定之债;而无权代理主要是对外问题,在受益人不予追认也不构成表见代理的情况下,无权代理人和相对人之间发生债的关系:在无权代理行为有效场合,发生意定之债,在无权代理行为无效场合,成立缔约过失责任。第五,在无因管理场合，即使受益人对无因管理不予认可，也不影响此前成立的无因管理的效力，只是自此结束无因管理关系；对于管理人就管理事务而与相对人已经实施的法律行为，受益人也无权加以否认；而在无权代理场合，存在被代理人是否追认无权代理行为的问题：被代理人若予追认，被代理人有义务承受代理的法律后果，被代理人若不予追认又不构成表见代理，无权代理对本人才不发生法律效力。

需要指出的是，以上分析是将无因管理定位在引起无因管理之债的法律事实的基础之上的，也是在无因管理为“事务管理的承担”（开始管理事务的行为）的意义上讨论的。如果考察“事务管理的实施”，即具备事务管理的承担之后，关于管理事务所采取的措施和方法，则事务管理的某个或某些具体的步骤、措施，可能表现为法律行为，甚至会产生无权代理的问题。

事例 例如，管理人甲没有义务却修缮乙的房顶，事务管理的具体行为包括除去破碎之瓦、向丙购买水泥、向丁购买瓦当、铺瓦等。其中，除去破碎之瓦、铺瓦为事实行为，购买水泥、瓦当为法律行为。在购买水泥、瓦当的法律行为场合，甲若以乙的名义购买水泥、瓦当，就发生了无权代理的现象；若以自己的名义购买，也有发生隐名的无权代理的可能。

四、无因管理与不当得利

不当得利是得利人没有法律根据而获得利益，无因管理也时常发生本人因其事务被管理而取得利益的情况，或管理人在事务管理过程中占有了利益。就此看来，两者具有相同点。

制度比较 | 无因管理纳入不当得利

在东罗马帝国的查士丁尼法典中，把要求偿还“无因管理”费用看作不当得利的倾向加强了。继承罗马法的德国普通法，在18世纪前后认为“无因管理”是不当得利原则的具体表现。[1]《苏俄民法典》甚至只有关于不当得利的规定（第399条），而没有无因管理的条文。在其审判实务中，时常把无因管理当作不当得利来处理。[2]

但是，这种立法例及其理论具有不少弊端：(1)无法定或约定的义务而管理他人事务，在管理人和本人之间形成一种社会关系。法律欲全面而最佳地调整

〔1〕参见《国外法学知识译丛·民法》，上海社会科学院法学研究所编译，知识出版社1981年版，第213～214页。

〔2〕参见［苏联］克·阿·格拉维、依·伯·诺维茨基主编：《苏维埃民法教程·债权法分论》，王明毅、李光谟、康宝田译，沈其昌校，中国人民大学出版社1957年版，第362页。

这种关系,至少应当设置如下规则:管理人以管理意思管理事务所支出的必要费用,应有权请求返还;管理人因管理事务所获得的利益,有义务交还本人;在可能的情况下,管理人有义务把管理事务的事实及进展及时地通知本人;管理人违反了上述义务给本人造成损失时,应当承担赔偿责任;管理人因管理事务而遭受其他损失时,有权请求本人负责赔偿。这些内容只有无因管理才能包揽无遗,而不当得利制度只能解决其中的管理费用和因管理所获利益的返还,其他问题则鞭长莫及。虽然有民事责任制度能使管理人或本人所受的某些损失得到赔偿,但仍有一些问题无法得到解决。(2)不当得利制度的目的在于使受益人返还不当得利,在受益人为善意时,返还的范围仅以现存利益为限,如果受益人未获利益或利益不复存在,则不负返还义务。而在无法定或约定的义务而为他人管理事务场合,管理人虽然因管理事务支出了必要费用,本人却未获得利益或所获利益因不可归责于自己的原因不复存在的事例,也不在少数。于此场合,以不当得利制度取代无因管理制度,必然不利于保护管理人的合法权益。若使两种制度各自独立,则能克服这些弊端。(3)无因管理制度具有划清侵权行为与互助行为之间界限的功能,而不当得利制度则无此目的和作用。可见,以不当得利制度取代无因管理制度实在不足取。[1]

正因如此,近现代民法大多跳出"利益返还"的圈子,而从"无因管理"及"管理的有益性"着眼,把无因管理作为单独的法律制度重新建立起来。[2] 1995 年的《俄罗斯联邦民法典》第 50 章已将无因管理作为独立的制度加以确立。

在立法例分别承认无因管理和不当得利的模式上,无因管理和不当得利具有如下不同(见表 8-2):第一,作为债的发生根据,不当得利是一种事件,当事人的意思有无及意思如何,均不影响其成立;而无因管理是一种混合的事实行为,只有管理人具有管理意思时,才可成立。第二,作为债的关系,不当得利之债的内容是得利人返还不当得利,而无因管理之债的内容,如同上述,丰富多彩。第三,从立法目的和功能方面看,无因管理制度是法律鼓励助人为乐、危难相助、见义勇为风尚的产物,权衡、规律个人利益和社会利益的结果,它能划清侵权行为与互助行为的界限,促使良好风尚发扬光大,使社会利益得到保护。不当得利制度则无此目的和功能,仅仅在于通过不当得利的返还来平衡得利人和受损人之间的物质利益关系。第四,从返还的范围方面观察,在不当得利之债中,得利人若为善意,不当得利返还的范围仅以"现存利益"为限;而在无因管理之债中,管理费用的偿还原则上不以"现

[1] 参见崔建远:《不当得利研究》,载《法学研究》1987 年第 4 期。

[2] 参见《国外法学知识译丛·民法》,上海社会科学院法学研究所编译,知识出版社 1981 年版,第 214 页。

存利益”为限,而以管理人实际支出的必要费用为标准,并且不受受益人是否取得利益的影响。第五,在无因管理成立的情况下,无因管理是受益人取得并保有利益的法律上原因/合法根据,这就排斥了不当得利的成立。[1] 在某些案件中,无因管理的成立,使不当得利因欠缺成立要件而不存在。

表 8-2 无因管理与不当得利的区别

区别	无因管理	不当得利
性质	混合的事实行为	事件
内容	偿还管理费用	受益人返还不当得利
功能	鼓励助人为乐、危难相助、见义勇为的道德风尚	平衡得利人和受损人之间的物质利益
返还范围	管理人实际支出的必要费用	以“现存利益”为限
适用关系	某些情况下,无因管理排斥不当得利的成立	

事例 管理人甲自己购买了1000元的瓦当为乙修缮屋顶,乙取得该瓦当的所有权及屋顶不再漏雨的利益,具有法律根据——无因管理制度,管理人请求乙返还这些利益,欠缺不当得利构成中的没有法律根据这个要件,但符合无因管理的构成要件。在此类情况下无因管理和不当得利不是竞合关系,而是无因管理请求权为不当得利请求权的前提问题。

但在某些情况下,本人(得利人、受益人)有选择不当得利或无因管理的余地。

事例 甲将A房出卖与乙,甲不缴纳增值税,乙代其缴纳。乙在公法上虽有义务向国家纳税,但在法律上对甲并无义务。所以,仍然成立无因管理。[2] 乙也可向甲主张不当得利返还。[3]

此外,在误信他人的事务为自己的事务而管理(误信管理)的场合,有时可作为非给付的不当得利处理,也可发生准无因管理的效果。[4]

---

〔1〕 参见王泽鉴:《法律思维与民法实例》,三民书局1999年版,第88~89页。
〔2〕 参见林诚二:《民法债编总论——体系化解说》,中国人民大学出版社2003年版,第113页。
〔3〕 参见王泽鉴:《债法原理·不当得利》(总第2册),三民书局1999年版,第19页。
〔4〕 参见[德]迪特尔·梅迪库斯:《德国债法分论》,杜景林、卢谌译,法律出版社2007年版,第500页。

本节法条8-2

第二节　无因管理的基本类型

引导案例

[8－2]甲外出回家路上，远远望见好似自己家的位置着火，便立即叫了消防车并支付了相关的费用，等赶到发现是自己邻居乙家里着火，消防车还是进行了救火。甲的行为是否构成无因管理？

[8－3]乙的房屋屋顶破损漏雨，但乙考虑到房屋年久失修，需要重新翻盖，故不愿意花重金修补屋顶。甲却出于好意为乙进行了修补，并且用了特别昂贵的材料。甲的行为是否属于无因管理？

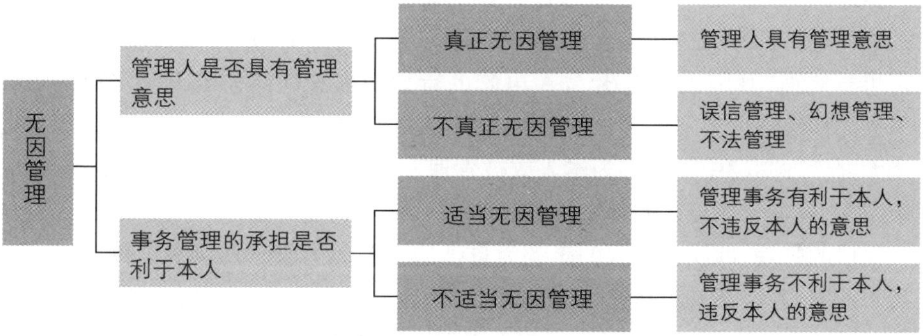

图8－2　无因管理的类型

一、真正的无因管理与不真正的无因管理

管理人具有管理意思，即可认定他无义务却管理他人事务构成无因管理（《民法典》第979条）。这就是所谓真正无因管理，能产生两方面的法律效果，一是阻却违法性，使无因管理成为合法行为；二是在管理人和受益人之间发生无因管理之债。《民法典》规定的就是这种类型的无因管理（第121条）。

《民法典》第980条所谓"管理人管理事务不属于"第979条"规定的情形"，也就是欠缺无因管理的构成要件，计有以下三类：（1）管理人明知为他人的事务却仍作为自己的事务而管理；（2）管理人误信他人的事务为自己的事务而为管理；（3）管理人误信自己的事务为他人的事务而为管理。学说把第一类情形叫作不法的管理，将第二类情形称作误信的管理，第三类则被命名为幻想的管理。它们的上位概念是不真正无因管理，又叫准无因管理。

不法的管理，即明知为他人的事务却仍作为自己的事务而管理的现象。它非无因管理，或是符合侵权责任的构成，或是符合不当得利的构成。[1]《法国民法典》（新债法）采取的是不当得利规则（第1301－5条）。

事例　乙将甲的A电脑作为自己之物，高价出卖给丙而取得价款。该价款即为不当得利。不过，该案适用《民法典》第985条关于不当得利返还请求权的规定，依通说甲只可请求乙返还甲失去A电脑的损失，无权把乙卖得的高价全部剥夺并索回。对恶意之人乙如此"优待"，是失当的。为避免此种缺陷，《民法典》第980条特别规定，甲这个"受益人享有管理利益"即有权请求乙把电脑的全部价款偿还给自己。当然，如果乙这个"管理人"在出卖A电脑的过程中付出了费用，按照《民法典》第980条关于"受益人应当在其获得的利益范围内向管理人承担前条第一款规定的义务"的规定，甲应向乙负担该笔费用，除非该费用过高。

不过，在上述事例中，把甲命名为受益人不确切，因为甲在向乙行使请求权之前，他只有损失而无获益，甚至依据不当得利返还范围的通说，他行使不当得利返还请求权之后，其因乙擅自出卖A电脑的行为而遭受的损失也不一定得到填补。如果按照传统学说的习惯用法，把甲称作本人或被管理人，则用词恰当。不仅如此，整个无因管理制度中均宜称为本人或被管理人，"受益人"的术语，用在不当得利制度中贴切，放在无因管理制度中不甚妥当。

误信的管理，即误信他人的事务为自己的事务而为管理的现象。例如，甲遗忘物品于乙家，乙误认其为自己之物而保管，嗣后甲忆起而请求返还。这属于甲有权请求乙返还（占有的）不当得利，而非不真正无因管理。[2]《法国民法典》（新债法）持有相同的立场（第1301－5条）。这有其道理，中国民法可以借鉴。当然，甲也有权援用《民法典》第235条的规定，主张物的返还请求权。

幻想的管理，即误信自己的事务为他人的事务而为管理的现象。例如，甲把自己之羊羔误认为乙的，遂将之返还给乙。嗣后，甲明了真相，有权主张不当得利返还该羊羔。[3]《法国民法典》（新债法）持有相同的立场（第1301－5条）。这有其道理，中国民法可以借鉴。当然，甲也有权援用《民法典》第235条的规定，主张物的

---

〔1〕参见郑玉波：《民法债编总论》（修订2版），陈荣隆修订，中国政法大学出版社2004年版，第88页；孙森焱：《民法债编总论》（上册），法律出版社2006年版，第112～113页；王泽鉴：《民法学说与判例研究》（第2册），北京大学出版社2009年版，第56、58页。

〔2〕参见郑玉波：《民法债编总论》（修订2版），陈荣隆修订，中国政法大学出版社2004年版，第88页；孙森焱：《民法债编总论》（上册），法律出版社2006年版，第112～113页。

〔3〕参见郑玉波：《民法债编总论》（修订2版），陈荣隆修订，中国政法大学出版社2004年版，第89页；孙森焱：《民法债编总论》（上册），法律出版社2006年版，第112～113页。

返还请求权。

二、适当的无因管理与不适当的无因管理

在真正的无因管理中，需要明确两个基本概念，一是事务管理的承担；二是事务管理的实施。前者是指开始管理事务的行为，后者则是前者具备之后，关于管理事务所采取的措施和方法。

事例　甲于途中遇见昏迷不醒的乙，予以救助，属于事务管理的承担。甲或将乙送往医院，或自己实施救助，均属于事务管理的实施。[1]

传统民法及其理论认为，事务管理的承担，应分为两个基本类型：(1)管理事务有利于本人，并不违反本人明示或可以推知的意思。(2)管理事务不利于本人，违反本人明示或可以推知的意思。前者叫作适当的无因管理；后者称为不适当的无因管理。[2]

鉴于本人明示的或可得推知的意思未必合法，未必符合事务管理的客观规律，本书稍作修正，将适当的无因管理界定如下：管理人不仅有管理意思，而且管理的措施及方法符合本人的意思和社会常识，也不违反法律、行政法规的强制性规定，所产生的效果也有利于本人。即使管理的措施及方法不符合本人明示或可得推知的意思，但不违反法律、行政法规的强制性规定，符合事务管理的社会常识的，也应定位在适当的无因管理。至于不适当的无因管理，则宜这样界定：管理人虽然具有管理意思，但管理的措施及方法违反本人明示的或可得推知的意思和社会常识，产生的效果不利于本人。对于适当的无因管理，对管理人应予优惠的照顾，使之有权请求本人偿还管理费用，赔偿其因管理事务所遭受的损失，清偿其因管理事务所负债务；对于不适当的无因管理，虽然承认它为无因管理，属于合法行为，但对管理人不必予以特别的保护，就具体的不适当的事务管理的行为，只要符合债务不履行或侵权行为的构成要件，就依法追究其责任，以限制管理人对本人的请求权。[3]

在实务中，管理人所具有的管理水平参差不齐，事务管理的效果不一，结果优良的无须再论。假使管理人虽已尽到了最大努力，也未能达到善良管理人的标准所要求的结果，是令管理人承担债务不履行责任，还是仍属适当的无因管理，管理人不就此承担债务不履行责任？

例如，一个未成年人不会游泳，更不懂最佳的抢救落水之人的技巧，但见深水

〔1〕　参见王泽鉴：《民法学说与判例研究》(第2册)，三民书局1979年版，第79页。
〔2〕　参见林诚二：《民法债编总论——体系化解说》，中国人民大学出版社2003年版，第109页。
〔3〕　参见王家福主编：《中国民法学·民法债权》，法律出版社1991年版，第594页。

湖里有一落水的儿童，还是勇敢地入水抢救，没有成功。本书作者认为，从鼓励助人为乐、危难相助、见义勇为的立场出发，管理人虽已尽到了最大努力也未能达到善良管理人的标准所要求的结果的，亦应被定位在适当的无因管理之中。

本节法条8-3

第三节 无因管理的构成要件

引导案例

[8-4]甲路过一个着火的房屋，甲以为着火的A屋属于其友乙，于是奋力灭火。实际上，乙已经将该屋卖给了丙。甲的行为是否构成无因管理？甲是对乙的事务还是丙的事务进行管理？

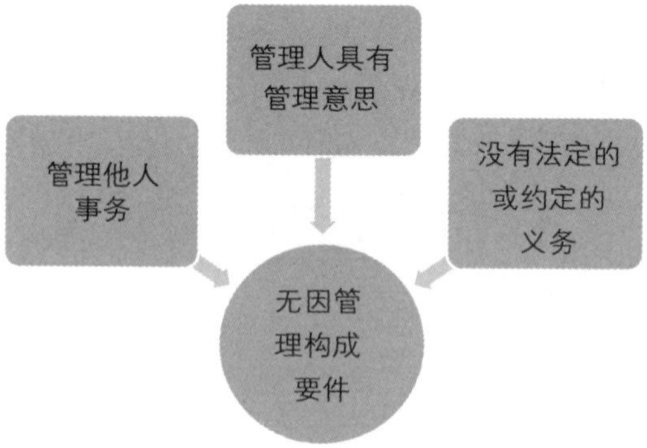

图8-3 无因管理的构成要件

一、管理他人事务

(一)事务

所谓事务，是指有关人们生活利益并能成为债务目的的一切事项。它既可以是有关财产的，也可以是非财产的；可以是单一事务，也可以是复合事务。

管理人所管理的事务须为他人的事务，才能构成无因管理。管理人所管理的事务是否属于他人的事务，应依事务的性质，有时辅之以管理人的意思及其证明，加以确定。

事务依其性质可分为客观的他人事务、[1]纯粹的自己事务和中性的事务（如图8-4所示）。其中，客观的他人事务，能够成立无因管理。纯粹的自己事务，纵然误

[1] 参见史尚宽：《债法总论》，荣泰印书馆股份有限公司1978年版，第60页。

信为他人的事务而加以管理，也不成立无因管理。中性的事务，必须被最终确定为他人的事务，在无因管理制度中才具有特定的法律效果。它究竟属于他人事务还是自己的事务，由管理人的意思决定，管理人以之为他人的，属于他人事务；管理人以之为自己的，属于自己事务。[1] 管理人的意思，若已经表现出来，能为理性人了解，中性事务的最终归属就据此确定；若尚未表现出来，理性人无法了解，则需要管理人举证证明。如果管理人不能证明所管理的事务为他人事务的，则应当推定该事务属于管理人自己的事务，不能构成无因管理。

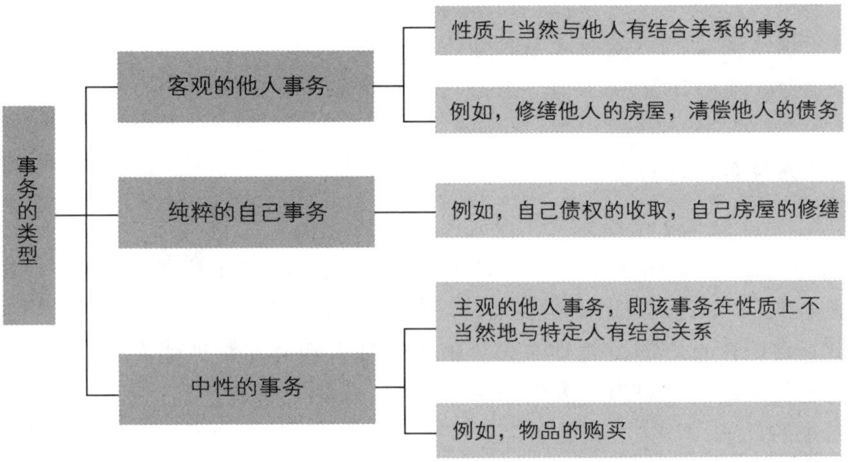

图 8－4　事务的类型

（二）管理

所谓管理，是指处理事务的行为，不以保存、利用、改良等管理行为为限，处分行为亦可。

例如，为他人清偿债务，将他人的海鲜出售，以免腐坏，均属此处的管理。[2] 为本人新取得权利或负担义务的行为，也包括在内。[3] 管理可以是事实行为，如救助昏迷之人；也可以是法律行为，如购买水泥。在实施法律行为时，管理人可以以自己的名义，也可以以本人的名义。

需要注意的是，上述所谓保存、利用、改良、处分的行为难以包含为他人提供服务，而没有义务却为他人提供服务，应当发生无因管理之债。鉴于此，原《民法通则》第 93 条规定，为他人提供服务，亦为无因管理的构成要件之一。原《民法总则》和《民法典》第 121 条的规定，没有再包含为他人提供服务，但从实际情况来看，如

〔1〕 参见郑玉波：《民法债编总论》（修订 2 版），陈荣隆修订，中国政法大学出版社 2004 年版，第 75 页。
〔2〕 参见邱聪智：《新订民法债编通则》（上），中国人民大学出版社 2003 年版，第 56 页。
〔3〕 参见郑玉波：《民法债编总论》（修订 2 版），陈荣隆修订，中国政法大学出版社 2004 年版，第 75 页。

果是没有义务却为他人提供服务的,应当将服务解释为管理的一种,如果满足无因管理的其他构成要件,应当也构成无因管理。

无因管理系引起债的关系的法律事实,由此决定,不能在本人和管理人之间发生债的关系的事务管理,就不构成无因管理。

事例 违法的或违背社会公德的行为,如寄存赃物,不得成立无因管理;不足以发生民事法律后果的纯粹道义上的、宗教上的或其他一般性的生活事务,如接待他人的朋友,不成立无因管理;依照法律规定须由本人亲自实施或须经本人授权才能管理的事项,如放弃继承权的事务,不得成立无因管理;单纯的不作为义务,如不拆除新建的住房,无须也不宜成立无因管理。

二、管理人具有管理意思

《民法典》第979条所谓"管理人……为避免他人利益受损失而管理他人事务",指的是管理人不是在管理自己的事务,而是内心明知在管理他人事务。依"管理事务必须是为他人管理,即所称的管理他人事务的意思"的观点及标准,[1]管理人于此场合所持意思即为管理意思。由于管理人知其在管理他人的事务,不但含有管理行为指向的对象为他人的事务,而且含有在主观上具有把管理所生利益归属于事主的意思,因而,下面的界定更全面和清晰:所谓管理意思,是指管理人在主观上有使管理行为事实上所产生的利益归属于本人的意思。[2]

有必要指出,管理意思的成立,重在"质"的具备,而不计较"量"的多寡,即只要管理人有使管理行为事实上所产生的利益归属于本人的意思,而非据为己有的意思,就是具有管理意思。至于实际管理事务时产生的利益是多还是少,产生的利益少是否因可归责于管理人的原因所致,均不影响具有管理意思的认定,而是管理人是否承担债务不履行责任或侵权责任的问题。

管理意思不是效果意思,因为无因管理产生何种法律效果不取决于它,而是由法律直接规定的,即只要有管理他人事务的事实,在法律上就发生特定的法律效果。无因管理不以效果意思为要素,也就是不以意思表示为要素。由此决定,无因管理不是民事法律行为,而是事实行为,不适用《民法典》关于意思表示和民事法律行为的规定。

管理意思,无需表示,只要管理人是在为他人的利益而管理该他人的事务,就

---

〔1〕 参见[德]迪特尔·梅迪库斯:《德国债法分论》,杜景林、卢谌译,法律出版社2007年版,第504页。

〔2〕 参见郑玉波:《民法债编总论》(修订2版),陈荣隆修订,中国政法大学出版社2004年版,第76页;孙森焱:《民法债编总论》(上册),法律出版社2006年版,第101页;曾隆兴:《民法债编总论》,三民书局1999年版,第65页;王泽鉴:《民法学说与判例研究》(第2册),北京大学出版社2009年版,第59页。

可以推定其具有管理意思。但这并不否认管理意思属于管理人的主观心理状态的范畴,由此也影响了判断管理意思的有无时宜将哪些因素作为判断标准的构成。

主观心理状态决定着(真正的)无因管理的成立,就需要存在法律人都认可的蕴含管理意思的外在标志。这主要是被管理的事务具有何种性质,属于哪种类型。

此处所谓事务,依其性质分为三类:(1)客观的他人事务,是指性质上当然与他人有结合关系的事务,如修缮他人的房屋,清偿他人的债务,均属此类。[1] (2)纯粹的自己事务,如自己债权的收取,自己房屋的修缮。(3)中性的事务,有学者称为主观的他人事务,即该事务在性质上不当然地与特定人有结合关系,如物品的购买。[2]

在客观的他人事务的场合,管理意思无须对外显现,只要管理人认识其管理的事务,系属他人事务,而无将之视为自己事务而管理的,即可推定其具有管理意思。[3]

在中性的事务(主观的他人事务)的场合,管理人不但必须有"为他人"的意思,而且必须把这种意思表示于外部,才可认定其具有管理意思。有争议时,则应由主张无因管理的人负举证责任。[4] 例如,开始管理后,管理人即通知本人,或将管理所得利益交出,都属于具有管理意思的表现,管理人举出此证即可。[5]

讨论 | 他人事务和自己事务混合情形能否直接推定管理人具有管理意思

在事务混合了他人的事务和自己的事务场合,能否直接推定管理人具有管理意思? 例如,甲对乙的A屋纵火,乙具有灭火的义务。消防队赶来灭火,固然是在履行其公法上的义务,同时也意味着代乙履行灭火的义务。也就是说,该消防队处理的灭火事务,既有自己的事务,也有乙的事务。再如,甲企业施工将

---

〔1〕 参见史尚宽:《债法总论》,荣泰印书馆股份有限公司1978年版,第60页;郑玉波:《民法债编总论》(修订2版),陈荣隆修订,中国政法大学出版社2004年版,第75页;孙森焱:《民法债编总论》(上册),法律出版社2006年版,第99页。

〔2〕 参见郑玉波:《民法债编总论》(修订2版),陈荣隆修订,中国政法大学出版社2004年版,第75页;孙森焱:《民法债编总论》(上册),法律出版社2006年版,第99页。

〔3〕 参见郑玉波:《民法债编总论》(修订2版),陈荣隆修订,中国政法大学出版社2004年版,第77页;王泽鉴:《民法学说与判例研究》(第2册),北京大学出版社2009年版,第59页;[德]迪特尔·梅迪库斯:《德国债法分论》,杜景林、卢谌译,法律出版社2007年版,第504页。

〔4〕 参见郑玉波:《民法债编总论》(修订2版),陈荣隆修订,中国政法大学出版社2004年版,第77页;王泽鉴:《民法学说与判例研究》(第2册),北京大学出版社2009年版,第59页;[德]迪特尔·梅迪库斯:《德国债法分论》,杜景林、卢谌译,法律出版社2007年版,第504页。

〔5〕 参见孙森焱:《民法债编总论》(上册),法律出版社2006年版,第101页。

灰尘洒满了道路,交通安全义务人清除了这些灰尘。该交通安全义务人清除灰尘,既是处理自己的事务,也是为甲企业管理事务。《法国民法典》(新债法)的态度是不排除适用无因管理规则(第1301－4条第1款)。在德国,司法裁判一般认为,对于此类混合了他人的事务和自己的事务进行管理,可以推定管理人具有管理意思。[1] 不过,裁判也承认了某些例外,不认为从事寻找继承人的营业之人具有管理意思,此类人不享有无因管理报酬请求权:即便寻找继承人,也同样是继承人的事务,但适用于成功订立合同的一般性风险分配原则不允许遭到破坏。[2]

有学者认为,承认对第三人负有义务者而实施管理系一种无因管理,认定行为人具有管理意思,这是不正确的,国家行为在何种范围内是免费的或是要由受益人偿付费用的,必须由公法决定。否则,会发生这样的结果:单纯借助于无因管理就可以有理由地认为,被盗者必须承担警察追捕小偷的费用(这显然是错误的)。此外,国家行为并不服从于"本人"的意思,所以不适用无因管理制度,也就不存在认定行为人有无管理意思的问题。另外,如果行为人因合同对第三人负有义务,应当满足于合同项下的对待给付请求权。[3] 而适用合同法的场合排除了无因管理的成立,亦无管理意思成立与否的问题。这些意见值得重视,这有助于正确地理解《民法典》第979条以下的规定。

所谓管理意思,对于该"他人"为谁,不必有确切的认识,只要有为他人利益的意思就足够了。[4] 即使管理人对本人的身份发生了误解也没有关系。

事例 案例[8－4]中,甲相信着火的A屋属于其友乙,于是奋力灭火。实际上,A屋已归丙所有了。于此场合,无因管理关系发生在甲和丙之间,至于甲是否愿意为丙灭火,并不重要。[5]

---

〔1〕 例如,[德]《德国联邦最高法院民事裁判集》第40卷,第28页;[德]《德国联邦最高法院民事裁判集》第65卷,第354页。参见[德]迪特尔·梅迪库斯:《德国债法分论》,杜景林、卢谌译,法律出版社2007年版,第510～511页。

〔2〕 参见[德]《德国联邦最高法院民事裁判集》第140卷,第102、109页以下;[德]魏斯豪普特(Weißhaupt)文,载《新法学周刊》,2000年,第72页;评论见[德]G.舒尔策(G. Schulze)文,载《法学家报》,2000年,第523页。转引自[德]迪特尔·梅迪库斯:《德国债法分论》,杜景林、卢谌译,法律出版社2007年版,第511页。

〔3〕 参见[德]迪特尔·梅迪库斯:《德国债法分论》,杜景林、卢谌译,法律出版社2007年版,第511页。

〔4〕 参见[德]迪特尔·梅迪库斯:《德国债法分论》,杜景林、卢谌译,法律出版社2007年版,第504～505页;史尚宽:《债法总论》,荣泰印书馆股份有限公司1978年版,第61页;孙森焱:《民法债编总论》(上册),法律出版社2006年版,第101页。

〔5〕 参见[德]迪特尔·梅迪库斯:《德国债法分论》,杜景林、卢谌译,法律出版社2007年版,第504～505页。

三、没有法定的或约定的义务

无因管理的"无因"，是指管理人对本人没有法定的或约定的义务。法定义务，是指法律直接规定的义务，包括私法上的义务和公法上的义务。[1] 约定义务，如依委托、承揽、雇佣等法律行为所产生的义务。[2]

存在上述两类义务之一的，不成立无因管理，但若超出其义务的范围，对超出部分，仍可成立无因管理。还有，本来没有义务而误信为有义务而加以管理的，也不妨成立无因管理（实际为他人事务）。有义务而误信为无义务而进行管理的，不成立无因管理（实际为自己事务）。[3]

此外，依法律规定对本人负有义务的，不成立无因管理，但次顺位义务，对前顺位义务人，也可以主张无因管理。

事例　父母为子女支出医药费乃法定义务，但对于加害人亦可主张无因管理。[4]

需要注意的是，义务的有无，根据客观情事而为判断，不因本人或管理人的意思而受影响。[5]

四、符合受益人的真实意思

如果说管理意思的有无区别出真正的无因管理和不真正的无因管理（准无因管理），则受益人的意思，传统民法称作本人的意思，在适当的无因管理与不适当的无因管理的区分中就扮演着不容忽视的角色。

《民法典》第 979 条第 1 款从正面要求管理人对受益人事务的管理必须符合受益人的真实意思，方可成立无因管理，否则，依据《民法典》第 979 条第 2 款的规定，管理人不享有无因管理关系中的权利，也可以说不成立无因管理。

需要注意的是，《民法通则》和《民法总则》均未如同《民法典》这样要求管理事务要"符合受益人真实意思"，是其缺陷。之所以如此断言，是因为在现代社会，每个民事主体均为独立自由之人，不受"身份"羁绊地自主决定从事何种民法事项，以及如何从事；民商法高扬意思自治、所有权绝对等原则，其逻辑结论就是未经允许

---

〔1〕 参见邱聪智：《新订民法债编通则》（上），中国人民大学出版社 2003 年版，第 57 页。

〔2〕 参见郑玉波：《民法债编总论》（修订第 2 版），陈荣隆修订，中国政法大学出版社 2004 年版，第 78 页。

〔3〕 参见郑玉波：《民法债编总论》（修订第 2 版），陈荣隆修订，中国政法大学出版社 2004 年版，第 78 页；林诚二：《民法债编总论——体系化解说》，中国人民大学出版社 2003 年版，第 114 页。

〔4〕 参见林诚二：《民法债编总论——体系化解说》，中国人民大学出版社 2003 年版，第 113 页。

〔5〕 参见邱聪智：《新订民法债编通则》（上），中国人民大学出版社 2003 年版，第 57 页；林诚二：《民法债编总论——体系化解说》，中国人民大学出版社 2003 年版，第 113 页。

他人不应涉入其中，私密之事更应如此；即便是普通事务，一般而言也是事主自己最知如何处理效果最佳。联系具体的民法制度思考，结论更加直观。在管理的对象为有体物的场合，因为物权是物权人直接支配标的物，享受其利益，所以，非物权人不得自作主张地占有、使用标的物。特别是所有权，它在本性上就是所有权人依自己的意志直接地、全面地支配其物，享受其利益，并排除他人的干涉。在管理的对象为债权、债务的情况下，不但直接有债权行使、债务履行的问题，而且存在围绕其中的抵销、抗辩及抗辩权。一般来说，合适的人选是债权人/债务人自己，而非他人。总而言之，“个人事务应由自己处理，他人不得干预，系法律之基本原则，违反此项原则，任意干预他人事务时，通常应构成侵权行为”。[1]

受益人的意思，《民法典》将之表述为受益人的真实意思，若系受益人明确表达出来的，如“我的用药须放置于阴凉之处”，则其被认定为受益人的意思，应无异议；假如受益人未予公开表示，是否就认定受益人对其事务如何管理没有意思呢？答案应是否定的，因为受益人作为理性人对其事务的管理自然会有意思，并且可以基于某种客观情况以理性人的判断标准被推断出来。一般来说，受益人可以被推断出来的意思需与客观上的利益常相一致。例如，受益人于路途中发病，虽未明确表示要去医院治疗，但从他所处的情形可推知其有去医院治疗的意思。[2] 所以，传统民法理论肯认可得推知的（可以推断出来的）本人（中国法称作受益人）的意思，有其道理。《民法典》第979条及以下的字面表述虽未明定可以推断出来的受益人的意思，但也未否定该推断的路径及技术，应作受益人的意思包括明示的真实意思和可以推断出来的意思两种形式来解释。

以理性人的判断标准推断受益人对其事务管理应该持有的意思，若把该理性人视为懂法之人，则此处所谓可以推断出来的意思，不是违反法律、行政法规的强制性规定的意思，也不是违背公序良俗的意思。

不过，受益人明示的意思则可能违反法律、行政法规的强制性规定，或者违背公序良俗。而它们是不得被违反、违背的，若被违反或违背，不得依该意思赋予法律效果。

还有一个问题是，受益人的真实意思既不违背公序良俗，又不违反法律、行政法规的强制性规定，只是不合乎客观规律或社会常识。例如，甲有病人急需医疗费用，拟把4米长直径为12厘米的黄花梨变成现金，所言处置方式不是径直出卖该木料，而是让人用其做成擀面杖，再出卖。乙闻知此言，不予理睬，把该木料出卖给丙，所得价款远远高于依甲明示方法所得的利益。于此场合，乙可否援用《民法典》第979条第1款的规定，向甲主张无因管理关系中的权利？

---

〔1〕 王泽鉴：《民法学说与判例研究》（第2册），北京大学出版社2009年版，第54页。

〔2〕 参见郑玉波：《民法债编总论》（修订2版），陈荣隆修订，中国政法大学出版社2004年版，第79页；王泽鉴：《民法学说与判例研究》（第2册），北京大学出版社2009年版，第57、60、63页。

本书主张，至少在多数情况下，如果受益人的真实意思不符合客观规律、社会常识，则管理人不应拘泥于该意思，而应依客观规律、社会常识实施管理。这样理解与《民法典》第 981 条前段关于“管理人管理他人事务，应当采取有利于受益人的方法”的规定也相互照应。

本节法条8-4

第四节　无因管理之债的内容

引导案例

[8-5] 甲于阳台栽种名贵花种，嗣甲出国一个月，唯因该花种性仅需一个月浇水一次即可，故未交代他人代为浇水。未料，邻居乙见甲出国，为了避免甲的名花枯萎，遂日日浇水，并添加珍贵肥料，该花反而因此枯萎死亡。乙的行为是否构成无因管理？乙要求甲支付工钱和购买肥料的费用，甲要求乙赔偿枯萎的花，双方的要求是否应当支持？

一、无因管理之债内容的设置原则

无因管理一经成立，即在管理人和受益人之间产生权利义务关系，即无因管理之债。原《民法总则》对无因管理之债的规定非常概括（第 121 条），这和原《民法通则》的规定比较类似，因而需要明确许多具体的权利义务。最高人民法院《民法通则意见》也只是解释了受益人返还必要费用的范围（第 132 条），仍然不敷使用。《民法典》对无因管理作了更为详细的规定。无因管理之债的内容如何设置，不仅须考虑无因管理制度自身的特殊性，还取决于立法对无因管理制度的目的贯彻得彻底与否，即是侧重于照顾本人的利益，还是注重于鼓励人们的互助行为。在中国，一贯倡导助人为乐、危难相助、见义勇为的道德风尚，现在更强调精神文明建设，因而在无因管理制度上应侧重保护管理人的合法权益，适当减轻管理人的义务及责任（见图 8-5）。下文以此为基点讨论无因管理之债的内容。

图 8-5　无因管理制度的目的平衡

二、管理人的义务

管理人的义务如图 8-6 所示。

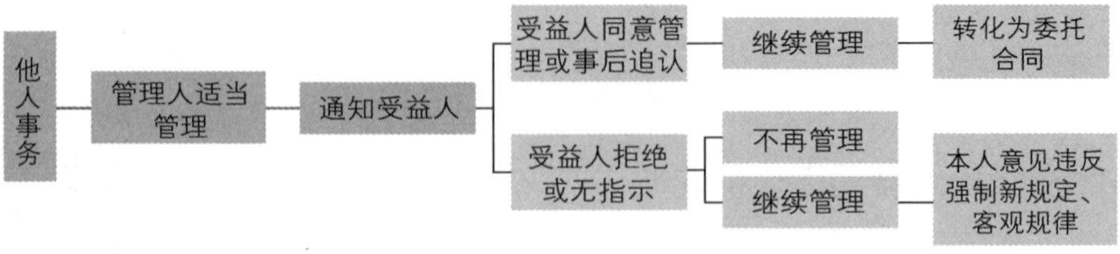

图 8-6 管理人的义务

(一)适当管理的义务

《民法典》第 981 条前段规定:"管理人管理他人事务,应当采取有利于受益人的方法。"其内容在传统民法理论上叫作适当管理的义务,它是管理人的主给付义务。此处只强调"应当采取有利于受益人的方法",未提及依受益人明示或可得推断出来的意思实施管理。本书对此完全赞同,在受益人的真实意思不符合客观规律、社会常识时,至少在多数情况下应当遵循使受益人获利更佳的准则实施事务的管理。《民法典》第 979 条第 2 款于此仍有适用的余地,即受益人的真实意思违背公序良俗时,管理人不得依其意思实施管理。同理,受益人的真实意思违反法律、行政法规的强制性规定时,亦然。

《民法典》第 981 条前段所谓"应当采取有利于受益人的方法",是否含有事务管理的结果也有利于受益人的要求?这取决于它是处于无因管理构成的层面还是属于无因管理成立之后的义务范畴。如果是前者,"有利于受益人"仅指"方法",不包含管理导致的结果。易言之,管理人对管理不担保管理的结果,本人应承担其危险性,此为罗马法以来所确立的原则。[1] 如果是后者,即无因管理成立之后的义务范畴,则在判断管理人是否适当地履行了管理义务时需要考虑结果。

其中,前者在德国民法上叫作事务管理的承担(Übernahme der Geschäftsführung),即开始管理事务的行为;后者在德国民法上称为事务管理的实施(Durchführung der Geschäftsführung),即在事务管理的承担之后,关于管理事务所采取的措施和方法。对此举例说明:甲于途中遇见昏迷不醒的乙,予以救助,属于事务管理的承担。甲或将乙送往医院,或自己实施救助,均属于事务管理的实施。[2] 在事务管理的实施阶段,管理人未尽其管理义务时,应依债务不履行负损害赔偿责任。[3] 借鉴这些经

〔1〕 参见林诚二:《民法债编总论——体系化解说》,中国人民大学出版社 2003 年版,第 119 页。

〔2〕 参见[德]迪特尔·梅迪库斯:《德国债法分论》,杜景林、卢谌译,法律出版社 2007 年版,第 506~509 页;王泽鉴:《民法学说与判例研究》(第 2 册),北京大学出版社 2009 年版,第 57 页。

〔3〕 参见王泽鉴:《民法学说与判例研究》(第 2 册),北京大学出版社 2009 年版,第 61~62 页。

验,观察《民法典》设置的无因管理规范体系,可知《民法典》第981条不是在规定事务管理的承担,而是在调整事务管理的实施。据此规定来判断管理人是否适当地履行了管理义务,如果他采取了有利于受益人的方法实施管理,就是适当地履行了义务,不承担债务不履行责任。单就这点来说,事务管理的结果似乎不起作用,但也不尽然,在个案中应当综合各项因素,来审视此种结果是否系管理人未尽到勤勉注意所致。

这涉及管理人管理事务时负何种注意义务的问题。对此,有善良管理人的义务、[1]与处理自己事务为同一的注意义务的分歧。[2] 本书赞同前者,因为无因管理是管理人明知管理他人事务,却令其负与处理自己事务为同一的注意义务,在逻辑上不同一,对管理人也有放纵之嫌。

与《民法典》第981条前段是否含有事务管理的结果不得一概而论不同,《民法典》第981条后段所谓"中断管理对受益人不利的,无正当理由不得中断",自其字面意思来看,是基于事务管理的结果而论的。这似乎在说,无因管理启动之后,管理的结果不利于受益人,若停止管理就止损,则不应继续无因管理,但"中断管理对受益人更为不利的,无正当理由不得中断"。在本书看来,此论固然不错,但在管理人采取的事务管理的方法有利于受益人的场合,"中断管理对受益人"会"不利的,无正当理由不得中断",也是可取的。鉴于此,应当赞同《民法典》第981条后段同时适用事务管理的结果有利于受益人和不利于受益人,均不宜中断管理的两种情形。

(二)通知义务

按照《民法典》第982条的规定,管理人开始管理他人的事务时,即德国民法所称之事务管理的实施阶段,在可能和必要的情况下,应将管理开始的事实及时地通知受益人(或其代理人)。若无急迫情事(如易腐烂变质的水果,需要及时变卖),应等待受益人的指示。所谓不能通知受益人,应根据事务的性质及当时的情形,客观地斟酌确定。例如,不知受益人是谁、不知受益人所在、交通通讯断绝等,则无通知义务。[3] 在不能通知受益人的情况下,管理人应当按照可以推断出来的受益人关于事务的管理要求、客观规律、社会常识,尽善良管理人的注意,予以管理。所谓没有必要通知受益人,例如,受益人已经知晓管理事实。

管理人违反通知义务,给受益人带来损害的,按照《民法典》第979条第1款后段的规定,成立赔偿责任。于此场合,是否可以类推适用《民法典》509条第2款关

---

〔1〕 参见《法国民法典》(新债法)第1301－1条第1款;郑玉波:《民法债编总论》(修订2版),陈荣隆修订,中国政法大学出版社2004年版,第80页;王泽鉴:《民法学说与判例研究》(第2册),北京大学出版社2009年版,第61页。

〔2〕 参见魏振瀛主编:《民法》,北京大学出版社、高等教育出版社2006年版,第590页。

〔3〕 参见郑玉波:《民法债编总论》(修订2版),陈荣隆修订,中国政法大学出版社2004年版,第81页;邱聪智:《新订民法债编通则》(上),中国人民大学出版社2003年版,第62页。

于“当事人应当遵循诚信原则……履行通知……等义务”的规定,以及第577条关于“当事人一方不履行合同义务……应当承担……违约责任”的规定,负责赔偿受益人因管理人未能及时得到正确的事务管理方法而导致的损失,需要思考。

受益人有指示的,可能拒绝管理人继续管理,也可能同意其管理,无论何者,依其指示,[1]除非该指示违反法律、行政法规的强制性规定,或违背公序良俗。受益人事后追认的,适用《民法典》第984条的规定,管理人继续管理,但自此开始按委托合同关系对待,除非管理人另有不同的意思表示。在这方面,《法国民法典》(新债法)设有类似的规定:“本人对管理予以承认的,为委托关系”(第1301－3条)。

在可继续管理的情况下,假如中止管理会使受益人不利,管理人有无义务继续管理?《民法典》第981条后段持肯定态度,除非管理人有正当理由不再继续。其他国家的立法例也有类似的规则。例如,《法国民法典》(新债法)第1301－1条第1款后段规定:“管理人应当持续管理事务直到事务之本人或其继承人能够亲自管理时为止。”《日本民法典》原则上亦然,不过设有但书:“管理的继续违反本人的意思或者对于本人不利非常明显时,不在此限”(第700条)。

在受益人无指示或有指示而拒绝管理人实施管理的情况下,管理人应不再继续管理。否则,虽然可就继续管理的部分成立无因管理,但应承担违反受益人意思的赔偿责任。[2]

(三)计算义务

1.报告义务。按照《民法典》第983条前段的规定,管理人应将管理事务的进展状况,报告给本人。该报告义务也应以管理人能够报告为限。于管理关系终止时,管理人应向本人报告事务管理的始末。

2.交付、移转义务。根据《民法典》第983条后段的规定,管理人因管理事务所收取的金钱、物品及其孳息,应当交付本人。管理人以自己的名义,为本人取得的权利,应当移转给本人。

3.返还或赔偿的义务。管理人为了自己的利益而使用了应交付受益人的金钱,或应为受益人利益使用的金钱的,受益人可以援用《民法典》第979条第1款后段的规定,请求管理人承担损害赔偿责任。类推适用《民法典》第985条关于不当得利返还的规定,请求返还,并自使用之日起计付利息。至于可否把这些利益看作受益人因管理人的行为所遭受的损失,类推适用《民法典》第1165条第1款关于“行为人因过错侵害他人民事权益造成损害的,应当承担侵权责任”的规定,由管理人负责赔偿,需要思考。

---

[1] 参见郑玉波:《民法债编总论》(修订2版),陈荣隆修订,中国政法大学出版社2004年版,第81页。
[2] 参见郑玉波:《民法债编总论》(修订2版),陈荣隆修订,中国政法大学出版社2004年版,第81页;邱聪智:《新订民法债编通则》(上),中国人民大学出版社2003年版,第62页。

三、管理人的责任

管理人的责任如图 8 -7 所示。

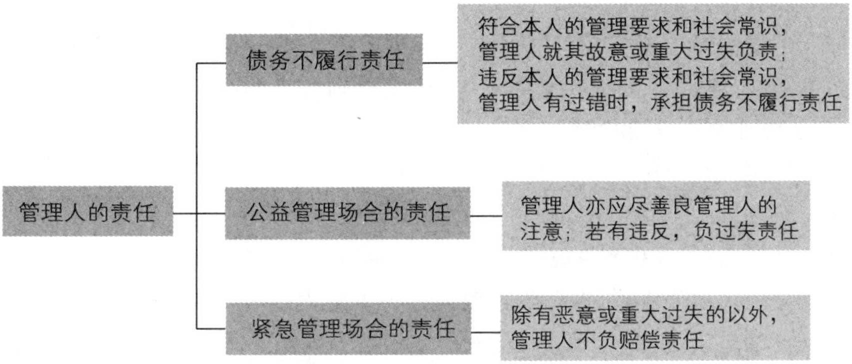

图 8 -7 管理人的责任

（一）管理人的债务不履行责任

管理人违反适当管理义务时，若令其承担债务不履行责任，其主观要件应区别情况加以确定。

1. 管理事务的承担（开始管理事务的行为），符合本人的管理要求和社会常识，管理人只是在管理事务的实施（管理事务承担后，关于管理事务所采取的措施及方法）上不当时，大陆法系及其理论认为，管理人应负过失责任。这固然有理，但仍有可斟酌的余地，因为一般侵权行为给他人造成损失时，行为人也不过是承担过错责任；管理人有管理意思，并且其管理事务的承担并不违反本人的管理要求和社会常识，只是在管理事务的措施、方法上不当，仍令其就各种过失负责，就使无因管理这种合法行为和侵权行为这种违法行为具有了同样的法律后果，对管理人的要求有些过苛。鉴于此，中国民法应当设置这样的规则：管理人就其故意或重大过失负责，一般过失给本人造成损失时，不负赔偿责任。

2. 管理人虽有管理意思，但其管理事务的承担违反本人的管理要求和社会常识时，管理人承担债务不履行责任。关于其主观要件，《德国民法典》第 678 条规定，无论管理人有无过失，均应负责。本书认为，在这种情况下，虽然不能像第一种场合那样优待管理人，但令管理人负无过失责任未免太重。因为在一般侵权行为情况下，行为人也不过负过失责任，在无因管理场合，管理人有管理意思反倒负无过失责任，显然赏罚不明，轻重倒置。中国民法既然立足于鼓励人们进行无因管理，就应当坚持过错责任原则，管理人有过错才承担责任。

（二）公益管理场合的责任

公益管理，即为本人尽公益上的义务（如代缴税款、代修公路旁的危楼等）而为管理。因公益管理对本人有利且事关公益,中国台湾地区“民法”第176条第2项规定,其管理事务纵然违反本人的意思,仍与适当管理人享有相同内容和范围的求偿权。[1] 这确有道理,中国大陆的民法及其理论应予借鉴。在公益管理中,管理人亦应尽善良管理人的注意,若有违反,负过失责任。

对于此处的过失责任,有学者主张,管理人并未获得报酬,公益管理又当然有利于社会利益,本人意思及利益的考虑,似无特别推崇的必要,应采具体轻过失责任。[2] 该说理透辟,值得我们重视。

(三)紧急管理场合的责任

紧急管理,即为免除本人的生命、身体或财产上的急迫危险而为事务管理。中国台湾地区“民法”第175条规定,于此场合,除有恶意或重大过失的以外,管理人不负赔偿责任。这确有道理,值得借鉴。因为事出紧急,难以期待管理人慎重考虑,要求责任标准过高,徒使管理人惮于权宜,贻误时机,置本人于无谓损失而已。[3]

此外,管理人不履行通知义务,也应承担债务不履行责任,已如上述,不再赘言。

四、管理人的权利

(一)管理人已尽适当管理的义务时的权利

1. 概说

无因管理人虽不得请求报酬,但其耗心劳力为受益人管理事务,避免损失,仍不失为公益行为,因此,管理人为管理事务所支出的必要费用,应有权向受益人求偿(《民法典》第121条、第979条第1款);管理人为受益人在管理上所负担的债务,应有权请求受益人径直清偿;管理人因管理事务受有损失时,应有权请求受益人给予适当补偿(《民法典》第979条第1款)。这三项权利分别叫作费用偿还请求权、负债清偿请求权和损失补偿请求权,简称为求偿权。换句话说,管理人对于受益人求偿的范围,包括管理人支出或受损害的全部,不以受益人所得的利益为限。其原因在于,无因管理之债宜与委托合同关系作相同或类似的解释,管理人权利的有无,系重在处理事务本身及其过程,管理结果不是考量的重点。只要管理事务本身及其方法有利即可,至于结果是否有利,乃至有无经济上的利益,则非所问。例如,救火而无结果,施救者就其所受损害仍然有权请求赔偿。[4]

2. 费用偿还请求权

在中国台湾地区“民法”上,费用偿还的内容,包括必要费用和有益费用(第176

---

〔1〕 参见邱聪智:《新订民法债编通则》(上),中国人民大学出版社2003年版,第60页;林诚二:《民法债编总论——体系化解说》,中国人民大学出版社2003年版,第120页。

〔2〕 参见邱聪智:《新订民法债编通则》(上),中国人民大学出版社2003年版,第60页。

〔3〕 参见邱聪智:《新订民法债编通则》(上),中国人民大学出版社2003年版,第61页。

〔4〕 参见邱聪智:《新订民法债编通则》(上),中国人民大学出版社2003年版,第63页。

条第 1 项),在中国大陆民法上,仅包括前者(《民法典》第 121 条、第 979 条)。管理人所支出的费用是否为必要,应以费用支出时的客观标准而定。如果依当时的情况,该项费用的支出是必要的,即使其后没有发生预期效果或因情事变更,致使效果减少或消灭的,仍不失为必要费用。有学说认为,费用偿还的请求,拟制利息,管理人可同时请求自支出时起按法定利率计算的利息。[1]

3. 负债清偿请求权

管理人除必要费用偿还请求权外,还享有负债清偿请求权。亦即管理人在事务管理中以自己的名义为管理事务负担债务时,有权要求受益人直接向债权人清偿。

事例　甲以自己的名义雇请丙修缮乙的危险房屋,甲得请求乙直接向丙清偿因此所负的债务。

受益人应当负责清偿的债务,也仅以为事务管理所必要者为限。对于管理人所设立的不必要债务,本人不应当承担,而应由管理人自行负责清偿。

另外,本人清偿时,债权人不得拒绝。负担债务的范围,中国台湾地区的学说主张以必要或有益者为限。[2]

中国《民法典》在必要费用的偿还上以必要者为限,负债清偿恐怕也得如此。

4. 损害赔偿请求权

管理人因管理事务受有损害时,对受益人享有损害赔偿请求权。该请求权从受益人的方面讲为损害赔偿责任,纯属无因管理的效力表现,既不是基于侵权行为产生的,也不是基于债务不履行而成立的,它不要求受益人有违法行为,也不受受益人对该损失的造成有无过错的影响,仅仅要求管理人受有损害、该损害与事务管理之间存在因果关系。可见,它不同于一般的民事责任。

我国《民法典》规定了损失的适当补偿请求权(第 979 条第 1 款前段)。需要讨论的是补偿的范围。

在中国台湾地区,学说主张该赔偿范围限于积极损害(现存财产的减少:所受损害),至于消极损害(应得利益却未获得:所失利益),则不包括在内,以免变相承认无因管理人的报酬请求权。[3] 这确有道理,值得借鉴。

管理人管理事务经受益人事后追认的,从管理事务开始时起,适用委托合同的有关规定,但是管理人另有意思表示的除外(《民法典》第 984 条)。

---

〔1〕 参见邱聪智:《新订民法债编通则》(上),中国人民大学出版社 2003 年版,第 63 页。

〔2〕 郑玉波:《民法债编总论》(修订第 2 版),陈荣隆修订,中国政法大学出版社 2004 年版,第 84 页。

〔3〕 参见邱聪智:《新订民法债编通则》(上),中国人民大学出版社 2003 年版,第 63 ~ 64 页。

(二)管理不适当时的权利

在本人明示的或可得推知的意思不违反法律、行政法规的强制性规定,不违背公序良俗,符合事务管理的社会常识的情况下,管理人违反本人的意思,管理方法也不利于本人,管理人虽然仍有费用偿还请求权、负债清偿请求权和损害赔偿请求权,但在范围上以本人获得利益为限(中国台湾地区“民法”第 177 条第 1 项)。学说认为,于此场合,本人可以主张不适用无因管理的规定,以免违反意思自治而强制接受不适法的无因管理,[1]对于彼此间的权益变动,得依不当得利请求返还利益,[2]如本人受有损害,还可依侵权行为法请求损害赔偿。[3] 这确有道理,值得借鉴。

管理事务的结果虽然有利于本人,但违反本人明示或可得推知的意思,学说认为,本人不欲享受该利益,则管理人自不得再向其行使上述三项请求权。我国《民法典》第 979 条第 2 款规定,管理事务不符合受益人真实意思的,管理人不享有前款规定的权利;但是,受益人的真实意思违反法律或者违背公序良俗的除外。不过,若不符合受益人真实意思,但利益依然存在且实际上已为受益人所得的,管理人可根据不当得利的规定请求本人返还。[4]

第五节 无因管理之债的消灭

无因管理之债消灭的原因,包括清偿、提存、抵销等债的一般消灭原因,也有独特的消灭原因,如终止管理和承认管理。此处仅讨论后者。

一、管理人终止管理

管理人终止管理时,无因管理关系自然消灭。

二、本人承认管理

本人知悉无因管理,未予拒绝,而加以承认,通说认为,管理事务虽可继续进行,但法律关系的性质可发生改变,变为委托合同关系,适用法律关于委托合同的规

[1] 参见邱聪智:《新订民法债编通则》(上),中国人民大学出版社 2003 年版,第 65 页。

[2] 参见王泽鉴:《民法债编总论 · 基础理论 · 债之发生》(总第 1 册),三民书局 1993 年版,第 267 页。

[3] 参见中国台湾地区“最高法院”1966 台上字 228 号判例;邱聪智:《新订民法债编通则》(上),中国人民大学出版社 2003 年版,第 65 页。

[4] 参见郑玉波:《民法债编总论》(修订第 2 版),陈荣隆修订,中国政法大学出版社 2004 年版,第 85 页。

定,除非当事人之间另有约定,应溯及管理开始之时。[1]

有专家则主张,本人承认的效力并非使无因管理变为委托合同,仅在性质许可的范围内,将法律关于委托合同的规定,比照适用而已。[2] 还有学者认为,本人的承认若声明仅承认其管理事务,不违反自己的意思,而仍欲依无因管理的规定,确定相互间的法律关系,自不得适用法律关于委托合同的规定。[3]

本节法条8-6

第六节　无因管理与相关制度关系

一、无因管理与紧急救助行为

《民法典》第184条关于“因自愿实施紧急救助行为造成受助人损害的,救助人不承担民事责任”的规定,与第180条关于不可抗力、第181条关于正当防卫的规定、第182条关于紧急避险的规定、第183条关于见义勇为的规定相并列,作为免责事由,出现于《民法典》“第一编总则”的“第八章民事责任”之内,与处在《民法典》“第三编合同”之中的无因管理制度相隔较远,依《民法典》的外在体系,它们分属于不同的制度。不过,有学说主张《民法典》第184条规定紧急救助行为在本质上属于无因管理,符合无因管理的构成要件,当然有其个性,故而称其为紧急无因管理。[4]

的确,《民法典》第184条的规定超越了传统的无因管理制度,极大地减轻了实施紧急救助者的注意义务及法律责任,会促使人们见义勇为、危难相助;同时,它在本质上仍属无因管理的范畴。由此决定其法律适用规则为,《民法典》第184条为特别法,第979条等为普通法,前者优先适用,前者未规定的,适用后者。不过,这样一来,就颠覆了潘德克吞模式下总则与分则之间的法律适用关系,违反了“比较特殊的规则排除适用比较一般的规则”这种债法适用的准则。[5]

还应看到,立法者创设相应的民法制度及规则,以鼓励人们见义勇为、危难相助,但摒弃防范措施,不设消极要件,不利于减少乃至避免假借危难相助之名实则侵害被救助者的身体权、健康权的侵权行为。在本书看来,按照《民法典》的立法目的甚至第184条的规范意旨,外形上是危难相助,但行为人主观上故意侵害被救助

---

〔1〕参见郑玉波:《民法债编总论》(修订第2版),陈荣隆修订,中国政法大学出版社2004年版,第85～86页;邱聪智:《新订民法债编通则》(上),中国人民大学出版社2003年版,第65页;林诚二:《民法债编总论——体系化解说》,中国人民大学出版社2003年版,第121页。

〔2〕参见史尚宽:《债法总论》,荣泰印书馆股份有限公司1978年版,第68页。

〔3〕参见洪文澜:《民法债编通则释义》,文光出版社1954年版,第91页。

〔4〕参见陈甦主编:《民法总则评注》(下册),法律出版社2017年版,第1318～1321页。

〔5〕参见[德]迪特尔·梅迪库斯:《德国债法总论》,杜景林、卢谌译,法律出版社2004年版,第29页。

者的身体权、健康权，或者在施救过程中给被救助者造成损害，存在重大过失，行为人应当承担损害赔偿责任。如果认为这样设计在鼓励人们危难相助方面仍然力度不够，最多再增加客观要件——给被救助者造成较大损害。在解释论层面，承认《民法典》第 184 条存在法律漏洞，即欠缺但书，允许裁判者在解决个案适用该条时承认例外——实施救助者故意或重大过失地给被救助者造成损害且较为严重的，应当承担赔偿责任。[1]

二、第三人代为履行与无因管理

《民法典》第 524 条第 1 款前段规定，“债务人不履行债务，第三人对履行该债务具有合法利益的，第三人有权向债权人代为履行”。此处“第三人对履行该债务具有合法利益的”限定很有必要，这有助于防止第三人恶意代为履行而损害债务人的权益。例如，甲向乙借款 500 万元人民币，约定年利率为 36%。丙未经甲的同意完全按照甲和乙的约定代甲向乙还本付息。本来，按照法释[2015]18 号第 26 条第 1 款关于“借贷双方约定的利率未超过年利率 24%，出借人请求借款人按照约定的利率支付利息的，人民法院应予支持”的规定，甲有权拒付超过年利率 24% 的利息，也的确打算如此行事。但于甲尚未还本付息之时，丙代甲向乙清偿了 500 万元人民币的本金和年利率 36% 的利息。依据法释[2015]18 号第 26 条第 2 款后段关于“借款人请求出借人返还已支付的超过年利率 36% 部分的利息的，人民法院应予支持”的反面推论，对于丙代甲支付的年利率 24% 以上、年利率 36% 以下的利息，丙或甲请求乙返还时，乙有权拒绝。[2] 在此前提下，丙向甲追偿并获得成功时，甲便因丙的先是代为履行、转而向自己追偿而损失了利息差额。由甲承受这笔损失是缺乏正当性的，应设一定的制度予以解决。其路径之一是无因管理，即只有丙具有管理意思时甲才有义务满足丙的追偿请求，否则，甲有权拒绝丙的追偿。《民法典》第 524 条第 1 款前段所谓“第三人对履行该债务具有合法利益”可作具有管理意思的解释。当然，也可以认为《民法典》第 524 条第 1 款前段设置了一项独立的规则。

如果上例中的丙系乙的唯一股东，则丙代为清偿，实质上是他自己攫取了利息差，这更不能容忍。即使丙不是唯一股东而是控股甚至是普通的股东，其代为清偿也获得了一定的利益，这在股息红利的分配中甚至在乙的解散清算中具体体现出来了，也为法律所不许。

---

〔1〕 参见崔建远：《我国〈民法总则〉的制度创新及历史意义》，载《比较法研究》2017 年第 3 期。

〔2〕 2020 年 8 月，最高人民法院发布新修正的《关于审理民间借贷案件适用法律若干问题的规定》（法释[2020]6 号），将第 26 条修改为：“出借人请求借款人按照合同约定利率支付利息的，人民法院应予支持，但是双方约定的利率超过合同成立时一年期贷款市场报价利率四倍的除外。前款所称‘一年期贷款市场报价利率’，是指中国人民银行授权全国银行间同业拆借中心自 2019 年 8 月 20 日起每月发布的一年期贷款市场报价利率。”

如果上例中的丙在另一合同关系中欠乙一笔款项未付，他代甲向乙清偿了500万元人民币的本金和年利率36%的利息之后，又以其对甲的追偿债权向乙主张抵销，也等于甲多负担的利息差变成了丙的获利。其恶劣性相同于上述案型中的性质。

所以，在第三人代为履行的制度中，实有必要确立这样的规则：本无义务的第三人主动代债务人向债权人为清偿，只有在具有管理意思的前提下才有权向债务人追偿。

■ 案例研习｜三里屯街道办事处诉何某无因管理纠纷案[1]

□ 基本案情

何某某与王某1992年4月登记结婚，1992年10月王某生育何某。1996年7月二人经调解离婚，双方协议：双方所生之子何某由何某某负责抚育，王某自1996年7月起每月付抚育费500元至何某18周岁止。2016年5月，何某某突发中风疾病。因家中无人护送就医，北京市三里屯街道办事处立即联系何某处置，但何某不予以理会。后街道办事处迅速将何某某送至医院治疗，并为此垫付医疗费、护理费等4万余元。三里屯街道办事处将何某诉至法院。何某辩称，街道办事处的行为系履行社会救助的法定职责，该救助行为的实际受益人是何某某，应由何某某承担责任。

□ 法院裁判

北京市朝阳区人民法院经审理认为，根据离婚时何某的年龄、离婚调解书以及离婚后何某与何某某母亲共同生活等事实，可以认定何某某对于何某尽到了一定抚养义务，故当何某某陷入生活困难时，何某有赡养义务。三里屯街道办事处在何某拒绝履行赡养义务情况下，代为承担起相应职责，何某作为实际受益人，应当承担街道办事处由此支出的必要费用。故判决支持了三里屯街道办事处的诉讼请求。判决后，何某不服，提起上诉。北京市第三中级人民法院判决驳回上诉，维持原判。

□ 评析

本案属于无因管理与社会救助交叉的案件。

第一，社会救助需要符合法定条件，街道办事处的紧急救助行为并非法定义务。具体到本案，在老人何某某存在法定赡养义务人，且未按照社会救助程序办理手续的情况下，街道办事处的紧急救助行为并不是法律意义上的社会救助，何某主张街道办事处系履行法定职责，缺乏依据。这表明，街道办事处是在没有法定或约定义务的条件下，进行的管理。

---

〔1〕 来源：《人民法院报》2018年8月16日，第6版，案号：(2016)京0105民初52907号民事判决书，(2017)京03民终201号民事判决书。

第二,街道办事处的救助行为使赡养义务人免受法律上的否定性评价,应认定为赡养义务人的利益而管理。从无因管理的构成要件上看,管理人应当管理他人事务且具有管理意思。一般而言,管理人的管理行为和本人的意思是一致的,但并不是所有违反本人意思的管理都不构成无因管理。如书中所述,当本人的意思与公益或道德相冲突时,则法律宁舍本人的意思,而重公益或道德。基于此,若管理事务为本人应尽的法定义务,虽违背本人的意思,仍属无因管理。具体到本案,作为赡养义务人的何某未履行法定义务,街道办事处及时将何某某送医治疗,避免了何某某因无人赡养发生其他后果,从而使何某免受公序良俗的"负面评价"或在社会名誉上遭受更大损失,避免了何某承担不利于自己的法律后果的可能性。街道办事处的行为属于为何某的利益而管理,符合无因管理的构成要件。

第三,街道办事处垫付医疗费用后,有权要求赡养义务人偿还。我国《民法总则》第121条和《民法通则》第93条规定,无因管理人有权请求受益人偿还由此支出的必要费用,最高人民法院《民法通则意见》第132条规定,《民法通则》第93条规定的管理人或者服务人可以要求受益人偿付的必要费用,包括在管理或者服务活动中直接支出的费用,以及在该活动中受到的实际损失。本案中,街道办事处作为无因管理人,将老年人何某某送医救治,并为何某某垫付的医疗费,属于必要费用,有权要求赡养义务人何某偿还。

延伸阅读

□ 关于无因管理的一般理论

黄茂荣:《无因管理与不当得利》,厦门大学出版社2014年版。

叶知年:《无因管理制度研究》,法律出版社2015年版。

王泽鉴:《民法债编总论·基础理论·债之发生》(总第1册),三民书局1993年版。

郑玉波:《民法债编总论》(修订第2版),陈荣隆修订,中国政法大学出版社2004年版。

蒋言:《无因管理价值基础的体系化与制度阐释》,载《法律科学》(西北政法大学学报)2020年第6期。

易军:《中国法上无因管理制度的基本体系结构》,载《政法论坛》2020年第5期。

刘素:《涉外不当得利、无因管理法律适用实证研究》,载《北京理工大学学报》(社会科学版)(2020年9月30日网络首发)。

□ 关于无因管理中的请求权

叶玮昱:《论无因管理的适法性——兼评〈民法典〉第979条》,载《经贸法律评论》2020年4期。

吴训祥:《论无因管理本人的偿还义务——兼论〈民法总则〉第183条第2句的适用问题》,载《法学家》2019年第2期。

李中原:《论无因管理的偿还请求权——基于解释论的视角》,载《法学》2017年第12期。

李中原:《无因管理人因管理他人事务而负担之债务的偿付规则——基于类推的解释方案》,载《江苏社会科学》2017 年第 5 期。

□ **关于无因管理与见义勇为等紧急救助的关系**

房绍坤、张玉东:《论紧急救助情形下救助人不承担责任的条件——以〈民法总则〉第 184 条为分析对象》,载《比较法研究》2018 年第 6 期。

王竹:《见义勇为人受损受益人补偿责任论——以〈民法总则〉第 183 条为中心》,载《法学论坛》2018 年第 1 期。

■ 综合练习

1. 试述无因管理的概念及其与代理的异同。
2. 试述无因管理的构成要件。
3. 试述无因管理之债的主要内容。

图书在版编目（CIP）数据

债法总论／崔建远，陈进著. -- 北京：法律出版社，2021（2021.4 重印）
ISBN 978-7-5197-4038-2

Ⅰ. ①债… Ⅱ. ①崔… ②陈… Ⅲ. ①债权法－法的理论－中国－高等学校－教材 Ⅳ. ①D923.31

中国版本图书馆 CIP 数据核字（2019）第 241412 号

债法总论
ZHAIFA ZONGLUN

崔建远　陈　进　著

责任编辑　吴　昉
装帧设计　乔智炜

出版　法律出版社
总发行　中国法律图书有限公司
经销　新华书店
印刷　永清县金鑫印刷有限公司
责任校对　王晓萍
责任印制　胡晓雅

编辑统筹　法律教育出版分社
开本　710 毫米×1000 毫米　1/16
印张　26
字数　495 千
版本　2021 年 1 月第 1 版
印次　2021 年 4 月第 2 次印刷

法律出版社／北京市丰台区莲花池西里 7 号（100073）
网址／www.lawpress.com.cn
投稿邮箱／info@lawpress.com.cn
举报维权邮箱／jbwq@lawpress.com.cn
销售热线／400-660-8393
咨询电话／010-63939796

中国法律图书有限公司／北京市丰台区莲花池西里 7 号（100073）
全国各地中法图分、子公司销售电话：
统一销售客服／400-660-8393/6393
第一法律书店／010-83938432/8433　西安分公司／029-85330678　重庆分公司／023-67453036
上海分公司／021-62071010/1636　深圳分公司／0755-83072995

书号：ISBN 978-7-5197-4038-2　**定价**：52.00 元
（如有缺页或倒装，中国法律图书有限公司负责退换）